학교장론

교장의 리더십과 학교 발전

The Principalship

Leadership and School Improvement

| 박상완 |

학지사

이 저서는 2014년도 정부(교육부)의 재원으로 한국연구재단의 지원을 받아 연구되었음
(NRF-2014S1A6A4A02027099)

머리말

교장 연구를 처음 하게 된 것은 석사학위논문을 준비하면서부터다. 1990년 서울대학교 대학원에서 교육행정 석사과정을 시작한 초기에는 거시적인 교육정책, 교육제도에 관심을 가지고 있었다. 그러나 석사학위논문을 쓰면서 연구에 대한 관심을 학교현장과 교장으로 돌리게 되었다. 그 계기는 단순하다. 지도교수님께서 거시적인 주제는 지도해 줄 수 없다고 하셨기 때문이다. 지도교수를 변경하거나 주제를 변경할 수밖에 없었고, 후자를 택하였다.

당시에는 도제식 대학원 교육의 전통이 지금보다 더 강하였고 지도교수님의 연구 주제가 곧 제자의 연구 주제가 되었다. 사실 지도교수님으로부터 연구 주제를 받는 것은 '제자의 영광'이었다. 당시 지도교수님은 '중학교 교장의 결합기제'를 연구하고 있었는데, 연구 대상을 달리하여 정한 석사학위논문 주제는 초등학교(당시는 '국민학교') 교장의 결합기제였다. 그러나 지도교수님이 연구 주제를 주신 것은 아니고, 정확히 말해 말리지도 반대하지도 않으셨다.

석사학위논문을 쓰면서 교장을 연구 주제로 정하기를 잘했다는 생각을 거듭 하게 되었고 일생의 연구 주제로 삼자는 결심도 하게 되었다. 이후 교장 연구를 지속하였고 이 책에서 다룬 다양한 주제는 그간의 연구를 정리한 것이다. 한국연구재단의 신진교수지원사업(2006, 2008~2009년)으로 수행한 교장 연구, 학술대회에서 발표한 교장 연구, 기타 교장에 관한 연구를 종합한 이 책은 한국연구재단의 저술출판지원사업(2014)으로 출간될 수 있었다.

여러 가지 연구 주제를 연구하게 되는 전공의 특성도 있지만, 더 깊이 따지고 보면 개인적 욕심도 있어서 한 가지 주제에만 천착하기는 쉽지 않았다. 이 점에서 『학교장

론: 교장의 리더십과 학교 발전』은 그간의 연구를 되돌아보고 교장 연구에서 새로 탐구할 주제, 그리고 이런저런 프로젝트가 아니라 하나의 연구 분야에 집중하는 계기가 되었다는 점에서 의의가 있다. 처음 구상했던 것만큼 만족스럽지는 않지만 국내에서 학교장론에 관한 저술이 부족하고 시기적으로 오래되어 새로운 학교장론을 내놓는다는 점에서 의의를 찾을 수 있다.

학교장론에 관심을 가지고 있는 독자들과 이 책에서 다룬 여러 연구 주제를 공유하고 소통하기를 기대한다. 무엇보다 우리나라 학교현장의 교장을 보다 잘 이해함으로써 이론적, 실제적으로 교장 연구를 보다 발전시켜 나가는 계기가 되기를 바란다. 출판과 교정을 맡아 준 학지사 김은석 부장님, 이세희 님께도 감사드린다.

이 책은 교장 연구를 시작할 수 있도록 이끌어 주고 계속 연구하고 공부할 수 있는 힘을 주신 진동섭 교수님께 바친다. 지난 8월 정년퇴임하신 지도교수님께 작은 기쁨이 되기를 바란다.

2018년 3월

박상완

차례

PART 1

도입

제1장

서론

최근 학교를 둘러싼 내외적인 환경은 크게 변화하고 있다. 사실 학교의 교육 환경이 변화하지 않은 시기란 없었다. 그러나 최근 인공지능을 기반으로 한 제4차 산업혁명 논의는 사회 변화의 속도와 범위가 과거보다 더 빨라지고 더 광범위해질 것임을 시사하고 있다. 학교는 외부 환경 변화에 대응하여 미래 사회의 인재를 기르는 것에서 나아가 사회 변화를 주도하고 선도해야 한다는 기대까지 더해져, 학교 발전에 대한 비난과 재촉은 더 강해지고 있다.

이러한 비난과 재촉에 따라 학교는 교육 프로그램을 새로 추가하고, 다양한 교수-학습 방법을 시도하고 있을 뿐 아니라 학교의 운영방식을 바꾸는 등 학교 혁신, 재구조화를 지속적으로 추진하고 있다. 그러나 이러한 변화 노력에도 불구하고 우리나라뿐 아니라 선진 외국의 경우에도 학교가 환경 변화에 제때, 잘 대응하고 있다는 긍정적인 평가를 받는 경우는 거의 없다. 우리나라에서 학교 개혁은 일상화되고 있으나 이를 추진하는 주체도 대상도 수혜자도 피로감뿐 아니라 좌절감을 경험하고 있다. 그럼에도 불구하고 학교 발전을 위한 노력은 지속되어야 할 것이다.

최근의 교육 개혁은 학교단위경영제, 학교예산회계제도, 학교운영위원회제도 도입 등에서 나타나듯이 개별 학교의 자율과 책임을 강화하기 위한 방향으로 나아가고 있다. 이러한 경향은 앞으로 더욱 가속화될 전망이다. 학교의 자율과 책임이 커짐에 따라 학교의 최고 책임자로서 교장의 자질과 역량은 과거 그 어느 때보다 중요해지고 있다. 학교장은 학교 경영의 일차적인 최고 책임자이자 의사결정자로서 개별 학교의 특성과 자율성을 최대한 반영하여 학교를 운영해야 할 역량이 요구되고 있다. 또 외부 환경 변화와 구성원의 다양한 요구에 대응해야 할 필요성도 커지고 있다. 즉, 교장은 교육의 민주성, 교원의 전문성, 학교 운영의 자율성 및 교육활동의 책무성 등에 있어 지도적 역할을 해야 할 위치에 있다(정태범, 2000).

학교에서 교장의 권한, 책임과 영향력은 매우 크며, 이러한 영향력의 크기도 학교장 개인의 역량에 따라 얼마든지 달라질 수 있다. 학교조직의 효과성에 관한 연구들은 학교조직에서 교장의 중요성을 강조해 왔다(Hall, Rutherford, Hord, & Huling, 1984). 학교장의 지도력 여하에 따라 학교의 풍토와 성공 여부가 결정되며, 학교를 개선·발전시키고 새로운 교육 프로그램을 도입하고 개발하는 데 있어 학교장이 주도적인 역할을 담당하고 있다(Sergiovanni, 1984).

일부에서는 학교운영위원회제도 시행, 시·도 교육청과 지역 교육청의 강한 규제로 인해 단위 학교 내에서 교장의 재량이 기대만큼 크지 않다는 비판이나 불만이 제기된다. 그러나 단위 학교 내에서 교사들이 체감하는 학교장의 영향력은 상당하다고 볼 수 있다. 실제로 학교현장에서 어떤 교장이 부임하는가에 따라 학교의 모습은 물론 교직원의 분위기가 달라지고 전체적인 학교 풍토가 달라진다(최재선, 2000).

학교장의 중요성에도 불구하고 '학교장'에 초점을 맞춘 연구들은 많지 않다. 또한 이들 연구는 이미 교장직에 있는 사람이 갖추어야 할 자질과 능력을 당위적으로 기술하는 데 초점을 두고 있다. 반면 어떤 자격을 갖춘 사람이, 어떤 과정을 거쳐 학 교장으로 임용되는지, 학교장이 되기 위해 어떤 준비 과정이 요구되는지, 교장의 전문성은 어떻게 길러지는지 등 학교장의 임용과정, 학교장의 전문성 제고를 위한 제도나 훈련 프로그램 등에 대한 연구는 상대적으로 부족하다(박상완, 2004).

한편, 영미권에서 교장의 중요성은 학교의 교육성과와 연계하여 논의되어 왔다. 특히 교장의 지도성과 학생의 학업 성적이 긍정적인 상관관계가 있다는 점에서 변혁적 지도성(transformational leadership)이나 수업 지도성(instructional leadership) 모델에 기초하여 학생의 학업 성취나 교사의 교직 수행에 영향을 미치는 교장의 지도성 수준을 측정하거나 교장의 지도성을 제고하기 위한 노력이 강조되고 있다(Marks & Printy,

2003; Davis, Darling-Hammond, LaPointe, & Meyerson, 2005). 이러한 연구들에서 교장의 역할은 교육과정 개발, 교사 전문성 개발 지원, 학생 성취도 향상, 지역사회와의 관계 유지, 학교 비전 제시와 혁신적 학교 개혁 방안 수립 등 '지도자'로 이해되고 있다(Leithwood & Jantzi, 2000; Marks & Printy, 2003; Davis et al., 2005).

우리나라의 경우, 교장에게 요구되는 자질과 능력, 직무 기준이 무엇인가에 대한 명확한 규정은 없다. 뿐만 아니라 교장을 양성하기 위한 체계적인 교육·훈련 프로그램(principal preparation program)으로는 교감을 대상으로 실시되는 교장 자격연수를 제외하고는 거의 없는 실정이다. 이에 따라 학교장이 지도성을 개발하는 과정은 개개인에 따라 상당히 다양할 수밖에 없다. 교장들은 대체로 부장교사, 교육행정 전문직, 교감 등의 경력 발달 과정을 거치지만, 교감을 하지 않고서도 교장이 될 수 있는 길은 열려 있다. 또한 교장 공모제 도입으로 교장에게 요구되는 교육 관련 경력 요건이 완화되면서 교장이 되는 과정은 더 다양하고 개방되었다.

학교 발전의 핵심 주체로서 교장의 중요성이 강조되어 온 것에 비해 교장과 교장직에 대한 연구는 부족하다. 이 책에서는 교장직과 관련한 다양한 질문과 그에 대한 답을 다루고자 하였다. 교장이 직면한 학교 내외적인 환경 변화는 무엇인가, 학교는 조직으로서 공동체로서 어떤 특징이 있으며 이러한 학교를 어떻게 운영해야 할 것인가? 교장직의 성격은 역사적으로 어떻게 변화하고, 발전되어 왔는가, 오늘날의 교장들은 어떤 사람들인가, 교육자·교육전문가로서의 교장, 학교행정가·학교경영자로서 교장은 실제 학교 현장에서 어떤 일을 하는가?

또한 우리나라 교장의 자격·양성·임용과 관련하여 어떤 제도적인 한계와 쟁점이 있는가, 교사에서 교장이 되는 과정, 교장으로서 지도성이 발달하는 과정은 어떠하며, 교장의 지도성을 어떻게 개발·훈련할 것인가, 학교/교육 책무성이 강조되면서 교장 평가는 어떻게 이루어져야 할 것인가 등 교장 인사도 교장 연구에 중요한 주제들이다. 교장에 관련된 다양한 주제들을 검토해 볼 때, 학교 발전을 위해 미래 교장의 지도성 발달 방향과 대안은 무엇인가?

이 책은 이러한 문제인식에서 우리나라의 교장과 교장직에 관한 다양한 이론적, 실제적 내용을 분석하고자 한다. 과거와 마찬가지로 급변하는 현재에도 그리고 변화의 방향과 범위를 알 수 없는 미래에도, 학교 제도가 존속되는 한 학교 발전을 이끌어 갈 핵심 주체로서 교장의 중요성은 유지될 것이라고 보고, 교장에 관한 다양한 논의들을 포괄적으로 다루고자 한다. 학교와 같은 규모의 조직은 최고 책임자인 교장의 지도성에 따라 교육활동의 질과 성과, 구성원 간 상호작용, 문화 등이 크게 달라질 수 있다. 학교 운영에서 교장에 대한 기대는 높으며 미래에도 이는 여전히 유지되어야 할 것이다.

이 책은 총 17개의 장, 5개의 부로 구성된다. 각 장별 주요 내용은 다음과 같다.

제1부 도입은 4개의 장으로 구성된다. 도입부에서는 학교 환경을 둘러싼 교육 내외적인 변화를 분석한다. 미래 학교의 형태와 존속에 대한 논의는 분분하지만 미래에도 학교는 조직으로서의 성격과 공동체로서의 성격을 가질 것이라고 보고 관련 이론을 검토한다.

제1장 서론은 이 책의 성격과 목적을 제시한다.

제2장 학교 환경 변화와 교장의 지도성은 학교장의 역할, 직무수행 및 학교 운영에 직간접적으로 영향을 미치는 학교 내외적인 환경을 분석한다.

제3장 조직으로서의 학교는 학교의 특징을 이해하기 위한 이론적 틀과 조직으로서 학교를 보는 주요 이론과 논의들을 자율과 통제 측면에서 분석하고 학교의 주요 의사결정 영역에서 교장과 교사 간의 상대적 자율성을 다룬다.

제4장 공동체로서의 학교는 학교를 조직이라기보다 공동체로 이해하는 논의, 연구들을 분석한다. 공동체로서 학교의 개념, 학교/교육공동체 논의의 주요 특징, 학 교/교육공동체의 구성 원리 등을 분석한다.

제2부는 교장직의 발달과 오늘날의 교장이라는 주제 하에 3개의 장으로 구성된다. 교장직에 대한 이해는 교장직의 역사적 발달에서 출발할 필요가 있다는 점에서 미국 사례를 토대로 교장직의 발달과 성격을 분석하고, 오늘날 교장의 인구학적 특성을 주로 계량적으로 분석한다. 여교장을 별도로 다룸으로써 여교장에 대한 이론적, 실제적인 관심을 높이고자 한다.

제5장 교장직의 역사적 발달은 우리나라가 모델로 삼고 있는 미국 교장직의 발달과정을 교장직의 성격 변화 측면에서 분석한다.

제6장 오늘날의 교장은 교장의 인구학적 특성을 통해 현직 교장의 특징을 분석한다. 학교급별 교장의 수, 교장의 연령, 성별 구성, 교장의 경력 등 교장의 인구학적 특성은 우리나라 교장의 특성을 파악하는 기초 자료라 할 수 있다.

제7장 우리나라의 여교장은 국내외 선행연구를 토대로 여교장에 관한 주요 이론적 · 실제적 쟁점들을 다룬다. 최근 학교급별로 여교장 수가 증가함에 따라 여교장을 별도의 장으로 구성함으로써 여교장의 역할과 중요성을 부각시키고자 한다.

제3부 교육자로서의 교장과 학교행정가·학교경영자로서의 교장은 3개의 장에서 교장의 역할과 직무를 다룬다. 교육자·교육전문가로서의 교장과 학교행정가·학교경영자로서의 교장은 가장 전형적인 교장의 역할 구분이라 할 수 있다. 교육자·교육전문가로서 교장의 역할은 학교 교육목표 및 계획 수립, 학교 교육과정 관리, 교수-학습 활동을 지원하는 장학 등으로 구분하여 검토한다. 학교관리자, 학교행정가, 학교경영자로서 교장의 역할은 교무 통할로 통칭되고 있는 사무관리, 시설관리, 재무관리와 교직원 인사관리 측면에서 분석한다.

제8장 교장의 역할과 직무는 선행연구와 관련 법령 분석, 「초·중등교육법」을 근거로 교무통할, 교직원 지도감독, 학생교육으로 구분하여 검토한다.

제9장 교육자·교육전문가로서 교장은 학생교육 측면에서 교장의 역할과 직무를 분석한 것이다. 구체적으로 학교 교육목표 및 계획 수립, 교사와 학생의 교수-학습 활동을 지원하는 장학, 학교 교육과정 관리 등의 측면에서 교장의 직무 실제를 분석한다.

제10장 학교행정가·학교경영자로서의 교장은 교무통할, 교직원 지도·감독 측면에서 교장의 직무를 분석한 것이다. 교장은 학교의 대표, 최고 책임자로서 학교의 일상적인 운영을 위해 관리적, 행정적, 경영적 직무를 수행한다. 구체적으로 학교 사무관리, 시설관리, 재무관리, 교직원 인사관리 등의 측면에서 교장의 직무 실제를 분석한다.

제4부 학교장 인사는 5개의 장으로 구성한다. 교장의 충원으로서 교장 자격 및 양성제도, 교장 임용제도, 교장의 지도성 발달 과정과 지도성 개발·훈련, 교장 평가 등을 분석한다. 교장 인사제도는 관련 법령과 제도 변화가 빈번하여 '현황'을 정확히 따라잡는 것도 쉽지 않다. 또 세부적인 사항들이 많아 당사자가 아닌 경우 파악하기 어려운 점도 있다. 이에 따라 구체적인 현황보다는 교장 인사제도의 의의와 쟁점에 보다 주목하고자 한다.

제11장 교장의 충원은 우리나라의 교장 자격제도의 발달과 주요 현황, 교장 자격연수제도를 분석한다.

제12장 교장 임용제도는 우리나라 초·중등학교 교장의 임용제도, 교장 임용 관련 쟁점 등을 분석한다. 교장 임용은 승진제, 공모제, 초빙제로 변화되어 왔으나 승진제가 주를 이루고 있다. 우리나라에서 교장은 교사가 승진을 거쳐 임용될 수 있는 최상위 직위이고 누가 어떤 과정을 거쳐 교장이 되는가는 교장 인사정책의 핵심 쟁점이 되

고 있다.

제13장 교장의 지도성 발달은 우리나라 교장의 지도성 발달 과정, 교장 임용 전까지의 경력 개발 과정을 분석한다. 교장으로서 요구되는 자질과 경험(전문성), 지도성을 교장은 언제, 어떻게 형성하게 되는가? 교장이 되기 전 다양한 경력과 경험, 특히 부장교사, 교감, 교육전문직원(장학사 · 교육연구사) 등의 경력이 교장의 지도성 발달 과정에 어떤 영향을 미치는가? 등은 이 장에서 다루는 주요 질문이다.

제14장 교장의 지도성 개발 · 훈련은 현직 교장을 대상으로 한 지도성 개발 · 훈련(현직연수)의 필요성과 원칙, 주요 프로그램 및 사례를 분석한다.

제15장 교장 평가는 최근 학교중심 교육 개혁 확대, 학교교육 책무성 강조로 점차 중요성이 증대되고 있는 교장 평가제를 분석한다. 구체적으로 교장 평가의 필요성, 우리나라 교장 평가제도로서 교장 중임평가, 교장 능력개발평가, 학교 평가를 분석한다.

제5부 결론은 이 책의 부제로 삼은 교장의 리더십과 학교 발전, 교장 지도성 논의의 확장을 위한 방향을 제시한다. 2개의 장으로 구성된다.

제16장 교장 지도성의 확장은 교장 지도성 논의가 '교육 지도성' 논의로 발전되어야 하며 그 방향 및 대안으로 교사 지도성, 한 개인이나 단위 학교를 넘어서는 지도성으로 분산적 지도성, 지속가능 지도성, 체제 지도성을 검토한다. 교장의 지도성이 학교 발전에 핵심이 되어야 하지만 지도성 논의가 한 개인에 머물러서는 안 된다는 점에서 학교 내 다양한 구성원들의 참여와 협력에 기초한 지도성, 인근 학교와의 경쟁이 아니라 협력을 통한 학교 발전을 이루기 위해 학교의 경계를 넘어서는 지도성을 논의한다.

제17장 교장의 리더십과 학교 발전은 학교 발전과 성공적인 학교의 조건을 분석하고 이를 실현하기 위한 교장 지도성의 미래를 탐색한다.

교장으로서의 사명감과 책무성을 깊이 인식하고 이를 실현할 능력과 의지가 있는 사람이 교장의 자리에 있고 미래 교장의 자리를 채우기를 기대한다. 이 책은 이러한 기대를 담은 것이다.

제2장

학교 환경 변화와 교장의 지도성

최근 학교를 둘러싼 교육 환경은 2000년대의 지식기반사회를 넘어서 인공지능을 기반으로 한 제4차 산업혁명과 지능정보사회의 발달로 더욱 급변할 것으로 기대되고 있다. 사실 학교 내외적인 환경이 고요한 적은 거의 없었으며, 학교가 사회 환경 변화에 대응하여 더 분발해야 한다는 요구는 어제오늘의 일은 아니다. 다만 과거 어느 때보다 미래 사회 변화에 대응한 학교교육의 모습, 역할에 대한 논의가 최근 활발하게 진행되고 있는 것은 세계 기업가 모임인 2016년 세계경제포럼(World Economic Forum)이 제4차 산업혁명을 주요 의제로 제시하고 미래 교육의 과제를 제안한 것과 무관하지 않다. 미래 직업 세계와 기업 환경이 급격하게 변화할 것임에 따라 교육이 이에 대응하여 변화해야 한다는 요구는 논리적 · 합리적인 것으로 보인다. 이러한 교육 변화 요구는 범세계적이다. 학교 내외적 환경 변화가 학교현장에서 체감되는 범위와 수준은 다양할 것이나 학교 행정을 책임지고 있는 교장은 이에 무심할 수는 없을 것이다. 이에 따라 이 장에서는 학교장의 역할, 직무수행 및 학교 운영에 직간접적으로 영향을 미치는 학교 내외적인 환경이 무엇인가를 탐색해 본다.

1. 학교 내외적 환경의 변화

학교교육을 둘러싼 정치, 경제, 사회 환경은 시대에 따라 다양하게 변화 및 발달하고 있다. 1990년대 교육 개혁이 세계화, 정보화를 배경으로 추진되었다면(교육개혁위원회, 1995; 안병영, 하연섭, 2014), 최근의 외적 환경은 더욱 다원화되고 혁신적으로 변화되고 있다. 협력적 공유사회, 공유 경제 개념의 등장(Rifkin, 2014), 사물 인터넷(Internet of Things: IoT),[1] 구글 딥마인드(Google DeepMind)의 인공지능 프로그램인 '알파고(AlphaGo)'가 보여 주듯, 인간의 지능과 사고력을 대체하고 이를 능가할 수 있는 인공지능의 성장가능성은 호기심을 넘어선 공포(인공지능 포비아, AI phobia)로까지 이어지고 있다. 이에 따라 최근 교육계에서는 인공지능을 기반으로 한 제4차 산업혁명, 지능정보사회의 도래 등에 대한 논의가 활발하게 이루어지고 있다(강태중, 강태훈, 류성창, 정제영, 김승배, 2016; 정제영, 2016; 장수명, 신은희, 이경영, 홍제남, 2017). 그 방향은 알 수 없으나 미래 사회에서 기술은 더욱 빨리, 보다 혁신적으로 변할 것으로 예상된다.

또한 2013년 옥스퍼드 마틴 스쿨의 칼 베네딕트 프레이 교수와 마이클 오스본 교수는 「고용의 미래: 우리의 직업은 컴퓨터화에 얼마나 민감한가」라는 보고서에서 '자동화와 기술 발전'으로 20년 이내 현재 직업의 47%가 사라질 가능성이 크다고 분석했다(조선비즈, 2014. 7. 19.). 이 연구에서 제시된 20년 내 사라질 직업으로는 텔레마케터와 시계 수리공(99%), 스포츠 심판(98%), 자동차 엔지니어(96%), 회계사(94%) 등이 있다. 종래 유망한 직종으로 생각되던 엔지니어, 회계사 등이 사라질 직업의 상위권에 포함되었다. 미래 사회 변화에 관한 다양한 논의는 다음 세대를 어떻게 이에 대비시켜야 할 것인가라는 교육 문제를 야기한다.

전통적인 학습 공간으로써 학교의 중요성과 의의는 다양한 온라인 학습기회가 확대되면서 점차 쇠퇴하고 있고 학교교육의 새로운 변화를 요구하고 있다. 온라인을 통한 학습은 코세라(Coursera)와 같은 대규모 개방형 온라인 강좌(MOOC: Massive Open Online Course)에서 보듯 고등교육 단계에서 더욱 두드러지게 나타나고 있지만 초·중등교육도 이러한 경향에서 예외일 수 없다. 미래 사회에서 교육은 전통적인 교실 수업

1) 사물 인터넷이란, 인간, 사물, 서비스가 유무선 인터넷을 통해 협력적으로 연계, 활용되는 연결망이다. 구글에서 사물 인터넷(IoT)을 검색하면, 관련 동영상, 협회, 웹 사이트 등이 무수히 많음을 확인할 수 있다. 자율 주행자동차, 홈시스템 등이 IoT 세상의 단면을 보여 주는 사례들이다.

에 한정되지 않고 온라인으로 확대되고(예를 들어, EBS 교육방송, Khan Academy),[2] 첨단 기술을 활용한 교수-학습 매체뿐 아니라 학생의 건강, 안전 지원체제도 발달할 것으로 전망되고 있다. 이러한 온라인 교육과 학습의 활용은 기존의 학교교육의 기본 틀을 와해시킬 수도 있다. 즉, 일정한 시간과 공간으로 한정된 교수-학습 활동, 동일한 연령대로 구성된 학급, 학년 조직 등을 기반으로 하는 기존의 학교교육은 첨단 기술의 발달과 온라인 교수-학습 기회의 확대로 새로운 변화를 모색해야 할 상황이다. 최근 제기되고 있는 미래 사회 변화에 대비한 학교교육의 역할과 방향 논의도 이에 집중되어 있다고 할 수 있다(강태중 외, 2016; 정미경, 박희진, 이성희, 허은정, 김성기, 박상완, 백선희, 2016; 장수명 외, 2017).

보다 세부적으로 교수-학습 방법에서도 지식 전달과 상의 하달식 수업 모형은 학습자 중심, 학습자 간, 교사-학습자 간 협력적 학습 경험이 중시되는 수업 모형으로(예: 거꾸로 교실), 교육의 초점은 교수(teaching)에서 학습(learning)으로 변화되고 있다. 이에 따라 학생들에게 길러 주어야 할 역량뿐만 아니라 교사의 역할과 교사가 갖추어야 할 역량도 달라지고 있다. 교육 외적인 환경 변화와 더불어 학령인구 감소가 초래할 위기와 기회, 2015 개정 교육과정의 적용, 방과 후 교육, 돌봄 교실, 다문화교육 등 새로운 교육수요 확대, 교육감 직선제 시행에 따른 지방교육자치제의 강화와 지방교육정책의 확대 등 교육 내적 환경도 지속적으로 변화하고 있다. 이러한 교육 환경의 변화에 따라 학교 행정을 책임지는 학교장의 역할과 직무에서도 변화가 요구된다. 오늘날 교장이 이러한 변화 요구를 정확히 이해하고 그에 대응할 역량, 리더십을 갖추고 있는가?

1) 학교 외적 환경의 변화

학교를 둘러싼 외적인 환경은 복잡하고 다양하게 변화하고 있다. 이는 크게 네 가지로 구분해 볼 수 있다.

2) 칸 아카데미(Khan Academy)는 유치원부터 고등학교 단계의 수학, 과학 과목을 비롯하여 컴퓨터 공학, 금융, 역사, 철학, 예술, 경제 등 다양한 교육 프로그램을 제공하는 온라인 사이트다(https://www.khanacademy.org). 4,000여 개의 동영상을 보유하고 있으며, 프로그램에 따라 23개 언어로 수강할 수 있다. 칸 아카데미의 출발, 교육철학, 운영 방식 등은 Khan(2013) 참조.

(1) 세계화와 교육체제의 개방

국제사회의 개방주의를 기반으로 하는 세계화는 정보통신과 교통수단의 발달 및 신속한 정보의 교류로 세계를 하나의 단위로 묶어 주는 동시에 무한경쟁시대를 초래하고 있다. 세계화로 지구촌이 하나의 시장경제 체제로 통합되면서 한편으로 개인과 국가 간 무한경쟁으로 나아가고 있으며, 다른 한편으로는 상호 의존성과 협력의 필요성이 점차 높아지고 있다(교육부, 1999: 9). 정치, 경제, 사회, 문화 등 모든 면에서 개방과 협력의 새로운 가치가 강조되고 있으며, 국경이나 국가의 경계가 모호해지고 생활공간, 심리공간이 광역화되어 가고 있다(김기태, 조평호, 2003).

한편 이러한 세계화 속에서 개인과 국가의 경쟁력을 강화하고 세계의 다양한 문화를 주체적으로 흡수하고 통합해야 할 필요성이 커지고 있다. 즉, 세계화 속에서 다양한 문화와 가치를 수용하는 융통성 및 개방성과 더불어 우리 문화와 가치에 대한 주체의식 및 정체성을 확립할 필요가 있다. 이를 위해서는 교육체제의 근본적인 변화가 요청된다. 즉, 개방주의, 세계화 추세에 따라 규격화되고 정형화된 교육의 틀을 시간과 공간적으로 개방된, 열린 체제로 전환해야 하며, 학교 외부의 다양한 인적, 물적 자원을 효율적으로 활용함으로써 학교교육의 효과를 높일 필요가 있다(이돈희, 2002).

이러한 세계화의 흐름은 학교체제의 변화와 더불어 학교 내 구성원, 특히 학교장의 역할을 새롭게 규정해야 할 필요성을 제기하고 있다. 학교장은 학교 경영에서 교사나 학생들이 세계 시민으로서 성장하고 적응해 갈 수 있도록 그에 필요한 학습능력과 방법적 기술을 습득하도록 지원하고 또 강화해야 할 것이다. 즉, 학교장은 학교교육을 통해 학생들이 세계시민정신을 형성하고 인종이나 문화적 차이를 수용하고, 다른 문화에 대한 진지한 호기심과 다른 문화에서 배우려는 의지, 소외된 집단에 대한 책임감과 연민 등 '세계주의 정체성'을 개발하도록 지원할 필요가 있다(Hargreaves, 2003).

(2) 지식기반사회로의 이행과 학습사회의 대두

21세기는 지식기반사회로 특징지어진다. 즉, 지식과 정보가 시장경제의 중심이 되는 후기 산업주의 사회로의 급격한 변화는 학교교육과 노동시장과의 관계에 근본적인 변화를 만들어 내고 있다(사토 마나부, 2006: 15). 종래 학교교육을 통해 습득한 기초적이고 단순한 능력이 아닌 사회 변화와 다양한 직업에 적응할 수 있는 개방적인 능력, 일과 교육의 통합이 요구된다(이돈희, 2002: 7). 지식기반경제사회로의 재구조화 과정에서 지식의 중요성과 지식에 대한 관심이 증대되고 있으며, 중시되는 지식의 형태도 변화되고 있다. 이와 같은 새로운 형태의 지식과 경험이 강조되면서 교육과정 운영과 내용, 학교 경영 방식 등에 변화를 초래할 것으로 예상된다.

지식사회는 사실상 학습사회다(Hargreaves, 2003). 즉, 지식기반사회는 조직 구성원들에게 기술 발달과 재훈련을 위한 다양한 학습기회를 제공하고 구성원들이 공동의 팀에서 일하도록 함으로써, 문제나 실수를 비난하기보다는 학습의 기회로 활용한다. 즉, 지식사회는 학습을 극대화하고 개인의 창의성을 자극하는 정보와 지식을 처리하며, 개인이 이러한 변화를 주도하고 대처할 수 있는 역량을 개발하도록 지원하는 사회다. 이러한 지식기반사회에서 사회의 발전과 번영은 개인의 역량뿐 아니라 조직 역량에 의존한다.

그러나 한편 지식기반사회는 개인의 성장과 번영을 자극하는 반면 개인이 사적 이익을 지나치게 추구할 경우 사회 공동체의 질서를 깨뜨리게 된다. 이 점에서 Hargreaves(2003)는 학교교육의 기능을 중요하게 언급하고 있다. 즉, 학교는 개인이 사적 이익에 집착하게 되는 부정적(파괴적) 영향을 상쇄하는 공동체적 가치와 공익을 추구할 수 있도록 연민(동정심), 공동체의식, 코스모 폴리탄주의 정체성을 기를 수 있도록 해야 한다는 것이다. 학교가 이러한 역할을 하기 위해서는 무엇보다 학교장의 역할이 중요하다.

교장은 창의적 인재와 지식활용 능력에 대한 사회의 교육적 요구가 증대하는 지식사회의 특성을 이해하고, 개인과 조직이 지식을 공유함으로써 더 나은 부가가치를 창출할 수 있도록 학교를 운영할 필요가 있다(유현숙, 김동석, 고전, 2000: 224). 교장이 스스로 지식사회의 성격을 이해하고 교사와 학생들을 지식사회에 준비시킬 수 있어야 할 것이다.

(3) 정보통신기술, 인공지능의 발달과 제4차 산업혁명

최근 정보통신기술의 발달로 세계는 정보화사회로 변화되고 있다. 정보화사회란 새로운 종류의 미디어를 통해서 정보가 대량으로 배포되고 컴퓨터의 기술을 활용한 정보의 분류, 사용 및 분석이 이루어지는 정보의 대량생산, 유통 및 소비를 특징으로 하는 사회를 말한다(김기태, 조평호, 2003: 22). 이러한 정보화사회는 정보와 지식이 사회를 움직이는 원동력이 되는 사회다(교육개혁위원회, 1995: 4). 일부 미래 학자들은 정보통신기술 등 기술의 발달로 미래는 정보화사회(information society)에서 더 나아가 상호작용적 오디오와 비디오를 핵심 기술로 하는 꿈의 사회(dream society)로 발전할 것이라는 전망을 내놓고 있다(Dator, 2006). 미래는 정보시대(information age)에서 상상력(imagination), 예술(fine art), 아이디어가 중시되는 개념적 시대(conceptual age)로 변화된다는 것이다.

미래 사회를 어떻게 규정하든 기술의 발달은 학교교육의 내용과 방법 등에 특히 커다란 영향을 미치게 되며, 교육에 있어 시간과 공간에 대한 개념을 변화시키고 있다(교육개혁위원회, 1995: 7). 즉, 정보통신기술이 발달함에 따라 시간적, 공간적 한계를 가지는 교육제도나 교육내용, 방법은 이미 경쟁력을 상실하고 있다(유현숙 외, 2000: 20). E(electronic)-교육, U(Ubiquitous)-교육 등 사이버 교육체제나 재택 학습의 발달로 교육이 이루어지는 시간적, 물리적 공간은 학교라는 울타리를 넘어 더욱 확대되고 있다.

(4) 평생학습사회의 발달

정보화사회, 지식기반사회의 발달로 성인의 재교육은 삶의 필수적인 과정이 된다(교육개혁위원회, 1995: 6). 새로운 과학기술, 새로운 지식의 발달로 정보와 지식의 양이 급증함에 따라 개인의 삶을 영위하기 위해 필요한 기술, 정보 및 지식은 계속적으로 학습되고 변화되어야 하기 때문이다. 이에 따라 지식기반사회, 정보화사회와 평생학습체제 구축은 상호 밀접하게 연계되어 있다. 평생교육 또는 평생학습사회는 "누구나, 언제, 어디서나 원하는 교육을 받을 수 있는 길이 열려진"(교육개혁위원회, 1995: 19) 사회이며, 기존의 초·중·고등학교라는 형식교육의 구분(틀)에 국한되지 않는다.

평생교육의 개념은 학교를 졸업한 후에도 계속 교육을 실시하기 위한 전략에서 출발하여 최근에는 요람에서 무덤까지 교육을 제공한다는 개념으로 발전해 학교교육을 평생학습의 초기 단계로 보고 있다(강성국, 황정원, 2005). 이에 따라 최근 발표된 OECD 보고서에서는 학교교육과 평생학습의 연계를 강화함으로써 평생학습의 개념을 더욱 확장시키고 있다(강성국, 황정원, 2005). 이러한 평생학습사회에서는 이전의 사회에 비해 다른 지도성을 요구하고 있다. 즉, 교장은 교육공동체 구성원들에게 학습 그 자체를 좋아하고 평생학습사회에 요구되는 교육적 안목과 방법적 기술을 육성시켜 줄 수 있어야 한다. 또한 학교장은 학교 외부의 다양한 인적, 물적, 지식 정보 자원을 효율적으로 활용하고 상호 협력할 수 있는 체제를 구축할 수 있어야 할 것이다(유현숙 외, 2000: 20).

2) 학교 내적 환경의 변화

(1) 단위 학교의 자율 경영 요구 증대

1980년대 이후 중앙집권적 교육 개혁과 학교통치구조(school governance)의 비효율성에 대한 문제가 제기되면서 교육 개혁의 주된 초점은 학교 구성원들이 단위 학교의 의사결정 과정에 참여할 수 있는 제도적 장치를 마련하는 등 단위 학교의 자율성과 권한을 강화하는 데 있다. 이러한 일련의 교육 개혁의 흐름은 단위 학교의 조직과 통치구조의 개혁, 즉 '학교 재구조화'로 규정할 수 있다.

학교 재구조화 맥락에서 논의되는 교육 개혁 방안들은 학교 재구조화의 접근방법(모델)에 따라 다양한데(Elmore, 1990). 이 중 학교단위경영제가 가장 큰 주목을 받고 있다. 학교단위경영제에서 핵심적인 내용은 학교 운영의 권한이 정부, 지역 교육청으로부터 일선 학교로 이양된다는 데에 있다. 즉, 학교 경영의 주요 영역에 대한 결정권이 단위 학교에 부여됨에 따라 학교 운영의 자율성이 확대되고, 지역사회의 특성과 요구에 맞는 학교 경영이 가능하게 된다. 학교단위경영제는 학교 운영에 대한 의사결정의 책임 소재(중앙 또는 지방교육행정기관에서 단위 학교로)와 의사결정 집단의 구성원 변화(학교장 외 학부모, 교사, 지역사회 인사의 참여)를 주요 특징으로 한다(Murphy & Beck, 1995).

학교단위경영제도는 다양한 의미로 해석되어 왔고 그 형태도 나라와 지역에 따라 차이를 보이고 있다. Briggs와 Wohlstetter(1999)에 의하면, 학교단위경영제도는 관련 집단에 따라 각기 다른 목적으로 이해 및 활용되고 있는데 주 정부는 학교 책무성을 증가시키기 위한 방안으로, 지역교육위원회는 학생 성취도를 향상시키기 위한 방안으로, 교원노조는 교사의 권한 강화를 위한 방안으로, 지역사회는 학부모의 참여를 위한 방안으로 활용되어 왔다. 학교단위경영제가 갖는 이러한 다의적인 측면에도 불구하고 학교단위경영제도는 단위 학교의 '자율성'과 '참여적 의사결정'을 기본적 요소로 하는 경영체제라 할 수 있다(David, 1989).

(2) 단위 학교 책무성 증대

수요자 중심 교육은 교육결과에 대한 평가와 확인 등 책무성 개념과 밀접하게 관련되어 있다. 즉, 수요자 중심의 교육 강조는 교육에 대한 모니터링 시스템의 구축과 책무성 강조로 나타나고 있다(유현숙 외, 2000: 26). 이는 구체적으로 학교 평가 또는 교사나 교장 등 개인에 대한 평가를 통해 확인할 수 있다. 우리나라에서는 1997년부터 시·도 교육청 평가의 일환으로 학교 평가가 실시되고 있으며, 교장이나 교사 등 개인에 대한 평가는 최근 기존 근무성적평정제도와는 다른 새로운 교원평가제도가 시범 적용되고 있다.

학교 평가제도 도입 과정에서 제시되었던 학교 평가의 목적은 학교교육의 책무성과 교육의 질을 강화하는 것이었다. 즉, 교육개혁위원회의 5·31 교육개혁방안의 하나로 제시된 학교 평가제도는 학교 간 선의의 경쟁을 유도하고 교육 수요자에게 학교 선택과 진로 선택에 필요한 자료를 제공하기 위한 것이며, 학교 운영 평가결과를 공개하고 평가결과와 행·재정 지원을 연계하여 교육기관의 책무성을 높이고 교육의 질이 향상되도록 하는 데 초점을 두고 있다(교육개혁위원회, 1995). 이후 1998년 국민의 정부 100대 국정 과제의 하나로 '학교교육의 책무성 제고를 위한 학교 평가 강화'가 선정되었으며, 1999년 3월 교육부의 '교육발전 5개년 계획'에 학교종합평가제도가 도입되어 현재 시·도 교육청별 평가가 이루어지고 있다. 최근에는 학교 평가에 단위 학교의 자발성과 특수성(개별성)을 강조하는 컨설팅 개념이 도입되어 맞춤평가 형태로 학교 평가가 이루어지기도 한다.

우리나라에서 학교 평가는 점차 학교교육의 책무성을 강화하는 제도로 정착되고 있으며, 이러한 학교교육에 대한 책무성 확대는 학교장의 학교 경영에 대한 긴장감을 고조시키고 있다(유현숙 외, 2000: 27). 학교 평가에서도 학교장의 비전과 철학을 포함하여 학교장의 역량이 중요한 요인으로 작용하고 있다. 단위 학교의 책무성 증대는 학교장의 학교 경영 방식과 학교장의 지도성에 영향을 주는 주요 요인이 되고 있다.

(3) 수요자 및 다양한 구성원의 요구 반영

1980~1990년대 영국과 미국의 교육 개혁은 작은 정부 지향, 규제 완화, 지방분권화, 개인 간의 경쟁과 책임 강조 등을 특징으로 신자유주의 이념을 기반으로 하고 있다. 이는 일본 등 주요 국가의 교육 개혁에서도 새로운 교육 개혁 이념으로 적용되고 있다(사토 마나부, 2006). 신자유주의의 핵심 가치인 시장경제 논리는 기업, 공공기관은 물론 교육조직에도 적용되고 있는데 구체적으로 수요자 중심 교육으로 나타나고 있다(유현숙 외, 2000).

이러한 수요자 중심 교육의 이념은 구체적으로 수요자의 학교선택권을 확대하는 교육개혁으로 나타나고 있는데, 우리나라에서도 문민정부 이후 교육 개혁의 기본 방향에서 부모의 교육권과 학생의 학습권 개념이 강조되고, 시장 경쟁 개념이 교육에 도입되면서 학교 선택 논의가 확산되어 왔다(교육개혁위원회, 1995). 학교선택제도는 학부모들이 학교를 선택하도록 함으로써 학교 간에 경쟁을 유발시키고, 그 결과 우수한 학교는 더욱 성장하고, 그렇지 못한 학교는 개혁을 추진하거나 문을 닫도록 만든다는 것이다(박상완, 2002).

학부모가 자신의 자녀들을 교육시키는 방법 또는 자녀를 보낼 학교의 유형을 결정할 수 있는 권한을 가진다는 학교선택제도는 공교육 제도에 익숙해져 있는 우리나라에서는 상대적으로 새로운 아이디어라 할 수 있다(박상완, 2002). 그러나 1996년부터 교육 수요자의 선택권을 보장한다는 의미에서 추점에 의한 중학교 배정 방식을 선 복수지원 후 추첨에 의한 배정으로 바꾸거나 고등학교 단계에서도 이러한 방식을 도입하고 있다(유현숙 외, 2000). 또한 자립형 사립고나 특수목적 고등학교와 같은 학교가 늘어나면서 학부모의 학교 선택의 기회는 점차 확대되고 있다. 이와 함께 일부 비평준화 지역에서의 평준화제 도입(경기도 지역)과 평준화 지역에서의 비평준화로의 전환 및 회귀(전북의 일부 지역) 등을 계기로 평준화 제도 자체에 대한 반성과 비판이 제기되면서 넓은 의미에서 학교선택제도는 중등학교 전반의 체제 개편과 연계될 가능성을 가지고 있다. 따라서 학교선택제도는 자녀 교육에 있어 학부모의 권한과 책임, 영향력이 증대하는 것의 의미를 넘어서 학교장의 학교 경영 환경을 변화시키는 주요 요인이 될 것이다.

(4) 학부모 및 지역사회 관계의 중요성 증대

단위 학교의 자율성과 책무성이 강조되면서 단위 학교 구성원의 범위도 확대되고 있다. 특히, 단위 학교 경영제도가 도입되어 학부모와 지역사회 인사가 학교의 주요 의사결정에 참여할 수 있는 기회가 법적으로 보장되면서 학부모와 지역사회의 중요성은 점차 커지고 있다.

우리나라의 경우, 1990년대 중반 이후 각급학교에 학교운영위원회가 설치되어 단위 학교에서 학부모의 역할은 종래 단순한 재정지원(보조)에서 학교 의사결정 과정에의 참여로 확대 및 변화되고 있다. 즉, 학교운영위원회제도는 단위 학교의 자율성 확대와 학부모 · 지역인사의 참여적 의사결정, 교육에 대한 주민자치 정신을 실현하고, 학교 운영의 민주성 및 투명성과 책무성을 강화함으로써 학교재정 지원에 국한되었던 학부모의 역할을 학교의 주요 의사결정 과정에의 참여로 확대하게 되었다. 이와 더불어 학부모의 학력 향상, 사회의 민주화, 교직의 상대적 지위 하락, 학부모 단체의 결성을 통한 학부모의 세력화, 인터넷 발달 등의 환경 변화에 따른 학부모의 권리 의식 향상, 학교교육에 대한 다양한 정보의 공개 및 공유 등 학교교육을 둘러싼 다양한 환경 변화는 단위 학교 내 학부모의 역할과 교장-학부모, 교사-학부모 관계에도 변화를 초래하는 주요한 요인이 되고 있다(신상명, 강원근, 고전, 이명주, 유길한, 박상완, 김용, 윤홍주, 2004).

가정과 학교 간의 성공적인 동반자 관계를 형성하기 위한 단일한 원칙이나 기준은 없을 것이다. 학부모의 학교교육 참여 형태는 가정과 학교에 각기 다른 영향을 미치게 되며, 각 활동이 얼마나 잘 계획되고 실천되는가에 따라 긍정적인 또는 부정적인 효과를 줄 것이다(Lim, 2003). 이 점에서 학교장의 역할, 지도성이 매우 중요하게 부각된다.

학교의 내외적인 다양한 사회 변화는 21세기 학교교육의 방향 자체를 전환할 필요성을 제기하고 있다. 이는 학교를 비롯한 학부모, 지역사회, 산업체, 정부가 함께 만들어 가는 열린 공동체적 교육으로 역량을 결집해 나가는 교육이 되어야 할 것이며, 다양한 방법과 매체를 통해 평생 동안 탐구하는 평생학습사회에 적합한 교육체제가 되어야 할 것이다. 또한 정보화사회, 지식기반사회에서 새로운 지식과 국내외적 변화에 능동적으로 대응하며, 그러한 변화를 폭넓게 수용하는 개방적이고 융통성 있는 교육, 인간과 교육의 본질적 가치를 높이는 인성 중심의 교육, 교육 공급자 중심의 교육에서 학습자와 교육 수혜자의 입장을 먼저 생각하고 교육 수요자의 의견을 교육 활동에 적극 반영함으로써 교육의 효율성을 제고하는 교육 등이 요구된다.

한편, 박병량(2006: 70-73)은 학교 밖의 모든 것을 환경이라고 보고 주요 학교 환경을 간략하게 정리한 바 있다. 박병량(2006)에 의하면, 학교 변화에 영향을 미치는 외부 환경은 인구학적 환경, 자연적 · 물리적 환경, 기술적 환경, 정치적/법적 환경, 경제적 환경, 사회적 환경, 문화적 환경, 교육적 환경 등을 생각해 볼 수 있다. 이를 간략히 정리하면 〈표 2-1〉과 같다.

◆ 표 2-1 ◆ 학교 변화에 영향을 미치는 외부 환경

구분	주요 내용
인구학적 환경	인구학적 조건을 말함. 인구폭증 또는 감소, 노령화, 출산율 저하, 세대 간의 의식 차이
자연적 · 물리적 환경	기후변화, 식량부족, 에너지, 소비자원 고갈, 자연환경 파괴, 공해, 환경오염

구분	주요 내용
기술적 환경	과학기술, 관리기술 포함. 정보화, 유비쿼터스, 생산자동화, 교통수단의 발달, 생명과학의 발달, 의료 발달, 인간 복제
정치적/법적 환경	정치체제의 구조와 과정, 법 규범 체제를 말함. 이념, 입법, 사법부의 판결, 민주화, 지방화, 인권 신장, 시민단체, 남북관계, 국가 정체성, 냉전시대 붕괴, 국제화
경제적 환경	경제체제의 상태를 말함. 국가예산, 개방과 자유경쟁 강조, 세계화, 산업 및 직업구조의 변화, 산업체의 요구, 지식산업, 서비스 산업의 확대, 고용불안, 실직자, 빈부격차, 물가상승
사회적 환경	사회적 구조와 조건 및 사회가치를 포함한 사회적 상태를 말함. 사회적 가치, 핵가족화, 개인화, 인권 존중, 경쟁심화, 생활방식, 소비 형태, 도덕성, 약물 과용, 보육, 아동학대, 여론
문화적 환경	사회문화적 체제의 조건을 말함. 문화가치 증대, 다문화, 여행, 여가 시간 증대, TV, 가상공간의 의사소통, 문화적 동질화, 문화적 패권주의, 문화적 민족주의, 문화 충돌
교육적 환경	교육정책, 교육행정, 교육제도 등을 포함한 교육계의 상태를 말함. 교육정책, 교육부, 지방, 교육행정기관, 교육예산, 사회적 기대, 학생 요구의 다양화, 교원노조, 평생교육, 방과 후 교육, 해외 유학, 학교폭력, 학교 책무성 증대, 학교 감사

출처: 박병량(2006), p. 72의 표 모양을 변경함.

2. 우리나라 교장의 직무 환경

학교장의 학교 경영에 영향을 주는 요인들은 다양하다. 각 국가별로 지식사회, 정보화사회에 대비한 교육 개혁을 추진하는 과정에서 다양한 제도들이 새로 도입되거나 사회 변화에 맞게 변화되고 있다. 특히, 우리나라에서는 5 · 31 교육 개혁 방안이 제시된 이후, 이전의 교육 개혁과는 기본 패러다임을 달리하는 새로운 교육 개혁 과제들이 추진되고 있다. 이는 우리나라 학교장이 직면하는 특수한 학교경영 환경, 직무 환경일 것이다. 이 절에서는 이러한 요인들을 크게 세 가지로 구분하여 검토하였다.

1) 교육공동체 이해당사자 간 갈등 증대

학교장의 학교 경영, 직무에 영향을 주는 주요한 요인으로는 전교조 등 교원노조의 합법화로 인한 복수교원단체의 인정, 학부모 집단의 네트워크화 등 학교공동체 구성원 간 갈등과 긴장이 커지고 있다는 점을 들 수 있다. 교사들의 집단적 의사표현과 영향력이 증대됨에 따라 교원노조 합법화 이전과는 다른 학교 환경을 구성하고 있다. 학부모 단체 또한 정치 세력화되어 사회적 참여와 발언 기회가 커지고 있으며, 학교공동체의 일원으로 학교 경영 과정에 영향력을 행사하고 있다(유현숙 외, 2000: 21).

특히, 교원노조의 합법화, 복수교원단체의 인정은 단위 학교 구성원 간 관계와 학교장의 학교 경영 등에 상당한 영향을 미치고 있다. 지난 1996년 1월 「교원의 노동조합 설립 및 운영 등에 관한 법률」이 제정되고 1999년 7월부터 시행됨으로써 교원노조 활동의 법적 토대가 마련되었다. 교원노조의 합법화 이후 교원단체는 전문직 단체로서 한국교원단체총연합회와 전국교직원노동조합, 한국교직원노동조합 등은 노조로서 이원화되었다. 교원단체들은 교원의 권익과 전문성을 신장하는 동시에 현장 교원들의 대변인 역할을 수행하는 등 전문직으로서 공동목표를 추구하기 위해 단체를 조직함으로써 개인의 힘으로는 달성하기 어려운 목표를 조직과 집단의 힘으로 성취하고자 한다(김기태, 조평호, 2003: 339). 이에 따라 교원단체는 단순히 교원의 목소리를 결집할 뿐만 아니라 정책과정에 일종의 압력단체로서 역할을 한다. 교원 성과급 반납 투쟁, 교육행정정보시스템 시행 반대, 교원평가제 반대 투쟁 등은 교원단체의 집단적 힘을 보여 주는 사례들이다. 교원단체는 최근 정부의 교원정책의 입안과 집행에 있어 가장 중요한 변수로 작용하고 있다.

교원단체의 집단적 압력은 정부 정책의 문제점을 견제하고 적극적으로 교원의 권익을 신장시킨다는 면에서는 긍정적이나 교원단체 간 이견으로 교직사회의 갈등과 분열을 초래한다거나 교원의 배타적 권익에 집착함으로써 반대 단체와 대립하는 등 부정적 측면도 드러나고 있다(이차영, 박찬주, 김영철, 2003: 163). 교원단체는 교원정책을 둘러싸고 정부와 대립할 뿐 아니라 단위 학교 구성원인 학교장이나 학부모와 갈등 관계를 형성하기도 한다. 교사 평가제나 교장 임용제도의 다양화 등 교원 인사제도 개편 논의 과정에서 교원단체, 학부모 단체, 학교장 연합회 등은 각기 다른 입장을 견지함으로써 인사제도 개혁 논의가 중단되기도 하였다(이종재, 한만길, 박상철, 이차영, 엄기형, 박영숙, 2004). 단위 학교 구성원의 자율과 책임 및 참여를 강조하는 최근의 교육 개혁의 기본 방향에 비추어 볼 때, 교원단체의 영향력이나 압력은 지속될 것으로 보인다. 이는 단위 학교 내에서 학교장의 학교 경영 과정과 방식에도 커다란 영향을 미칠 것으로 예상된다. 전통적으로 성직자적 스승상이나 전문직관, 봉사직관에 기초한 교직관이 강하게 작용해 왔던 우리의 학교 문화에서 이익단체, 압력단체로서 교원(단체)을 이해하는 새로운 시각이 요구된다.

2) 학교단위경영제, 학교자율화 확대로 인한 학교 경영 방식의 변화

학교운영위원회는 단위 학교의 자율성과 학교 구성원들의 학교 운영 참여를 제도적으로 보장한 것으로, 학교단위경영제도를 뒷받침하기 위한 핵심적 장치다(김민조, 1997: 2). 학교단위경영제도 실현을 위해서는 학교 내 주요 의사결정체로 학교운영위원회를 설치할 수도 있고, 기존의 조직을 활용할 수도 있다. 그러나 학교단위경영제도를 채택하고 있는 학교들은 학교단위경영제도 실현을 위한 주요 제도적 장치로 다양한 위원회를 설치, 운영하고 있으며(Wohlstetter, 1995) 이러한 제도 중 가장 대표적인 것이 학교운영위원회다.

우리나라에서 학교운영위원회제도(School Governing Committee)는 지난 5 · 31 교육개혁에서 '초 · 중등교육의 자율적 운영을 위한 학교공동체 구축' 방안으로 제안되었다. 1995년도 2학기에 학교운영위원회가 발족되어 전국적으로 355개 학교에 학교운영위원회제도가 시범운영되었다(유현숙, 김홍주, 양승실, 1996). 정부에서는 관련 법 정비를 통해 동 지역에 소재하는 국공립학교는 1996년 4월 30일까지 읍면 지역 소재 국공립학교는 1998년 4월 30일까지 학교운영위원회를 구성하도록 의무화함으로써 1999년에는 전국의 모든 국공립 초 · 중등학교에 학교운영위원회가 설치되었다. 2000년에는 「초 · 중등교육법」 개정으로 사립학교를 포함하여 전국의 모든 초 · 중등학교에 학교운영위원회가 설치되었다.

학교운영위원회제도는 학교 구성원 간 학교교육에 대한 권한과 책임을 공유하며 관련 집단의 참여를 통해 단위 학교 자치를 실현하고 학교공동체를 구축하기 위한 방안의 하나로 제안된 제도다(유현숙 외, 1996). 이는 일선 학교의 운영과정에서 대부분의 의사결정이 학교장, 교감 등 소수에 의해 폐쇄적으로 이루어지고 있어 교사, 학부모, 학생, 지역사회 인사들이 참여할 수 있는 개방적 학교 운영 풍토가 마련되지 못하였다는 비판에 근거해 있다. 또한 학교운영위원회제도는 교사와 학생, 그리고 학부모가 학교의 운영과정과 주요 의사결정에 참여함으로써 단위 학교의 자율성을 높이는 동시에 그에 대한 책무성을 강화하고, 구성원들의 학교 운영 참여를 제도적으로 보장하기 위한 제도라 할 수 있다.

그러나 한편으로 학교운영위원회 운영과정에서 학교장과 교사, 학부모, 또 교사와 학부모 간의 위계적 관계로 인해 실질적인 참여적 의사결정이 이루어지지 못하고 있으며, 경우에 따라 교장과 교사, 교사와 학부모 등 집단 간 갈등과 대립이 나타나기도 한다(정수현, 박상완, 2005). 종래 학교 경영에서 독점적 권한과 책임을 가지고 있던 학교장은 학교운영위원회제도 도입으로 교사, 학부모, 지역사회 인사들과 의사결정을 공유해야 하는 새로운 변화에 처해 있다. 학교장 중심의 관료적, 위계적 문화가 강하게 작용해 왔던 우리나라 학교조직의 특성에 비추어 볼 때(진동섭, 정수현, 박상완, 나민주, 김병찬, 박진형, 박인심, 김민조, 김진수, 박지웅, 이승복, 이은주, 한점숙, 2005), 이는 우리나라 학교장이 직면하고 있는 주요한 학교 경영 환경이라 할 수 있다.

3. 학교장 역할과 직무의 변화

새로운 환경 변화에 대응하여 학교 발전과 혁신을 이끌어 가기 위한 학교장의 역할과 중요성이 최근 들어 더욱 강조되고 있다. 이 절에서는 학교장의 역할과 직무의 중요성에 대한 기존의 주요 논의들을 검토하고 이를 기초로 학교 내외적인 환경 변화로 인해 그들에게 새롭게 요청되는 역할 및 직무는 무엇인가? 학교장의 다양한 역할 가운데 어떤 역할이 더욱 중요하게 부각되고 있는가? 학교 내외의 새로운 변화를 성공적으로 관리하고 학교 발전을 이끌어 가기 위해 어떤 자질과 능력을 갖추도록 요청받고 있는가? 등에 대해 검토하고자 한다.

1) 학교장 역할과 직무의 중요성 증대

21세기 지식기반사회에서 학교교육의 질을 결정하는 중요한 변수로서 학교장이 새롭게 주목받고 있다. 1990년대 들어 교육 수요자의 학교 선택권 확대, 단위 학교의 자율적 경영 요구 증대, 학교교육의 책무성 강조 등 학교 재구조화 및 학교 개혁이 강조되면서 급격한 사회적 · 교육적 환경 변화에 대응하여 학교장이 적절한 리더십을 발휘할 수 있도록 학교장의 자질, 역할, 책임 등을 새롭게 규명해야 한다는 요청이 증대되고 있다.

학교교육의 성과(주로 학생의 학업 성취도로 측정) 측면에서 학교장이 중요한 변수라는 점은 1980년대의 효과적인 학교 연구에서부터 강조되어 왔다(Hallinger, 1992; Hallinger & Heck, 1996). 특히 학교 효과성 연구에서는 학교장은 학생의 학업 성취도에 영향을 주는 주요 변인이며, 교육적 전문성의 주요한 원천으로 밝혀졌다. 즉, 학교 장이 교사나 학생들에 대해 높은 기대 수준을 유지하고, 교실 수업에 대한 장학과 학교 교육과정을 조정하는 등의 역할을 하는 학교는 학생의 성취수준이 높은 효과적인 학교로 이해되었다(Hallinger, 1992; Marks & Printy, 2003).

또한 교사의 교직만족도나 사기, 헌신 등은 학교장의 지도성, 의사결정, 의사소통 방식 등에 영향을 받는다(Hallinger, 1992; Hoy & Miskel, 1996; 2005; Barber, 2006). 즉, 학교장은 교사의 직업 생활만족도와 학생 성취에 영향을 미치며(Marks & Printy, 2003: 372), 또한 교사의 헌신을 증가시키거나 저해하는 조건을 만든다. 특히, 교사 헌신과 관련되어 있는 학교장의 행위는 학교의 목적을 명료화하고, 교사들에게 적절한 피드백을 제공하고 동료 간 협력관계를 만들고, 수업의 장애 요인을 최소화하고, 조직의 신뢰성(organizational dependability)을 향상시키는 것 등을 들 수 있다(Firestone, 1990). 우리나라에서도 최근 실증적인 자료를 기초로 학교장이 학교조직의 효과성, 교사의 교직헌신, 사기, 교직 만족도 등에 영향을 미치는 주요 변인이라는 점을 지적하는 연구들이 발표되고 있다(천세영, 황현주, 1999; 주삼환, 신현석, 윤인숙, 1999; 유길한, 2005, 2006; 주영효, 2006).

1990년대 이후 학교 재구조화나 학교 개혁 논의에서도 학교장은 학교 개혁과 학교교육의 성과를 산출하는 주요한 요인으로 여전히 강조되고 있다(Marks & Printy, 2003). 단위 학교의 자율과 책임 강화, 학부모의 학교 선택권 확대, 학교장을 중심으로 한 학교 구성원과 지역사회 간의 교육공동체 구성 등이 주요 개혁 과제로 제시되면서 학교장의 역할은 단순한 행정적 · 관리적 기능(management)뿐만 아니라 학교교육의 목표를 분명히 하고 혁신적 학교 개혁 방안을 수립하고 이끌어 가는 새로운 지도자로서의 역할이 강조되고 있다(Leithwood & Jantzi, 2000; Davis, Darling-Hammond, LaPointe, & Meyerson, 2005; OECD, 2005).

2) 학교장에게 새롭게 요청되는 역할과 자질

최근 정보화사회, 지식기반사회 등 새로운 사회 변화에 대응하기 위한 교육 개혁이 활발하게 추진되면서 수요자 중심 교육, 학교단위경영제 등이 새로운 교육 패러다임으로 부각되고 있다. 학교단위경영제는 단위 학교 경영에 있어 학교 구성원의 참여와 의사결정의 공유, 단위 학교의 자율적 운영과 책무성 강화 등을 기본 이념으로 하고 있다. 이와 더불어 교육에서 학부모나 학생의 의사가 존중되고 보호되는 수요자 중심의 교육이 강조되고 있다. 이러한 학교 경영 환경의 변화는 과거와는 다른 새로운 학교장의 역할과 지도성을 요구하고 있다(유현숙 외, 2000).

일반적으로 역할은 어떤 지위에 대해 기대되는 행위로 자신의 욕구와 태도 및 역할에 대한 인식, 중요한 타인(학생, 교사, 학부모, 상급자)의 기대, 그리고 여러 가지 사회적 요인(인구적 변화, 경제 상태, 정보의 영향, 뉴스매체와 교육공학과 기술) 등에 따라 영향을 받는다고 할 수 있다(주삼환, 2005). 최근 학교장 임용제도의 다양화나 교원평가제 등이 논의되면서 단위 학교 구성원 간에 교장의 자질과 역할에 대한 인식에 큰 차이가 있음을 확인할 수 있다. 이에 따라 단위 학교 내에서 교장과 교사의 관계, 교장의 권한의 범위와 한계, 교장 선발 방법(누가 참여할 것인가, 무엇을 기준으로 평가할 것인가 등)에서 많은 차이를 보인 바 있다(한만길, 2005).

학교장의 역할과 자질에 대한 논의는 최근의 교육 개혁 과정에서 더욱 활발하게 이루어지고 있다. 이는 최근의 교육 개혁이 단위 학교의 자율성과 책무성을 강화하고 다양한 구성원의 참여를 보장 및 지원하는 학교단위경영제 이념에 기초해 있고, 교장의 자격과 임용, 평가 등 학교장의 인력 풀의 특성에 직접적으로 관련되는 다양한 제도들이 도입(예정)되고 있기 때문이다. 이러 한 교육 개혁 과정이나 사회 변화 과정에서 새롭게 요청되는 학교장의 역할은 몇 가지 측면에서 검토해 볼 수 있다.

첫째, 학교 내외의 역동적이고 급격한 사회 변화에 대응하고 이에 적절한 학교 경영 능력을 갖출 필요가 있다. 이를 위해 Davies(1997)는 학교장은 지구촌 환경에 대한 이해, 조직에 대한 조망, 개인에 대한 조망이 필요함을 지적하고 있다(유현숙 외, 2000: 5에서 재인용). 이는 우리나라 학교장이 갖추어야 할 핵심적인 역할, 자질이라 할 수 있다. 즉, 사회 변화에 대한 이해, 이러한 변화에 대비하여 학교조직을 어떻게 변화시키고 이끌어 갈 것인가, 이 과정에서 학교 구성원들의 역할의 범위와 한계는 무엇이며, 구성원의 협력과 참여를 이끌어 내고 지원하기 위해서는 무엇을 해야 할 것인가 등의 문제에 대한 조망과 실천 능력을 갖추어야 할 것이다.

둘째, 단위 학교 내에서 학교장은 지식경영자로서의 역할이 더욱 강조될 필요가 있다. 지식기반사회에서 요구되는 교사, 학생의 자질과 능력은 기존의 산업사회와 큰 차이를 보인다. 정보화, 지식기반사회의 진전으로 지식구조와 내용은 크게 변화되고 있으며, 새로운 형태의 지식과 경험이 강조됨에 따라 학교 교육과정 운영의 방향과 내용도 달라질 것이다. 또한 학교는 평생학습사회에서 주요 학습조직, 단위로 기능하게 될 것이다. 이러한 변화에 대비하여 학교장의 학교 경영은 기존의 물리적, 인적 자원에 대한 관리와 지원에서 나아가 지식경영 마인드에 기초한 학교경영자로서의 역할이 요구된다.

셋째, 다양한 구성원들의 의견을 수렴하여 학교를 민주적, 전문적으로 관리하고 지원하는 것이어야 한다(한만길, 2005). 즉, 학교 구성원의 의사를 반영하여 효과적으로 학교를 경영하기 위해서는 민주적인 지도력과 조정자로서의 역할이 요구된다. 학교단위경영제로 다양한 구성원의 학교 의사결정 과정에의 참여가 법적, 제도적으로 보장되고 있고, 교원노조의 합법화, 학부모 단체의 세력화, 학생의 학교 참여 요구 증대 등 학교 경영 참여자들의 범위는 확대되고 요구는 더욱 강해지고 있다. 이러한 과정에서 학교장에게 요구되는 중요한 역할, 자질은 다양한 학교 구성원들의 의견을 청취하고, 조정하고, 협력을 이끌어 내는 조정자, 중재자라 할 수 있다.

넷째, 현대 사회에서는 학교조직의 지도자로서 교장의 역할이 크게 요구된다. 즉, 학교장은 학교 내에서 행정 전문가이며 학생을 잘 가르치고 좋은 교육 프로그램을 구성할 수 있는 교육전문가, 민주적인 지도력과 조정자, 갈등 해소의 협상가, 미래 세계 창출의 민주적 변혁지향자, 고객의 만족도를 지향하는 교육서비스 제공자, 학부모, 지역사회, 관계 기관과의 상호 협력체제로서의 학교 대변자, 장학의 새 지평을 여는 컨설턴트 등 다양한 형태의 역할이 요구되고 있다. 이러한 역할을 수행하기 위해서는 관리자가 아닌 지도자가 되어야 할 것이다.

3) 학교장이 직면하고 있는 새로운 도전과 과제

학교장의 역할과 직무수행에 영향을 미치는 교육 내외적 요인들은 매우 다양하다. 학교를 성공적으로, 효과적으로 운영하기 위해 학교장은 새로운 사회 변화를 깊이 인식하고 이러한 변화들에 적절히 대처하고 그에 적합한 능력과 자질을 갖추어야 할 것이다.

그러나 학교장에게 요구되는 다양한 역할을 수행하는 데에는 제도적 한계를 비롯하여 다양한 문제들이 존재한다. 이러한 문제는 상호 관련되어 있으나 크게 두 가지로 유형화할 수 있다. 첫째, 학교장의 역할, 직무 등에 대한 명확한 규정이나 합의가 이루어져 있지 않다는 점이다. 예를 들어, 학교단위경영제가 도입되면서 학부모, 교사, 지역사회 인사 등 다양한 구성원들의 참여가 보장되고 있으나 이 과정에서 학교장의 역할, 학교장의 권한의 범위와 한계가 무엇인가에 대해서는 명확하게 규정되어 있지 않다. 학교단위경영제는 학교장 중심의 행정적 통제 모형을 취할 수도 있으며, 학부모나 지역사회 인사 중심의 지역사회 통제 형태가 될 수도 있다(Murphy & Beck, 1995: 41-46). 우리나라의 경우 두 가지 모형이 애매한 형태로 상존하고 있다. 중요한 점은 단위 학교 경영에서 학교장의 역할과 직무는 무엇인가, 학교장이 반드시 해야 할 역할과 책임은 무엇인가, 교사나 학부모의 역할은 무엇인가 등에 대해 보다 명확한 규정과 합의가 필요하다.

둘째, 학교 경영에 대한 평가와 책임소재가 명확하지 않다는 점이다. 단위 학교의 자율성과 책무성이 강조되면서 학교장의 학교 운영에 대한 책임은 더욱 과중해지고 있다(유현숙 외, 2000: 6-7). 학교 평가가 일반화되어 가고 있으며, 학교 평가의 상당 부분은 학교장 평가와 연계하여 이루어질 뿐 아니라 학교장 평가도 시행될 예정이다. 학교 경영에 있어 학교장에게 요구되는 책임은 커지고 있으나 실질적으로 학교장의 권한은 참여적 의사결정이나 다양한 구성원의 참여 논리에 따라 점차 축소되고 있다. 학교단위경영제하에서 학교장과 교사, 학부모들은 의사결정의 과정은 공유하지만 책임은 학교장에 부과되어 있다. 학교운영위원들은 의사결정에서 참여할 권한을 누릴 뿐 학교운영위원회의 결정이 그대로 시행되었을 때의 결과에 대한 책임은 학교장이 부담한다(정수현, 박상완, 2005).

교장의 권위적이고 독단적인, 또 폐쇄적인 학교 운영은 개혁되어야 할 것이다. 그러나 단위 학교 내에서 교장직의 전문성과 권위는 확고하게 정립될 필요가 있다(박상완, 2004). 단위 학교의 자율성과 재량권이 커지고 있고, 학교운영위원회 등 교사뿐 아니라 학부모, 더 나아가 지역사회의 협력과 참여를 이끌어야 하는 학교장의 역할을 감안할 때 더욱 중요한 과제다.

4. 교장 리더십의 책임 영역

학교에서 교장은 리더십을 발휘하는 핵심 주체다. 그러나 최근 학교 내외적 환경이 복잡해지고 학교의 역할, 기능도 다원화되면서 학교에서 리더십 발휘는 교장 혼자만의 책임이나 과업이 아니라는 점에서 학교 리더십(school leadership)이라는 개념이 제시되고 있다. 이는 특히 OECD를 중심으로 2007~2008년에 걸쳐 회원국을 대상으로 추진된 '학교 지도성 개선(improving school leadership) 프로젝트'에서 잘 드러나고 있다. 경제협력개발기구라는 성격을 잘 보여 주듯 '학생의 성취도 향상'과 관련이 있는 학교 리더십의 핵심 책임 영역을 구체화하고 있는데, 이는 크게 네 가지로 정리할 수 있다(Pont, Nusche, & Moorman, 2008).[3]

1) 교육과정 관리 및 교사 지원, 평가, 계발

대부분의 국가들에서 학교 지도자의 가장 중요한 역할과 책임은 학생의 성취도를 개선하고 모든 학생들이 일정한 수준의 성취를 이룰 수 있도록 지원하고 지도하는 것이다. 이를 위해 학교 지도자가 수행하는 역할, 책임은 학생을 가르치는 교사의 질을 관리하고 이들의 전문성을 개발하도록 하는 것이다. 이와 관련된 학교 지도자의 중요한 역할, 책임으로는 학교 교육과정 및 교수 프로그램의 관리, 교사 평가, 직원의 능력 계발, 학교 내 협력 학습을 위한 풍토 및 여건 조성 등을 들 수 있다(Pont et al., 2008).

- 교육과정 및 교수 프로그램 관리: 교육과정, 교수 프로그램 결정 및 관리 면에서 단위 학교의 자율성, 학교 지도자의 결정권을 확대할 필요가 있다는 주장은 학교의 교육과정 결정권과 학생 성취도 간에 긍정적인 상관관계가 있음을 밝히고 있는 연구들에 의해 뒷받침되고 있다. 교육과정 및 교수 프로그램 결정 및 운영 면에서 학교 지도자들의 권한과 책임의 정도는 OECD 국가에 따라 차이가 있다. OECD의 학교 지도성 개선 프로젝트에 참여한 대부분의 국가에서는 국가 수준의 핵심 교육과정이나 교육과정 틀을 정하고 있으며, 이러한 국가 정책은 지방 수준에서 구체화되고 다시 학교 수준에서 학교 교육과정과 수업을 적용하는 것은 학교 지도자들의 역할로 되어 있다. 이에 따라 학교 지도자들은 학교 교육과정 내용을 설계하고 순서를 정하며, 교수와 수업 자원을 조직하고 질을 관리하는 방법을 결정하는 등 교육과정 및 교수 프로그램을 관리 및 운영한다.
- 교사 모니터링과 평가: OECD 국가들에서 공식적인 교사 평가 기제가 있는 국가들

3) 이 절은 주현준, 김민희, 박상완(2014: 240-244)에서 저자가 작성한 부분을 재정리한 것이다.

이 다수이기는 하지만, 교사 평가의 형식, 내용, 결과 활용 등은 국가에 따라 상당한 차이가 있다. 교사 평가 기제가 있는 국가들에서 교사 평가는 학교 질 관리, 학교 발전, 교사의 전문성 개발 과정의 일환으로 수행되고 있으며, 이 과정에서 학교 지도자들은 중요한 책임을 부담하고 있다. 그러나 학교 지도자의 교사 평가 및 모니터링 역할, 책임과 관련하여 논란이 있는 점도 주목할 필요가 있다. Pont, Nusche와 Moorman(2008)도 지적하고 있듯이, 학교 지도자들이 교사의 수업을 관찰하고 피드백을 제공하는 것이 학생 성취 개선과 상관이 있다는 연구들이 있지만, 이들이 교사 평가 및 모니터링을 할 수 있는 시간과 역량이 충분하지 않으며, 또 적절한 훈련과 도구가 부족하다는 문제도 제기되고 있다. 따라서 교사 평가 및 모니터링 책임 수행을 위해 학교 지도자들은 관련 전문성을 개발하고, 적정한 시간을 확보할 필요가 있다.

- 교사 전문성 개발 지원: 학생의 성취도 향상과 가장 밀접하게 관련되는 학교 요인들은 교사의 질이라 할 수 있다. 학교 지도자들은 교사들의 전문성 개발 프로그램을 제공하고 교사의 전문적 학습과 발달을 증진시키는 데 핵심적인 역할을 한다(Pont et al., 2008). 또한 학교 지도자들은 지역이나 학교 상황에 적합하고, 학교 발전 목표와 교사의 요구에 부합하는 교사 전문성 개발을 제공한다. 이와 더불어 학교 지도자는 교사 훈련 및 전문성 개발에 소요되는 예산을 효율적으로 관리하고 교사들에게 의미 있는 전문적 학습 기회를 제공하고 조정한다.
- 협력적인 문화 조성: OECD 국가들에서 학생의 학습에 초점을 두는 협력적인 직무 문화를 조성하는 것이 점차 중요하게 부각되고 있으며, 이는 학교 지도자들의 핵심 책임의 하나로 인식되고 있다. 전문적 학습공동체, 조직 학습 등의 개념이 발달하면서 가르치는 일은 단절된 학급 내에서 혼자 하는 기예이기보다는 동료 간 협력, 공동 책임과 목표 공유 등이 중요해지고 있다. 학교 지도자는 교사들 간 지속적인 대화를 장려하고 협력을 조장하기 위한 자원을 제공하고 교사 간 신뢰를 증진시키는 데 중요한 역할을 한다.

2) 학습목표 설정, 평가 및 책무성 체제 개발

명확한 목표를 설정하고 평가에 초점을 두는 학교 지도성은 학생의 성취에 긍정적인 영향을 미친다. 학교 지도자들은 교사들이 학교의 학습목표와 성취 기준에 맞추어 수업을 하도록 지원하고 학교 내외부의 책무성 제도를 결합시키는 데 역할을 한다. OECD 국가들에서 사용되는 책무성 체제로는 장학, 학교 자체 평가, 학생 성취도 측정(표준화 시험이나 국가시험) 등이 있다. 또한 책무성 제도가 학생의 학습에 긍정적인 영향을 미치도록 하기 위해 학교 지도자는 학교 평가나 학생 평가를 통해 얻은 정보를 교수-학습에 활용하고, 적절한 개선 전략을 계획, 구상하며, 책무성 데이터 분석 및 활용 시 교사의 참여를 보장한다.

3) 인적, 재정적 자원 관리

학교 자율화가 확대되면서 학교의 자원 관리에 있어 학교 지도자의 역할과 책임이 커지고 있다. 학교 지도자는 교수-학습 개선에 초점을 두고 학교의 인적, 재정적 자원을 전략적으로 활용한다.

- 인적 자원 관리: 학교 수준에 부여된 교사 임용 및 해고 권한은 국가에 따라 상당한 차이가 있다. 교사 임용 및 해고 권한이 없는 경우, 학교 수준의 인적 자원 관리는 대체로 교사의 전문성 개발 지원, 교사 배치, 교사 평가 책임과 연계된다. 또한 학교 지도자는 학교에 근무하는 비정규직원의 채용, 인사관리(보수, 근무여건 등) 등에 책임을 진다.
- 재정 자원 관리: 학교예산 운영의 자율성 정도는 국가에 따라, 학교 유형에 따라 상당한 차이가 있으나 대체로 학교 내에서 주어진 예산을 어떻게 분배할 것인가에 대해서는 학교에 재량이 부여되어 있다. 따라서 학교 지도자는 학교 내 예산 편성과 배분에 책임을 지며, 이에 관련된 전문적 훈련과 전문성을 함양한다. 또한 학교 지도자는 건물의 유지 및 보수 등 학교의 각종 자산 및 시설 관리를 책임진다.

4) 학교의 경계를 넘어선 지도성

최근 학교 지도자들에게 추가된 역할은 다른 학교나 지역사회와의 협력, 네트워크다. 학교 지도자들은 지방, 국내, 국제 수준에서 다른 학교, 지역사회, 산업체, 사회기관, 대학, 정책결정자들과 네트워크를 형성하고, 자원을 공유하며, 상호 협력한다. 이를 통해 학교 지도자는 전문적 학습, 상호 협력을 통한 학교 발전, 아동의 성취와 복지에 관심을 가진 사람들 간 응집력을 강화시키는 역할을 한다.

OECD의 학교 지도성 개선 프로젝트에 기반하여 도출된 학교 지도성 책임 영역은 앞 절에서 제시한 각국의 지도성 기준(영역)을 포괄하고 있으며, 오늘날 학교 지도자들이 담당하는 핵심 과업, 책임을 잘 보여 주고 있다. 또 이들 네 가지 책임 영역은 상호 연관되어 있으며, 학교의 규모, 유형이나 지방, 국가의 여건, 맥락에 따라 개별화될 수 있다(Pont et al., 2008).

제3장

조직으로서의 학교

이 장은 학교의 특징을 이해하기 위한 이론적 틀과 조직으로서 학교에 관련된 주요 이론과 논의들을 다룬다. 먼저, 조직으로 학교를 이해하는 기본 틀과 Hoy와 Miskel(2005)이 정리한 공식적 조직으로서 학교사회체제 모델, 조직이론과 행정이론 접근의 통합 모델을 제시한 Tyler(1988/1997)의 학교조직 연구의 분석 틀을 검토한다. 이어 학교조직의 특징을 설명하는 두 가지 대표적인 이론(관점)인 합리적 관료제와 느슨한 결합체제론을 분석하고, 이들 이론에 기초하여 '학교에서 자율과 통제'를 학교의 주요 의사결정 영역에서 교장과 교사 간의 상대적 자율성 측면을 검토한다.

1. 학교조직 이해의 틀

학교조직의 특징을 설명하는 이론적 관점과 분석 틀은 연구자에 따라 다양하게 제시되고 있다. 이 절에서는 우리나라 교육행정학 분야(입문서)에서 널리 인용되고 있는 Hoy와 Miskel(1996, 2005)의 사회체제적 관점과 Tyler(1988/1997)의 통합 모델을 분석한 진동섭 외(2005)의 연구를 제시한다.

1) 공식적 조직으로서 학교 사회체제

조직은 특정한 목적을 성취하기 위해 집단적인 노력이 요구될 때, 개인들의 활동을 조정하고 다른 사람들의 참여를 유인하기 위해 설계되고 만들어진다(Hoy & Miskel, 2005: 23-24). Hoy와 Miskel(2005)은 공식적 조직(formal organization)으로서 학교 사회체제 모델을 제시하면서 학교조직의 핵심 구성 요소를 구조적인 측면, 인적 측면, 문화적 측면, 정치적 측면 등 네 가지로 제시하고 있다. 학교조직 구성 요소 및 이들 간의 관계는 [그림 3-1]과 같다.

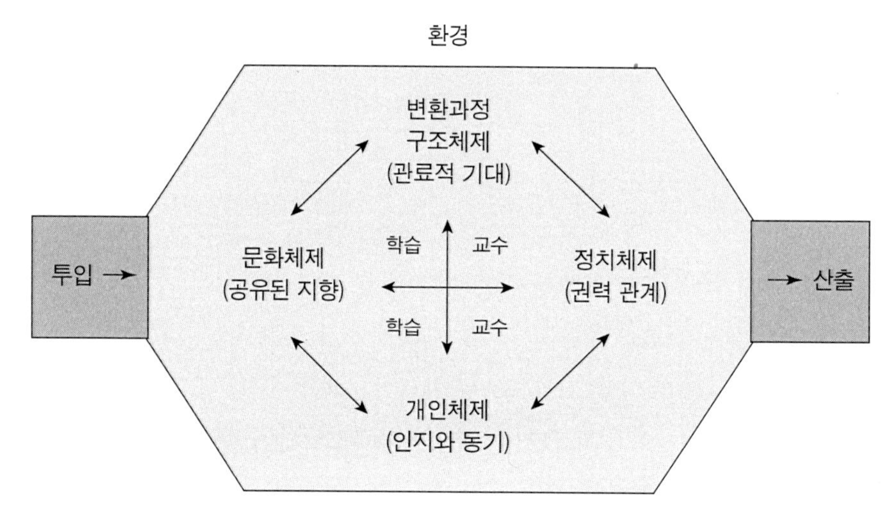

◆ 그림 3-1 ◆ 학교 사회체제의 내부 구성 요소

출처: Hoy & Miskel(2005), p. 24.

공식적 조직에서 개인의 행동은 구조적, 개인적 요소뿐 아니라 문화적, 정치적 요소의 영향을 받는다는 점을 나타내고 있다. 여기서 구조는 조직의 목적 달성을 위해서 설계되고 조직된 공식적, 관료적인 기대로 정의된다. 개인은 욕구, 목적, 신념, 역할에 대한 인지적 이해 측면에서 파악되며, 이러한 개인은 조직의 목적 성취를 위한 에너지와 역량을 제공한다. 문화는 조직 참여자들이 공유하는 지향성으로, 조직에 정체성을 제공한다. 정치는 다른 통제체제에 저항하기 위해 나타나는 비공식적인 권력관계의 체제다(Hoy & Miskel, 2005: 24). 체제 내 모든 요소들과 이들 간의 상호작용은 외부 환경 요인에 영향을 받으며, 사회체제로서 공식적 조직은 생존하고 번성하기 위해 적응, 목표 달성, 통합, 잠복기(침체기) 등의 문제를 해결해야 한다.

공식적 조직으로서 학교는 조직이 설정한 공식적 요구와 의무인 관료적 기대와 역할(bureaucratic role), 직위의 위계, 규정과 규칙, 전문화(specialization) 등으로 구성되는 구조를 가지고 있다. 학교에서 교장, 교사, 학생의 역할은 구분되며, 이러한 역할, 지위에 맞는 서로 다른 기대가 있다. 규정과 규칙은 학교 내 의사결정의 지침이 되며, 조직의 합리성을 증진시킨다. 또한 학교 내 개인의 과업은 세분화, 전문화되어 있다. 예를 들어, 교사는 학생의 학습을 계획하고 지도할 의무를 지며, 교장의 역할은 교사나 학생의 역할과 구분되어 있다. 이러한 학교조직의 구조는 학교의 운영을 촉진하거나 방해하기도 하며, 구성원의 조직 행동에 영향을 미친다.

조직의 구조적인 요구, 즉 공식적 지위, 관료적 기대와 별개로 조직에서 개인은 개인적인 욕구, 신념, 역할, 과업에 대한 인지적 이해를 갖고 있다. 개인의 욕구는 직무 행동을 동기화시키는 기본적인 힘을, 인지는 직무를 이해하기 위해 개인이 사용하는 정신적 표상을 말한다. 조직에서 개인들은 자신이 하는 직무에 대해 유의미한 표상을 만들기 위해 노력한다. 개인의 욕구, 신념, 이전의 경험, 이해 등은 구성원이 자신의 직무를 수행하는 토대가 된다. 또한 조직에서 구조적인 요소와 개인적인 요소는 상호 밀접하게 연계되어 있어 개인의 행동은 관료적인 역할 기대(구조적 측면)와 구성원의 성향(개인적 측면)의 상호작용적 함수 관계로 이해할 수 있다.

학교조직의 구성 요소로서 정치적 측면은 조직 내 경쟁하는 집단 간의 권력 관계를 통해 드러난다. 이러한 권력 관계는 정치적 전술, 게임, 교섭, 갈등 등 다양한 방식으로 전개되며, 구성원들은 조직 내 정치적 권력 관계에 개입하지 않을 수 없다. 이에 따라 조직생활을 이해하기 위해서는 합법적, 비합법적인 권력 형태는 물론 공식적, 비공식적 권력 관계를 파악할 필요가 있다.

문화는 조직 구성원들이 상호작용하는 과정에서 공유하는 가치, 규범, 신념, 사고방식을 지향하며, 조직은 각자 고유한 문화를 가지고 있다. 이러한 문화는 조직과 조직을 구별해 주고 구성원이 조직 정체감을 갖게 해 준다. 또한 문화는 구성원들이 자신을 넘어서는 신념과 가치에 헌신하게 만들며, 행동에 영향을 미친다. 공식적인 조직에서 개인의 행동은 구조적 요소, 개인적 요소의 영향을 받을 뿐 아니라 조직에서 형성되는 가치, 공유되는 지향성 등 조직문화의 영향을 받는다.

2) 조직이론과 행정이론 접근의 통합

조직을 연구하기 위한 방법(관점)으로 Tyler(1988/1997), 진동섭 외(2005)는 조직이론적 접근방법과 행정이론적 접근방법의 통합을 제시하고 있다. 여기서 조직이론은 조직의 본질과 특성에 관련된 분석적 문제를 다루는 데 초점을 두며, 행정이론은 조직들이 어떻게 운영되고, 또 운영되어야 하는가와 같은 운영 및 관리에 관한 실천적 문제를 다룬다는 점에서 구분된다(진동섭 외, 2005: 15). 이는 Foster(1986)의 조직이론과 행정이론 구분의 필요성 논의에 근거한 것으로, Foster는 기존의 조직이론이 조직의 본질과 특성을 분석하는 '조직이론'과 행정 및 관리에 관한 이론인 '행정이론'을 구분하지 않음으로써 관리 지향적으로 발전되었음을 비판하고, 양자를 구분함으로써 조직이론의 발전이 필요하다고 보았다.

유사한 맥락에서 진동섭 외(2005: 16)는 근대 이후 학교에 대한 일차적인 관심은 학교조직 그 자체에 대한 것이기보다는 학교를 효율적으로 운영 및 관리하는 데 있었으며, 그 결과 학교조직에 관한 연구도 이론적 분석보다는 학교의 효율적 조직과 운영에 관한 실천적, 행정적 처방에 집중되었던 것으로 보았다. 특히, 행정이론 관점에 기초한 학교조직 연구들이 학교의 생산성과 효율성이 낮다는 문제를 제기하면서 1970년대 학교 효과성 연구의 발달, 학교조직 연구와 실제가 긴밀하게 연계됨으로써 학교의 현실적인 문제를 해결하는 데 초점을 둔 것으로 평가하였다. 반면, 학교에 대한 조직이론적 관심, 즉 학교조직의 개념, 구조, 행위, 과정, 구성원리 등에 대한 이론적 분석은 상대적으로 적었다는 점에서 학교조직이 가진 고유한 특성을 개념화하고 이론으로 체계화하는 일은 부족하였다는 점을 문제로 제기하였다.

이에 따라 진동섭 외(2005)는 Tyler(1988/1997)의 학교조직 연구의 분석 틀을 토대로 학교조직의 요소를 구조적 측면과 구성원의 활동 측면으로 구분하고, 학교조직의 구조와 활동을 연결시켜 주는 중요한 요소로서 '결합' 개념을 통해 조직이론과 행정이론의 통합적 접근을 시도하였다. Tyler(1988/1997)는 학교의 조직적 특성이 구조적 느슨함에 있으며, 이에 관한 이론적 입장에 따라 학교조직 연구의 관점을 구분할 수 있다고 보았다. 이에 따라 그는 학교의 공식적 조직 요소 간의 연계 강도와 공식적 · 비공식적 조직 요소 간의 연계 강도라는 두 가지 분석 차원에 따라 4가지 접근방법을 제시하였다.

여기서 조직 구조의 공식적 요소란 목표, 역할, 기술 등을 말하며, 비공식적 요소란 일상적인 만남의 상황에서 직접적 상호작용을 의미한다. 네 가지 접근방법(모델)은 조

공식적 요소 간의 연계 강도

공식적·비공식적 요소 간 연계의 강도		낮음	높음
	높음	**느슨한 결합 모델** (조직화된 무정부 상태로서의 학교)	**공식적 조직이론** (합리적 체제로서의 학교)
	낮음	**해석학적 접근방법** (상호작용 장소로서의 학교)	**구조주의적 접근방법** (구조화 원리의 실현으로서의 학교)

◆ 그림 3-2 ◆ Tyler의 학교조직 연구의 분석 틀

출처: 진동섭 외(2005), p. 21.

직 요소 간 연계의 복잡성 정도에 차이가 있는데, 복잡성 수준이 가장 낮은 것에서 높은 순으로 보면, 공식적 조직이론, 느슨한 결합, 해석적 접근방법, 구조주의적 접근방법이다. Tyler 분석틀은 학교의 고유한 조직 특성을 이해하기 위해서 조직 요소 간의 연계, 느슨함의 정도와 양상에 주목해야 함을 강조하는 특징을 가지고 있다. 이는 조직구성 요소 간 관계에 초점을 두고 있다는 점에서 구조적 측면에서 조직을 이해하는 관점으로 분류할 수 있다.

진동섭 외(2005: 21)의 연구에서 학교조직을 구조와 활동으로 나누어 접근하는 이유는 학교조직을 구성하는 다양한 요소들과 그 관계를 구분할 수 있을 뿐 아니라 학교조직 연구의 다양한 접근과 관점을 정리할 수 있는 틀이기 때문이다. 또한 이 연구에서는 학교의 구조적 측면을 이해하는 데에는 합리적이고 체계적인 측면을 강조하는 전통적인 공식적 조직이론의 방법(예: 관료제, 사회체제이론)과 변화하고 역동적인 특성을 강조하는 느슨한 결합 모델의 방법이 동시에 유효하다고 본다(진동섭 외, 2005: 22).

그러나 진동섭 외(2005)가 제시한 조직이론과 행정이론 구분은 다소 모호할 뿐 아니라 이러한 구분의 필요성과 학교조직의 구조적 측면과 활동적 측면 구분 간의 연계 논리, 또 구조와 활동을 연결하는 요소로 '결합' 개념의 위상 등은 다소 모호하다. 또한 구체적으로 조직이론과 행정이론의 통합적 접근 모델을 제시하고 있는 것은 아니다. 다만, 진동섭 외(2005)의 연구는 학교조직을 구성적(구조) 측면과 운영적(활동) 측면으로 파악하고 학교조직의 고유한 특성을 체계화, 이론화하려고 시도하였다는 점에서 특징 및 의의가 있다.

2. 합리적 관료제와 느슨한 결합체제로서의 학교

학교조직의 특징을 설명하는 전통적 이론은 합리적 관료제론이다. Weber의 관료제론은 1960년대 이후 교육학자들에 의해 학교조직 이해와 운영을 위한 유용한 틀로서 널리 논의되기 시작하였다(Firestone & Herriott, 1981). 그러나 한편에서는 학교조직은 교장과 교사 간 상호 독립적 · 자율적인 영역이 있으며, 합리적 관료제로 설명될 수 없는 구조적인 느슨함(structural looseness)이 있다는 문제도 제기되었다(Bidwell, 1965). 즉, 학교조직의 다양한 요소와 기능들은 합리적 관료제에서 가정하는 것보다 상호의존성이 적으며, 조직의 목표와 목표 성취를 위한 수단 간의 관계도 합리적으로 설명되지 않는 부분이 있다는 것이다. 학교조직을 합리적 관료제로 보는 입장을 비판하는 대표적인 이론으로 느슨한 결합체제론(loosely coupled system)을 들 수 있다(진동섭, 1989). 학교조직의 특징을 설명하는 이론은 다양하나 이중 합리적 관료제와 느슨한 결합체제는 이를 가장 대조적이면서 상보적으로 보여 준다고 할 수 있다.

1) 합리적 관료제로서의 학교

합리적 관료제론에서 학교조직의 특징은 Bidwell(1965), Firestone과 Herriott(1981), Sergiovanni와 Starratt(1983) 등을 통해서 확인해 볼 수 있다. 이 중 Bidwell(1965)은 학교조직의 관료제적 특징을 네 가지로 요약하고 있다. 첫째, 학교조직에서는 구성원의 역할, 업무가 기능적으로 분화되어 있다. 교사의 역할은 교수과업(instructional task)으로, 행정가의 역할은 조정과업(coordination task)으로 구분된다. 둘째, 구성원의 충원은 업적과 능력에 따라 이루어지며, 임기는 합법적으로 보장된다. 셋째, 조직 내 권위 구조와 의사소통의 경로는 법에 규정된 권력에 근거해 있다. 넷째, 구성원의 공식적 행동 양식이 구체적으로 명시되어 있어 구성원의 자율적인 역할 수행을 제한한다.

Firestone과 Herriott(1981)는 관료제로서 학교조직의 특징을 세 가지로 제시하였다. 첫째, 학교조직은 구체적이고 명확한 목표를 가지고 있으며, 학교행정가들은 조직 목표를 성취하기 위한 책임을 지고 있다. 둘째, 학교에는 공식적인 통제체제가 있으며, 규칙을 통해서 구성원의 구체적인 행동을 명시하고 통제한다. 법률, 상부 기관의 정책, 교육과정 운영 지침 등은 관료제로서 학교의 특징을 잘 보여 준다. 셋째, 관료제로서 학교는 조직의 목표 달성에 기여하는 다양한 구성 요소들이 통합되어 있는 것으로 가정한다. 행정가는 조직의 독립된 영역, 요소들을 조정하는 책임을 지며, 조직 내에서는 수평적 소통보다는 수직적 의사소통이 특히 강조된다.

Sergiovanni와 Starratt(1983, 1993)는 『장학론(supervision)』에서 학교조직의 관료제적인 특징을 세 가지로 제시하고 있다.[1)] 첫째, 노동의 분화와 책임의 배분 측면에서, 학교는 초등학교와 중등학교로 분리되어 있으며, 교과도 구분 및 세분화되어 있다. 둘째, 규칙과 규정에 기초한 행동 및 의사결정 면에서, 학교조직은 구성원의 행동을 통제하기 위한 규정과 규칙을 설정하고 있으며, 과업 수행의 일관성을 보장하기 위한 표준(기준)을 개발한다. 셋째, 조직 내 직원 고용 측면에서, 학교에서 교사의 고용은 전문적, 기술적 능력에 기초하여 이루어지며, 교사의 임기는 보장된다.

Hoy와 Miskel(2005: 83-85)은 학교를 포함하여 모든 현대 조직은 Weber가 제시한 관료제적인 특징을 갖는다고 보았다. 이들은 Weber의 관료제 모델의 주요 특징을 간명하게 잘 요약하고 있는데, 이에 의하면, 관료제는 노동의 분화와 전문화, 몰개인성 지향, 권위의 위계, 규칙과 규정, 경력지향 등을 주요 특징으로 한다.

학교조직에서 관료제의 특징을 찾아보면, 노동의 분화는 주로 수업(목적) 측면에서 찾아볼 수 있는데, 초등학교와 중등학교 등 학교급의 구분, 교과목 구분, 특수교육, 영재교육, 직업교육과 같은 전문 분야의 구분 등을 들 수 있다. 또한 학교에서 교사와 행정가들은 공평한 업무 처리와 합리성 제고를 위해 몰개인성 원칙을 준수하며, 학교조직은 최고 수준의 교육감에서부터 부교육감, 교육행정기관의 실·국장, 교장, 교사, 학생 순으로 위계적으로 구성되어 있다. 교사와 교장의 업무 수행에 있어 안정성과 통일성을 보장하기 위한 규정과 규칙 체계가 있으며, 교원들은 연공서열이나 성취에 기초한 승진체계에 따라 경력 발달을 추구하며, 교사의 고용과 보수는 안정되어 있다.

학교조직의 특징을 관료제 관점에서 분석한 국내 연구들은 대체로 1990년대 중반까지 활발하게 발표되었다. 진동섭 외(2005: 43-46)는 1990년대 중반까지 발표된 문헌을 중심으로 관료제로서 학교조직의 특성을 분석한 연구들을 크게 세 가지로 범주화하였다. 첫째, 학교조직의 관료화 정도를 분석한 연구들이다(예를 들어, 노민구, 1990; 노종희, 1992). 이들 연구는 학교조직이 관료제적인 특성을 가지고 있다고 보고 외국에서 개발된 관료화 측정 질문지를 활용하여 우리나라 학교조직의 관료화 정도를 측정 및

1) 2005년도 이후 발간된 Sergiovanni와 Starratt의 『장학론』에서는 해당 내용을 찾을 수 없다.

진단하였다. 대체로 초등학교가 중등학교보다 관료제 성격이 강한 것으로 보고하고 있다.

둘째, 학교조직의 관료제적 특성이 구성원의 직무만족, 사기 등의 변인들과 어떤 관계가 있는가를 분석한 연구들이다(조남근, 1988; 백정하, 1988; 권인탁, 1989). 이들 연구에서는 학교조직의 관료화, 관료적 구조와 조직풍토, 조직효과성, 조직 갈등, 교사의 사기, 소진, 직무만족 간에 관계가 있는 것으로 밝히고 있다. 셋째, 학교의 관료제적 특성과 전문적 특성을 나타내는 변인 간의 관계 분석을 토대로 학교조직의 양면성을 밝힌 연구들이다(김명욱, 1994; 남인우, 1995; 강진수, 1995; 권해룡, 1996). 이들 연구에 의하면, 학교조직은 관료적 성격(지향)과 전문적 성격(지향)을 공유한 복합조직이다.

1990년대 후반 이후에는 학교조직의 관료제적 특성에 관한 분석이나 논의는 거의 발견하기 어렵다. 이는 새로운 연구 결과의 발견이나 특별한 논점이 없기 때문으로 앞에서 제시한 학교조직의 관료제적인 특징들이 일반적으로 받아들여지고 있는 것으로 해석해 볼 수 있다.

2) 느슨한 결합체제로서의 학교

합리적 관료제로서 학교를 보는 관점을 비판하는 대안적 이론으로 대표적인 것은 Weick(1976, 1982)의 느슨한 결합체제(loosely coupled system) 이론이다. 그는 학교의 독특한 측면은 학교가 다른 조직보다 느슨하게 결합되어 있다는 점에 기인한다고 보았다. 여기서 느슨한 결합이란 조직을 구성하는 하위체제 혹은 요인 간의 통제, 영향력, 조정과 상호작용이 약하거나 결여된 상태로 정의할 수 있다(진동섭, 1989: 49).

느슨한 결합체제론은 학교조직 내에서 조직의 목표 구조와 목표 달성 과정 간의 합리적 관계를 상정하기 어려우며, 학교조직의 특성은 성격상 관료제적인 속성으로 설명되지 않는 부분들이 존재한다는 점에 주목한다(Miskel, McDonald, & Bloom, 1983: 52). 즉, 학교조직에는 합리적 관료제 조직이론으로 설명할 수 없는 독립적이고 자율적인 영역들이 있으며, 학교조직 내 다양한 기능들은 합리적 관료제에서 가정하는 것보다 상호 의존성이 약하다. 또 학교조직의 하부 단위, 구성원들이 갖는 전문적인 자율성으로 인해 학교조직은 구조적인 느슨함(structural looseness)을 갖는다(Bidwell, 1965). 예를 들어, 학교에서 교장은 행정적인 영역(학교 관리)에서, 교사는 전문적 영역(수업, 학생지도)에서 영향력을 가짐에 따라 교사와 교장 간 영향력의 구획화 현상

(Lortie, 1975)이 존재한다.

Weick(1982)은 학교조직을 느슨한 결합체제로 볼 수 있는 근거를 세 가지로 들고 있다. 첫째, 학교는 제한된 감독과 평가만 있으며, 교사들의 전문성 자율성으로 인해 세심한 감독을 기울이지 않는다. 둘째, 학교는 분명한 목표가 설정되지 않으며, 교사 개인의 수행 정도를 평가하기 위한 엄격한 기준을 마련하기 어렵다. 셋째, 교육 기술이 명확하지 않으며, 교사들이 하는 일은 다양하므로 교사 스스로도 자신이 하는 일을 명확하게 말하기 어렵다. 학교조직을 느슨한 결합체제로 볼 수 있는 핵심 근거는 교육의 특수성과 교원이 갖는 전문적 자율성에서 찾을 수 있다. 학교조직에서 제한적인 통제와 감독이 이루어진다는 것은 이러한 두 요인에 기인한다.

느슨한 결합체제, 느슨한 조직 구조의 장점에 대해 Weick(1982)은 세 가지를 들고 있다. 첫째, 환경이 다양하고 분화되어 있는 경우 외부 환경의 작은 변화에 대한 신속한 적응이 가능하다. 조직 전체보다는 독립적인 부분 단위들이 환경의 변화를 빨리 찾아내고 그에 맞게 수정하기에 용이하다. 둘째, 조직 내 한 단위, 부문의 문제점이 다른 부분으로 쉽게 확산되지 않는다. 체제 일부에 문제가 발생하고 이로 인한 수정 작업이 이루어지더라도 체제의 나머지 부분들은 안정적으로 기능하게 된다. 셋째, 조직 내 하위 요소, 부문 간 조정을 위한 비용이 절감되고 중앙 정책이나 절차를 거치지 않고 해결책이 만들어질 수 있다(박상완, 1992: 3).

우리나라에서 느슨한 결합체제로서 학교조직에 관한 연구는 대체로 1980년대 후반~1990년대까지 주로 발표되었다(진동섭, 1989, 1991; 나민주, 1991; 박상완, 1992; 김진수, 1997). 이 중 진동섭(1989)은 결합(coupling)을 학교조직의 특징을 설명하는 새로운 개념으로 설정하고, 느슨하게 결합된 체제로서의 중학교 조직의 특성을 분석하였다. 연구 결과, 학교에서 교장과 교사는 핵심 과업수행, 과업에 대한 태도, 가치, 규범 등의 영역에서 결합되어 있으며, 교장은 교사들의 행동을 조정 · 통제하고 영향을 주기 위하여 다양한 방법을 사용하는 것으로 나타났다.

나민주(1991)는 학교 내 결합을 교사와 교장을 중심으로 한 수직적 결합과 교사 간의 수평적 결합으로 구분하고 이러한 결합이 학교의 조직 내적 요인(학교급, 학교 규모, 교장의 지도성 유형 등)과 환경적 요인(학부모의 요구 수준, 사회경제적 지위, 상급 행정기관의 학교통제 정도 등)과 관련되어 있음을 밝히고 있다. 이 연구에서 수직적 결합은 자율성, 의사결정 참여, 수직적 의사소통으로, 수평적 결합은 상호 업무 의존, 목표 합의, 수평적 의사소통으로 구성된다.

박상완(1992)은 초등학교 교장을 대상으로 한 면담조사를 통해 학교 운영 영역에 따라 교장은 교사와의 결합을 강화하기 위해 다양한 방법(결합기제)을 사용하고 있는 것으로 분석하였다. 특히, 지시나 비공식적 대화는 우리나라 초등 학교장이 가장 빈번하게 사용하는 결합기제로 나타났다. 여기서 결합기제(coupling mechanism/linkage mechanism)는 조직 구성원들의 행위를 통합하고 유대를 강화하기 위해 이들을 통제·조정하고 영향을 주는 방법을 말한다(박상완, 1992: 26).

김진수(1997)는 학교장의 결합기제에 대한 교사의 대응전략에 주목하였는데, 이는 결합(기제) 연구의 초점을 교장에서 교사로 옮긴 것이라는 점에서 의의가 있다. 이 연구에서는 학교조직 내에서 교사와 교장은 상호 영향권을 가지고 있으며, 교장이 교사의 행위를 통합·조정하기 위해 다양한 전략을 활용할 경우 교사들도 다양한 대응전략을 사용하고 있음을 밝히고 있다. 예를 들어, 교장들이 가장 빈번하게 사용하는 결합기제인 지시에 대한 교사의 대응 전략은 집단적 담합, 타 학년 보조 맞추기, 제도의 허점 이용, 의도적 태만, 자의적 해석, 버티기, 수용 등으로 다양하다. 또한 교장의 솔선수범 행동에 대한 교사의 대응전략은 기피, 평가에 대한 대응 전략은 타협 등이 사용되는 것으로 분석하였다.

그러나 느슨하게 결합된 체제로서 학교조직의 특성을 분석한 연구들은 대체로 학교조직은 느슨한 결합된 체제라는 이미지로만 설명하는 데에는 한계가 있으며, 학교는 느슨한 결합체제와 관료제의 특성을 모두 보이는 이원 조직으로 파악하고 있다(Firestone & Herriott, 1981; 진동섭 외, 2005: 47). 이러한 느슨한 결합체제의 학교에서 교원에 대한 통제는 관료제로서의 학교에서와 같이 직접적이고 엄격한 수단보다는 신뢰의 논리(logic of confidence)에 기반을 두고 있다(Meyer & Rowan, 1978).

3. 학교조직에서 자율과 통제에 대한 상반된 관점[2)]

학교조직을 합리적 관료제로 볼 것인가, 느슨한 결합체제로 보는가의 문제는 학교조직에 어느 정도의 자율성을 부여하는 것이 타당한가, 학교교육의 질을 통제하기 위

2) 이 절은 박상완(2010a: 159-163)을 토대로 수정·보완한 것이다. 여기서 통제, 자율, 집권화, 분권화의 개념은 Perrow(1986), Ingersoll(2003)에서 정리한 것으로 통제는 개인이나 집단이 특정한 쟁점, 결정, 행동 또는 다른 개인에게 영향을 미치는 것으로 권한(power)과 같은 의미를 갖는다. 자율은 개인이나

한 수단과 방법은 무엇인가와 같은 학교 거버넌스 변화를 모색할 때 중요한 쟁점이 된다. 이 점에서 Ingersoll(2003)은 학교조직에서 통제에 관하여 두 가지 상반되는 관점이 유지되어 왔음을 지적한다.

첫째, 교육개혁가, 정책 입안가, 연구자, 대중들 사이에 보편적인 관점으로, 학교는 너무 느슨하며, 비조직화되어 있으며, 적절한 통제, 특히 교사가 하는 일에 대한 통제가 결여되어 있다고 보는 입장이다. 그는 이를 학교에 대한 비조직화 관점(disorganization perspective)으로 명명하였다. 이에 의하면, 학교를 개선하기 위해서는 중앙집권적 통제와 조정을 강화하고 교사 책무성을 강화할 필요가 있다.

둘째, 교사, 학부모 사이에 보편적인 관점으로 학교는 너무 많이 중앙집권화된 통제와 과도한 관료주의 모습을 보이고 있다. 이 관점은 학교교육에서 가장 권한이 적은 집단이 누구인가에 따라, 지역사회, 부모가 학교에 대해 적절한 투입, 기여를 하지 못하고 있다고 보는 입장과 교사에 초점을 두고, 학교에서 교사는 전문성을 인정받지 못하고 자신의 직무를 통제하지 못한다고 보는 입장으로 구분된다. Ingersoll (2003)은 이를 교사권능결여 관점(teacher disempowerment perspective)으로 명명하였다. 이 관점에서는 학교의 주요 의사결정에서 구성원 참여와 자율성 확대를 강조한다.

학교조직의 특성에 관한 이러한 상반된 관점에 비추어 볼 때, 학교 자율화, 분권화 교육 개혁은 학교에 대해 더 많은 자율과 권한이 부여되어야 한다는 교사권능결여 관점 입장에 있다. 반면, 느슨한 결합체제론에서, 교사는 이미 교실에서 자율적이며 학교와 교사가 상당한 정도로 자신이 가진 정보에 기초하여 행동하는 여지가 있다. 분권화 지지자도 교수기술이 복잡하고 역동적이므로 학급에서 일어나는 문제에 대한 결정은 교사에게 주어야 한다고 주장한다(Hannaway, 1993). 그러나 분권화의 핵심 문제는 대리인이 주인의 선호에 따라 행동할 것을 보장하는 보상과 계약 조건의 설계, 주인-대리인 문제를 해결하는 데 있다(Hannaway, 1993). 분권화로 인한 '조정과 모니터링 비용' 증가, 교육구조의 변화가 교실 수업 개선으로 이어진다고 확신하기 어렵다는 점(Elmore, 1993; Barber & Mourshed, 2007) 등은 분권화의 취약점이라 할 수 있다.

학교에서 교원이 갖는 자율과 통제의 수준에 대한 평가는 집권화와 분권화의 정도

집단이 자신의 일상 활동에 직접적으로 관련되는 쟁점에 대해 '의사결정 권한'을 가지고 있는 것을 말한다. 집권화와 분권화는 학교와 행정기관, 교사와 행정가 사이의 상호작용, 상대성에 초점을 둔 것으로 행정기관에 비해 학교가 또는 교장에 비해 교사가 갖는 권력에 초점이 있다. 따라서 분권화된 학교는 교장에 비해 교사가 더 많은 자율성을 갖는 학교를, 집권화된 학교는 교사에 비해 학교행정가가 자율성이 많은 학교를 말한다(Ingersoll, 2003)(박상완, 2010a: 162).

를 평가하는 기준, 교원의 직무 영역, 교원의 직무를 통제하는 수단과 방법 등에 따라 달라질 수 있다(Ingersoll, 2003). 따라서 학교교육의 자율성에 대한 논의는 학교조직의 집권화나 분권화가 수업, 학생 성취도, 교원들에 어떤 영향을 미치는가, 그리고 교사 직무 통제와 자율성에 관한 대립적인 관점을 통합하고 학교조직에 대한 이해를 확장하는 데 의의가 있다.

4. 학교조직론에서 학교장

학교장이 학교 경영을 효율적으로 하기 위해서는 학교조직의 특징을 이해하고 그에 맞는 지도성을 발휘하도록 노력해야 한다(문낙진, 1990). 합리적 관료제는 학교행정가에게 강한 역할을 요구한다. 행정가는 일반적인 목표를 구체적인 목표로 해석해야 하며, 목표 달성을 위해 필요한 정보를 수집하고 분석해야 한다. 또한 수행과 그 수행에 수반되는 기대 사이의 불일치를 확인하고 새로운 행동이 요구될 때, 조직 구성원들을 순응시키고 통합시킬 수 있는 자원을 가져야 한다(Firestone & Herriott, 1981: 45).

이에 반해 느슨하게 결합된 체제에서 학교장은 전통적인 의사소통 통로를 통해 학교를 운영하려 해서는 안 된다. 학교장은 조직 내의 다양한 활동과 각 개인들이 상호 연결되어 있지 않거나 느슨하게 연결되어 있다는 점에 주목해야 한다. 교사들이 각자의 영역에서 효과성을 높일 수 있는 상황을 만들어 주는 것이 학교장의 최선의 역할로 간주된다. Weick(1982)은 느슨하게 결합된 체제에서 행정가의 역할이 중요함을 지적한다. 느슨한 결합체제에서 조직의 요소나 구성원 간의 결속들이 미약하므로 행정가의 주된 책임은 현존하는 이러한 결속들을 강화시키고 보장하는 데 있다. 이러한 역할은 상징적인 경영과 공통된 비전을 지속적으로 재조정하고, 공통 주제에 관한 다양한 행위를 해석해 주는 방법 등을 조합해서 사용함으로써 이루어질 수 있다.

Weick(1982)이 지적한 느슨한 결합체제에서 행정가 역할은 Sergiovanni의 문화적 지도성과 유사하다. 우수한 학교에는 강한 문화와 목표 의식이 있다. 이 문화와 목표를 유지하고 구성원을 확신시켜 주는 데 있어 학교장의 문화적 지도성이 필요하다. 학교조직을 어떻게 개념화하느냐에 따라 학교에서 필요하고 또는 효율적이라고 생각되는 학교장의 역할은 달라질 수 있다.

학교장은 강한 문화와 학교 목표에 대한 방향감, 비전을 제공해야 한다. 학교 내에서 강한 문화와 목표에 대한 비전은 조직 구성원 사이에 공유되는 것이다. 교장과 교사가 이러한 공동 의식을 가지고 있는 경우 학교의 문화는 더욱 강해질 수 있다. 학교장이 강한 문화적 지도력을 갖는 것과 동시에 구성원 간 또는 교장과 교사가 이 문화를 공유할 때 학교는 더욱 효과적이고 성공적일 수 있다.

제4장

공동체로서의 학교

최근 학교를 조직이라기보다 공동체로 이해하는 연구자들이 증가하고 있다. 이 절에서는 공동체로서 학교의 개념, 학교/교육공동체 논의의 발달 배경과 주요 특징 및 학교/교육공동체의 구성 원리 등을 제시한다.[1)]

1. 공동체 논의의 두 차원

교육/학교공동체 이론은 학교를 공식적 조직으로 보는 기존의 관점에서 학교를 이해하는 데에는 한계가 있다는 문제의식에서 출발하고 있다(Sergiovanni, 1994; 진동섭, 김병찬, 2004; 노종희, 1996). 교육공동체에 대한 연구는 미국의 경우, 1980년대 말부터 1990년대에 걸쳐 활발하게 추진되어 왔다. 교육공동체 논의는 전통적인 조직이론과

1) 이 절은 정수현, 박상완(2005), 박상완(2007)을 토대로 하되 전반적인 내용을 수정 · 보완하였다. 이 절에서 학교공동체와 교육공동체는 엄밀하게 구분하지 않고 상호 교환적으로 사용하였다. 다만, 교육공동체가 학교공동체보다 넓은 의미를 갖는다 할 수 있다.

관료제이론으로 학교를 바라보는 관점이 지나친 위계질서에 의한 경직된 문화를 생성하고, 구성원 간의 몰인간적 관계를 형성하며, 관성화된 일처리 등과 같은 문제를 야기한다고 비판해 왔다(정수현, 2003).

우리나라에서 교육공동체 논의는 1995년 교육개혁위원회가 학교공동체 구축 방안을 처음 제시한 이래, 학교교육의 문제를 해결하고, 학교조직 문화를 변화시킬 수 있는 핵심적인 과제로 부각되었다. 1990년대 중반 이후부터는 관련 연구가 증가하고 학술대회의 주요 주제로 다루어지는 등 교육공동체에 대한 연구가 더욱 활발하게 추진되고 있다. 우리나라의 교육공동체 연구의 경향을 분석한 신현석(2003)에 의하면, 교육공동체 연구는 대체로 공교육 위기 극복의 대안으로, 학교 내 갈등이나 교실 붕괴 현상을 해결하기 위한 새로운 접근법으로서, 그리고 공동체 참여 구성원들의 역할방식의 재설정이라는 차원에서 이루어지고 있다. 정영수(2003: 4)는 교육공동체 개념을 패러다임의 차원에서 파악하고 있다. 즉, 공동체의 관점이란 의미는 일종의 조직관으로 종래의 관점에서 오늘의 교직사회를 보는 방식과 공동체적 관점에서 보는 방식에는 차이가 있다는 것을 전제한 것이다.

그러나 교육공동체와 관련된 논의는 공식조직으로 학교조직의 구조적 측면을 변화시키고, 의사결정 권한을 이양하는 것에 국한되지 않는다. 교육공동체 개념은 조직 문화 차원에서 이해할 수 있다. 교육공동체론은 조직의 이념, 가치, 이상, 신념 등 조직의 문화적 측면을 강조하고 있기 때문이다. 교육공동체는 구성원들 간에 특유한 행동양식을 발전시켜 나가며, 이러한 행동양식은 문화라 불린다. 이는 구성원들 간에 공유하고 있는 규범, 가치, 가정들에 담겨 있으며, 학교는 구성원 간 공유하는 문화적 요소가 매우 풍부한 조직으로 학교문화는 구성원의 인식, 정서에 부단히 영향을 미친다(박병량, 주철안, 2000: 565). 학교조직 외부의 여러 요소, 학부모의 태도와 행동, 지역공동체 지도자들의 학교교육에 대한 인식들도 학교의 명성, 학교조직 문화, 공동체 형성에 영향을 미친다. 조직문화 규범을 형성하기 위해서는 기존의 문화규범과 공동체 구성원의 태도를 파악할 필요가 있다. 학교의 문화는 가정과 학교의 상호작용과 뿌리 깊이 박힌 신념에 의해 형성되며(Gonder, 1994: 94). 이 과정에서 학교 내 구성원 간, 학교 내부와 외부 간의 의사소통은 매우 중요하게 고려된다.

따라서 교육공동체는 학교조직이론에 대한 대안적 관점일 뿐 아니라 학교조직의 문화를 상징화하는 개념이다. 교육공동체 논의는 학교의 조직적 차원과 문화적 차원 모두와 관련되어 있다. 이 점에서 진동섭, 김병찬(2004: 111)은 공동체 논의를 "학교를 기

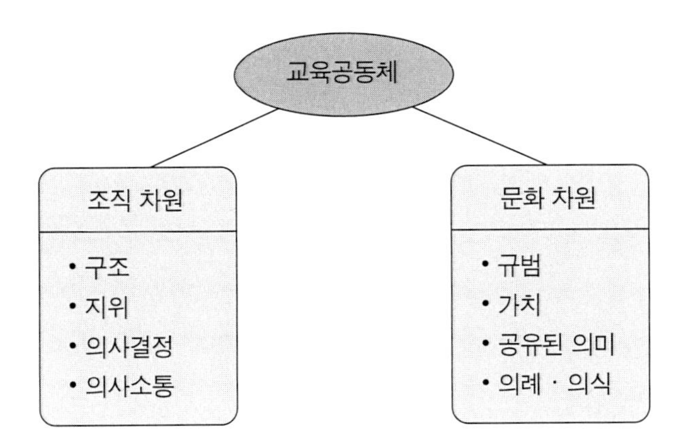

◆ 그림 4-1 ◆ 교육공동체의 조직 차원과 문화적 차원

출처: 박상완(2005), p. 23; 박상완(2007), p. 27.

본적으로 공동체로 바라보는 관점과 인식의 변화라는 거시적 전략을 토대로 학교의 공동체적 성격 중 상실된 성격을 되살리는 측면(문화적 측면)에서 접근하는 미시적 전략을 논의하는 것"이라고 평가한다. 교육공동체의 이러한 성격은 학교조직의 문화를 교육공동체로 재개념화할 필요성을 시사한다. 따라서 이 글은 교육공동체가 개념적으로 조직 차원과 문화 차원의 상호 밀접하게 관련된 두 가지 측면으로 구분할 수 있다는 전제하에 학교 내 의사소통(조직차원) 분석을 통해 효과적인 학교조직문화를 형성하는 방안을 추론하고자 한다. 여기서 효과적인 학교조직문화는 학교목표를 명확하게 설정한 공동체로서의 학교조직문화를 의미한다. 이를 간략하게 정리하면 [그림 4-1]과 같다.

2. 공동체의 개념과 유형

1) 공동체의 개념

공동체는[2)] 기존의 관료제적 구조를 대체하는 조직 구조로서 이해되고 있다

2) 교육공동체는 그 수준에 따라 국가 수준의 교육공동체, 지역 수준의 교육공동체, 학교 수준의 교육공동체를 상정할 수 있다. 학교 수준의 공동체는 '학교공동체'라고 구분하여 쓰이기도 하나, 김성열(2001)은

(Sergiovanni, 1994; Yang, 2002). 공동체 개념은 여러 연구자들에 의해 정의되고 있는데, 각각의 정의는 공동체의 속성과 특징을 보여 주고 있다. 공동체로서의 학교의 개념과 논의를 체계화한 Sergiovanni(1994: xvi)는 공동체를 자유의지(natural will)에 의해 결합되고, 공유된 아디이어와 이상으로 결속되어 있는 개인들의 집합으로 정의하였다. 여기서 결합이나 결속은 '개인(나)'의 집합을 집단적인 '우리'로 변화시킬 만큼 강하며, 공동체로 형성된 '우리' 각 구성원들은 의미 있는 관계망의 부분이 된다.

Daly(1994)는 공동체의 개념을 "관계의 망 속에서 얽혀 있는 한정된 사람들의 집단"으로 정의하고 공동체의 속성을 6가지로 제시하였다. 공동체는 ① 신념과 가치의 공유, ② 인간적인 면대면의 관계 유지, ③ 우애와 책임의식의 중시, ④ 삶 전체를 포괄하는 구성원의 단합과 연대, ⑤ 우리의식과 소속감, ⑥ 구성원의 관심과 정체성이 전체의 관심을 형성하는 것을 주요 특징으로 한다(신현석, 2003: 32 재인용). Craig(1998: 464)는 공동체 개념의 핵심 요소로 ① 공동체에 속한 개인들의 공동의 목적 공유와 공유 의식, ② 공동체 소속감에 대한 개인의 자각을 들고 있다(신현석, 2003: 32에서 재인용). 여기서 공동체의 핵심적인 특징은 밀접한 관계 속에서 함께 공유한다는 것이다.

한편, 우리나라에서 공동체로서의 학교에 관한 논의는 1990년대 중반 '학교운영위원회' 제도 도입을 계기로 활발하게 이루어졌다. 이는 학교운영위원회제도 도입을 처음 제기한 교육개혁위원회가 제도 도입의 취지로 학교공동체 구축을 표방한 데 따른 것이다(교육개혁위원회, 1995). 이에 의하면, 교육의 주민자치 정신을 구현하고, 단위 학교의 자율성을 확대하여 학교교육의 효과를 극대화하기 위하여 교직원, 학부모, 지역사회 인사 등이 자발적으로 책임지고 학교를 운영하는 학교공동체 구축이 절실하다(교육개혁위원회, 1995). 여기서 학교공동체의 핵심 요소로 자발성과 책임의식을 들고 있다.

공동체의 개념을 정의한 국내 연구들로는 정일환(2003), 노종희(1996), 신현석(2003) 등을 들 수 있다. 정일환(2003)은 공동체가 사전적 의미로 생활과 운명을 같이 하는 조직체, 개인적 자유를 인정하지 않는 사회관계 또는 사회집단, 일정한 토지를 공동으로 소유하고 이에 바탕을 둔 사회관계의 총체 등이라고 정의하였다(정일환, 2003: 133). 노종희(1996: 66)는 Sergiovanni의 공동체 개념을 기초로 공동체의 개념을 정의하였다.

교육을 목적으로 하는 사회의 기본적 단위나 조직이 학교라는 점에서 볼 때, 학교를 중심으로 교육공동체를 이해하는 것이 적절하다고 주장하고 있다. 이 글에서도 교육공동체는 학교공동체와 같은 의미로 이해하여 특별히 구분하지 않았다. 다만 학교공동체는 학교 내 구성원 간 관계 등 학교 내적 공동체적 특성을 의미하는, 그리고 교육공동체는 학교를 중심으로 외부 환경(사람)을 포함하는 보다 넓은 의미의 공동체를 포함한다는 뉘앙스를 가지고 있다.

이에 의하면 공동체는 자유의지에 의해서 결합되고, 가치와 규범의 공유를 통해 결속되는 개인들의 집합을 말하며, 학교공동체는 공동체로서의 특성을 가지고 운영되는 단위 학교라고 규정하였다. 즉, 학교공동체는 "학교 구성원들이 자유의지에 의해 가치와 신념, 규범을 공유하여 결합하며 그러한 결합의 존속과 발전을 위한 책임을 분담하는 관계망"이라고 정의하였다.

신현석(2003)은 공동체를 "사회의 기능 분화에 따라 파생된 다양한 사회적 관계망 속에서 집단의 구성원들이 인간 상호 간의 공통적인 유대와 책임의식을 바탕으로 유기적인 결합관계를 형성하여 집단의 응집력으로 분출하려는 요구 혹은 집단의 정체성이 나타난 상태를 구성하는 개인 혹은 집단들의 모임체"로 정의하고 있다.

이상 공동체에 대한 개념 정의를 종합해 볼 때, 공동체는 지리적 영역, 사회적 상호작용, 공통의 유대라는 세 가지 구성 요소를 가지고 있다. 이때 공통의 유대, 연대는 구체적으로 개인이 집단에 참여하면서 느끼는 우리라는 감정과 도덕 및 행동규범, 집단적 상징과 의미체계, 그리고 집단이 지향하는 궁극적 가치체계 및 신념들을 포함하고 있다(강대기, 2001: 22-28).

이에 따라 교육공동체는 학교(교육)의 목적, 가치, 신념, 규범 등에 대한 구성원 간의 합의와 유대, 책임의식 공유를 기초로 하는 개인들의 집합체로 규정할 수 있다. 여기서 학교조직의 목적은 학교의 교육력 강화, 즉 학교교육의 부가가치를 높이는 것이다. 보다 구체적으로는 학생의 학업성취도 향상을 포함한 학생의 지적, 정의적, 신체적 성장을 이루는 것, 학교 구성원들의 학교조직 및 학교교육에 대한 만족도와 신뢰를 높이는 것으로 볼 수 있다.

2) 학교/교육공동체의 특징

일반적으로 교육공동체는 목표 및 가치체계의 공유, 친밀한 유대관계, 협력적 상호작용과 의사소통, 이를 통한 전체 학교의 발전을 공통적인 특징으로 포함하고 있다(진동섭, 김병찬, 2004). 교육공동체에서 구성 간 관계는 헌신에 기초하며, 학교공동체는 구성원 간 상호 의존성과 관계에 의해 사회적으로 구성된다. 공동체는 우리의 감정을 가지게 하며, 통제는 외부에 의한 통제가 아니라 규범, 목적, 가치, 전문적 사회화, 협동, 유대감 등에 더 많이 의존한다. 구성원이 경험하는 관계의 질은 매우 중요한데 공동체에서의 관계는 인간 존중, 신뢰, 돌봄, 조건 없는 수용과 같은 정서로 특징지을 수 있다(노종희, 1996; Sergiovanni, 1994).

학교는 그 자체로 공동체로 파악된다(Bryk, Camburn, & Louis, 1999). 그러나 이는 학교가 공동체적 특성을 가지고 있다는 것이지 현재의 학교가 공동체로서 이해되고 있다는 의미는 아니다. 이 점에서 Segiovanni(1994: xvi)는 학교가 진정한 공동체(authentic community)가 되기 위해서는 공동체적 특성과 가치가 학교조직의 목표, 교사조직 구성 등 학교 구조 내에서 구현되어야 한다고 강조한다. 그는 학교교육에 관한 주요 개념이나 이론이 조직에서 공동체로 변화되어야 한다고 주장하지만, 학교를 전면적으로 재구조화할 것을 제안하는 것은 아니다. 다만 기존의 학교조직에서 간과되어 왔던 학교의 공동체적인 속성과 특성을 부각시킴으로써 학교조직을 이해하는 새로운 관점을 제공하고 있다.

왜 공동체 구축이 필요한가? Segiovanni(1994)는 이 점을 잘 설명하고 있다. 공동체는 교사와 학생들을 함께 묶어 주는 끈이다. 공동체는 교사와 학생들이 자기이해, 헌신, 수행의 기준을 보다 높이도록 만들며 교사나 학생들이 나의 집합에서 우리의 집단으로 변화되도록 돕는다. 공동체는 지속적인 자기정체성과 소속감을 제공하며 개인의 집합을 능가하는 공유된 가치와 이상을 제공한다. 또한 공동체의식의 필요성은 보편적이기도 하다. 사람들은 자율성과 독립성을 원하는 동시에 소속감, 다른 사람과 연계되어 있다는 느낌, 유대, 헌신과 같은 공동체 이상을 추구하기 때문이다.

3) 학교공동체의 유형

학교공동체의 유형/형태는 다양하게 구분할 수 있다. 선행연구들에서 학교공동체는 다름의 공동체, 가치 공동체, 민주적 공동체, 학습(탐구)공동체, 전문공동체, 지도자 공동체, 돌봄의 공동체 등 연구자에 따라 다양하게 제시되었다(김성열, 2001; 노종희, 1998, 2003; 정영수, 2003; Marks & Louis, 1999; Reitzug & O'Hair, 2002; Sergiovanni, 1994; Seixas, 1993).

Segiovanni(1994)는 학교가 어떤 가치를 우선적으로 추구하는가에 따라 다양한 형태의 공동체가 될 수 있으며, 어떠한 공동체든지 구성원들이 경험하는 인간 존중, 신뢰성, 돌봄 등과 같은 '사회적 관계의 질'이 중요하다고 지적한다. 성공적인 공동체 구축은 개별 학교가 이러한 사회적 관계의 질을 어떻게 형성 및 유지하느냐 하는 문화적 성격과 밀접하게 관련되어 있다.

Segiovanni(1994: 71-72)에 의하면, 학교에는 매우 다양한 형태의 공동체가 존재한다. 예를 들어, 돌봄공동체(caring communities)는 구성원들이 이타적 사랑에 의해 동기화되고 서로에 대해 헌신하는 공동체, 구성원 간 관계는 공동사회(gemeinschaft)로 규정되는 특성을 갖는 공동체다. 학습공동체(learning communities)는 구성원들이 사고, 성장, 탐구에 헌신하는 공동체이며, 여기서 학습은 활동이자 태도이며, 과정일 뿐 아니라 생활방식이다. 전문공동체(professional commuinities)는 구성원들이 자신의 전문성과 전문가로서의 이상을 계속적으로 개발하는 데 헌신하도록 하는 공동체다. 동료공동체(collegial communities)는 구성원들이 상호 이익을 위해 그리고 상호 의존성과 공동 의무(책임)감을 가지고 공통된 목표를 추구하기 위해 결합되어 있는 공동체다. 통합공동체(inclusive communities)는 경제적, 종교적, 문화적, 인종적, 가정적 차이 등이 상호 간의 존중으로 통합되는 공동체다.

탐구공동체(inquiring communities)는 학교장과 교사들이 자신들의 실제를 반성적으로 검토하고 그들이 직면하고 있는 문제에 대한 해결책을 찾으려 할 때 집단적 탐구 정신에 헌신하는 공동체다. 민주공동체(democratic communities)는 학생의 행동을 개선하는 것뿐만 아니라 학생 간, 학생과 교사를 함께 묶어 주는 유대 형성을 목적으로 하는 공동체다. 학교가 어떤 형태의 공동체가 되든 학교는 목적 공동체여야 한다. 즉, 학교는 구성원들을 특정한 방식으로 결합시키고 공통된 이념으로 결속시킬 수 있는 공동체감, 규범 및 이상을 발전시켜야 한다. 이러한 규범 체계나 이미지가 없이는 공동체가 구축될 수 없기 때문이다.

여기서 제시한 학교공동체 유형은 각 교육공동체의 주요 특성을 설명하는 것이기는 하지만 교육공동체 구성 개념과 논리적 연관성, 교육공동체 구축의 방법론을 말해 주는 것은 아니다(정영수, 2003). 각 공동체의 주요 특성은 해당 공동체가 지향하는 또는 드러내는 학교조직의 주요 문화적 측면으로 이해하는 것이 더 적합할 것이다. 또한 각 교육공동체는 학교의 특정 측면을 부각시키는 개념일 뿐 본질적 속성 면에서 서로 통하는 바가 많다. 동시에 각 교육공동체는 핵심 가치를 공유할수록 그러한 가치에 동의하지 않는 소수의 구성원이 소외될 가능성이 있다는 점에서 긴장의 요소를 안고 있다(정수현, 2003). 학교 내 다양한 형태의 공동체와 그들 간의 관계를 나타내면 [그림 4-2]와 같다.

공동체는 '차이', '다름'의 인정을 통해 함께 하는 의식의 공유를 바탕으로 하는 절

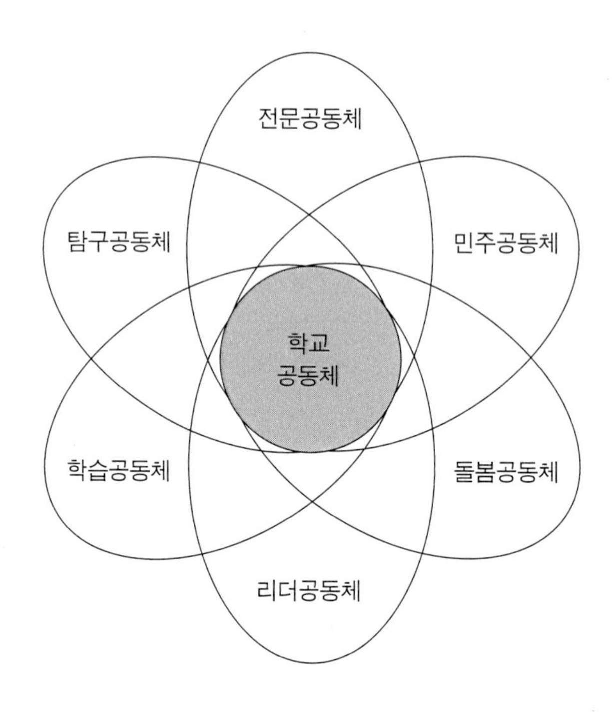

◆ 그림 4-2 ◆ 학교공동체의 유형

출처: 박상완(2005), p. 27.

충적 공동체다(신현석, 2003: 46-47). 이러한 공동체는 구성원 상호 간의 차이를 수용하고, 차이를 바탕으로 상호 협력한다. 이와 같은 공동체는 서로 다르지만 상호 의존적인 사람들의 관계망으로 다름의 공동체(community of differences)로 규정할 수 있다(Furman, 1998). 다름의 공동체는 구성원의 차이, 다름을 존중하며 동시에 구성원 간 공유와 동질성을 중시한다. 즉, 다름의 공동체에서는 다름의 수용과 차이 내에서의 협력이라는 가치가 공유된다. 다름의 공동체에서 통합과 동질성을 창출하기 위해서는 대화가 필요하다. 다름의 공동체에서 강조되는 대화는 반성적 대화다. 서로 다른 사람들과의 대화에서는 자신의 이념, 가치, 주장, 이해관계에 대한 집착보다 이에 대한 지속적인 재검토를 요구한다.

학교공동체는 가치공동체로 볼 수 있다. 가치공동체는 동일한 가치나 선호를 가진 구성원들에 의해 형성되는 하위 공동체로서 학교의 경우 동아리, 운동부, 전공학과, 비공식적인 교직원 모임 등을 예로 들 수 있다. 학교공동체는 민주공동체이기도 하다. 민주공동체는 자기규제와 책임을 강조한다. 즉, 공동체는 스스로 규준을 개발하고 책임을 공유하며, 규준의 준수를 중요하게 여긴다. 학교공동체는 상호 학습과 탐구를 강조하는 학습공동체이며, 학교의 핵심 구성원인 교원 간 반성적 대화가 활발하게 이루어지는 전문공동체다. 또한 지도성을 공유하는 학교에서는 리더공동체를 형성하며, 타인의 관점에 대한 공감적 이해 및 수용이 이루어지는 돌봄공동체가 될 수 있다. 이상 학교공동체의 다양한 형태들을 요약 및 제시하면 〈표 4-1〉과 같다.

◆ 표 4-1 ◆ 학교공동체의 형태와 주요 특성

형태	주요 특성
가치공동체	• 공유된 신념·가치, 평등과 참여기회 개방, 자율과 책임, 헌신과 신뢰, 상호 배려, 지원적 인간관계, 내적 통제방식, 연대를 통한 관리 및 평가, 상호 이해와 존중 • 추구하는 이념: 헌신성, 소속감, 연대감, 의미, 교육적 마인드, 에토스 등
전문공동체	• 교사들이 전문적 이상에 헌신: 모범적 수업, 가치 있는 사회적 목적, 돌봄의 윤리, 자신의 수업과 교직에 대한 헌신 • 목적의 공유, 협력, 실천의 탈사유화(deprivatization of practice; 교실을 개방하고 타 교원의 검증을 받는 등 실천에 대한 정보를 공유하고자 함), 반성적 대화(교육관, 학생관 등을 포함하여 교육과 학생의 학습 전반에 관해 상호 대화함)
학습(탐구)공동체	• 학습이 모든 구성원들에게 활동이자 태도, 과정이자 삶의 방식 • 개방적 풍토, 다양성 존중 풍토, 수평적 관계, 반성과 대화의 풍토 존중 • 탐구 결과의 상대성
리더공동체	• 사람에 대해 권력을 행사하는 것(power over)이 아니라 공유된 목적을 달성하기 위해서 권한을 행사(power to) • 지도성 공유
민주공동체	• 자기규제 강조, 스스로 규준을 개발, 발전시키는 책임을 공유, 규준의 준수를 당연시하는 풍토 • 탐구, 담론, 공정, 자기주도성(authenticity), 봉사의 특성
돌봄공동체	• 이타적 사랑에 의한 상호 헌신 • 타인의 관점에 대한 공감적 이해 및 수용 • 엄격한 원칙 적용과 개인의 특수한 사정에 대한 고려 사이의 조화 추구

출처: 정수현, 박상완(2005), pp. 28-29의 내용을 일부 수정함.

3. 학교/교육공동체의 원리

학교를 교육공동체로 보는 관점은 학교의 거대한 재구조화보다는 학교교육에 대해 구성원들이 다르게 생각하고 행동할 것을 강조한다(Sergiovanni, 1994). 즉, 학교교육의 목적, 학교교육에 대한 구성원의 역할과 태도, 학교 내 의사소통체제를 포함한 조직 구조 등을 이해하는 방식의 변화를 요구한다. 교육공동체 실현을 위해 고려되어야 할 공동체의 주요 원리는 평등 · 협동의 원리, 자율 · 개발의 원리, 돌봄 · 헌신의 원리(노종희, 1996)로 정리되어 왔다. 보다 실제적으로 학교 내 분쟁 해결 방안을 모색하기 위한 준거로서 김성열(2001)은 평등과 참여기회 개방의 가치, 자율과 책임의 가치, 헌신과 신뢰의 가치, 상호 이해와 상호 존중의 가치를 학교/교육공동체가 추구해야 할 가치로 설정하고 있다. 이 글에서는 이러한 교육공동체적 원리 또는 가치와 관련된 논의를 기초로 학교 내 의사소통체제 개선을 위한 교육공동체의 원리를 크게 네 가지로 정리하였다. 이 원리들은 학교 내 의사소통체제 개선과 이를 통한 효과적인 학교조직문화 형성을 추진하기 위한 방안을 마련하는 데에 적용될 수 있을 것이다.

1) 평등과 공유의 원리

학교 내 구성원들은 학교교육의 목표, 학교공동체가 공유하고 있는 가치, 이상을 실현한다는 점에서 동등한 동반자 관계, 평등한 관계로 이해되어야 한다. 조직 위계상의 지위, 역할 또는 전문가와 비전문가를 구별하기보다는 구성원 각자가 공동체 내에서 고유한 역할을 담당하고 있으며, 공동체는 개개인의 총합 이상의 시너지 효과를 통해 더욱 강하게 결속되고 유지된다는 이해를 공유할 필요가 있다. 또한 공동체의 비전을 공유함으로써 공동체가 추구하는 방향이 무엇이며, 그것이 왜 중요한가에 대해 모든 구성원들의 공감대를 형성해야 할 것이다. 이러한 공동체의 이상과 비전은 지도자가 제시하고 구성원은 따라가는 것이 아니라 구성원 개개인의 비전과 리더의 비전이 부단한 소통 과정을 통해서 통합되고 공유됨으로써, 구성원의 헌신과 일체감이 유발되고 구성원이 자발적으로 공동체의 형성과 유지에 기여할 수 있을 것이다.

2) 자율성과 책무성의 원리

교육공동체에서 교사는 규칙과 위계화 된 권위에 따라 관료적 통제를 받기보다는 전문성에 근거하여 자율적으로 규제된다(김성열, 2001). 교육공동체에서 자율성의 원리는 자기통제, 자기규율을 의미한다(진동섭, 김병찬, 2004). 공동체에서 자율성은 다른 구성원과의 관계에서 규정되는 상대적인 것이며, 구성원 각자가 자신이 추구해야 할 개인적 가치를 충실히 이행하고 있을 때 보장되는 제한적 · 조건적인 것이다.

자율에 따른 책임도 공동체를 유지하는 주요한 원리다. 교장과 교사는 학교교육의 결과, 학생의 교육력 신장에 대해 책임을 진다. 학교공동체에서 책무성은 교장이나 교사가 갖는 전문적 자율성에 기초하고 있는 것이기는 하지만 다른 구성원들도 각자의 역할에 상응하는 책무성을 지고 있다. 학교공동체 내에서는 교장과 교원의 책임이 가장 중요하나 학부모도 자녀의 교육에 도움이 될 수 있도록 학교교육의 과정에 참여하고 지원할 책임을 가지고 있다(김성열, 2001).

3) 협동 · 상호 이해 · 존중의 원리

교육공동체에서 협동, 상호 이해 및 존중의 원리는 공동체의 이념을 그대로 반영하고 있는 원리 중의 하나다. 학교공동체에서 구성원은 서로 이해하고, 존중하며, 공동의 목표, 신념을 실현하기 위해 상호 협력해야 한다. 학교는 고립적, 개인적 성향이 강한 세포, 달걀 상자 모델과 같은 조직으로(Lortie, 1975) 이해되어 왔으나 교육공동체에서는 이와 같은 고립주의 문화는 협력과 상호 이해, 존중을 통해 변화되어야 할 것이다. 이 과정에서 집단적 문제해결이나 의사소통의 활성화는 매우 중요한 과제가 된다. 협력의 원리는 또한 교원의 전문성과 자율성에 대한 지나친 강조로 인해 나타날 수 있는(진동섭, 김병찬, 2004) 구성원 간의 분열과 배타성을 예방하고 극복하기 위한 주요한 원리이기도 하다. 협동, 상호 이해 및 존중의 원리는 공동체를 구성하고 있는 각 구성원, 요소, 부분들 간의 역동적 관계를 이해하고, 상생의 관계를 맺을 수 있도록 해 준다.

4) 전문성의 원리

학교는 전문공동체로서 구성원, 특히 교원의 전문성 개발과 헌신을 기초로 존재한다(Sergiovanni, 1994). 학교장은 경영전문가로서 교사는 교육전문가로서 각자 고유한 전문적 능력과 역할에 맞는 일을 수행하고 다른 구성원들은 이를 인정하고 존중해 줄 필요가 있다. 공동체 내 각 구성원들이 각자의 전문성을 인정하고 신뢰하면, 굳이 단위 학교 구성원의 권한을 제한할 필요가 없을 것이다(진동섭, 김병찬, 2004: 127). 학부모와 지역사회가 교사의 전문성을 신뢰하면 확인 및 평가 등 불신에 따른 사회적 비용은 줄어들게 될 것이며, 나아가 학부모나 지역사회의 심리적, 인적, 물적 지원도 더욱 확대될 것이다. 이는 다시 학교공동체를 더욱 결속시키는 선순환을 만드는 데 기여할 것이다. 교장, 교사의 전문성에 대한 신뢰가 지속적으로 유지되기 위해서는 교장, 교사는 자신의 전문적 역량을 지속적으로 넓히고 심화시키는 노력을 해 나가야 할 것이다. 또한 이와 같은 개인적 숙련, 역량 강화는 한편으로는 구성원 개개인에게 권한과 책임, 동기 부여가 있어야 한다는 점에서 책임감 및 자율성 등의 원리와도 연계된다.

4. 학교공동체와 학교운영위원회제도

1) 학교공동체 구축과 학교운영위원회의 관계

학교를 공동체로 이해하는 입장에서는 학교공동체 구축이 학교교육의 성과, 효과에 긍정적인 영향을 미칠 것으로 본다. 학교 효과성 연구, 학교 재구조화 연구들에서는 공동체적 형태의 학교조직이 관료제적 형태와 같은 학교조직에 비해 학생의 학업성취, 가정 배경별 학업 성취도 분포의 공정성 등의 측면에서 더욱 효과적이라고 밝히고 있다(Yang, 2002). 또한 학교의 공동체화가 교사와 학생 모두에게 긍정적인 영향을 미치고 있다는 연구도 제시되고 있다(Oxley, 1997; Louis & Marks, 1998; Bryk et al., 1999).

그러나 국내 연구에서는 학교공동체의 성과 및 효과를 실증적으로 제시하는 경우는 거의 없으며, 학교공동체에 관한 연구는 대부분 개념적 논의에 집중하고 있다. 다만, 공동체로서의 학교가 지향하는 이념인, 공유, 평등과 참여 기회의 개방, 가치 및 신념을 통한 결속, 공동 활동, 자율과 책임, 헌신과 신뢰, 상호 보살핌과 지원적 인간관계, 헌신적인 과업 수행, 내부적인 통제 방식, 연대를 통한 관리 및 평가, 상호 이해와 존중 등의 특성은 교육의 민주성을 함축하고 있으며(Pounder, 1998: 1), 학교교육에서 다양한 구성원의 참여를 지지한다는 점에서 학교공동체론의 의의를 찾고 있다. 구체적으로 1990년대 중반 도입된 학교단위경영제도는 학교공동체 구축을 제도 도입의 목적 및 취지로 표방하였다.

학교운영위원회제도는 학교교육과 관련된 다양한 주체인 학교행정가, 교사, 학부모, 학생들이 학교 운영과 교육활동에 대하여 각자의 의견을 표출하고 자신들의 의견들을 적절하게 반영할 기회를 가질 수 있는 기반을 제공한다는 점에서 학교공동체 구축을 위한 핵심적인 제도라 할 수 있다. 종래 학교의 운영과 관련된 대부분의 의사결정이 학교장 중심으로 이루어짐에 따라 학교장 이외의 다른 학교 구성원들은 학교 교육과정이나 학교의 주요 의사결정에 참여할 기회를 가지기가 쉽지 않았다. 학교 운영은 교장을 중심으로 이루어졌으며, 학부모, 학생, 지역사회 구성원보다는 상대적으로 교원의 목소리가 강조되어 왔다. 그 과정에서 학부모의 교육관은 비전문적이고 세속적인 것으로 폄하된 측면이 있었으며, 학부모의 교육관은 계도되어야 할 것으로 여겨졌다. 학부모는 학교 운영에 참여하는 존재라기보다 학교 운영에 필요한 경제적 부담을 지는 존재로 인식되었다. 육성회나 어머니회 같은 다양한 학부모 조직들이 구성되어 있었으나 이들은 학교 운영을 지원, 협력하는 역할만을 수행하였을 뿐이다(김성열, 2004). 지역사회의 상황도 크게 다르지 않았다.

다양한 교육관과 이해관계를 가진 개인과 집단들이 단위 학교 내에 존재함에도 불구하고 학교장 중심의 의사결정 체제는 지속되어 왔으며, 이는 교사나 학부모의 헌신과 신뢰를 저하시키는 요인이 되었다. 그 과정에서 다양한 구성원들 간에 반성적 대화의 기회는 차단되어 있었다. 이러한 상황에서 구성원들 간에 반성적 대화를 통한 공유와 협력이 절실하였고, 이것이 학교운영위원회의 형태로 제안되었다고 할 것이다(정수현, 박상완, 2005).

학교운영위원회는 다양한 이해관계와 교육관을 지닌 구성원들 간에 본격적인 반성적 대화의 장을 마련하였다는 점에서 의의가 있다. 학교 운영은 전문가인 교원들, 특히 교육행정가의 몫이며, 학부모나 지역주민은 세속적이며 비전문적인 교육관의 소유자들로서 계몽의 대상이라는 발상에서 탈피하여, 교장, 교감, 교사, 학부모, 지역주민이 대등한 자격으로 의사소통할 수 있는 계기가 마련된 것이다. 김성열(2004: 7)도 학교운영위원회는 분리되어 있던 교육 주체들이 서로 만날 수 있는 장을 제공하는 것이고, 서로의 생각과 감정을 교류할 수 있는 공간, 즉 과정으로서의 측면이 중요한 기구라는 점이 학교운영위원회가 처음 제안될 때 학교공동체 구축이라는 표현이 사용된 취지라고 보고 있다.

본격적인 대화의 장이 마련되는 것으로는 충분하지 않으며, 대화를 통해 여러 개인 혹은 집단 간에 공통된 신념과 가치가 공유되는 것이 중요하다. 학교장의 의사결정 권한이 다양한 구성원들과 공유됨으로써 이제까지 교원, 특히 학교장의 교육적 신념과 가치가 우월한 것으로 강제되던 데서 벗어나 다양한 구성원들의 교육적 신념과 가치가 본격적으로 검토되고 공유되는 계기가 마련되었다는 점이 학교운영위원회의 또 다른 의의라고 할 것이다.

한편, 앞에서 공동체의 구성 요소로서 지리적 영역, 사회적 상호작용, 공통의 유대의 세 가지를 들었는데, 대부분의 학생이 거주지 인근에 배정되는 교육체제로 인해 지리적 영역은 아직 크게 문제가 되지 않고 있다. 그러나 그동안 사회적 상호작용의 빈도와 질은 충분하지 못하였다. 교원과 학부모 간에는 대체로 교원이 우월한 지위를 확보한 가운데 학부모는 무조건적인 수용이나 지원자 형태의 상호작용이 주류를 이루었으며, 그나마 빈번하거나 광범위하다고는 보기 어렵다. 교원 간 상호작용의 질도 높지 않다. 세포와도 같은 교실에서 개인적으로 직무수행이 이루어지며 의미 있는 의사소통이 충분히 일어나지 못하고 있다는 지적은 많다(Dreeben, 1970; Lortie, 1975; 황기우, 1992). 학교운영위원회는 구성원 간에 의미 있는 사회적 상호작용이 이루어지는 계기를 제공할 것으로 기대된다.

사립학교를 제외하고 대부분의 학교에서 구성원들이 길어야 3~6년간 학교에 머무는 상황에서 교원들의 교육관과 학부모들의 교육관 사이에는 많은 차이가 있는 것이 현실이다. 학교 운영에서는 대부분 교원의 교육관이 강조되는 상황에서 교원과 학부모 간에 '우리라는 감정'이 생겨나거나 규범, 가치, 신념이 공유되기 어려웠다. 한 마디로 이제까지 우리의 학교는 공동체로 성립하기 위한 조건을 충분히 구비하지 못하고 있었다고 할 것이다. 학교운영위원회는 학교 구성원 간에 의미 있는 사회적 상호작용의 계기를 제공함으로써 교원, 학부모, 지역주민 등 학교 구성원들 간에 가치나 신념을 공유할 터전을 마련하였으며, 이는 학교공동체의 성립을 촉진할 것으로 기대된다.

학교공동체에 대한 앞서의 논의는 학교운영위원회의 운영에 대해 여러 가지를 시사한다. 공동체의 구성 요소로서 가장 중요한 것이 공통의 유대라고 한다면(신현석, 2003: 31), 그러한 공통 유대는 장기간의 빈번하고 질 높은 상호작용을 통해서 형성될 수 있을 것이다. 그러나 학부모의 경우 학교와 접촉하는 기간이 길어야 3~6년이며, 교원의 경우에도 길어야 3~5년이다. 이러한 상황에서 1년에 몇 차례밖에 개최되지 않는 학교운영위원회를 통해 학교공동체가 구축되기를 기대하기는 매우 어려운 상황이다.

2) 학교공동체 구축을 위한 학교운영위원회의 운영 방향

학교운영위원회가 단기간에 학교공동체 구축에 이바지하기 위해서는 매우 질 높은 상호작용이 요구되며, 이를 위해 다음과 같은 노력들이 이루어져야 할 것이다.

첫째, 학교운영위원회는 다름의 공동체를 지향해야 한다. 학교운영위원회에서는 학교 구성원들 간에 이념, 가치, 주장, 이해관계에서 차이가 있으며, 그중 특정인이나 집단의 이념이나 가치, 주장, 이해관계가 더 우월하지는 않다는 인식이 공유되어야 한다. 서로 다르다는 점을 인정하는 데서 머무르지 않고 대화와 타협을 통해 공통분모를 이끌어 냄으로써 상호 협력의 분위기를 만들어 나아가야 할 것이다. 대화는 사람들 간의 관계들 속에서 이루어지는 의사소통상의 프락시스(communicative praxis)나 지속적인 활동을 통해 지식과 이해를 창출, 공유하는 수단의 성격을 지닌다. 진정한 대화를 지속하기 위해서는 신뢰, 개방적 분위기, 상호 존중(mutuality) 등의 조건이 유지되어야 하며, 대화 상대방에게 칭찬이나 격려의 말을 하거나 상대방의 이해를 점검하고 대화를 지속하려는 의지 등이 도움이 될 수 있다(Riehl, 1998: 96).

둘째, 학교운영위원회의 효율적 운영을 위해 다양한 가치공동체가 육성되어야 한다. 가치공동체는 구성원들의 다양한 이념, 가치, 주장, 이해관계 등을 수렴해 내는 역할을 충실히 해야 할 것이다. 학교운영위원은 개인의 입장보다 가치공동체를 통해 수렴된 입장을 대변해야 한다. 가치공동체의 육성과 관련하여 교사회, 학부모회, 주민협의회, 기타 다양한 자생조직의 활성화를 검토할 필요가 있다. 이와 관련하여 김성열(2004)은 성공적으로 운영되는 학교운영위원회의 특성으로 학교 내의 다양한 자생조직과 협력적 관계를 맺는다는 점을 들고 있다.

셋째, 학교운영위원회는 자체로 학습공동체가 되어야 한다. 이를 위해 학교운영위원 개개인은 반성과 대화, 경험을 통해 학교 운영에 관한 명시적 · 암묵적 지식을 지속적으로 학습하는 태도를 체질화한 학습인이 되어야 한다. 그러한 학습은 1차적으로 위원 본인이 속한 가치공동체 내에서 이루어지며 그 공동체 내로 확산되어야 할 것이다. 또한, 학교운영위원은 자신이 개인적으로 학습한 지식을 학교운영위원회에서 다른 위원들과 적극적으로 공유하는 상호 학습을 통해 학교의 교육목표가 효율적으로 달성되는 방향으로 의사결정이 이루어질 수 있도록 해야 한다. 경우에 따라서는 학교운영위원회에서 새로운 학교의 교육목표나 가치, 규범, 전략 등을 적극적으로 도입하는 이중순환학습이 이루어질 필요가 있다. 이를 통해, 학교운영위원은 학교가 학습공동체가 되는 데 이바지해야 할 것이다. 서로 떨어져 있는 사람들, 다양한 공동체들이라도 몇 개의 연결 경로만 추가하면 지식 공유나 의사소통의 신속함을 가속화할 수 있으므로(박선형, 2003: 120-121) 학교운영위원이 그러한 연결 경로 역할을 충실히 해야 할 것이며, 이는 학교운영위원이 학교운영위원회에 적극적, 능동적으로 참여함으로써 가능할 것이다.

넷째, 학교운영위원회는 민주적 공동체가 되어야 한다. 이를 위해 학교운영위원회는 대내적으로나 대외적으로 자유로운 상호작용과 경험의 자유로운 교류가 이루어지도록 해야 한다(정영수, 2003: 123). 이는 관료주의와 심리적인 조작에 덜 의지하고 내면적인 도덕적 권위에 더 의존하는 것을 의미한다. 학교운영위원이 다른 구성원과 자유롭게 상호작용하거나 경험을 자유롭게 교류하는 것을 막기 위한 책략이나 조작이 이루어지는 경우나 학교운영위원회 운영 과정에서 일방적 의사소통만이 존재하는 경우 학교운영위원회, 나아가 학교는 민주적 공동체가 될 수 없을 것이다.

다섯째, 민주적 공동체는 상호 돌봄을 특징으로 하므로(Sergiovanni, 1994, 7장 참조), 학교운영위원회는 돌봄의 공동체가 되어야 한다. 돌봄의 과정은 배려와 존중, 개개의 존재를 인격체로 대우하고 지적, 사회적, 정의적, 도덕적 발달에 최대한 조력하는 자세, 이해와 수용 강조, 개개 존재의 개별성 고려, 개개의 존재에 대한 전인격적 관심 등의 특성을 가진다(정수현, 2003). 따라서 학교운영위원들은 상호 간에 인격을 존중하고 다른 위원들의 학습을 위해 최대한 조력하는 자세를 가져야 하며, 자신이나 자신이 속한 하위 집단의 이익에 앞서 다른 사람이나 집단의 이익을 우선하는 태도를 지녀야 한다. 아울러, 학교공동체의 발전이라는 보다 넓은 안목을 가지고 문제에 접근하는 자세를 지녀야 할 것이다.

5. 학교혁신 모델로서 마을공동체 학교

최근 들어 기존 공교육의 대안적 모델 또는 새로운 또는 혁신적 학교교육의 모델로 혁신학교, 행복씨앗학교, 마을(교육)공동체 학교 등이 등장 및 추진되고 있다. 이러한 다양한 학교 모델이 추진된 배경에는 지방교육자치제도의 발달, 주민직선에 의한 교육감 선출, 즉 민선교육감 제도의 도입과 관련이 있다.

2010년 전국동시지방선거를 통해 주민 직선으로 선출된 제1기 민선교육감들은 경기도, 서울지역을 중심으로 학교혁신과 혁신학교, 무상급식, 학생인권조례 등 지방의 교육정책 의제들을 형성하고 추진함으로써 본격적인 지방교육자치의 시대를 열었다. 물론 이들 정책 의제들을 둘러싸고 많은 사회적 논란이 야기되기도 하고 중앙정부와의 정책 갈등을 보이기도 하였다. 그럼에도 시・도 교육청 평가에 따르면 매년 교육성과와 교육역량의 향상을 보여 주고 있다(시・도 교육청 평가위원회, 2011).

특히 경기도 교육청이 실시한 혁신학교 정책은 새로운 학교교육 모델로 긍정적인 평가를 받은 바 있으며(김민조, 2014), 타 시・도 교육청에서 유사 정책을 시도하고 발전시키는 계기를 마련하였다는 점에서 중요한 의미가 있다(예를 들어, 충북 교육청의 행복씨앗학교, 부산시 교육청의 다행복학교 등).

경기도 혁신학교는 2009년 주민직선에 의한 민선교육감 선거에서 당선된 김상곤 교육감의 핵심 공약으로 등장하였다. 경기도 혁신학교는 그동안 자율학교와 내부형 교장 공모제에 기반을 두어 운영되면서 언론과 학교현장에서 주목받아 온 조현초, 덕양중 등 경기도 내 학교혁신 운동의 성과와 경험에 기초를 두고 있다(김민조, 2014). 혁신학교는 교육 주체들의 준비된 역량과 내부로부터 변화 동력을 형성한 선도적인 학교에서부터 성공적 사례를 창출함으로써 학교혁신에 대한 새로운 가능성과 희망을 제시한 것으로 평가할 수 있다(경기도 교육청, 2015: 6).

경기도 교육청(2017)은 혁신학교를 "민주적 학교 운영 체제를 기반으로 윤리적 생활공동체와 전문적 학습공동체를 형성하고 창의적 교육과정을 운영하여 학생들이 삶의 역량을 기르도록 하는 학교"라고 정의하고 있다(경기도 교육청, 2017: 2). 특히, 경기도 교육청은 혁신학교를 혁신의 모델학교라고 밝히고 있다(경기도 교육청, 2015: 6).

충북 교육청에서는 2015년부터 행복씨앗학교라는 이름으로 혁신학교 정책을 추진하고 있다. 충북 행복씨앗학교는 교사들이 현장에서의 실천들이 축적되고 여러 교사들의 뜻이 모여 자발적인 운동으로 이루어지기 시작한 것을 정책화했다기보다 교육청에서 흩어져 있는 교사들의 잠재적 요구를 결집하기 위해 정책화한 특징을 보인다(류방란, 박성호, 김민조, 김성식, 민병철, 2015: 4).

충북 행복씨앗학교는 "학교공동체가 협력적인 문화를 형성하고 창의적인 교육활동을 실현하며, 따뜻한 품성을 가진 역량 있는 민주시민으로 함께 성장하는 공교육 모델학교"임을 표명하고 있다(충북 교육청, 2014). 이 학교는 충북형 혁신학교로서, 즐거운 배움과 창의적 교육, 민주적인 학교 운영, 책임지는 학교공동체 등 세 가지를 기반으로 한다.

전국적으로 혁신학교가 확산되면서 혁신학교의 의미와 진정한 성과가 무엇인가에 대한 관심 및 관련 연구도 증가하고 있다. 혁신학교에 대한 관심 속에서는 혁신학교가 기존의 학교 개혁과는 달리 진정한 학교 변화를 이끌어 내고 있으며 이끌어 낼 것이라는 기대감이 자리 잡고 있다. 물론 혁신학교로 주목받고 있는 학교들의 성과가 진정한 혁신학교의 성과인지에 대해서는 논란의 여지가 있다. 그러나 기본적으로 혁신학교 개혁운동은 기존의 학교 개혁 방식에서 벗어나 학교 개혁 방식에 대한 새로운 관점과 철학을 제공해 주었다는 점에서 그 의의를 찾을 수 있다(김민조, 2014). 기존의 학교 개혁이 교사를 대상화하면서 제도적 차원의 변화에 초점을 두었다면 혁신학교는 교사를 학교혁신의 주체로 상정하고 그들 스스로 학교문화를 혁신하고 이를 뒷받침하는 제도적 장치를 교육청 차원에서 지원하는 방식, 즉 상향적 · 하향적 학교 개혁 방식이 결합된 모델이라고 할 수 있기 때문이다(김민조, 2014). 이와 관련하여 강민정(2013)은 혁신학교의 성과들은 제도권 안팎 교육 개혁 운동에 대한 반성적 성찰 속에서 얻어진 역사적 산물이라고 평가하고 있다.

이러한 혁신학교 개혁이 초등학교 현장에 어떻게 접목되고 실현되는가는 개별 학교의 여건에 따라 차이가 있을 수 있다. 특히, 혁신학교가 교사를 개혁의 주체로 상정하고 있고 학교문화 조성에 초점을 두고 있다는 점에서 볼 때, 학교 사정에 따라 상당한 차이가 있을 수 있기 때문이다. 이 점에서 혁신학교 모델이 초등교육, 초등학교에 주는 현실적 의미, 의의가 무엇인가를 체계적으로 탐색할 필요가 있다.

한편, 최근에는 다수의 시 · 도 교육청에서 마을공동체 학교를 새로운 학교 모델로 추진하고 있다. 미국의 공교육 발전기 이전에 널리 확산되어 있던 지역사회 학교(community school)를 모델로 한 새로운 학교 모델로서 마을공동체 학교는 시 · 도 교육청별로 혁신교육지구 사업이라고 하여 다양한 명칭과 형식으로 운영되고 있다(최창의, 서용선, 김혁동, 홍섭근, 김용련, 2016; 조윤정, 이병곤, 김경미, 목정연, 2016; 최지인, 2017). 이러한 마을공동체 학교는 마을(지역사회)과 학교의 연계, 협력, 파트너십을 넘어서 마을(지역사회) 자체가 하나의 좋은 교육 생태계가 될 수 있고, 이러한 교육 생태계를 재구조화한다는 데 의의가 있다(김지나, 최혜자, 김영현, 김영삼, 이창환, 이희숙, 2015; 서용선, 김용련, 임경우, 홍섭근, 최갑규, 최탁, 2015; 김용련, 2015).

마을교육공동체, 마을공동체 학교의 조성 논의는 2012년부터 서울의 일부 지역과 울산에서 '마을공동체' 조성 · 운영 관련 자치법규 제정과 함께 시작되었다(최지인, 2017). 학생, 학부모 및 지역사회의 참여를 기반으로 하는 교육 주체의 변화와 이들의 역할 강화를 통해 학교교육의 한계에 대한 대안으로서 교육공동체가 등장하게 된 것이다. 2015년부터는 일부 시 · 도 교육청에서 현행 방과 후 학교 등 공교육 체제의 한계를 보완하기 위해 관련 자치법규 제정과 더불어 '마을교육공동체' 조성과 활성화를 추진하였다. 그러나 한편에서는 단기적인 성과 위주의 사업으로서만 운영된다는 우려도 제기되고 있다(최지인, 2017). 2017년 교육청의 주요 정책 사업 계획으로 마을교육공동체의 활성화를 추진하고 있는 교육청은 서울, 경기, 강원, 충남, 세종, 전북 등이다.

그러나 사실상 마을교육공동체, 마을공동체 학교 개념은 새로운 것은 아니다. 공교육 발달 과정에서 학교와 학부모, 지역사회의 연계, 협력의 중요성은 지속적으로 강조되어 왔으며 관련 연구들도 이루어져 왔다. 예를 들어, 양병찬(2008)은 충남 홍성군 홍동면에 위치한 풀무학교와 지역교육공동체 사례를 분석한 바 있다. 이 연구에서는 지역교육공동체를 공동체와 교육, 학습이 융합된 교육공동체로 정의하고, 특히 쇠퇴해가는 농촌 지역의 활성화를 위해 농촌학교는 지역사회의 공동체 형성을 위한 핵심기관이 되어야 한다고 주장한 바 있다.

보다 최근에는 강영택, 김정숙(2012)이 풀무농업기술고등학교(홍성군 홍동지역)를 중심으로 학교와 지역사회의 파트너십에 대한 사례를 질적 연구방법으로 탐구하였다. 이 연구에서는 학교와 지역사회가 파트너십을 형성하여 상호 호혜적이고 유기적 협력관계를 형성하고 있으며, 학교가 지역사회의 한 부분으로 역할을 수행하고 있음을 규명하였다.

경기도에서 시작되어 전국적으로 확산된 (공감) 혁신학교와 마찬가지로 마을공동체 학교 모델도 개별 학교의 여건에 따라 상당히 다양한 양상으로 실현될 수 있다. 특히, 마을공동체 학교 모델은 학교뿐 아니라 학교가 위치한 마을(지역사회)의 상황, 특성이 학교교육에서 중요한 변수가 된다. 학교와 학부모, 지역사회의 협력적 관계를 강조하는 마을교육공동체, 마을공동체 학교 모델이 실제 학교교육에서 어떤 의미, 의의를 갖는가, 이론적 논의와 실천 사이에 어떤 괴리가 있는가, 이를 극복하기 위한 방안은 무엇인가, 이 과정에서 교장의 역할은 무엇인가 등에 대한 지속적 · 심층적인 분석이 이루어질 필요가 있다.

PART 2

교장직의 발달과 오늘날의 교장

제5장

교장직의 성격과 역사적 발달

공교육제도의 발달 과정에서 교장(principal)과 교장직(principalship)이라는 명칭과 자리, 지위 및 역할이 언제, 어떻게 생겨났는가는 학교장을 연구 주제로 삼고 있는 전문 연구자나 교원, 나아가 일반인들도 쉽게 가질 수 있을 궁금증이다. 나라마다 공교육제도의 발달 배경과 그 과정은 상이하며 따라서 교장직의 발달 역사에도 차이가 있다. 이 장에서는 미국의 사례를 중심으로 교장직, 교장제도의 역사적 발달과 교장직의 성격 변화 등을 분석한다. 이는 우리나라의 교장제도 및 교장의 리더십에 관한 연구와 논의들이 주로 미국 문헌에 크게 의존하고 있기 때문이며, 관련 자료를 비교적 쉽게 구할 수 있다는 점이 또 다른 이유다. 미국의 교장직 역사 분석을 토대로 우리나라 교장제도에 주는 시사점을 제시한다.

1. 교장직의 발달 배경과 성격

교장은 미국에서 발전한 최초의 교육행정직이었지만 갑작스럽게 발전한 것은 아니다

(Sharp & Walter, 1994/1997: 16). 미국의 교장직은 남북전쟁(1861~1865) 이후 19~20세기에 걸쳐 공립학교(Common School) 제도가 발달하면서 서서히 정립되었다(Rousmaniere, 2009; 2013). 즉, 교장직[1]은 미국 공교육의 성장과 함께 이루어졌으며, 이 과정에서 교장은 지방의 교육 책임 기관(학교위원회, 교육감 등)과 학교(학급)를 연결하는 중간 매개자, 중간 관리자(middle manager)로서 이중적 역할(dual role)을 담당하였다(Pierce, 1935; Mendel, 2012; Rousmaniere, 2013; Sharp & Walter, 1994/1997). 학교에서 교장의 역할은 오늘날에도 계속 변화 및 진화하고 있다(Brown, 2005: 109).

Rousmaniere(2009; 2013)는 특히 미국에서 교장직이 갖는 모순과 이중적 성격을 잘 지적하고 있다. 이에 의하면, 교장직은 교육 리더십 지위에서 가장 복잡하고 모순되는 인물이다. 즉, 교장은 국가 교육정책의 행정적 관리자이자 단위 학교의 경영자이며, 교장의 주된 훈련 과정과 정체성은 '교사'에 뿌리를 두고 있다. 교장은 학교 변화(개혁)의 옹호자·추진자이자 학교 운영의 관료적 안정성, 유지를 보호하는 사람이라는 이중적 역할 수행을 수행한다. 또한 교장은 학교의 관료적 체제(상급 기관)와 교사와 학생의 일상적인 경험 사이의 연계자로서 역할을 수행한다. 무엇보다 가장 모순되는 점은 교장의 지위는 교실에서 점차 멀어짐에도 불구하고 학생의 학습에 책임을 져야 한다는 점이다.

미국 교장직의 역사적 발달을 분석한 선행연구들은 교장직의 발달 단계를 다양하게 구분하고 있다(Kafka, 2009; Bogotch, 2005; Brown, 2005; Sergiovanni, 2009/2011; Rousmaniere, 2013).[2] 이 장에서는 이 중 Brown(2005)의 연구를 토대로 미국 교장직

1) 이 장에서 교원을 지칭하는 용어 중 일부는 오늘날 사용되지 않거나 미국과 우리나라의 제도 차이로 인해 명확하게 이해하기 어렵다. 미국에서 교장제도가 발달하기 전 오늘날의 교장 업무와 역할을 담당하던 교사를 지칭하는 용어인 principal teacher는 이 절에서는 그 의미를 살려 '주 책임교사'로 번역한다. 또 '주 책임교사'를 보조 및 지원하는 교사를 assistant teacher라 칭하는데, 이는 '보좌교사'로 번역한다. Sharp과 Walter(1994/1997)는 보좌교사를 수석교사로 번역하고 있는데 우리나라에서 수석교사는 영어로 'master teacher'로 지칭하고 있어 이 장에서 assistant teacher는 보좌교사로 번역·사용하기로 한다.

2) Kafka(2009)는 미국 교장직의 발달 역사를 크게 세 시기로 구분하고 있다. ① 개혁시대(the progressive era, 1890~1920년대), ② 20세기, ③ 현대 등이다. Kafka(2009)는 1920년대 들어 근대적인 학교장직이 정립되었고, 오늘날의 교장 지위와 매우 유사한 교장직이 발달한 것으로 분석하였다. 즉, 1920년대 이후 교장은 관료적, 관리적, 교육적 책임과 학부모 및 지역사회와 협력하는 역할을 담당하였으며, 학교 내에서는 교사를 지도하고(장학), 학생을 감독하며, 학교 개혁을 위한 핵심 인물로 간주되었다(Kafka, 2009: 323). 또한 Kafka(2009)는 교장에 관한 과거의 연구와 최근의 연구는 다소 차이를 보이고 있으며, 이는 교장의 역할에 대한 이해, 관점의 차이에 기인하는 것이라 보고 있다. 아울러 과거 교장직의 특성에 관한 연구들이 견고한 역사적 기록에 근거한 것이 아니라 인물, 경험담 중심으로 이루어졌다고 비판하고 있다. 한편, Bogotch(2005)는 미국 공교육의 발달 첫 세기를 1837~1942년으로 보고 이 시기 동안 교육

의 발달 단계를 크게 다섯 시기로 구분하였다. Brown(2005)은 미국 교장직의 발달 과정을 연대기적으로 상세하고 체계적으로 분석하고 있을 뿐 아니라 2000년대 이후 교장직의 변화에 대해서도 풍부하게 다루고 있기 때문이다. 이는 교장직 발달 초기 단계를 다루고 있는 연구(Pierce, 1935; Rousmaniere, 2013), 주요 교육행정가를 중심으로 한 전기적 연구(Bogotch, 2005), 개략적인 교장직 역사를 분석한 연구(Sharp & Walter, 1994/1997; Kafka, 2009), 지도성에 초점을 두고 교장직의 발달을 분석한 연구(Hallinger, 1992)와 차이가 있다.

2. 교장직의 역사적 발달

1) 교장직의 출현(1840~1900년)

(1) 단일 학급 학교에서 학년제 학교의 성장과 공교육 운동

미국에서 초기 학교는 한 명의 교사가 단일 학급을 지도하는 형태가 주를 이루었다. 교사는 지역사회의 학교위원회(school board)에 의해 고용되었으며, 교사는 교실에서 일어나는 다양한 교육활동에 대해 지역사회(교육/학교위원회)에 보고하는 책임을 졌다. 이러한 초기의 학교 형태는 1800년대 들어 공교육제도(common school)가 발달하면서 크게 변화되었다. 학생 인구가 증가하고 연령에 따라 학생을 구분하는 학년제 학교(graded school)가 생겨났으며, 학교의 일상적인 사무와 관리 업무를 담당하는 책임교사(principal teacher)라는 새로운 자리가 만들어졌다.

1840~1900년 사이는 이민자 수의 증가, 도시화, 인구의 증가가 이루어지면서 학교

리더십을 발휘한 주요 교육행정가를 중심으로 교육행정가의 전기, 역사를 분석하였다. 인물(전기)을 중심으로 교육 리더십을 분석한 전형적인 연구라 할 수 있다. Rousmaniere(2013)는 미국 공립학교 교장직(principal's office)의 발달을 연대기 순으로 분석한 것으로 1958년에 발표한 책을 재간행한 것이다. 전체 6개의 장으로 구성되어 있는 이 책에서는 교장직의 역사를 ① 19세기 후반 학교 지도성 지위의 등장, ② 교장직(principal's office)이 만들어진 시기(1890~1940), ③ 교장직 외부의 변화로 민주적 지도성과 지역사회의 변화, ④ 학교 체제의 갈라진 틈에서 학교 지도성(1945~1980), ⑤ (사회적 변화에 따른) 부담 감수: 학교장과 시민권 운동, ⑥ 고부담 학교에서 수업 지도성 등으로 구분하고 있다. 1990년대 이후 학교 선택을 지지하는 부모와 지역사회의 등장, '효과적인' 학교 캠페인, 고부담 시험(high stakes testing)에 대한 정치적 요구 등이 가속화되면서 교장의 세계(직무)는 다시 변화하고 있는 것으로 분석하였다. 미국 교장직의 초기 발달 과정을 이해하는 데 중요한 문헌이라 할 수 있다(Fleming, 2014).

를 관리하고 유지하는 업무의 필요성이 더욱 커졌다. 학교 수가 많아지면서 학교의 목적과 구조에 대한 변화 요구도 제기되었다. 즉, 애국심을 고취하고 훌륭한 시민을 길러내고 사회를 개혁하기 위해 공교육(common school) 체제가 필요하다는 인식이 확산되었다. 공교육 체제 이전의 교육은 대체로 개인이 기독교적인 경건한 삶을 살아가는 데 기여하는 것으로 이해되었다. 그러나 19세기 중반 이후 교육은 가정이나 지역사회가 아니라 정부의 기능으로, 교육을 공공정책 서비스 분야로 이해하는 관점이 형성·발달되었으며, 이는 공립학교 운동(common school movement)으로 이어졌다.

미국에서 공립학교 운동은 역사상 가장 중요한 사회 운동의 하나로, 공립학교는 학생들이 좋은 시민이 되도록 교육하는 데 목적을 두었다. 당시 공립학교 개혁가들은 교육을 통해 백인 개신교도 미국인의 문화적 지배를 확고히 하고 사회 계층 간 긴장, 범죄와 빈곤을 없애고 정치체제를 안정화하고 애국시민을 기르는 것이라고 믿었다. 이러한 공립학교는 사회 질서를 통제하고 유지하기 위한 핵심 기관이 되었다(Brown, 2005: 112).

공립학교 체제가 확대·발달하면서 초등학교가 고등학교와 분리되었으며, 학교위원회는 학교구를 감독하기 위해 교육감을 임용하였다. 또 학생 인구가 다양해지고 복잡성이 증가하면서 각 학교의 일상적인 업무를 관리할 전일제 행정가로서 학교현장 중심의 리더십 책임을 질 수 있는 사람(교장)을 필요로 하게 되었다. 초기 교장의 주요 역할은 복음주의 선교사(evangelical missionary)로서 공립학교를 구축하고 기독교의 기본적인 도덕 원칙을 증진하는 것이었다.

(2) 대표교사, 책임교사로서 교장직의 등장

이러한 초기 교장은 교실에서 아동을 가르치는 일반교사와 구분되어 학교의 관리적·사무적 업무를 일부 담당하는 교사들이었다. 이들 교사는 책임교사(principal teacher) 또는 대표교사(head teacher)로 칭하였다. 오늘날 교장직의 기원으로 볼 수 있는 책임교사, 대표교사는 모두 교사 중의 책임자, 대표라는 의미를 가진다. 이는 가르치는 일(teaching)이 이들의 주요 의무라는 것을 나타낸다(Pierce, 1935: 11).[3] 이들 명

3) Pierce(1935: 11)에 의하면, 'Principal'이라는 용어는 1838년 「신시내티 공립학교 보고서」에 처음 등장하였으며, 1841년 미국 공립학교 개혁가인 Horace Mann이 매사추세츠 학교위원회에 제출한 연간 보고서에 man principal(남자 교장)이라는 표현이 사용되었다. 그러나 교장(principal)이라는 명칭이 공식적으로 인정된 것은 아니었으며 19세기 말에 가서 널리 받아들여졌다(Brown, 2005: 111). 한편, Pierce(1935: 12)는 학교에서 당시 구분이 모호하였던 책임교사(principal teacher)와 보조교사(assistant teacher)의 역

칭은 이후 오늘날 교장을 지칭하는 고유한 단어인 principal로 전환 및 발달되었다(Brown, 2005).

19세기 초 등장한 책임교사는 행정적, 관리 · 감독적인 책임을 부담하는 자리로, 미국 학교의 역사상 최초의 전문적인 지위였다(Brown, 2005: 111). 인구가 증가하고 단일 학급의 학교가 학년으로 구분되고(학년제의 발달), 많은 교사가 근무하는 다수의 학급을 갖춘 학교로 발전함에 따라 교육 프로그램 조정과 내부 관리의 필요성도 증가하였다. 지방의 학교위원회(community school board)에 의해 임명되고 이에 대해 책임을 지는 책임교사는 학생을 가르치는 일반교사와 크게 차별화되지 않았지만 교사의 학급 운영 등을 감독하는 일을 부가적으로 담당하였다. 책임교사는 주로 상급 학년을 가르쳤으며 학교위원회의 정책을 실행하고 각종 사무 및 관리 업무를 수행하였다. 시간이 지나면서 책임교사는 점차 행정적인 업무를 주로 담당하게 되었으며 직접적인 교실 수업은 덜 부담하게 되었다(Brown, 2005).

이후 각 학교는 책임교사가 교장으로 바뀌면서 공교육에서의 전문적 리더십과 행정에 대한 비판이 제기되었다. 교장직의 출현은 학교교육에 관한 주요 권한이 지역 사회의 일반 행정가(학교위원회, 교육감)에서 학교에 근무하는 1인의 교육 지도자로 이전된다는 것을 의미한다. 당시 교장은 학생을 가르치는 일 외에 주정부의 교육과정을 실행하고 학생들의 출석 기록을 관리하고 이를 학교위원회에 보고하며 학교 건물의 유지 · 관리를 감독하고 기타 수업 자료, 장비, 각종 비품의 활용 등을 조정하는 역할을 담당하였다. 전반적으로 19세기 후반 공립학교 규모가 확대된 시기에 미국 교장의 역할은 교사 역할과 크게 구분되지 않았다. 교장은 교사와 마찬가지로 수업을 담당하였으며, 이에 더하여 학교 관리 업무를 일부 담당하기 시작하였다(Sergiovanni,, 2009/2011: 249-252).

그러나 교장의 일상적인 관리적 · 행정적 업무가 증가하고 다른 학급을 방문 · 감독하는 역할(장학)이 커지면서 교장의 수업 의무는 점차 면제되었다. 이는 교장에 의한

할을 명확히 정리 · 제시하였다. 이에 의하면, 책임교사는 ① 관할 학교의 책임자(head), ② 자신이나 다른 교사가 담당하는 아동의 교실 수업 감독, ③ 학교의 문제점을 발견하고 해결, ④ 해결할 수 없을 경우, 학교 문제를 지방 교육청이나 학교위원회에 보고, ⑤ 보조교사들에게 필요한 지시를 내리고, ⑥ 아동을 구분 · 배치, ⑦ 학교 건물과 시설의 안전 보장, ⑧ 학교를 청결하게 유지, ⑨ 보조교사를 가르치고(장학), ⑩ 보조교사의 지위를 손상시키는 일을 하지 않으며, 특히 아동들 앞에서, ⑪ 보조교사들이 협력하도록 하는 역할을 한다. 보조교사는 ① 책임교사를 학교의 책임자로 간주, ② 책임교사의 지시를 준수, ③ 책임교사의 명성을 보호, ④ 학교 관리를 위한 규칙과 규정을 철저히 파악할 것으로 기대된다(Pierce, 1935: 12).

장학(supervision)을 활성화하는 계기가 되었다(Pierce, 1935: 17). 다른 교사의 교실 수업을 관찰, 감독하는 이러한 교장의 역할은 장학관(inspector)으로 칭해졌으며, 교장은 주로 학생 지도에 문제가 있는 취약한 교사를 골라내고 교육과정 표준이 충족되고 있음을 학교위원회에 보고하는 책임을 졌다. 일상적인 사무, 관리 업무를 담당하던 책임 교사보다 교장의 역할은 지위와 기대 면에서 확대되었다고 할 수 있다. 이러한 교장직은 19세기 말, 특히 대도시에서 발달되었다. 교장은 명령을 내리고 교사를 관리하고, 조언하며, 가르치는 학교의 행정적인 리더로 인식되었다.

(3) 교장의 훈련 및 자격과 성 평등 쟁점

전반적으로 공립학교 체제가 발달한 초기에 학교교육이 관료화되거나 전문화가 확립된 것은 아니었다. 초기 책임교사와 교장은 주로 백인 기독교도 남성이었으며, 이들은 공교육의 역할에 대해 공통된 종교적, 정치적 신념을 가지고 있었다. 당시 교장은 학교행정가를 위한 공식적인 훈련 과정과 프로그램을 이수한 것이 아니었으며, 전문적 훈련보다는 기독교적 가치관, 기초적인 교육학 지식, 지역사회의 이상적인 교육 가치에 부합하는 인물들이 주로 임용되었다.

또한 처음부터 학교장직은 주로 남자의 영역으로 여겨졌다. 남교사는 관리하고 여교사는 학생을 가르친다는 역할 인식에서 교장이라는 새로운 전문직이 탄생하였으나 이는 남교사만을 위한 것으로 만들어지게 되었다(Brown, 2005: 113). 사회의 전형적인 인식도 남성은 이성적이고 객관적인 반면, 여성은 감정에 지배되고 사소한 것에 관심을 기울임에 따라 여성은 훌륭한 관리자가 될 수 없다는 것이었다. 교장직 발달 초기 동안 학년제로 구성된 8년 연한의 초등학교가 고등학교로부터 분리되어 발달하기 시작하였고, 동일한 학업 과정(교육과정)과 학교구 체제가 새롭게 형성되었으나 성 평등 관점에서 볼 때 여성이 교장이 된다는 생각은 매우 약하였다(Brown, 2005).

2) 교장직의 전문화(1900~1940년)

(1) 교장과 교사 업무의 구분과 전문화

20세기 들어 교장직은 새로운 전기를 맞게 되었다. 1900~1940년 사이에 의무교육법이 제정되고 청소년 노동을 폐지하기 위해 취학 연령이 높아졌다. 학교의 규모가 커지면서 학교 행정 업무도 늘어남에 따라 시기 동안 교장직이 공식적으로 인정되었으며, 교장직의 전문화(professionalization of the principalship)가 이루어지기 시작하였다.

공립학교는 모든 아동을 그들의 능력에 따라 교육할 책임을 지는 '민주주의의 도구'가 되었으며, 거대한 공립학교 체제 운영을 위해 시간-동작 연구를 통해 개발된 타일러(Tyler)의 과학적 관리의 원리와 효율성 그리고 관료조직의 구성 원리 등이 학교 행정에서도 널리 수용되었다. 이러한 원리는 교육의 결과보다는 직무수행 표준에 주목하였으며, 학교 지도성 실제의 관리적 차원을 포함하여 학교교육 실천과 교육자의 신념에 중요한 영향을 미쳤다. 학생은 원재료로, 학교는 공장에 비유되었다(Brown, 2005: 116).

학교 운영에서 가장 좋은 한 가지 방식(one best way)이라는 개념이 널리 확산되었으며, 교육은 집권화되고 표준화되었다. 소규모의 시골 학교구와 단설 학급의 학교들은 비용 효과성이 낮은 것으로 간주되어 폐쇄되거나 통합 및 재구조화되었다. 학교 체제도 표준적인 8-4학년제의 초등학교와 고등학교는 중학교가 새로 만들어지면서 6-3-3제의 학교 구조가 등장하였다. 20세기 초(1920~1940년) 사이 고등학교의 취학인구는 2배 이상이 되었으며, 학생이 다양해짐에 따라 교육과정도 크게 변화되었다. 종래 마음(정신)의 훈련을 위한 학습(교육)의 개념은 생활과 직업 준비를 위한 실제적인 교육이 강조되면서 쇠퇴하였다(Brown, 2005: 116).

공립학교는 유럽 이민자들을 미국 사회에 동화시키고 시골 출신 미국 시민들이 산업 국가에서 일정한 역할을 담당하였으며, 이 과정에서 교장은 새로운 사회경제적 질서 형성에 핵심적인 역할을 수행하게 되었다. 효율성 전문가들은 공장 관리의 개념과 비유를 활용한 학교 개혁을 옹호하였다. 학교 운영에서 집중화, 노동 분화, 전문화가 강조되면서 교장의 역할은 가르치는 일(teaching)과 구분되어야 한다는 생각이 강화되었다. 교장은 학교를 보다 효과적, 효율적으로 운영하기 위해 기업관리자와 유사한 역할을 할 것으로 기대되었다. 즉, 교장은 표준 교육과정을 이행하고 교육목표를 달성하도록 교사와 학생의 발달을 감시하고, 균형예산을 유지하고 학생생활기록부를 정확히 관리하고 학교의 시설 · 설비를 감독하는 일을 할 것으로 기대되었다. 학교의 공식적인 권한의 위계는 견고하게 확립되었으며 점차 관료화되었다.

(2) 공교육 체제의 관리자 · 행정가 · 감독자로서 교장

이 시기 교장의 역할은 조직관리자, 행정가, 감독자로서 이해되었다. 학교 리더십

(교장 역할)의 관리적 측면이 확대되면서 교육적(educational), 교수학적(pedagogical) 측면의 역할은 축소되었다. 즉, 학교 거버넌스에서 교장의 역할은 정치적 모델에서 위계적, 관료적 모델로 변화되었으며, 교장의 수업 지도성 역할은 관리자 및 관료의 역할에 가려지게 되었다(Brown, 2005). 교장의 역할에서 행정적 의무(administrative duties)와 수업 책임(instructional responsibilities)이 분리되면서 학교의 위계구조상 교장의 불안정하고 취약한 지위가 명확히 드러나게 되었다.

또한 교장의 자질에 대한 요구에도 변화가 있었다. 공립학교 발달 초기에는 교장 선발 및 임명 시 종교적인 측면이 중요한 요건이었으며, 이에 따라 교장은 지역사회의 문화, 가치와 연관되는 일정한 성향을 가져야 했다. 절약, 효율적인 마음자세, 높은 도덕적 가치와 같은 기독교 윤리와 원칙 등이 교장의 역할 수행을 위해 요구되었다. 그러나 20세기 초 중앙집권화, 관료적 통제가 발달하면서 중간 계층의 문화와 종교적 가치가 보호되고 지배되었다. 학교 지도자들은 초기의 도덕적 열성과 사명감을 유지하였으나 20세기 들어 이러한 종교적 측면은 크게 약화되었다(Brown, 2005: 117).

20세기 초 교장의 역할에서 가르치는 일과 행정이 분리되고 교장의 역할이 보다 복잡해지면서 교장이 교육행정에 관한 전문성을 갖추었는가에 대한 인증이 없다는 점이 점차 문제로 제기되었다. 1900년 초에는 대학(원)에 교육 관리나 학교 행정에 관한 학과가 없었으나 1900~1940년 사이에 행정이 교육 분야의 가장 중요한 대학원 과정으로 발달하기 시작하였다.

근대 교장직의 발달에 가장 큰 영향을 미친 요인으로 1916년 전국교육연합회(national education association: NEA)가 전국 중등교장협회(National Association of Secondary School Principals: NASSP)를 설립하고 1921년에는 전국 초등교장협회(National Association of Secondary School Principals: NAESP)가 만들어진 것을 들 수 있다(Brown, 2005). 이러한 전문 단체는 이후 교장의 전문적 리더십 개발에 중추적인 기능을 하게 되었다. NEA는 교육감, 교사, 전문가, 교육연구자 등 다양한 교육자 조직의 우산이 되었다. 또 대학의 학교 행정과가 만들어지면서 교장의 직무 및 역할에 관한 과학적인 연구가 이루어지고 전문적인 출판과 컨퍼런스가 개최되었다.

근대적인 교장직은 1920년대에 거의 완성되었다고 할 수 있다(Kfaka, 2009: 323). 당시 교장은 오늘날의 지위와 매우 유사하게 발달하였는데, 교장은 관료적, 관리적, 수업 책임을 부담하였으며, 지역사회와의 관계를 담당하였다. 교장은 교사를 지도하고 가르치고 학생을 감독하며, 학교구와 소통하고, 학부모 및 지역사회와 협력하였으며,

학교 개혁 노력에서 핵심 인물로 간주되었다. 당시에는 '교장이 바로 학교'였다(Kafka, 2009: 323). 즉, 1920년대에 들어서 교장의 직무는 교육과정 관리, 수업장학 등으로 확대되었으며, 교장은 수업을 하지 않는 전문 행정가로서 관료제 학교조직의 중간 관리자로 이해되었다. 공립학교는 상의하달식 관료적 통제, 계층적 조직 구조를 가진 합리적 관료제로 이해되었다.

이러한 학교조직에서 교장은 관리자이자 학교위원회나 상급 기관들이 결정한 교육과정 규정 및 정책 등을 실행 · 적용하는 사람, 수업장학이 제대로 수행되고 있는지를 확인하는 역할을 담당하였다. 동시에 교장은 수업장학에서 전문성을 가진 전문 행정가로 이해되었다. 교장의 이중적 역할, 즉 관료제의 관리자와 수업 전문가, 수업 지도자로서의 교장은 1920년대 미국에서 학교장 이미지를 대표하였다. 그러나 실제로 교장들은 대부분의 시간을 수업 지도자로서보다는 관리자로서의 역할에 할애하는 경향을 보였다(Sergiovanni et al., 2009/2011: 250).

(3) 교장의 전문적 훈련 및 자격기준 개발

1910~1920년대에 구성된 교육 전문 조직들은 주 정부가 교육행정에 관한 전문적 자격기준을 정하는 법을 제정하도록 설득하였다. 이에 따라 새로운 교육행정가 자격은 전문적 훈련을 요건으로 하고 자격 유형을 다원화하여 학교급(초, 중, 고), 직급이나 기능(교사, 교장, 상담사 등)에 따른 전문가의 구분을 정당화하였다(Brown, 2005: 118). 이러한 학교행정가의 자격기준은 교장의 전문화를 강화하는 방법으로 인식되었다. 이에 따라 1930년대 들어 반 이상의 주 정부에서 학교행정가를 위한 자격 표준을 채택하였다(Brown, 2005).

교장 자격기준에 대한 주 정부의 정책은 대학원의 교장 양성 프로그램의 발달을 촉진하였다. 당시 대부분의 교장이 목사였거나 신학 교육을 받은 남자들이었고 교장직 수행을 위한 최소한의 전문성 개발과 학문적 요건도 요구되지 않았다. 교장들은 상식, 타고난 능력, 교수 경험 등에 의존하여 관리적 업무를 수행하였다. 그러나 학교체제가 관료화되고 교장의 역할이 보다 전문화되면서 대학 훈련이 요구되었으며, 교사에서 교장으로 전환하기 위해서는 교육행정 분야의 대학원 과정이 요구되었다. 대학 프로그램은 학교행정가가 되고자 하는 사람들이 전문적 훈련을 받을 수 있는 기회를 제공하였다.

20세기 초 널리 확산된 과학적 관리 운동은 대학이 조직 관리 기법을 포함하여 학교행정가 교육을 보다 확대하도록 압력을 가하면서 교장을 위한 직전교육에 대한 행정의 기술적, 기계적 측면을 강조하는 경향이 있었다. 이 시기 평균적인 교장 양성 프로그램은 실제적인 기술(주로 재정, 기업경영, 공공관계, 공장 관리)을 제공하는 과정으로 구성되었다.

한편, 과학적 관리와 관료화로 인해 남성지배적인 사회에서 여성들의 학교 행정직 진출은 더욱 약화되었다(Shakeshaft, 1989). 특히, 교장 역할에서 가르치는 일과 행정적 · 관리적 업무가 구분되면서 남성이 행정을 담당한다는 인식이 보다 안정감 있게 수용되었다. 학교 행정은 남성이, 가르치는 일은 여성이 담당한다는 이분법이 보다 명확해졌다. 1930년대까지 대체로 여성들은 행정 지위에서 배제되었으며 전문가 단체인 NEA, 지역 학교위원회 등에서도 남성들이 다수를 차지하였다.

종합하면, 1920년대 교장은 기독교의 정신적 가치, 과학적 관리의 원리를 학교와 연계시키는 것으로 간주되었다. 1930년대에는 기독교적 가치에 대한 강조는 약화되었으며 교장은 기업체 간부, 학교관리자로 인식되었다. 기업체 관리자와 학교행정가를 연계시키는 경향은 1930년대 대공황의 경제적 압력으로 다소 붕괴되었다. 학교행정가와 대학 교수들은 교육 서비스, 자원, 교육 기회의 계속적인 성장이 보장되기를 원하였으며, 이 시기에 발달된 전문가 단체와 학교행정가 양성과정은 교장직의 전문화에 기여하였다(Brown, 2005: 121).

3) 반주지주의 시대(1940~1960년)

(1) 배경

20세기 중반은 20세기 초에 만연했던 과학적 관리의 원리가 쇠퇴하면서 학교 개혁을 위한 목적 및 수단으로서의 하향식 관리 철학보다는 지원, 조정, 협력 등 민주적인 과정이 강조되었다. 제2차 세계 대전 이후 지역사회는 재구축되기 시작하였으며 경제는 다시 성장하기 시작하였고, 진보 교육가들은 큰 목소리를 내기 시작하였다. 학교교육이 사회의 병리 현상을 치유할 것이라 믿으면서 전후 지역사회는 학교를 중심으로 재건설되었으며, 학교는 사회 변화의 도구로 간주되었다. 이 시기는 기본적으로 전통적 가치의 유지와 안정성을 추구하려는 규범적 압력과 새로운 변화에 대한 요구 사이에 긴장이 있었던 기간이다.

과학적 관리 시대의 한 가지 결과는 조직에 근무하는 사람들의 관심과 요구보다 조직 목표를 중시하는 경향이었다. 이에 따라 1940~1950년대 초 동안에는 인간관계 행정 철학이 확산되었다. 과학적 관리 시대에서 인간관계 시대를 거쳐 1950년대 후반 행동 과학 시대에서는 행정과 조직에 관한 경제적 관점에 대한 불만이 증가하였다.

한편, 1954년에는 역사적으로 중요한 의미를 Brown 대(對) 토페카 교육위원회(Board of Education of Topeka) 결정, 즉 학교교육에서 흑인과 백인의 분리교육을 철폐하는 판결이 있었으나 인종차별이나 불평등한 학교교육의 문제는 이 시기 동안에는 크게 쟁점이 되지 못하였다. 이는 시민권 운동이 발달한 1960~1970년대 가서 보다 중요한 쟁점으로 다루어졌다.

그러나 1957년 소련이 스푸트니크(Sputnik) 인공위성을 발사하였을 때, 그 영향은 즉각적이었다. 제2차 세계 대전 이후 이념적으로 대립하고 있던 소련이 인공위성을 성공적으로 발사함에 따라 공산주의 이념 확산에 대한 두려움과 공포가 미국 전체를 사로잡았다고 할 수 있다. 이러한 냉전의 영향은 여러 방식으로 학교에 나타났다. 학교교육이 사회의 병리 현상을 치유할 것이라 믿으면서 전후 지역사회는 학교를 중심으로 재건설이 시도되었고, 학교는 사회 변화의 도구로 간주되었다.

1950년대까지 반공산주의가 정점에 이르렀고 민주적, 진보적, 소위 체제 전복적인 교육자들은 학교에서 해고되었다. 1958년의 「국가방위교육법(National Defense Education Act)」으로 연방정부의 재정 지원이 학교로 유입되었고 연방 수준의 교육 통제가 집중되면서 이에 대한 우려도 제기되었다. 또한 공교육에 대한 비판과 반성이 광범위하게 제기되면서 무지 척결을 위해 학교교육에 대한 반주지주의(anti-intellectualism) 운동이 시작되었다. 이는 구체적으로 학교교육의 질, 성과 제고를 위한 주요 정책으로 수학과 과학교육이 강조되는 것으로 나타났다.

(2) 민주적 지도자 및 지역사회 지도자로서 교장의 역할

제2차 세계 대전(1939~1945) 이후 1950년대 초까지 교장은 행정가, 효율적인 시간 관리자, 그리고 상세한 감독자의 역할이 기대되었다. 교장은 효과적인 교수와 모든 과업을 관리 및 통합하고 효과적인 수행이 이루어지고 있음을 증명하기 위한 경험적 증거를 제공할 것으로 기대되었다(Brown, 2005: 121). 그러나 1950년대 후반에 들어 종래 학교행정에서 강조되었던 기업 관리의 원리는 폐기되고 학교교육은 민주적 가치를 증진하는 것을 목적으로 하였다(Brown, 2005: 121). 즉, 20세기 중반에는 조직 구성원들이 중요하다는 인간관계론 관점이 확산되면서 교직원의 사기가 강조되고 교장의 역할도 변화되었다.

인간관계 시대에서 교장은 권위적 인물에서 과정 지원자, 컨설턴트, 교육과정 지도자, 감독관(지도 교수), 공공관계 대표자 등으로 점차 전환되었다. 교장은 수업을 개선하기 위해 교사들을 모니터하고 감독하는 것에서 지원하는 것으로, 교육전문가와 관료에서 촉진자와 상담자(의논 상대자)로, 직접적으로 학교의 수업 프로그램과 관련되며, 학교의 실제와 지역사회의 우선순위에 대해 소통하는 민주적 지도성을 보여 줄 것으로 기대되었다. 교장은 학교에 근무하는 개인들의 개인적, 전문적 요구를 충족시킴으로써 이들을 자극하기 위한 가능한 모든 수단을 활용할 것으로 장려되었다. 부모, 지역사회 구성원, 교사들과 더 많은 관계를 맺고, 미국 생활의 가치를 구현하는 지역사회의 지도자, 학교의 민주적 지도자로 봉사하도록 기대되었다.

그러나 한편으로 교장은 여러 이해 관계자 사이에서 중간자의 위치에 서게 되었다. 여러 기관으로부터 교장의 역할과 기능에 관한 요구를 받게 되면서 교장은 이론적인, 당위적인 관점에서 자신의 직무를 받아들이는 입장과 학교 현실의 일상적인 문제에 안주하는 것 사이에서 혼란을 경험하게 되었다(Brown, 2005).

(3) 대학(원)의 교육행정가 훈련 과정 확산과 교육행정 자격기준

교장 양성 프로그램의 지식 기반과 가치의 역할에 관한 논쟁, 그리고 대학에서 제공하는 학문적 훈련이 취약하다는 비판이 제기되면서 1950년대 후반 들어서는 행정 분야의 이론화 운동이 대학을 중심으로 추진되었다. 성공적인 교육행정가는 관리적 업무를 수행하는 것 이상이어야 한다는 관점에서 개념적 기술, 이론 발달, 행정 과학의 구축을 강조하는 전문적인 훈련(양성) 프로그램이 강조되었다. 행정은 단순히 일을 '하는' 것뿐 아니라 학교에서 일상적으로 일어나는 일에 대한 '이해하고 설명할' 수 있어야 하는 것으로 간주되었다(Brown, 2005).

1940~1960년대는 교장 양성과정에서 중요한 발달이 이루어졌다. 전국 교육행정교수협회(National Conference of Professors of Educational Administration: NCPEA)가 1947년 창설되었으며, 1955년에는 학교 행정발전위원회(Committee for the Advancement of School Administration: CASA)가 만들어졌다. 이 위원회는 전국 교사교육 평가인증위원회(National Council for Accreditation of Teacher Education: NCATE)와 협의하여 교장 양성 프로그램 인증평가에서 고려되어야 할 주요 표준(기준)을 제시하였다. 1956년에는 주요 대학의 34개 학교 행정 프로그램 협의체인 교육행정대학위원

회(University Council for Educational Administration: UCEA)가 만들어졌다. 이 위원회는 학교행정가 훈련에서 생성된 연구와 문헌의 출판과 확산을 통해 교육행정 대학원 과정을 개선하기 위해 노력하였다(Brown, 2005: 124).

1950년대까지 거의 모든 주에서 교장의 자격 요건으로 공식적인 교장 훈련 과정을 이수하거나 교육행정 자격을 갖출 것을 요구하였다. 대다수의 주에서는 교육감, 교장의 자격 요건으로 대학원 학위를 요구하였다. 교장 양성과정은 다양한 배경을 가진 사람들이 참여하였으나, 특히 제2차 세계 대전 후 교육 분야에 종사하고자 하는 참전 용사들에게 인센티브가 되었다. 미국 정부가 제2차 대전에 참전한 미군(GI)에 대해 대학교육을 이수할 기회를 제공함에 따라 참전용사(남자)들이 교사 자격과 행정가 자격을 취득하기 위해 대학 과정을 이수하였다.

종합하면, 1940~1950년대 동안 과학적 관리의 원리는 쇠퇴하고 인간관계 행정 철학이 확산되면서 교장은 학교에 근무하는 교직원들의 개인적 · 전문적 요구를 충족시키고 이들을 지원하기 위한 가능한 모든 수단을 활용할 것으로 기대되었다. 과학적 관리 시대에서 인간관계 시대를 거쳐 1950년대 후반 소련의 스푸트니크 발사를 전후하여 반주지주의 경향이 확산되면서 학교 행정에 관한 다양한 연구와 이론이 발달하였다(Brown, 2005: 121). 교직원의 사기가 강조되면서 교장의 역할은 수업 개선을 위해 교사들을 감독하는 것에서 지원하는 것으로, 관료에서 촉진자와 상담자로 변화되었다. 인간관계 시대에는 교장들이 부모, 지역사회 구성원, 교사들과 더 많은 관계를 맺고 지역사회의 지도자, 학교의 민주적 지도자로 봉사하도록 기대되었다.

4) 교장직의 계속적인 변화와 항상성(1960~1980년)

(1) 시민권 운동과 사회 문제 해결을 위한 학교의 적극적 역할

1960~1980년대의 미국은 사회적, 정치적 혼란기로 전통적인 가치를 유지하려는 세력과 새로운 변화, 그리고 다양한 가치를 추구하려는 세력 사이의 긴장으로 특징지을 수 있다(Brown, 2005). 1960년대 미국의 민권운동(civil right movement)[4]은 인종, 성, 사

4) 민권운동은 1950년대 말부터 미국에서 시작된 흑인 차별에 대항하는 대중 인권운동이다. 민권운동은 비폭력 저항 활동을 통해 백인 전용과 유색인종 전용으로 공공시설을 엄격히 구분하는 남부의 관행을 깨뜨렸고, 남부재건 시대(1866~1877) 이후 흑인에게 평등권을 부여하는 법류 제정에서 가장 중요한 계기를 마련하였다(이양수, 2007: 52).

회 계층에 따른 차별, 인권 문제를 부각시켰으며, 연방정부는 빈곤과의 전쟁을 추진하면서 교육에서 연방정부의 역할을 확대하였다. 1970년대는 인종 갈등, 약물 남용, 청소년 임신 등 다양한 사회 문제가 크게 부각되었다.

1960~1970년대 교장은 연방정부의 재정지원을 받는 프로그램과 교육과정을 관리할 것으로 기대되었으며 지방 정책에 대한 연방의 개입이 증가하면서 교장은 변화 관리자(change agent)로 간주되었다. 1980년대는 효과적인 학교 연구가 유행하면서 강력한 행정적 리더십이 성공적인 학교의 공통된 특징으로 강조되었다. 교장은 다시 수업 지도자로서 학교의 교육 프로그램의 개발에서 중요한 역할을 할 것으로 기대되었다(Kafka, 2009: 325).

사회적으로 소수 인종, 사회 계층에 따른 차별 등이 주요 관심사로 부각되면서 학교 개혁가들은 기본적으로 학교가 다양한 사회 문제를 해결하는 데 적극적인 역할을 해 줄 것을 요구하였다. 그러나 이 시기 동안 공교육에 대한 일반 대중의 신뢰, 믿음이 점차 쇠퇴하면서 학교교육에 대한 책무성이 처음 표면화되기도 하였다. 즉, 20세기 초에 도입되었던 과학적 관리, 관료제 원리에 기초한 조직 구조는 큰 비판을 받았으며, 학교의 선별 기능에 기초한 능력(실력)주의는 시민권 운동가들로부터 심각한 공격을 받으면서 학교의 역할과 기능에 대한 회의가 제기되었다(Brown, 2005).

(2) 교장에 대한 다양한 역할 기대

이 시기 교장의 역할도 다양하게 변화하였다. 1960~1980년대 교장은 종전의 과학적 관리, 관료주의 원리의 실천자로서의 역할과 사회 변화로 인해 요구되는 새로운 역할 사이에서 자신의 역할 정의에 혼란을 겪었다. 더구나 이 시기에는 학교 외부의 다양한 이해 관계자들이 학교, 교장에 대한 상충되는 기대와 요구를 표출함에 따라 교장은 관료, 관료주의 보호자, 과학적 전략 활용자, 책임 있는 지도자인 동시에 학교 위계 내에서 권력을 배분하고, 경험적 데이터를 활용하여 교사의 업무를 계획 · 평가하며, 학교의 성과에 책임을 져야 했다.

다양한 사회 문제에 학교가 해결책을 제공할 것으로 기대됨에 따라 교장의 주된 관심사는 수업 지도성, 교육적 리더십보다는 교육 문제를 해결하고 지역사회 지도자, 다양한 역할 속에서 균형을 잡는 데 있었다. 교장은 학생, 교사, 보다 큰 지역사회를 이끌고 다양한 교육적 노력에 의미를 부여 · 전달하고, 다수의 사람들을 연계하고 학생과 교사 간에 긍정적인 상호작용을 촉진할 것으로 기대되었다(Brown, 2005: 125).

특히, Brown 대(對) 토페카 교육위원회의 결정이 다시 주목을 받으면서 교장은 인종 분리로 인해 초래되는 불평등을 바로잡고 학교 간 재정적 차이와 교과서와 교육과정의 다문화 내용을 포함하여 다양한 사회문화적 문제에 관심을 가질 것으로 기대되었다. 1960~1970년대 동안 교장은 보충교육, 이중 언어교육, 장애아 교육 등 특정한 학생들을 지원하기 위한 연방의 재정지원 프로그램을 관리해야 할 책임이 증가하였다. 또한 다양한 사회 문제 해결을 위해 학교가 보다 적극적인 역할을 수행할 것으로 기대됨에 따라 교장은 지역사회의 지도자로 이해되었다(Kafka, 2009: 326).

일상적인 관리적·행정적 업무를 수행하고 기존 체제를 유지하는 데 초점을 둔 초기 교장의 역할과 대조적으로 1960~1980년대 동안 교장은 교육과정 관리, 교육 프로그램 개선에 보다 적극적으로 참여할 것으로 기대되었다. 교장의 역할은 연방 규정 준수를 감독(모니터)하는 것에서 나아가 교사의 수업 지원, 직원 개발 등으로 확대되었다. 교장은 연방 정부, 지역사회 등 외부의 정책 결정자가 개발한 다양한 해결책을 실행하는 역할을 하였으나 기본적으로 프로그램의 성과보다는 외부에서 정한 기준의 충족 여부에 더 큰 관심을 기울였다. 이에 따라 교육 프로그램 실행은 학생의 학습을 개선하기 위한 수단이라기보다 그 자체가 목적이 되었다. 또한 1970~1980년대 책무성 운동은 교장의 감독적 기능과 역할에도 영향을 주었다. 교장은 자신의 새로운 역할이 학교의 교수-학습 문제를 진단하고 교사들이 보다 효과적이 되도록 지원하는 것이라고 보고 교육과정 개발에 보다 초점을 두게 되었다(Brown, 2005: 127).

종합해 보면, 20세기 중반 들어, 학교에 대한 사회적 요구가 보다 확대되면서 교장의 역할과 직무도 변화되었다. 특히, 미국의 교육 개혁 역사에서 중요한 보고서인 「위기에 처한 국가(A Nation at Risk)」가 1983년 발표되면서 학교 개혁이 보다 본격적으로 추진되었으며, 기준 책정과 책무성 운동 등으로 학교장이 학생 성취도를 개선할 수 있도록 보다 적극적, 전문적인 수업 지도성을 발휘해야 한다는 압력이 가해졌다. 이에 따라 1970년대 학교 효과성 연구들에서 교장은 학교관리자로서의 일뿐만 아니라 수업 지도자의 역할을 해야 한다는 주장이 제기되었다(Sergiovanni et al., 2009/2011: 251). 수업 지도자로서 교장의 역할과 이미지는 1980년대까지 유지되었다. 강력한 수업 지도자로서 교장은 학교 목표를 명확하게 설정하고, 교육과정과 수업을 조정·감독하며, 높은 성취 기대와 기준을 설정하는 등 면학 분위기를 조성하고 학생과 교사를 위한 건강하고 안전한 학교문화를 조장하는 역할을 할 것으로 기대되었다.

(3) 교장 훈련 프로그램의 이론, 과학화 지향

교장의 역할에 대한 변화 요구가 커지면서 교장 양성과정과 자격제도에 대한 비판과 반성도 제기되었다. 일부에서 대학의 학교행정가 양성 프로그램은 보다 엄격한 내용으로 구성되고 전반적인 교과목 개편을 필요로 한다는 문제가 제기되었다. 기본적으로 교장 양성과정은 실제 지향에서 이론 지향으로, 한 가지 학문을 활용하기보다 다양한 학문을 활용하고, 기술적 지향보다 일반적인 지향으로 변화되어야 한다는 것이다(Brown, 2005).

이에 따라 학교행정가 양성 프로그램에 행동과학, 사회과학 등 다양한 이론적 지식이 유입되었다. 1950년대 이후 추진된 이론화 운동의 영향으로 개인적인 충고나 경험에 기초한 지식 대신 과학적, 가설연역적인 지식의 근거를 산출하고, 이론과 연구가 실제와 연계되는 응용과학으로서 학교 행정을 보는 관점이 발달하였다. 당시 학교행정가 양성 프로그램은 사회학, 심리학, 경제학, 정치학, 인류학, 공공행정의 내용을 통합한 것이었다. 또한 1970년대 동안 교육전문가 단체들은 학교 지도자의 행동 윤리, 규범을 제정 및 채택하고 구성원에 대한 법적인 보호, 연구 수행, 저널, 뉴스레터 발행, 워크숍 등 다양한 능력 개발 기회를 제공하였다(Brown, 2005: 128).

한편, 1960~1980년대 학교 행정에서 여성, 소수인종의 진출은 여전히 제한적이었다. 특히, 1954년 Brown 대(對) 토페카 교육위원회의 결정 이후 흑인 교장의 수는 오히려 줄어들었다. 이는 인종 분리 학교가 폐지되면서 새로운 통합학교에 흑인보다는 백인 남성 교장을 선호하였기 때문이다. 여성은 여전히 행정직보다는 교사직에 더 적합한 것으로 인식되었다. 가정과 직업을 병행해야 하는 여성들에게 행정적 지위보다는 가르치는 일이 보다 적절한 직업으로 인식되었다. 아울러 징병을 피하거나 전후 미국 군인에 대한 대학교육 지원으로 공립학교에 남교사가 증가하였고, 이는 여성의 행정직 진출에 장애가 되었다. 여성이 행정직에 들어가는 것은 대부분 초등 교장이었으나 1960~1980년대 동안 여교장의 수는 크게 증가하지 않았다(Brown, 2005).

5) 교장직의 개혁과 재구조화(1980~2000년)

(1) 학교 개혁과 재구조화

1980~2000년대는 학교교육에서 책무성, 자율, 그리고 경쟁이 강조된 시기다. 학교 운영에서 관리와 통제보다 공유된 의사결정과 참여, 분권화된 학교단위경영제가

부각되었다. 1980년대는 일본 등 국제 경제의 경쟁자가 등장하고 교육 수월성 위원회(National Commission on Excellence in Education)(1983)의 「위기에 처한 국가(A Nation at Risk)」가 발간되면서 광범위한 학교 개혁이 추진되기 시작하였다. 학교를 보다 효율적, 효과적으로 만들기 위해 교육표준을 강화하고 교육자의 전문적 자격 요건을 강화하며 책무성을 확대하는 정책들이 추진되었다.

1980년대부터 추진된 학교 개혁은 주 의회를 중심으로 한 하향식 개혁으로, 학교교육의 바람직한 목표는 학생 성취를 개선하는 것이었으며 교실 수업 개선이나 학교 발전은 수단으로 이해되었다. 학교개혁가들은 교육 지도자들이 학생의 학업 성취와 직업교육에 보다 초점을 두도록 하였으며 교원에 대한 감독과 규제를 통해 학교교육의 과정과 결과를 개선할 수 있다고 보았다. 교장은 보다 적극적으로 학교의 교육 프로그램을 이끌어 가고 교육과정과 수업에서 전문성을 발휘할 것으로 기대되었다. 1980년대 이후 수업 지도자로서 교장의 역할은 새로운 교육 기준이 되었다(Brown, 2005: 130).

1980년대 후반 학교 개혁은 학교 재구조화로 변형되었다. 이는 기존 체제를 고치는 것에 초점을 두는 것이 아니라 전체 교육체제를 재형성하는 데 초점을 두었다. 재구조화 지지자들은 학교가 단지 변화를 실행하는 것이 아니라 변화를 선도할 책임 있는 기관으로 이해하였다. 재구조화를 통한 학교 개혁은 교사와 행정가의 문제가 아닌 해결책으로 인식하는 새로운 관점의 교육 개혁으로 발전하였다. 학교 재구조화 개혁은 학교 발전을 위해 상향식 접근을 취하였으며, 교사들을 개혁의 대상이 아니라 중요한 전문가 자원으로 간주하였다.

재구조화는 교사들을 관리하기보다는 그들에게 권한을 부여하였기 때문에 교장은 이에 따른 새로운 기술을 학습해야 했다. 종래 관리적 기능은 지도성 책임으로 전환되었으며, 동료 협력, 실험, 반성, 학교 중심 직원개발, 역량 구축의 중요성 등이 새롭게 인식되었다. 이러한 교장의 새로운 역할은 변혁적 지도성(transformational leadership)을 부각시켰다. 이후 변혁적 지도성은 수업 지도성과 더불어 교장의 핵심 지도성으로 이해되었다(Hallinger, 1992).

(2) 교장의 책무성 확대와 수업 지도자·변혁적 지도자로서 교장

학교 재구조화에 따라 교장의 역할은 계속적으로 재형성, 재정의, 재협상되었다. 그러나 학교 재구조화에 대한 압력은 교장의 역할 과부하와 역할 모호성을 증대시켰으며 다양한 교장 역할들의 양립 가능성에 대한 우려가 제기되었다.

1990년대 동안 교사 지도성과 전문주의 개념의 출현과 더불어 지역사회의 학교위원회에서 단위 학교로 교육과정과 수업에 관한 권한이 분권화되면서 의사결정 과정에서 교사와 학부모의 역할이 증대되었다. 의사결정 전에 다양한 집단으로부터 의견을 구해야 함에 따라 교장의 직무 시간과 복잡성은 보다 커졌다. 단위 학교 중심 경영으로의 학교 재구조화는 교장이 지도성 팀을 확장하거나 분산적 지도성을 발휘하도록 요구되었다. 권한 부여가 모토가 되었고 공동 의사결정은 규범이 되었으며 촉진자, 동료관계 구축자, 자원 제공자 등이 교장의 주요 역할이 되었다. 이와 더불어 1990년대는 교장의 직무, 책임에 대한 전례 없는 공공 감시가 시작되었다. 차터스쿨, 민영화, 바우처, 거버넌스의 분권화, 표준화 시험, 책무성, 청소년 관련 사회 쟁점 등은 학생 성취에 기초한 제재와 보상 등의 새로운 압력과 정책을 촉발하였다(Brown, 2005: 132).

1980년대의 학교 개혁기와 1990년대의 재구조화기 동안 교장은 무엇보다 학교 수업 프로그램 개선에서 주요 행위자로 부상하였다. 교장은 교육과정과 수업을 조정하고 통제하는 등 수업 지도성을 발휘하는 데 중심적인 역할을 수행하였다. 이러한 새로운 교육 개혁에 부합하는 교장은 관리자로서의 역할은 덜 강조되고 수업 지도성 책임이 크게 강조되었다. 즉, 교장은 수업 개선, 학습 풍토 조성, 교육과정 개발 촉진을 위한 주요 행위자로 간주되었다. 이에 따라 1980년대 중반에는 거의 모든 주에서 교장의 수업 지도성 개발을 목표로 한 현직연수 과정이 마련되었다. 그러나 실질적인 지원은 거의 없었으며, 수업 지도자로서 교장의 역할은 실제적 의미보다는 수사적인 경향을 띠었다(Brown, 2005: 131).

기본적으로 1980~2000년 동안 교장은 학교교육의 모델을 관료적 모델에서 후기 산업사회 모델로 전환하는 책임을 부담하였다. 교장은 학교체제의 위계 구조의 통합성을 침해하지 않으면서 변화의 방향을 제시하고 학교가 생산적으로 존재할 수 있는 길을 찾고 보다 큰 사회체제 내에 학교가 어떻게 조화될 것인가를 평가하고 공동체의 일부로서 학교를 이끌어 갈 것으로 기대되었다. 그러나 이 기간 동안 주 정부와 지방 관료는 공교육에 대한 더 많은 통제와 영향력을 미쳤다.

1990년대 이후 교장의 역할이 계속 발전하고 점차 복잡해졌으나 교장의 권위와 지위 권력은 약화되었다. 즉, 1990년대 들어 사회 변화가 가속화되고 학생 인구가 다양해지면서 교장의 역할과 직무도 달라졌다(Sergiovanni et al., 2009/2011: 251). 교장은 고도로 전문화되고 광범위한 규제를 받고 복잡한 인간조직을 관리할 것으로 기대되었다. 교장의 역할은 수업 지도자, 변혁적 지도자, 도덕적·윤리적 지도자, 정치적 지도자, 거대 행정 팀의 조정자, 지역사회 구축과 경제 개발자 등 다양한 지도성으로 개념화되었다(Brown, 2005: 132). 특히, 1990년대 교장의 역할은 학교의 효율적 운영보다는 학생의 성취도 제고 등 책무성 확보에 초점이 맞추어졌다. 교장은 성취도 기준에 맞추어 학생의 성적을 높이고, 성과에 기초한 재정 운영을 통해 책무성을 보여 주어야 했다. 2000년대 들어 학교 발전과 실패에 대한 처벌 규정을 포함하고 있는 「낙오아동방지법(No Child Left Behind)」이 제정되면서 수업 지도자로서 교장의 역할, 학생 성취도 제고에 대한 교장의 부담은 더욱 커졌다고 할 수 있다.

(3) 교장 훈련 과정과 자격기준의 체계화와 표준화

1980~2000년대 광범위한 교육 개혁 운동이 추진되면서 학교 행정, 학교 발전에서 교육 지도성의 역할, 그리고 교육 지도자의 양성도 교육 개혁의 중심이 되었다. 1980년대 초 모든 주에서는 교장 자격 취득을 위해 교육행정 분야의 대학 강좌를 이수하도록 하였으며, 일부 주에서는 석사학위 이상을 요구하였다. 1940~1980년대 교장 훈련 프로그램은 과학으로서 행정 관점에 기초하여 운영되었는데, 1980년대 들어 이는 심각한 공격을 받았다. 이론화 운동은 기대한 성과를 내지 못했으며, 교장 훈련 프로그램에 적용된 지식 기반은 실제 문제를 해결하는 데 유용하지 않다는 것이었다.

교장의 자격 강화를 위해 1980년대 후반에는 거의 모든 주에서 교장 자격으로 행정 분야 석사학위를 의무화하였다. 그러나 학위 취득만으로 교장의 자질이나 역량이 보장되는 것은 아니며, 현직 교장이나 전문 단체들은 학문적 양성 프로그램이 실제 직무와 연계되지 않으며, 교장 훈련 프로그램이 교장의 직무, 역할 변화에 부응하지 못한다는 비판을 제기하였다(Brown, 2005). 예를 들어, 교육행정정책위원회(National Policy Board for Educational Administration: NPBEA)는 1989년 「학교행정가 양성 개선: 개혁 어젠다」라는 보고서를 통해 교장 훈련 프로그램에 포함되어야 할 지식과 기술을 광범위하게 제시하였다. 이는 실천적 문제에 초점을 두고 임상 경험을 강조한 것으로 학교교육, 가르치는 일, 학습 과정, 학교 발전, 조직 이론, 조직 연구 방법론, 정책 분석, 지도성, 관리 과정과 기능, 정책 연구, 교육정책, 학교교육의 도덕적, 윤리적 측면 등에 관한 사회적, 문화적 영향 등이 포함된다.

교장 자격제도와 관련하여 1990년대 중반 24개 주가 참여한 주간 학교 지도자 자격협회(Interstate School Leaders Licensure Corsortium: ISLLC)의 조직은 중요한 의미를 갖는다. ISLLC는 학교 지도자를 위한 전국적인 자격 표준을 제시하였으며 이는 오늘날에도 교장 자격기준으로 널리 활용되고 있다. ISLLC는 학교 지도자의 전문성 발달을 강화하는 것을 주요 목적으로 하며 다음 두 가지 목적에 기여하였다. 첫째, 대학의 교장 훈련 프로그램의 모델을 제공하고, 둘째, 초임 교장 자격 인증을 위해 각 주에서 활용하는 학교 지도자 자격평가(School Leaders Licensure Assessment: SLLA)의 근거를 제공한다(Brown, 2005: 133).

ISLLC 기준은 성공적인 교장이 갖추어야 할 기본 운영 규범을 제시하고 있으며 6가지 주요 기준으로 구성된다. 즉, 학습 비전, 학교 문화와 수업 프로그램, 관리(경영), 가정 및 지역사회와의 협력, 진실 · 공정 · 윤리적 행동, 정치적 · 사회적 · 경제적 · 법적 · 문화적 맥락 등이다(Brown, 2005: 133). 가장 최근 개정된 ISLLC 2008도 6가지 기준으로 구성되어 있으며(학습 비전, 학교 문화와 수업 프로그램, 안전하고 효과적인 학습 환경, 교사 · 지역사회와의 협력, 진실 · 공정 · 윤리적 행동, 정치, 사회, 경제, 법적, 문화적 맥락) 내용은 거의 대동소이하다.

한편, 이 시기 동안 전반적으로 여교장의 수는 크게 증가하지 않았다. 1990년대 동안 주로 초등학교 수준에서 여성 행정가가 증가하였으나 여교사의 수와 비교해 보면 불평등은 여전히 존재한다. 여성들이 행정직에 진출하는 데에는 다양한 내적, 외적 장애 요인이 있는 것으로 보고되고 있다. 내적인 제약으로는 행정에 대한 관심 부족, 가정/개인적인 제약, 외적인 장애 요인은 남성과 같은 '올드보이' 네트워크 부족, 동료나 멘토(롤 모델)의 지원 부족, 여교사나 행정가들의 성차별 인식 등을 들 수 있다(Brown, 2005).

6) 교장직의 도전과 전망(2000년~)

21세기는 교장직을 위한 새로운 도전과 전망이 기대된다. 21세기 학교에서 교장은 조직관리자라기보다는 교수-학습 개선을 위한 새로운 지식과 기술 창출자로서 기대되고 있다(Sergiovanni et al., 2009/2011: 252). 이에 따라 교장의 역할에 대한 새로운 정의와 잠재적인 교장 후보자들을 확보 및 지원하기 위한 대응이 필요하다. 학교교육에 대한 새로운 요구와 기대의 변화로 교장의 책임이 확대되면서 종래의 교장의 역할과 직무 개념은 유지되기 어렵다(Sergiovanni et al., 2009/2011: 269). 책무성 강화에 따른 새로운 지도성이 요구하는 지식과 기술의 습득, 분산적 지도성 발휘를 위한 역량 개발 등의 측면에서 교장 역할을 재정의하고 교장 후보자들을 지원하는 과정이 필요하다.

21세기 교장직에서는 학교가 무엇을 성취할 것인가에 대한 가치 중심, 목적 중심, 성과 중심 접근법이 모두 요구된다. 미래 학교 지도자를 위한 주요 과제는 우선 과거부터 지속되어 온 문제, 쟁점, 도전에 지속적인 관심을 기울이는 것이다. 예를 들어, 학교 행정직에서 성차별 문제, 인종 차별 문제를 들 수 있다. 학생들의 요구에 맞게 학교교육을 변화시키는 것 또한 매우 중요한 과제다.

한편으로 교장직에 대한 전문적 요건이 강화되면서 잠재적 교장 후보자들이 감소되고 있다는 점도 미래 교장직에 대한 주요한 도전이 되고 있다. 학교 개혁에 대한 요구가 커지고 책무성 요구, 학교단위경영제 도입으로 다양한 이해 관계자들이 학교교육의 주요 의사결정에 참여함에 따라 교장은 장시간 근무와 저임금, 높은 스트레스 등을 경험하고 있다. 이는 교장 후보자들의 교장직 선택을 좌절시키는 요인이 되고 있다. 교장직에 관심이 있고 자격을 갖춘 후보자들이 부족해지면서 교장직이 위기에 처하고 있다. 이는 교장직의 매력이 줄어드는 반면 부담은 더 증가하고 있기 때문이다. 오늘날 교장은 모순된 요구에 따른 역할 갈등, 역할 모호성, 근무 부담 등 다양한 어려움을 경험하고 있다.

교장직의 역사적 발달에서 볼 때, 최근 교장직은 한 세기 전보다 더 복잡하게 진화해 왔다. 잠재적인 교장 후보자가 줄어드는 데 관련되는 요인들은 다음과 같다(Brown, 2005: 136). 교장 후보자가 줄어들거나 교장직을 떠나는 다양한 요인들을 해소하는 것은 미래 교장직을 위한 핵심 과업이 될 것이다.

- 책임에 상응하지 않는 불충분한 보상, 보수, 기타 소득
- 스트레스, 조직 요구의 변화, 업무 부담, 많은 서류 업무, 전화, 매일의 일상적인 과업, 많은 회의, 관료주의
- 장시간 근무, 야간 근무, 개인 시간 부족, 감정적으로 소진, 의기소침
- 외부 압력, 복잡한 사회 문제, 공정성 문제, 학생 훈육 문제의 증가, 안전 문제, 위기 학생과 이중 언어 학생 증가, 특수교육 문제, 높은 중도 탈락률
- 학생과 부모의 다양한 요구 충족에 대한 부담, 수업, 교수, 학습, 기획, 평가, 개혁에 초점을 맞추기 어려움
- 표준, 책무성 압력, 고부담 시험, 평가인증 요건, 학교 선택
- 존경 부족, 권위와 자율성 침해, 권력 균형의 이동, 분권화된 의사결정, 부모와 지역사회의 요구 충족 어려움, 비현실적인 기준

- 지원 부족, 동료로부터 소외, 소송 위협, 정년 보장과 직업 안정성 부족, 학교 재정지원 부족
- 부적절한 교장 훈련 과정, 광범위한 기술적 지식과 협력 기술 필요, 전문성 개발 부족, 이해 · 공유할 정보의 과다
- 부정적인 언론, 공공 감시 증가, 불합리한 높은 수준의 기대
- 스트레스가 많은 정치적 환경, 역할, 지위, 규정, 보상과 제재, 법령 체계 변경

모든 아동을 위한 교육 개선을 책임지는 교장직은 점차 많은 요구를 받고 있다. 전문적 지위, 과업의 복잡성, 시간 요구, 책무성 등에서 학교 행정의 성격이 변하고 있으며, 교장의 역할도 다원화되고 있다. 교장은 학교관리자, 변혁적 지도자로서, 한편으로는 수업 지도자, 장학 담당자로서의 역할이 요구되고 있다. 교장은 관리 업무, 의사결정의 공유, 현장 중심 경영, 학생 성취도 개선에 대한 압력을 받고 있으며, 학생의 인구의 변화, 특수교육 요구, 지역사회 지도자 역할, 사회정의 실현, 지속가능 발전 교육의 실현 등 학교교육에 대한 사회적 요구를 충족할 것으로 기대되고 있다.

교장은 모순된 요구로 가득한 역할을 담당하고 있다. 역사적, 전통적으로 변화에 저항하고 안정성을 유지하려는 조직 지위를 가지고 있으면서 동시에 적극적으로 학교를 개혁하고 재구조화할 것으로 기대되고 있다. 수업 지도자가 되는 것과 더불어 교장은 건물 관리자, 뛰어난 인적 자원 관리자, 능력 있는 협상가, 문제 해결자가 될 것으로 기대된다. 교장은 변혁적 지도성, 협력적 지도성, 그리고 봉사 지도성, 분산적 지도성을 발휘하면서 도덕적 지도성과 비전을 제시하는 지도성, 그리고 문화 지도성을 발휘할 것으로 기대된다.

오늘날 교장은 광범위한 지식과 기술을 가지고 실제적으로 학교의 모든 일에 책임을 져야 한다. 교장직의 잠재력은 크다. 교장직에서 권력은, 교장 개인이 행사하던 것에서 다양한 구성원과 함께 하는 권력으로 전환되고 있고 이는 새로운 교장직을 요구하고 있다(Brown, 2005: 137). 21세기 교장은 학습자 중심, 비전 제시, 모든 학생을 위한 성공, 교원에 대한 전문적 지원, 지역사회 봉사 등을 실현하려는 의지와 자신의 능력에 자신감을 가질 수 있어야 한다.

3. 미국 교장직의 역사적 발달이 주는 시사점

종합하면, 미국에서 교장의 역할은 관료제적 조직관리자와 전문적 수업 지도자를 핵심으로 한다. 20세기 초중반까지는 관리자로서 교장이 강조되었다면 1970년대 이후 학교 효과성 연구 확산과 1980년대 초 교육 개혁 보고서 발표 등으로 교수-학습 개선을 위한 수업 지도자로서 교장의 역할이 보다 강조되었다. 아울러 2000년대 초 「낙오아동방지법」 제정으로 학생 성취도 제고를 위한 교장의 역할과 책무성이 강조되었으며, 이를 위해 교장은 학생의 학습을 개선하는 데 필요한 학교 문화와 풍토를 조성하고, 교사들과 협력하는 수업 지도자여야 한다.

미국에서 교장은 일선 학교와 교육청(교육위원회)을 연결하는 중간 관리자로서 이중적 역할을 수행하면서 발달해 왔다. 즉, 지방 교육위원회의 교육정책을 학교에 전달 및 실현하고, 학급에서 직업 수업을 담당하면서(주로 상급 학년) 다른 교사들을 지원, 감독하는 위치에 있었다. 또 교장은 학교 변화의 옹호자이자 관료적 안정성을 보호하는 사람이라는 이중적 역할을 담당해 왔다. 초기 교장에게 학생을 가르치는 일이 주된 역할이었고 사무적, 관리적 업무는 새로 부가된 것이었다. 이에 따라 초기 교장은 교사들 중의 책임교사, 대표교사라는 명칭으로 불렸다. 학생 교육(수업)과 사무적, 관리적, 행정적 업무를 담당하는 교장의 이중적인 역할은 시대 변화에 따라 상대적으로 그 비중은 달라졌다.[5]

특히 20세기 초 공교육 제도가 발달하면서 학교 규모가 커지고 학교 운영에 과학적 관리, 관료제 원리가 적용되면서 교장의 관리적, 행정적 업무의 비중과 중요성은 보다 커지게 되었다. 교육 지도자, 수업 지원, 장학 담당자로서의 교장보다 학교관리자, 학교경영자로서의 교장이 보다 강조된 것이다.

1980년대 이후 추진된 학교 개혁, 학교 재구조화 운동은 교장의 역할에 새로운 변화를 초래하였다. 학교교육의 효과, 성과에 주목하게 되면서 '학생의 성취도 향상'을 학

5) 오늘날에도 일부 국가에서 교장직의 원형, 즉 교사 중에서 사무적 · 관리적 업무를 담당하는 지위라는 점을 확인할 수 있다. 예를 들어, 프랑스의 경우 초등학교 교장은 교사 중에서 행정 업무를 담당하는 교사로 중 · 고등학교와 달리 교장(principal, proviseur)이 아니라 학교의 관리자(directeur d'école)로 불린다(초등 교장은 행정과 수업의 이중의무를 진다). 프랑스 초등학교는 대부분 소규모로 학교 규모에 따라 교장의 의무 수업 시수는 차이를 두고 있다. 학교 규모가 커 사무 · 행정 업무가 많을 경우 수업 부담을 줄여 주는 것이다. 교장의 행정 업무에 대한 추가보수는 월 15만 원 상당에 불과하다(박상완, 2013).

교교육의 주요 목적이자 교장의 핵심 역할로 보게 된 것이다. 아울러 교장은 학교 개혁을 위한 핵심 주체로서 단순히 관리적 · 행정적 업무를 담당하는 것에서 나아가 비전을 제시하고 새로운 변화를 이끌어 가야 할 것으로 기대되었다. 교장은 변혁적 지도자로서 학교교육의 성과를 관리하고 학교 개혁을 이끌어야 할 역할과 책임을 부담하게 된 것이다. Hallinger(1992)는 이러한 미국 교장의 역할 변화를 관리적 지도자 → 수업 지도자 → 변혁적 지도자로 발달한 것으로 정리하고 있다.

오늘날 교장에게 기대되는 역할과 교장에게 요구되는 지도성은 훨씬 더 복잡하다. 미국의 교장직 발달 역사에서도 드러나듯이, 교장은 다양한 이해 관계자들이 요구하는 상충되는 역할을 수행할 것으로 기대되고 있다. 미국에서 교장 후보자가 줄어들거나 교장직을 떠나는 요인에서 알 수 있듯이(책무성 요구, 학교 · 교장 평가, 학부모와 지역사회 인사의 학교교육 참여, 대중매체의 부정적인 태도, 복잡하고 다양한 직무 등), 다양한 학교 내외적 환경들이 교장의 역할 수행을 더욱 복잡하고 어렵게 만들고 있다.

이러한 미국 교장직 제도의 발달을 통해 우리나라 교장직에 대해 이해하고, 교장직의 미래 방향 설정을 위한 시사점을 정리해 볼 수 있다.

첫째, 우리나라에서 교장직은 해방 이후 미군정기(1945~1948년) 동안 공립학교 체제가 만들어지면서 도입되었기 때문에 교장직의 성격과 교장의 역할에 대한 이러한 역사적 발달 과정을 확인하기 어렵다. 우리나라에서 교장의 역할은 당초부터 학교관리자 · 행정가로 이해되어 왔다. 다만, 교사 경력이 있는 사람 중에서 교장을 임명함에 따라 가르치는 일은 교장이 되기 전의 주요 경력이며, 교장이 되기 위한 (핵심) 자격 요건으로 간주되고 있다. 2000년대 중반 교장 공모제 도입 시 교사 경력이 없는 사람에게 교장 공모에 지원할 자격을 부여할 것인가가 논란이 된 바 있고 현직 교장과 교장 후보자를 포함하여 교원단체를 중심으로 극심한 반대가 있었다. 이는 우리나라에서 교장은 교사 경력이 있는 사람 중에서 선발하되, 현직 교장의 주요 역할은 학교관리자, 행정가라는 인식이 강함을 보여 준다.

둘째, 수업 지도자, 장학 담당자로서 교장의 역할 인식은 상대적으로 매우 취약하다. 최근의 장학이 교사의 요청에 의한 컨설팅 장학 형식으로 이루어지게 되면서, 학교 행정 위계의 상급자인 학교장이나 교육청 장학관(사)이 하는 장학은 거의 사라졌다고 할 수 있다. 아울러 교사학습공동체, 전문학습공동체가 발달하면서 상급자에 의한 장학보다는 수평적, 자율적인 수업 분석, 개선 활동이 널리 확산되고 있다. 그러나 전통적인 장학과 컨설팅 장학, 그리고 교사학습공동체의 목적과 기능이 상이하다는 점에서 교장의 전통적인 역할로서 장학(장학 담당자로서 교장의 역할)은 새로운 방향을 모색할 필요가 있다.

셋째, 최근 인공지능을 기반으로 하는 제4차 산업혁명과 미래 직업 세계의 거대한 변화 등이 주요 화두가 되고 있다. 정치 · 경제 · 사회 변화에 따른 학교교육의 목적과 기능의 변화, 이에 대응한 교장의 역할 변화는 미국 교장직의 역사적 발달을 초래한 핵심 동인이었다. 19세기 학교의 일상적인 사무관리를 위한 교장직의 출현, 20세기 초 공교육 체제의 발달에 따라 과학적 관리, 관료제의 원리 실현을 위한 관리자, 경영자로서 교장의 역할 강조, 제2차 세계 대전 후 사회 재건, 민주주의 이념 보호 · 실현을 위한 교장의 역할, 1980년대 미국 사회 및 미국 교육의 위기 진단으로 초래된 대규모의 학교 개혁 운동, 학교효과 · 학생 성취도 개선을 위한 수업 지도자로서의 교장 역할 강조, 2000년대 이후 미래 변화를 주도하고 이끌어 갈 변혁적 지도자로서의 교장 역할이 요구되고 있다.

우리나라에서 교장의 역할은 1990년대 중반 이후 큰 변화를 겪고 있다. 해방 이후 1990년대 중반까지 교장은 미국의 교장직 모델을 받아들여 장학 담당자와 학교관리자 · 경영자 · 행정가로서의 역할을 수행해 왔다. 그러나 1990년대 중반 학교운영위원회(학교단위경영제) 도입, 2000년대 초 교장을 포함한 교원능력개발평가제 시행, 2000년대 중반 교장 공모제 도입, 2000년대 후반 학교 자율화 확대, 2010년대 이후 교육감 직선제 시행, 혁신학교의 전국적 확산 등 다양한 학교 내외적인 변화들은 학교교육 및 운영에서 교장의 역할과 책임의 변화를 요구하고 있다.

21세기 미국 교장직의 미래 전망과 마찬가지로, 우리나라 교장은 학교 위계 조직 내에서 다양한 이해 관계자들의 참여, 협력, 지원하에 학교를 운영해야 할 책임을 지고 있다. 교장은 학교의 최고 책임자로서 학교교육의 질과 성과를 제고하고 학부모, 지역사회의 다양한 요구를 반영할 뿐 아니라 학교교육의 새로운 비전을 제시하고 선도해야 할 책임을 지고 있다. 학교관리자, 행정가, 경영자로서 교장은 교장에게 요구되는 다양한 역할 기대의 일부일 뿐이다. 학교관리자 · 경영자 · 행정가로서의 역할 인식의 틀을 벗어나 수업 지도자, 변혁적 지도자, 4차 산업혁명이 초래할 미래 사회 변화에 대비한 공교육의 역할과 책임을 인식하고 미래 비전을 제시할 수 있는 교장으로서의 역량과 자신감이 요구된다.

제6장

오늘날의 교장

오늘날의 교장은 어떤 사람들인가? 교장의 인구학적 특성, 즉 학교급별 교장의 수, 교장의 연령 및 성별 구성과 교장 전 주요 경력으로서 교직 경력과 교육전문직 경력, 교장의 보수 등은 우리나라 교장의 개략적인 특성과 처우를 파악하는 기초 자료가 된다. 이 장에서는 교육통계연보와 한국교육개발원의 통계 데이터베이스를 활용하여 2005~2015년간 우리나라 교장의 인구학적 특성을 분석한다. 아울러 관련 데이터 및 선행연구를 토대로 교장의 이직/퇴직 현황과 사유, 교장직 선택의 주요 요인을 검토한다. 이를 통해 우리나라에서 교장직에 대한 태도, 선호를 확인해 볼 수 있을 것이다.

1. 초 · 중등학교 교장의 인구학적 특성

1) 초 · 중등학교 교장의 수

최근 10년간 우리나라 초 · 중등학교 교장 수의 변화는 〈표 6-1〉과 같다. 고등학교의 경우 2011년 이후 고등학교 유형별로 통계를 산출하고 있어 2005~2010년도와 2011년 이후 자료는 연계성을 갖고 있지 않다. 교장은 학교별로 1인이 배치됨에 따라 교장 수의 변화는 학교 수의 변화를 반영하고 있다.

학교급별로 보면, 초등학교 교장 수는 2005년 5,614명에서 2015년 5,934명으로 지난 10년간 300명 정도 증가하였다. 중학교 교장 수는 2005년 2,582명에서 2015년 2,934명으로 약 350명 증가하였다. 고등학교 교장 수는 고등학교 유형이 다양함에 따

◆ 표 6-1 ◆ 초·중등학교 교장 수 및 여교장 비율(2005~2015년)

(단위: 명, %)

구분		2005년	2006년	2007년	2008년	2009년	2010년	2011년	2012년	2013년	2014년	2015년
초등학교	계	5,614	5,695	5,710	5,761	5,791	5,818	5,830	5,855	5,875	5,897	5,934
	여	490	531	589	653	747	832	895	977	1,095	1,299	1,701
	비율	8.7	9.3	10.3	11.3	12.9	14.3	15.4	16.7	18.6	22.0	28.7
중학교	계	2,582	2,642	2,682	2,731	2,777	2,800	2,837	2,859	2,880	2,907	2,934
	여	255	294	343	394	463	493	522	556	577	618	680
	비율	9.9	11.1	12.8	14.4	16.7	17.6	18.4	19.4	20.0	21.3	23.2
일반계고	계	1,329	1,375	1,394	1,436	1,466	1,509	-	-	-	-	-
	여	98	86	96	97	98	109	-	-	-	-	-
	비율	7.4	6.3	6.9	6.8	6.7	7.2	-	-	-	-	-
전문계고	계	688	685	670	670	663	668	-	-	-	-	-
	여	34	37	30	25	28	30	-	-	-	-	-
	비율	4.9	5.4	4.5	3.7	4.2	4.5	-	-	-	-	-
일반고	계	-	-	-	-	-	-	1,508	1,480	1,501	1,495	1,501
	여	-	-	-	-	-	-	113	123	137	138	143
	비율	-	-	-	-	-	-	7.5	8.3	9.1	9.2	9.5
특목고	계	-	-	-	-	-	-	111	122	131	138	145
	여	-	-	-	-	-	-	8	9	10	10	14
	비율	-	-	-	-	-	-	7.2	7.4	7.6	7.2	9.7
특성화고	계	-	-	-	-	-	-	479	455	463	468	470
	여	-	-	-	-	-	-	29	32	41	45	50
	비율	-	-	-	-	-	-	6.1	7.0	8.9	9.6	10.6
자율고	계	-	-	-	-	-	-	101	143	161	162	159
	여	-	-	-	-	-	-	5	7	8	7	5
	비율	-	-	-	-	-	-	5.0	4.9	5.0	4.3	3.1

출처: 교육통계연보 각 연도.

라 학교 유형별로 살펴볼 필요가 있다. 2005~2010년까지 고등학교는 일반계고와 전문계고로 구분되었으나 2011년부터 교육부가 고등학교 유형을 개편 및 체계화함에 따라 2011년 이후 고등학교 자료는 일반고, 특수목적고, 특성화고, 자율형 고등학교 등 네 유형으로 범주화하여 조사하고 있다.[1] 여기서 특수목적 고등학교는 다시 과학고, 외국어고·국제고, 예술고·체육고, 마이스터 고등학교(산업수요 맞춤형 고등학교) 등 네 유형으로 구분된다. 특성화 고등학교는 특정 분야 직업 인력 양성을 위한 특성(직업) 분야 고등학교와 자연현장 실습 등 체험 위주 교육을 실시하는 체험(대안)형 특성화 고등학교로 구분된다.

일반 고등학교 교장 수는 2005년 1,375명에서 2015년 1,501명으로 100명 정도 증가하였다. 종래 일반 고등학교에서 분화된 특수목적 고등학교 교장 수는 2011년 111명에서 2015년 145명으로, 자율형 고등학교 교장 수는 2011년 101명에서 2015년 159명으로 증가하였다.

전문계 고등학교 교장 수는 2005년 688명에서 2010년 668명으로 일부 감소하였으며, 마이스터 고등학교를 제외하고 종래 전문계 고등학교를 개편한 특성화 고등학교의 교장 수는 2011년 479명에서 2015년 470명으로 9개교가 감소하였다. 마이스터 고등학교를 전문계 고등학교로 분류한다고 하더라도 직업인 양성을 위한 특성화 고등학교 교장 수는 전체적으로 감소한 것을 알 수 있다.

보다 장기간에 걸쳐(1965~2015년) 학교급별 학교장 수 추이를 분석한 김성열, 박성호, 권은경(2016)의 분석에 의하면, 초등학교 교장 수는 1987~2000년 사이에 감소 추세를 보이다가 2000년 이후 지속적인 증가세를 보이고 있다. 반면, 중학교와 고등학교 교장 수는 1965년 이후 지속적으로 증가해 왔다.

2) 교장의 성별

학교 관리직(교장, 교감)에서 여성의 비율은 지난 30년간 지속적으로 증가하고 있다([그림 6-1] 참조). 여교장의 비율은 2000년대 이후 서서히 증가세를 보이고 있으며 2005년 이후 다소 크게 증가하고 있다(김성열 외, 2016: 167). 2015년을 기준으로 학교급별 교장 수는 초등학교 5,937명, 중학교 2,934명, 고등학교 2,305명이며, 비율로 보

1) 교육부 홈페이지(http://www.moe.go.kr/web/110501/ko/board/view.do?bbsId=348&boardSeq=47996. 검색: 2015. 12. 12.)

면 초등학교 28.7%, 중학교 23.2%, 고등학교 9.5%이다.

그러나 교장의 성별 분포는 학교급에 따라 다소 큰 차이를 보이고 있다. 초등학교에서 여교장의 비율이 높은 반면, 고등학교에서 여교장의 비율은 10%로 상대적으로 낮은 편이다. 2015년을 기준으로 학교급별 여교장 비율은 초등학교 28.7%(전체 5937명), 중학교 23.2%(전체 2,934명), 고등학교 9.5%(전체 2,305명)이다.

또한 학교급별로 여교사 수의 증가에 비해 여교장의 비율 증가는 이에 미치지 못한다(교육부, 한국교육개발원, 2015: 68). 학교급별로 남녀 교장의 비율 변화를 보면, 초등학교에서 여교장의 비율은 2005년 8.7%에서 2015년 28.7%로 증가하였으며, 중학교에서 여교장의 비율도 2005년 9.9%에서 2015년 23.2%로 크게 증가하였다. 그러나 일반 고등학교의 여교장의 비율은 큰 변동이 없는데, 2005년 7.4%에서 2010년 7.2%, 2011년 7.5%, 2015년 9.5% 수준이다. 고등학교의 유형별로 남녀 교장의 비율은 큰 차이를 보이고 있다. 2015년을 기준으로 특수목적 고등학교의 여교장 비율은 9.7%, 특성화 고등학교의 경우 10.6%, 자율형 고등학교는 3.1%이다.

교장 후보자인 교감의 경우 교장보다 여성의 비율이 높다. 특히 초등학교의 경우 여교감의 비율은 54.3%로 절반이 넘는다. 중학교의 여교감 비율은 30.1%, 고등학교 11.3%이다. 학교급이 높을수록 여교감의 비율은 낮아지나 초 · 중 · 고 모두에서 여교장보다 여교감의 비율이 높게 나타나고 있다.

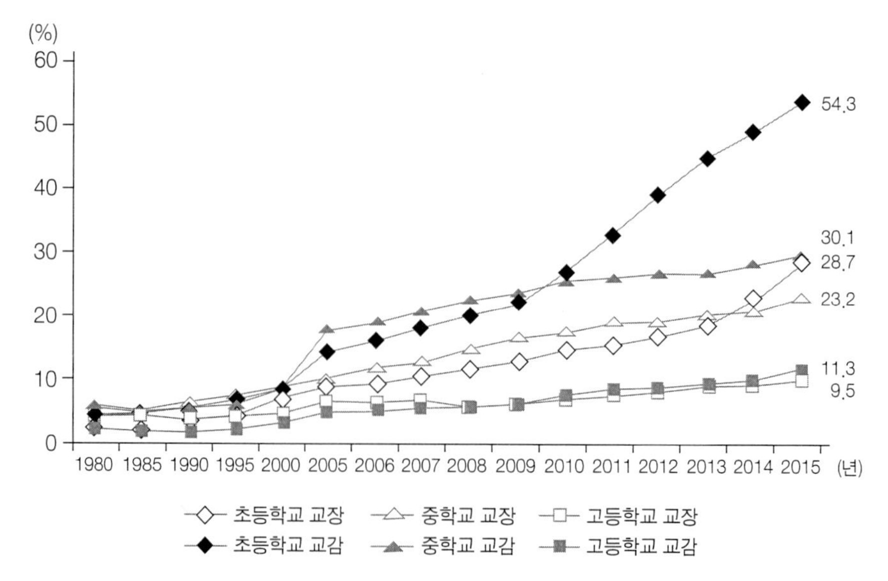

◆ 그림 6-1 ◆ 학교급별, 연도별 유 · 초 · 중등학교 여성 관리직 비율(1980~2015년)

출처: 교육부, 한국교육개발원(2015), p. 69.

3) 교장의 연령

2005~2015년간 우리나라 초 · 중등학교 교장의 연령 구성의 변화는 〈표 6-2〉에서 확인해 볼 수 있다. 교육통계연보는 교장의 연령 구성을 49세 이하, 50~54세, 55~59세, 60세 이상 등 네 집단으로 구분하여 산출하고 있다.

◆ 표 6-2 ◆ 초 · 중등학교 교장의 연령 구성(2005~2015년)

(단위: 명, %)

구분	2005년	2006년	2007년	2008년	2009년	2010년	2011년	2012년	2013년	2014년	2015년
계	10,213	10,397	10,456	10,598	10,697	10,795	10,866	10,914	11,011	11,067	11,143
49세 이하	127 (1.2)	124 (1.2)	111 (1.1)	108 (1)	113 (1.1)	115 (1.1)	105 (1.0)	110 (1.0)	93 (0.8)	93 (0.8)	92 (0.8)
50~54세	1,061 (10.4)	1,106 (10.6)	1,137 (10.9)	1,066 (10.1)	1,084 (10.1)	1,066 (9.9)	1,075 (9.9)	1,027 (9.4)	1,084 (9.8)	1,247 (11.3)	1,571 (14.1)
55~59세	5,605 (54.9)	5,883 (56.6)	5,721 (54.7)	5,601 (52.8)	5,614 (52.5)	5,816 (53.9)	6,142 (56.5)	6,236 (57.1)	5,893 (53.5)	5,547 (50.1)	5,436 (48.8)
60세 이상	3,420 (33.5)	3,284 (31.6)	3,487 (33.3)	3,823 (36.1)	3,886 (36.3)	3,798 (35.2)	3,544 (32.6)	3,541 (32.4)	3,941 (35.8)	4,180 (37.8)	4,044 (36.3)

출처: 교육통계연보 각 연도.

지난 10년간 교장의 연령대별 변화를 전체적으로 보면, 다소 변화가 있을 것으로 예상된다. 전반적으로 40대 교장의 비율은 소폭 감소하였으며, 50~54세 교장의 비율은 2013년 이후 증가하는 경향을 보이고 있다. 대신 55~59세 교장의 비율은 2013년 이후 감소 추세를 보이고 있다. 60세 이상 교장의 비율은 다소 증가한 것으로 나타난다.

구체적으로 2005년과 2015년의 교장의 연령 구성을 비교해 보면, 2005년의 경우 전체 10,213명의 교장 중 49세 이하 교장은 127명(1.2%), 50~54세 교장은 1,061명(10.4%), 55~59세 교장은 5,605명(54.9%), 60세 이상 교장은 3,420명(33.5%)이다. 2015년의 경우, 49세 이하 교장은 92명(0.8%), 50~54세 교장은 1,571명(14.1%), 55~59세 교장은 5,436명(48.8%), 60세 이상 교장은 4,044명(36.3%)이다. 55세 이상 교장의 수가 2005년 85.1%에서 2015년 88.4%로 증가하였고, 49세 미만 교장 수는 2005년 1.2%에서 2015년 0.8%로 감소하였다. 2000년대 중반 이후 교장 공모제 도입으로 젊은 교장이 늘어날 것으로 기대하였으나 이러한 경향을 확인하기는 어렵다. 50~54세 교장 비율이 늘고 55~59세 교장 비율은 줄었으나 60세 이상 교장 비율은 다소 증가하였고, 40대 교장 비율은 감소하였기 때문이다.

우리나라 교장의 평균 연령은 교원정년단축 전인 1999년 60.3세였으나 2000년에는 58세로 낮아졌다. 이후 2015년까지 교장의 평균 연령은 큰 변화 없이 유지되었다. 2015년 교장의 평균 연령은 57.9세다(김성열 외, 2016: 171). 학교급별로도 유사한 경향을 보여 주고 있다. 초등학교 교장의 평균 연령은 1999년 60.1세, 2000년 57.8세, 2015년 57.7세이며, 중학교 교장의 평균 연령은 1999년 60.7세, 2000년 58.5세, 2015년 58.1세다. 고등학교 교장의 평균 연령은 1999년 60.4세, 2000년 58.2세, 2015년 58.1세다(김성열 외, 2016: 172). 2000년 이후 2015년까지 교장의 평균 연령은 큰 변화가 없는 것을 알 수 있다. 2000년대 후반 교장 공모제가 시행되면서 젊은 교장이 임용될 수 있을 것이라 기대되었으나 교장의 평균 연령에는 큰 변화가 없음을 알 수 있다.

(1) 초등학교 교장의 연령 구성

지난 2005~2015년간 초등학교 교장의 연령별 구성을 보면(〈표 6-3〉), 2005년을 기준으로 전체 5,614명의 초등학교 교장 중 49세 이하 교장은 13명(0.2%), 50~54세 교장은 549명(9.8%), 55~59세 교장은 3,206명(57.1%), 60세 이상은 1,846명(32.9%)이다. 2015년도의 경우, 전체 5,934명의 초등학교 교장 중 49세 이하 교장은 13명(0.8%), 50~54세 교장은 549명(18.1%), 55~59세 교장은 3,206명(43.8%), 60세 이상은 1,846명(37.3%)이다. 55세 이상 교장의 비율이 2005년은 90%였으나 2015년도에는 80% 정도로 낮아져 교장의 연령이 젊어졌다고 할 수 있다.

한편, 김성열 외(2016)는 1965~2015년까지 초등학교 교장의 연령 구성을 조사한 바 있는데, 1965년 이후 2000년대까지 초등 교장의 연령이 점차 고령화되어 왔음을 보여 준다. 1965년에는 40대(40~49세) 교장의 비율이 가장 높았으나 이후 점차 낮아져 1975~1985년에는 50대가, 1985~1999년까지는 60대의 비율이 가장 높았다. 1999년 교원 정년 단축(65 → 62세)으로 2000년 이후에는 50대 교장이 대다수를 차지하고 있다(김성열 외, 2016: 169-170).

◆ 표 6-3 ◆ 초등학교 교장의 연령 구성(2005~2015년)

(단위: 명, %)

구분	2005년	2006년	2007년	2008년	2009년	2010년	2011년	2012년	2013년	2014년	2015년
계	5,614	5,695	5,710	5,761	5,791	5,818	5,830	5,855	5,875	5,897	5,934
49세 이하	13 (0.2)	10 (0.2)	20 (0.4)	17 (0.3)	9 (0.2)	17 (0.3)	24 (0.4)	35 (0.6)	33 (0.6)	44 (0.7)	50 (0.8)
50~54세	549 (9.8)	543 (9.5)	525 (9.2)	457 (7.9)	448 (7.7)	405 (7.0)	402 (6.9)	441 (7.5)	549 (9.3)	718 (12.2)	1,073 (18.1)
55~59세	3,206 (57.1)	3,428 (60.2)	3,373 (59.1)	3,311 (57.5)	3,243 (56)	3,266 (56.1)	3,356 (57.6)	3,271 (55.9)	2,963 (50.4)	2,726 (46.2)	2,600 (43.8)
60세 이상	1,846 (32.9)	1,714 (30.1)	1,792 (31.4)	1,976 (34.3)	2,091 (36.1)	2,130 (36.6)	2,048 (35.1)	2,108 (36)	2,330 (39.7)	2,409 (40.9)	2,211 (37.3)

출처: 교육통계연보 각 연도.

(2) 중학교 교장의 연령 구성

2005~2015년간 중학교 교장의 연령 구성을 보면(〈표 6-4〉), 2005년을 기준으로 전체 2,582명의 중학교 교장 중 49세 이하 교장은 32명(1.2%), 50~54세 교장은 297명(11.5%), 55~59세 교장은 1,401명(54.3%), 60세 이상은 852명(33.0%)이다. 2015년도의 경우, 전체 2,934명의 중학교 교장 중 49세 이하 교장은 21명(0.7%), 50~54세 교장은 255명(8.7%), 55~59세 교장은 1,626명(55.4%), 60세 이상은 1,032명(35.2%)이다. 55세 이상 교장의 비율이 2005년은 87.3%였으나 2015년도에는 90.6%로 증가하였다. 49세 이하 젊은 교장의 비율도 2005년 1.2%였으나 2015년도는 0.7%로 더욱 줄어들었다. 초등학교보다 중학교 교장의 연령이 더 고령화되고 있다고 할 수 있다.

◆ 표 6-4 ◆ 중학교 교장의 연령 구성(2005~2015년)

(단위: 명, %)

구분	2005년	2006년	2007년	2008년	2009년	2010년	2011년	2012년	2013년	2014년	2015년
계	2,582	2,642	2,682	2,731	2,777	2,800	2,837	2,859	2,880	2,907	2,934
49세 이하	32 (1.2)	33 (1.2)	25 (0.9)	24 (0.9)	30 (1.1)	29 (1.0)	26 (0.9)	25 (0.9)	17 (0.6)	19 (0.7)	21 (0.7)
50~54세	297 (11.5)	322 (12.2)	351 (13.1)	346 (12.7)	361 (13.0)	354 (12.6)	363 (12.8)	330 (11.5)	273 (9.5)	272 (9.4)	255 (8.7)
55~59세	1,401 (54.3)	1,457 (55.1)	1,408 (52.5)	1,377 (50.4)	1,427 (51.4)	1,537 (54.9)	1,632 (57.5)	1,731 (60.5)	1,721 (59.8)	1,636 (56.3)	1,626 (55.4)

구분	2005년	2006년	2007년	2008년	2009년	2010년	2011년	2012년	2013년	2014년	2015년
60세 이상	852 (33.0)	830 (31.4)	898 (33.5)	984 (36.0)	959 (34.5)	880 (31.4)	816 (28.8)	773 (27.0)	869 (30.2)	980 (33.7)	1,032 (35.2)

출처: 교육통계연보 각 연도.

김성열 외(2016: 171)는 1965~2015년간 중학교 교장의 연령 구성 변화를 분석하였다. 초등학교 교장과 유사하게 1965년에는 40대 교장의 비율이 가장 높았으나 이후 지속적으로 감소하여, 1975~1985년에는 50대, 1986~1999년까지는 60대 교장의 비율이 가장 높았다. 2000년 이후에는 50대 교장의 비율이 가장 높다.

(3) 고등학교 교장의 연령 구성

고등학교 교장의 연령 구성 변화는 2005~2010년, 2011~2015년으로 구분된다. 2011년 이후 고등학교 유형을 새롭게 개편하여 자료를 작성하고 있기 때문이다. 2005~2010년간 일반계 고등학교와 전문계 고등학교 교장의 연령 구성은 〈표 6-5〉와 같다.

◆ 표 6-5 ◆ 일반계 고등학교와 전문계 고등학교 교장의 연령 구성(2005~2010년)

(단위: 명, %)

구분		2005년	2006년	2007년	2008년	2009년	2010년
일반계고	계	1,329	1,375	1,394	1,436	1,466	1,509
	49세 이하	60(4.5)	53(3.9)	44(3.2)	46(3.2)	50(3.4)	46(3.0)
	50~54세	146(11.0)	168(12.2)	178(12.8)	184(12.8)	202(13.8)	230(15.2)
	55~59세	644(48.5)	672(48.9)	629(45.1)	625(43.5)	657(44.8)	693(45.9)
	60세 이상	479(36.0)	482(35.1)	543(39.0)	581(40.5)	557(38.0)	540(35.8)
전문계고	계	688	685	670	670	663	668
	49세 이하	22(3.2)	28(4.1)	22(3.3)	21(3.1)	24(3.6)	23(3.4)
	50~54세	69(10.0)	73(10.7)	83(12.4)	79(11.8)	73(11.0)	77(11.5)
	55~59세	354(51.5)	326(47.6)	311(46.4)	288(43.0)	287(43.3)	320(47.9)
	60세 이상	243(35.3)	258(37.7)	254(37.9)	282(42.1)	279(42.1)	248(37.1)

출처: 교육통계연보 각 연도.

일반계 고등학교 교장의 연령 구성을 보면, 2005년의 경우 전체 1,329명의 인문계 고등학교 교장 중 49세 이하 교장은 60명(4.5%), 50~54세 교장은 146명(11.0%), 55~59세 교장은 644명(48.5%), 60세 이상은 479명(36.0%)이다. 2010년도의 경우, 전체 1,509명의 일반계 고등학교 교장 중 49세 이하 교장은 46명(3.0%), 50~54세 교장은 230명(15.2%), 55~59세 교장은 693명(45.9%), 60세 이상은 540명(35.8%)이다. 55세 이상 교장의 비율은 2005년은 84.5%에서 2010년 81.7%로 감소한 반면, 50~55세 교장의 비율이 2005년 11%에서 2010년 15.2%로 증가하였다.

전문계 고등학교 교장의 연령 구성 변화를 보면, 2005년의 경우 전체 688명 교장 중 49세 이하는 22명(3.2%), 50~54세 교장은 69명(10.0%), 55~59세 교장은 354명(51.5%), 60세 이상은 243명(35.3%)이다. 2010년도의 경우, 전체 668명의 일반계 고등학교 교장 중 49세 이하 교장은 23명(3.4%), 50~54세 교장은 77명(11.5%), 55~59세 교장은 320명(47.9%), 60세 이상은 248명(37.1%)이다. 55세 이상 교장 비율은 2005년 86.8%에서 2010년 85%로 소폭 감소하였으나 전반적으로 전문계 고등학교 교장의 연령 구성에서 큰 변화는 없다고 할 수 있다.

일반계 고등학교와 전문계 고등학교 교장의 연령 구성을 비교해 보면, 55세 이상의 교장이 80% 이상을 차지하며, 49세 이하 교장의 수는 3~4% 수준으로 교장 인력이 고령화되어 있음을 알 수 있다. 상대적으로 전문계 고등학교보다 일반계 고등학교 교장의 연령이 낮아지는 경향이 있다.

(4) 2011~2015년간 고등학교 교장의 연령 구성

고등학교 유형을 새롭게 정비한 2011~2015년간 고등학교 교장의 연령 구성은 〈표 6-6〉과 같다.

◆ 표 6-6 ◆ 고등학교 유형별 교장의 연령 구성(2011~2015년)

(단위: 명, %)

구분		2011년	2012년	2013년	2014년	2015년
일반고	계	1,508	1,480	1,501	1,495	1,501
	49세 이하	33(2.2)	32(2.2)	26(1.7)	17(1.1)	10(0.7)
	50~54세	219(14.5)	170(11.5)	170(11.3)	159(10.6)	154(10.3)
	55~59세	801(53.1)	851(57.5)	800(53.3)	777(52.0)	800(53.3)
	60세 이상	455(30.2)	427(28.9)	505(33.6)	542(36.3)	537(35.8)

구분		2011년	2012년	2013년	2014년	2015년
특목고	계	111	122	131	138	145
	49세 이하	1(0.9)	1(0.8)	1(0.8)	2(1.4)	1(0.7)
	50～54세	20(18.0)	15(12.3)	19(14.5)	21(15.2)	13(9.0)
	55～59세	58(52.3)	74(60.7)	70(53.4)	70(50.7)	84(57.9)
	60세 이상	32(28.8)	32(26.2)	41(31.3)	45(32.6)	47(32.4)
특성화고	계	479	455	463	468	470
	49세 이하	20(4.2)	14(3.1)	12(2.6)	11(2.4)	9(1.9)
	50～54세	46(9.6)	43(9.5)	43(9.3)	44(9.4)	46(9.8)
	55～59세	245(51.1)	236(51.9)	250(54.0)	244(52.1)	237(50.4)
	60세 이상	168(35.1)	162(35.6)	158(34.1)	169(36.1)	178(37.9)
자율고	계	101	143	161	162	159
	49세 이하	1(1.0)	3(2.1)	4(2.5)	0(0.0)	1(0.6)
	50～54세	25(24.8)	28(19.6)	30(18.6)	33(20.4)	30(18.9)
	55～59세	50(49.5)	73(51.0)	89(55.3)	94(58.0)	89(56.0)
	60세 이상	25(24.8)	39(27.3)	38(23.6)	35(21.6)	39(24.5)

출처: 교육통계연보 각 연도.

일반계 고등학교의 교장 연령 구성의 변화를 보면, 2011년을 기준으로 전체 1,508명의 교장 중 49세 이하 교장은 33명(2.2%), 50～54세 교장은 219명(14.5%), 55～59세 교장은 801명(53.1%), 60세 이상은 455명(30.2%)이다. 2015년도의 경우, 전체 1,501명의 교장 중 49세 이하 교장은 10명(0.7%), 50～54세 교장은 154명(10.3%), 55～59세 교장은 800명(53.3%), 60세 이상은 537명(35.8%)이다. 55세 이상 교장의 비율이 2011년 83.3%였으나 2015년도에는 89.16%로 증가하였다. 49세 이하 젊은 교장의 비율도 2011년 2.2%였으나 2015년도는 0.7%로 줄어 일반계 고등학교 교장이 고령화되었음을 알 수 있다.

특수목적 고등학교의 교장 연령 구성의 변화를 보면, 2011년을 기준으로 전체 111명의 교장 중 49세 이하 교장은 1명(0.9%), 50～54세 교장은 20명(18.0%), 55～59세 교장은 58명(52.3%), 60세 이상은 32명(28.8%)이다. 2015년도의 경우, 전체 145명의 교장 중 49세 이하 교장은 1명(0.7%), 50～54세 교장은 13명(9.0%), 55～59세 교장은 84명

(57.9%), 60세 이상은 47명(32.4%)이다. 55세 이상 교장의 비율은 2011년 81.1%였으나 2015년도에는 90.3%로 크게 증가하였다. 49세 이하 젊은 교장의 비율은 2011년 0.9%에서 2015년 0.7%로 줄어들었다. 일반계 고등학교와 마찬가지로 특수목적 고등학교 교장이 고령화되었음을 알 수 있다.

특성화 고등학교의 교장 연령 구성의 변화를 보면, 2011년을 기준으로 전체 479명의 교장 중 49세 이하 교장은 20명(4.2%), 50~54세 교장은 46명(9.6%), 55~59세 교장은 245명(51.1%), 60세 이상은 168명(35.1%)이다. 2015년의 경우, 전체 470명의 교장 중 49세 이하 교장은 9명(1.9%), 50~54세 교장은 46명(9.8%), 55~59세 교장은 237명(50.4%), 60세 이상은 178명(37.9%)이다. 55세 이상 교장의 비율이 2011년 86.2%였으나 2015년에는 88.3%로 증가하였다. 49세 이하 젊은 교장의 비율은 2011년 4.2%였으나 2015년에는 1.9%로 줄어들었다. 일반계 고등학교, 특수목적 고등학교와 마찬가지로 특성화 고등학교 교장의 연령도 고령화되었다고 할 수 있다.

자율형 고등학교의 교장 연령 구성의 변화를 보면, 2011년을 기준으로 전체 101명의 교장 중 49세 이하 교장은 1명(1.0%), 50~54세 교장은 25명(24.8%), 55~59세 교장은 50명(49.5%), 60세 이상은 25명(24.8%)이다. 2015년도의 경우, 전체 159명의 교장 중 49세 이하 교장은 1명(0.6%), 50~54세 교장은 30명(18.9%), 55~59세 교장은 89명(56.0%), 60세 이상은 39명(24.5%)이다.

교장의 연령 구성 변화를 보면, 55세 이상 교장의 비율이 2011년 84.3%에서 2015년에는 80.5%로 감소한 반면 50~54세 교장 비율은 2011년 24.8%에서 2015년 18.9%로 줄어들었다. 49세 이하 젊은 교장의 비율도 2011년 1.0%에서 2015년 0.6%로 줄어들었다. 다른 고등학교 유형과 마찬가지로 자율형 고등학교 교장의 연령도 증가하였음을 알 수 있다.

김성열 외(2016)는 고등학교 유형을 구분하지 않고, 1965~2015년간 고등학교 교장의 연령 구성을 분석하고 있다. 이에 의하면, 1965년에는 40대 교장의 비율이 가장 높았으나 이후 계속 감소하였으며, 1968~1987년은 50대, 1988~1999년은 60대 교장의 비율이 가장 높았다. 다른 학교급과 마찬가지로 교원정년단축 이후인 2000년부터는 50대 교장의 비율이 가장 높다.

2. 교장의 경력

1) 교직 경력

(1) 교장의 평균 교직(교사) 경력

우리나라에서 초·중등학교 교장이 되기 위해서는 해당 학교급 및 교과의 교사 자격을 가지고 일정한 기간 동안 교직 경력이 있어야 한다. 현직 초·중등학교 교장들의 교직(교사) 경력은 매우 긴 편이며, 대체로 교장의 과반수가 35년 이상의 교사 경력을 가진 고경력자들이다.

교장의 평균 교직(교사) 경력은 1999년 35.5년, 2015년 33.1년으로 다소 줄어들었다. 학교급별로 보면, 초·등학교 교장의 평균 교직 경력은 1999년 38.5년, 2015년 34.7년이다. 중학교 교장의 경우 1999년 32.1년, 2015년 32.01년이다. 고등학교 교장의 평균 교직 경력은 1999년 30.7년, 2015년 30.7년으로 크게 변화가 없다(김성열 외, 2016: 182). 전반적으로 초·중등학교 교장의 교직 경력 연한은 1999년 이후 현재까지 큰 변화가 없으며, 교장들은 평균 30년 이상 교직 경력이 있음을 알 수 있다.

2005~2015년간 우리나라 교장의 교직 경력 분포를 교직 경력 25년 미만, 25~30년, 30~35년, 35년 이상으로 구분하여 조사한 결과는 〈표 6-7〉과 같다.

◆ 표 6-7 ◆ 초·중등학교 교장의 교직 경력(2005~2015년)

(단위: 명, %)

구분	2005년	2006년	2007년	2008년	2009년	2010년	2011년	2012년	2013년	2014년	2015년
계	10,213	10,397	10,456	10,598	10,697	10,795	10,866	10,914	11,011	11,067	11,143
25년 미만	143 (1.4)	133 (1.3)	135 (1.3)	145 (1.4)	141 (1.3)	164 (1.5)	182 (1.7)	159 (1.5)	156 (1.4)	419 (3.8)	245 (2.2)
25~30년 미만	426 (4.2)	446 (4.3)	421 (4.0)	420 (4.0)	445 (4.2)	448 (4.2)	477 (4.4)	449 (4.1)	437 (4.0)	800 (7.2)	893 (8.0)
30~35년 미만	2,784 (27.3)	2,579 (24.8)	2,666 (25.5)	2,747 (25.9)	3,001 (28.1)	3,307 (30.6)	3,548 (32.7)	3,456 (31.7)	3,184 (28.9)	3,281 (29. 6)	3,654 (32.8)
35년 이상	6,860 (67.2)	7,239 (69.6)	7,234 (69.2)	7,286 (68.7)	7,110 (66.5)	6,876 (63.7)	6,659 (61.3)	6,850 (62.8)	7,234 (65.7)	6,567 (59.3)	6,351 (57.0)

출처: 교육통계연보 각 연도.

교장의 교직 경력 분포를 보면, 2005년의 경우 전체 교장 10,213명 중 교직 경력 25년 미만인 교장은 143명(1.4%), 25~30년 미만인 교장 426명(4.2%), 30~35년 미만인 교장 2,784명(27.3%), 35년 이상인 교장 6,860명(67.2%)으로 교직 경력 35년 이상인 교장 수가 가장 많으며, 전체 교장의 과반을 훨씬 상회한다. 교직 경력 30년 이상인 교장의 비율은 94.5%에 이른다.

교장의 교직 경력별 분포는 2015년의 경우에도 유사한 경향을 보이고 있다. 전체 교장 11,143명 중 교직 경력 25년 미만인 교장은 245명(2.2%), 25~30년 미만인 교장 893명(8.0%), 30~35년 미만인 교장 3,654명(32.8%), 35년 이상인 교장 6,351명(57.0%)으로 전반적으로 2005년에 비해 교장의 교직 경력 연수는 짧아졌다. 35년 이상 교직 경력을 가진 교장의 비율은 2005년 67.2%에서 2015년 57.0%로 10% 정도 감소되었으며, 교직 경력 25년 미만인 교장의 비율은 2005년 1.4%에서 2015년 2.2%로 소폭 증가하였다.

(2) 학교급별 교장의 교직 경력 연수

① 초등학교 교장의 교직 경력 연수

2005~2015년간 초등학교 교장의 교직 경력 연수를 보면(〈표 6-8〉), 2005년을 기준으로, 전체 교장 5,614명 중 교직 경력 25년 미만인 교장은 8명(0.1%), 25~30년 미만인 교장 54명(1.0%), 30~35년 미만인 교장 913명(16.3%), 35년 이상인 교장 4,639명(82.6%)으로 교직 경력 35년 이상인 교장은 전체 초등학교 교장의 80% 이상에 이른다. 교직 경력 30년 이상인 교장의 비율은 98.9%로 대다수 초등학교 교장은 교직 경력 30년 이상의 고경력자임을 알 수 있다.

2015년의 경우, 전체 교장 5,934명 중 교직 경력 25년 미만인 교장은 45명(0.8%), 25~30년 미만인 교장 339명(5.7%), 30~35년 미만인 교장 1,347명(22.7%), 35년 이상인 교장 4,203명(70.8%)으로 2005년에 비해 교장의 교직 경력 연수는 다소 짧아졌다.

◆ 표 6-8 ◆ 초등학교 교장의 교직 경력 연수(2005~2015년)

(단위: 명, %)

구분	2005년	2006년	2007년	2008년	2009년	2010년	2011년	2012년	2013년	2014년	2015년
계	5,614	5,695	5,710	5,761	5,791	5,818	5,830	5,855	5,875	5,897	5,934
25년 미만	8 (0.1)	6 (0.1)	9 (0.2)	4 (0.1)	8 (0.1)	8 (0.1)	21 (0.4)	23 (0.4)	22 (0.4)	110 (1.9)	45 (0.8)

구분	2005년	2006년	2007년	2008년	2009년	2010년	2011년	2012년	2013년	2014년	2015년
25~30년 미만	54 (1.0)	55 (1.0)	62 (1.1)	56 (1.0)	47 (0.8)	48 (0.8)	56 (1.0)	78 (1.3)	76 (1.3)	275 (4.7)	339 (5.7)
30~35년 미만	913 (16.3)	780 (13.7)	859 (15)	972 (16.9)	1,080 (18.6)	1,251 (21.5)	1,371 (23.5)	1,274 (21.8)	1,126 (19.2)	1,047 (17.8)	1,347 (22.7)
35년 이상	4,639 (82.6)	4,854 (85.2)	4,780 (83.7)	4,729 (82.1)	4,656 (80.4)	4,511 (77.5)	4,382 (75.2)	4,480 (76.5)	4,651 (79.2)	4,465 (75.7)	4,203 (70.8)

출처: 교육통계연보 각 연도.

② 중학교 교장의 교직 경력 연수

중학교 교장의 교직 경력 분포를 보면(〈표 6-9〉), 2005년의 경우 전체 교장 2,582명 중 교직 경력 25년 미만인 교장은 38명(1.5%), 25~30년 미만인 교장 191명(7.4%), 30~35년 미만인 교장 1,120명(43.4%), 35년 이상인 교장 1,233명(47.8%)으로 교직 경력 30~35년 미만인 교장과 35년 이상인 교장의 수가 비슷한 가운데 교직 경력 30년 이상인 교장 비율이 91.2%에 이른다.

2015년의 경우 전체 중학교 교장 2,934명 중 교직 경력 25년 미만인 교장은 61명(2.1%), 25~30년 미만인 교장 268명(9.1%), 30~35년 미만인 교장 1,299명(44.3%), 35년 이상인 교장 1,306명(44.5%)으로 전반적으로 2005년과 비슷한 경향을 보이지만 교장의 교직 경력 연수는 다소 짧아졌다. 교직 경력 35년 이상인 교장의 비율이 대다

◆ 표 6-9 ◆ 중학교 교장의 교직 경력 연수(2005~2015년)

(단위: 명, %)

구분	2005년	2006년	2007년	2008년	2009년	2010년	2011년	2012년	2013년	2014년	2015년
계	2,582	2,642	2,682	2,731	2,777	2,800	2,837	2,859	2,880	2,907	2,934
25년 미만	38 (1.5)	41 (1.6)	38 (1.4)	48 (1.8)	38 (1.4)	48 (1.7)	46 (1.6)	40 (1.4)	35 (1.2)	114 (3.9)	61 (2.1)
25~30년 미만	191 (7.4)	190 (7.2)	173 (6.5)	168 (6.2)	194 (7)	194 (6.9)	211 (7.4)	172 (6)	162 (5.6)	248 (8.5)	268 (9.1)
35~40년 미만	1,120 (43.4)	1,064 (40.3)	1,097 (40.9)	1,067 (39.1)	1,160 (41.8)	1,218 (43.5)	1,280 (45.1)	1,289 (45.1)	1,212 (42.1)	1,298 (44.7)	1,299 (44.3)
35년 이상	1,233 (47.8)	1,347 (51)	1,374 (51.2)	1,448 (53)	1,385 (49.9)	1,340 (47.9)	1,300 (45.8)	1,358 (47.5)	1,471 (51.1)	1,247 (42.9)	1,306 (44.5)

출처: 교육통계연보 각 연도.

수를 차지하는 초등학교와 달리 중학교 교장의 교직 경력은 30~35년 미만인 교장과 35년 이상인 교장의 비율이 비슷하다.

③ 고등학교 교장의 교직 경력 연수

2005~2015년간 고등학교 교장의 교직 경력 연수를 조사한 결과 고등학교 유형에 따라 다소 차이를 보이고 있다. 먼저 2005~2010년간 일반계 고등학교와 전문계 고등학교 교장의 교직 경력 연수는 〈표 6-10〉과 같다.

◆ 표 6-10 ◆ 고등학교 교장의 교직 경력 연수(2005~2010년)

(단위: 명, %)

구분		2005년	2006년	2007년	2008년	2009년	2010년
일반계고	계	1,329	1,375	1,394	1,436	1,466	1,509
	25년 미만	64(4.8)	57(4.1)	63(4.5)	71(4.9)	72(4.9)	77(5.1)
	25~30년 미만	128(9.6)	137(10.0)	130(9.3)	142(9.9)	158(10.8)	153(10.1)
	30~35년 미만	475(35.7)	490(35.6)	471(33.8)	480(33.4)	516(35.2)	583(38.6)
	35년 이상	662(49.8)	691(50.3)	730(52.4)	743(51.7)	720(49.1)	696(46.1)
전문계고	계	688	685	670	670	663	668
	25년 미만	33(4.8)	29(4.2)	25(3.7)	22(3.3)	23(3.5)	31(4.6)
	25~30년 미만	53(7.7)	64(9.3)	56(8.4)	54(8.1)	46(6.9)	53(7.9)
	30~35년 미만	276(40.1)	245(35.8)	239(35.7)	228(34.0)	245(37.0)	255(38.2)
	35년 이상	326(47.4)	347(50.7)	350(52.2)	366(54.6)	349(52.6)	329(49.3)

출처: 교육통계연보 각 연도.

일반계 고등학교 교장의 교직 경력 연수를 보면, 2005년의 경우 전체 1,329명의 교장 중 교직 경력 25년 미만인 교장은 64명(4.8%), 25~30년 미만인 교장 128명(9.6%), 30~35년 미만인 교장 475명(35.7%), 35년 이상인 교장 662명(49.8%)이다. 교직 경력 35년 이상인 교장이 50%로 가장 많았다. 2015년의 경우 전체 교장 1,509명 중 교직 경력이 5년 미만인 교장은 77명(5.1%), 25~30년 미만인 교장 153명(10.1%), 30~35년 미만인 교장 583명(38.6%), 35년 이상인 교장 696명(46.1%)이다. 2005년도에 비해 교직 경력이 35년 이상 된 교장의 수는 다소 줄었으나 교직 경력 30년 이상 교장의 비율은 2005년 85.5%, 2010년 84.7%로 비슷한 것으로 나타났다.

전문계 고등학교 교장의 교직 경력 연수는 2005년의 경우 전체 688명의 교장 중 교직 경력이 25년 미만인 교장은 33명(4.8%), 25~30년 미만인 교장 53명(7.7%), 30~35년 미만인 교장 276명(40.1%), 35년 이상인 교장 326명(47.4%)이다. 교직 경력이 35년 이상인 교장이 가장 많은 비율을 차지하고 있다. 2015년의 경우 전체 교장 668명 중 교직 경력 25년 미만인 교장은 31명(4.6%), 25~30년 미만인 교장 53명(7.9%), 30~35년 미만인 교장 255명(38.2%), 35년 이상인 교장 329명(49.3%)이다. 교직 경력 30년 이상인 교장의 비율은 2005년과 2010년 모두 87.5%로 전반적으로 전문계 고등학교 교장의 교직 경력 분포는 2005년과 2010년에 큰 변동이 없었다고 할 수 있다.

2011년 고등학교 유형이 보다 세분화된 이후 고등학교 유형별 교장의 교직 경력 연수는 〈표 6-11〉과 같다.

◆ 표 6-11 ◆ 고등학교 유형별 교장의 교직 경력 연수(2011~2015년)

(단위: 명, %)

구분		2011년	2012년	2013년	2014년	2015년
일반고	계	1,508	1,480	1,501	1,495	1,501
	25년 미만	71(4.7)	60(4.1)	64(4.3)	120(8.0)	70(4.7)
	25~30년 미만	138(9.2)	133(9.0)	115(7.7)	168(11.2)	184(12.3)
	30~35년 미만	635(42.1)	601(40.6)	555(37.0)	615(41.1)	683(45.5)
	35년 이상	664(44.0)	686(46.4)	767(51.1)	592(39.6)	564(37.6)
특목고	계	111	122	131	138	145
	25년 미만	8(7.2)	10(8.2)	14(10.7)	27(19.6)	22(15.2)
	25~30년 미만	13(11.7)	12(9.8)	17(13.0)	21(15.2)	17(11.7)
	30~35년 미만	43(38.7)	50(41.0)	47(35.9)	44(31.9)	59(40.7)
	35년 이상	47(42.3)	50(41.0)	53(40.5)	46(33.3)	47(32.4)
특성화고	계	479	455	463	468	470
	25년 미만	31(6.5)	20(4.4)	15(3.2)	39(8.3)	39(8.3)
	25~30년 미만	38(7.9)	32(7.0)	44(9.5)	47(10.0)	54(11.5)
	30~35년 미만	187(39.0)	183(40.2)	180(38.9)	207(44.2)	188(40.0)
	35년 이상	223(46.6)	220(48.4)	224(48.4)	175(37.4)	189(40.2)

구분		2011년	2012년	2013년	2014년	2015년
자율고	계	101	143	161	162	159
	25년 미만	5(5.0)	6(4.2)	6(3.7)	9(5.6)	8(5.0)
	25~30년 미만	21(20.8)	22(15.4)	23(14.3)	41(25.3)	31(19.5)
	30~35년 미만	32(31.7)	59(41.3)	64(39.8)	70(43.2)	78(49.1)
	35년 이상	43(42.6)	56(39.2)	68(42.2)	42(25.9)	42(26.4)

출처: 교육통계연보 각 연도.

2011년을 기준으로 일반계 고등학교 교장 1,508명의 교직 경력 분포를 보면, 교직 경력 25년 미만인 교장은 71명(4.7%), 25~30년인 교장은 138명(9.2%), 30~35년인 교장은 635명(42.1%), 35년 이상인 교장은 664명(44.0%)이다. 2015년의 경우, 전체 1,501명의 교장 중 교직 경력 25년 미만인 교장은 70명(4.7%), 25~30년인 교장은 184명(12.3%), 30~35년인 교장은 683명(45.5%), 35년 이상인 교장은 564명(37.6%)이다. 2011년의 경우, 교직 경력 35년 이상인 교장의 비율이 가장 높았으나 2015년에는 30~35년 미만인 교장의 비율이 가장 높았다. 30년 이상 교장의 비율도 2011년 86.1%에서 2015년 83.1%로 낮아져 교장의 교직 경력은 다소 줄었다고 볼 수 있다.

이러한 경향은 특수목적 고등학교 교장의 경우 더욱 두드러지게 나타나고 있다. 특수목적 고등학교 교장의 교직 경력 연수를 보면, 2011년을 기준으로 전체 111명의 교장 중 25년 미만인 교장은 8명(7.2%), 25~30년인 교장은 13명(11.7%), 30~35년인 교장은 43명(38.7%), 35년 이상인 교장은 47명(42.3%)이다. 2015년의 경우, 전체 145명의 교장 중 교직 경력 25년 미만인 교장은 22명(15.2%), 25~30년인 교장은 17명(11.7%), 30~35년인 교장은 59명(40.7%), 35년 이상인 교장은 47명(32.4%)이다. 교직 경력 25년 미만인 교장 비율은 2011년 7.2%에서 2015년 15.2%로 2배 이상 증가하였다. 교직 경력 30년 이상인 교장의 비율도 2011년 81%에서 2015년 73.1%로 크게 변화되었다. 일반계 고등학교 교장에 비해 특수목적 고등학교 교장의 교직 경력 연수가 매우 짧은 것을 알 수 있다.

특성화 고등학교 교장의 교직 경력 연수는 2011년을 기준으로 전체 479명의 교장 중 교직 경력 25년 미만인 교장은 31명(6.5%), 25~30년인 교장은 38명(7.9%), 30~35년인 교장은 187명(39.0%), 35년 이상인 교장은 223명(46.6%)이다. 2015년도의 경우, 전체 470명의 교장 중 교직 경력 25년 미만인 교장은 39명(8.3%), 25~30년인 교장은

54명(11.5%), 30~35년인 교장은 188명(40.0%), 35년 이상인 교장은 189명(40.2%)이다. 일반계 고등학교, 특수목적 고등학교 교장과 마찬가지로 특성화 고등학교 교장의 교직 경력 연수도 2011년에 비해 2015년에 보다 짧아졌다. 교직 경력 35년 이상인 교장의 비율은 2011년 46.6%에서 2015년 40.2%로 낮아진 반면, 교직 경력 25년 미만인 교장과 교직 경력 25~30년인 교장의 비율은 2015년에 모두 증가하였다.

자율형 고등학교 교장의 교직 경력 연수는 2011년을 기준으로 전체 101명의 교장 중 교직 경력 25년 미만인 교장은 5명(5.0%), 25~30년인 교장은 21명(20.8%), 30~35년인 교장은 32명(31.7%), 35년 이상인 교장은 43명(42.6%)이다. 2015년도의 경우, 전체 159명의 교장 중 교직 경력 25년 미만인 교장은 8명(5.0%), 25~30년인 교장은 31명(19.5%), 30~35년인 교장은 78명(49.1%), 35년 이상인 교장은 42명(26.4%)이다. 자율형 고등학교의 경우, 교직 경력 35년 이상인 교장과 30~35년 미만인 교장의 비율에서 큰 변화가 있다. 교직 경력 35년 이상인 교장 비율은 2011년 42.6%에서 2015년 26.4%로 크게 감소하였다. 반면 교직 경력이 30~35년 미만인 교장 비율은 2011년 31.7%에서 2015년 49.1%로 크게 증가하였다.

2) 교육전문직 경력

우리나라에서 교장이 되는 경로는 일반교사에서 교감, 교장으로 승진하는 경우와 일반교사에서 교육전문직(연구사, 장학사)으로 전직한 후 교감이나 교장으로 재전직하는 경우(특별채용)로 크게 구별된다. 후자는 「교육공무원법」 제12조(특별채용), 제60조(교육감 소속 교육전문직원의 특별채용 및 전직 등)와 「교육공무원임용령」 제9조의 2(특별채용의 요건 등)에 의거하여 시행된다.[2)]

통상 교육전문직 경력자의 경우 교감, 교장으로 임용되는 데 필요한 교육(행정) 경력 연한이 교사에서 교감, 교장으로 승진하는 경우보다 상대적으로 짧아, 교육전문직 경

2) 「교육공무원법」 제60조 제1항에 의하면, 교육감 소속 교육전문직원과 국공립학교의 교원 간에는 제12조 제1항 제4호(교육 경력, 교육행정 경력 또는 교육연구 경력이 있는 공무원으로서 경쟁시험으로 임용하는 것이 부적당한 경우)에 따른 특별채용을 거쳐 상호 전직할 수 있다. 또한 「교육공무원임용령」 제9조의 2(특별채용의 요건 등)에 의하면, 교육감 소속 교육전문직원과 「초 · 중등교육법」에 따른 국공립학교의 교원 간 상호 전직을 위하여 임용하는 경우에는 국공립학교의 교원을 교육감 소속 교육전문직원으로 임용하는 경우와 교육감 소속 교육전문직원을 국공립학교의 교원으로 임용하는 경우로 구분하여 상세하게 규정하고 있다.

로는 보다 일찍 교감, 교장으로 승진하는 과정으로 활용되어 왔다. 현직 교장의 평균 교육전문직 경력과 현직 교장 중 교육전문직 경력자의 비율은 시기별로 다소 차이를 보여 왔다. 최근 김성열 외(2016: 177-180)가 조사한 바에 의하면, 초·중등학교 교장 중 교육전문직 경력자의 비율은 1999년 31.3%였다. 이후 교육전문직 비율은 점차 감소하다가 2011년을 기점으로 다시 증가하기 시작하였으며, 2015년 현재 24.3%이다. 우리나라 전체 초·중등학교 교장의 1/4이 교육전문직 경력을 가지고 있음을 알 수 있다.

학교급별로 보면 초등학교 교장 중 교육전문직 경력자는 1999년 21.9%, 2015년 21.7%로 비율상 큰 변화는 없으나 1999년부터 2011년까지는 교육전문직 경력자의 비율이 감소하다 2011년 이후 증가하는 추세를 보이고 있다. 중학교 교장의 경우, 1999년 교육전문직의 비율은 47.0%에 이르렀으나 2015년에는 27%로 크게 감소하였다. 고등학교의 경우에도 유사한 경향을 보이고 있는데, 교육전문직 비율은 1999년 39.0%, 2015년 27.4%로 감소하였다(김성열 외, 2016: 178).

초·중등학교 교장 중 교육전문직 경력자의 비율은 시도별로 다소 큰 편차를 보이고 있다. 김성열 외(2016: 178)의 조사에 의하면, 초등학교 교장 중 교육전문직의 비율은 제주가 48%로 가장 높고, 대구가 13%로 가장 낮다. 중학교의 경우 세종 50%, 인천 10%, 고등학교의 경우 제주 56.7%, 광주 10.6%로 큰 차이를 보이고 있다. 전반적으로 초등학교보다 중학교와 고등학교 교장 중에서 교육전문직 경력자의 비율이 높은 경향이 있다. 특히 제주도는 초·중·고등학교 교장 모두 교육전문직 경력자의 비율이 높다.

한편, 교장의 평균 교육전문직 경력은 1999년 6.1년, 2015년 6.3년으로 조사되었다(김성열 외, 2016: 178). 학교급별로 보면, 초등학교의 경우 교장의 교육전문직 경력 평균은 1999년 6.3년, 2015년 5.8년이다. 중학교는 1999년 6.8년, 2015년 6.7년, 고등학교는 1999년 8.1년, 2015년 7.1년이다. 전체적으로 초·중·고 모두에서 교육전문직 경력은 줄어든 경향을 보이고 있다.

시·도별 교장의 평균 교육전문직 경력은 다소 큰 차이를 보이고 있다. 초등학교의 경우 세종 7.7년, 제주 4.1년이며, 중학교는 부산 10.1년, 대전 4.2년, 고등학교는 강원 10.2년, 경남 5년이다. 중학교와 고등학교의 경우 교장의 평균 교육전문직 경력이 시·도에 따라 2배 이상 차이가 있다(김성열 외, 2016: 180).

3. 교장의 보수

1) 교원의 보수 체계와 봉급표

계급별로 호봉이 구분되는 일반직과 달리 교장을 포함한 초・중등학교 교원의 봉급 체계는 단일 봉급 체계다. 즉, 초・중등학교의 교사, 교감, 교장의 봉급은 하나의 체계로 통합・운영되고 있다. 이에 따라 교장보다 교직 경력이 더 많은 일반교사는 교장보다 더 많은 보수를 받을 수 있다(김이경, 김갑성, 김도기, 2006). 다만, 교장에게는 직급에 따른 수당이 별도로 지급되고 있다. 공무원보수규정 [별표 11]은 우리나라 유치원, 초・중등학교 교원의 봉급을 명시하고 있다(〈표 6-12〉). 교장의 보수는 일반교사와 마찬가지로 최고 40호봉에 이르기까지 경력에 따라 매년 1호봉씩 승급된다.

◆ 표 6-12 ◆ 유치원・초등학교・중학교・고등학교 교원 등의 봉급표(월 지급액)

(단위: 원)

호봉	봉급	호봉	봉급	호봉	봉급	호봉	봉급
1	1,473,800	11	1,933,200	21	2,808,900	31	3,878,300
2	1,518,500	12	1,982,800	22	2,912,600	32	3,990,500
3	1,563,800	13	2,073,200	23	3,015,500	33	4,104,700
4	1,608,900	14	2,163,900	24	3,118,500	34	4,218,500
5	1,654,400	15	2,254,400	25	3,221,600	35	4,332,500
6	1,699,800	16	2,345,100	26	3,324,900	36	4,446,000
7	1,744,600	17	2,434,900	27	3,432,700	37	4,544,800
8	1,789,400	18	2,528,800	28	3,540,300	38	4,643,800
9	1,834,900	19	2,622,300	29	3,652,800	39	4,742,900
10	1,884,500	20	2,715,600	30	3,765,700	40	4,841,300

비고: 유치원・초등학교・중학교・고등학교의 기간제 교원에게는 제8조에 따라 산정된 호봉의 봉급을 지급하되, 고정급으로 한다. 다만, 「교육공무원법」 제32조 제1항 제4호에 따른 기간제 교원의 봉급은 14호봉을 넘지 못하며, 「교육공무원임용령」 제13조 제2항에 따라 시간제로 근무하는 기간제 교원으로 임용된 사람에게 지급하는 월봉급액은 해당 교원이 정상근무 시 받을 봉급월액을 기준으로 하여 근무시간에 비례하여 지급한다.

출처: 「공무원보수규정」 [별표 11]

2) 교원과 타 직종 공무원의 보수 비교

교장의 보수 수준을 파악하기 위해 타 직종 공무원과 보수를 비교해 볼 수 있다. 김이경, 김갑성, 김도기(2006)는 OECD 학교장 리더십 개선 국제비교 연구의 일환으로 교원과 다른 직종 공무원(일반직, 경찰, 공안직, 군인)의 월평균 보수액을 비교한 바 있다. 이에 의하면, 생애평균 월 소득은 군인이 가장 높고, 교원과 일반직 공무원이 가장 낮은 것으로 나타났다. 또한 일반직 공무원의 보수를 100으로 하였을 때, 비교지수는 군인이 124, 경찰 114, 교원은 109 수준인 것으로 나타났다. 이는 교장의 보수는 일반직 공무원에 비해서는 높지만, 타 직종 공무원과 비교할 때 낮다고 할 수 있다. 교원의 보수 수준을 파악하기 위해 타 직종 공무원의 월평균 보수를 비교해 보면 〈표 6-13〉과 같다.

◆ 표 6-13 ◆ 근속 연수 및 직종별 공무원의 월평균 보수 비교(월 지급액)

(단위: 원)

구분	일반직	경찰	공안직	군인	교사 · 교장
초임	7급 3호	경위 3호	7급 3호	소위 3호	교사 11호
	1,830	2,013	1,942	1,387	1,933
	(100)	(110)	(106)	(76)	(106)
5년	7급 7호	경위 7호	7급 7호	대위 4호	교사 16호
	2,184	2,383	2,295	2,060	2,345
	(100)	(109)	(105)	(94)	(107)
10년	6급 11호	경감 11호	6급 11호	대위 9호	교사 21호
	2,793	3,002	2,933	2,559	2,809
	(100)	(107)	(105)	(92)	(101)
15년	6급 16호	경감 16호	6급 16호	소령 11호	교사 26호
	3,176	3,393	3,316	3,286	3,325
	(100)	(107)	(104)	(103)	(105)
20년	5급 20호	경정 20호	5급 20호	중령 13호	교사 31호
	3,965	4,088	4,144	4,028	3,878
	(100)	(103)	(105)	(102)	(98)
25년	5급 25호	총경 23호	4급 23호	중령 가봉3	교사 36호
	4,214	4,650	4,824	4,570	4,446
	(100)	(110)	(114)	(108)	(106)

구분	일반직	경찰	공안직	군인	교사 · 교장
30년	4급 28호	총경 28호	4급 28호	대령 가봉 4	근속가봉 1
	4,726	4,847	4,824	5,029	4,905
	(100)	(103)	(102)	(106)	(104)
33년	3급 6호	경무관 26호	3급 26호	준장 가봉 2	근속가봉 6
	5,256	5,256	5,557	5,269	5,221
	(100)	(100)	(106)	(100)	(99)
평균	3,518	3,704	3,729	3,132	3,207

주: 직종별 근속연수별 호봉은 김이경, 김갑성, 김도기(2006: 99)의 자료를 참고로 정한 것으로, 개략적인 비교 자료로 볼 수 있음. ( )의 숫자는 일반직 공무원의 보수를 100으로 했을 때의 비교 지수임.
출처: 「공무원보수규정」, 정보공개 청구 자료 등을 토대로 작성함.

3) OECD/EU 주요국의 교장 보수

OECD 국가 교장의 최소 기본급과 최고 기본급에 대해서는 Pont, Nusche와 Moorman(2008/2011)의 연구에서 비교한 바 있다. 여기서는 중학교 교장의 기본급을 비교한 것이지만, 대부분의 국가에서 초등학교와 중학교 교장의 기본급이 동일하다는 점에서 해당국의 교장의 기본급에 관한 유용한 정보를 제공하고 있다. 벨기에, 독일, 프랑스, 네덜란드, 핀란드 등의 국가에서 교장의 기본급은 학교급에 따라 증가하게 된다.

OECD 국가에서 교장의 최소 기본급은 해당 국가의 1인당 GDP보다 높거나 비슷하다. 다만, 영국의 경우 최소 기본급이 1인당 GDP의 2배 정도로 높다. 그러나 각국에서 교장의 보수는 민간이나 공공 부문에서 유사한 책임을 지는 지위에 있는 사람들보다 낮은 경향이 있다. 교장의 보수는 업무량이나 책임을 반영하고 있지 않은데, 교사와 교장의 보수 차이는 크지 않다(Pont et al., 2008/2011: 191-192). 예를 들어, 우리나라에서 교장과 교사의 보수는 단일 체계로 되어 있어 보수 면에서 교장직의 특징이 반영되어 있다고 보기는 어렵다.

이에 따라 Pont, Nusche와 Moorman(2008/2011: 204-205)은 교장 보수의 상대적 매력을 증진시킬 필요가 있음을 제안하고 있다. 구체적으로 이들은 5가지 정책적 조건을 제시하였는데, 이를 요약 및 재정리하면 다음과 같다.

첫째, 학교장의 보수를 공공, 민간 부문의 유사 직급과 비교하여 교장의 보수를 재조정하고 이를 통해 교장직의 매력과 경쟁력을 높인다. 둘째, 교사와 학교장을 위한 별도의 봉급 체계를 정리한다. 교원 중 우수한 후보를 교장직에 유인하기 위해 교장의 추가적 업무 부담과 책임에 대해 보상하고 교사보다 더 많은 보수를 제공해야 한다. 셋째, 리더십 구조를 반영하는 보수 체계를 정립한다. 교감 등 학교 내 중간 관리자들의 추가적인 업무 부담을 보상해 줄 수 있어야 한다. 넷째, 학교 수준의 요인과 보수를 연계시킨다. 일부 교장들이 기피하는 학교들이 있다는 점에서 여건이 어려운 지역의 학교장에 대한 추가 보수 지원 등 유연한 인센티브 구조의 도입을 고려할 필요가 있다. 다섯째, 성과 관련 보상을 균형 있게 활용한다. 교장들이 인정할 수 있는 성과와 보수를 연계시키는 공정한 시스템을 개발한다. 이를 위해서는 신뢰할 수 있는 지표와 명확한 평가기준 개발, 평가자 준비 및 훈련, 평가 절차에 교장의 근무 상황을 고려할 필요가 있다.

한편, 유럽국가의 교육체제와 교육정책에 관한 주요 정보와 분석 결과를 제공하는 Eurydice Network는 매년 유럽 국가의 교사와 교장의 보수와 수당을 비교 · 분석하는 보고서를 발간하고 있다. 가장 최근 발간된 「유럽의 교사와 교장의 보수와 수당: 2015/16」(2016: 17-21)에 의하면, 초 · 중 · 고등학교 교장의 최저 보수는 교사의 최저 보수 수준보다 높다. 이는 대부분의 국가들에서 교장은 교사보다 전문 경력이 더 많고 학교 경영 책임을 부담하고 있기 때문이다. 국가에 따라서는 교장이 되기 위해서는 최소한의 교사 경력을 요구하기도 한다(예를 들어, 그리스는 10년, 폴란드는 5년).

일부 국가에서 교장의 보수 수준은 학교급, 학생수에 영향을 받는다. 예를 들어, 덴마크는 고등학교 교장에 대해 학생 수(규모)에 따라 교장의 보수를 달리하고 있으며, 스페인과 프랑스는 초등학교는 학급 수를 기준으로, 중학교와 고등학교는 학생 수를 기준으로 보수를 차등화하고 있다. 포르투갈은 학교급에 관계없이 학생 수에 따라 교장의 보수 수준이 결정된다. 영국에서(스코틀랜드 제외) 교장의 법정 보수는 학생 수, 학교급, 특수교육 수요 등과 같은 지표에 기초하여 결정된다. 학교급에 따라 교장의 보수를 달리하는 국가로는 그리스, 폴란드가 있으며, 이러한 국가에서는 초등학교보다 중등학교 교장의 보수가 더 높다. 그러나 체코, 아일랜드, 이탈리아, 포르투갈, 크로아티아 등의 국가에서는 초등학교와 중등학교 교장의 최저 보수 수준과 최고 보수 수준을 동일하게 정하고 있다. 이는 학교급에 관계없이 교장은 동일한 기능을 수행하므로 동일한 요건을 갖추어야 한다고 보고 있음을 시사한다(Commission/EACEA/Eurydice, 2016: 17).

대부분의 유럽 국가에서 초등학교 교장의 최저 보수 수준은 1인당 GDP보다 높으나

아일랜드, 프랑스, 헝가리, 오스트리아(소규모 학교의 경우), 루마니아, 아이슬란드 등은 1인당 GDP보다 낮다. 불가리아, 체코, 폴란드는 최저 보수 수준뿐 아니라 최고 보수 수준도 1인당 GDP보다 낮아 교장의 보수 수준이 낮음을 알 수 있다. 이들 국가를 제외하고 교장의 법정 최고 보수 수준은 1인당 GDP보다 높으며, 특히 영국(스코틀랜 제외), 사이프러스, 포르투갈 등에서 교장의 최고 보수 수준이 1인당 GDP에 비해 높은 편이다(Commission/EACEA/Eurydice, 2016: 21).

4. 교장의 이직/퇴직과 교장직 선택 요인

1) 우리나라 초 · 중등학교 교장의 이직/퇴직

일반교사를 포함하여 우리나라 초 · 중등학교 교장의 이직률은 매우 낮다. 김이경, 김갑성, 김도기(2006)는 1996년부터 2005년까지 10년간 우리나라 교장의 이직률을 조사한 바 있다. 이에 의하면, 정년퇴직을 제외한 이직자는 매년 평균 300명에 불과하였다. 이는 초 · 중등학교 교장 전체 인원의 3.7% 수준이다. 이직 사유로는 사망, 명예퇴직, 질병, 징계, 결혼, 기타 사유 등으로 다양하였다.

지난 10년간(2005~2015) 퇴직 교장의 수와 이들의 퇴직 사유를 조사한 결과는 〈표 6-14〉에서 확인해 볼 수 있다.

◆ 표 6-14 ◆ 초 · 중 · 고등학교 교장의 퇴직 사유(2005~2015년)

(단위: 명, %)

구분		정년	교장 퇴직 사유								계
			질병	사망	결혼	징계	명예	이직	기타	소계	
초등학교		7,229 (87.2)	3 (0.0)	79 (1.0)	0 (0.0)	72 (0.9)	697 (8.4)	6 (0.1)	203 (2.4)	1,060 (12.8)	8,289 (100.0)
중학교		3,144 (82.2)	2 (0.1)	41 (1.1)	0 (0.0)	17 (0.4)	479 (12.5)	16 (0.4)	126 (3.3)	681 (17.8)	3,825 (100.0)
고등학교1	일반고	782 (78.1)	0 (0.0)	8 (0.8)	0 (0.0)	3 (0.3)	138 (13.8)	15 (1.5)	55 (5.5)	219 (21.9)	1,001 (100.0)
	전문고	361 (81.9)	0 (0.0)	7 (1.6)	0 (0.0)	1 (0.2)	46 (10.4)	2 (0.5)	24 (5.4)	80 (18.1)	441 (100.0)

구분		정년	교장 퇴직 사유								계
			질병	사망	결혼	징계	명예	이직	기타	소계	
고등학교2	일반고	749 (67.7)	0 (0.0)	11 (1.0)	0 (0.0)	9 (0.8)	229 (20.7)	4 (0.4)	105 (9.5)	358 (32.3)	1,107 (100.0)
	특목고	47 (65.3)	0 (0.0)	0 (0.0)	0 (0.0)	1 (1.4)	5 (6.9)	1 (1.4)	18 (25.0)	25 (34.7)	72 (100.0)
	특성화고	286 (73.7)	0 (0.0)	4 (1.0)	0 (0.0)	5 (1.3)	51 (13.1)	0 (0.0)	42 (10.8)	102 (26.3)	388 (100.0)
	자율고	45 (54.2)	0 (0.0)	0 (0.0)	0 (0.0)	1 (1.2)	17 (20.5)	2 (2.4)	18 (21.7)	38 (45.8)	83 (100.0)

주: 고등학교 1은 2005~2010년간 고등학교 교장의 이직 누계 자료임. 고등학교 2는 2011~2015년간 고등학교 교장의 이직 누계 자료임.

출처: 교육통계연보 각 연도를 토대로 작성함.

학교급별로 교장의 퇴직 사유를 보면, 초등학교 교장의 경우 정년퇴직이 87.2%로 가장 많으며, 다음으로 명예퇴직이 8.4%다. 중학교 교장의 퇴직 사유도 정년퇴직이 82.2%로 가장 많으며, 기타 사유로는 명예퇴직 12.5%, 타 직종 이직 0.4%, 징계 0.4% 등이다. 고등학교 교장의 퇴직 사유는 2005~2010년에는 일반계 고등학교와 전문계 고등학교로 구분하여 조사되었다. 일반계 고등학교 교장의 퇴직 사유는 정년퇴직이 78.1%, 명예퇴직 13.8%, 이직 1.5%, 기타 5.5%이다. 초등학교나 중학교 교장에 비해 정년퇴직으로 인한 퇴직 비율은 낮은 편이다. 전문계 고등학교 교장의 경우, 정년퇴직 81.9%, 명예퇴직 10.4%, 사망 1.6%, 기타 5.4%이다.

2011~2015년간 고등학교 유형별로 교장의 퇴직 사유를 보면, 일반 고등학교의 경우, 정년퇴직 67.7%, 명예퇴직 20.7%, 기타 9.5%로 초등학교나 중학교에 비해 명예퇴직자의 비율이 매우 높다. 특수목적 고등학교 교장의 퇴직 사유는 정년퇴직 65.3%, 명예퇴직 6.9%, 기타 25.8%이다. 정년퇴직으로 인한 퇴직자의 비율은 일반 고등학교보다 낮으며, 명예퇴직자의 비율은 일반 고등학교보다 현저히 낮다. 특성화 고등학교 교장의 퇴직 사유를 보면, 정년퇴직으로 인한 퇴직자는 73.7%, 명예퇴직자 비율은 13.1%, 징계 1.3%, 기타 10.8%이다. 자율형 고등학교 교장의 퇴직 사유는 정년퇴직 54.2%, 명예퇴직 20.5%, 기타 21.7% 등의 순이다. 정년퇴직자의 비율이 다른 학교급이나 다른 유형의 고등학교 교장에 비해 현저히 낮으며, 명예퇴직자의 비율은 높다.

종합하면, 우리나라 교장의 퇴직 사유는 정년퇴직과 명예퇴직이 주를 이루고 있으며, 이는 일반교사들의 퇴직 사유와도 거의 일치한다(한국교육개발원, 2013). 최근 '명퇴

경쟁'이라는 말이 나올 정도로 교직을 떠나려는 교원들이 늘어나고 있다(한국교육개발원, 2013: 106). 언론 보도에 의하면, 교원들의 명예퇴직 사유는 건강과 업무에 대한 피로도, 부적응, 교권 추락과 관료적인 교육체계에 대한 회의 등 다양하게 나타나고 있다(오마이뉴스, 2013. 3. 14.; 한국교육개발원, 2013: 109). 그러나 일반교사에 비해 우리나라 교장은 사망, 질병과 같은 특별한 경우를 제외하고 대부분 정년퇴직 시까지 교직을 유지하고 있으며, 이직으로 인한 퇴직자의 비율은 매우 낮다.

2) OECD 주요국에서 학교장 이직과 충원

OECD 주요국의 학교장 이직 사유는 2006~2007년도에 수행된 「OECD 학교장 리더십 개선(Improving school leadership) 연구」에서 조사된 바 있다. 이 연구는 교장의 이직뿐 아니라 학교장 리더십과 관련된 다양한 주제를 다루었으며, OECD 회원국 19개국이 참여하였다.[3] 국가별로 자국의 교장 리더십 정책에 관한 배경 보고서가 작성되었으며, 김이경, 한유경, 박상완(2007)은 이 중 8개국을 선정하여 학교장 리더십 관련 주요 쟁점을 도출, 비교분석한 바 있다.

OECD 주요국 학교장의 이직 사유는 해고 가능성, 임기 종료, 업무 부담, 책무성, 능력 부족, 건강, 인간적 어려움, 보수 수준 등으로 다양하게 나타났다(김이경, 한유경, 박상완, 2007: 21). OECD 6개국의 교장 이직 사유를 요약한 내용은 〈표 6-15〉와 같다.

◆ 표 6-15 ◆ OECD 주요국의 교장의 이직 사유

국가	교장의 이직 사유	고용 형태
뉴질랜드	은퇴, 업무 부담, 개인적인 사유, 여가, 건강문제, 봉급 1/3이 새로운 기회나 도전이 필요했다고 중복 응답함	종신제
벨기에	업무 과다, 동료 교원과의 갈등	종신제

3) OECD의 「학교장 리더십 개선 연구」에 참여한 국가는 호주, 오스트리아, 벨기에(플랑드르와 프렌치 지역이 별도로 참여), 칠레, 덴마크, 핀란드, 프랑스, 헝가리, 아일랜드, 이스라엘, 한국, 네덜란드, 뉴질랜드, 노르웨이, 포르투갈, 슬로베니아, 스페인, 스웨덴, 영국(잉글랜드, 스코틀랜드, 북아일랜드가 별도로 참여) 등 19개국이나 벨기에와 영국의 경우 지방별로 별도로 참여함에 따라 국가(지역)별 배경 보고서는 22권이 발간되었다. 국가별 배경 보고서를 토대로 Pont, B., Nusche, D., & Moorman, H. (2008). *Improving school leadership: volume 1: Policy and practice*(Paris: OECD)가 발간되었다. 이 보고서의 번역본은 김이경, 한유경, 박상완 역(2011). OECD 국가 학교장 리더십 개선: 정책과 실제(서울: 아카데미프레스)로 발간되었다.

국가	교장의 이직 사유	고용 형태
아일랜드	업무 부담, 건강, 가족 생활의 영향, 인간적인 어려움 소규모의 연구에서 88%가 부적절한 보상을 언급함.	종신제
영국	업무 부담, 과도한 책무성, 해고 가능성, 추가 책임에 따른 불충분한 보수 차등	임기제(계약제)
핀란드	장기간 재직의 장애요소: 건강, 작업 수행 능력, 지역사회와의 관계, 교육행정직으로의 진급	임기제(계약제)
스페인	임기종료, 사임, 신체적, 정신적 불능, 해고	임기제(계약제)

출처: 김이경 외(2007), p. 21.

한편, OECD 국가들에서 학교장의 평균 연령은 증가하고 있고 퇴직 교장 수는 늘어날 것으로 예상되고 있으나 교장직 지원자 수는 감소하고 있다(Pont et al., 2008/2011). 이는 장기적으로 교장직 충원이 어려울 수 있음을 시사한다. 이에 따라 새로운 교장의 충원뿐 아니라 현직 교장의 이직 방지 및 유지(retaining)가 교장 리더십 개선 정책에서 주요 쟁점이 되고 있다.

아울러 교장의 이직은 교장의 직무 여건과 밀접한 관련이 있다. 최근 학교단위경영제, 학교 중심 개혁, 분산적 리더십 등의 발달에서 알 수 있듯이 학교 운영에서 교장의 책임은 증가하고 있는 반면 의사결정 권한은 약화되거나 학교 구성원과 공유되고 있다. 이러한 학교 경영 여건의 변화는 교장의 이직을 초래할 수 있다. 우리나라에서 교장의 명예퇴직이 증가하고 있는 것은 이러한 경향을 일부 반영한 것이라 해석할 수 있다.

3) 교장직 선택 요인

우리나라 교직에서 교장직은 '교직의 꽃'으로 불릴 만큼 교사들의 선망의 대상이 되고 있으며 그만큼 승진 경쟁도 치열하다(김미정, 2011: 14). 그러나 이러한 현상은 긍정적이기보다는 부정적인 요소로 평가되고 있다. 학급 교사보다 관리직이 우위가 되는 교직 풍토를 조성하고, 과열 승진 경쟁을 야기하거나 승진 포기 교사의 사기를 저하시키는 등의 부작용이 나타나고 있기 때문이다(김미정, 2011). 일부 선행연구를 토대로 교장(직)에 대한 교사들의 태도와 인식을 확인해 볼 수 있다.

(1) 교장직에 대한 태도

교장직에 대한 교사의 태도는 학교현장에서 교장 승진에 대한 인식을 통해 직간접적으로 확인해 볼 수 있다. 이와 관련하여 이혁규(2017)는 학교현장에서 교장 승진을 대하는 교사들의 태도를 기준으로 교사 집단이 구분되며, 이들 각 집단을 칭하는 은어로 교환, 교포, 교양 등이 회자되고 있음을 지적하고 있다. 여기서 교환은 교장이 되려고 환장한 교사를, 교포는 교장이 되기를 포기한 교사, 교양은 교장이 되기를 양보한 교사를 말한다. 이혁규(2017)의 지적처럼 교사 집단을 구분하는 이들 은어의 존재 자체는 교사들이 (은연중) 교장이 되기를 희망하고 있음을 암시하는 것으로 해석할 수 있다. 실제 교사들이 교장 되기를 희망하든 하지 않든 이러한 은어들은 교직에서 교장직이 갖는 비중과 중요성을 상징적으로 잘 보여 준다.

우리나라에서 교장은, 미국 교장직의 역사적 발달과 달리, 처음부터(해방 이후 학교교육제도 형성기부터) 학교의 최고 책임자, 관리자, 행정가로서 학교 위계 조직의 상급자로서의 위상을 가졌다. 이는 일반교사 중에서 학교의 일상적·사무적인 업무를 담당하는 교원으로서 미국의 교장직이 발달한 역사나 오늘날 교장직 후보자 부족 문제를 겪고 있는 영미권의 국가들과는 대조적인 현상이다.

영미권 국가에서 교장직 기피 요인이 무엇인가를 조사하고 이러한 문제를 해소하기 위해 노력하는 것과 달리, 우리나라에서는 (과도한) 교장직 선호 요인이 무엇인가를 통해서 교장직이 학교조직, 교직사회에 갖는 의미와 부정적인 문제점이 무엇이며, 이를 해소하기 위해 어떤 노력을 기울여야 할 것인가에 주목할 필요가 있다. 이혁규(2017)가 주장하듯이 교장 부족 현상을 겪고 있는 외국에서와 같이 교장이 되는 것이 그다지 중요시되지 않는 교직사회, 더 정확하게는 교장이 교사보다 중요하지 않은 교직사회를 만드는 것이 교장 승진 문제를 해결하는 방법이 될 수 있다. 또는 교장 선출 방식을 개선하는 것(공모제, 시험, 보직제 등), 교사와 교장직을 별개로 구분하여 각기 위신 높은 전문직으로 제도화하는 것 등도 해결책으로 생각해 볼 수 있다.

그러나 현실적으로 우리나라 교장직의 특성을 이해하기 위해서는 우리나라 교원들의 교장직(경력)을 선택하는 이유와 요인을 체계적으로 파악할 필요가 있다. 교장 후보자들이 교장직을 기피하여 적합한 후보자가 양적, 질적으로 부족한 것도 문제가 되며, 교장직을 과도하게 선호, 지향하여 교환, 교포, 교양 등의 은어가 나타나는 상황도 문제라 할 수 있다. 교장직 선택 요인은 우리나라 교장직의 특징적인 한 단면을 드러내 줄 것이다.

(2) 교장직 선택 요인

교장직에 대한 교원들의 생각은 선호와 기피라는 두 가지로 틀로 구분하여 생각해 볼 수 있다(김미정, 2011). 교장직의 기피 요인과 선호 요인에 관한 국내외 선행연구를 분석한 김미정(2011: 13-21)은 관련 요인을 〈표 6-16〉과 같이 정리하고 있다.

◆ 표 6-16 ◆ 교장직 선호 요인과 기피 요인

구분	선호 요인	기피 요인
국내	• 관리직이 우위가 되는 풍조 • 승진 중심의 교직 및 사회 풍토 • 최고 관리자로서 존경의 대상 • 학교 최고 경영자로서 높은 도덕성과 신뢰를 받는 인물 • 승진해야만 유능한 교원이라는 인식 • 명예와 권한	• 교장 승진 점수 미확보로 인한 승진 포기 • 교장 임기제(총 8년)로 인해 일찍 교장이 되는 것 기피
국외	• 학생과 교사들의 생활과 성취에 긍정적인 영향력 발휘 • 전문적이고 더 도덕적인 직업 • 더 좋은 교육 환경을 제공하기 위해 • 교직원의 발전에 도움	• 과도한 업무 부담, 수업 부담 • 불충분한 보수 • 외부 환경의 압박, 존경심 결핍 • 과중한 스트레스, 책임감 • 잦은 회의와 근무 시간 증가 • 역할에 대한 기대 증가 • 학부모와 지역사회의 지원 부족 • 학생의 학력평가 점수 향상 부담

출처: 김미정(2011), p. 21.

교장직 선호 요인과 기피 요인에 대한 분석과 더불어 김미정(2011), 김이경, 김미정(2013)은 교장직 선택 및 교장직 선택 요인의 개념을 규정하고 국내외 연구를 통해 관련 요인을 정리하고 제시하였다. 여기서 교장직에 대한 호감 및 교장직에 대하여 느끼는 매력으로 인하여 교장직을 추구할 가능성(김이경, 김미정, 2013: 230)으로 교장직 선택은 교장직 열망이나 교장 경력 추구와 같은 맥락이라고 할 수 있다(김이경, 김미정, 2013: 217).

또한 교장직 선택 요인은 교장이 되고자 하는 심리적인 현상에 영향을 주는 요인으로 외재 요인과 내재 요인으로 구분된다(김미정, 2011: 37). 교장직 선택에 영향을 미치는 외재 요인과 내재 요인은 김미정(2011)의 연구와 이를 일부 수정한 김이경, 김미정(2013)의 연구에서 체계적으로 제시하고 있다(〈표 6-17〉 참조).

◆ 표 6-17 ◆ 교장직 선택에 영향을 미치는 외재 요인 · 내재 요인

연구자	외재 요인	내재 요인
Young, Rinehart, & Heneman(1993)	봉급 인상, 수당, 포상 연수, 건강 보험, 생명 보험, 주치의, 휴가 기간, 해직 수당, 병가, 퇴직 시스템	커뮤니티 성장, 학교와 커뮤니티, 교사 채용, 혁신적인 전략 장려, 학생 교육 주도, 교육공동체 구성원들과의 상호작용 증대
Merrill(1999)	봉급 인상, 직업 안정성 증가, 퇴직 혜택 증가	학교 변화의 권한, 개인적 · 전문적 성장, 리더십 기회, 개인적 · 전문적 관계
Pounder & Merrill(2001)	봉급 인상, 퇴직 혜택, 교장직 요구 대비 수당 증가, 탄력적인 휴가	학교 변화의 권한, 개인적 · 전문적 성장, 리더십 기회, 학교 비전 수립, 타인에게 미치는 영향력, 개인적 · 전문적 관계, 교육과정 개발, 공동체 관계 발전, 학교정책 개발
Martin, Johnson, & Lay(2002)	봉급, 지역 선택, 활동 다양성, 융통성, 개인적 시간, 다양한 비금전적 혜택	평판, 커뮤니티, 변화, 교육 영향력, 기술들의 혜택, 경력 단계, 조직 문화
Barksdale(2003)	봉급 인상, 수당, 학술회의 참석 기회, 육체적 건강, 방학의 융통성, 퇴직의 연장 및 혜택 증가	학교 변화의 권한, 스트레스 감소, 학부모 학생, 교사들의 지지, 존경, 타인에게 미치는 영향력, 의사결정 권한, 개인적 · 전문적 인간관계 증대, 리더십 기술 증가
Pounder, Crow, & Bergerson(2004)	봉급, 금전적 혜택, 근무 환경	동료, 자신의 전문적 발전 · 성장, 타인의 전문성 증대 기회

출처: 김미정(2011), p. 38; 김이경, 김미정(2013), pp. 220-221.

김미정(2011)의 연구를 토대로 한 김이경, 김미정(2013)의 연구에서는 우리나라 초 · 중등학교 교사들이 교장직을 선택하도록 하는 요인이 무엇인가를 밝히기 위해 제주도를 제외하고 전국 공립 초 · 중등학교 교사를 대상으로 설문조사를 실시하였다(총 1,465명의 응답을 분석).

조사 결과, 우리나라 교사들이 교장직을 선택하도록 하는 요인은 경제적 보상, 근무 여건, 이차적 혜택, 조직 구조 및 권한 등의 4가지 외재적 요인과 개인적 · 전문적 성장, 존경과 지지, 학교 변화 및 영향력 등 3가지 내재적 요인으로 나타났다. 이 연구에서 도출한 교장직 선택 요인 측정 변수와 그 의미(정의) 및 지표는 〈표 6-18〉에 제시하였다.

◆ 표 6-18 ◆ 교장직 선택 요인 측정을 위한 변수, 조작적 정의 및 지표

변수		조작적 정의	지표
외재 요인	경제적 보상	교장직을 통해서 부여되는 경제적 요인	• 보수 및 여비 지급 증가 • 업무추진비 제공
	근무 여건	교장직을 통해서 누릴 수 있는 근무 여건	• 근무시간 조절 및 시간적 여유 • 수업부담 감소, 독립 집무실 사용
	이차적 혜택	교장직을 통해서 부여되는 이차적 혜택	• 지위 및 명예 상승 • 자녀 사회생활 및 본인 승진 유리
	조직 구조 및 권한	교장 중심의 조직 구조 및 교장으로서의 권한	• 교장 중심의 조직 구조 • 교장의 권한 발휘
내재 요인	개인적 · 전문적 성장	교장직을 통한 개인적, 전문적 성장	• 리더십 및 역량 발휘 • 경력 및 전문성 개발
	존경과 지지	교장직을 통해 얻는 존경과 지지	• 학부모, 학생의 존경 • 교직원, 지역사회의 존경, 지지
	학교 변화 및 영향력	교장직의 직무수행을 통한 학교 변화 및 영향력의 발휘	• 직무수행을 통한 학교 변화 • 주변 사람들에게 영향력 발휘

출처: 김미정(2011), p. 61; 김이경, 김미정(2013), p. 223.

교장직 선택 요인 간 상대적 수준을 비교해 보면, 이차적 혜택과 근무여건이 가장 높았으며, 경제적 보상 및 존경과 지지는 가장 낮았다. 전반적으로 외재적 요인이 내재적 요인보다 교장직 선택에 보다 강하게 작용하는 것으로 나타났다. 또한 이 연구에서는 교사의 배경 변인(성별, 직위, 학력, 학교급 등)에 따라 교장직 선택 요인에 차이가 있는 것으로 보고하고 있다. 초등교사, 부장교사, 석사학위 이상 소지자, 고경력자 집단이 중등교사, 일반교사, 학사학위 소지자, 저경력 교사보다 더 높게 인식하는 경향을 보였다. 그러나 그 이유는 명확하게 확인하기 어렵다.

제7장

우리나라의 여교장

학교급별로 여교장의 수는 지속적으로 증가하고 있다. 통계자료에 의하면 2000년대 초 이후 모든 학교급에서 여교장 수가 증가하고 있으며 이러한 추세는 현재에도 진행되고 있다. 그러나 학교급별로 여교장 비율의 편차는 큰 편이다. 고등학교에서 여교장의 비율은 10% 수준으로 초등학교나 중학교의 절반 수준에 불과하다. 여교장의 수가 증가하면서 여교장에 대한 이론적 · 정책적 관심도 증가하고 있다. 이 책에서는 여교장을 별도의 장으로 둠으로써 여교장의 중요성을 부각시키고자 한다. 그러나 이 장에서 여교장에 대한 분석은 페미니즘, 여성주의 시각을 강조하기보다는 선행연구를 토대로 우리나라 여교장의 특성을 확인하는 데 초점을 둔다.[1)]

1) 이 장은 2016 한국교육행정학회 추계학술대회(2016. 10. 30.)에서 발표한 원고를 수정 · 보완하여 교육행정학 연구, 제35권, 제1호(pp. 233-261)에 게재된 논문을 이 책에 맞게 새롭게 재정리한 것이다.

1. 여교장 연구의 배경

여교장에 관한 연구는 대체로 교직에 여성 평교사가 많음에도 불구하고 학교 행정직, 관리직 등 상위 행정직에 여성이 적은 이유를 이해하기 위한 동기와 문제 인식으로부터 시작되었다(Eagly, Karau, & Johnson, 1992). 이는 여교장에 관한 국내외 선행연구들에서 공통적으로 발견되는 연구의 출발점이자, 문제제기다(장지영, 2007a; 민무숙, 허현란, 2000a; Shakeshaft, 1989). 이에 따라 여교장에 관한 연구, 특히 초기 연구들은 여교장과 남교장의 리더십, 행정 스타일의 차이에 주목하여 여교장이 남교장보다 더 낫다는 점을 드러냄으로써 학교관리직에 여성의 비율을 늘려야 한다고 주장하고 있다(민무숙, 허현란, 2000a; Shakeshaft, 1989; Dady & Bali, 2014).

이러한 여교장 연구는 여성주의(feminism)[2] 이론이 발달하면서 새로운 문제 인식과 연구 주제로 보다 확장되고 있다. 여성주의 관점은 여성행정가의 양적 확보를 넘어서 여교장 고유의 특성 및 효과를 부각시키려는 연구를 활성화시키고 있다(Shakeshaft, 1989; Growe & Montgomery, 1999). 이에 따라 최근의 여교장 연구는 교직, 학교조직에서 여성에 대한 차별, 억압, 배제 등의 문제를 제기하는 데에서, 나아가 젠더 리더십, 여성적 리더십, 여성주의 리더십의 대안적 리더십을 제시함으로써 전통적 리더십 연구와의 조화를 추구하고 있다(허라금, 2005; 김양희, 2006; 서용희, 2013). 나아가 여성주의 관점은 기존의 학교조직 연구에서 드러내지 못한 새로운 측면을 보여 줌으로써 전통적 교육행정 연구에 대한 대안적 관점을 제공하고 있다(Hoy & Miskel, 1996; 윤정일, 송기창, 조동섭, 김병주, 2015).

그러나 국내외적으로 여교장에 대한 연구는 양적으로 적을 뿐 아니라 일관된 연구 결과를 확인하기도 어렵다(민무숙, 허현란, 2000a; Shakeshaft, 1989; Eagly et al., 1992; Dady & Bali, 2014). 미국의 경우 1970~1980년대 초까지 교육행정 연구에서 성 논쟁을 다룬 연구들은 거의 이루어지지 못하였으며, 대부분의 연구들이 남성이 응답한

---

2) 여성주의는 19세기 이후 여성의 참정권과 사유재산권 등의 권리를 보장 및 실현하고자 하는 사회적·정치적 운동과 이론을 포괄하는 것으로 연구자에 따라 발달 과정이 다양하게 구분되고 있다. 이성은, 권리라, 윤연희(2005: 126-130), 이성은, 박희경, 최지혜(2008: 78-80)는 여성주의 이론의 발달을 전통적 여성주의(자유주의, 사회주의, 급진적 페미니즘), 포스터모던 여성주의, 생태 여성주의로 구분하고 생태 여성주의 관점에서 초등 교장의 상징적 지도성(이성은 외, 2008), 교장의 역할(이성은 외, 2005)을 심층 분석한 바 있다.

연구 결과를 토대로 남녀 모두에게 일반화하여 결론을 내리는 경향을 보이고 있다(Shakeshaft & Hanson, 1986). 또한 Eagly, Karau와 Johnson(1992)은 여교장과 남교장의 지도성을 비교한 문헌들을 메타 분석한 결과, 남녀 교장 간 리더십 스타일에 차이가 있다는 연구와 없다는 연구를 모두 발견할 수 있다는 점에서 연구 결과의 비일관성 문제를 지적하였다. 최근에는 주로 저개발 국가를 중심으로 교장의 성에 따라 리더십 스타일과 효과에 차이가 있다는 연구 결과가 발표되고 있다(Ibrahim & Al-Taneiji, 2013; Dady & Bali, 2014; Eboka, 2016).

우리나라에서 여교장을 주제로 한 연구들은 주로 석사학위논문에서 다루어지고 있으며, 이들 논문의 데이터는 대부분 특정 지역에 국한하여, 소규모 표집, 비무선 표집 방법을 사용하고 있어 연구 결과를 일반화하는 데에는 한계가 있다. 최근 들어(대략 2000년대 이후) 여교장을 주제로 한 국내 주요 연구기관의 연구 보고서, 박사학위논문이 발표되고 있으나 그 양이 많지는 않다.

그러나 이러한 한계에도 불구하고 여교장에 관한 국내 선행연구들은 우리나라 여교장의 특성, 학교조직에서 여성주의 논의의 발달, 대안적 리더십으로 여성적 리더십, 여성주의 리더십, 젠더 리더십 논의의 발달(허라금, 2005; 김양희, 2006; 안세근, 권동택, 2006; 장지영, 2007a; 이성은 외, 2008; 서용희, 2013), 여교장과 관련된 주요 이론적 · 실제적 쟁점들을 파악하기 위한 기초 자료 및 정보를 제공해 준다. 우리나라 여교장의 수는 2000년대 이후 모든 학교급에서 증가하는 추세이며 교직에서 여성이 차지하는 비중 또한 지속적으로 증가하고 있다(교육부, 한국교육개발원, 2015).

이에 따라 이 장은 우리나라 여교장의 특성을 파악하기 위해 여교장에 관한 선행연구를 분석하는 방법을 활용하였다. 즉, 국내 선행연구에서 밝히고 있는 여교장에 관한 주요 연구 결과는 무엇이며, 이를 통해 확인할 수 있는 우리나라 여교장의 특성은 무엇인가를 탐색하고자 한다. 먼저 여교장 논의의 이론적 근거로 교육행정에서 여성주의 관점의 발달을 검토한다.

2. 여성주의 관점과 여교장 연구

1) 교육행정 연구에서 여성주의 관점의 발달

조직이나 행정 연구에서 성(gender)에 주목하는 연구는 1950~1960년대부터 발달하기 시작하였으며, 1980년대 여성주의 이론과 관점이 발달하면서 본격적으로 진행되었다(민무숙, 허현란, 2000a; 서용희, 2013: 27). 페미니즘으로 통칭되는 여성 연구, 여성학, 여성주의 논의는[3] 기존 조직 사회를 주어진 것으로 보고 그 내에서 여성의 역할과 가치를 부각시키거나(자유주의적 입장) 기존 조직을 다른 체제로 변혁시키고자(급진주의적 입장) 한다(Hoy & Miskel, 1996). 이러한 여성주의(페미니즘)는 전통적 학교조직, 교육행정 연구에 대한 대안적 관점으로 새로운 연구 주제와 연구 방법을 제시하고 있다(윤정일 외, 2015). 특히, Owens(1995: 320)는 여성주의 시각이 교육행정, 지도성 연구에 접목되면서 크게 세 가지 분야의 연구 영역이 자극 및 발전된 것으로 지적하고 있다.

첫째, 여성이 조직에 어떻게 적응하게 되는가와 관련된 연구로 주로 교사에서 행정가로 어떻게 변하는가를 분석하는 연구들이다. 여교장의 경력 발달 과정, 생애사 분석 등이 이 범주에 포함될 수 있다. 둘째, 여성에 대한 태도에 관련된 연구로 여성이 행정가가 되고자 할 때 부딪히는 부정적 태도(예: 남성 선호)나 장애 요인을 탐색하는 연구들이다. 셋째, 여성행정가의 직무에 관한 연구로 여성 지도자의 유형(지도성 발휘 방식), 효과성, 여성과 남성 지도자의 행정력을 비교하는 연구들이다.

교육행정, 지도성 연구에서 여성주의 관점을 적용한 대표적인 연구자인 Shakeshaft(1989)는 기존의 남성 중심적인 교육행정 이론 및 연구에서 여성에 관한 연구의 발달 경향과 단계를 크게 여섯 가지로 구분하고 있다. 1단계는 조직에서 여성의 비가시성, 희소성을 드러내는 것이다. 교직의 여성화에 비해 행정직에서 여교장의 비율이 낮다는 문제제기가 이에 해당된다.

3) 엄밀히 말하여 페미니즘(feminism)과 여성주의(womanism)는 구분된다. 이성은 외(2005)에 의하면, 페미니즘 이론은 서구 중산층 백인 여성에서 발달한 것으로 주로 여성의 정치 참여, 재산권 보장 등에 초점을 두었으며, 후에 아시아 여성, 흑인 여성 등 다양한 여건에 있는 여성 문제를 다루었다. 반면, 여성주의는 백인 중산층 여성 중심의 페미니즘과 구별되는 비서구 여성학자들을 중심으로 한 여성운동을 말한다. 국내 여교장 연구에서는 이를 엄밀히 구분하지 않고 있으며, 이 논문에서도 양자를 엄밀히 구분하지 않기로 한다.

이러한 문제는 1990~2000년대에 발표된 여교장 연구뿐 아니라(예: 김일환, 1993; 민무숙, 허현란, 2000a), 최근 연구(서용희, 2013; 최미섭, 2014)에서도 발견할 수 있다. 2단계는 성공한 소수 유명 여성들의 특성을 연구하는 단계로 이들의 인구학적 특성과 태도를 분석한다. 우수 여교장에 관한 연구들이 이에 해당된다. 우리나라에서도 우수 교장에 대한 연구는 있으나(예: 김이경, 김갑성, 김도기, 서근원, 2006; 김이경, 김도기, 김갑성, 2008) 여교장의 특성을 분석하거나 남녀 교장의 특성을 체계적으로 비교한 것은 아니다.

3단계는 여성의 희소성에 대한 원인 규명과 장애 요인을 분석하는 연구다. 여성의 교장직 진출 장애 요인이 무엇인가는 다양하게 구분할 수 있으나 국내 일부 연구에서는 개인 요인, 제도 요인, 환경 요인 등으로 범주화하고 있다(민무숙, 허현란, 2000a; 김일환, 1993). 4단계는 여성의 관점에서 여성의 경험을 여성의 용어로 탐구하는 단계로, 관찰과 면접법 등의 연구방법이 주로 활용된다. 여교장에 대한 생애사 연구(정선숙, 2003; 이성은, 윤연희, 2006), 여교장의 진로 발달 연구(김일환, 1993) 등이 이에 포함될 수 있다.

5단계는 기존 이론에의 도전으로 여성의 고유한 경험을 드러내는 이론과 방법을 활용하는 단계다. 4단계보다 비판적, 급진적 페미니즘 관점을 취하는 연구들이 이에 해당된다. 국내 선행연구로는 생태 여성주의 관점을 활용한 연구(이성은 외, 2005, 2008)를 이 단계에 포함시킬 수 있다. 6단계는 이론의 변형, 남녀 행동 모두를 설명해 주는 이론 구축 단계다. 국내는 대안적 리더십으로 남녀 모두에게 적용될 수 있는 여성적 리더십을 제안하는 서용희(2013, 2015)의 연구를 들 수 있다.

민무숙, 허현란(2000a: 2)은 우리나라의 여교장 연구들이 교육행정에서 여교원의 위치에 대한 문제인식을 제기하는 데에는 공헌하고 있으나 여성행정가의 경험에 대한 서술 및 분석은 미흡하다는 점에서 Shakeshaft의 6단계 중 3단계에 머무르고 있다고 평가한 바 있다. 그러나 이는 2000년까지 발표된 여교장 연구를 진단 및 평가한 것으로 2000년대 중반 이후 생태 여성주의(이성은 외, 2006, 2008), 성역할 정체성(한유경, 2009), 여성주의 리더십(허라금, 2005; 서용희, 2013), 여성적 리더십(서용희, 2013) 등 여성 중심의 연구들이 보다 확대되고 있다. 이 점에서 우리나라에서 여교장 연구는 4~6단계로 점차 발전하고 있는 것으로 평가할 수 있다.

2) 지도성 스타일과 성 차이

여성주의 관점에서 학교행정가에 대한 연구가 발달하면서 지도성 분야에서도 여성주의 접근이 활용되고 있다. 이들 연구는 여성과 남성이 다른 지도성 유형을 보이는가, 지도성 스타일과 그 성과에 성 차이가 있는가를 밝히는 데 초점을 두고 있다(Shakeshaft, 1989; Eagly et al., 1992; Ibrahim & Al-Taneiji, 2013; Dady & Bali, 2014; Eboka, 2016). 여교장에 관한 국내 선행연구의 대다수도 지도성 유형, 효과에서 성별 차이, 그리고 관련 변인을 분석한 것이다.

그러나 지도성 유형이나 효과에서 성별 차이가 있는가는 연구자에 따라 다소 상이한 결과를 제시하고 있다. Eagly, Karau와 Johnson(1992)은 Egaly와 Johnson(1990)이 분석한 162편의 문헌 중 학교맥락을 다룬 50편의 문헌을 토대로 남녀 교장의 지도성 스타일을 메타분석하였다. 연구 결과 리더십 스타일에서 성별 차이가 있는 것으로 분석되었다. 즉, 여교장은 과업 지향 스타일에서 남교장보다 점수가 높았으며, 남교장보다 민주적, 참여적 스타일을 발휘한다. 또 남교장보다 덜 전제적, 직접적 스타일을 활용하는 것으로 나타났다. 반면 인간관계 지향 리더십에서 남녀 교장 간 차이는 명확하지 않았다. 탄자니아 초등학교의 남녀 교장을 대상으로 한 Dady와 Bali(2014)의 연구에서는 여교장이 남교장보다 과업지향 리더십을 보이는 경향이 있는 반면, 민주적, 참여적, 팀 관리, 권위적 리더십에서는 남녀 교장 간 차이는 없는 것으로 나타났다.

남녀 교장의 리더십 스타일 차이를 분석한 연구들은 대체로 남교장과 여교장의 리더십 스타일에는 유사점과 차이점을 모두 발견할 수 있음을 지적하고 있다(Eagly & Johnson, 1990; Eagly et al., 1992; Dady & Bali, 2014). 이러한 경향은 국내 연구에서도 확인할 수 있으며(민무숙, 허현란, 2000a; 서용희, 2013) 이 논문 IV장을 참고할 수 있다.

3) 여성(적/주의) 리더십

교장의 리더십 스타일과 성과에 대한 성별 차이를 드러내고 있을 뿐만 아니라 나아가 조직 및 행정에서 여성 리더십의 특성에 주목한 연구들은 수직적 위계 구조보다 수평적, 네트워크 구조, 타인과의 협력, 포용, 감성을 중시하는 여성적인 특성이 조직의 효과성을 높이는 데 기여한다고 본다(Shakeshaft, 1989; 민무숙, 허현란, 2000a; 허라금, 2005; 김양희, 2006; 서용희, 2013). 특히, 허라금(2005), 서용희(2013)는 여성주의 관점에서 리더십의 개념을 체계적으로 분석하고 있다.

허라금(2005)은 장필화(2004)가 여성주의 관점에서 리더십을 여성 리더십, 여성적 리더십, 여성주의 리더십 등 세 가지로 구분한 것을 부연 및 설명하여(이동옥, 2012: 111) 이를 보다 체계화하였다. 이에 의하면, 허라금(2005: 61-66)은 여성(women)의 개념에 대한 엄밀한 구분에 기초할 때 여성주의 관점에 기초한 리더십의 개념적 연구가 출발할 수 있다고 보고 이를 세 가지로 구분하였다. 즉, 생물학적 구분에 의한 여성(female) 리더십, 문화적 구분인 여성적(feminine) 리더십, 성차별적인 젠더로부터의 해방을 목표로 하는 여성주의(feminist) 리더십 등이다.

서용희(2013: 29-48)는 명시적으로 밝히고 있지 않지만 허라금(2005)이 구분한 여성주의 관점의 리더십 개념 틀을 그대로 차용하여 따르고 있다. 여기서 여성, 여성적, 여성주의적 리더십의 내용은 개념적으로 분리되어 관찰되기보다는 상호 연결되고 중첩되어 구현된다(허라금, 2005: 69-70; 서용희, 2013: 33). 이들 연구 내 제시하고 있는 여성주의 관점에서 리더십의 개념과 유형을 정리하면 다음과 같다.

(1) 여성 리더십(female leadership)

남성과 구분되는 여성의 고유한 리더십 특성에 주목하는 리더십 개념이다. 여기서는 생물학적 성(sex)으로서 구분되는 남성과 여성의 특성, 즉 남성성과 여성성이 구분되며 여교장의 리더십은 이러한 여성성에 기초한 리더십으로 이해한다. 남성 중심 사회에서 성공한 여성의 능력과 전략을 살펴봄으로써 여성들이 공적 영역에 진출하도록 역할 모델을 제시한다(이동옥, 2012: 111). 지도성 이론의 발달에서 특성론으로 지도성을 보는 입장이라 할 수 있다.

여성 리더십 연구에서는 여성 리더와 남성 리더의 리더십 특성에 차이가 있는가? 여성 리더는 리더로서 자질이 있는가? 누구의 리더십이 더 효과가 있는가를 논의하는 차원에서 연구들이 이루어졌다(허라금, 2005; 서용희, 2013: 2). 국내 선행연구로는 성별에 따른 지도성 차이를 분석한 연구(예를 들어, 김영옥, 정바울, 김현진, 2012; 김은형, 이성은, 2011)를 들 수 있다. 여성 리더는 대체로 타인의 감정 이해, 보살핌, 대인관계의 민감성, 개방성, 타인에 대한 배려 등의 성향을 보인다(허라금, 2005; 서용희, 2013).

(2) 여성적 리더십(feminine leadership)

여성적 리더십은 현대 조직 사회가 변화 및 발전하면서 새롭게 주목받기 시작한 리더십 개념이다. 여성적 리더십은 리더가 여성주의 가치를 내포한 여성적 특성을 가지고 리더십을 발휘하는 것으로(서용희, 2013: 49), 사회학적 성에 대한 관심이 확대되면서 발달하였다. 여성적 리더십 연구는 어떤 리더십 스타일이 더 효과가 있는가, 여성 리더의 스타일, 사회적 역할은 어떠한가에 관심을 둔다(허라금, 2005; 서용희, 2013: 2). 대체로 여성적 특징이 더 효과적이라는 입장에서 연구가 이루어진다(서용희, 2013: 2).

이러한 여성적 리더십은 현대 사회에서 특히 주목받고 있다. 이는 여성적 리더십이 복합 다원화된 사회에 필요한 새로운 리더십의 특성을 강조하고 있기 때문이다. 즉, 현대 조직에서는 경쟁보다는 협동, 위계적 조직보다는 팀 중심의 수평적·네트워크 조직, 감독보다 지원, 과업보다는 관계 지향성, 배려, 보살핌 등이 강조되는데, 이는 '여성적' 역할과 밀접한 관련이 있다(허라금, 2005; 서용희, 2013: 30). 여성 리더는 명령과 지배가 아니라 겸손, 배려, 관계 등의 여성성에 기반해서 구성원들과 상호작용하며, 이러한 리더십은 민주적이고 평등한 관계를 형성함으로써 기존의 위계적, 수직적 관계를 변화시킬 수 있을 것으로 기대된다(이동옥, 2012: 112). 그러나 여성성을 강조하는 것은 여성의 생물학적 특성을 본질화하고 이를 여성들에게 강제하는 결과를 낳을 수 있다는 비판도 제기된다(이동옥, 2012: 112).

(3) 여성주의 리더십(feminist leadership)

여성주의 리더십은 '정치적 권력관계에서의 성'의 관점에서 여성 리더들이 가지는 리더십과 여성 고유의 특성을 새로이 해석하는 리더십 개념이다(서용희, 2013: 2). 여성의 임파워먼트를 통해 정치권력의 변화를 추구하는 여성주의 리더십은 단순히 남녀 리더의 차이를 비교하는 정도를 넘어서, 여성주의적 관점에서 여성 리더들이 가지는 고유의 특징을 새로이 해석하며(서용희, 2013: 28), 남성 중심 사고 체계에서 벗어나 여성의 고유한 자질과 가치를 드러낼 필요가 있다고 본다(서용희, 2013: 2).

이러한 여성주의 리더십 관점은 기존의 남성 중심의 전통적인 패러다임에서 여성적 특성과 남성적 특성을 이분법적으로 전제하고 그 위에서 여성적 리더십의 가능성을 조사·탐구하는 입장에 비판적이다. 또한 여성주의 리더십 관점은 리더가 여성이냐 남성이냐를 떠나 새로운 권력관계로의 변화를 이끄는 리더의 역할을 수행하고 구성원과 협력하는 것을 중요하게 다룬다(허라금, 2005; 서용희, 2013: 32).

이상 여성, 여성적, 여성주의적 리더십 개념에 대한 분석을 토대로 허라금(2005)은 여성주의 리더십(feminist leadership), 서용희(2013)는 여성적 리더십(feminine leadership)을 남성 중심의 리더십 논의에 대한 대안으로 제시하고 있다. 이들이 제시한 대안적 리더십은 앞의 세 가지 리더십 개념을 포괄하는 상위 개념으로 제시되었다. 특히, 서용희(2013)는 여성적 리더십 개념이 기존 남성 중심의 리더십 논의에 새로운 해석을 제공하는 대안이 될 수 있음을 지적하고 있다. 여기서 여성적 리더십은 "여성만이 발휘할 수 있음을 뜻하는 것은 아니며, 남녀 관계없이 사회 변화 속에서 구성원에 대한 배려의 마음과 인간관계에 기초한 리더십을 의미한다"(서용희, 2013: 3). 허라금(2005), 서용희(2013)가 제시한 여성주의 관점에 기초한 세 가지 리더십 개념은 여교장의 리더십 성격과 의의를 명료화하고 리더십 논의를 발전시키는 데 기여할 수 있을 것이다.

3. 우리나라 여교장의 특성

1) 여교장 관련 문헌 검색 및 분석 기준

여교장을 주제로 한 국내 연구는 학술연구정보서비스(http://www.riss.kr/index.do)의 학술논문 DB를 활용하여 검색하였다. 여교장, 여성행정가, 여성관리자, 여성 등의 주제어를 조합하여 여교장을 주제로 한 문헌을 1차적으로 검색한 후 논문의 제목, 초록을 토대로 일반기업과 공공조직 등의 여성 지도자에 관한 문헌을 제외한 초·중등학교의 여교장을 다룬 문헌은 총 81편이었다. 대부분이 석사학위논문이었으며, 논문 제목과 내용이 일치하지 않는 경우 등이 있어 이들을 제외하고 최종적으로 총 25편의 문헌을 선별하였다. 석사학위논문은 대학원에 따라 연구윤리 준수 여부와 논문의 질적 수준의 편차가 커 제외하였으나 정선숙(2003)의 연구는 포함시켰다. 이는 이 논문이 여교장의 생애사를 분석한 거의 최초의 국내 문헌으로 관련 선행연구들(권리라, 2011; 서용희, 2013)이 이를 인용하고 있어 원문을 직접 확인 및 분석할 필요가 있었기 때문이다.

여교장에 관한 문헌의 범주화, 분석을 위해 Owens(1995: 320)가 제시한 세 가지 연구 영역을 준거로 활용하였다. 첫째, 여성이 조직에 어떻게 적응하게 되는가에 관련된 연구, 둘째, 여성에 대한 태도에 관련된 연구, 셋째, 여성행정가의 직무(효과, 발휘방식)에 관련된 연구)다. 다만, Owens(1995)의 연구 영역에는 여성주의 관점에 기초하여 여성의 고유한 가치, 특성을 드러내는 연구들이 포함되지 않아 여기서는 여교장의 고유한 가치, 특성을 드러내는 연구 영역을 세 번째 범주에 추가하였다(〈표 7-1〉 참조).

◆ 표 7-1 ◆ 여교장 연구의 분석 기준

구분	하위 내용
여교장의 조직 적응	• 여교장의 경력 발달 및 생애사 교사에서 행정가로 어떻게 변화하는가(교직 입직 후 교장 승진 과정, 교장의 삶)
여교장에 대한 태도	• 여성이 행정가가 되고자 할 때 부딪히는 부정적 태도, 장애 요인 개인 요인/환경 요인(사회적 인식, 제도적 요인 등)
여교장의 직무수행, 지도성 특성	• 여교장과 남교장의 직무, 지도성 유형, 효과 비교 • 여교장의 고유한 지도성(여성주의 관점/성중립적 관점)

2) 여교장의 학교조직 적응: 여교장의 경력 발달, 생애사

교사에서 여성행정가로 어떻게 변하는가, 여교장이 학교조직에 어떻게 적응하는가를 통해 우리나라 여교장의 특성을 파악해 볼 수 있다. 교직에서 여교장의 경력 발달, 전문성 개발 과정에는 여성 특유의 사회화 경험이 작용한다(민무숙, 허현란, 2000a: 16). 여교장의 경력 발달은 교직 입직 전, 교직 입직 후 교장 임용 전, 교장 임용 후 등 세 단계로 크게 구분해 볼 수 있다.

(1) 교직 입직 전

초등 여교장에 대한 생애사 분석에서 정선숙(2003)은 세 여교장의 이야기를 열정, 고민, 도전이라는 하위 범주로 구분하였다. 세 여교장은 각기 다른 형태로 교직사회에 들어오기는 했지만 교직 초기부터 자신감을 갖고 학교 내에서 주도적인 위치에서 생활하였다(열정). 학교생활에서는 동료교사나 관리자들과 원만한 관계를 형성하면서 학급 경영과 업무를 수행하였으나 여교사로서 부당함을 느끼거나 관리자들의 행위가 온당하지 못함을 느끼는 경우도 있었고, 시대적 상황과 사회 관습적 분위기로 그 속에 융화될 수밖에 없음을 인식하기도 하였다(고민). 또한 남성 위주의 문화 속에서 스스로를 남성과 동등한 입장에 놓아두기를 통해 외부적인 관습에 치우쳐 안주하기보다는 스스로 발전해 가는(도전) 양상을 띠었다(정선숙, 2003: 131-132).

이성은, 윤연희(2006)는 초등 여교장 1인(30년간의 교사 생활을 거쳐 8년간 3개교에서 교장으로 근무)을 대상으로 생애사 연구를 수행하였다. 이 연구에서는 여교장의 교직 생애사를 교직 입문 이전(어린 시절과 초등학교, 중·고등학교 시절 등 사범학교 입학 전)과 이후로 구분하고 있다. 이 연구에서 여교장은 남아선호 가정 속에서 아들 못지않은 딸이 되어야 한다는 스스로의 자성적 예언을 토대로 우수한 학생 시절을 보내고 원하지 않는 사범학교 진학 후 방황과 좌절을 시간을 거쳐 교직에 입문하게 되었다.

서울 국공립 초등학교 여교장 15명을 대상으로 한 면담 조사를 통해서 여교장의 진로 발달을 분석한 김일환(1993)의 연구에서는 대부분의 초등 여교장들이 사회경제적으로 상위 계층인 집안이었고 교육의 중요성을 인식하고 있던 가정에서 성장하였으며 아버지보다 어머니의 영향을 크게 받았음을 보여 준다. 여교장들은 아동기부터 성적이 우수하였고, 학교에 대해 긍정적 감정을 가지고, 학업 지향적인 성향을 가지고 있었다. 또한 자신의 역할 모델을 교직에서 찾았으며 이러한 역할 모델은 교직 선택 시 긍정적인 요인으로 작용하였다.

긍정적인 역할 모델의 영향은 이성은, 윤연희(2006)의 연구에서도 지적되었다. 여교장들의 교직 선택(입직) 동기는 다양하나 대체로 부모나 타인의 권유, 가정 형편 등이 중요하게 작용하였다.

(2) 교직 입직 이후 교장이 되는 과정

교직 입문 이후 여교장이 되기까지의 발달 단계 그리고 그 속에서 겪었던 딜레마를 정선숙(2003)은 '고민'으로 개념화하였다. 세 여교장은 모두 초임교사-주임교사-교감-장학사-교장의 경력 발달 과정을 거쳤으며(정선숙, 2003: 132), 이 과정에서 여교장들은 학교생활과 가정생활의 병행, 관리자와의 갈등 등에서 딜레마를 경험하였고, 자신들만의 방식을 개발함으로써 고민을 해결해 나갔다. 여교장들이 교직사회에서 경험한 갈등과 딜레마는 초임 시절 남교사의 업무를 대신 수행함으로써 교직에서 나이와 성이 갖는 의미를 되새겨본 교장, 부장교사 시절 겪은 관리자와의 갈등, 여성 선배와의 갈등을 통해 교직사회에 남아 있는 기존 관습과 능력의 딜레마에 대해 고민한 교장, 비사범학교 출신으로서 학연과 지연의 갈등을 고민한 교장 등으로 다양하였다(정선숙, 2003: 134).

이성은, 윤연희(2006: 219)의 연구에서 여교장은 교장 승진을 교직 입문부터 계획한 것은 아니었으나 주어진 일을 열심히 하다 보니 승진의 기회를 얻게 된 것으로 언급하였다. 정선숙(2003) 연구의 여교장과 마찬가지로 교직 초기에는 주로 직장과 가정의 이중적 역할에서 진로 좌절을 경험하기도 하였다. 김일환(1993)은 여교장의 교직생활은 중요한 타인, 특히 남편의 격려나 역할 모델의 영향을 받은 것으로 나타났다. 또한 여교장들은 교장직 승진을 능동적이고 계획적인 노력보다는 현실에 충실한 결과 이루어진 것, 즉 '성실성'을 중요한 요인으로 언급하였는데, 이는 정선숙(2003), 이성은, 윤연희(2006)의 연구에서도 공통적으로 지적된 것이기도 하다.

민무숙, 허현란(2000b: 69)의 연구는 여교장이 되는 것은 열악한 조건하에서 살아남은 것이며, 학교행정가가 되는 과정에 남녀 교장의 차이가 있는 것으로 분석하였다. 대체로 여교장은 성장기 가정환경의 영향을 많이 받는 반면 남교장은 자신의 교육관을 펼치고 싶은 동기가 크게 작용한다. 또한 타인의 권유로 교장 승진 동기가 강화된 경우, 남교장은 상사가 멘토나 후원자가 된 반면 여교장은 남편의 후원이 중요하게 작용하였다. 남편의 격려는 김일환(1993)의 연구에서도 여교장의 승진 과정에 중요한 요인으로 언급되었다.

(3) 교장 임용 이후

여교장으로서의 삶을 정선숙(2003)은 새로운 '도전'으로 개념화하였다. 정선숙(2003)의 연구에서 여교장들의 학교 운영 모습은 각기 개성이 있으나 그 공통점은 아이들을 위한 교육을 가장 핵심으로 하고 있다. 또 주변에서 다소 꼼꼼하다는 소리를 듣기도 하지만 이에 개의치 않고 자신의 교직관과 가치관을 갖고 소신대로 학교를 운영하는 모습을 보여 주었다(정선숙, 2003: 135). 세 여교장 모두 인간적 기술과 사무적 기술 능력을 적절히 갖추고 있고, 학교 사회에서 요구하는 역할을 수행하기 위한 노력과 의지가 강하며 남녀 동등 의식과 프로 정신이 투철한 특성을 보였다(정선숙, 2003: 135-137).

민무숙, 허현란(2000a)은 교장 임용 후 교장직 수행과정, 지도성 발휘에서 여성으로 제약 조건(장애 요인)이 있는 것으로 분석하였다. 여교장은 자신의 성이 지도성 발휘에 불리할 것이라 예상하고 그에 대비한 지도성 전략을 활용하는데, 예를 들어 자신보다 나이가 많은 남교사에 대해 최대한 예의를 갖추고 자신을 낮추는 방식으로 처신한다(민무숙, 허현란, 2000a: 137-138). 또한 동료 교장회의에서 남교장 중심의 회의 운영, 상위 전문직(교육장) 진출 시의 유리 천정 등에서도 성차별이 나타난다. 이성은, 윤연희(2006), 김일환(1993)의 연구는 교장 승진 과정과 이에 영향을 미치는 요인에 초점을 둠에 따라 교장직에서의 경험과 생활에 대해서는 분석 결과를 제시하지 않고 있다.

여교장 생애사 분석을 통해서 볼 때, 여교장으로서의 삶과 경험은 개개인에 따라 상이하였으나 공통적으로 다양한 갈등과 고민을 거쳐 교직에 입문하고 교사에서 교장이 되기까지 남녀차별, 직장과 가정의 병행에 따른 어려움 등을 경험하였다. 교장이 된 이후에도 성차별을 경험하나 대체로 여교장은 자신의 교직관과 가치관을 갖고 소신대로 학교를 운영하고, 업무 능력, 노력, 의지, 성실성, 열의가 강한 특성을 발견할 수 있다.

3) 여교장에 대한 태도: 부정적 태도, 여교장이 되는 과정의 장애 요인

여교장에 대한 구성원의 태도는 긍정적인 측면보다는 부정적인 측면에서 다루어져 왔다. 이 자체도 여교장 연구의 주요 특징이라고 할 수 있다. 여교장에 대한 부정적 태도 또는 여교장이 되는 과정의 장애 요인은 연구자에 따라 상이하게 제시되고 있으나 크게 개인 요인과 환경 요인으로 구분할 수 있다.

(1) 개인 요인

민무숙(1997)은 초등교사, 학교행정가, 교육전문직을 대상으로 한 설문조사와 면담조사를 토대로 여교사의 교감, 교장, 교육전문직 진출 장애 요인을 도출하였다. 이 연구는 1990년대 중반에 이루어진 연구라는 점에서 현재와 다소 차이가 있을 수 있으나 당시의 상황을 이해하는 데에는 도움이 된다. 이 연구에서는 장애 요인을 크게 개인 요인과 제도적 요인으로 구분하였는데, 이 중 개인 요인으로는 개인적 요인(능력 부족, 연구의욕 부족 등), 학력, 연수 시간, 경력 관리의 차이, 의욕 등 5가지로 구분하였다. 개인적 요인에 대한 인식은 남교사가 여교사보다, 남교장이 여교장보다 더 부정적이었다. 이는 남교사와 남교장이 여교사의 학교관리직, 교육전문직 진출에 부정적이라는 점을 보여 준다.

최미섭(2014: 174)은 초등 여교장에 대한 면담조사를 토대로 여교장의 지위에 오르기까지 주요 장애 요인을 다양하게 제시하였다. 이 중 개인적 요인으로는 대외 활동보다 대내적 활동을 선호하는 여교장 개인의 성향, 여교장 개인이 가지고 있는 성역할 고정관념, 가정에서의 육아와 가사 부담 등을 지적하였다.

(2) 환경 요인

민무숙(1997)은 여성이 행정가(학교 행정직, 교육전문직)가 되고자 할 때의 환경적 장애 요인으로 제도적 장애 요인, 조직의 남교사 선호풍토 요인, 가부장적 사회구조로 인한 요인 등 세 가지를 제시하였다. 여기서 제도적 장애 요인으로는 교원 승진제도(승진규정이 여성에게 불리, 경력평정 대상 기간의 상향화, 휴직기간 산정 문제, 도서벽지 가산점제 등), 교원 전직제도(전직에 대한 인식과 경험, 교육전문직 임용 방식의 불투명성)의 문제 등을 들 수 있다. 조직의 남교사 선호풍토 요인으로는 학교의 조직풍토 요인(남교사 선호, 남교사 상위평정, 여성 기피 풍조, 승진기회의 차등), 주임(부장)교사 임명의 문제, 근무평정의 문제, 의사결정 과정 참여 문제 등 네 가지가 제시되었다.

1990년대 중반 이후 교원 승진제도와 전직제도는 상당한 변화가 있었고 민무숙(1997)의 연구에서 지적한 장애 요인 중 일부는 해소되었기 때문에 연구 결과를 해석하는 데 유의할 필요가 있다. 다만, 1990년대 중반 여교사의 학교 행정직, 교육전문직 진출에서의 장애 요인, 학교조직 풍토를 확인한다는 점에서는 의의가 있다.

민무숙, 허현란(2000a)은 면담조사를 통해 여교장이 교장이 되는 과정에서 경험한 장애 요인(불리한 점)을 조사하였다. 이에 의하면, 사회적 편견, 교직사회에서 성차별, 여교장의 희소성, 특히 여성이라는 이유로 남교사, 학부모의 저항을 받거나 교직생활 전반(담임배정, 승진, 전직 등)에서 차별을 받은 경험이 있는 것으로 보고하였다. 최미섭(2014: 174)은 여성 학교장이 되는 과정에서의 장애 요인으로 자신뿐 아니라 타인이 가진 성역할에 대한 고정관념, 남성우위 사상, 여성에 대한 편견과 차별적 사고방식 등 사회적・문화적 요인을 언급하였다.

이상 여교장이 행정가가 되는 과정에서 부딪히게 되는 장애 요인으로서 개인적 요인은 성역할관, 가정, 육아와 학교생활의 병립에 따르는 부담, 개인적 성향(경력 관리를 위한 노력, 의지 등)을 들 수 있으며, 환경적 요인은 교원 인사제도 등 제도적 요인과 학교조직, 교직생활에서의 남교사 선호 풍토 등을 들 수 있다. 그러나 최근 학교에서 여교사의 수가 증가하고 여교장의 수도 늘어남에 따라 선행연구에서 제시한 장애 요인 중 일부는 오늘날의 학교조직에서 발견하기 어렵거나 과거보다 약화되었다고 할 수 있다.

4) 여교장의 지도성 유형 및 효과

여교장의 직무수행 관련 연구는 주로 교장의 지도성 발휘 방식과 지도성 효과에서 성별 차이를 분석하거나 여교장의 고유한 지도성 특성을 분석하는 연구로 구분할 수 있다. 교장의 지도성 발휘 방식과 지도성 효과 등에서 성별 차이는 여교장 연구에서 가장 많이 다루어진 연구 주제다. 그러나 연구 결과는 남녀 교장에 따른 성별 차이가 있다는 연구와 차이가 없다는 연구, 그리고 학교급이나 지도성 유형에 따라 상이하다는 연구 등으로 다양하게 제시되고 있다. 또한 여성주의 관점이 발달하면서 여성 지도자의 고유한 특성을 분석하는 연구도 발달하고 있다.

(1) 남녀 교장의 성별 차이가 있다는 연구

여교장과 남교장의 지도성 유형 및 지도성 발휘 방식, 지도성 효과에 차이가 있다는 연구들은 매우 다양하게 보고되고 있다. 민무숙, 허현란(2000a)의 연구에서는 설문조사와 면담조사를 병행하였는데 두 연구 결과는 다소 차이를 보였다. 남녀 교장에 대한 면담조사에서는 교장의 지도성 발휘 방식은 남녀 교장 간에 차이가 있는 것으로 분석하였다. 초등학교와 중학교의 남녀 교장 모두 비공식 관계의 중요성을 언급하고 있으나 남교장보다 여교장이 교사의 사적인 면에 관심을 기울이고 솔선수범, 공손, 겸손의 태도를 강조하는 경향이 있다. 또 여교장은 여성에게 맞는 지도성이 있다고 보고 남교장에 비해 비권위적 지도성(예: 칭찬, 배려, 겸손)을 활용한다(민무숙, 허현란, 2000a: 137-138).

장지영(2007b)은 초등 교장과 교사들이 여교장의 리더십을 어떻게 인식하는지, 이에 대해 교장과 교사 간 상호 인식 차이는 어떠한가를 설문조사를 통해 분석하였다. 분석 결과, 여교장의 리더십에 대한 교장의 인식은 성별 및 연령별로 차이를 보였으며, 여교장이 남교장보다 여교장의 리더십 수준을 높게 인식하는 경향을 보였다(장지영, 2007b: 173). 또 여교장의 리더십에 대한 교사의 인식은 성별, 연령, 경력, 근무지역별로 차이를 보였다. 대체로 여교사, 연령과 경력이 낮을수록, 소규모 도시에 근무하는 교사들이 여교장의 리더십을 높게 인식하였다. 이에 대해 장지영(2007b: 174)은 교사의 연령이 낮을수록 성 고정관념이 적고, 연령이 높을수록 보수적 성향이 강한 것으로 해석하였다. 직급별로도 여교장의 리더십에 대한 인식 차이를 보였는데, 교장, 부장교사, 교사 순으로 여교장의 지도성을 높게 인식하였다.

이성은 외(2008)는 생태 여성주의 관점에서 학교장의 상징적 지도력 영역과 하위 요소를 도출하고 남녀 교장의 지도성 차이를 알아보기 위해 교장을 대상으로 심층면담을 실시하였다(교장 경력 4년 이상의 남녀 교장 각 2인). 연구 결과, 상징적 지도력 요인은 교장의 성별에 따라 차이가 있는 것으로 나타났다. 즉, 여교장에게는 문화 탐색자, 비전 제시자, 의사소통자, 치료자로서의 모습이 보이나 남교장에게는 의사소통자, 치료자로서의 모습이 약하거나 거의 보이지 않았다. 이에 대해 이성은 외(2008: 91)는 여교장이 남교장보다 다른 사람을 더 많이 배려하고 이야기 듣는 것을 즐기며, 다른 사람의 아픔에 대해 슬퍼하고 공유하려는 특성을 갖고 있기 때문인 것으로 해석하였다.

한유경(2009)은 중학교 교장과 교사를 대상으로 한 전국 단위 설문조사를 토대로 교장의 성역할 정체성(남성성, 여성성, 양성성, 미분화)과 학교장의 수업 지도력의 관계, 교장의 수업 지도력 발휘 모습이 구성원의 성별에 따라 어떻게 평가받는가를 분석하였다. 연구 결과, 교장의 성역할 정체성에 따라 수업 지도력 영역 중 학교 임무 규정에 대한 교사의 인식에 차이가 있는 것으로 나타났다(한유경, 2009: 69). 또 양성적 성역할 정체성을 가진 여교장의 수업 지도력에 대해 여교사보다 남교사들이 보다 높게 인식하였다. 그러나 남교장의 성역할 정체성과 교사의 성별에 따른 차이는 없었다. 이러한 결과는 교사들이 여교장과 남교장을 다르게 인식하고 있다는 점과 교장의 성역할 정체성 및 여교장의 지도성 개발에 주목할 필요가 있음을 보여 준다(한유경, 2009: 70).

김은형, 이성은(2011)의 연구에서는 남교장(9개교, 교사 146명)과 여교장(10개교 교사 168명)이 재직 중인 초등학교 교사를 대상으로 한 설문조사를 통해 남녀 학교장의 감성 리더십(자기인식, 자기관리, 사회인식, 관계관리)과 교사의 직무만족 간의 관계를 분석하였다. 전체적으로 교장의 감성 리더십과 교사의 직무 만족은 정적 상관관계를 보였으나 남교장의 경우 관계관리 능력이, 여교장의 경우 관계관리 능력과 자기인식 능력이 교사의 직무만족에 유의미한 영향을 미치는 것으로 나타났다.

한유경, 김은영, 윤수경(2011)은 서울교육종단연구자료를 활용하여 중학교 교장의 성별에 따라 중학생의 학업 성취도(국어, 영어, 수학, 전체 평균)에 차이가 있는가를 분석하였다. 여교장 학교의 학업 성취도는 전체 평균, 국어과 평균에서 남교장 학교의 학업 성취도보다 높게 나타났다. 이는 학생 개인 수준 변인 및 학교 환경 변인을 통제한 후에도 통계적으로 유의하게 나타나 교장의 성별에 따라 학생의 성취도는 차이가 있다고 볼 수 있다. 또한 교사가 인식한 교장의 지도성, 교사 동료문화 등에서도 여교장 학교의 평균이 남교장 학교의 평균보다 높았다. 이에 대해 한유경 외(2011: 347)는 그동안 남성 위주였던 학교장직에 여교장 진출 확대가 조직 효과성 측면에서 부정적인 변화가 아니며, 여교장의 효과성이 남교장에 비해 부족하지 않고 여교장이 효과적인 리더 역할을 하고 있음을 보여 주는 것이라고 평가하고 있다.

김영옥 외(2012)는 서울, 경기 소재 초 · 중 · 고 교사를 대상으로 한 설문조사를 통해 교장과 교사의 성별에 따라 교장의 거래적, 변혁적 지도성이 교사들의 내적 동기를 매개로 하여 학교조직 효과성에 미치는 영향을 집단별로(교장과 교사의 성별 조합에 따라 4집단으로 구분) 비교 분석하였다. 이 연구에서는 여교장의 변혁적 지도성이 남교사의 내적 동기에는 영향을 미치지 않는 것으로 나타났다. 이를 토대로 김영옥 외(2012: 282-283)는 여교장이 남교사를 대상으로 보다 효과적으로 변혁적 지도성을 발휘할 수 있도록 남교장과 차별화되는 지도성 발휘 방안을 구안할 필요가 있다는 점을 시사점으로 제시하였다. 이 연구에서는 학교조직 효과성의 하위 영역이나 학교급에 따른 분석 결과는 제시하고 있지 않았다.

중학교 교장의 여성적 리더십 특성을 분석한 서용희(2013)는 부산시 소재 중학교 중에서 여교장이 부임한 지 1년 이상이면서 여교장 부임 직전에 남교장이 근무했던 학교 15개교를 표집하여 해당 학교의 교사 290명에 대한 설문조사를 실시하여 학교장의 성별에 따른 리더십 유형의 차이를 분석하였다. 이 연구에서는 교장이 리더십을 발휘하여 업무를 수행하는 측면을 관리적 측면, 관계적 측면, 변화적 측면으로 구분하고 각 측면에서 교사들이 인식하는 남녀 교장의 리더십에 차이가 있는가를 분석하였다. 분석 결과, 전반적으로 교사들은 남교장과 여교장의 리더십에 차이가 있다고 보고 여교장이 남교장보다 관리적, 관계적, 변화적 성향이 더 높은 것으로 인식하였다(서용희, 2013: 100).

최미섭(2014)은 초등 여교장을 대상으로 한 면담조사를 통해 여교장이 스스로 인식하는 남교장과의 지도성 차이를 분석하였다. 15명의 교장 중 7명의 여교장은 남녀 교장의 지도성 차이는 성의 관점이라기보다는 개인적 성향에 기인하는 것으로 보았으며, 다른 여교장들은 남성은 권위적, 직관적, 통합적 사고로 업무를 수행하는 반면 여성은 섬세하고 멀티태스킹에 능하고 부드럽고 온화한 돌봄적 지도성 특성을 가지는 것으로 보았다(최미섭, 2014: 173-174).

(2) 남녀 교장의 성별 차이가 없거나 복합적인 연구

교장의 지도성 유형 및 효과에서 성별에 따른 차이가 없거나 복합적으로 나타나는 것으로 보고한 연구로는 민무숙, 허현란(2000a), 민무숙(2005), 김은영(2012), 서용희(2013) 등을 들 수 있다.

민무숙, 허현란(2000a), 민무숙(2005)은 전국 초·중학교 67개교에서 1,205명의 교사를 대상으로 한 설문조사를 통해(동일한 자료를 활용한 연구임) 여교장의 지도성 유형, 효과를 분석하였다. 연구 결과는 학교급에 따라 다소 상이하게 나타났다. 초등학교 여교장은 남교장보다 인간관계 지도성, 교육적 지도성, 자원 활용적 지도성을 발휘하는 것으로 나타났으나 중학교 교장의 경우 지도성 구성 요소(유형)에서 성별에 따른 차이는 없는 것으로 나타났다. 아울러, 이 연구에서는 교장의 지도성 효과를 교사 상호 간 응집도, 학교정책 결정에 대한 권한 인식(교사의 영향력), 교사의 직무만족도 등 세 측면을 통해 조사하였다. 초등학교의 경우 여교장 학교가 남교장 학교에 비해 교사 간 친밀도, 상호 교류, 교사 영향력이 높았으나 중학교에서 교장의 성별 차이는 없었다. 교사의 직무만족도 또한 초등학교에서는 여교장 학교가 남교장 학교보다 높았으나 중학교는 차이가 없었다.

김은영(2012)은 서울교육종단연구 1차 연도(2010) 자료를 활용하여 학교급, 성별에 따라 학교장의 교내외 경영활동(학교관리, 학부모 대응, 외부 협력활동, 자기 개발 등) 시간에는 차이가 있는지, 학교장의 시간 운용이 학교 효과성(학생의 성취도, 학교만족도)에 미치는 영향을 분석하였다. 연구 결과, 학교급, 교장의 성별에 따라 교장의 교내외 경영활동 시간 차이는 복합적으로 나타났다. 초등학교의 경우, 교장의 교내외 경영활동 시간은 교장의 성별에 따른 차이가 없었으나 중학교와 고등학교의 경우 교내외 경영활동 영역에 따라 성별 차이가 있는 것으로 나타났다(김은영, 2012: 150-151). 또 교장의 교내외 경영활동 시간이 학교 효과성에 미치는 영향은 학교급에 따라 차이가 있으나 교장의 성별에 따른 분석은 실시하지 않아 성별 차이를 확인하기는 어렵다. 정리하면, 교장의 경영활동 시간은 모든 학교급에서 학생의 성취도에 영향을 미치나 경영활동 영역에 따라 복합적인 결과를 나타냈다(정적, 부적 영향, 영향 없음)(김은영, 2012: 152-155). 또 교장의 경영활동 시간이 학생의 학교만족도에 미치는 영향은 미미하며, 일부 학교급, 특정 경영활동 영역에서만 유의한 것으로 나타났다(김은영, 2012: 156).

여교장과 남교장의 리더십에 대한 교사의 인식은 서용희(2013)의 연구에서도 복합적으로 나타나고 있다. 남교장의 리더십에 대해서는 교사의 성, 직위 등에 따른 인식 차이가 없는 반면 여교장의 리더십에 대해서는 인식 차이가 있는 것으로 분석되었다. 이와 관련하여 서용희(2013: 182)는 학교(장)의 문화가 남성적인 것이라는 사고가 존재하기 때문에 여교장의 리더십에 대한 평가가 일관되지 않은 것으로 해석하였다.

한편, 정우진(2008)은 교사들이 남녀 교장의 지도성을 지각하는 데 영향을 미치는 변인을 탐색하고자 하였다. 설문조사 결과, 남녀 교장의 지도성 지각에 영향을 미치는 변인에 차이가 있는 것으로 나타났다. 이 연구에서는 여교장 지도성 지각에 가장 큰 영향을 미치는 변인은 지도성 효과성, 직무만족, 학교풍토 개방성이었다. 교사의 성역할관(교장의 성별에 대한 고정관념)은 남교장의 지도성 지각에는 영향을 미치나 여교장의 지도성 지각에는 영향을 미치지 않는 것으로 나타났다(정우진, 2008: 207-208).

종합하면, 교장의 성별에 따른 교장의 직무수행, 지도성 행위(유형) 및 지도성 효과의 차이는 연구자에 따라 그리고 동일한 연구 내에서도 세부 영역에 따라 다양하게 제시되고 있다. 예를 들어, 남녀 교장의 성별 차이는 교사의 직무만족(민무숙, 허현란, 2000a; 김은형, 이성은, 2011), 응집성(민무숙, 허현란, 2000a), 학생의 학업 성취도(한유경 외, 2011, 김은영, 2012) 및 학교만족도(김은영, 2012), 수업 지도력(한유경, 2009) 등에서 분석되었으며, 직무만족 하위 영역, 교과 종류에 따라 성별 차이는 상이하게 나타났다.

전반적으로 남녀 교장의 지도성 유형 및 효과에 차이가 있다는 연구가 양적으로 우세하기는 하지만 교사의 성별, 학교급 등 배경 변인에 따라 교장의 지도성에 대한 인식은 다양하여 일관된 결과를 확인하기는 어렵다. 선행연구의 수가 적고, 표집 규모도 작다는 점 등을 고려할 때 안정적인 연구 결과를 도출하기 위해서는 향후 보다 많은 연구가 이루어질 필요가 있다.

(3) 여교장의 고유한 리더십 특성을 분석한 연구

여교장의 고유한 지도성 특성을 분석하는 데 초점을 두는 연구는 여성과 남성 리더의 차이(비교)에 주목하기보다는 여교장만이 가지는 고유한 리더십 속성이 무엇이며(김은희, 2009: 114), 전통적인 남성 중심의 리더십 논의에 대한 대안을 개발하는 데 관심을 두고 있다(이성은 외, 2005, 2008; 서용희, 2013, 2015). 이 논문에서는 여교장 또는 여교장이 재직 중인 학교의 교사들을 대상으로 여교장의 지도성 특성을 분석한 연구들을 이 범주에 포함시켜 분석하였다. 대부분의 연구들이 소규모 목적 표집에 의한 설문조사나 면담조사 방법을 활용한 것이다.

송연숙, 조영하(2014)는 여교장이 재직하고 있는 서울 사립 중등학교 2개교(중 1, 고 1)의 교사 94명을 대상으로 한 설문조사를 통해 여교장의 지도성에 대한 교사의 인식을 분석하였다. 연구 결과, 여교장에 대한 교사의 인식은 성 차이에 의한 고정관념보다 개인적 성향, 가치관, 교직관, 조직 구조 등 다양한 요인에 영향을 받는 것으로 나타났다. 여성 특유의 인간적 배려와 세심한 관리 등 여성적 지도성은 전통적인 남성 중심의 성역할관을 가진 교사에게는 긍정적으로 평가될 수 있으나, 양성 평등 의식을 가진 젊은 교사에게는 부정적으로 평가되는 것으로 분석하였다(송연숙, 조영하, 2014: 121).

이성은 외(2005)는 초등 여교장 1인을 대상으로 한 면담조사를 통해 생태학적 관점에서 생태 지향적 여교장의 역할을 도출하였다. 분석 결과 생태 여성주의 관점에서 여교장의 지도성은 맥락 지향적, 교육 지향적, 상징 지향적 지도성으로 도출되었다. 여기서 맥락 지향적 지도성이란 관계 중심의 배려성에 기초한 지도성으로 섬세함, 분명함, 의사소통의 다양성, 개방성을 주요 특징으로 한다. 교육적 지도성은 아동의 수월성을 높이기 위한 교육에 초점을 둔 지도성으로 아동이 살아갈 수 있는 내적 힘을 길러주는 것을 지향한다. 상징적 지도성은 생명 존중 우주인, 바른 생활을 실천하는 교양인, 전통을 존중하는 세계인을 기르는 것을 강조한다.

김은희(2009)는 광주시에서 여교장이 근무하는 국공립 중학교 교사(220명)를 대상으로 한 설문조사를 통해 여교장의 리더십 행동 유형을 분석하였다. 분석 결과, 여교장은 주요 의사결정에 교사들의 적극적인 참여를 중시하고 교사의 자율성 보장하며 지속적인 의사소통을 통하여 긍정적 관계를 유지하는 것이 성과 향상에 중요하다고 인식하는 것으로 나타났다. 이러한 여교장들은 구조적 성향보다는 배려적 성향을, 거래적 성향보다는 변혁적 성향을 보인다. 김한나, 이성은(2010)은 여교장이 근무하는 초등학교의 교사를 대상으로 한 심층 면담과 설문조사를 토대로 여교장의 의사소통 유형(개방형, 자기주장형, 신중형, 미지형)에 따라 교사의 직무만족도에 차이가 있는가를 분석하였다. 여교장이 개방형과 신중형 의사소통 유형을 활용할 때 교사의 직무만족도가 높게 나타나는 것으로 분석하였다.

나윤경(2004)은 면담조사와 설문조사를 토대로 교직 내에서 성차별적 인사 관행을 없애기 위해서 여교장, 여교감의 인식이 중요하며, 여성 간 멘토링과 연대를 주장하고 있다. 특히, 이 연구에서는 여교장, 여교감들이 여성적 경험을 비하하는 반면 남성적 경험을 기준으로 여교사를 평가하며, 여성적 역할보다 남성적 역할을 가치 있다고 여기는 '명예 남성성'을 가지는 경우가 있음을 비판적으로 지적하고 있다. 반면, 장지영(2007a: 177)은 교육 조직에서 여성 지도자가 남성 지도자에 비해 비권위적, 민주적 지도성을 보일 뿐 아니라 자신이 겪은 불평등으로 성 고정관념을 탈피하고자 하는 성향을 보인다는 다소 상이한 연구 결과를 제시하고 있다.

권리라(2011)는 초등 여교장을 심층 면담한 결과를 토대로 초등 여교장의 상징적 지도성의 특성으로 학교 문화 형성자, 비전 제시자, 치유자, 최고 경영자, 도전자 등 5가지 영역과 하위 주제어를 도출하였다. 그러나 이 연구에서 도출한 상징적 지도성이 여교장의 고유한 특성인가는 논란이 될 수 있으며 보다 심층적인 분석 및 논의가 필요하다.

서용희(2013, 2015)는 중학교 교사 40명을 대상으로 한 개방형 면담조사를 통해 현대 학교에서 필요한 대안적 리더십으로서 여성적 리더십이 학교장에 의해 어떻게 발휘되고 있으며 학교장이 발휘하는 여성적 리더십의 특성은 무엇인가를 분석하였다. 교사 면담을 통해서 나타난 중학교 학교장의 여성적 리더십 특성은 배려하기, 관계 맺기, 총체적 역할 수행하기 등이다. 이 연구에서 제시하는 여성적 리더십은 여교장만이 발휘하는 리더십은 아니며, 기존의 여성적 특성과 사회화 과정에서 학습된 여성적 가치와 기술이 포함된 것이라 할 수 있다(서용희, 2013: 182).

안세근, 권동택(2006)은 여교장 자신이 인식하고 있는 젠더 리더십[4] 수준과 변혁적 리더십(비전 제시, 개인적 배려, 성과 기대)의 관계를 분석하기 위해 초등 여교장 43명을 대상으로 설문조사를 실시하였다. 연구 결과, 여교장의 교육 경력, 최종 학력이 높을수록 젠더 리더십, 변혁적 리더십 수준이 높으며, 젠더 리더십 수준에 따라 변혁적 리더십 역량에 차이가 있는 것으로 나타났다. 분석 결과를 토대로 남성 지향적 리더십에 대한 성 고정관념을 벗어나 젠더 리더십 인식을 지속적으로 높여야 함을 제언하였다. 최미섭(2014: 175)은 면담조사를 토대로 여교장의 지도성은 섬세하고 부드러우나 강인한 특성을 가지고 있으며, 모든 것을 포용하는 강물과 같은 리더십, 섬김의 리더십, 청렴, 원칙주의적 특성, 자신을 헌신하고 학생을 사랑하는 리더십 특성을 지닌다고 분석하였다.

여교장의 고유한 리더십 특성을 분석한 연구들은 공통적으로 배려, 돌봄, 공감, 관계 형성(맺기) 등을 주요 속성으로 들고 있다. 그러나 이들 연구는 여교장 근무학교의 교사, 여교장을 대상으로 한 소규모의 면담조사, 설문조사를 토대로 하고 있어 연구 결과를 일반화하기에는 한계가 있다. 아울러 남교장과의 비교 없이 이들 연구에서 도출된 여교장의 지도성 특성이 여교장의 고유한 속성인가는 논란이 있을 수 있다.

4. 시사점

이 장은 여교장에 관한 국내 선행연구를 토대로 우리나라 여교장의 특성을 분석하였다. 이를 위해 학술연구정보 서비스 사이트에서 여교장에 관한 선행연구 25편을 최종적으로 검색 및 선별하였으며, Owens(1995)가 제시한 여성주의 관점 발달에 따른

4) 여기서 젠더 리더십(gender leadership)은 전통적 리더십 모델이 현대의 변화하는 조직에 적합하지 못하다는 점에서 대안적으로 제시된 리더십으로, 단순히 여성 관리자가 발휘하는 리더십이 아니라 남성 관리자도 여성성에 대한 편견에서 벗어나 발휘할 수 있는 리더십이다(안세근, 권동택, 2006: 86).

교육행정, 지도성 분야 연구 영역의 구분(범주)을 분석틀로 활용하였다. 주요 분석 결과를 정리하고 우리나라 여교장의 특성을 파악하기 위한 시사점과 추가적인 연구가 필요한 분야를 정리해 보면 다음과 같다.

1) 여교장의 경력(지도성) 발달, 생애사

여교장의 경력 발달, 생애사 분석을 통해 교직에서 여교사, 여교장이 어떻게 학교조직에 적응하게 되는가를 확인할 수 있다. 이 과정은 여교장들의 개인의 노력, 의지, 성실성에 기초한 개인적인 사회화 과정(Lortie, 1975)과 가정과 직장의 병행을 위해 주변의 주요 인물(역할 모델, 부모, 남편)의 지원이 중요하게 작용하는 것으로 특징지을 수 있다. 장기간의 교직 경력 동안 여교장들은 다양한 도전, 갈등, 딜레마를 경험하지만, 자신만의 방식으로 이를 극복해 나갔다고 밝히고 있다. 또한 여교장들은 교장직 승진을 교직 초기부터 계획한 것은 아니며, 주어진 직무를 성실하게 수행하고 노력함으로써 자연스럽게 이루어진(주어진) 결과로 생각하였다.

이러한 여교장의 경력 발달, 교직 적응 과정은 우리나라 교장의 경력 발달 과정을 분석한 김이경, 김갑성, 김도기, 서근원(2006), 김이경, 김도기, 김갑성(2008), 박상완(2008)의 연구에서도 유사하게 나타나고 있다. 우수한 교장을 추천받아 이들의 교장 경력, 리더십 발달 과정을 분석한 김이경, 김도기, 김갑성(2008)의 연구, 일반 교장의 지도성 발달 과정을 분석한 박상완(2008)의 연구에 의하면, 교장들의 세부적인 교직 경험은 상이하지만 교장이 되는 과정은 일반교사, 부장교사, 교감, 전문직 등의 경력을 거치며, 이 과정에서 함께 근무했던 관리자, 동료교사 등이 중요한 영향을 미치는 것으로 언급하였다.

이러한 교장의 경력 발달, 학교조직(교직) 적응 과정은 외국의 경우에서도 유사하게 발견할 수 있다. Sugrue(2004)는 교장의 경력, 지도성 발달에 영향을 미치는 요인은 규범적으로 규정될 수 없으며, 가족관계, 문화적 · 사회적 배경, 지역사회, 성별 등으로 다양하다고 지적하고 있다. Browne-Ferrigno(2003)는 교직에서의 공식적, 비공식적 경험과 교사 개인의 성향 등 총체적인 요인이 교장이 되는 과정에 영향을 미친다고 분석한 바 있다. 우리나라 여교장의 교장 경력 발달 과정에서도 이러한 다양한 요인들의 영향을 확인할 수 있다. 다만 우리나라 여교장의 경우, 교직에서 남녀차별, 학교생활과 가정생활의 병행에 따른 어려움, 이를 극복하는 과정에서 역할 모델로서 선배 교원,

특히 여교장의 경우 가정(남편)의 지원 등이 중요하게 작용하였다는 점은 주요한 특징이라 할 수 있다.

2) 여교장 경력 발달 과정의 장애 요인, 부정적 태도

여교장이 되는 과정에서 경험하는 부정적 태도 또는 장애 요인으로 여교장 또는 교사들이 갖는 성역할관(성정체성)이 중요하게 작용하는 것으로 보인다. 한유경(2009)의 연구에서는 남교장보다 여교장의 성역할 정체성이 교사의 수업 지도력에 영향을 미치는 것으로 나타났다. 일반교사의 성역할관이 여교장에 대한 태도에 영향을 미치는가는 복합적인 결과가 나타나고 있다. 선행연구에서는 영향을 미친다는 연구(장지영, 2007b)와 관련이 없다는 연구(정우진, 2008; 송연숙, 조영하, 2014)가 모두 보고되고 있다. 연구 결과는 상이하지만, 여교장에 대한 태도가 학교 구성원(교사)이 갖고 있는 성역할관에 직간접적인 영향을 받는다는 점을 보여 준다는 점에 주목할 필요가 있다.

또한 교직에서 여성에 대한 편견, 가정과 사회에서의 남녀 차별과 같은 사회문화적 요인, 승진 및 전보 등 교원인사에서 여교사에 대한 차별 등 제도적 요인은 여교장의 교직 적응 과정, 여교장이 되는 과정에 대체로 부정적 요인으로 작용한다고 볼 수 있다. 최근 교직의 여성화가 진전되면서 학교관리직에 여성의 비율은 점차 증가하고 있지만, 학교급에 따라 여교장, 여교감의 비율이 현저한 차이를 보이며, 특히 고등학교 단계에서 여교장의 비율이 10% 수준에 머물고 있다는 점은 주목할 필요가 있다.

여교사 비율이 증가하던 2000년대 초, 학교현장에서 남교사가 필요하다는 점을 들어 교사 임용시험에서 남녀 비율을 조정할 필요가 있다는 문제가 제기된 바 있다(조선일보, 2010. 2. 5.). 교직에서 여교사, 여교장에 대한 부정적 인식과 태도는 과거보다 약화되고 있지만 여교장이 남교장에 비해 더 많은 도전에 직면해 있다는 점은 국내외 연구에서 공통적으로 지적되고 있다(정선숙, 2003; 김은영, 장덕호, 2012; Lee, Smith, & Cioci, 1993; Ayman & Korabik, 2009).

3) 교장의 직무수행, 지도성 유형 및 효과의 성별 차이

교장의 성별에 따라 교장의 직무수행, 지도성 행위(유형) 및 효과에 차이가 있는가는 국내외적으로 여교장 연구의 주요 주제로 다루어 왔다(Shakeshaft, 1989; Eagly et al.,

1992; 민무숙, 허현란, 2000a; 서용희, 2013). 연구 결과는 연구자에 따라 다양하게 제시되고 있는데, 이는 교장의 배경 특성(성별, 학교급, 성역할 정체성)뿐 아니라 남녀 교장의 차이를 인식하는 교사의 배경 변인(성별, 직위, 학교급, 개인 성향 등)의 다차원성에 기인한다.

우리나라에서 여교장의 직무와 지도성 특성을 분석한 연구들은 대체로 여교장과 남교장의 지도성 유형과 효과에 차이가 있는 것으로 보고 있으며 학교급에 따라 복합적인 연구 결과를 제시하고 있다(한유경, 2009; 한유경 외, 2011; 김영옥 외, 2012). 대체로 여교장이 남교장에 비해서 민주적, 비권위적 지도성, 부드럽고 온화한 돌봄적 지도성을 발휘하는 것으로 분석되었다(민무숙, 허현란, 2000a; 최미섭, 2014). 이는 여교장들이 남교장보다 민주적이고 참여적 지도성을 발휘하며, 전제적, 지시적 지도성 스타일은 드물다는 Eagly, Karau와 Johnson(1992)의 연구 결과와 일치한다. 특히, 여교장을 대상으로 한 면담조사에서는(민무숙, 허현란, 2000a; 이성은 외, 2008; 최미섭, 2014), 남녀 교장의 직무수행 방법과 지도성에 차이가 있으며, 여교장들이 남교장보다 인간적 배려, 칭찬하기 등 비권위적이고 인간관계, 관계적 중심의 지도성, 의사소통, 배려, 공감 등의 지도성을 발휘하는 것으로 분석하였다. 그러나 여교장이 스스로 인식하는 남교장과의 지도성 차이를 보고한 이들 질적 연구는 그 결과의 객관성과 엄밀성을 보장하기는 어렵다.

여교장의 직무, 지도성에 관한 양적 연구와 질적 연구를 종합해 볼 때, 우리나라에서 교장의 지도성 유형 및 효과에서 성별 차이, 학교급별 차이는 복합적으로 나타나고 있어 일관된 결과를 말하기 어렵다. 이러한 결론은 한편으로 연구 방법의 한계에 기인하는 것으로 우리나라에서 교장의 지도성 유형 및 효과에서 성별 차이를 분석한 연구들이 대부분 특정 지역에 국한된 소규모 목적 표집에 기초한 분석 결과를 제시하고 있을 뿐 아니라(송연숙, 조영하, 2014; 안세근, 권동택, 2006), 일부 연구는 표집 방법을 명시하고 있지 않고 있다(예: 김은희, 2009; 나윤경, 2004). 전국 단위 표집(예: 민무숙, 허현란, 2000a; 민무숙, 2005; 한유경, 2009) 또는 서울교육종단연구와 같이 대규모 데이터를 활용한 연구(예: 한유경 외, 2011; 김은영, 2012)는 일부에 국한된다.

한편, 여교장의 고유한 리더십 특성을 드러내기 위한 개념으로 젠더 리더십(안세근, 권동택, 2006), 생태 여성주의(이성은 외, 2005, 2008), 여성(적/주의) 리더십(허라금, 2005; 서용희, 2013) 등이 제시되고 있다. 이러한 리더십은 배려, 돌봄, 공감, 관계 형성 등을 주요 특징으로 한다. 여교장의 고유한 리더십 특성을 드러내기 위한 개념과 논의들은 향후 보다 발전될 필요가 있다. 다만, 여교장의 고유한 지도성 특성은 남교장과의 비교를 통해서 보다 발전할 수 있다는 점에서 지도성 연구에서 성별 차이에 관한 보다 다양한 연구가 이루어질 필요가 있다.

5. 결: 여교장 분야의 주요 연구 과제

여교장에 관한 국내 선행연구 분석을 통해서 볼 때, 추가적인 연구가 필요한 분야를 제시해 보면 다음과 같다. 첫째, 학교급에 따른 교장의 지도성 유형 및 효과의 성별 차이를 보다 심층적으로 분석할 필요가 있다. 둘째, 교장직 임용 이후 성별 차이에 대한 분석이 필요하다. 여교장에 관한 연구들은 대체로 교장 임용 이전에 집중되어 있어 현직 교장의 학교 운영, 현직 교장의 삶에 대한 심층적인 이해를 하는 데에는 한계가 있다. 셋째, 학교장의 지도성 연구에서 교장과 교사의 성별에 따른 상호작용 효과에 대한 연구가 이루어질 필요가 있다. 김영옥 외(2012), 한유경(2009), 송연숙, 조영하(2014) 등의 연구에서도 유사한 제언을 제시한 바 있다. 이들 연구에서는 교사와 교장의 성별에 따른 상호작용 효과가 있음을 밝히고 있는데, 지도성, 동기, 의사소통 등 학교조직의 주요 연구 분야에서 성별에 따른 집단별 차이를 체계적으로 분석하고 관련 이론을 구축할 필요가 있다. 넷째, 여교장이 명예 남성성을 가지고 있다는 연구(나윤경, 2004)와 여교장은 성 고정관념이 강하지 않다는(장지영, 2007a) 다소 상반되는 주장이 제기되고 있다. 우리나라 여교장의 특성에 대한 정확하고 심층적인 이해를 위해서는 이와 같이 연구 결과가 상반되는 연구 주제, 영역에 대해 추가적인 연구가 이루어질 필요가 있다.

PART 3 교육자로서의 교장과 학교행정가 · 학교경영자로서의 교장

제8장

교장의 역할과 직무

우리나라에서 교장의 직무는 「초·중등교육법」에서 포괄적으로 규정하고 있다. 이에 따르면, 교장은 교무를 통할하고, 소속 교직원을 지도·감독하며, 학생을 교육한다(「초·중등교육법」 제20조 ①). 교무 통할, 교직원의 지도·감독, 학생 교육의 세부 내용과 범위에 관한 법적 규정은 매우 다양하며 교장의 역할과 직무 범위도 매우 광범위하다고 할 수 있다. 이 장에서는 관련 법령, 선행연구와 외국 사례 등을 토대로 교장의 역할과 직무를 검토한다.

1. 교장의 역할

교장은 학교 경영의 최고 책임자로서 학생, 교원, 학부모, 지역사회 인사 등으로부터 다양한 역할을 수행할 것으로 기대되고 있다. 또한 제2장에서 살펴본 바와 같이 교육 내외적인 환경의 변화로 인해 교장의 역할은 점점 더 복잡하고 다양해지고 있다. 교장의 역할이 무엇인가에 대해서는 연구자에 따라 다양하게 규정되어 왔다. 이 중 서정화, 이윤식, 이순형, 정태범, 한상진(2003: 45-49)은 국내외 연구를 토대로 교장의 역할을 보는 관점(접근)을 세 가지로 제시하였다. 이는 역사적-합법적 접근(관점), 법규적 접근, 과업적 접근으로 구분된다.

1) 역사적-합법적 관점

교장의 역할을 학교의 규모가 확대되면서 교장의 기능이 분화된 것으로 보는 입장이다. 여기서 교장의 역할은 문서 보관 및 관리, 학생 성적 보고, 건물 유지 등 관리 기능에 중점을 둔다. 전통적으로 교장이나 교장직을 담당하는 교사는 이러한 직무를 수행하면서 전일제나 시간제로 학생을 가르친다는 점에서 교장의 역할이 교사의 역할과 엄밀히 구분되지 않았다고 할 수 있다(Sergiovanni, Kelleher, McCarthy, & Fowler, 2009/2011). 중등학교 교장의 경우 학생의 생활지도가 교장의 주요 역할 및 책임으로 인정되었다. 교장직은 지역 학구 수준에서 학교 행정, 정책, 교육과정 결정에 대한 책임이 증가하면서 이의 효율적 관리와 집권적 통제 요구 등에 대한 필요에서 발달되었다.

2) 법규적 관점

법에 규정된 교장의 직무, 책임, 권한 등을 토대로 교장의 역할을 정의하는 입장이다. 우리나라의 경우 「초·중등교육법」 제20조 ①에서, "교장은 교무를 통할하고 소속 직원을 지도 감독하며, 학생을 교육한다"라고 명시하고 있다. 이에 의하면 학교장에게는 교무통할권, 교직원 지도 감독권, 학생 교육권이 법적으로 부여되어 있다. 아울러, 「초·중등교육법 시행령」 제9조에서 명시하고 있는 학교장이 제·개정하는 학교 규칙(학칙)의 기재 사항도 교장의 역할과 직무로 볼 수 있다.

한편, 법규적 접근에서는 교장의 직위에 따른 권한의 성격을 명확히 구분한다. 예를 들어, 김세기(1981), 고전(2002)은 교장의 권한과 직무를 관리권과 감독권으로 구분하고 각 권한에 포함되는 교장의 직무 내용을 명시한 바 있다(구체적인 내용은 교장의 직무 부분에서 상세히 제시한다).

3) 과업적 관점

과업적 관점은 학교장이 해야 하는 일에 기초하여 교장의 역할을 정의하는 입장이다. 이와 관련하여 김이경, 김갑성, 김도기(2006: 21)는 학교장은 국가로부터 단위 학교의 소속 직원, 학교교육, 학교시설, 학사 사무 등에 관한 관리권과 직무상, 신분상 감독권을 위임받은 학교의 최고 경영자로 보고 있는데, 이는 교장이 수행하는 과업을 중심으로 교장의 역할을 정의한 것이다. 이와 유사한 맥락에서 서정화 외(2003: 47-49)는 Lipham과 Hoeh(1974)를 토대로 학교장이 수행하는 주요 과업에 기초하여 교장의 역할을 제시하였다. 여기서 교장이 수행하는 과업은 7가지다.

- 교수와 교육과정 개발: 교육과정의 내용과 조직 결정, 교육 프로그램 자원 제공, 교원의 현직교육 제공 등
- 학생 인사: 학생의 출석, 생활지도 방법 연구, 상담, 보건, 학생평가, 징계
- 교직원 인사: 교직원 모집, 선발 및 임명, 교직원 인사기록 개발, 전문적 성장 기회 제공 등
- 지역사회-학교의 지도: 지역사회에 대한 학교의 교육적 봉사 결정, 지역사회 생활 증진 계획 개발, 집행에 협조
- 학교시설과 학교 교통: 학교시설 유지·운영, 비품 제공, 안전 관리 등
- 조직과 구조: 교육기획이나 교육활동에 참여하기 위해 전문 집단이나 일을 조직화
- 학교재정과 경영 관리: 학교예산 준비, 학교재정회계, 학교장 능력 개발

또한 서정화 외(2003: 15-19)는 교장이 일반적으로 해야 할 일을 중심으로 교장의 역할을 네 가지로 구분하고 있다. 이를 간략히 요약하면 다음과 같다.

- 교육자로서의 역할: 교사의 교사, 선배교사, 지도자로서 교육에 관한 전문성과 도덕성을 갖추어야 한다.
- 학교 경영 전문가로서의 역할: 학교에서 전문가 조직을 관리·경영하는 책임자로서 전문성을 가지고 지도성을 발휘해야 한다.
- 교육 개혁 선도자로서의 역할: 교장은 교육 환경 및 사회 환경 변화를 인식하고 자기를 혁신하며 교사의 변화를 유도하는 선도자로서의 역할을 수행한다.

- 교육기관 통합자로서의 역할: 학교교육에 관한 여러 집단의 다양한 요구를 조정, 중재하는 지식과 기술이 요구되며, 학교공동체를 만드는 지도성을 발휘해야 한다.

한편, 학교 환경 변화, 미래 사회 변화에 근거하여 학교장의 역할을 정의하는 입장도 과업적 관점에 기초한 교장 역할 규정이라 할 수 있다. 이와 관련하여 서정화 외(2003: 55-56)는 21세기 학교장의 역할로 다음 7가지를 제안하였다.

- 미래 세계 창출의 민주적 변혁 지향자: 교장은 미래 세계를 설계하고 이를 실현할 수 있는 공간을 마련해 주는 역할을 한다.
- 교육 프로그램의 조직, 관리, 평가의 전문가: 학교경영자는 교육이론과 실제에 밝은 교육전문가다.
- 교육조직의 화합을 지향하는 갈등해소의 협상가: 학교경영자는 다양한 구성원들의 이해와 협동적 행위를 유도, 지원하고, 교육관점과 해석의 합의를 유도해 주는 조정자, 갈등해소의 협상가, 중재로서의 역할을 한다.
- 교육 고객의 만족도를 지향하는 교육서비스 제공자: 학교경영자는 교육 고객인 학습자의 만족도를 높이기 위한 교육서비스를 지원하는 봉사자로서의 역할을 한다.
- 학부모, 지역사회, 관계기관과의 상호 협력체제로서의 학교 대변자: 학교경영자는 교직원과 학생들로 구성되는 학교 조직체를 대표할 뿐 아니라 학부모, 지역사회, 동창회와 교류하고 학교의 통합기능을 수행한다.
- 교육 전문조직의 민주적인 리더십의 경영자: 학교경영자는 관료주의, 권위주의 사고방식과 행동 패턴을 지양하고 수평적 사고방식의 민주적 리더십을 발휘한다.
- 장학의 새 지평을 여는 컨설턴트: 교장은 장학의 민주화, 전문화, 효율화를 위하여 장학 컨설팅제를 운용하는 전문가로서 역할을 한다.

2. 교장의 직무

교장의 직무는 교장의 역할과 밀접하게 연계되어 있다. 앞에서 제시한 교장의 역할을 보는 세 가지 관점은 각각 교장이 수행해야 할 직무를 직간접적으로 반영하고 있다. 특히 과업적 관점은 교장이 해야 할 일(직무, 과업)을 중심으로 교장의 역할을 규정하고 있다는 점에서, 교장의 역할은 곧 교장의 직무라고 볼 수 있다. 이 절에서는 선행연구를 토대로 교장의 직무를 정리하되 우리나라 「초·중등교육법」 제20조에서 규정하고 있는 교장의 임무에 근거하여 교장의 직무를 크게 세 영역으로 구분하여 제시한다.

1) 교장 직무의 성격

교장 직무의 성격은 연구자에 따라 범주화에 다소 차이를 보이고 있다. 교장 직무의 성격을 관리·감독권과 위임사무로 구분하는 경우(김세기, 1981; 고전, 2002; 서정화 외, 2003)와 관리·감독권과 지도감독권으로 구분하는 경우(고전, 2002)가 있다.

(1) 관리·감독권과 위임사무

교장의 직무는 성격에 따라 관리권과 감독권으로 크게 구분할 수 있다. 관리권에는 소속직원의 인사관리, 학교교육 관리, 학교시설 관리, 학사사무 관리 등이 포함된다. 감독권에는 직무상 감독권과 신분상 감독권, 위임사무 권한 등이 있다(김세기, 1981; 고전, 2002; 서정화 외, 2003). 주요 내용을 정리하면 〈표 8-1〉과 같다.

◆ 표 8-1 ◆ 교장 직무의 성격: 관리 직무, 감독 직무, 위임사무

구분		주요 내용
관리권	소속직원 관리	소속직원 감독, 지도, 지시, 조정, 배치
	학교교육 관리	교육과정, 교수-학습 지도, 정보화교육
	학교시설 관리	학교시설 유지, 수선, 보수
	학사사무 관리	예산, 회계, 경리문서, 물품관리, 통계사무
감독권	직무상 감독권	「국가공무원법」상 복무 의무 감독-품위유지, 성실의무, 정치운동 금지, 집단행위 금지, 연수, 근무성적평정 등
	신분상 감독권	「교육공무원법」의 근무성적의 인사관리 반영 「교육공무원임용령」의 승진, 강임 내신, 전보와 포상 공무원 보수 규정에 따른 승급 내신 및 보수 지급 위임사항: 보직교사 임용권, 교사평정권, 산학겸임교사 임용권, 학교 예산의 분임 경리관 겸 분임 지출원
위임사무		부장교사 임용, 교사 평정 확인, 기간제 교사 및 강사 임용, 회계사무 취급권(분임징수관, 분임경리관, 도급경비 취급 공무원), 일용직 공무원 임용 등

(2) 관리 · 감독권과 지도감독권

고전(2002)에 의하면, 교장의 직무는 학교 운영 전반에 걸친 것으로, 교직원, 학생, 교육과정, 학교사무 · 시설 · 설비, 대외 영역으로 구분되며, 이러한 직무 영역에서 교장의 권한은 그 성격에 따라 기속행위 관련 직무와 재량행위 관련 직무로 나눌 수 있다. 여기서 전자에는 관리 · 감독 직무가, 후자에는 지도 직무가 포함된다. 직무 영역과 직무권한의 성격을 조합하여 교장의 직무를 정리하면 〈표 8-2〉와 같다.

◆ 표 8-2 ◆ 교장 직무의 성격: 관리 · 감독 직무와 지도 직무

구분	관리 · 감독	지도
학교기획	• 학교 내규 제정(학칙, 학교헌장) • 교무분장(교무, 부장, 학년, 교과회의) • 학교운영위원회 관리(당연직 위원 참가)	• 학교운영계획 수립 시행 • 학교행사계획 수립 시행 • 학교평가계획 수립 시행
교수-학습	• 교육과정 편성 및 운영 • 교육교과용 도서의 선정 • 학생 평가자료 작성 · 관리 • 학생 신체검사, 보건관리 • 학생징계	• 교내장학(수업, 동료, 자기장학) • 교내자율연수 • 연구 · 시범학교 운영 • 교사활동 지도 · 조언 • 학생자치활동의 보장 및 지원 • 학생지도 • 수업운영 방법에 관한 재량 • 학습부진아 위탁교육 의뢰
교직원	• 교직원 인사관리 • 교직원 복무관리 • 교원의 연수 승인 • 교직원 신체검사 실시	• 교직원 인화관계 조성 • 교사활동(교직단체) 지도 · 조언
사무 · 시설 · 설비	• 학사사무 관리 • 재무관리 • 문서관리, 보안 책임 • 학교시설 · 설비관리 • 안전관리(안전점검, 안전사고책임)	• 사무 간소화, 자동화 • 사무분담 효율화 • 학교시설 재원 확보 • 안전교육
대외	• 관할청에의 보고 의무 및 협조사항 • 주민운동장 개방 및 안내	• 학교홍보 · 재원유치 활동 • 학부모 및 자원인사 협력 활동 • 동문회, 지역사회 협조 유지

출처: 고전(2002), p. 416.

2) 법 규정에 기초한 교장의 직무 영역

우리나라에서 교장의 직무는 「초·중등교육법」 제20조 ①의 규정에 근거하여 교무의 통할, 소속 교직원의 지도·감독, 학생 교육 등 세 가지로 구분해 볼 수 있다(고전, 2002; 김갑성, 김이경, 박상완, 2011: 43-44; 서정화 외, 2003: 19-22; 안길훈, 2008: 165).

(1) 교무 통할

교무는 학교 경영에 필요한 일체의 직무를 말하며, 교무와 사무로 크게 구분할 수 있다(서정화 외, 2003: 19). 우리나라 초·중등학교에서 교무 통할과 관련된 직무는 교장이 관할한다. 여기서 교무는 학교교육 계획의 수립, 지도, 집행 및 학습지도 활동 등과 직간접적으로 관련된 모두 직무가 모두 포함된다. 사무는 내무 사무로 학교의 시설, 설비, 교재, 교구에 관련되는 직무와 문서처리, 인사관리 업무, 학교의 재무 및 예산 등 회계 사무 등이 포함된다. 교육청, 교육위원회, 학교운영위원회, 사회교육 단체 등과의 연락, 조정 등 대외 협력 사무가 있다(서정화 외, 2003: 20).

교무 통할에 관련된 교장의 직무 규정은 다음과 같다.

학교교육 관리(교육과정)

- 학교규칙(「초·중등교육법」 제8조 ①)
- 학기 편성, 수업 일수(「초·중등교육법 시행령」 제44조, 45조)
- 학급편성, 휴업일(「초·중등교육법 시행령」 제46조, 47조)
- 수업운영 방법(「초·중등교육법 시행령」 제48조)
- 수업시각(「초·중등교육법 시행령」 제49조)
- 학교운영위원회 당연직 위원 피선권(「초·중등교육법 시행령」 제59조 ①)
- 국공립학교 학교운영위원회 심의결과의 시행(「초·중등교육법 시행령」 제60조)
- 사립학교 학교운영위원회 자문결과의 존중 의무(「초·중등교육법 시행령」 제63조 ③)

학사사무 관리

- 비상재해 등에 의한 임시휴업 조치권(「초 · 중등교육법 시행령」 제47조)
- 학교발전기금 관리(「초 · 중등교육법 시행령」 제64조)

학교시설 관리

- 학교교육에 지장이 없는 범위 안에서 제한된 시간에 주민에게 운동장을 개방하고 안내할 의무(「학교운동장의 개방 및 이용에 관한 규칙」 제2조)

(2) 교직원의 지도 · 감독

소속 교직원의 지도 · 감독에 관한 교장의 직무는 직무상 감독과 신분상 감독으로 구분할 수 있다. 우리나라에서 교원 선발은 국가 자격증을 기준으로 공립은 시 · 도 교육청이, 사립학교 교원은 이사회가 권한을 가지고 있어 학교장에게는 직무에 관한 인사권만 허용된다(김이경, 김갑성, 김도기, 2006). 교장 직무의 성격에서 제시하였듯이, 직무상 감독은 교직원의 품위유지, 신의성실, 정치운동 금지, 집단행위 금지, 연수 및 근무성적평정 등이 포함되며, 신분상 감독에는 근무성적의 인사관리 반영, 승진, 강임, 전보, 포상 등이 포함된다. 아울러 교장은 교직원의 근무조건 개선, 건강, 보건 등을 관리 · 지도한다. 소속 교직원에 대한 교장의 지도 · 감독 직무를 규정한 법령은 다음과 같다.

- 소속 교원의 연수 승인권(「교육공무원법」 제41조)
- 소속 교원의 연수 · 근무성적평정 의무(「교육공무원법」 제42조)
- 소속 학생 · 교직원 신체검사 실시 의무(「학교보건법」 제7조)
- 산학겸임 교사의 임용(「초 · 중등교육법 시행령」 제42조)

(3) 학생 교육 · 지도

학생 교육에 관한 교장의 직무는 매우 광범위하다. 여기에는 학생의 입학, 졸업, 퇴학, 전학, 편입학, 휴학 등에 관한 사항, 학생 징계, 훈화, 생활지도, 학생평가, 신체검사, 보건교육 등이 포함된다. 우리나라 초 · 중등학교는 국가 교육과정의 범위 내에서 학생을 교육 · 지도하며, 학생 평가의 내용과 방법은 국가 및 시 · 도 교육청의 지침으로 규정된다. 이에 따라 학생의 교육 · 지도에 관한 교장의 자율권이나 직무 범위는 일정한 한계가 있다. 학생 교육 · 지도에 관한 교장의 직무를 규정한 법령은 다음과 같다.

- 학생징계 · 지도권(「초 · 중등교육법」 제18조 ①)
- 학생의 학교생활기록(「초 · 중등교육법」 제25조)
- 학생의 조기 진급 · 졸업(「초 · 중등교육법」 제27조)
- 학생의 입학 및 입학 학교 변경(「초 · 중등교육법 시행령」 제18조, 19조)
- 학생의 전학, 취학의무 면제(「초 · 중등교육법 시행령」 제21조, 28조)
- 취학 유예자의 학적 관리(「초 · 중등교육법 시행령」 제29조)
- 학생자치활동의 보장(「초 · 중등교육법 시행령」 제30조)
- 학생의 징계(「초 · 중등교육법 시행령」 제31조)
- 학생의 수료 및 졸업(「초 · 중등교육법 시행령」 제50조)
- 학습부진아 등에 대한 교육 및 시책(「초 · 중등교육법 시행령」 제54조)
- 학생의 안전대책(「초 · 중등교육법 시행령」 제57조의 2)
- 중학교의 입학 · 전학 · 휴학 등의 허가권(「초 · 중등교육법 시행령」 제66조)
- 고등학교 입학전형 실시(「초 · 중등교육법 시행령」 제77조)
- 교과용 도서의 선정(「교과용 도서에 관한 규정」 제3조)
- 학생의 보건관리(「학교보건법」 제9조)
- 예방접종 완료 여부의 검사, 치료 및 예방조치(「학교보건법」 제10, 제11조)
- 학생의 안전관리 의무(「학교보건법」 제12조)

법 규정에 근거한 교장의 직무는 안길훈(2008)의 연구가 체계적으로 제시하고 있다. 안길훈(2008)은 교장의 직무 영역에 대한 국내 연구들이 교장의 근무활동 분석, 역할 기대 탐구, 직무기술서 개발 등의 관점에서 수행됨에 따라 연구자별로 교장의 직무 영역을 달리 규정하여 공통분모를 도출하기 어렵다는 문제를 제기한다. 이에 따라 법적 접근을 통해 교장의 직무를 규정할 필요가 있으며, 이는 교장의 직무에 대한 공감대 형성과 연구자 간 이견을 최소화할 수 있다는 점에서 장점이 있다고 지적한다(안길훈, 2008: 164). 교장의 직무 영역은 〈표 8-3〉과 같다.

◆ 표 8-3 ◆ 법적 접근을 통한 교장의 직무 영역 및 직무 내용

대영역	중영역	직무 내용
교무의 통할	학교교육계획의 수립 · 집행 · 관리	• 학교교육계획의 수립 및 관리 • 학교 경영에 대한 새로운 비전과 전략을 제시 • 교직원에게 동기 부여하고 지도성을 발휘
	학교 단위 전체 교육과정 편성 및 운영 관리	• 교육목표, 교과편제 및 수업시간(이수단위), 학년목표, 교육내용, 교육방법, 학습매체, 학습시간, 학습시기, 평가계획의 제정 및 관리
	시설 · 재무 · 문서 관리	• 학교시설 · 설비, 교재 · 교구 등의 제 규칙에 의한 수선 및 관리 • 예산 편성 및 회계 · 경리 관리 • 학교 내부의 사무관리로서 문서작성 관리 등
소속 교직원의 지도 감독	교내장학	• 교내장학 활동의 총괄 • 교수-학습의 질 향성을 위한 환경 및 분위기 조성 • 현직 교육을 통한 교수-학습 활동 개선 • 업무부서 조직 및 교직원 업무분장 • 각종 위원회 구성 및 운영: 교육과정 편성 · 운영위원회, 성적관리위원회, 학생지도위원회, 학교자율장학위원회, 교육정보화 추진위원회 등
	교직원의 법적 의무사항에 대한 관리 · 감독	• 교직원의 복무 의무 이행 여부 지도 · 감독, 선서의 의무, 성실의 의무, 복종의 의무, 친절 공정의 의무, 비밀엄수의 의무, 청렴의 의무, 품위유지의 의무 • 교직원의 금지사항 지도 · 감독: 직장이탈 금지, 영리업무 및 겸직 금지, 정치운동 금지, 집단행위 금지 • 교직원의 연수 · 근무성적평정 • 보직교사의 임용, 기간제 교사: 강사의 임용, 고용원 임용 • 학교조직 구성원들의 갈등처리 및 학교 경영조직의 안전성 유지
학생의 교육	학칙의 제정 및 관리	• 입 · 퇴학, 전학, 편입학, 휴학, 수료 및 졸업 관리 • 학교수업의 개시와 종료 관리 • 비상 재해 시 임시 휴교 조치 • 재학생의 생활기록부 작성 관리 • 표창 및 징계 • 전염병 환자의 출석정지 또는 등교정지 명령, 신체검사 실시 및 학생의 보건관리 • 학급편성 및 담임 배정
	교과 교육활동의 계획과 운영 관리	• 교과교육 활동의 운영관리 • 교수-학습 기반 조성 • 교수-학습 활동 및 교육평가 관리
	교과 외 교육활동의 계획과 운영 관리	• 특별활동 관리 • 창의적 재량활동 관리 • 인성교육 및 생활지도 관리 • 진로 · 상담활동 지도 관리 • 방과 후 교육활동 관리

출처: 안길훈(2008), pp. 164-165.

3) 직무수행 기준에 기초한 교장의 직무 영역

(1) 교장의 직무수행 영역과 기준

교장의 직무 영역은 교장이 수행해야 할 직무가 무엇인가에 대한 분석을 통해 정의될 수 있다. 교장의 직무수행 기준에 기초하여 교장의 직무 영역을 도출한 국내 연구들은 대체로 1996년 미국의 전국 교육행정 정책위원회(National Policy Board for Educational Administration: NPBEA)가 개발한 '주간 학교지도자 자격협회(Interstate School Leader Licensure Consortium: ISLLC) 기준(Standards)'을 소개 및 활용하고 있다(조경원, 한유경, 서경혜, 조정아, 이지은, 2006; 주삼환, 이석열, 이미라, 2007).

주삼환 외(2007)는 미국의 교장 직무수행의 표준인 ISLLC와 ELCC[1]를 토대로 우리나라 교장의 직무수행을 진단할 수 있는 척도를 개발하였다. 주삼환 외(2007)가 제시한 교장 직무수행 영역은 학교비전 촉진, 학교문화와 수업 프로그램, 학교관리, 학부모와 지역사회의 관계, 행정가 윤리의 5가지다.

김이경, 한만길, 박영숙, 홍영란, 백선희(2005)는 교장을 포함한 교원의 직무수행 기준을 개발하는 연구에서 교장의 직무수행 기준을 별도로 도출하였다. 이에 의하면 교장의 직무수행 기준은 교육과정 운영 및 평가, 학생 생활 지도 및 지원, 교직원 관리 및 지원, 학교 경영 관리 편성 및 운영, 학부모 및 대외 협력 관계 지원, 전문성 신장 및 지원 등 여섯 가지로 도출할 수 있다. 학교행정가는 이 중 학교 교육과정 편성 및 운영, 학생지도, 교직원 인사관리, 교직원 연수 및 연구활동 지원 등에 대한 직무를 주로 수행하고 있으며, 직무 중요도 면에서는 학교 교육과정 편성 및 운영, 학업성적 관리, 학교예산회계 관리, 교직원 연수 및 연구 활동 직무를 다른 직무보다 비교적 중요하게 인식하고 있다. 학부모 및 대외협력 지원 관련 직무에 대해 가장 어려움을 느낀다.

(2) 미국 ISLLC 2008 기준

ISLLC 기준은 1994부터 미국 24개 주가 참여하여 1996년에 개발되었다. 이는 교장직을 수행함에 있어 교장이 무엇을 알아야 하며 무엇을 할 수 있어야만 하는지에 대한 기준을 담고 있다. 2002년에는 ISLLC의 6개 기준에 인턴십 기준이 추가되었다. 2005년

---

1) 미국 교사교육 평가인정협의회(National Council for the Accreditation of Teacher Education: NCATE)가 ISLLC를 일부 수정하여 개발한 교육지도성위원회 기준(Educational Leadership Constituent Council(ELCC) Standards)을 말한다(주삼환 외, 2007: 202-203).

현재 40개 이상의 주들이 이 기준을 채택하여 교장 양성(훈련)교육 프로그램의 개발과 평가에 적용하고 있으며, 150개 대학교의 교장 양성교육 프로그램이 이 기준들을 활용하고 있다(조경원 외, 2006: 254). 2008년부터는 기존의 기준을 보완한 새로운 기준이 활용되고 있다(CCSSO, 2008).

미국에서 ISLLC 기준은 교장론(Principalship) 교과서, 대학원의 교육행정가 과정(교장 양성과정), 교장 연수나 교장 평가 기준 등에 다양하게 활용되고 있다(주삼환, 2005: 23). 미국 조지아 주 아틀랜타에 본부를 두고 있는 남부 지역 교육위원회(Southern Regional Education Board)는 ISLLC 2008 자격기준을 활용한 지도성 교육과정 모듈을 운영하고 있다(주현준, 김민희, 박상완, 2014: 253).

ISLLC의 전문성 기준은 '학생의 성공'을 촉진하는 데 초점을 두고 있으며, 각 기준은 비전과 목표 설정, 교수와 학습 지원, 각종 인적, 물적 자원 관리, 가정 및 지역사회 관계, 지도자 개인의 역량, 보다 큰 국가, 사회적 환경에 대한 이해 등을 포함하고 있다(주현준 외, 2014: 224-227). Murphy(2002)는 ISLLC 기준의 원칙을 크게 다섯 가지로 정리한 바 있다. 첫째, 기능이나 과업보다는 가치 있는 목적과 결과에 중점을 둔다. 둘째, 학생의 학습을 우선하며, 모든 학생의 성공을 요구한다. 셋째, 학교 리더십의 중심을 관리와 행정에서 학습과 학교 발전으로 변화시킨다. 넷째, 교사, 학부모, 학교공동체 모든 구성원들에게 기회와 권한을 부여하고 단위 학교의 협력적 리더십을 강조한다. 다섯째, 교장의 직무를 학습자 중심의 리더십에 초점을 둠으로써 학교장이 할 수 있는 모든 일을 포괄하기보다는 통합적이고 일관성 있는 행동 기준을 체계적으로 제시한다.

ISLLC 2008의 학교 지도자 자격기준은 총 6가지로 세부 내용은 〈표 8-4〉와 같다. 각 기준별 기능(function)이 교장의 직무(영역)를 나타내는 것으로 볼 수 있다.

◆ 표 8-4 ◆ 미국의 학교 지도자 자격기준(ISLLC)

구분	정의	기능
기준 1	교육 지도자는 이해 관계자들이 공유하고 지지하는 학습 비전을 개발하고 정교화하고, 실행 · 관리함으로써 모든 학생의 성공을 촉진한다.	A. 공통 비전과 임무를 공동으로 개발하고 실행한다. B. 목표를 확인하고 조직 효과성을 평가하며 조직 학습을 증진하기 위한 데이터를 수집하고 활용한다. C. 목표 달성 계획을 만들고 실행한다. D. 계속적이고 지속가능한 개선을 촉진한다. E. 과정을 모니터하고 평가하며, 계획을 수정한다.

구분	정의	기능
기준 2	교육 지도자는 학생의 학습과 직원들의 전문적 성장에 도움이 되는 학교 문화와 수업 프로그램을 지지, 육성, 유지함으로써 모든 학생의 성공을 촉진한다.	A. 협동 문화, 신뢰, 학습, 높은 기대를 육성하고 유지한다. B. 종합적이고, 엄격하며 일관된 교육과정 프로그램을 만든다. C. 학생을 위한 개별화되고(personalized), 동기를 유발하는 학습 환경을 창조한다. D. 수업을 감독한다. E. 학생의 발전을 모니터하기 위한 평가와 책무성 체제를 개발한다. F. 직원들의 수업 및 지도성 역량을 개발한다. G. 질 높은 수업에 사용하는 시간을 극대화한다. H. 교수와 학습을 지원하기 위한 가장 효과적이고 적절한 기술의 활용을 촉진한다. I. 수업 프로그램의 효과를 모니터하고 평가한다.
기준 3	교육 지도자는 안전하고 효율적이고 효과적인 학습 환경을 만들기 위한 조직, 운영, 자원 경영을 보장함으로써 모든 학생의 성공을 촉진한다.	A. 경영 및 운영체제를 모니터하고 평가한다. B. 인간, 재정, 기술 자원을 획득, 배정, 조정하고 효율적으로 활용한다. C. 학생과 직원의 복지와 안전을 증진하고 보호한다. D. 분산적 지도성(distributed leadership) 역량을 개발한다. E. 교사와 (학교)조직 시간이 질 높은 수업과 학생의 학습을 지원하는 데 초점을 두도록 한다.
기준 4	교육 지도자는 교사, 지역사회 구성원들과 협력하고, 다양한 지역사회의 이익과 요구에 부응하고, 지역사회의 자원을 활용함으로써 모든 학생의 성공을 촉진한다.	A. 교육 환경에 관련된 데이터와 정보를 수집하고 분석한다. B. 지역사회의 다양한 사회적, 문화적, 지적 자원을 이해, 존중, 활용을 촉진한다. C. 가정 및 보호자와 긍정적인 관계를 만들고 유지한다. D. 지역사회 파트너들과 생산적인 관계를 만들고 유지한다.
기준 5	교육 지도자는 진실하고, 공정하며 윤리적으로 행동함으로써 모든 학생의 성공을 촉진한다.	A. 모든 학생의 학업과 사회적 성공을 위한 책무성 체제를 확보한다. B. 자기인식, 반성적 실천, 명료성, 윤리적 행위의 원리를 모델로 삼는다. C. 민주주의, 공정성과 다양성의 가치를 보호한다. D. 의사결정에 따른 잠재적인 도덕적, 법적 결과를 고려하고 평가한다. E. 사회 정의를 촉진하고 개별 학생들의 요구가 학교교육의 모든 측면에 영향을 미치도록 보장한다.
기준 6	교육 지도자는 정치, 사회, 경제, 법적, 문화적 맥락을 이해하고, 대응하고, 영향을 미침으로써 모든 학생의 성공을 촉진한다.	A. 아동, 가정, 보호자를 지지(옹호)한다. B. 학생 학습에 관련되는 지방, 학교구, 주, 국가의 결정에 영향을 주기 위해 활동한다. C. 지도성 전략을 조정하기 위해 새로 떠오르는 경향과 계획을 평가, 분석, 예측한다.

출처: 주현준 외(2014), pp. 224-227의 내용을 표로 정리함.

4) 종합적 접근

교장 직무 영역 구분과 세부 직무를 앞에서 제시한 다양한 접근법을 종합적으로 활용한 것은 이차영(2006)의 연구를 들 수 있다. 이차영(2006)은 교장 직무를 밝히려는 접근법은 크게 네 가지로 구분할 수 있다고 보고 이를 통해 교장의 직무 명료화를 시도하였다. 이차영(2006: 227-228)이 구분한 네 가지 접근법이란, 첫째, 변화하는 시대에 맞추어 교장에게 어떤 역할이 요구되는지를 분석함으로써 교장이 수행해야 할 중요한 직무가 무엇인가를 강조하는 접근, 둘째, 교장을 양성하는 과정에서 어떤 능력과 자질을 함양하려고 하는가를 살펴봄으로써 교장의 직무를 도출하는 방법, 셋째, 교장이 되려는 사람에게 요구하는 자격기준의 내용을 통해 교장의 업무 영역과 그 내용을 확인하는 접근, 넷째, 현행 법령상 교장에게 부여하고 있는 권한과 임무의 내용을 검토함으로써 직무를 도출하는 방법 등이다. 구체적으로 이차영(2006)은 국내외 선행연구의 교장 역할론을 검토하고, 교장 양성과정으로서 영국의 국가교장전문자격(NPQH) 과정,[2)] 미국 ISLLC 기준, 교장의 직무에 관한 국내 법령 등을 종합적으로 분석하였다. 이를 통해 교장의 직무는 학교 발전의 비전, 교수-학습의 지원, 교내 조직 관리, 인적 자원 관리, 물적 자원 관리, 대외 협력 등 6가지 영역에서 25가지로 도출하였다.

◆ 표 8-5 ◆ 교장의 직무 영역과 직무 내용

직무 영역	직무 내용
학교 발전의 비전 (4)	비전의 적합성, 비전의 타당성, 비전 설정 과정의 민주성, 비전의 구체성과 실현 가능성
교수-학습의 지원 (6)	학교 교육과정의 편성, 교육과정 운영, 학사 관리, 수업 지도, 교내장학, 교육결과의 책무성 확보
교내 조직 관리 (4)	업무 분장의 타당성, 조직 내부 결속, 조직 간 유기적 연계, 조직 운영의 민주성

2) 영국의 국가교장전문자격(National Professional Qualification for Headship: NPQH)은 1997년 교장이 되고자 하는 사람들을 위한 준비 과정으로 처음 도입되었다. 2008년 이후에는 초임 교장이 이수해야 하는 자격 과정으로 의무화되었다. 2012년 이후 선택 과정으로 완화되었다. 기본적으로 NPQH는 연구와 이론에 기반을 둔 교장 자격 과정으로 교장(후보자)들이 교장직을 수행하는 데 필요한 최선의 기술과 지도성을 개발할 기회를 제공하는 데 초점이 있다. 영국의 경우 학교별로 학교운영위원회가 중심이 되어 교장을 임용하고 있으나 학교에 따라 교장 지원자가 없어 교장을 충원하지 못하는 경우도 있다. 이는 학교에 따라 교장의 질적인 편차가 크며, 교장 충원 여건 차이가 크다는 점을 보여 준다. 국가교장전문자격제도는 이러한 영국의 상황과 밀접하게 연계된 제도라 할 수 있다. 영국의 교장 자격 과정을 포함하여 다양한 학교 지도자 전문성 개발 프로그램은 주현준 외(2014), pp. 270-280을 참고할 수 있다.

직무 영역	직무 내용
인적 자원 관리 (4)	우수 교직원의 확보, 교직원의 능력 발전 유도, 복무 기강 확립, 갈등의 건설적 관리
물적 자원 관리 (4)	시설 · 설비의 안정성, 시설 · 설비의 효율성, 예산 편성의 적정성, 예산 집행의 공정성
대외 협력 (3)	교육행정기관의 협력 유도, 지역사회의 협력 유도, 지역사회에 대한 기여

출처: 이차영(2006), p. 237.

3. 교장의 직무 역량

최근 역량 개념이 널리 확산되면서 교장의 직무 역량에 관한 연구들도 점차 증가하고 있다. 역량(力量)은 사전적으로 어떤 일을 해 낼 수 있는 힘으로 능력, 실력, 자격 등과 연관된 개념이다. 역량의 개념은 학자에 따라 다양하게 정의되고 있으며, 영어로는 competence, capacity, capability 등으로 표현되고 있다. 국내외 선행연구에서 역량 개념을 분석한 나민주, 박상완, 하정윤, 서재영(2016: 5-6)은 역량은 직무, 업무와 관련된 개인의 능력으로 지식(knowledge), 태도(attitude), 기술(skills)을 포괄하는 것으로 정리하고 있다. 이러한 역량은 성과와 연계된 행동(behavior)으로 상황 대응적, 직무 특정적이며, 훈련을 통해서 개발 가능(trainable)하며, 관찰 가능하며(observable), 객관적 측정이 가능하다는(measurable) 특징을 가지고 있다(이홍민, 김종인, 2003: 24-26; Spencer & Spencer, 1993).

국내 연구에서 교장의 직무 논의에 역량 개념을 활용한 초기 연구로는 조경원 외(2006)를 들 수 있다. 조경원 외(2006)는 우리나라에서 학교 행정의 책임자인 교장을 양성하기 위한 별도의 양성 프로그램을 운영하고 있지 않다는 문제 인식에서 학교행정가의 핵심 역량 강화를 위한 교육 프로그램 개발을 위해 10가지 핵심 역량을 도출하였다. 10가지 핵심 역량은 우리나라 교육현장에서 요구된다고 여겨지는 것으로, 미국 ISLLC 기준과 교장 직무 영역에 대한 국내 선행연구를 검토하고, 현장 전문가의 의견과 연구진 협의를 거쳐 도출되었다(조경원 외, 2006: 255). 10가지 핵심 역량의 중요성 및 필요성에 대해 초 · 중등학교 교직원을 대상으로 조사한 결과 전반적으로 중요성 및 필요성 인식은 높게 나타났다(조경원 외, 2006: 270).

신상명(2007)은 교장의 역할은 학교경영자로서의 역할(5가지)과 교육 지도자로서의 역할(4가지)로 구분된다고 보고 각각의 역할에서 요구되는 역량을 총 9가지로 제시하였다. 이는 주삼환(2007)이 교장의 역할을 교육자와 학교 최고 집행자로 규정한 것과 유사한 구분이다. 성낙돈(2008)은 조경원 외(2006)의 연구와 유사하게 미국 ISLLC 기준과 교장 직무 영역에 기초하여 학교장의 핵심 역량 요소를 7가지로 도출하였다. 조대연 외(2010) 또한 학교장의 역할과 직무, 역량 관련 문헌 분석, 전문가협의회 등을 통해 교장 직무 역량을 25가지로 도출하였다. 이 연구는 역량 개념을 매우 넓게 보고 있다.

김동원, 이일용(2012)은 델파이 조사를 통해 학교장의 핵심 역량을 조사하고 역량을 크게 두 가지로 범주화하였다. 이는 신상명(2007)의 교장 직무 역량 구분과 유사한 것으로, 교장이 직무를 수행하는 데 필요한 인지적 역량으로 관련 지식과 기술을 포괄하는 직무 역량군(7가지)과 학교의 리더로서 역할 수행에 필요한 정의적 역량으로서 리더십 역량군(5가지)이다. 유재환(2014)은 교장의 핵심 역할을 교육자, 교육행정가, 조직관리자로 구분하고 선행연구에서 제시된 교장의 직무 역량을 세 가지 역할에 따라 재범주화 및 재설정하여 총 14가지의 직무 역량을 제안하였다. 그러나 여기서 교육행정가로서의 역할과 조직관리자로서의 역할은 중첩적이어서 엄밀하게 구분된다고 보기는 어렵다.

이상 교장이 갖추어야 할 핵심 역량, 직무 역량을 분석한 연구들에서 제시하고 있는 교장의 역량을 정리하면 〈표 8-6〉과 같다.

◆ 표 8-6 ◆ 교장의 직무 역량

연구자	교장의 역량	
조경원 외 (2006)	• 교육적 리더십 • 학교계획 및 조직 능력 • 학교 교육과정 편성 및 운영 능력 • 학교 운영 능력 • 인적 자원개발에 대한 인식과 능력	• 학교재정 관리 능력 • 교육법에 대한 이해와 집행 능력 • 학교 교육정책에 대한 이해 • 학교 · 학부모 · 지역사회와의 협력을 도모하는 능력 • 정보통신기술활용 능력
신상명 (2007)	〈학교경영자로서 기본 직무〉 • 교육과정 및 교수지원 • 인적 자원 관리 • 학교와 지역사회 관계 • 전문성 신장 • 행 · 재정 업무 관리	〈리더십 발휘 영역〉 • 교육리더십 • 관리리더십 • 전문리더십 • 공동체리더십

연구자	교장의 역량		
성낙돈 (2008)	• 학교 비전 및 목표 관리 • 교육과정 개발 및 교수-학습 • 조직 및 인사관리 • 학부모와 지역사회 관계	• 교사전문성 신장 • 행 · 재정 관리 • 학교조직 변화 관리	
조대연 외 (2010)	• 비전 제시 • 목표관리 • 전문성에 바탕을 둔 학교 경영 • 변화관리 • 교육과정 관리 • 학생관리 및 지원 • 교사전문성 개발 • 학습환경 개선	• 인사관리 • 시설자원 관리 • 재정관리 • 외부와의 네트워크 • 학교 최고 책임자로서의 윤리 • 교육법 이해 및 집행 • 교육정책의 이해 • 정보통신기술 활용	• 데이터에 근거한 의사결정 • 교육의 질 관리 • 책무성 • 신뢰감 형성 • 갈등해결 능력 • 배려의 리더십 • 의사소통 촉진 • 참여적 의사결정력 • 기업가 정신
김동원 외 (2012)	〈직무 역량군〉 • 교수-학습 전문성 지원 • 교육계획 수립 및 학사운영 • 학교 교육과정 개발 및 운영 • 학생 생활지도 관리 • 교직원 인사 및 조직관리 • 학부모와 지역사회 연계 협력 • 학교시설 및 재정관리	〈리더십 역량군〉 • 비전 제시 및 목표관리 • 변혁 지향성 • 문제해결을 위한 의사결정 • 갈등관리 및 의사소통 • 윤리의식과 공정성	
유재환 (2014)	〈교육자〉 • 교육과정 개발 및 관리 • 교수-학습 지원 및 학생 생활지도 • 수업 전문성 신장	〈교육행정가〉 • 교육법 및 교육정책 집행 • 전문성과 책무성, 변혁 지향성 • 정보통신기술 활용 • 행 · 재정 관리 • 학교시설 관리	〈조직관리자〉 • 학교 비전 제시 및 목표 관리 • 학부모 및 지역사회와 협력 • 윤리의식과 공정성 • 조직 및 인사관리 • 갈등해결 및 의사결정 • 신뢰감, 배려리더십

4. 종합

교장의 역할과 직무는 연구 관점, 연구자에 따라 다양하게 정의될 수 있다. 이 장에서는 교장의 역할을 보는 관점을 역사적-합법적 접근, 법규적 접근, 과업적 접근으로 구분하고 교장의 직무(기준), 직무 역량에 관한 선행연구들을 검토하였다. 교장의 직무 역량을 분석한 연구에서 교장의 역할은 교육(지도)자와 학교관리자 · 행정가 · 경영자 · 최고 집행자 등 크게 두 가지로 구분하고 있음을 확인할 수 있다. 이 책 또한 교장의 역할은 크게 교육자로서의 역할과 학교 관리 · 행정 · 경영자로서의 역할로 구분하고 있다.

한편, 교장의 직무는 대체로 교장의 역할에 대한 법규적 접근과 과업적 접근에 근거하여 도출되고 있다. 법 규정에 기초한 우리나라 교장의 직무는 「초 · 중등교육법」 제20조에 근거하여 교무의 통할, 소속 교직원의 지도 · 감독, 학생 교육 등 세 가지로 구분할 수 있다. 안길훈(2008)이 잘 지적하고 있는 바와 같이 교장의 직무를 법에 근거하여 분석 · 도출할 경우 연구자 간 차이를 최소화하고 교장의 직무에서 공통 사항을 도출할 수 있다는 이점이 있다.

한편, 교장 직무기준을 분석한 국내 선행연구들은 미국의 ISLLC 기준을 주로 참고하고 있다. 미국 ISLLC 기준은 교장의 기능(function)과 그에 따른 교장의 직무(영역)를 구체화한 것으로 '모든 학생의 성공을 촉진'하기 위해 학교장이 무엇을 해야 할 것인가를 체계적으로 보여 준다. 이는 우리나라에서 교장의 직무를 교무 통할이나 교직원 인사관리 등 교육(자)적 측면보다 행정적 · 관리적 측면에서 이해되고 있는 것과 대조된다. 미국에서 ISLLC는 각 대학(원)의 교장 양성(훈련)교육 프로그램 개발, 교장 문헌, 저서 등에서 널리 활용되고 있다.

일반 경영 분야에서 주로 사용되는 역량 개념을 교장의 직무 분석에 활용한 연구들도 점차 증가하고 있다. 이들 연구는 주로 교장의 역할, 직무에 관한 선행연구 분석, 설문조사, 전문가협의회 등을 통해 교장의 직무 역량을 도출하고 있다. 이렇게 도출된 교장의 직무 역량은 9가지에서 25가지로 연구자마다 상당한 차이를 보이고 있다. 그러나 그 내용은 대동소이하며 얼마나 교장의 직무 역량을 세분화하고 있는 정도의 차이라 할 수 있다. 아울러 연구자에 따라 역량 개념을 매우 폭넓게 보고 있어 세부 항목 중 일부는 [예를 들어, 조대연 외(2010)가 제시한 전문성에 바탕을 둔 학교 경영 역량] 이를 역량으로 보는 것이 타당한가라는 의문이 드는 경우도 있다.

한편, 교장의 직무 역량에 관한 선행연구를 종합하여 직무 역량을 재설정한 유재환(2014)은 교장의 역할을 교육자, 교육행정가, 조직관리자 등 세 가지로 구분하고 이에 따라 교장의 직무 역량을 제시하고 있다. 그러나 교육행정가와 조직관리자 역할에 관련되는 교장의 직무 역량은 내용상 엄밀하게 구분되지 않는다. 종합해 보면, 교장의 직무 역량은 교육자로서 역할, 기능 수행에 관련되는 역량과 학교관리자 · 행정가 · 경영자 및 지도자로서 역할 수행에 관련되는 역량으로 크게 범주화할 수 있다.

제9장

교육자 · 교육전문가로서의 교장

교장은 교육자 · 교육전문가로서의 역할과 관련 직무를 수행할 의무가 있다. 미국 교장직의 역사적 발달, 국내외 선행연구, 「초 · 중등교육법」 등에서 규정하고 있는 교장 직무에서 볼 때, 교육자, 교육전문가로서의 교장의 역할은 학교행정가로서의 역할, 직무 비중이 확대되고 있는 오늘날의 학교에서도 여전히 중요한 비중을 차지한다. 교육자, 교육전문가로서 교장의 역할은 학교 교육목표 및 계획을 수립하는 일에서부터 교사와 학생의 교수-학습 활동을 지원하는 장학, 학교 교육과정 관리, 학생 교육 등 다양한 직무와 연계되어 있다. 학교의 기본 목적에 비추어 볼 때, 수업 지도자로서 교장의 역할은 전통적인 장학활동이 쇠퇴하고 교사 전문 학습공동체가 발달하고 있는 오늘날에도 교장의 고유한 역할로 강화되어야 할 것이다. 이 장에서는 교육자, 교육전문가로서 교장의 역할, 직무를 학교 교육목표 설정 및 학교 교육계획 수립, 학교 교육과정 관리, 장학 등으로 구분하여 검토한다.

1. 학교 교육목표 및 학교 교육계획 관리

1) 학교 교육목표 설정

학교교육의 기본적인 목표는 학생을 교육하는 것이다. 그러나 학생 교육의 세부적인 내용과 활동은 개별 학교에 따라 차별화될 수 있으며, 이는 학교 교육목표와 학교 교육계획을 통해 구체적으로 표현된다. 교장은 국가, 지역의 학교 교육목표, 학교 구성원의 특성을 고려하여 개별 학교 수준에서 실현해야 할 교육목표를 설정할 역할과 책임이 있다. 이때 교장의 교육관과 교육 비전 등이 반영될 수 있으나 이를 학교 구성원이 공감할 수 있도록 적극 노력할 필요가 있다. 이를 위해서는 학교 교육목표의 성격, 교육목표 수립과정에서 고려해야 할 요소 등을 명확히 이해할 필요가 있다.

학교 교육목표는 장기적인 관점에서 학생들이 궁극적으로 도달해야 할 인간상을 제시한 것이거나 행동 특성을 명시한 것으로 학교 교육활동의 나아가야 할 방향과 지향점이 된다(서정화, 이윤식, 이순형, 정태범, 한상진, 2003: 169). 이러한 학교 교육목표는 학생의 행동변화, 교육활동을 결과를 확인할 수 있도록 구체적이어야 하며(구체성), 학교의 여건과 지역실태 등의 특수성이 반영되어야 하며(주체성, 지역성), 국가가 요청하는 시대성이 반영되고(시대성), 포괄적인 내용을 담고 있어야 한다(서정화 외, 2003: 169). 또한 학교 교육목표를 설정할 때에는 국가 교육과정, 교육부와 교육청(시 · 도 교육청, 교육 지원청)의 주요 교육 시책(정책), 교장의 교육 비전, 전년도 학교 교육목표 달성 정도 및 학교 여건(교사, 학생, 학부모, 지역사회 특성) 등 다양한 요인을 고려할 필요가 있다.

또한 학교 교육목표는 학교교육을 통해 기르고자 하는 덕목을 중심으로 기술하거나 행동 중심으로 기술할 수 있다. 정직, 사랑, 근면 등 학생이 함양해야 할 인간상은 덕목 중심의 학교 교육목표라 할 수 있으며 학교 교육목표를 인지적 영역, 정의적 영역, 사회적 영역, 운동 기능적 영역 등으로 구분하여 구체적인 행동적 용어로 진술하는 것은 행동 중심 학교 교육목표 기술 방식이라 할 수 있다.

아울러 학교 교육목표는 학생뿐 아니라 교사의 목표, 지역사회의 목표가 반영되어야 한다. 교사의 목표는 전문성 신장, 자율성, 책무성에 관한 것이며, 지역사회의 목표는 학교와의 협력적 관계 조성과 관련된다. 교사나 지역사회의 교육목표는 학생 교육목표에 비해 수단적 성격을 갖기는 하지만(서정화 외, 2003: 172), 학교 교육목표 수립 시 고려해야 할 요소라 할 수 있다.

2) 학교 교육계획 수립

(1) 학교 교육계획의 의의와 반성

학교 교육계획은 학교가 추구할 목표를 설정하고 이를 달성하기 위해 어떤 교육활동을 전개할 것이며, 이를 지원하기 위해 무엇을 어떻게 준비할 것인가를 미리 계획하는 학교교육 설계도, 즉 청사진이라 할 수 있다(노민구, 2017: 313). 학교 교육목표를 효율적으로 실현하기 위해서는 학교 교육계획을 구체적으로 수립할 필요가 있다. 이러한 학교 교육계획은 계획적이고 합리적인 학교 경영을 가능하게 한다.

통상 학교 교육계획은 1년 단위로 수립되며, 학교 교육활동 전 부문을 포괄하는 종합적인 교육기획으로 학교 교육활동의 나침반 역할을 한다(노민구, 2017: 313, 315). 그러나 학교현장에서 학교 교육계획에 대한 인식, 학교 교육계획이 수립되는 과정, 실제 활용 정도 등은 매우 다양하다. 관련하여 노민구(2017: 315)는 학교 교육계획 수립 과정 및 방법, 활용 등에 있어 반성해야 할 점을 크게 4가지로 제시하고 있다.

첫째, 학교 교육계획 수립 과정이 매너리즘에 빠져 있다. 교원들은 학교 교육계획이 해마다 반복되는 교육관행에 불과하다고 인식하고 있으며 실제 교육활동에 이를 활용하는 정도는 낮다. 둘째, 학교 교육계획이 형식주의에 젖어 있다. 학교 교육계획은 계획일 뿐이며 실제 교육활동을 안내하는 기능을 하지 못한다. 학교 교육계획은 형식적, 문서상의 계획일 뿐이다. 셋째, 학교 교육계획 수립은 일부 교직원의 업무라는 통념이 팽배해 있다. 통상 1~2월에 추진되는 학교 교육계획 수립 업무는 소수의 교원들이 담당하는 일로 인식되고 있다. 이에 따라 다수의 교사들은 학교 교육계획 수립에 대한 주인의식이나 책임의식이 약하다. 넷째, 학교 교육계획을 단기간 집중적인 작업으로 마치려고 한다. 학교현장에서는 학교 교육계획 수립에 충분한 시간을 할애하거나 다양한 구성원들의 의견을 수렴 및 조율하는 과정을 거치지 못한다. 충분한 의사소통과 준비 없이 학교장을 중심으로 일부 교사들이 수립하는 학교 교육계획은 실행 중에 잦은 수정 작업을 거쳐야 하거나 실제 활용되지 못하고 사문화될 수 있다.

이와 같은 문제는 기본적으로 학교 교육계획의 중요성과 필요성에 대한 인식, 이해가 낮은 데 기인하는 것이라 할 수 있다. 학교 교육계획에 대한 교원들의 부정적인 통념과 학교 교육계획 수립 과정의 문제점 등을 극복하기 위해서는 교장의 역할이 중요하다. 학교 교육계획을 세밀하게 수립하는 것은 쉽지 않은 일일 뿐 아니라 교사들의 교육활동의 자율성과 여유를 보장하는 데 장애가 될 수 있다. 그러나 학교 전체 구성원들에게 1년간 학교 교육활동의 청사진과 나침반 역할을 하는 학교 교육계획은 필요하다. 학교 교육계획이 이러한 역할을 할 수 있는가, 사문화될 것인가는 학교장의 역량에 달려 있다.

(2) 목표관리기법을 활용한 학교 교육계획 수립

경영학 분야에서 널리 활용되어 온 목표관리의 기본 개념과 원리를 학교 교육계획 수립에 적용해 볼 수 있다. 목표관리기법(Management by Objectives: MBO)은 구성원 각자가 공동으로 목표를 설정하고 각자가 책임 영역을 결정하며, 이를 토대로 부서를 운영한 후 각 구성원의 공헌도를 평가하는 경영기법을 말한다(노민구, 2017: 317). 학교 교육계획 수립 시 이러한 MBO 기법의 절차와 방법을 고려해 볼 수 있다. 이와 관련하여 노민구(2017: 317)는 "학교 교육계획 수립은 단위 학교가 추구할 교육목표를 설정하고 그것을 달성하기 위한 여러 가지 구체적인 교육활동을 구안하여 그것을 부서별, 교직원 개인별로 책임을 시키는 작업이다."라고 표현하고 있다. 구체적으로 학교 교육계획 수립의 절차와 고려해야 할 요소를 정리해 보면 다음과 같다.

- 첫째, 학교 교육목표 설정 단계다. 이를 위해서는 「교육기본법」, 「초 · 중등교육법」의 각급학교 교육목적을 확인하고, 교육부와 교육청(시 · 도 교육청과 교육지원청)의 기본 교육시책을 확인한다.
- 둘째, 학교의 교육여건 및 실태, 교육 요구를 조사 · 분석한다. 이때 학생, 학부모, 교사 대상 설문조사, 교직원협의회 등 다양한 의견 수렴과정을 거친다. 또한 인근 학교나 우수학교의 모범 사례를 조사 · 분석하여 참고할 수 있다.
- 셋째, 전년도 학교 교육활동을 평가 · 분석한다. 사실상 이러한 반성적 평가활동은 매월 추진될 필요가 있다. 그 결과는 다음 교육활동 추진뿐 아니라 차년도 학교 교육계획 수립에 반영될 수 있을 것이다.
- 넷째, 학교 교육목표를 설정하고 이를 실현하기 위한 세부 목표를 정한다. 이때 학교 교육목표의 수는 최소한으로 정할 필요가 있다. 목표수가 많을 경우 전체 구성원이 이를 공유하기에 어려움이 있어 목표로서의 기능을 하지 못할 우려가 있다.

• 다섯째, 세부 교육목표별로 교육활동 추진 계획을 수립한다. 각 부서별로 관련 교육활동을 개발하되 이 경우에도 핵심 교육활동의 수는 최소한으로 할 필요가 있다. 통상 학교 교육계획서에는 매우 많은 교육활동이 포함되어 있어 학교 교육목표 설정의 의미를 상실하거나 교수-학습 활동의 목표 실현 및 질 제고라는 학교 교육의 본질을 훼손할 수 있다.
• 여섯째, 학교 교육활동의 결과를 어떻게 확인 및 평가할 것이며, 그 결과를 전체 학교 구성원들이 어떻게 공유할 것인가 등을 명확히 한다. 학교 교육계획에는 어떤 교육활동을 언제, 어떻게 실천할 것인가뿐만 아니라 그러한 교육활동의 결과를 어떻게 확인하고, 향후 이를 개선 · 보완할 것인가에 대한 내용까지 포함되어야 할 것이다.

학교 교육계획은 기본적으로 특정한 학교가 학생 교육의 질을 높이기 위해 어떤 활동을 중점적으로 추진하고 있는가를 명확하게 보여 줄 수 있어야 하다. 학교 교육계획서가 '계획을 위한 계획', '보여 주기 위한 계획', '상부기관에 보고하기 위한 계획'이 되어서는 안 될 것이다(노민구, 2017: 328). 이러한 학교 교육계획은 교육적 의미를 상실하고 교사에게는 또 다른 잡무를, 학생과 학부모에게는 학교 교육활동에 대한 신뢰 저하를 초래하게 될 것이다.

학교 교육목표 및 학교 교육계획 수립이 학교 교육활동의 출발이 되기 위해서는 교장 스스로 학교 교육목표와 학교 교육계획의 중요성과 필요성을 깊이 인식할 필요가 있다. 구체적으로 교장은 학교 교육목표와 이를 구체적으로 실현하는 세부 활동 계획인 학교 교육계획 수립에 관한 전문적 지식, 학교 구성원들의 의견을 수렴하고 조율하는 능력을 갖출 필요가 있다.

2. 학교 교육과정 편성 · 운영 및 관리

학교 교육과정 편성 · 운영 및 관리는 교육자로서 학교장의 역할이 가장 핵심적으로 요구되는 분야다. 학교 교육과정은 교사와 학생이 수행하는 교수-학습 활동의 구체적인 내용과 방법을 집약하고 체계화한 것으로, 학교의 모든 교육활동은 이에 근거하여 이루어진다. 교장은 학교 교육과정의 의의와 특징을 이해하고 이를 체계적으로 개발 · 편성 · 운영할 수 있는 역량과 교육 지도성, 수업 지도성을 갖출 필요가 있다. 교육자로서 교장의 역할은 직접적으로 학생을 지도 · 교육하기보다는 학교 교육과정의 편성 · 운영, 교사들의 교육활동을 지원 · 관리하는 것이다. 이 절에서는 학교 교육과정의 개념, 법적 근거, 학교 교육과정 편성 · 운영의 주요 원칙, 학교 교육과정 관리와 평가 등을 검토한다.

1) 학교 교육과정의 의미와 법적 근거

학교장의 역할 중 가장 중요한 것은 학생을 이해하고 교육하며, 구체적으로 학생을 위한 교육과정을 개발하여 수업지도를 하고 그 성과를 확인하는 수업 지도성의 발휘라고 할 수 있다(서정화 외, 2003: 204). 교육과정은 학교교육의 질 관리와 직결되는 가장 핵심적인 부문으로 교육목표를 달성하기 위해 학생들에게 제공되는 모든 교육내용과 활동을 포괄한다(서정화 외, 2003: 204).

이러한 학교 교육과정은 「초 · 중등교육법」 제23조에 근거하여 국가 교육과정, 지방 교육과정과 연계하에 편성 · 운영된다. 이에 따라 학교 교육과정은 국가 수준의 교육과정 기준과 시 · 도 교육청 수준의 교육과정 편성 · 운영 지침을 근거로 하여 지역의 특수성과 학교의 실태에 맞게 각 학교별로 마련한 의도적인 교육 실천 계획으로 정의할 수 있다(서정화 외, 2003: 207).

교육과정 편성 · 운영과 관련하여 우리나라는 교육부, 시 · 도 교육청, 단위 학교의 역할을 구분하고 있다(「초 · 중등교육법」 제23조). 교육부 장관은 교육과정의 기준과 내용에 관한 기본적인 사항을 정하며(국가 교육과정), 교육감은 교육부 장관이 정한 교육과정의 범위에서 지역의 실정에 맞는 기준과 내용을 정하게 된다(지방 교육과정). 학교는 교육과정을 운영해야 한다(학교 교육과정). 또한 학교에서 가르치는 교과는 대통령령으로 정함에 따라 「초 · 중등교육법 시행령」 제43조에서 학교급별 교과를 열거하고 있다.

아울러 학교의 수업에 관한 사항은 「초 · 중등교육법」 제24조에서 정하고 있다. 학교의 학년도는 3월 1일부터 시작하여 다음 해 2월 말일까지로 하며(제1항), 수업은 주간(晝間) · 전일제(全日制)를 원칙으로 하나 법령이나 학칙으로 야간수업 · 계절수업 · 시간제수업 또는 방송 · 통신수업 등을 할 수 있다(제2항). 기타 학교의 학기 · 수업일수 · 학급편성 · 휴업일과 반의 편성 · 운영, 그 밖에 수업에 필요한 사항은 대통령령으로 정한다(「초 · 중등교육법 시행령」(제3항).

「초 · 중등교육법 시행령」 제44조~제49조는 각각 학기, 수업일수, 학급편성, 휴업일, 수업운영 방법, 자유학기의 수업운영, 수업시각 등에 관하여 규정하고 있는데, 이 중 학기, 수업일수 등 일부를 제외하고 학교장의 재량으로 조정하거나 정할 수 있도록 하고 있다. 그러나 대부분의 학교장은 교육부 장관, 교육감의 지침이나 인근 학교와 균형을 맞추어 교육과정 및 수업을 운영하고 있어 실질적인 자율성이 크다고 생각하지 않을 수 있다.

우리나라는 국가, 지방, 학교 수준의 교육과정 체제를 운영하고 있다. 교육부 장관이 교육과정 기준 제정권을 가지도록 한 것은 전국의 모든 학교가 동질의 교육 혜택을 받을 수 있도록 '교육의 질적 기회균등'(교육의 질적 형평성)을 보장한다는 데 의의가 있다. 또한 정치, 경제 등 외부의 압력이나 간섭에서 교육의 중립성을 보장한다는 의미도 있다(서정화 외, 2003: 205-206). 그러나 최근 지방교육자치제가 확대되면서 교육과정 운영에서 지방의 특성, 자율성을 보다 강화하려는 요구도 커지고 있다. 나아가 학교 자율화가 강조되면서 교육과정 편성 · 운영에서 학교의 재량, 자율성은 지속적으로 확대될 것으로 전망된다. 이는 학교 교육과정 개발, 편성, 운영, 관리 등에서 학교장의 역할은 더욱 중요해질 것임을 시사한다.

2) 학교 교육과정 개발 · 편성 · 운영

(1) 학교 교육과정 개발

학교 교육과정은 학습자의 교육경험의 질을 관리하는 구체적인 교육 프로그램을 의미하나 그 범위는 다소 모호하다고 할 수 있다. 학교 교육과정은 국가와 지방 수준의 교육과정 편성 · 운영 지침에 따라 작성된 학교 교육과정 계획서를 의미할 수도 있으며, 교사 수준에서 학습자에게 제공, 공유하는 교수-학습 활동, 교육경험으로 볼 수 있다. 또는 학교 수업이 교과서를 토대로 이루어진다는 점에서 학교 교육과정은 교과서를 의미할 수도 있다. 대체로 우리나라에서 학교 교육과정은 교과서를 뜻하는 것으로 이해되어 왔으며 이로 인해 교육내용의 획일화, 경직화 등의 비판을 받아 왔다(서정화 외, 2003: 207).

학교 교육과정은 교과서를 포함하여 학교 수준에서 이루어지는 다양한 교수-학습 활동을 포괄한다. 교육부와 교육청의 교육과정 편성 지침 및 기준과 학교 교육목표를 반영한 보다 특성화된 학교 교육과정을 개발하기 위해서는 학교가 처해 있는 여건, 학교 구성원의 요구, 지역사회의 특성 등 교육과정 개발을 위한 다양한 인적, 물적, 문화적 자원들을 고려할 필요가 있다. 최근 확산되고 있는 마을교육공동체와 마을공동체 학교 개념에서 강조하고 있는 다양한 지역사회 자원의 교육적 활용은 학교 교육과정 개발 및 편성 과정에도 반영될 수 있다.

또한 학교 교육과정 개발에서 학생과 학부모의 교육적 요구는 중요한 자원으로 고려된다. 사실상 학교 간 학교 교육과정의 차이는 학생과 학부모의 특성, 이들의 학교교육에 대한 기대와 요구에 의해 좌우된다고 할 수 있다. 학교 교육과정 개발 및 편성 시 이들의 교육적 요구를 보다 적극적으로 광범위하게 수렴하기 위한 노력이 요구된다. 이와 관련하여 학교장의 역할이 중요하다. 학교장은 학교운영위원회의 학부모위원이나 학부모회 임원인 학부모 등 학교를 자주 방문하는 학부모뿐 아니라 다양한 학부모의 요구, 희망, 의견 등을 수렴하기 위해 보다 적극적으로 노력할 필요가 있다. 또한 교사들로부터 학생, 학부모에 관한 정보를 수집하고 교사의 의견을 수렴하려는 노력도 요구된다.

학생 교육을 직접 담당하는 교사들의 요구와 전문적 의견도 학교 교육과정 개발에 중요한 자원이라 할 수 있다. 교사들은 학교 교육과정을 개발하는 주체일 뿐 아니라 직접 실행하는 주체로 교사의 전문성 신장에도 기여할 수 있는 학교 교육과정을 개발할 필요가 있다. 학교 교육과정은 일차적으로 가장 중요하게는 학생 교육을 위한 것이기는 하지만, 이를 학급 수준에서 실현하는 교사들의 전문적 의견과 요구가 간과되어서는 안 될 것이다.

(2) 학교 교육과정 편성 · 운영

학교 교육과정 편성은 학교의 가장 기본적이고 핵심적인 과업이라 할 수 있다. 이에 따라 학교에 따라서는 학교 교육계획서를 학교 교육과정 계획서로 명명하기도 한다. 제6차 교육과정 이후 학교 수준 교육과정의 재구성이 강조되면서 학교 교육과정 편성 · 운영에서 학교, 교사의 재량 및 자율성은 더욱 커지고 있다. 이에 따라 학교 교육과정 편성 시 국가와 지방의 교육과정 편성 · 운영 지침을 고려하되 교육과정 각론의 교육내용을 구체화하고 상세화하는 작업을 위한 학교장의 전문성과 교육적 지도력이 요구되고 있다.

구체적으로 학교 교육과정 계획(시안) 작성을 위해서는 다음 사항을 고려할 필요가 있다(서정화 외, 2003: 211). 첫째, 국가 수준 교육과정에 대한 이해 및 분석, 둘째, 시도 교육과정 편성 · 운영 지침 분석 및 교육감 시책(정책) 사업 분석, 셋째, 학생, 학부모, 지역사회 여건 등 각종 실태 조사 및 결과 분석, 넷째, 학교 교육목표, 학교 특성화 프로그램이나 중점 프로그램 분석 등이다. 이러한 분석 결과는 학년, 교과별 교육과정 편성에 반영되어야 할 것이다.

2015 개정 교육과정에서 학교급별 교육과정 편성 · 운영의 기준은 다음과 같이 9가지로 제시되었다(교육부, 2017: 7-8).

- 초등학교 1학년부터 중학교 3학년까지의 공통 교육과정과 고등학교 1학년부터 3학년까지의 선택 중심 교육과정으로 편성 · 운영한다.
- 학년 간 상호 연계와 협력을 통해 학교 교육과정을 유연하게 편성 · 운영할 수 있도록 학년군을 설정한다.
- 공통 교육과정의 교과는 교육목적상의 근접성, 학문 탐구 대상 또는 방법상의 인접성, 생활양식에서의 연관성 등을 고려하여 교과군으로 재분류한다.
- 선택 중심 교육과정에서는 학생들의 기초 영역 학습을 강화하고 진로 및 적성에 맞는 학습이 가능하도록 4개의 교과 영역으로 구분하고 교과(군)별 필수 이수 단위를 제시한다. 특성화 고등학교와 산업수요 맞춤형 고등학교는 보통 교과의 4개 교과 영역과 전문 교과로 구분하고 필수 이수 단위를 제시한다.
- 고등학교 교과는 보통 교과와 전문 교과로 구분하며, 학생들의 기초 소양 함양과 기본 학력을 보장하기 위하여 보통 교과에 공통 과목을 개설하여 모든 학생이 이수하도록 한다.
- 학습 부담을 적정화하고 의미 있는 학습활동이 이루어질 수 있도록 학기당 이수 교과목 수를 조정하여 집중이수를 실시할 수 있다.
- 창의적 체험활동은 학생의 소질과 잠재력을 계발하고 공동체의식을 기르는 데에 중점을 둔다.
- 범교과 학습 주제는 교과와 창의적 체험활동 등 교육활동 전반에 걸쳐 통합적으로 다루도록 하고, 지역사회 및 가정과 연계하여 지도한다.
- 학교는 필요에 따라 계기 교육을 실시할 수 있으며, 이 경우 계기 교육 지침에 따른다.

이러한 기본 원칙하에 학교급별 교육과정 편제 기준과 시간 배당이 규정된다. 학교급별 시간 배당은 학년군 및 교과(군)별 연간 34주를 기준으로 한다. 학교급별 교육과정 편제 기준을 정리하면 〈표 9-1〉과 같다.

◆ 표 9-1 ◆ 학교급별 교육과정 편제

초등학교	중학교	고등학교
• 초등학교 교육과정은 교과(군)와 창의적 체험활동으로 편성한다. • 교과(군)는 국어, 사회/도덕, 수학, 과학/실과, 체육, 예술(음악/미술), 영어로 한다. 다만, 1, 2학년의 교과는 국어, 수학, 바른 생활, 슬기로운 생활, 즐거운 생활로 한다. • 창의적 체험활동은 자율 활동, 동아리 활동, 봉사 활동, 진로 활동으로 한다. 다만, 1, 2학년은 체험활동 중심의 '안전한 생활'을 포함하여 편성 · 운영한다.	• 중학교 교육과정은 교과(군)와 창의적 체험활동으로 편성한다. • 교과(군)는 국어, 사회(역사 포함)/도덕, 수학, 과학/기술 · 가정/정보, 체육, 예술(음악/미술), 영어, 선택으로 한다. • 선택 교과는 한문, 환경, 생활 외국어(독일어, 프랑스어, 스페인어, 중국어, 일본어, 러시아어, 아랍어, 베트남어), 보건, 진로와 직업 등의 과목으로 한다. • 창의적 체험활동은 자율 활동, 동아리 활동, 봉사 활동, 진로 활동으로 한다.	• 고등학교 교육과정은 교과(군)와 창의적 체험활동으로 편성한다. • 교과는 보통 교과와 전문 교과로 한다. • 보통 교과는 공통 과목과 선택 과목으로 구분한다. 공통과목은 국어, 수학, 영어, 한국사, 통합사회, 통합과학(과학탐구실험 포함)으로 하며, 선택 과목은 일반 선택 과목과 진로 선택 과목으로 구분한다. • 전문 교과는 전문 교과 I과 전문 교과 II로 구분한다. • 창의적 체험활동은 자율 활동, 동아리 활동, 봉사 활동, 진로 활동으로 한다.

출처: 교육부(2017), p. 9, p. 11, p. 14.

학교 교육과정에서 시간 계획은 연간계획, 학기계획, 월간계획, 주간계획, 일과계획, 수업 시간표 등으로 구성된다. 학교급별로 1시간의 수업은 학생의 발달 단계를 고려하여 초등 40분, 중학교 45분, 고등학교 50분 등으로 차이를 두고 있다. 그러나 기후 및 계절, 학생의 발달 정도, 학습 내용의 성격, 학교 실정 등을 고려하여 탄력적으로 편성 · 운영할 수 있다. 통상 학교 수업시간은 단위시간제와 블록시간제로 구분할 수 있다. 블록시간제는 학교의 1시간 수업 단위를 80~100분 등으로 통합하는 것으로 교과 특성에 따라 편성하게 된다.

3) 학교 교육과정 관리 · 평가

학교 교육과정 편성 · 운영에 이어 학교 교육과정에 대한 평가를 체계적으로 시행할 필요가 있다. 서정화 외(2003: 204)는 학교 교육과정의 핵심 구성 요소를 교육과정 목표 관리, 교육과정 내용 관리, 교수-학습 활동 관리, 교육과정 평가 관리로 구분하여 종합 모형을 제시한 바 있다([그림 9-1] 참조).

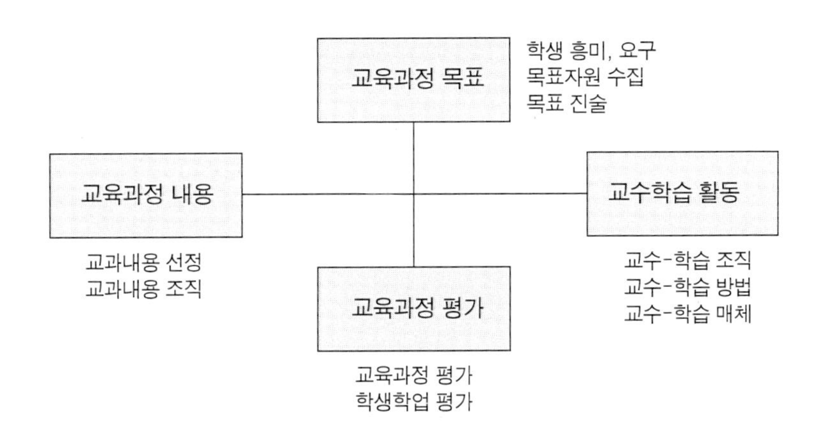

◆ 그림 9-1 ◆ 학교 교육과정 관리 모형

출처: 서정화 외(2003), p. 213.

교육과정 목표 관리는 학생의 흥미, 요구, 목표 설정에 필요한 다양한 자원의 수집 · 활용, 교육과정 목표 진술 원칙을 고려한 교육과정 목표 설정 및 진술이 포함된다. 교육과정 내용 관리는 교육과정 내용의 선정과 조직을 어떻게 할 것인가를 말하며, 교수-학습 활동 관리는 교수-학습 조직(교과전담 교수제, 팀티칭, 협동수업 등), 교수-학습 방법(개별학습, 집단학습, 학생 및 교과 특성에 맞는 교수-학습 방법의 적용 등), 교수-학습 매체 관리를 포함한다. 교육과정 평가 관리는 교육과정에 대한 평가, 학생의 학업평가 등을 포함한다. 학교 교육과정 편성 · 운영의 문제점, 교과수업, 특별활동, 재량활동 등 교수-학습 프로그램의 적절성, 교수-학습 활동, 교과별 시간 배정 등에 관한 검토를 포함한다. 학생의 성취 수준 등도 교육과정 평가 관리의 주요 요소라 할 수 있다.

4) 종합

학교 교육과정 편성 · 운영 · 관리에서 학교의 재량과 자율성은 점차 확대되고 있다. 학교장은 개별 학교의 특성, 학생 및 학부모의 요구를 반영하고 교사들의 자율성과 전문성이 보장될 수 있는 학교 교육과정의 편성 · 운영을 보장할 필요가 있다. 이는 교장이 수업 지도자로서 기능을 수행할 것을 요구한다. 관련하여 노민구(2017: 256-257)는 국내외 선행연구를 토대로 교장의 수업 지도성을 분석하기 위한 종합적인 틀을 개발한 바 있다. 이에 의하면 수업 지도자로서 교장은 학교교육의 임무와 목표를 관리하고 수업과 교육과정 운영 등 교육기능을 관리하며, 학구적 학습풍토를 조성하고 지원적 직무 환경을 개발할 것이 요구된다.

구체적으로 교장은 학교 교육목표를 개발하고 이를 학교 구성원과 공유 및 전파한다. 또한 수업 지도자로서 교장은 학생 교육의 질을 높이기 위해 수업의 질을 향상시키고, 적정한 수업시간을 배정하고, 학교의 특성에 맞는 교육과정을 편성 및 조정하고, 학생의 학업 성취도 향상 및 학교교육 만족도 제고를 위해 노력할 필요가 있다. 아울러 교장은 학구적 학습풍토 조성을 위해 학생의 성취에 대한 긍정적인 기대와 기준을 수립하고, 교사와 학생에게 적절한 유인가를 제공하며, 교사의 전문성 개발을 촉진한다. 또한 지원적인 직무 환경 조성을 위해 안전하고 질서 있는 학습 환경을 조성하고 학교의 다양한 활동에 학생의 참여 기회를 제공 및 촉진하며, 직원 간 협동체, 사기와 응집성을 강화할 수 있는 학교 문화를 조성하고, 학교교육의 질과 성과 제고를 위해 가정과 학교 간의 연계 그리고 다양한 외부 자원을 확보할 필요가 있다.

3. 장학 담당자로서 교장

미국 공교육제도의 발달과 함께 발전된 장학은 학교 외부의 비전문가에 의한 학교교육에 대한 감독과 통제에서 점차 수업에 대한 전문적인 지도, 조언 및 지원으로 변화되어 왔다. 일반 행정 및 경영 이론과 경영 기법들이 수업 분석에 활용되면서 장학은 보다 과학화, 합리화되었으며, 수업의 질 제고를 위한 다양한 접근방법이 시도되고 있다. 우리나라에서 장학은 상급자(기관)가 하급자(학교)에 대해 지도, 감독, 조언하는 통제적 활동으로 오랜 시간 동안 추진되어 왔으며 이에 따라 수업의 질 제고를 위한 활동이라는 교육적인 취지에도 불구하고 현장 교원들로부터 기피되고 부정적으로 인식되고 있다. 최근 학교나 교사 개인의 요청에 의한 컨설팅 장학, 교사 전문 학습공동체를 통한 교사들의 자율적인 수업 개선 활동의 발달은 상급 행정기관뿐 아니라 교장에 의한 장학도 점차 쇠퇴시키고 있다. 그러나 교장은 학생의 교육을 책임지는 최고 책임자로서 학교의 기본적이고 핵심적인 교육활동에 대한 질 관리를 위한 장학활동을 적극적으로 수행할 필요가 있다. 이 절에서는 장학 담당자로서 교장의 역할을 검토한다.

1) 장학의 개념 및 발달

(1) 장학의 개념과 기능

우리나라의 장학 개념은 미국에서 도입되었다(윤정일, 송기창, 조동섭, 김병주, 2008: 268). 미국에서 장학(supervision)은 개념상 상급자(super)가 시찰한다, 또는 감독한다는(vision) 의미를 가지고 있다. 20세기 초 공교육의 발달과 더불어 미국에서 발달된 장학(supervision)은 초창기에는 지방교육위원회를 중심으로 학교(교육)에 대한 행정적 · 재정적 통제 및 감독 위주로 이루어졌으나 사회 변화, 교육사조의 발달, 행정 및 경영 이론의 발달 등으로 점차 다원화되었다. 우리나라에서 장학(奬學)은 학업을 장려한다는 긍정적인 의미로 사용하였다. 그러나 영어의 개념을 그대로 살린 시학(視學)으로 불리기도 한다.

장학의 개념 발달과 관련하여 노민구(2017)는 1910대 교육행정의 일부 또는 행정의 연장선에서 보는 입장, 1930년대 장학 담당자와 교원들 간의 상호 신뢰 및 친밀한 인간관계 확립을 강조하는 입장, 1960년대 교육과정 개발과 개정 · 보완, 교사의 수업과 학교 교육 프로그램 개선, 1970년대 일반기업체의 경영 이론 · 기법 도입, 학교 경영의 효율성 제고, 1980년대 이후 행정, 교육과정, 교수-학습을 연결 · 조정하는 지도성 기능과 학교경영자의 수업 지도성을 강조하는 입장 등으로 구분해 볼 수 있다. 이는 장학의 초점과 개념이 행정, 인간관계, 교육과정, 수업, 경영, 지도성 등으로 발전한 것이라 할 수 있다.

이러한 장학의 기능은 크게 세 가지로 정리할 수 있다(서정화 외, 2003: 231). 첫째, 교원의 성장 · 발달을 돕는 기능이다. 즉, 교원들이 교직생활에 필요한 가치관, 신념, 태도, 지식, 기능, 행동 등을 갖도록 도와주는 기능이다. 둘째, 교육과정 운영의 효율성을 높인다. 장학활동은 단위 학교의 교육목표 실현을 위해 편성 · 운영되는 교육과정을 중심으로 체계적인 지도와 조언을 핵심으로 한다. 셋째, 학교 경영의 합리화를 돕는다. 장학은 학교의 인적, 물적, 재정적 자원을 효율적으로 유지 및 관리하고 교육활동이 체계적으로 이루어지도록 지원한다.

(2) 장학의 발달

장학의 이론적 발달 과정과 관련하여 서정화 외(2003: 228-230)는 행정적 시학(1800년대), 과학적 관리 장학(1910~1930년대), 인간관계 장학(1930~1950), 체계적 프로그램에 의한 장학(1950년대 이후) 등으로 시기를 구분하고 있다. 윤정일 외(2008)는 관리장학시대(1750~1930), 협동장학시대(1930~1955), 수업장학시대(1955~1970), 발달장학시대(1970~현재) 등으로 구분하고 있다. 노민구(2017)는 관리장학시대(1910~1935), 협동장학시대(1935~1955), 수업장학시대(1955~1980), 발달장학시대(1980~현재)로 구분하고 있다. 연구자에 따라 시기 구분과 명칭은 다소 차이가 있지만 기본적으로 과학적 관리론, 인간관계론, 행동과학론, 다원론 등으로 발달된 교육행정이론의 발달과 장학의 발달이 함께 이루어졌다는 점에서는 공통적이다. 장학의 발달 과정을 간략하게 요약해 보면 〈표 9-2〉와 같다.

◆ 표 9-2 ◆ 장학의 발달

구분	교육행정이론	장학방법	장학의 기본 관점 및 장학 담당자의 기능
관리장학 시대 (19세기~1930년대 초)	• 과학적 관리론 • 행정관리론 • 관료제이론	• 시학과 검열 • 과학적 장학 • 관료적 장학	• 18~19세기 공교육제도 확립과 더불어 장학 개념 등장 • 비전문가에 의한 장학에서 19세기 이후 장학관(교육감 임명)에 의한 장학으로 발달 • 학교인력, 시설 · 설비, 재정 등 학교 운영 전반을 감독 • 교사를 고용인으로 간주, 장학에서 통제, 책임, 능률 강조, 통제적 장학활동
협동장학 시대 (1930년대 중반~1955년)	• 인간관계론	• 협동적 장학 • 참여적 장학 • 민주적 장학	• 인간적, 민주적 장학 • 장학자는 교사를 도와주는 협력자, 조력자 • 최소한의 장학이 최선의 장학, 과도기적으로 자유방임적 장학, 방관적 장학 초래 • 교사와 장학자 간 인간관계 정립, 장학활동에 교사의 능동적 참여 강조

구분	교육행정이론	장학방법	장학의 기본 관점 및 장학 담당자의 기능
수업장학 시대 (1955~1970년)	• 행동과학론	• 수업장학 • 임상장학 • 마이크로티칭	• 교육과정 개발, 수업현장에 대한 관심, 수업효과 증진 강조 • 장학자는 교육과정 개발자, 교과 전문가 • 장학활동은 교육내용 선정 · 조직, 교육 프로그램 제작 · 보급, 매체를 활용한 수업 개선, 새로운 교수법 개발 등을 강조
발달장학 시대 (1970년 이후)	• 신과학적 관리론 • 체제이론 • 인간자원론	• 인간자원 장학 • 지도성장학 • 컨설팅장학	• 신 경영이론 및 기법 도입, 학교 경영의 효율성 강조(경영으로서의 장학) • 교사의 능력개발, 직무수행분석 강조 • 학교과업 성취를 통한 자아실현, 직무만족에 초점 • 장학에서 지도성 강조(지도성으로서 장학)

우리나라의 장학 발달도 유사한 경향을 보여 준다. 해방 이후 1970년대까지 장학은 지시 · 감독 위주의 장학지도 형태를 띠었으나 1980년대 이후 점차 민주적 · 참여적 지도 · 조언으로 변화하고 있다. 특히, 1990년대 중반 이후 단위 학교의 자율성이 강화되고 지방교육자치제가 확대되면서 교육부 중심의 관료적, 규제적 장학은 점차 약화되고 교육감의 장학 권한은 보다 강화되고 있다. 교육감의 장학 권한은 「초 · 중등교육법」 제7조에서 규정하고 있다. 이에 의하면, 교육감은 관할 구역의 학교를 대상으로 교육과정 운영과 교수-학습 방법 등에 대한 장학지도를 할 수 있다. 최근 컨설팅장학, 교사전문학습공동체 등의 발달로 상급자에 의한 장학보다 동료장학, 장학 대상자의 의뢰에 기초한 장학이 확산되고 있을 뿐 아니라 장학활동 자체가 점차 약화, 축소되는 경향도 나타나고 있다.

2) 학교 내 장학 업무와 장학 영역

학교 수준의 장학활동은 교내(자율)장학이라 한다. 교내(자율)장학은 학교 내의 장학 담당자가 교사의 수업활동을 개선시킴으로써 교육의 질을 향상시키기 위해 교사들을 지도하고 조언하는 활동으로 규정할 수 있다(윤정일 외, 2008: 276). 학교 내 장학 업무는 교장, 교감, 수석교사, 부장교사 등을 중심으로 이루어진다.

장학자로서 교장은 교내장학 활동을 총괄하며, 교수-학습 환경 및 분위기 조성, 현직교육을 통한 교사의 전문성 개발, 교육부와 교육청의 장학 기준, 방침의 학교현장 적용, 지역사회의 다양한 교육 자원 활용, 학생 교육을 위한 학부모, 지역사회와의 협력적 관계 유지 등을 담당한다. 교감은 교장을 보좌하여 교사의 교수-학습 활동에 대한 지도 · 조언, 교무 업무 총괄 · 조정 등을 담당한다. 수석교사는 신규교사 멘토링, 교수-학습 활동에 대해 전반적으로 지도 및 조언한다.

수석교사제가 도입되면서 교장, 교감의 교수-학습 지원 활동은 수석교사에게 위임되는 경향이 있다. 그러나 수석교사가 배치되지 않은 학교에서는 교감, 교장이 신규교사 멘토링을 포함한 교수-학습 활동에 대한 지도 · 조언을 담당한다. 부장교사는 주로 학교 행정 업무 면에서 교장, 교감을 보좌하며, 수석교사와 협력하여 교수-학습 개선을 위한 건의 · 조정, 교수-학습 활동 개선을 위한 역할을 수행한다.

교내장학의 영역은 수업뿐 아니라 교육과정의 개발 · 운영, 생활지도, 수업 환경 개선, 교사 개발 등을 포괄한다(서정화 외, 2003: 233-234). 이윤식(1999: 272)은 교내 자율장학의 영역을 교사의 전문적 발달, 교사의 개인적 발달, 학교의 조직적 발달 등 세 영역으로 구분한 바 있다. 교사의 전문적 발달은 교사들이 교과지도, 생활지도를 포함하는 교육활동 전반에 있어 안정, 숙달, 성장을 도모하는 데 관련되는 장학활동을 말한다. 교사의 개인적 발달은 교사들이 개인적, 심리적, 신체적, 가정적, 사회적 영역에서 안정, 만족, 성장을 도모하는 것과 관련된 장학이다. 학교의 조직적 발달은 학교의 조직 환경 및 조직풍토를 긍정적으로 변화시켜 학교 내에서 교사들의 삶의 질을 높이고 학교조직의 목표를 효과적으로 달성하는 데 관련되는 장학이다. 이 중 이윤식(1999)은 교수-학습 활동 개선을 포함하는 교사의 전문적 발달 영역을 가장 중요한 것으로 보고 있다.

3) 교내장학의 유형

교내장학에서는 다양한 장학 방법, 기법들이 활용될 수 있다. 이윤식(1999: 278-286)은 교내장학의 유형과 형태를 수업장학, 임상장학, 동료장학, 자기장학, 약식(일상)장학 등 5가지로 구분하고 있다. 서정화 외(2003: 238)는 자체연수도 장학의 한 형태로 볼 수 있다고 하나 장학과 자체연수는 상이한 활동이라는 점에서 적절하지 않은 구분이라 할 수 있다. '수업 개선'이라는 기본 목적은 동일하나 기본 관점(접근법)과 방법 면에서 장학과 자체연수는 구분된다. 노민구(2017)는 수업장학의 하위 유형으로 임상장학, 마이크로티칭, 동료장학, 약식장학 등을 제시하고 있다. 장학의 유형을 범주화하는 방식은 연구자에 따라 차이가 있으나, 교사의 수업을 개선하기 위한 교내장학은 수업장학, 임상장학, 마이크로티칭, 동료장학, 약식(일상)장학 등으로 다양하게 구분할 수 있다.

(1) 수업장학

수업장학(Instructional supervision 혹은 Supervision of instruction)은 교사들의 수업 기술을 향상에 초점을 둔 장학으로 우리나라는 1980년에 소개되기 시작하였다. 수업장학은 주로 초임교사나 저경력 교사, 수업 기술 향상이 필요한 교사 등을 대상으로 교장과 교감이 주도한다(서정화 외, 2003: 236). 수업장학의 주요 기법으로는 임상장학, 수업연구, 마이크로티칭 등이 활용된다.

신규교사를 대상으로 교장, 교감이 수업지도안을 검토하고 수업방법, 수업기술, 수업자료 등에 대해 개별적으로 지도 · 조언하는 활동은 수업장학의 한 형태로 볼 수 있다. 또한 개별 학교 수준에서 이루어지는 신규교사 멘토링도 수업장학의 일종으로 볼 수 있다. 수석교사가 배치되어 있는 학교에서는 수업장학이나 신규교사 멘토링은 수석교사가 주로 담당하고 있다. 그러나 장학은 교장의 핵심 직무라는 점에서 교장은 수석교사와 차별화된 수업장학 능력을 함양하고 이를 적극 발휘할 필요가 있다.

(2) 임상장학

임상장학(clinical supervision)은 목적이나 대상 면에서 수업장학과 많은 공통점을 갖고 있다. 서정화 외(2003), 주삼환(2004), 노민구(2017) 등은 임상장학을 수업장학의 하위 유형으로 보고 있다. 임상장학에서 임상(臨床, clinical)이라는 말은 의학상의 용어로 교사와 장학자 간의 면대면 관계(face to face relationship), 실제 수업행위에 초점을 둔다는 것을 의미한다(노민구, 2017: 236). 임상장학은 초임교사와 저경력 교사를 대상으로 하며, 장학 담당자와 교사가 상호 협의하에 '수업계획(수업지도안) 수립, 수업, 수업관찰, 수업 후 협의' 등 일련의 과정을 거치며, 이를 통해 교사의 수업 기술을 향상시키는 데 초점을 둔다(서정화 외, 2003: 236). 이러한 임상장학의 절차는 교육실습생 대표수업에서 가장 잘 드러난다고 할 수 있다.

(3) 마이크로티칭

마이크로티칭(Microteaching)은 1960년대 초 미국 스탠퍼드 대학교에서 예비교사들의 수업기술을 훈련시키기 위한 프로그램으로 개발되었다(노민구, 2017: 466). 마이크로티칭에서 마이크로(Micro)는 일반적인 수업 상황보다 수업내용, 수업시간 등이 압축된 상태에서 수업이 이루어진다는 것을 의미하는 것으로 축약 수업이라 할 수 있다. 마이크로티칭의 절차는 계획(plan) → 교수(teach) → 관찰(oserve) → 비평(critique) → 재계획(replan) → 재교수(reteach) → 재관찰(reoserve) → 재비평(recritique)의 반복적 과정으로 이루어진다. 수업시간은 일반 수업보다 짧은 5~20분, 수업 대상(학생 또는 동료교사)은 3~10명의 소집단으로 구성한다. 학습주제는 1~2주제로 제한하고 교수기술도 특정 기술에 초점을 둔다. 수업은 녹화한 후 수업을 보면서 장학 담당자가 피드백을 해 주며, 이를 토대로 다시 수업계획을 세워 재수업을 한다(노민구, 2017: 466-467). 특정한 수업기술을 개발하는 데 유용한 접근법으로 평가되고 있다.

(4) 동료장학

동료장학(Peer supervision)은 협동장학(collaborative supervision), 동료코치(peer coaching) 등과 유사하게 2명 이상의 교사가 서로 수업을 관찰하고 관찰한 내용에 대하여 상호 피드백을 제공하고, 서로의 관심사에 대하여 토의함으로써 자신들의 전문적 성장을 함께 추구하는 장학활동의 한 방법이다(노민구, 2017: 467). 주로 동 학년 교사, 동 교과 교사 또는 공동 수업연구과제 해결이나 수업방법 습득 및 개선 등을 위해 경험이나 아이디어를 공유 및 교환하는 협의회, 소모임, 스터디 모임 운영 등은 동료장학의 전형적인 형태라 할 수 있다(서정화 외, 2003: 237).

(5) 약식장학

약식장학은 Glatthorn(1997/2004)이 선택적 장학에서 제시한 행정적 모니터링(Administration Monitoring)을 말하는 것으로 주삼환(2004)은 이를 전통적 장학으로, 이윤식(1999), 서정화 외(2003)는 약식장학 혹은 일상장학으로, 노민구(2017)는 약식장학으로 번역하여 사용하고 있다. 약식장학은 교장이 간헐적으로 짧은 시간 동안 교사의 수업을 참관하거나 학생지도 활동을 관찰하고 이에 대해 교사들에게 지도 및 조언하는 장학활동이다. 약식장학은 학교 내 모든 교사를 대상으로 수업장학이나 임상장학 등 특정한 장학을 실시할 수 없거나 그럴 필요가 없는 경우, 교장의 주도하에 비공식적으로 이루어지는 장학활동으로 다른 장학에 대한 대안적, 보완적 성격을 갖는다(서정화 외, 2003: 238; 노민구, 2017: 469). 이러한 약식장학은 학교에서 일상적으로 이루어질 수 있다는 점에서 일상장학으로 칭하기도 한다.

4) 종합

학생 교육을 핵심 기능으로 하는 학교에서 장학은 교수-학습 활동, 수업 개선 등을 목적으로 하는 학교의 최고 책임자인 교장의 핵심적인 과업이라 할 수 있다. 미국의 경우 학교행정가, 관리자로서 교장의 역할보다 교수-학습 환경을 조성하고 교사의 수업 효과를 높이고 궁극적으로 학생의 학업성취를 향상시키는 수업지도자, 장학 담당자로서 교장의 역할이 보다 강조되고 있다. 우리나라에서 수업은 교사의 자율적 영역으로 수업 개선은 자기규율적인 활동으로 이해된다. 이에 따라 상급자, 상급기관에 의한 장학은 최소한으로, 대신 교사 간의 동료장학, 교사학습공동체를 통한 자발적인 협의회가 중시된다.

그러나 장학은 교원의 성장·발달을 돕고, 학교 교육과정 운영의 효율성을 높이며, 학교 경영의 합리화를 위해 요구되는 교장의 핵심적인 직무 중 하나다. 오늘날 장학은 장학의 발달에서 알 수 있듯이 상급자의 감시, 감독, 규제, 통제적 장학에서 민주적, 협동적, 참여적 장학으로 변화하고 있다. 장학의 대상 또한 초기에는 학교인력, 재정, 시설·설비 등 학교 운영 전반으로 광범위하였으나 점차 수업활동, 수업내용과 방법 등에 초점을 두고 있다. 장학 담당자의 역할은 감독자, 통제자에서 협력자, 지원자, 교과 전문가, 교육과정 개발자, 지도자로서 변화하고 있다.

장학자로서 교장은 장학 대상인 교사의 발달 수준과 요구 및 수업 상황 등에 따라 다양한 장학 유형을 활용할 수 있는 전문성(예: 선택적 장학[1] 능력)을 갖출 필요가 있다. 또한 장학은 교사의 수업 개선을 일차적인 목적으로 하나 궁극적으로 학생의 학습 촉진과 개선을 위한 활동이라는 점을 상기할 필요가 있다.

1) Glatthorn(1997/2004)의 선택적 장학(differentiated supervision)은 장학의 대상이 되는 교사의 발달 수준과 장학적 필요는 다름에도 불구하고 한 가지 장학 방법으로 학교 내 모든 교사를 장학하는 것은 적절하지 않다는 관점에서 교사에 따라 차등화된 장학 방법을 적용해야 함을 의미한다.

제10장

학교행정가 · 학교경영자로서의 교장

교장은 학교의 대표 및 최고 책임자로서 매일매일의 일상적인 학교 운영을 위해 관리, 행정, 경영적 기능도 수행해야 한다. 교장은 수업 지도자일 뿐 아니라 학교관리자, 행정가, 경영자로 이해된다. 교장직의 역사적 발달 과정에서 알 수 있듯이 교장직은 학교 규모가 커지고 관료화되면서 학생을 지도하는 교육적 역할 이외에도 관리적, 행정적 역할을 수행할 필요에 의해서 발달하였다. 학교 교육목표 달성, 학교 발전을 위해 다양한 자원(인력, 시간, 재정 등)을 확보해야 할 뿐 아니라 학교와 지역사회 간 관계를 개발하고, 학교를 운영하는 데 필요한 일상적인 과업을 수행해야 한다. 「초 · 중등교육법」에서는 교장의 직무로 교무통할, 교직원의 지도 · 감독(인사관리)를 규정하고 있다. 이 절에서는 학교관리자, 행정가, 경영자로서 교장의 역할, 직무로 교무통할(사무, 시설, 재무관리)과 교직원 인사관리를 검토한다.

1. 교무 통할

우리나라에서 교장의 직무로 규정하고 있는 교무 통할은 학교 운영의 관리적, 행정적, 경영적 측면을 잘 보여 준다. 교장은 학교의 일상적인 업무인 교무(校務)를 통할한다. 즉, 교장은 매일매일의 일상적인 학교 운영을 위한 업무를 관리 및 경영한다. Lunenburg와 Irby(2006: 175)는 경영은 지도성의 선결 요건이자 학교 운영에 필수적인 것으로 본다. 행정적인 관리자(administrative manager)로서 교장을 보는 관점은 미국 교장직 발달의 초기에만 국한된 것은 아니었다. Hallinger(1992)에 의하면, 1960~1970년대 연방정부에서 지원하는 다양한 프로그램들이 증가하면서 교장은 프로그램의 결과나 성과보다는 정해진 기준을 따르고 충족시키는 '관리자' 역할을 할 것으로 기대되었다.

학교 운영에서 관리적, 행정적, 경영적 기능은 조직관리, 인사관리, 사무관리, 시설 · 설비관리, 재무관리, 공공관계 관리 등 다양한 측면을 포함한다. 이 중 조직관리는 학년, 학급조직, 수업조직(수준별 수업, 선택교과 수업 조직 등)의 편성과 관리, 학교의 교무 분장 업무(사무) 조직의 편성 및 관리를 포괄한다. 인사관리는 교직원의 지도 · 감독에서 다루기로 하고 이 절에서는 교무 통할과 관련된 교장의 역할과 직무를 사무관리, 시설 · 설비관리, 재무(재정)관리 등으로 구분하여 제시한다.

1) 사무관리

(1) 개념과 원칙

학교 행정 및 경영에서 사무관리는 가장 기본적이고 핵심적인 영역 중 하나다. 교장은 행정 목적을 효율적, 체계적으로 실현하기 위해 사무관리의 개념, 목적, 대상, 종류, 원칙 및 관련 법령[1] 등을 이해하고 사무관리 관련 역량을 갖출 필요가 있다.

사무관리는 종래 문서의 생산, 유통, 보존을 위주로 하는 서류 작업으로 이해되었으

1) 중앙행정기관과 지방자치단체의 행정업무 운영에 관한 사항은 「행정 효율과 협업 촉진에 관한 규정」 및 동 규정 시행규칙에서 정하고 있다. 이 규정은 종래 사무관리 규정(1991년 제정)에서 2011년 12월 '행정업무의 효율적 운영에 관한 규정'으로 개정되었으며, 2016년 4월 재개정된 것이다. 동 규정은 중앙과 지방 행정기관의 행정업무 운영에 관한 사항을 규정함으로써 행정업무의 간소화 · 표준화 · 과학화 및 정보화를 도모하고 행정기관 간 협업을 촉진하여 행정의 효율을 높이는 것을 목적으로 한다.

나 최근에는 행정 목적을 달성하기 위하여 행정 활동을 촉진하고 정보를 수집, 가공, 저장, 활용하여 정보를 처리하는 기능적인 측면으로 이해되고 있다(서울대학교 교육행정연수원 편, 2009: 440). 서정화, 이윤식, 이순형, 정태범, 한상진(2003: 7)은 사무관리를 학교 경영 활동을 수행하는 과정에서 수반되는 제반 기록과 장부의 작성, 보관, 공문서 처리 등 문서관리 활동으로 정의한다. 이러한 사무관리에는 학교 내규, 학생 전출입, 각종 문서의 작성 및 보관, 공문서의 수발, 각종 사무용품의 조달 및 배분 등이 포함된다.

학교 경영에서 사무관리는 학교사무의 간소화, 표준화, 과학화, 정보화를 통해 학교 행정의 능률성을 높이는 데 목적을 둔다. 이러한 사무관리는 정확성, 신속성, 경제성 등의 원칙하에 운영되어야 한다. 이는 적절한 사무분장을 통해 실현될 수 있다. 즉, 사무분장은 사무의 능률적 처리와 책임소재의 명확성을 기하기 위해 소관 사무를 단위 업무별로 분장하되, 소속 교직원 간 업무의 양이 균형 있게 배분되어야 한다(서정화 외, 2003: 285). 학교에서 사무관리 관련 주된 문제와 갈등은 사무분장의 불명확성이나 불균형성 등에 기인한다고 할 수 있다. 특히, 새로운 사무나 여러 부서가 관련되는 사무의 경우 교장은 적정한 사무분장과 사무관리 원칙을 명확하게 설정하고 이를 공개할 필요가 있다.

(2) 문서관리

사무관리의 주된 내용은 문서관리라 할 수 있다. 학교에서 문서는 대부분 공문서이며 행정기관 또는 공무원이 직무상 작성하고 처리하는 문서다. 문서의 주요 기능은 의사전달과 의사보존이라 할 수 있다(서울대학교 교육행정연수원 편, 2009: 446). 문서가 필요한 경우는 다음과 같은 상황이라 할 수 있다. 첫째, 사무처리 결과의 증빙 자료로써 문서가 필요한 경우, 둘째, 내용이 복잡하여 문서를 통해 업무를 처리할 필요가 있는 경우, 셋째, 사무처리의 형식이나 체제상 문서가 필요한 경우, 넷째, 사무처리에 대한 의사소통이 대화로는 불충분하여 문서에 의한 의사소통이 필요한 경우, 다섯째, 사무처리의 결과를 일정기간 보존할 필요가 있는 경우다(서울대학교 교육행정연수원 편, 2009: 446).

문서의 종류는 매우 다양한데 작성 주체, 유통 대상, 문서 성질 등에 따라 구분해 볼 수 있다. 작성 주체 면에서 문서는 행정기관이나 공무원이 직무상 작성하거나 접수한 공문서와 개인이 사적 목적으로 작성한 사문서로 구분된다. 그러나 사문서도 행정기관에 제출하여 접수가 된 것은 공문서라 할 수 있다. 유통 대상 면에서 문서는 대내문서와 대외문서, 전자문서로 구분된다. 전자문서는 컴퓨터 등 정보처리장치에 의해 전자적 형태로 작성, 송수신 또는 저장된 문서를 말한다(서울대학교 교육행정연수원 편, 2009: 447).

문서의 성질 면에서 문서는 법규문서(법규 사항을 규정하는 문서), 지시문서(행정기관이 하급기관 또는 소속 공무원에 대하여 일정한 사항을 지시하는 문서), 공고문서(행정기관이 일정한 사항을 일반인에게 알리기 위한 문서), 비치문서(행정기관 내부에 비치하여 업무에 활용하는 비치대장(카드)의 문서), 민원문서(민원인이 행정기관에 특정한 행위를 요구하는 문서 및 그에 대한 처리 문서), 일반문서(기타 일반적으로 처리되는 문서)로 구분된다. 사무관리자로서 학교장은 학교의 각종 문서를 체계적으로 관리하도록 교직원을 감독 및 지원할 책임이 있다.

(3) 사무관리의 전자화와 관련 법령

최근 학교의 사무관리는 점차 전자화, 자동화되고 있다. 우리나라는 2000년대부터 추진된 교육정보화 사업, 범정부적 전자정부 구현 등의 일환으로 2002년부터 교육행정정보시스템(나이스: National Education Information System)을 도입 및 운영하고 있다. 나이스는 학교 교육활동에서 생산, 수집, 관리되는 대부분의 문서와 정보를 관리하는 체제로 전국 1만여 개 초 · 중 · 고 · 특수학교, 178개 교육지원청, 17개 시 · 도 교육청 및 교육부가 모든 교육행정 정보를 전자적으로 연계 처리하는 종합 교육행정정보시스템이다. 이러한 나이스의 운영 목표는 크게 6가지로 구분할 수 있다(http://www.neis.go.kr/pas_mms_nv88_001.do 검색일: 2017. 6. 27.).

- 업무 처리 방식 개편을 통한 교원 업무 경감
- 자녀의 학교생활정보 제공을 통한 학교와 가정의 역할 제고
- 국민을 위한 빠르고 편리한 민원서비스 제공
- 교육행정 업무의 효율적 처리와 투명성 제고
- 대입전형 자료의 전자적 One-Stop 서비스 제공을 통한 투명하고 편리한 대학입시 지원
- 국가 경쟁력 제고를 위한 지식정보사회형 전자정부 확립

사무관리의 전자화를 위한 법적 근거는 해당 사무에 따라 상이하다. 교육정보시스

템의 운영의 법적 근거는 「교육기본법」 제23조의 2(학교 및 교육행정기관 업무의 전자화), 제23조의 3(학생정보의 보호원칙)과 「초 · 중등교육법」 제30조의 4(교육정보시스템의 구축 · 운영 등), 「초 · 중등교육법」 제30조의 5(정보시스템에 의한 업무처리) 등에서 정하고 있다. 학생에 관한 개인정보 수집 근거는 「개인정보 보호법」 제15조(개인정보의 수집 · 이용)에서 찾을 수 있다. 또한 학교생활기록부의 전자적 처리에 관해서는 「초 · 중등교육법」 제25조(학교생활기록) 제2항에서 규정하고 있다. 이에 의하면 학교의 장은 제1항의 규정에 의한 자료를 제30조의 4의 규정에 의한 교육정보시스템으로 작성 · 관리하여야 한다. 여기서 '제1항의 규정에 의한 자료'에는 인적사항, 학적사항, 출결 상황, 자격증 및 인증취득 상황, 교과학습 발달 상황, 행동특성 및 종합의견, 그 밖에 교육목적에 필요한 범위 안에서 교육부령이 정하는 사항 등 7가지다.

또한 학생건강기록부의 전자적 처리는 「학교보건법」 제7조의 3(건강검사기록) 제2항에 근거를 두고 있다. 학교의 장이 건강검사 결과를 작성 · 관리할 때에는 교육정보시스템을 이용하여 처리해야 하며 관련 자료는 인적사항, 신체의 발달 상황 및 능력, 그 밖에 교육목적을 이루기 위하여 필요한 범위 안에서 교육부령으로 정하는 사항 등이다. 교원 등 공무원의 인사기록의 전자적 처리는 「교육공무원법」 제23조의 2(인사관리의 전자화) 제2항에서 규정하고 있다. 이에 의하면, 교육부 장관은 교육공무원의 인사관리를 과학화하기 위하여 교육공무원의 인사기록을 데이터베이스화하여 관리하고 인사업무를 전자적으로 처리할 수 있는 시스템을 구축 · 운영할 수 있다.

2) 시설 · 설비관리

(1) 시설관리의 개념과 의의

학교장은 교수-학습 활동 지원을 위한 학교시설 · 설비의 구축과 학생과 교직원의 안전관리를 책임지고 있다. 학교는 학생과 교직원들이 오랜 시간을 보내는 공간이며 생활의 장이다. 시설관리는 교육활동을 지원하기 위한 물리적인 측면뿐 아니라 학교 구성원 간의 상호작용 속에서 발생하는 심리적 · 사회적 측면을 고려하여 이루어질 필요가 있다. 학교시설은 학교의 이념과 철학, 전통이 서려 있으며, 교육과정의 공간적, 물적 요소로 교수-학습을 성공적으로 성취시키는 열쇠라 할 수 있다(서정화 외, 2003: 296-297). 최근에는 학교 급식에 의한 사고나 전염병 발생에 따른 학교 보건 · 위생관리와 관련한 교장의 역할이 더욱 중요해지고 있다.

넓은 의미에서 교육시설은 교육의 기능과 목적 수행을 위해 건축 및 설치된 일체를 말한다. 이는 물리적 환경으로서 학교 부지, 건물 및 부대설비, 교구 등을 포함한 교육 인프라를 총칭한다. 좁은 의미에서 교육시설은 교육활동을 위해 설비되어 있는 물적 조건으로 학교 교육시설의 경우 학교부지(교지), 학교 건물, 설비, 교구 등을 포괄한다(서울대학교 교육행정연수원 편, 2009: 362). 서정화 외(2003: 7-8)는 시설 및 매체관리는 학교 교육활동 수행에 필요한 물적 조건과 자료를 포괄적으로 지칭하는 것으로, 교지, 교사 등 시설과 환경 구성, 각종 교수매체 및 기자재 관리, 시설 및 매체의 확보 정도, 현대화, 인간화, 효율적 활용 등으로 규정하고 있다.

(2) 학교시설 관리의 절차 및 방법

학교시설 관리를 위해 교장은 구체적인 절차를 이해하고 필요한 조치를 취할 필요가 있다. 시설 관리의 절차는 기획, 시방서, 설계, 입찰, 시공, 운용, 재개발 단계로 구분해 볼 수 있다(서정화 외, 2003: 297-301; 서울대학교 교육행정연수원 편, 2009: 364-365).

학교시설은 기본적으로 학교 교육목표와 연계되어야 하며, 교수-학습 활동을 지원하는 것이어야 한다. 이에 따라 기획 단계에서는 학교 교육목표, 학교시설 사용자인 학교 구성원의 의견 및 요구를 충분히 수렴 및 반영하고, 학교의 기본 여건을 분석할 필요가 있다. 교육시설의 우선순위, 교육적 수요(교육과정 활동, 교수매체 활용에 적합한 시설 확보 등), 심미적 · 기능적 측면 등을 고려할 필요가 있다.

교육시방서(educational specification)는 교육시설에 대한 주문서로(서정화 외, 2003: 299), 교장은 학교시설에 대한 충분한 정보와 이해를 토대로 시방서 작성에 기여할 필요가 있다. 시방서에는 건물 사용자의 특성(학생의 연령, 발달단계 등), 교육 프로그램, 각종 장비와 비품, 기타 다양한 시설에 대한 아이디어가 반영 및 포함되어야 한다.

설계 단계는 시방서를 토대로 설계자가 전문지식과 기술을 발휘하여 건축물을 도면으로 나타내는 단계다. 기획 단계에서 검토한 여러 조건들을 학교 건물, 공간으로 구체화, 구성하는 단계로 학교시설 전반에 대한 종합적이고 미래 지향적인 관점에서 정교하게 점검할 필요가 있다. 구체적으로 학교의 공간 구성 · 배치, 동선, 배수, 전기, 냉난방 계획, 건축 기자재, 상하수도 등을 확인 및 점검할 필요가 있다. 기본적으로 학교 기능에 적합할 뿐 아니라 유지 · 관리가 용이하고 효율적이 되도록 설계가 이루어져야 할 것이다. 학교장이 직접 시설 설계를 하는 것은 아니지만 설계에 대한 기본 이해를 토대로 학교 교육목적을 실현하는 데 가장 적합한 설계가 이루어질 수 있도록 확인하고 참여할 필요가 있다.

입찰 단계는 설계에 따라 시설 공사를 할 사업자를 선정하는 단계다. 입찰은 공개입찰과 수의계약이 있으나 수의계약을 하는 경우는 제한적이다. 입찰 단계에서 교장은 건축 설계 전문가, 경험 있는 교육청 행정가, 학교운영위원장, 지역사회 인사 등을 참여시켜 입찰과정이 합리적으로 이루어지도록 해야 한다.

시공 단계는 시설 기획과 설계가 형상화되는 단계다. 시공은 여러 요소가 복합적으로 영향을 미치게 됨에 따라 철저한 관리가 필요하다. 시공 감리 단계에서는 기획, 설계대로 시공이 이루어지는지, 기자재와 각종 재료를 제대로 사용하고 있는가 등 시공화의 질적 수준, 시공자재의 품질, 시공기술자 및 기능공의 자질, 시공여건 등을 확인 및 점검하는 것이 중요하다. 이는 부실공사를 예방할 뿐 아니라 시설 완료 후 학교 구성원의 만족도를 높이기 위해 요구되는 일이기도 하다.

시설 운영 단계는 학교 사용자가 시설을 사용하고 유지 · 관리하는 단계다. 학교 시설이 원래의 목적과 기능을 다할 수 있도록 유지 · 관리하고 효과적으로 활용하며, 안전관리 등이 이루어져야 한다. 이를 위해서는 수시 점검과 정기 점검, 수선 · 보수 관리, 재해안정성 유지, 위생관리 등이 필요하다.

재개발 단계는 오래된 학교시설에 대한 관리 방안이다. 학교시설은 안전도 수준에 따라 등급이 정해져 있다. 학교장은 학교시설의 안전도 등급을 확인하고 그에 맞는 장기적인 대책을 수립하고 해결하는 노력을 기울일 필요가 있다. 특히, 노후시설은 학생과 교직원의 안전사고 위험이 있으며, 교수-학습 활동에 장애가 될 수 있다는 점에서 수시점검과 보수대책을 수립하고 시설 개선을 위해 적극적인 노력을 기울일 필요가 있다.

(3) 학교시설의 유지관리

건물의 생애비용은 초기투자비용(건설 당시의 공사투자비와 보전비용), 개조 및 갱신비용, 운영비용으로 구분해 볼 수 있다. 투자비용을 100으로 할 때 보전비용은 200%, 개조 및 갱신비용은 170%, 운영비용은 230%로 건설투자비용에 비해 600%의 관리비용이 필요하다(서울대학교 교육행정연수원 편, 2009: 365). 이에 따라 학교시설을 계획할 때 유지관리, 운영비용 등을 종합적으로 고려할 필요가 있다.

학교의 시설은 교지(학교부지), 체육장, 건물(외벽, 교실, 화장실, 지하실, 옥상, 물탱크실 등), 기타(전기, 통신시설, 소방시설, 기계시설, 가스시설, 정화조 등) 등으로 각 시설별로 매우 세부적인 점검이 요구되며 시설에 따라서는 전문적인 관리가 필요하다. 이러한 학교시설의 유지관리 및 보전을 위해서는 각 시설별로 유지관리를 위한 체계적인 계획을 수립하고, 건물 현황을 지속적으로 확인하고 보수 · 점검을 실시할 필요가 있다. 시설 유지관리에는 시설 사용 상황, 건물, 설비, 부속시설의 보수 · 점검 및 진단 조사, 수선계획, 유지 · 보전 정보의 보관 등이 포함된다. 교장은 학교시설 현황을 정확히 파악하고 이를 용이한 형태로 기록, 관리 및 보관함으로써 시설을 보다 체계적, 합리적으로 유지 · 관리할 수 있다.

구체적으로 건물 각 실의 상황(현황)을 조사 · 기록할 경우, 각 실의 관리자, 사용자, 용도, 유지 · 보전상의 유의사항을 포함하여 건물의 준공일, 증축, 개축 이력 등에 관한 데이터를 수집, 정리 및 보관한다. 시설 점검은 수시 점검, 정기 점검, 일상 점검으로 구분할 수 있다. 학교장은 계절별(장마철, 겨울철), 학기 시작과 종료 등을 전후로 한 정기 점검, 안전 우려 시설 및 노후 시설에 대한 수시 점검, 학교시설 순시를 통한 일상적인 점검 등이 체계적으로 실시되도록 관리할 필요가 있다.

시설 점검은 외관 점검(육안을 주로 하는 오감에 의한 점검), 기능 점검(전용 측정기기, 측정 장치에 의한 점검), 정밀 점검(X선을 활용한 점검, 전문가 의뢰를 통한 점검) 등으로 구분할 수 있는데, 시설의 노후화 정도, 시설의 특성에 따라 적정한 점검 방법을 활용할 필요가 있다. 특히, 안전사고가 자주 발생하거나 안전사고 위험이 있는 시설에 대해서는 주기적인 외관 점검, 기능 점검이 요구되며, 필요한 경우 정밀 점검을 실시해야 한다. 이 경우 교육청, 전문가의 사전 자문을 구할 필요가 있다.

학교시설별로 유지관리를 위한 점검 사항은 차이가 있다. 학교장은 각 시설별 점검 사항을 체계적으로 기록 · 보관하고 이를 토대로 정기 점검이 체계적으로 이루어지도록 관리할 필요가 있다. 학교장이 직접 학교의 모든 시설을 점검하는 것도 필요하지만 보다 중요하게는 각 시설별 담당자들이 유지관리를 체계적으로 할 수 있도록 지원하고 관리하는 역할이 요구된다. 이를 위해서는 교장이 시설의 유지관리에 대한 지식과 정보를 갖추고 있어야 하며, 어떤 점을 중점적으로 관리해야 하는가를 파악하고 있어야 할 것이다.

우리나라의 경우 학교장의 근무 기간이 상대적으로 길지 않아 장기적인 시설 계획을 수립하고 노후시설 개선을 위한 대책을 마련하는 것은 용이하지 않다. 그러나 학교시설의 안전도, 노후시설의 재개발, 신설 수요 등은 특정 교장의 근무 기간과 관계없이 해당 학교의 지속적인 과제라 할 수 있다. 이에 따라 교장은 자신이 근무하는 학교의 시설 관리에 관한 각종 정보와 자료를 체계적으로 수집, 기록 및 관리하고 이를 차기 교장에게 전달함으로써 보다 장기적인 관점에서 학교시설을 이해할 필요가 있다.

3) 재무관리

(1) 재무관리의 의의와 개념

학교 행정 · 경영의 실제에 있어 가장 중요한 부문 중의 하나가 재무관리다. 재무관리는 학교 교육활동에 필요한 경비를 조달 및 운영하는 것으로 세부적으로 학교예산의 편성, 심의, 의결, 집행 및 결산에 관한 업무관리를 말한다(서정화 외, 2003: 314). 교장은 우리나라 교육재정제도 및 학교회계에 관한 법령을 이해하고 재무관리에 관한 실제적인 지식과 전문성을 갖출 필요가 있다.

교육재정은 어의적으로는 교육에 관한 재정으로, 이는 교육을 경제적 재화, 즉 교육재(educational goods)로 본다는 것과, 동시에 공공재로 본다는 것을 의미한다(반상진, 김민희, 김병주, 나민주, 송기창, 우명숙, 주철만, 천세영, 최준렬, 하봉운, 한유경, 2014: 14). 교육재정이라고 할 때, 재정이란 일반적으로 국가 및 공공단체가 공공욕구를 충족시키기 위하여 필요한 수단을 조달하고 관리 · 사용하는 경제활동 또는 간단히 '정부의 경제'라 정의할 수 있다(차병권, 1987: 3). 이러한 재정의 개념에 비추어 보면 교육재정이란 국가 및 공공단체가 교육활동을 위하여 필요한 수단을 조달하고 관리 · 사용하는 경제활동이라고 정의할 수 있다. 국가가 사회의 공익사업인 교육활동을 지원하기 위하여 국가나 공공단체가 필요한 재원을 확보 · 배분 · 지출 · 평가하는 일련의 경제활동을 말한다(윤정일, 2000: 55-57).

학교 수준에서 교육재정은 학교회계제도로 이해되며, 재무관리는 학교회계에 관한 이해 및 관리라고 할 수 있다. 재무관리는 학교 교육활동을 지원하는 기초로서 교장이 학교경영자로서 행정력과 추진력을 발휘하는 데 필수적으로 요청된다. 서정화 외(2003: 314)는 학교장의 교육에 대한 비전과 철학은 예산을 통해 교육 프로그램에 반영된다는 점에서 그리고 학습자에 대한 질 높은 교육서비스 제공, 교육여건 개선, 교직원의 복지와 사기 제고 등은 학교장의 재무관리 역량에 달려 있다는 점에서 재무관리의 중요성을 강조하고 있다. 개별 학교에서는 학교 행정실장이 학교회계의 수납 · 관리 · 지출 업무를 담당하고 있으나 학교회계를 포함한 학교 재무관리의 최종적인 책임은 학교장에게 있다. 교장은 학교회계제도를 포함한 학교 재무관리 전반에 관한 지식과 전문성을 갖춤으로써 학교 교육활동을 재정적으로 뒷받침할 수 있어야 할 것이다.

(2) 학교회계제도의 이해[2)]

학교회계제도는 단위 학교를 중심으로 운영되는 교육재정제도로 교장은 학교회계 제도를 운영하는 핵심적인 주체, 책임자라 할 수 있다. 학교회계제도는 2001년부터 국공립 초 · 중등학교에 전면 도입 · 시행되고 있으며, 이러한 학교회계제도의 개념은 학교회계제도 도입 초기 교육부에서 규정한 바 있다. 이에 의하면 학교회계제도는 단위 학교 중심의 자율적이고 효율적인 재정운영을 통해 다양한 교육활동을 효과적으로 지원하여 학교교육의 질적 수준을 높이기 위하여, 하나로 통합된 세입재원을 학교장 책임 아래 교직원 등의 예산요구를 받아 단위 학교의 우선순위에 따라 자율적으로 세출 예산안을 편성하고 학교운영위원회의 심의를 거쳐 집행하는 제도다(교육인적자원부, 2003: 127). 사립학교는 학교회계가 아닌 교비회계를 통해 운영되고 있다.

학교회계제도를 이해하기 위해서는 기본적으로 학교예산의 원칙, 학교회계의 세입 · 세출 구조를 파악할 필요가 있다.

① 학교예산의 원칙

학교예산이란 일정 기간 동안 학교가 교육활동을 실천해 나가는 데 필요한 세입과 세출의 체계적인 계획서를 말한다(고전, 김민조, 김왕준, 박남기, 박상완, 박종필, 박주형, 성병창, 유길한, 윤홍주, 전제상, 정수현, 주현준, 2016: 263). 학교 교육활동은 비용이 소요되는 활동과 비용이 소요되지 않는 활동으로 구분할 수 있다. 학교예산은 여기에서 비용이 포함된 활동에 대한 계획서라 할 수 있다(반상진 외, 2014: 257). 예산 운영에는 일정한 원칙이 있다. 학교예산도 정부교육예산의 일부로, 지켜야 할 주요 예산 원칙을 정리하면 다음과 같다(반상진 외, 2014: 263-267; 고전 외, 2016: 263-265).

- 사전승인의 원칙: 학교예산은 회계연도 이전에 편성되어 의결을 거쳐 승인된 범위 내에서 집행되어야 한다. 「초 · 중등교육법」 제30조의 3에서 학교장이 제출한 학교회계 세입 · 세출예산안에 대해 회계연도 시작 전 학교운영위원회의 심의를 받도록 규정하고 있는데, 이는 사전승인의 원칙을 적용한 결과라 할 수 있다.
- 회계연도 독립의 원칙: 각 회계연도에 지출되어야 할 경비는 그 연도의 수입으로 조달되고, 당해 연도에 지출되어야 할 경비는 그 연도에 지출해야 한다는 원칙이다.

2) 이 절의 내용은 별도의 표기가 없는 한 고전 외(2016: 263-281)의 내용을 토대로 정리한 것이다.

학교의 회계연도는 3월 1일부터 다음 해 2월 말일까지다.

- 예산 총계주의 원칙: 학교에서 발생한 모든 세입과 세출을 학교회계 세입 · 세출에 포함해야 한다는 원칙이다. 예산 총계주의는 학교예산을 투명하고 공정하게 관리하는 가장 기본적이고 중요한 원칙이라 할 수 있다.
- 예산 단일의 원칙: 예산을 효과적으로 통제하고 효율적으로 관리하기 위해 여러 개의 예산이 존재하면 안 된다는 원칙이다. 예산 단일의 원칙은 전체 예산을 명료하게 파악하고 예산통제를 용이하게 해 준다.
- 예산 공개의 원칙: 예산의 편성 · 심의 · 집행 · 결산 등 주요한 자료와 결과가 공개되어야 한다는 원칙이다. 국립 유치원 및 초 · 중등학교 회계규칙 제58조에는 학교의 장은 학교운영위원회의 심의를 거쳐 확정된 세입 · 세출예산서 및 결산서를 학부모 및 교직원에게 공개해야 하며, 교육부 장관은 지도 · 감독을 위하여 필요하다고 인정하는 경우에 학교의 장에 대하여 예산과 결산에 관한 자료의 제출을 요구할 수 있도록 하고 있다.
- 예산의 목적 외 사용금지 원칙: 예산은 사용목적, 금액, 기간 등에 한정을 두어야 한다는 원칙으로 특정 목적을 위하여 편성 · 배분된 예산은 그 목적을 위하여 사용되어야 함을 의미한다.
- 예산 신축성의 원칙: 예산은 엄격하게 편성되고 운영되어야 하지만 지나치게 엄격하면 효율성을 저해할 수 있으므로 신축성 있게 운영될 수 있는 제도적 장치가 마련되어야 함을 의미한다. 학교예산회계제도에서 예산의 신축성을 유지하는 방안으로는 예산의 이 · 전용, 예산의 이월, 계속비, 예비비 제도 등을 들 수 있다.[3]

3) 예산의 이용은 세출예산의 관 · 항 간의 경비의 상호사용을 말한다. 본예산이나 추가경정예산의 편성 시 예산총칙에 이용범위를 정하여 학교운영위원회의 심의를 거친 후에 예산을 이용할 수 있다. 예산의 전용은 동일한 항 내의 범위에서 각 목 사이에 예산을 변경하여 사용하는 것을 말한다. 예산의 이용과 달리 학교운영위원회의 심의를 거치지 않고 예산의 편성권을 가진 학교장이 예산을 전용을 할 수 있다. 예산의 이월이란 예산을 다음 연도에 넘겨서 다음 회계연도의 예산으로 사용하는 것을 말한다. 이는 예산의 회계연도 구속을 제도적으로 완화한 것이다. 계속비란 공사나 제조 등 그 완성에 수년을 요하는 경우 소요경비의 총액과 연도별 소요금액을 정하여 미리 학교운영위원회의 심의를 거쳐 수년에 걸쳐 지출하는 경비를 말한다. 계속비로서 지출할 수 있는 연한은 당해 회계연도를 포함하여 5년 이내이며 학교운영위원회의 심의를 얻은 경우는 다시 그 기간을 연장할 수 있다. 예비비란 학교회계제도에서 예측할 수 없는 예산 외의 지출이나 예산초과지출에 사용할 수 있도록 예산 중 일부분에 대하여 구체적 사용목적은 정하지 아니하고 총액으로 예산에 계상하는 것을 말한다(고전 외, 2016: 264-265).

② 학교회계의 세입 · 세출 구조

예산은 그 내용을 분명하게 하기 위해 일정한 기준에 따라 구분하게 되는데, 이를 예산과목이라고 한다. 세입과목의 구분과 설정에 필요한 사항은 교육감이 정하고, 세출과목 중 정책사업과 단위사업은 교육감이 정하고, 세부사업은 정책사업과 단위사업을 고려하여 학교장이 자율적으로 결정할 수 있다. 학교회계의 예산과목은 세입의 경우 '장 · 관 · 항 · 목'으로, 세출의 경우 사업별 예산과목으로 구분되어 있다. 실제 활용되고 있는 세입 · 세입과목은 교육청, 단위 학교별로 다소간의 차이가 있다.

학교회계의 세입과목은 장 수준에서는 이전수입, 자체수입, 기타수입으로 구분되고, 관 수준에서 중앙정부 이전수입, 지방자치단체 이전수입, 교육비특별회계 이전수입, 기타 이전수입, 학부모부담수입, 지원금수입, 행정활동수입, 전년도 이월금으로 구분된다.

학교회계의 세출과목은 정부의 성과주의 예산제도에 맞추어 사업별 예산과목으로 구조화되어 있다. 사업은 크게 정책사업, 단위사업, 세부사업 등 세 가지로 구분된다.

- 정책사업은 단위 학교 교육활동을 수행하기 위한 최상위 사업을 말한다.
- 단위사업은 정책사업 목표를 달성하는 수단으로 사업 성격별로 통합 · 단순화한 사업이다. 그 명칭과 내용은 교육부가 설정한다.
- 세부사업은 단위사업을 구체적으로 집행하는 사업으로 학교가 자율적으로 결정할 수 있지만 대부분 시 · 도 교육청에서 사업명을 개발하여 공동으로 사용한다.

③ 학교예산의 과정

단위 학교의 예산과정은 기본적으로 예산의 편성 · 심의 · 확정, 예산의 집행, 결산이라는 과정을 통해 이루어진다(고전 외, 2016: 269). 학교 교육계획서가 한 학년도 동안의 학교의 교육활동, 교육과정 운영에 관련된 제반 사항을 나타낸 것이라고 한다면 예산은 한 회계연도 동안 학교의 운영계획을 경비(세입과 세출)로 나타낸 것이라고 할 수 있다(고전 외, 2016: 270). 이에 따라 학교 교육계획서와 예산은 상호 밀접하게 연계되어야 한다. 특히 학교 운영이나 학교 교육활동 중 예산이 수반되는 경우 이를 실질적, 효과적으로 지원할 수 있도록 학교재정이 운영되어야 할 것이다. 학교의 예산편성은 기본적으로 교육계획서를 바탕으로 학교 운영을 효과적으로 지원하는 방향에서 이루어져야 한다.

학교회계제도 아래서 단위 학교의 예산이 편성, 심의 및 확정, 집행, 결산되는 과정은 다음과 같다(고전 외, 2016: 270).

【예산안 편성】

각급학교의 예산안은 교육청의 학교회계예산편성 기본 지침을 토대로 학교장이 예산 편성 및 운영의 기본 방침을 세우고 이에 기초하여 편성한다. 그 세부 과정은 [그림 10-1]과 같다.

과정	주체	내용
학교회계예산 편성 기본 지침 시달	교육감	• 회계연도 개시 3개월 전까지 단위 학교에 시달 • 관할청의 교육재정여건 및 운용방향 제시 • 교육시책 및 권장사업 포함 • 예산과목 및 과목내용 등 학교예산운영에 관하여 필요한 제반 내용 포함
↓		
학부모 및 학생 의견 수렴(권장)	학교장	• 의견수렴 추진계획 수립 및 안내 • 의견접수 및 부서별 정리 • 담당 부서의 타당성 검토
↓		
교직원의 예산요구서 제출	학교장	• 세입 예산 규모 추정 • 교육과정 운영 및 학교 운영을 위하여 필요한 사업 및 재정 소요액 등 기록 • 부별 또는 개인별 예산요구서 제출
↓		
연간 총 전입금 및 분기별 자금배정계획 통보	교육감	• 관할청으로부터 회계연도 개시 50일 전까지 학교회계로 전출되는 금액의 총 규모 및 분기별 자금배정계획 통보 • 목적사업의 경우 대상학교가 지정되는 대로 확정 · 통보
↓		
예산 조정작업 및 예산안 확정	학교장	• 단위 학교의 총 세입규모를 확정 • 부별 또는 전체 조정회의를 거쳐 예산안 확정
↓		
예산안 제출	학교장	• 회계연도 개시 30일 전까지 학교운영위원회에 제출

◆ 그림 10-1 ◆ 학교예산안 편성 과정

출처: 고전 외(2016), p. 270.

【예산의 심의 및 확정】

편성된 예산은 학교운영위원회의 심의를 거쳐 확정된다. 학교운영위원회의 예산안 심의는 단위 학교의 재정 운영에 대해 학교 구성원의 의사를 반영할 수 있는 제도적 장치로서 학교재정 운영의 자율성과 책무성을 제고한다는 점에서 의의가 있다(고전 외, 2016: 271).

과정	주체	내용
예산안 통지	학교운영위원장	• 학교운영위원들에게 회의 개최 7일전까지 예산안 통지
↓		
예산심사소위원회 심사	예 · 결산소위원회	• 학교운영위원회의 의결에 의해 자율적으로 구성하되 외부 전문가, 학부모 등 참여 권장 • 예 · 결산소위원회에 예산안 회부 • 예산안 심사 후 심사보고서를 운영위원회에 제출
↓		
학교장 제안 설명 및 관계자 의견 청취	학교운영위원장	• 학교의 교육시책 방향 및 재정여건, 예산 편성 방향 및 내용에 대한 학교장 제안 설명 • 예산과 관련된 교직원 의견 청취
↓		
예산심의결과 송부	학교운영위원장	• 회계연도 개시 5일 전까지 심의 종료 • 학교장에게 예산심의결과 송부
↓		
예산 확정	학교장	• 학교장이 학교세입세출예산 확정
↓		
예산 공개	학교장	• 학교 홈페이지 게시 및 가정통신문 발송 등을 통해 공개

◆ 그림 10-2 ◆ 학교예산안 심의 과정

출처: 고전 외(2016), p. 272.

【예산 집행】

예산 집행이란 학교운영위원회의 심의를 거쳐 확정된 예산에 따라 수입을 조달하고 경비를 지출하는 일련의 재정활동을 말한다(고전 외, 2016: 272). 구체적으로 세입예산과 세출예산을 집행하는 것을 말한다. 세입예산은 법령, 조례 및 규칙에 근거하여 정해진 징수방식에 따라 수입처리하며 예산에 계상된 금액에 제한을 받지 않는다. 그러나 세출예산의 집행 시에는 예산에 표시된 목적과 금액의 범위 내에서 지출이 이루어지며 일시차입과 같은 제도가 없는 단위 학교의 특성상 반드시 자금의 수급을 고려하여 지출이 이루어져야 한다.

【결산】

학교회계세입세출결산은 매 회계연도가 종료하는 시점을 기준으로 한 회계연도에 있어 단위 학교의 재정활동 전반에 대한 수입과 지출의 실적을 확정적 계수로 표시하는 행위를 의미한다(고전 외, 2016: 272). 학교회계의 결산 절차는 [그림 10-3]과 같다.

과정	법정기한	내용
회계연도 종료	매년 2월 말일	• 당해 회계연도의 징수행위 및 지출원인행위 종료
↓		
출납폐쇄 정리	회계연도 종료 후 20일	• 당해 회계연도에 징수행위 및 지출원인행위가 된 사항의 세입금수납 및 세출금지출 마감
↓		
결산서 작성		• 학교회계시스템에서 결산처리 • 예산의 이 · 전용 내역, 이월경비내역, 예비비 사용내역 첨부
↓		
결산서 제출	회계연도 종료 후 2월 이내	• 학교운영위원회에 제출 • 학교운영위원들에게 회의개시 7일 전까지 결산서 개별통지
↓		
예 · 결산소위원회 심사		• 예 · 결산소위원회에 결산안 회부 • 결산안에 대한 심사 후 심사보고서를 운영위원회에 제출
↓		
결산 심의		• 예 · 결산소위원회 결산안 심사결과 보고 • 학교장이 결산 내용 설명 • 의문사항에 대하여 관련 교직원 의견 청취
↓		
결산안 심의결과 통보	회계연도 종료 후 3월 이내	• 학교운영위원회 결산심의 결과를 학교장에게 통보
↓		
결산 공개		• 가정통신문, 홈페이지 등을 통해 공개

◆ 그림 10-3 ◆ 학교회계의 결산 절차

출처: 고전 외(2016), p. 273.

(3) 재무관리에서 교장의 직무

학교회계제도 운영에서 교장은 학교의 분임징수관(세입) 및 분임경리관(세출)의 이중적인 지위를 가지고 있다(서울대학교 교육행정연수원 편, 2009: 303). 교장은 학교회계세입예산에 대한 징수결정 및 납입을 고지하며, 학교회계세출예산에 대한 지출원인 행위자다. 학교의 행정정실장은 학교회계출납원으로 학교회계세입예산에 대한 수납 · 관리, 학교회계세출예산에 대한 지출 행위를 담당한다(서울대학교 교육행정연수원 편, 2009: 303).

학교회계제도 운영에서 교장은 예산 편성 권한과 책임, 예산 집행, 결산 보고의 책임을 지고 있다. 예산 편성과 관련하여 교장은 다음 사항을 유의할 필요가 있다(서울대학교 교육행정연수원 편, 2009: 304).

- 학교 교육계획과 연계하여 예산을 편성한다. 학교 교육목표 달성을 위한 교육활동이 효과적으로 전개될 수 있도록 합리적으로 재정이 배분 및 편성되도록 해야 한다.
- 교육의 질 향상을 위하여 교육과정 운영 및 교재교구 확보 등 학생교육에 직접 투자되는 교수-학습 활동 지원 예산을 우선적으로 확보해야 한다.
- 예산 편성 기본 지침 및 각종 법령을 준수하되 법령에서 단위 학교에 위임한 사항에 대해서는 자율성을 발휘하여 학교 실정에 맞게 예산을 편성 및 운영해야 한다.
- 학교장은 학교 구성원에게 가용 예산의 규모를 공개하고 예산 편성 시 학교 구성원의 참여를 적극적으로 유도하고 의견을 수렴하여 예산 편성의 우선순위를 판단하고 각 부서별로 공정하게 예산이 배분되도록 노력해야 한다.

예산 집행과 관련하여 교장이 준수해야 할 사항을 정리해 보면 다음과 같다(서울대학교 교육행정연수원 편, 2009: 304).

- 세출 예산을 적시에 집행함으로써 이월액, 불용액을 최소화하고 예산 집행의 효율성을 높일 필요가 있다.
- 예산 집행 시 법령이 정한 절차를 준수해야 하며, 각종 계약 관련 정보는 학교 홈페이지 등에 공개함으로써 예산 집행과정의 투명성과 공정성을 제고해야 한다.
- 학교장은 교직원들이 사업별 예산 집행 현황을 수시로 확인할 수 있도록 하며, 학

부모 및 학교운영위원들에게는 학교 실정에 맞는 공개 방법을 결정하여 공개할 필요가 있다.

- 회계연도 말 예산 집행 잔액으로 소모 또는 비축을 위하여 집중적으로 예산을 집행하지 않도록 한다.

재정 확보와 관련하여 교장은 단위 학교의 자체 수입인 학교시설 사용료, 수수료 수입을 체계적으로 관리하고 시 · 군 · 구로부터 교육재정을 지원받을 수 있도록 노력할 필요가 있다. 우리나라의 경우 학교발전기금을 유치하기 위한 노력은 교장의 중요한 직무로 요구되고 있지는 않지만 추가재원 확보를 통해 학교 개선 및 발전을 도모할 수 있을 것이다.

한편, Sharp와 Walter(1994/1997: 34)는 재무관리에 관해 교장이 알아야 할 사항으로 교육의 공평성을 들고 있다. 교장은 학생 교육의 질이 지역의 부, 여건, 가정의 배경에 의해서 결정되어서는 안 된다는 교육의 공평성에 대한 이해와 인식을 가져야 한다는 것이다. 우리나라의 경우 단위 학교 수준에서 교육재정의 공평성 문제가 심각하게 대두되는 것은 아니지만, 학생 1인당 교육비, 학교 교육활동에 소요되는 각종 경비가 모든 학생들에게 공정하게 배분 및 사용될 수 있도록 보장하는 것은 교장의 중요한 책무라 할 수 있다.

2. 교직원의 지도 · 감독

「초 · 중등교육법」에 명시된 교장의 직무로서 교직원에 대한 지도 · 감독은 교직원에 대한 인사관리를 포괄하는 것으로 볼 수 있다. 조직에서 인사가 만사라고 하듯이 인사관리는 학교 행정 · 경영의 핵심이라 할 수 있다. 학교의 교육활동은 대부분 각 학급에서 개별 교사를 중심으로 이루어지고 있어 교사에 대한 인사관리는 교수-학습의 질을 좌우하는 중요한 요소다. 또한 학교 행정실에 근무하는 학교 직원은 교사와 학생의 교육활동과 교장의 학교 경영을 지원하는 행정 및 기술 인력으로 이들의 근무 양태는 교사의 학교 업무 부담을 완화하고 수업에 전념하는 데 영향을 준다고 할 수 있다. 최근 학교 회계직이 증가하면서 교장의 교직원 인사관리는 더욱 복잡해지고 있다. 학교에서 교장은 교직원의 사기와 동기를 유발하고, 이들의 배치(업무분장)와 이동, 복무, 평가(근무성적평정), 교육 · 훈련, 상벌 등을 관할한다. 이 절에서는 교장의 핵심 역할 및 직무로서 교직원에 대한 인사관리의 원칙과 주요 내용을 검토한다.

1) 인사관리의 개념과 원칙

인사관리는 인력을 확보하고 개발하며 유지하는 활동이라고 규정할 수 있다. 즉, 조직에 필요한 우수한 인력을 유치하고 주어진 임무수행에 필요한 전문적 자질 향상을 위해 교육 · 훈련의 기회를 부여하고 근무의욕을 높이는 데 필요한 일련의 지원 행위를 포괄한다(서정화 외, 2003: 245). 인사관리의 목적은 인적 자원의 효율적인 활용을 통해 궁극적으로 조직의 목표를 실현하는 데 있다. 학교에서의 인사관리도 이와 다르지 않다. 학교 교육활동에 필요한 우수한 인력을 확보하고 이들의 전문성 개발 및 근무의욕을 높이기 위한 다양한 유인을 제공함으로써 궁극적으로 학교교육의 질과 성과를 제고하는 데 인사관리의 목적이 있다.

인사관리의 범위(대상)는 매우 포괄적이다. 신분의 발생(신규채용, 특별채용), 변경(승진, 승급, 전직, 전보, 겸임, 파견, 강임, 휴직, 직위해제, 정직, 복직), 소멸(면직, 퇴직, 해임, 파면)을 포괄하는 임용, 복무관리, 재교육(연수 · 훈련), 보수, 복지 · 후생, 신분보장, 징계 등 광범위한 영역이 포함된다. 단위 학교에서 교장의 인사관리는 주로 신규채용(기간제 교사, 학교회계직원 등), 담임 및 학교 업무 배정, 교원의 이동(전보), 교원평가, 부장교사 임명, 연수, 상훈, 복무관리 등을 중심으로 이루어진다.

학교 인사관리의 원칙으로 서정화 외(2003: 245-246)는 5가지를 제안하고 있다.

첫째, 적재적소 배치의 원칙이다. 우수한 인력을 확보하고 이들을 적절한 자리에 배치하는 일은 인사관리의 출발점으로 구성원의 직무만족, 사기 등과도 연계된다. 학교에서 적재적소 배치는 교사의 적성, 능력에 맞는 학년, 학급 배정, 학교 업무 분장을 통해 구체화된다.

둘째, 전문성 확립의 원칙이다. 담당 업무를 효과적으로 수행하기 위해 구성원의 전문적 능력과 자질을 높이는 것으로 인사관리 영역 중에는 평가, 교육 · 훈련, 승진 등이 관련된다. 교장의 인사관리에서는 교원에 대한 평가보다는 교육 · 훈련 등 다양한 전문성 개발 기회를 제공하거나 승진 기회를 제공함으로써 교원의 전문성을 제고할 수 있을 것이다.

셋째, 실적주의와 연공서열의 적정 배합 원칙이다. 실적주의는 인사관리에서 구성원의 직무수행 능력과 업적을, 연공서열은 근무연수, 연령, 경력을 주요 기준으로 활용하는 원칙을 말한다. 학교, 교직에서는 실적, 능력주의보다는 연공서열의 인사 원칙이 주로 활용되고 있으나 최근에는 실적주의에 기초한 인사관리 원칙이 강화되는 추세다. 교원능력개발평가 우수자에 대한 연수기회 제공, 성과상여금 제도 등을 예로 들 수 있다.

넷째, 공정성 유지의 원칙이다. 이는 인사관리에서 성별, 지역, 종교 등을 이유로 차별을 해서는 안 되며 학연이나 혈연 등이 아닌 능력에 따라 동등한 기회를 제공해야 한다는 원칙이다. 공정성이 결여된 인사관리는 구성원의 불만을 야기하고 조직에 대한 사명, 헌신, 그리고 참여 동기를 저하시킬 수 있다. 교장의 인사관리에서 공정성 원칙은 학교 업무 배분, 학급 담임배정, 상벌, 평가 등에서 드러날 수 있을 것이다.

다섯째, 구성원의 직무의욕 제고 원칙이다. 구성원의 직무만족, 직무의욕을 제고하는 것은 개인의 욕구충족뿐 아니라 조직의 목표 달성을 위해 중요하다. 학교에서 교직원의 직무의욕과 직무동기를 높이기 위해서는 교원의 교육활동의 자율성을 확대하고, 수업시간 보장(수업 중 방해 금지) 및 학교 업무 부담 완화 등이 이루어질 필요가 있다.

2) 교원의 인사관리

(1) 학교 내 인사관리

학교에서 교원 인사관리의 주요 영역은 담임 배정, 보직교사 임명, 교무분장 배정, 연수 대상자 추천, 포상 후보자 선정, 승진 가산점 업무 배정 등이라고 할 수 있다(성수자, 2015). 교장은 인사관리의 원칙과 방법을 사전에 공개하고 이를 준수할 필요가 있다. 이와 관련하여 현직 교장인 성수자(2015: 475)는 교내 인사제도 영역별로 운영 원칙을 제안한 바 있다. 이를 정리해 보면 다음과 같다.

- 교원인사자문위원회 구성은 인사자문위원 활동에 관심이 있고 전문성을 가진 교사가 참여하도록 한다.
- 담임 배정은 학년, 학급경영관이 명확하고 지도력이 우수한 교사를 배정하되 교사 협의형, 학년부장 추천, 수요자 의견 수렴, 학급경영계획서를 토대로 한 배정 등 다양한 방안을 활용할 수 있다.
- 교무분장 배정은 업무에 대한 명확한 이해와 창의적인 업무 계획과 운영 능력을

갖춘 교사를 배정한다. 구체적으로는 보직교사가 추천하는 방법, 희망 업무 경영 제안을 통한 배정, 교사 협의에 의한 배정, 업무와 학년 연계 보완 방법 등을 활용할 수 있다. 업무와 학년 연계 보완 방법은 상대적으로 과중한 업무를 담당하는 경우 교사들이 선호하는 학년을 배정하고, 상대적으로 경미한 업무를 담당하는 경우 교사들이 기피하는 학년을 매칭한 교무 업무 분장표를 사전에 제시하고 교사협의회를 통해 담당 업무를 배정하는 방식을 말한다.

- 보직교사 임명은 원칙적으로 보직 업무를 효율적으로 추진할 수 있는 교사에게 배정한다. 통상 보직 임명은 윤번제, 경력 순, 해당 학교 부임 순서 등을 고려하여 정해 왔다. 최근 보직교사 임명 방법으로 응모형, 공모형, 동료교사 추천형 등 다양한 방법이 활용되고 있다.
- 연수 대상자 추천은 연수의 성격을 고려하되 연수 후 학교 교육력 제고에 기여할 수 있는 교사를 선정한다. 연수 대상자 추천은 연수의 성격에 따라 연수 실적 평가에 기초한 실적형, 연수 적임자 추천형, 교원 연수 이수 현황을 토대로 연수 적임자를 지명하는 지명제 등의 방법을 활용할 수 있다.
- 포상 후보자는 포상 분야에 공로가 많은 교사와 포상 후보자 평가표에 기초한 평가를 토대로 선정한다. 포상 후보자 선정은 동료교사 추천, 학부모나 지역사회 인사에 의한 추천, 공적 평가표에 의한 추천 방법 등을 활용할 수 있다.
- 승진 가산점 업무 배정은 학교마다 명문화된 규정이 없는 경우가 많은데, 원칙적으로 가산점 부여 업무에 적합한 교사를 대상으로 한다. 업무 배정 방법으로는 희망자 응모형, 관련 업무 경험, 실적을 고려하는 실적형, 관련 업무 자격 소지자를 우선 배정하는 자격형, 교사 협의에 기초한 협의형 등을 활용할 수 있다.

(2) 기간제 교사 및 강사 임용

학교장은 기간제 교원, 강사의 임용을 관할한다. 기간제 교원의 임용은 「교육공무원법」 제32조, 「교육공무원임용령」 제13조, 「국가공무원법」 제43조 등 관련 법령을 근거로 한다. 기간제 교원 임용은 휴직하여 후임자의 보충이 불가피할 때, 교원이 파견, 연수, 정직, 직위해제, 휴가로 1개월 이상 직무에 종사할 수 없어 후임자의 보충이 불가피할 때, 특정 교과를 한시적으로 담당하도록 할 교원이 필요한 때, 교육공무원이었던 자의 지식이나 경험을 활용할 필요가 있을 때, 휴직, 파견 등의 결원 보충 등의 사유가 발생할 때 이루어진다. 기간제 교사의 임용은 특별한 사유가 없는 한 교사임용

후보자(임용 대기자)를 우선 임용한다. 이 경우 임용 대상자 관련 서류는 관할청의 임용서류 구비 확인서로 대신한다. 임용 대기자가 아닌 경우 「교육공무원 인사기록 및 인사사무 처리 규칙」 제9조에 의거하여 구비서류에 의하여 임용하게 된다.

강사는 정규 교원의 주당 근무시간과 동일하게 근무하는 전일제 강사와 수업시수 단위 또는 주중 일부만 근무하는 시간제 강사로 구분된다(서울대학교 교육행정연수원 편, 2009: 168). 교원 정원이 부족하여 전일제 강사를 임용한 경우 기간제 교원에 준하여 보수를 지급하고 임용기간의 경력을 인정해야 한다. 또 전일제 강사는 방학기간 중 임용이 가능하며 정규 교원에 준하는 직무를 부여할 수 있다(시간강사는 제외). 그러나 기본적으로 강사는 정원 외로 교육과정 운영상 불가피한 경우를 제외하고는 임용하지 않도록 하며 그 인원을 최소화할 필요가 있다.

(3) 교원의 전직과 전보[4)]

전직은 조직에서 종별과 자격을 달리하는 임용, 즉 직급은 동일하나 직렬이 달라지는 횡적, 수평적 인사이동을 말한다. 교원의 전직은 학교급 간 전직, 교육전문직 공무원으로의 전직이 있다.

첫째, 교원의 학교급 간 전직은 교원수급상 필요한 경우, 시 · 도 교육감이 교원이 희망하는 바에 따라 교원이 소지하고 있는 교원자격증과 관련이 있는 다른 학교급의 교원으로 이동하여 임용하는 것을 말한다. 초등학교 교원이 중등학교 교원자격증을 가지고 있거나 중등학교 교원이 초등학교 교원자격증을 가지고 있는 경우 본인의 희망에 따라 전직 임용될 수 있다.

둘째, 교원의 교육전문직 공무원으로의 전직은 교원이 교육전문직인 장학사 · 연구사, 장학관 · 연구관으로 전직하는 것을 말한다. 장학관 · 연구관의 전직 임용은 임용권자인 시 · 도 교육감이 정하며, 장학사 · 연구사로의 전직임용은 교육기관 · 교육행정기관 또는 연구기관의 추천을 받아 공개전형을 거쳐 임용한다. 공개전형 기준, 전형방법 및 전형절차 등은 임용권자인 교육감이 정함에 따라 시 · 도 교육청별로 전직임용 기준에 차이가 있다. 교육부와 그 소속 기관에 근무하는 장학사 · 연구사 전직임용은 정규 교원으로서 실제 근무한 경력이 5년 이상인 자를 대상으로 공개경쟁시험에 의함을 원칙으로 한다.

---

4) 이 절의 내용은 고전 외(2016)에서 저자가 작성한 부분(pp. 176-179)을 토대로 재정리한 것이다.

「교육공무원법」상 전보란 교육공무원을 같은 직위 및 자격에서 근무기관이나 부서를 달리하여 임용하는 것을 말한다(「교육공무원법」 제2조 ⑨). 교원(순환)전보제도는 교사의 근무기관(학교)을 일정한 주기로 이동시키는 제도로 학교 단위로 교사를 채용하고 있는 영미권 국가들에서는 찾아보기 어려운 제도다. 전보제도는 지역에 따른 교사의 수급 불균형을 완화하고 유능한 교사의 특정 학교 편중 방지, 교사의 신분안정과 교사의 교육권 보장을 위해 도입 · 시행되고 있다(김갑성, 김이경, 박상완, 이현숙, 2009; 2012).

교원전보제도 운영 원칙으로 전문성 향상, 공정성, 형평성, 효율성 등이 고려되고 있으나(이윤식, 한만길, 유현숙, 1992: 50-51), 교사 순환전보제도는 제도의 기본 목적과 취지 및 운영 원칙을 제대로 살리지 못하고 있다는 문제점이 지속적으로 제기되어 왔다(이윤식 외, 1992; 김갑성 외, 2009; 김갑성, 주현준, 2013). 교원전보는 교육감이 관할함에 따라 시 · 도 교육청별로 그리고 학교급별로 상이하게 운영되고 있다. 또 지역 내 도시와 농촌, 도서벽지 규모 등 교육여건 격차로 인해 시 · 도 교육청별로 교원 전보의 문제와 쟁점은 차이가 있다. 이에 따라 공정하고 합리적인 교원전보제도 운영은 각 시 · 도 교육청의 교원 인사행정에서 주요 과제가 되고 있다.

(4) 교원의 복무

교육공무원으로서 교원은 법적인 의무와 책임이 있다. 교직원이 교육공무원으로서 의무와 책임을 이행하도록 지도 · 감독하는 것은 교장 인사관리의 기본 사항이라 할 수 있다. 복무관리는 교육공무원으로서 각종 의무를 이행함과 함께 근무상황 관리, 휴직 및 휴가 처리[5] 등이 포함된다.

① 교원의 의무와 책임

교육공무원으로서 교원의 의무는 「국가공무원법」에서 규정하고 있다. 이는 선서의 의무, 직무상의 의무로서 성실의 의무, 복종의 의무, 친절 · 공정의 의무, 비밀엄수의 의무, 청렴의 의무, 품위유지의 의무, 연찬의 의무가 있다. 직무전념의 의무로는 직장이탈 금지, 영리업무 및 겸직 금지, 정치운동의 금지, 집단행위의 금지, 외국 정부로부터 영예의 제한 등을 들 수 있다.

5) 휴가, 휴직제도는 고전 외(2016)에서 연구자가 작성한 부분(pp. 179-188)을 토대로 재정리한 것이다.

교육공무원으로서 교원이 의무를 이행하지 못했을 때 이에 따른 책임이 있다. 이러한 책임으로는 행정상의 책임인 징계처분과 민사상의 책임인 변상책임이 있다. 또 교원의 행위가 형법에 저촉되는 경우 형사상의 책임을 부담한다. 이러한 행정상 책임, 민사상 책임, 형사상 책임은 중첩적으로 부담할 수 있다.

교원에 대한 근무상황 관리는 근무시간(1일 8시간, 점심시간 포함) 관리, 근무상황 관리, 출장근무, 겸임근무, 파견근무 등에 관한 관리를 포괄한다. 근무상황 관리는 출퇴근과 조퇴 등 지정된 시간까지 교원이 학교에 근무하는가를 지도 · 감독하는 것을 말한다. 출장근무는 출장신청서에 의하여 교장의 허가를 받아 실시한다. 겸임근무와 파견근무는 기관장(교장)의 허가를 받아 이루어지며 이때 겸임근무, 파견근무자는 각각 겸임기관, 파견기관의 장의 지휘 · 감독을 받는다.

② 교원의 휴가

교원의 휴가는 연가,[6] 병가, 공가 및 특별휴가로 구분한다(「국가공무원 복무규정」 제14조). 교원의 휴가는 교육부 장관이 학사 일정 등 사정을 감안하여 따로 정할 수 있다(「국가공무원 복무규정」 제24조의 2). 법에서 정한 휴가 일수를 초과한 휴가는 결근으로 본다(「국가공무원 복무규정」 제24조). 교장은 휴가를 허가함에 있어 소속 교원이 원하는 시기에 법정 휴가 일수가 보장되도록 하되 연가는 학생들의 수업 등을 고려하여 부모생신일 또는 기일 등을 제외하고는 특별한 사유가 없는 한 방학 중에 실시하고, 휴가로 인한 수업 결손 등이 발생하지 않도록 필요한 조치를 취해야 한다.

또한 교원이 휴가 · 지각 · 조퇴 · 외출과 근무지 내 출장을 하고자 하는 때에는 위임전결규정이 정한 허가권자에게 근무상황부[7] 또는 근무상황카드에 의하여 미리 신청하여 사유발생 전까지 허가를 받아야 한다. 다만, 병가 · 특별휴가 등 불가피한 경우에는 당일 정오까지 필요한 절차를 취해야 하며, 이 경우 다른 교원으로 하여금 이를 대행하게 할 수 있다. 교원이 정해진 시간까지 출근할 수 없을 때에는 학교에 미리 신고해야 하고, 그 후 출근한 때에는 지각으로, 출근하지 않는 때에는 결근으로 처리한다. 휴가는 문서 · 전화 또는 구두로 신청할 수 있으며, 근무상황부 또는 근무상황카드에

6) 연가는 공무원의 재직 일수에 따라 산정하며, 재직기간별 연가 일수는 「국가공무원 복무규정」 제15조에서 정하고 있다. 재직기간 1년 미만인 경우 6일, 재직기간 6년 이상인 경우 21일(최대 연가 일수)이다.

7) 근무상황부는 기관장 또는 학교의 장이 지정하는 부서에 비치하고 개인별로 관리하되, 교육정보시스템(NEIS)에 의한 근무상황부를 운용하는 기관장 또는 학교의 장은 전자적으로 개별 관리도 가능하다(교원휴가업무처리요령).

의하여 관리한다.

한편, 교사는 방학 기간을 이용하여 국외 여행을 할 수 있으나 적법한 휴가 처리를 해야 한다. 교원의 공무 외 국외여행은 휴업일(여름 · 겨울 및 학기 말 휴업일을 말함) 중에 실시함을 원칙으로 한다. 기관장은 교원의 전문성 신장을 위하여 휴업일 중 공무 외의 자율연수 목적의 국외여행 기회를 부여할 수 있다. 다만, 「교육공무원법」 제41조의 규정에 의한 공무 외 자율연수 목적의 국외여행은 「국가공무원 복무규정」에 의한 휴가와 별도로 실시하며, 인정 범위 및 절차 등에 관한 세부적인 사항은 시 · 도 교육감이 정한다. 공무 외 국외 여행 실시 방법은 휴가일수 범위 내 공무 외 국외여행과 국외 자율연수를 위한 공무 외 국외여행에 따라 다소 차이가 있으나(교원휴가업무처리요령, 교육부예규 제20호, 2015. 1. 30.) 휴가 사유는 광범위하여 원하는 경우 휴가를 실시할 수 있다.

③ 교원의 휴직

휴직은 공무원이 재직 중 일정한 사유로 직무에 종사할 수 없을 경우에 면직시키지 않고 일정 기간 동안 신분을 유지하면서 직무에 종사하지 않는 것으로 공무원의 신분을 보장하기 위한 목적으로 실시된다(송기창, 김도기, 김민조, 김민희, 김병주, 김병찬, 김성기, 김용, 나민주, 남수경, 박상완, 박수정, 오범호, 윤홍주, 이정미, 이희숙, 정성수, 정수현, 정제영, 조동섭, 조석훈, 주현준, 홍창남, 2014: 125). 휴직 중인 공무원은 신분은 보유하나 직무에 종사하지 못한다(「국가공무원법」 제73조). 휴직 기간 중 그 사유가 없어지면 30일 이내에 임용권자 또는 임용 제청권자에게 신고해야 하며, 임용권자는 지체 없이 복직을 명해야 한다. 휴직 기간이 끝난 공무원이 30일 이내에 복귀 신고를 하면 당연히 복직된다(「국가공무원법」 제73조).

휴직의 종류는 크게 임용권자가 명하는 직권휴직과 휴직 당사자의 요청으로 이루어지는 청원휴직으로 구분된다(「국가공무원법」 제71조). 휴직 사유와 휴직에 따른 법적 효력은 휴직 종류에 따라 차이가 있다. 직권휴직으로는 질병휴직, 병역휴직, 생사불명휴직, 법정의무수행휴직, 노조전임자휴직 등이 있다. 교장은 해당 교직원이 직권휴직 사유에 해당될 때는 본인의 의사에도 불구하고 휴직을 명해야 한다. 청원휴직이란, 본인의 자유로운 의사에 의하여 이루어지는 휴직으로 고용, 유학, 연수, 육아, 간병, 동반, 입양 휴직이 있다. 교장은 교직원이 휴직 사유에 해당하고 휴직을 원하면 휴직을 명할 수 있다(송기창 외, 2014: 127-128).

3) 학교회계직원의 인사관리

단위 학교에서 교장이 채용하는 직원에는 학교회계직이 있다. 학교회계직은 학교 업무를 지원하기 위해 학교장이 채용한 비정규직 인력으로 종래 조리원, 과학실험보조원 등 다양한 명칭으로 불렸으나 최근 학교회계직으로 통일되었다. 학교에 근무하는 다양한 인력을 학교회계직으로 정비한 것은 2006년 정부의 비정규직 종합대책에 따른 것이다. 비정규직의 고용, 근로 안정 및 근무여건 개선 등을 위해 정부는 계속 근로기간이 2년을 초과한 근로자는 '기한의 정함이 없는 근로자(무기계약직)'로 전환하였다. 이에 따라 현재 학교회계직은 '각급 학교에서 교육 및 행정업무를 지원 또는 보조하기 위해 필요한 근로를 제공하고 학교회계에서 보수를 받는 자로서 공무원이 아닌 자'(성병창, 2012)로, 기존의 비정규직 중 무기계약직으로 전환된 인력, 무기계약직으로 전환되지 못한 기한의 정함이 있는 근로자(기간제) 및 단시간 근로자 등으로 구분되고 있다(김민희, 2015: 65).

학교회계직은 공무원이 아닌 근로자이므로 「근로기준법」, 「기간제 및 단시간근로자 보호 등에 관한 법률」, 「노동조합 및 노동관계조정법」에 따라 근로 3권(단결권, 단체교섭권, 단체행동권)을 보장받는다(김민희, 2015: 67). 학교회계직이라는 명칭은 중앙정부와 지방정부에서 재원을 지원하기는 하나 학교회계에서 보수를 지급하고 학교 단위로 채용 및 인사관리가 이루어지는 데 따른 것이다(김민희, 2015: 65). 최근 학교회계직원이 증가하면서 이들에 대한 인사관리도 점자 중요해지고 있다. 기본적으로 학교회계직은 학교 단위로 채용되지만 무기계약직의 경우 학교 근무 기간이 교장을 포함하여 다른 교직원보다 길어지면서 이들에 대한 전보의 필요성이 제기되고 있다. 부산시교육청 등 일부 교육청에서는 근무기간이 10년 이상인 무기계약직에 대해 전보를 실시한 바 있으나 무기계약직의 반발이 커 교육청과 갈등이 나타나고 있다.

아울러 학교회계직원이 증가하면서 이들 인력에 대한 체계적인 인사관리 요구도 높아지고 있다. 이와 관련하여 신현석, 주현준, 김민희, 이경호, 백선희(2013)는 학교회계직을 포함한 다양한 학교지원인력의 고용 안정화를 위한 조례 제정, 학교지원인력의 채용 및 관리체계 정비, 단기간 · 시간제 근로자에 대한 인건비 통합운영 규정 마련, 학교지원인력에 대한 교육훈련(연수)을 통해 실무능력 향상 중심의 보수교육 기회 마련, 학교지원인력에 대한 통합직군 운영 및 근무평가제 도입 등을 제안하고 있다.

오세희, 허창수, 박상욱(2013)은 현재 학교회계직원의 법적 근거의 모호, 고용불안,

업무 범위의 한정, 세분화된 직종 등이 문제로 대두됨에 따라 이들에 대한 인사관리를 체계화할 것을 제안하고 있다. 구체적으로 직종의 단순화를 통한 유연한 인력관리 체제 구축, 직종별 교육훈련을 통한 직무능력 향상 및 인력활용의 효율성 제고, 기존 처우 및 근무 일수 등을 고려한 유사직종 구분 및 유형별 보수체계 적용 등을 제시하였다. 특히, 단위 학교별 인력관리 주체의 설정 및 관리 감독자의 교육훈련 실시, 명확한 업무분장, 지역 및 단위 학교별로 상이한 인사관리 규정의 통합, 학교회계직원의 효율적인 인력운영을 위한 기관 간 유기적 협력 체제 구축, 학교회계직원 인사관리 통합전산시스템 개발 및 활용 등이 필요하다는 점을 제언하고 있다.

4) 종합

교장은 학생 교육자로서 교수-학습 환경을 조성하고 학생의 성취도를 높이며 교사의 전문성을 신장시키기 위한 수업 지도성을 발휘해야 할 뿐 아니라 학교행정가, 학교경영자로서의 기능도 수행해야 한다. 교직원에 대한 지도 · 감독은 학교행정가, 학교경영자로서 교장의 중요한 직무 중 하나다.

교원에 대한 교장의 인사관리 범위는 포괄적이다. 교장은 학교 내 교원 인사관리와 관련하여 담임 배정, 교무분장 업무 및 승진 가산점 업무 분장, 보직교사 임명, 연수 대상자 추천, 포상 후보자 선정, 교원의 복무관리를 담당한다. 아울러 기간제 교사와 강사 등을 임용하고 교원의 전직과 전보, 교원의 근무시간, 휴가, 휴직 등 복무관리에 책임을 진다.

교장의 인사관리는 교원뿐 아니라 점차 증가하고 있는 학교회계직원 관리를 포함한다. 학교회계직에 대한 인사관리는 학교 수준에서뿐 아니라 교육청 수준에서도 중요한 쟁점이 되고 있다. 학교회계직 제도에 대한 국가, 교육청 수준의 정책 방향에 대한 이해를 토대로 교장은 단위 학교 수준에서 학교회계직의 인사관리를 위한 전문적 역량을 높일 필요가 있다. 관련 선행연구에서 제안하고 있는 바와 같이 학교회계직에 대한 명확한 업무분장, 이들의 업무능력 제고를 위한 교육 · 훈련 기회 제공, 업무 평가 등의 인사관리는 교장의 중요한 역할이라 할 수 있다.

최근 학교에 근무하는 인력이 다양해지면서 교장의 인사관리는 보다 중요해지고 있다. 교장의 인사관리 업무는 교원과 학교 행정직원에 국한되지 않는다. 기간제 교사의 채용과 관리, 학교에 근무하는 다양한 회계직원에 대한 인사관리 등은 중요한 과제가 되고 있다. 변화하는 교육환경에 부합할 수 있는 학교 내 인력구조 및 업무체계를 효율화하는 것은 학교교육의 질을 높이고 학교 발전을 위한 교장의 중요한 역할 및 직무라 할 것이다.

PART 4

학교장 인사

제11장

교장의 충원

이 장에서는 우리나라 교장의 충원과 관련하여 교장 자격제도와 양성제도를 다룬다. 학교급별 교장 자격기준, 교장 자격 취득을 위한 자격연수제도의 변화, 교장 양성제도 분석을 통해 우리나라 교장의 충원체제를 살펴본다.

1. 교장 자격제도

1) 학교급별 교장 자격기준

우리나라에서 초·중등학교 교장은 「초·중등교육법」에서 규정하고 있는 일정한 자격기준에 해당하는 사람으로서 교육부 장관이 검정·수여하는 자격증을 받은 사람이어야 한다(「초·중등교육법」 제21조 ①). 이러한 교장 자격증은 교장직이 전문직이고 전문직으로서 갖추어야 할 최소한의 능력을 구비했다는 것을 법적으로 인증한 것이라 할 수 있다(김이경, 김갑성, 김도기, 2006: 75).

「초 · 중등교육법」에서 명시하고 있는 교장의 자격기준은 〈표 11-1〉과 같다. 교장 자격기준의 하나로 교감 자격증을 가지고 있어야 한다는 항목이 있음에 따라 교감 자격기준도 함께 제시하였다.

◆ 표 11-1 ◆ 초 · 중등학교 교장 · 교감 자격기준

자격기준	교감(원감)	교장(원장)
초등학교	1. 초등학교 정교사(1급) 자격증 또는 보건교사(1급) 자격증을 가지고 3년 이상의 교육 경력과 일정한 재교육을 받은 사람	1. 초등학교의 교감 자격증을 가지고 3년 이상의 교육 경력과 일정한 재교육을 받은 사람
	2. 초등학교 정교사(2급) 자격증 또는 보건교사(2급) 자격증을 가지고 6년 이상의 교육 경력과 일정한 재교육을 받은 사람	2. 학식 · 덕망이 높은 사람으로서 대통령령으로 정하는 기준에 해당한다는 인정을 교육부 장관으로부터 받은 사람
	3. 특수학교의 교감 자격증을 가진 사람	3. 특수학교의 교장 자격증을 가진 사람
	-	4. 공모 교장으로 선발된 후 교장의 직무수행에 필요한 교양과목, 교직과목 등 교육부령으로 정하는 연수과정을 이수한 사람
중등학교	1. 중등학교 정교사(1급) 자격증 또는 보건교사(1급) 자격증을 가지고 3년 이상의 교육 경력과 일정한 재교육을 받은 사람	1. 중등학교의 교감 자격증을 가지고 3년 이상의 교육 경력과 일정한 재교육을 받은 사람
	2. 중등학교 정교사(2급) 자격증 또는 보건교사(2급) 자격증을 가지고 6년 이상의 교육 경력과 일정한 재교육을 받은 사람	2. 학식 · 덕망이 높은 사람으로서 대통령령으로 정하는 기준에 해당한다는 인정을 교육부 장관으로부터 받은 사람
	3. 교육대학의 교수 · 부교수로서 6년 이상의 교육 경력이 있는 사람	3. 교육대학 · 전문대학의 학장으로 근무한 경력이 있는 사람
	4. 특수학교의 교감 자격증을 가진 사람	4. 특수학교의 교장 자격증을 가진 사람
	-	5. 공모 교장으로 선발된 후 교장의 직무수행에 필요한 교양과목, 교직과목 등 교육부령으로 정하는 연수과정을 이수한 사람

출처: 「초 · 중등교육법」 [별표 1] 교장 · 교감 자격기준(제21조 ① 관련)을 재구성함.

「초 · 중등교육법」의 교장 자격기준 중 '학식 · 덕망이 높은 사람으로서 대통령령으로 정하는 기준에 해당한다는 인정을 교육부 장관으로부터 받은 사람'의 세부 교장 자격인정기준은 「교원자격검정령」 제23조 ①에서 규정하고 있다. 또 이 규정에 의하여 교장 자격을 인정하는 때에는 자격증을 교부받은 날부터 6개월 이내의 기간 안에 임용예정학교에 임용하도록 하고 3년의 범위에서 교육부 장관이 정하는 기간 동안 임용 예정학교에 근무하도록 하면서, 일정 기간 안에 자격연수를 이수하도록 하는 조건을 붙일 수 있다(「교원자격검정령」 제23조 ②).

법령상, 2급 정교사인 경우 6년의 교육 경력을 가지고 있으면 교감이 될 수 있고, 1급 정교사 자격증 소지자의 경우는 3년의 교육 경력만 있으면 교감이 될 수 있으며, 다시 3년의 교감 경력이 있으면 교장 자격을 취득할 수 있다. 즉, 1급 및 2급 정교사 경력 총 6년, 교감 경력 3년 등 최소 9년의 교직 경력이 있으면 교장이 될 수 있다. 그러나 실제로 교장이 되기 위해서는 최소 25~30년의 교직 경력이 필요하다. 이는 교장이 되기 위해서는 각종 승진 임용과 관련된 평정(경력, 근무성적, 연수성적, 가산점 평정)에서 높은 점수를 받아야 하고, 평정 요소 중 가장 비중이 높은 경력평정에서 만점을 받기 위해서는 최소 20년 이상의 교직 경력이 요구되기 때문이다. 즉, 우리나라에서 교장 자격증을 취득하기 위해서는 교장 자격(인정)기준을 충족하고 재교육을 이수하여야 하며, 경력평정, 근무성적평정 등 기타 능력을 반영한 승진 절차를 거쳐야 한다(이종재 외, 2004: 157).

2) 교장 자격연수와 교장 자격검정

교장 자격기준을 충족한 사람이 교장 자격증을 취득하고 교장이 되기 위해서는 일정한 재교육을 받아야 한다. 여기서 재교육은 교장 자격연수를 말한다. 교장 자격연수를 이수하기 위해서는 교장 자격연수 대상자가 되어야 하며 이를 위해서는 교장 승진후보자가 되어야 한다. 이는 초 · 중등학교 교장 자격 취득 과정이 교장 승진제도와 밀접하게 연계되어 있음을 보여 준다.

교장 자격연수 대상자의 선발에 관한 구체적인 사항은 「교원 등의 연수에 관한 규정 시행규칙」 제4조에서 규정하고 있다. 이에 의하면, 자격연수 중 교장과정 연수 대상자는 「초 · 중등교육법」의 교장 자격기준에서 정하고 있는 교육 경력이 있는 사람, 공모 교장으로 선발된 사람, 「교원자격검정령」 제23조에 따라 교장의 자격인정을 받은 사람 중에서 교육부 장관이 정하는 기준에 따라 관할 교육감이 지명한다. 국립학교에 근무하는 사람에 대해서는 그 소속 기관의 장이 교육부 장관이 정하는 기준 및 인원의 범위에서 지명한다(「교원 등의 연수에 관한 규정 시행규칙」 제4조 ⑦).

이러한 교장과정 연수(교장 자격연수) 대상자를 지명할 때 국공립학교에 근무하는 사람에 대해서는 「교육공무원 승진규정」 제40조에 따른 승진후보자 명부에 준하는 교장 자격연수 대상자 순위 명부를 작성한 후 그 명부의 선순위자 순으로 지명하게 된다(「교원 등의 연수에 관한 규정 시행규칙」 제4조 ⑧). 이는 교장 자격을 취득하기 위해서는 교장 자격기준을 충족해야 할 뿐 아니라 일정한 재교육(교장 자격연수)을 이수해야 하며, 이 자격연수를 이수하기 위해서는 「교육공무원 승진규정」에 따른 승진후보자 명부에 준하는 교장 자격연수 대상자 순위명부의 선순위자로서 교육감의 지명을 받아야 함을 말한다.

이러한 교장 자격기준을 충족한 사람에 대한 교장 자격검정은 일반교사와 교감 자격검정과 마찬가지로 무시험검정으로 한다. 무시험검정은 자격기준에 따라 수시로 서류심사로 이루어진다(「교원자격검정령」 제19조 ①).

3) 교장 자격제도의 주요 특징 및 개선점

법령에 규정된 교장 자격기준을 토대로 우리나라 교장 자격제도의 주요 특징을 정리해 보면 다음과 같다.

- 교장의 자격기준은 학교별로 구분되어 있다. 즉, 교장 자격기준은 초등학교, 중등학교, 고등기술학교, 특수학교별로 차이를 두고 있다.
- 교사 자격이나 교사 경력이 없는 사람도 초·중등학교 교장이 될 수 있는 길을 열어두고 있다. 초·중학교 교장 자격기준 중 일부(초등학교 2호, 중등학교 2호, 3호) 항목은 교사 자격이나 경력을 필수로 요구하고 있는 것은 아니다.
- 법적인 교장 자격기준과 실질적인 교장 자격기준 간에 괴리가 있다. 법적으로 교사 자격이나 교사 경력이 없는 사람도 초·중등학교 교장이 될 수 있으나 이는 규정일 뿐 일부 특별한 학교(직업 분야 특성화 고등학교)를 제외하고 실제 교사 자격이나 교사 경력이 없는 사람이 교장으로 임용된 사례는 거의 없다.
- 교장 자격증 취득을 위해 일정한 재교육(교장 자격연수)과 연수를 이수해야 하며,

이는 교장 승진규정과 밀접하게 연계되어 있다. 즉, 교장 자격연수 이수를 위해서는 교육공무원 승진후보자 명부에 준하는 교장 자격연수 대상자 순위명부의 선순위자로 등재되어 교육감의 지명을 받아야 한다.

- 교장 자격기준이 교직 경력 중심으로 규정되어 있으며, 교장의 직무가 무엇인가에 대한 명확한 규정이 없다. 즉, 교장 자격기준의 주요 내용은 교육 경력 연한, 재교육 이수 여부로 한정되어 있어, 교장직에서 요구되는 다양한 능력과 실적에 관한 검증 기준이 제시되지 않아 능력 중심의 인사 운영을 어렵게 한다(이종재 외, 2004: 162).

교장 자격제도와 관련된 쟁점은 OECD 8개국을 대상으로 학교장 리더십 개선 국제비교 연구를 수행한 김이경, 한유경, 박상완(2007: 44-45)의 연구에서 정리된 바 있다. 여기서 쟁점을 기준으로 우리나라 교장 자격제도를 정리하면 〈표 11-2〉와 같다.

◈ 표 11-2 ◈ 교장 자격제도 관련 주요 쟁점 비교

구분	OECD 주요국	우리나라
국가 수준의 학교장 자격 요건 유무	• 유: 영국, 칠레, 핀란드, 스페인, 프랑스 • 무: 뉴질랜드, 벨기에, 아일랜드	• 국가 수준에서 교장 자격기준을 정하고 있음.
교사 경력의 필수 여부 및 최소 연한	• 필수: 칠레, 핀란드, 스페인, 프랑스, 뉴질랜드, 벨기에, 아일랜드 • 선택: 영국 • 최소 연한은 2~5년으로 다양하며, 프랑스의 경우, 연령 제한을 두고 있음.	• 실질적으로 교사 경력이 필수적으로 요구됨. 최소 연한에 관한 규정은 없음.
학교급/유형별 교장 자격요건의 차이	• 8개국 모두 차이 있음.	• 차이 있음.
교장 자격 유효기간	• 종신 자격제	• 종신 자격제
교장 임용 전 필수 경력	• 뉴질랜드: 부장교사, 교감은 소규모 학교 교장직 필수 • 프랑스, 아일랜드 등에서 부장교사, 교감, 기타 공무원 경력이 주요 경력으로 인정됨.	• 부장교사, 교감 경력은 법적 필수 경력은 아니나 실질적 요건임.

주: 김이경, 한유경, 박상완(2007), pp. 44-45의 내용을 토대로 연구자가 정리함.

교장 자격제도의 개선과 관련하여 선행연구에서 제안된 사항을 정리해 보면 다음과 같다.

- 자격인증제의 도입이다. 자격 단계별로 자격기준을 갖춘 후 국가에서 관리하는 자격 인증에 의한 검정 절차를 거쳐 자격을 취득하도록 하자는 것이다(이종재 외, 2004). 자격 인증에 의한 검정과정에서는 국가 수준의 자격인증위원회와 인증전담기구를 설치 · 운영하고, 자격인증기준과 절차를 심의 및 관리한다.
- 교장 자격 취득 시 전문양성과정을 이수하도록 한다. 현재 교장 자격연수 과정을 보다 확대 · 개편하는 것으로 학교행정직인 교장은 자격기준을 충족하고 국가 수준에서 정한 '전문양성과정'을 이수하여 자격을 취득하도록 한다.
- 교장 자격 취득을 위한 전문양성과정은 교감 자격증을 소지한 사람으로 제한하는 경로와 교사직에서도 일정 자격 요건을 갖추고 국가 수준에서 정한 전문양성과정을 이수하여 취득하는 경로 모두를 허용하도록 한다.

교장 자격제도 개선안은 교장의 전문적 훈련 및 양성과정의 도입과 교장의 직무 명료화와 연계되어 있다. 그러나 교장 자격제도 개선이 정부 차원에서 공식적으로 논의된 경우는 거의 없다. 2000년대 초 한국교육개발원에서 수행한 교원 인사제도 혁신 과제에서 교장 자격제도와 관련하여 몇 가지 개선방안을 제안하였으나(이종재 외, 2004: 222-224), 이러한 개선 방안들이 정부 정책과 제도로 수용되지는 못하였다.

2. 교장 훈련 · 양성과정

이 절은 우리나라 교장의 훈련 · 양성과정을 다룬다. 우리나라는 영국이나 미국과 달리 교장 훈련 · 양성을 위한 전문적인 과정을 두고 있는 것은 아니며 교장 자격제도와 승진제도가 교장 훈련 · 양성과 연계되어 있다. 이 절에서는 이러한 우리나라 교장 훈련 · 양성과정의 특징을 분석한다.

1) 교장 훈련 · 양성의 개념 및 필요성

교장을 대상으로 한 직전교육 또는 준비 훈련(preparatory training)은 학교장직을 시작하기 전에 받는 학교 지도성 훈련을 말한다(Pont et al., 2008: 142). 즉, 교장 직전교육(pre-service)은 교장이 될 자질을 갖춘 잠재적 리더들의 능력을 체계적으로 개발하여 교장이 될 수 있는 자격을 부여하는 교육을 의미한다(김이경, 한유경, 박상완, 정일화, 2008: 137). 광의의 개념으로 볼 때, 교장 양성과정은 교장 임용 이전의 모든 교육을 의미하며 협의의 개념으로는 교장 임용 전 단계에서 교장 후보자를 대상으로 하는 전문적이고 체계적인 교장 훈련 · 양성과정을 말한다.

직전교육 프로그램을 이수하는 대상은 매우 다양할 수 있다. 교장직에 임명 또는 선발되었지만 아직 교장직을 시작하지 않은 사람, 아직 교장직에 지원하거나 공식적 선발과정을 거치지 않은 교사, 학교 지도자로(예를 들어, 교감, 학교의 상급 지도자 등) 교장직을 희망하는 사람, 교장직 외 학교 지도자직(예를 들어, 교감)에 선발된 사람 등이 포함된다(Pont, Nusche, & Moorman, 2008: 142). 우리나라에서 교장 훈련 · 양성을 위한 과정은 교장 자격증 취득을 위한 재교육 과정인 교장 자격연수가 이에 해당한다고 볼 수 있다.

그러나 우리나라에서 교장 자격연수는 교감이 교장 자격증을 취득하고 교장으로 승진하기 위한 과정으로 제도화되었으며, 교장 자격연수에 참여하는 사람이나 이 프로그램을 개설 및 운영하는 사람들이 이를 전문적인 교장 훈련 · 양성과정으로 이해하고 있다고 보기는 어렵다. 이에 따라 엄밀히 말해 우리나라에 공식적인 학교장 준비(양성) 프로그램은 없다고 할 수 있다. 다만, 현 교장 인사제도에서 볼 때, 교장 임용 전 필수 과정으로 이수하게 되는 교장 자격연수를 교장 훈련 · 양성 프로그램으로 범주화할 수 있다.

교장 양성과정은 교장으로서 잠재적인 자질과 능력을 지닌 사람을 체계적으로 선발 및 훈련하여 이들이 성공적으로 학교를 운영하고 이끌어 갈 수 있는 전문적 역량을 함양하게 한다는 점에서 중요한 의미가 있다. 아울러 교장 양성교육에 주목하는 것은 종래 '누가' 교장이 될 것인가에 초점을 둔 우리나라 교장 인사 패러다임이 잠재적인 자질과 능력을 가진 교장 후보자를 '어떻게' 훈련 · 교육할 것인가로 전환하게 한다는 점에서도 의의가 있다(김이경 외, 2008: 137).

최근 교육환경의 급격한 변화로 단순 관리자나, 행정가에서 지도자로서 교장의 역할이 강조되고 있고, 학교장의 리더십은 교수-학습의 질 향상과 교사 효과성에 영향을 미치는 가장 핵심적인 요인이라는 점에서, 교장 후보자를 대상으로 한 체계적인 양성교육은 더욱 중요해지고 있다. 교장은 교사와 구별되는 전문성과 역량을 필요로 하며, 교육행정 전문직으로서 교장직 정립이 요구되고 있다(박상완, 2004). 학교교육을 둘러싼 새로운 교육환경에 대응하고 교수-학습의 질 제고를 위해 교장의 리더십을 체계적으로 개발하는 교장 양성교육은 향후 우리나라 교장 인사에서 보다 강화될 필요가 있다.

2) 교장 양성교육(교장 자격연수)의 발달

(1) 시기별 교장 자격연수의 변화

우리나라에서 교장 자격연수제도는 교원연수 관련 주요 법령의 제·개정 및 교원연수 정책 변화와 더불어 변화되어 왔다. 교장 자격연수가 본격화된 것은 1972년이다(이윤식, 유현숙, 최상근, 1993). 김이경 외(2008c: 138-141)는 우리나라 교원 연수제도의 시대적 변천과정을 분석한 이윤식 외(1993)의 시기 구분을 토대로 교장 자격연수제도의 발달 과정을 분석하고 이다. 이에 따르면, 교장 자격연수제도는 크게 여섯 시기로 구분할 수 있다.

첫째, 해방 이후~1952년(태동기). 교원 재교육에 관한 법적 근거가 마련되었다. 1948년 제정된 「교육법」 제74조에 의하면, 교원은 항상 사표가 될 품성과 자질의 향상에 힘쓰며 학문의 연찬과 교육의 원리와 방법을 탐구·연마하여 국민교육에 전심전력해야 한다. 당시 교원 재교육은 미군정청 학무국과 조선어학회 등의 교육·문화단체, 교육자들 사이에 자발적으로 이루어졌으며, 연수과정은 체계성이 부족했으며 단기적으로 운영되었다는 한계가 있다.

둘째, 1953~1960년(기초 확립기). 교원 재교육을 담당하는 임시 기관 설치에 관한 법령(1953년 4월 「교원의 양성과 재교육에 관한 임시기관 설치령」 대통령령 제781호)이 제정·공포되고, 초등교원 강습회, 중등교원 강습회, 교육행정 강습회 등 강습회의 형식으로 연수가 실시되었다. 제6조에 교육행정 강습회는 교장과 교감의 재교육을 목적으로 한다는 내용을 명시하였다(서울대학교 교육행정연수원 http://naea.snu.ac.kr/about/history 검색: 2016. 4. 10.). 연수과정이 표준화되지는 않았으나 학교급별 다양한 강습회를 통해 교원연수 기회가 확대되었다.

1960년 10월에는 교육부와 미국 피바디 교육사절단의 협조로 서울대학교 사범대학에 '교육행정관연수원'을 설치하고 정규반을 개설하였다. 교육행정관연수원은 당시 교육부 장관 산하에 두었다. 또한 서울대학교 교육행정연수원에서는 1960년부터 교육행정지도자 과정을 개설 및 운영하기 시작하였다(서울대학교 교육행정연수원 http://naea.snu.ac.kr/about/history 검색: 2016. 4. 10.).

셋째, 1961~1971년(제도 정비기). 1961년 교육공무원 연수기관 설치령(국무원령 제186호)이 발표되면서 정식 연수기관에 의한 교원연수가 이루어지기 시작하였다. 설치령 제3조에 의거하여 서울대학교 교육행정관연수원을 교육행정연수원으로 개칭하였다(1961. 1. 16.).

1964년에는 「교원연수령」(대통령령 제1642호)이 제정 · 공포되어, 교육공무원의 연수기관 설치와 운영에 관한 사항들을 규정하였다. 또 이 시기에는 초등교원연수원, 중등교원연수원, 교육행정연수원으로 연수기관을 체계적으로 정비하였고, 직위나 직급보다는 교원의 직무 내용에 따라서 연수 대상자를 선발하는 연수제도 정비, 개선이 추진되었다. 즉, 교원연수가 종별로 일반연수, 특수연수, 교육행정연수로 정리되어 현행과 유사한 연수제도로 정비되었다(서울대학교 교육행정연수원 http://naea.snu.ac.kr/about/history 검색: 2016. 4. 10.).

넷째, 1972~1980년(발전기). 1972년 9월 「교원연수원령」 개정을 통해 교원연수는 자격연수와 일반연수로 분리 · 체계화되었으며, 유치원, 초등학교, 중학교, 고등학교, 특수학교 등의 원장 및 교장의 자격연수 과정이 설치되면서 각급 학교 교장 자격연수가 본격적으로 시작되었다. 교장 자격연수의 대상과 내용 등은 당시 교육부령으로 정하였다. 아울러, 초등교원연수원은 국립 교육대학에, 중등교원연수원은 국립 · 공립 · 사립 사범대학에, 교육행정연수원은 당시 교육부 장관 소속하에 두기로 규정하였다(서울대학교 교육행정연수원 http://naea.snu.ac.kr/about/history 검색: 2016. 4. 10.). 1974년에는 「교원연수원령」을 재차 개정하여 당시 교육부 장관 소속하에 두었던 교육행정연수원을 국립대학교 사범대학(서울대학교 사범대학) 부속으로 전환하였다.

다섯째, 1981~1999년(정착기). 1983년 자격연수 교육과정을 체계화하여 영역별 시간 배당을 설정하고(교양 29.6%, 교직 23.1%, 전공 40.0%, 교과교육 7.3%) 연수시간은 총 260시간으로 운영되었다. 1986년 「교원연수원령」 3차 개정을 통해 한국교원대학교에 종합교원연수원을 별도로 설치하고 자격연수를 실시하였다. 1987년 5월에는 교원자격연수 표준교육과정을 개정하여 영역별 비중을 조정하였다(교양 22.2%, 교직 22.2%, 전공

50.0%, 교과교육 5.6%). 교과과정보다 전공영역을 강화하였으며 연수시간은 260시간에서 180시간으로 축소하였다.

또한 1993년 제6차 교육과정 시행에 따라 자격연수 교육과정이 개정되었으며, 교장 자격연수 교육과정은 교양 17.8%, 교직 26.7%, 전공 55.5%로 조정되었다. 이는 교장 자격연수에서 교직 영역과 교과 영역을 통합한 것으로 종전에 비해 교양 영역을 축소한 대신 교직 영역과 전공 영역을 강화하여 교장의 전문성 향상에 비중을 둔 것이라 할 수 있다.

여섯째, 2000년 이후~현재(질적 확대기). 교장 자격연수는 한국교원대학교의 종합교육연수원과 서울대학교 사범대학의 교육행정연수원 두 곳에서 실시하였으나, 2004년부터 서울대학교 교육행정연수원에서 실시하던 서울 지역 초등 교장 자격연수를 초등교육의 전문성을 고려하여 서울교육대학교 초등교육연수원에서 분리·실시하게 되었다.

아울러 최근에는 안전교육, 통일교육, 역사교육 등이 강조되면서 교장 자격연수과정에도 이를 반영하도록 하고 있다. 예를 들어, 교육부(2015)는 2013년 역사교육 강화 방안의 일환으로 교장·교감 자격연수에 역사관을 2시간 이상 독립과목으로 편성·운영하도록 하였다. 또한 교육 분야 안전종합대책(2014. 11.)에 의거하여 교장·교감 자격연수 시 안전교육을 의무화하였으며, 통일교육 관련 1개 교과목(2시간) 포함을 권장하고 있다. 이 외에도 교장(감) 자격연수에 역사관을 독립 과목으로 편성하고(2시간 이상), 교장(감), 정교사 자격연수 표준교육과정에 학교폭력(성폭력), 생활 지도·상담 등 관련 내용을 대폭 확대하며, 학교 성교육 표준안 관련 내용과 스마트교육 관련 교원 역량 강화를 위한 교과목 편성 등을 권장하고 있다.

정부의 교장 자격연수 표준교육과정 지침을 토대로 연수 기관별 프로그램을 구성하며, 총 이수 시간, 강좌 구성 등에는 다소 차이가 있다. 2008년 3월부터는 교장 자격연수 강화를 위해 교장 자격연수 기간 및 시수를 확대하여 총 360시간으로 개편되었으며, 2012년도는 자격연수 이수시간이 다소 축소되었다.

(2) 교장 자격연수 주관기관 변천

교장 자격연수 주관기관은 교육부령에서 정하고 있다. 해방 이후 현재까지 여러 차례의 크고 작은 변화가 있었다. 이를 정리하면 〈표 11-3〉과 같다.

◆ 표 11-3 ◆ 교장 자격연수 주관기관의 변화

구분	교장 자격연수 주관기관
해방 이후~1952년	• 교육 · 문화단체, 교육자들이 자발적으로 교원연수 실시
1953~1960년	• 임시 연수기관(강습회) 운영. 교육행정 강습회는 교장과 교감의 재교육을 목적으로 함. • 교육부와 미국 피바디 교육사절단의 협조로 서울대학교 사범대학에 '교육행정관연수원'을 설치하고 정규반을 개설함. 문교부 장관 아래 교육행정연수원을 둠(1960. 10.).
1961년	• 교육행정관연수원을 교육행정연수원으로 개칭(1961. 1. 16.) • 교장 자격연수는 당시 교육부 산하 교육행정연수원(직무 내용에 따른 연수 구분)에서 실시됨.
1964년	•「교원연수령」(대통령령 제1642호)에 의거, 연수원이 초등교원연수원, 중등교원연수원, 교육행정연수원으로 분할. 교장 자격연수는 교육행정연수원에서 실시
1972년	• 유치원, 초등학교, 중학교, 고등학교, 특수학교 등의 원장 및 교장의 자격연수과정 설치 • 교장 자격연수는 당시 교육부 산하 교육행정연수원에서 실시. 연수과정을 자격연수와 직무연수를 구분하고, 교장 자격연수를 분리하여 실시하기 시작함.
1974년	•「교원연수령」 제1차 개정(대통령령 제7094호)을 통해 교육행정연수원을 당시 교육부 장관 소속하에서 국립대학교 사범대학 소속으로 변경함.
1983년	• 국립 사범대학교 부설 교육행정연수원(1974년 법 개정)
1987년	• 서울대학교 사범대학 부설 교육행정연수원 • 한국교원대학교 종합교원연수원(1986년 종합교원연수원 별도 설치됨)
2004년	• 서울 지역 초등 교장 자격연수를 서울교육대학교 초등교육연수원에서 분리하여 실시함.
2008년	• 초등 교장 자격연수 주관기관: 서울대학교 교육연수원, 서울교육대학교 초등교육연수원 • 중등 교장 자격연수 주관기관: 서울대학교 교육연수원, 한국교원대학교 종합교육연수원

출처: 김이경 외(2008), p. 141; 서울대학교 교육행정연수원 연혁(http://naea.snu.ac.kr/about/history.); 한국교원대학교 종합교육연수원 http://tcie.knue.ac.kr/index.do)을 토대로 재정리함.

1972년 교원연수가 자격연수와 직무연수로 구분되면서 교장 자격연수 과정은 유치원, 초등학교, 중학교, 고등학교, 특수학교 등 학교급/유형별로 분리, 실시되었다. 아울러 교장 자격연수 주관기관은 초등과 중등이 분리 · 전문화되었으며, 연수 대상자의 접근성을 고려하여 서울과 지방에 연수기관을 두고 있다.

(3) 교장 자격연수 교육과정 및 교과 이수시간 변천

교장 자격연수 이수과목은 교양, 교직, 전공으로 크게 구분된다(김이경 외, 2008: 142-143). 여기서 교양과목은 관리자로서의 학교 경영에 관한 기본 소양과 당시 정치 · 경제 · 문화 · 사회 등 시대적 환경과 운영 정보에 대한 소양을 기르는 데 초점을 둔다. 교직과목에 학교 경영 실무과정을 익히고 학교장의 역할 수행에 필요한 기본적 지식을 함양하도록 교육과정, 생활지도, 교육행정학 등이 개설되었다.

전공과목은 교육행정, 교육재정 및 조직관리 등 학교 운영 · 관리에 필요한 전문적 지식과 기술, 실무 능력 함양을 위한 과목으로 구성되었다. 초등 교장 자격연수 이수과목은 초기에는 교양, 교직, 전공, 교과로 구분하였으나 1993년부터 교과를 교직 영역에 통합하였다. 그러나 교장 자격연수 이수과목 구분이 교장의 직무 분석에 근거하지 않고 교양, 교직, 전공 등의 영역으로 구분되어 나열식으로 운영된 경향이 있다(김이경 외, 2008: 143).

교과별 이수시간 비율은 1983년 당시 교육부가 교장 자격연수 표준교육과정을 제정한 이후 변화를 거쳐 왔다. 대체로 초등 교장 자격연수 과정으로 운영되던 교과교육 과목의 비율은 점차 축소되다가 1993년에 교직과목과 통합되었다. 교양 및 교직과목의 이수시간 비율도 점차 감소하였다. 반면, 전공과목의 비중은 70% 이상으로 증가하였으며, 교장 자격연수 이수 시간도 1987년 이래 180시간에서 2008년 360시간 이상으로 확대되었다. 2012년부터는 자격연수 이수시간을 다소 축소하여 180~270시간으로 조정하였다. 아울러 자격연수 교육과정도 일반 교양교과(기본 소양 영역), 교장 · 원장으로서 필수적으로 갖춰야 할 역량(역량 영역), 교육행정 · 교육재정 및 조직 경영 등 학교 운영 · 관리에 필요한 전문 분야에 관한 교과(전문 영역) 등 세 영역으로 구분하였다.

전반적으로 교장의 전문성을 강화하는 방향으로 자격연수 이수과목 비중이 변화된 것으로 볼 수 있다. 최근 자격연수 이수시간이 축소된 것은 자격 취득 후 업무수행에 필요한 직무연수를 강화하기 위한 정부정책에 따른 것으로 볼 수 있다(교육부, 2015: 11). 교장 자격연수 과정의 교과별 이수시간 변화를 정리하면 〈표 11-4〉와 같다.

◆ 표 11-4 ◆ 교장 자격연수 과정의 교과목 이수시간 비중

연도	교과목 이수시간 배당 비율	총 이수시간
1983년	교양(29.6%), 교직(23.1%), 전공(40.0%), 교과교육(7.3%)	260시간
1987년	교양(22.2%), 교직(22.2%), 전공(50%), 교과교육(5.6%)	180시간

연도	교과목 이수시간 배당 비율	총 이수시간
1993년	교양(17.8%), 교직(26.7%), 전공(55.5%)	180시간
2006년	교양(17.9%), 교직(8.3%), 전공 및 자율탐구(73.8%)	180시간
2008년	교양(10~20%), 교직(10~20%), 전공(60~80%)	360~432시간
2012년	기본 소양(10~20%), 역량 영역(40~45%), 전문 영역(40~45%)	180~270시간

출처: 태원경(2006); 교육과학기술부(2008a); 교육과학기술부(2012)를 토대로 정리함.

3) 교장 자격연수 과정의 주요 특징

(1) 교장 자격연수 기관 현황

교장 자격연수 기관은 한국교원대학교 종합교육연수원, 서울대학교 사범대학 부설 교육행정연수원, 서울교육대학교 부설 교육연수원 등 3개가 있다. 이 외에도 교장을 대상으로 하는 연수과정을 개설하는 기관으로는 서울대학교 교육행정연수원, 종합교육연수원 등이 있으나 이들 두 기관은 교장 양성과정이라기보다는 재교육과정이라 할 수 있다. 참고로 이들 두 기관을 포함하여 교장 자격연수 기관을 제시하면 〈표 11-5〉와 같다.

◆ 표 11-5 ◆ 교장 자격연수 기관

구분	기관 명	주요 연수과정	비고
교장 자격 연수기관	한국교원대학교 종합교육연수원	• 교(원)장 자격연수 • 특별연수 및 외국어 연수	교장 자격연수 지정기관
	서울대학교 사범대학 부설 교육행정연수원	• 교장(중등) 자격연수 • 교육행정 지도자 과정	
	서울교육대학교 부설 교육연수원	• 교장(초등) · 원장 자격연수	
교육행정연수원	서울대학교 사범대학 부설 교육행정연수원	• 교장(원장), 교감(원감) 대상	1개
종합교육연수원	한국과학창의재단 종합교육연수원 등 8개 기관	• 교장(원장), 교감(원감) 및 교원의 직무연수	민간 및 공공기관

출처: 교육부(2015. 11.), p. 2의 표를 수정함.

(2) 교장 자격연수 시수 및 교육과정 구성

교장 자격연수 교육과정은 「교(원)장 · 교(원)감 · 수석교사 · 정교사 자격연수 표준 교육과정」에 의하여 편성 · 운영된다. 교육부(2015)의 2016년도 교원 연수 중점 추진 방향에 의하면, 교장 자격연수 교육과정 편성 · 운영의 기본 원칙은 다음과 같다.

- 첫째, 교육현장 요구를 반영하여 현장 활용도를 높일 수 있도록 교육과정 편성 · 운영
- 둘째, 해당 자격에 필요한 핵심역량 위주로 교육과정 편성 · 운영
- 셋째, 자격연수 시에 안전교육 관련 내용을 15시간 이상 반영
- 넷째, 교장 · 교감 자격연수에 '역사관'을 2시간 이상 독립과목으로 편성 · 운영

교장 자격연수 시간은 2012년부터 종전 360시간에서 180~260시간으로 감축되었다. 대신 교장 자격 취득 후 교장 업무수행에 필요한 사항에 대한 별도 직무연수를 강화하고 있다(교육부, 2015: 11). 최근 고시된 교장 · 교감을 포함한 교원 자격연수 이수 시간과 영역별 배정 비율은 〈표 11-6〉과 같다(교육과학기술부, 2012).

◆ 표 11-6 ◆ 교원 자격별 자격연수 시수 및 영역별 시수 배정 비율

<table>
<tr><th rowspan="2">총 시수</th><th rowspan="2">교원 자격</th><th colspan="3">총 시수의 영역별 배정 비율</th></tr>
<tr><th>기본 소양</th><th>역량 영역</th><th>전문 영역</th></tr>
<tr><td rowspan="2">90~135시간</td><td>2급정교사 · 1급정교사
(유치원 · 초등 · 중등)</td><td>10~20%</td><td>20~30%</td><td>50~70%</td></tr>
<tr><td>교감 · 원감 · 수석교사</td><td rowspan="2">10~20%</td><td rowspan="2">40~45%</td><td rowspan="2">40~45%</td></tr>
<tr><td>180~270시간</td><td>교장 · 원장</td></tr>
</table>

출처: 교육과학기술부(2012), p. 3.

「교원 등의 연수에 관한 규정 시행규칙」(제7조 ① 관련)에 따른 교장 자격연수 교육과정은 다음과 같다. 교장 자격연수 교육과정은 종래 교양과목, 교직과목, 전공과목으로 구분되던 것을 일반 교양교과(기본 소양 영역), 교장 · 원장으로서 필수적으로 갖춰야 할 역량(역량 영역), 교육행정 · 교육재정 및 조직 경영 등 학교 운영 · 관리에 필요한 전문 분야에 관한 교과(전문 영역) 등 세 영역으로 구분되고 있다. 「교원 등의 연수에 관한 규정 시행규칙」에 명시된 교장 · 교감 자격연수의 연수과정표는 〈표 11-7〉과 같다.

◆ 표 11-7 ◆ 교장 · 교감 자격연수의 연수과정표

교감과정 · 원감과정		교장과정 · 원장과정	
교과	이수시간 배당 비율	교과	이수시간 배당 비율
일반 교양교과(기본 소양 영역)	10~20%	일반 교양교과(기본 소양 영역)	10~20%
교감 · 원감으로서 필수적으로 갖춰야 할 역량(역량 영역)	40~45%	교장 · 원장으로서 필수적으로 갖춰야 할 역량(역량 영역)	40~45%
교육행정 · 교육재정 등 교무관리에 관한 교과(전문 영역)	40~45%	교육행정 · 교육재정 및 조직경영 등 학교 운영 · 관리에 필요한 전문 분야에 관한 교과(전문 영역)	40~45%
합계	100%	합계	100%

출처: 「교원 등의 연수에 관한 규정 시행규칙」[별표](제7조 ① 관련)

2012년 고시된 교장 · 원장 자격연수 표준교육과정은 〈표 11-8〉과 같다. 이러한 표준교육과정을 기초로 연수기관별(서울대학교 사범대학 교육행정연수원, 한국교원대학교 종합교원연수원, 서울교육대학교 교육연수원)로 연수과정을 편성 · 운영하게 된다.

◆ 표 11-8 ◆ 교장 · 원장 자격연수 표준교육과정

영역	역량군	세부 역량	과목	배정 비율
기본 소양	미래 비전	• 변혁적 리더십 • 창의성 • 변화주도	- 미래사회 변화의 이해와 이에 따른 교육의 발전방향(세계화, 녹색교육, 다문화교육 등) - ICT · 스마트교육의 이해와 활용방안 - 그 외 교육과학기술부 장관이 정하는 과목	5~15%
	교원 공통	• 비판적 이해 • 윤리의식 • 책임감	- 국가교육정책의 이해와 비판적 제안(창의 · 인성교육, 교원능력개발평가 등) - 국가관, 역사 · 안보관(독도 포함), 통일교육 등 국정철학 - 학생 · 교원 인권 교육 및 양성평등 - 정치적 중립, 청렴 등 공직 윤리	5~10%
	자율	• 자율 역량	- 연수기관 자율 선택	0~5%
	영역 소계			10~20%

영역	역량군	세부 역량	과목	배정 비율
역량 영역	기획 실행	• 기획력·추진력 • 창의성·변화 주도 • 교육 혁신 • 전략적 사고 • 의사결정	- 글로벌 교육 비전 창출 및 선진 개혁 사례 체험(해외연수 포함) - 학교 교육과정의 편성·운영의 실제(스마트교육 등 첨단매체 활용 포함) - 학교 상황에 적합하도록 교육과정 재구조화(창의적 체험활동 등 포함) - 행정업무 시스템 개선 기획·추진	20~25%
	교장 리더십	• 적극성 • 긍정적 사고 • 배려(상호 신뢰) • 의사소통 • 자기경영 • 상황대처 능력 • 갈등관리	- 학교장의 리더십 강화방안(교장의 역할과 과제) - 교직원의 전문적 능력개발을 위한 학교장의 역할과 과제 - 효과적인 학교 단위 인성교육의 실제(우수 사례 포함) - 교원 전문성 개발 프로그램 구안 및 적용(학교의 학습조직화 지원 포함) - 교원 및 학부모 상담의 실제와 대응전략 - 학교 문화의 긍정적 변화를 위한 의사소통(교직원 관계와 갈등 관리) - 안전한 학교를 위한 학교장의 역할(학교폭력·교권침해 예방 포함)	20~25%
	자율	• 자율 역량	- 연수기관 자율 선택	0~10%
	영역 소계			40~45%
전문 영역	학교 경영	• CEO형 리더십 • 창의성·변화 주도 • 교육 혁신 • 적극성 • 전략적 사고 • 기획·추진력 • 상황대처 능력	- 창의적인 학교 경영을 위한 조건과 과제 - 학교 경영 개선 전략 연구 - 단위 학교 경영 기획의 이해·작성 실습 - 학교 경영 리더십의 새로운 양상 - 학교 경영의 효율성 제고를 위한 직무 분석 및 권한 부여 방안 - 교육 거버넌스 구축을 통한 지역사회 연계 강화 - 지역사회 인적·물적 자원의 효과적 활용(지역기업·학부모·지역 언론 등 포함)	20~25%
	조직·인사	• 관리자형 리더십 • 의사결정 • 공정성 • 의사소통 • 갈등관리	- 교육행정조직 구조의 이해와 학교장의 역할 - 교육의 본질 구현을 위한 학교장의 교육행정 리더십(조직관리 교양 등 포함) - 임용(교사 휴·복직·퇴직 및 기간제 관리) - 교원 인사·복무관리(근무성적평정, 상훈·징계 포함) - 교육법규·사무관리의 이해 - 학교시설 및 회계제도의 이해(예산 편성·집행, 계약 등 포함) - 학교 감사의 방향과 사례 - 학교평가·교원능력개발평가의 이해와 실제 - 조직 갈등 관리 방안	20~25%
	자율	• 자율 역량	- 연수기관 자율 선택	0~10%
	영역 소계			40~45%

출처: 교육과학기술부(2012), pp. 7-8.

(3) 교장 자격연수 대상자 선발

자격연수 대상자 선발은 각 시 · 도 교육청 승진규정에 의해 당해 필요한 인원에 근거하여 이루어진다. 보다 구체적으로 「교원 등의 연수에 관한 규정 시행규칙」 제4조에 의해 교장 자격에 관한 「초 · 중등교육법」 [별표 1]에 의한 교육 경력이 있는 사람(교장 자격을 갖춘 사람을 말함)과 「교원자격검정령」 제23조의 규정에 의하여 교장의 자격인정을 받은 사람 중에서 교육부 장관이 정하는 기준에 따라 관할 교육감이 지명한다.

교장 자격연수 대상자를 지명하는 경우, 국공립학교 등에 근무하는 사람에 대하여는 「교육공무원 승진규정」 제40조의 규정에 의한 승진후보자 명부에 준하는 연수 대상자 순위명부를 작성하여 그 순위에 따라 지명한다. 교장 자격제도에서 설명한 바와 같이 교장 자격연수 대상자 선발은 교장 승진제도와 밀접하게 연계되어 있다. 즉, 승진평정에 기초하여 교장 자격연수 대상자가 선발된다. 이상 교장 자격연수의 주요 특징을 요약 · 정리하면 〈표 11-9〉와 같다.

◆ 표 11-9 ◆ 교장 자격연수 주요 특징(요약)

구분	내용
연수기관	• 서울: 서울대학교 사범대학 부설 교육행정연수원(서울 중등 교장 자격연수), 서울교육대학교 교육연수원(초등 교장 자격연수) • 지방: 한국교원대학교 교육종합연수원(초 · 중등 교장 자격연수)
연수 교육과정 및 내용	• 자격연수 교육과정은 법령으로 정한 교장 자격연수의 연수과정표, 교장 자격연수 표준교육과정과 교육부에서 매년 발표하는 교원연수 중점 추진방향을 고려하여 편성된다(「교원 등의 연수에 관한 규정 시행규칙」 [별표], 교장 · 원장 자격연수 표준교육과정). • 2016년도 교원 연수 중점 추진 방향 - 교육 분야 안전 종합대책(2014. 11.)에 의거하여 교장 · 교감 자격연수 시 안전교육을 의무화하고, 대상별로 차별화된 연수 프로그램 적용 - 교장(감) 및 정교사 자격연수 등에 통일교육 관련 1개 교과목(2시간) 포함 권장 - 교장(감) 자격연수에 '역사관'을 독립 과목으로 편성(2시간 이상) - 교장(감), 정교사 자격연수 표준교육과정에 학교폭력(성폭력), 생활 지도 · 상담 등 관련 내용 대폭 포함 - 교장(감), 교사 자격연수 및 직무연수 과정에 학교 성교육 표준안 관련 내용 포함 - 교장 자격연수에 스마트교육 관련 교원 역량 강화를 위한 교과목 편성
연수 대상자 선발	• 연수과정별로 교육장 또는 학교장의 추천을 받아 교육감이 지정. 교장 자격연수의 경우, '연수 대상자 순위명부'를 작성 · 지명함 ※ 2018년도 교감 · 원감과정 자격연수 응시 대상자 순위명부 작성 시 한국사 능력의 검정 결과 3급 이상 또는 60시간 이상의 한국사 관련 연수를 받은 자를 대상으로 하도록 관련 법령 개정

구분	내용
성적평가	• 연수과정에 따라 지필평가, 수행평가 등 적절한 평가방법 활용 • 원 점수 60점 미만인 자는 미이수 처리
연수결과 활용	승진 시 9점으로 환산하여 반영함.
경비	• (일반) 교원당 연수경비 예산 지원 단계적 확대 추진 ※ (2012) 15만 원 → (2013) 20만 원 → (2014~) 25만 원 → (2015~) 25만 원 • 교장 자격연수 대상자에 대해서는 1인당 80~100만 원 내외에서 지원. 대체로 전액 지원됨.

출처: 교육인적자원부(2005a); 교육부(2015)를 토대로 정리함.

4) 교장 훈련 · 양성제도의 한계와 과제

우리나라 교장 훈련 · 양성제도(직전교육)의 문제점과 개선과제는 이종재 외(2004), 김이경 외(2008), 주현준, 김민희, 박상완(2014)에서 제시하고 있다. 이를 종합해 보면 다음과 같다.

(1) 교장 양성과정/기관 부족

우리나라에서 교장 양성과정이라 할 수 있는 교장 자격연수를 주관하는 기관은 총 3개로 서울대학교 사범대학 부설 교육행정연수원, 서울교육대학교 부설 교육연수원, 한국교원대학교 부설 교육종합연수원이 있다. 서울 지역 중등 교장 자격연수 본 연수과정은 서울대학교 교육행정연수원에서, 서울 지역 초등 교장 자격연수 본 연수과정은 서울교육대학교 부설 교육연수원에서, 서울 이외 지역의 초 · 중등 교장 자격연수 본 연수과정은 한국교원대학교 부설 교육종합연수원에서 주관하고 있다.

초 · 중등 교장 자격연수 과정을 개설 · 운영하는 기관이 3개에 불과하고 지역별도로 서울, 충청도에 한정되어 있다. 전국 17개 시 · 도 교육청의 교장 자격연수 대상자들이 이들 세 기관에서 자격연수를 이수해야 함에 따라 이와 관련된 다양한 문제점들이 제기되고 있다.

첫째, 다수의 자격연수 대상자들이 일시에 자격연수를 이수함에 따라 자격연수 프로그램 운영 시 집합교육 외에 다양한 학습 방법을 활용하는 데 한계가 있을 수 있다.

둘째, 주관 기관이 지역적으로 편중되어 있어, 연수생이 시간적 · 공간적으로 기관에 접근하는 데 불편함이 있다(김이경 외, 2008: 148).

셋째, 서울 지역 외 교장 자격연수는 장기간 합숙 집합교육 형태로 이루어짐에 따라 소속 학교의 업무 공백이 발생하게 되며, 시 · 도 교육청별 특수성을 반영한 실무교육을 제공하는 데 한계가 있을 수 있다(김이경 외, 2008: 148).

넷째, 교장 자격연수 과정의 질을 검증하거나 질 관리의 실효성이 떨어진다. 교장 자격연수는 이들 세 기관에서만 개설 · 운영할 수 있으며, 다른 연수기관들이 진입할 수 있는 기회가 차단되어 있기 때문이다.

(2) 교장 자격연수 대상자 선발과 규모의 문제

교장 자격연수 대상자 선발은 승진후보자 명부작성 기준을 반영하여 이루어진다. 이는 우리나라 교장 양성제도와 교장 승진제도와 밀접하게 연계되어 있음을 의미한다. 이러한 교장 양성제도는 다음 몇 가지 점에서 한계가 있다.

첫째, 우리나라에서 교원 승진제도는 연공서열을 중시하므로 일부분의 교사들만 교감 및 교장으로 승진할 수 있으며, 이는 우리나라 전체 교사들의 지도자로서의 능력 개발이나 교직 헌신을 이끌어 내는 데 한계가 있다(신현석, 전상훈, 2007).

둘째, 경력을 중시하는 연공서열 중심의 승진제도는 교수 경력이 중시되는 장점이 있지만 새로운 교육 환경 변화와 트렌드에 민감하게 대응할 수 있는 학교 관리 · 경영자, 학교 지도자로서 역량 있는 사람을 조기에 발굴하는 데에는 한계가 있다.

셋째, 교장 자격연수 대상자를 현직 교감 중에서 선발하게 된다는 점에서 보면, 교감 승진 대상자(교감 자격연수 대상자)가 결정된 이후부터는 교장 자질 검증 과정이 한정될 수 있다. 즉, 교장 자격연수 대상자 선발 경쟁력이 다소 떨어질 수 있다. 아울러 다양한 교육 이력과 리더십을 갖춘 인재의 유입이 거의 차단되어 있다고 할 수 있다.

넷째, 교장 자격연수 대상자 선발 규모는 교장 결원을 보충하는 정도로 제한되어 있어, 미래의 잠재적인 학교 지도자를 발굴하고 전문성을 갖춘 인재풀을 확보하는 데에는 기본적으로 한계가 있다.

(3) 자격연수 교육과정의 한계

교장 자격연수는 각 시 · 도 교육청에서 이루어지는 사전연수와 3개 교장 자격연수 기관에서 이루어지는 본 연수로 구분된다(김이경 외, 2008). 자격연수 교육과정은 법령으로 정한 교장 자격연수의 연수과정표, 교장 자격연수 표준교육과정과 교육부에서 매년 발표하는 교원연수 중점 추진방향을 고려하여 편성 · 운영된다. 이러한 교장 자격연수 교육과정과 관련하에 제기되는 문제점은 다음과 같다.

첫째, 교장 자격연수 프로그램은 표준교육과정에 의거하여 편성·운영되고 있으나 교장의 통합적이고 체계적인 직무 수행 능력 및 리더십 함양에는 한계가 있다. 자격연수 과정은 단기적인 자격 취득 과정으로 운영되기 때문에 잠재적인 리더를 발굴 및 육성하기에는 어려움이 있다.

둘째, 현직 교장을 연수 강사로 일부 활용하고 있지만 강의식으로 운영하는 프로그램이 많은 편이며, 현장 실무 경험과 지식을 면대면으로 학습할 수 있는 기회가 부족하다.

셋째, 교장 자격연수 이수자는 연수과정 종료 후 소속 시·도 교육청으로 분산됨에 따라 직무상 당면 문제를 해결할 수 있는 교장 간 온라인 네트워크를 구축하거나 이를 활용 및 지속하기가 어렵다.

넷째, 교장 자격연수는 종래 360시간에서 180~270시간으로 축소되었으며, 이를 통해 교장으로서의 리더십과 전문성을 갖추기에는 불충분하다. 아울러, 이 중 일부는 국내외 문화 탐방 및 견학에 할애되며, 일부는 재택연수로 이루어지고 있어 현장 실무 중심의 교육과정 운영이 부족한 편이다.

(4) 개선 과제

선행연구를 토대로 교장 자격연수, 나아가 교장 양성제도 개선을 위한 과제를 정리하면 다음과 같다(김이경 외, 2008; 주현준 외, 2014; Pont et al., 2008).

첫째, 교장 양성교육과 교장 자격연수제도를 이원화하고 병행할 필요가 있다. 현재 승진 임용제와 연계되어 있는 교장 자격연수제에서 벗어나 교장 양성을 위한 전문 과정을 신설함으로써 교장 양성교육을 체계하고 강화할 필요가 있다. 이 경우, 교장 자격제도를 현행과 같이 유지하여 이원제로 할 수도 있고, 자격연수제도를 양성과정과 통합할 수도 있을 것이다. 다만, 자격연수제도를 폐지할 경우, 승진제도 개편이 연계되어야 한다는 점에서, 단기적으로는 이를 분리하되, 장기적으로는 통합하는 방향으로 나아가야 할 것이다.

둘째, OECD 국가들에서는 교장 후보자 부족 문제가 제기되어 유능한 학교 지도자를 조기 발굴하고 학교 지도자의 인력풀을 확대하기 위한 노력을 기울이고 있다(Pont et al., 2008). 우리나라의 경우 교장 후보자는 교장 승진자로 한정되어 있다는 점에서 인력풀 확대의 필요성은 매우 크다고 할 수 있다. 이에 따라 장기적으로 학교를 성공적으로 경영하는 데 필요한 비전과 열정을 지닌 잠재적 미래 지도자를 조기에 발굴하여 젊고 유능한 교장으로 육성하는 체제를 마련할 필요가 있다. 이를 위해 교직 경력 개발 단계 초기부터 학교 지도자로서의 자질, 역량을 개발할 수 있는 연수 기회를 제공할 필요가 있다. 현재 교감, 교장 자격연수에 한정되어 있는 학교 경영, 학교 지도성 개발 관련 프로그램을 1급 정교사, 부장교사를 대상으로 한 연수과정에도 포함시킬 수 있을 것이다.

셋째, 교장 양성과정은 각 시 · 도 교육청, 지방의 자율성과 책무성을 보장하되 중앙 정부와 협력할 수 있는 체제를 구축하는 형태로 마련될 필요가 있다. 이에 따라 교장 자격연수 과정과 같이 교장 양성과정을 주관하는 기관을 중앙 정부에서 일괄적으로 지정 및 운영하기보다는, 지역적 근접성과 프로그램의 다양성을 증진시키기 위해 교장 양성과정 제공 기관을 다양화할 필요가 있다. 아울러, 국가기관, 대학(원), 전문연수 기관, 시 · 도 교육청 간 협력 네트워크를 구축함으로써 교장의 전문성 심화를 위한 공동 노력과 대처를 독려할 필요가 있다.

넷째, 전문적인 교장 양성과정을 도입한다. 이를 위해서는 두 가지 접근이 있을 수 있다. 하나는 교장 양성과정과 학위과정을 연계하는 것이다. 다른 하나는 영국과 같이 교장 양성교육을 위한 별도의 전문 과정과 기관을 도입하는 것이다. 이는 기본적으로 교장 승진과 연계된 선발 위주의 교장 양성교육이 교장의 전문성, 지도성 제고에 초점을 둔 패러다임으로의 전환을 의미한다. 교장의 지도성 개발은 단기적으로 이루어지기보다는 장기적인 과정으로 이루어질 필요가 있다는 점에서 교장 양성과정을 학위과정이나 전문과정과 연계할 필요가 있다. 이는 장기간 집중 연수로 인한 교장 후보자의 업무 공백을 최소화하고, 이론과 실제를 겸비한 전문인력 양성에 기여할 수 있을 것이다. 아울러 학교 환경을 둘러싼 새로운 변화와 요구에 대응하여 학교를 성공적으로 경영하기 위해서는 젊고 도전적이고 유능한 인재들이 리더십을 발휘할 수 있는 기회가 주어져야 하며, 그러한 인재들의 자질과 전문성이 체계적으로 함양하는 데에도 기여할 것으로 기대된다.

제12장

교장 임용제도

교장을 어떤 방식으로 임용하느냐는 어떤 자질과 능력을 갖춘 사람이 교장이 되는가라는 문제와 직접적으로 연계되어 있다. 학교에서 교장은 관리자 및 행정가로서의 역할뿐 아니라 교육 지도자로서의 역할을 수행하는 것으로 이해되고 있다(Hallinger, 1992; Davis, Darling-Hammond, LaPointe, & Meyerson, 2005). 교장은 관리자이자 교육자로서의 역할을 동시에 갖고 있지만 이 중 어떤 역할을 더 중요하게 볼 것인가는 논란이 된다(이차영, 2006a). 교장은 교사가 승진을 거쳐 임용될 수 있는 최상위 직위이고 학교에서 교장이 차지하는 법적 · 실질적인 영향력이 크기 때문에 교장 임용제의 변화는 잠재적 교장 후보자인 현직 교사의 교직생활에 직간접적인 영향을 미치게 된다. 이 절에서는 교장 임용제도를 체계적으로 분석한다. 구체적으로 교장 임용 관련 법 규정, 교장 승진 임용제, 교장 공모제의 발달 등을 분석한다.

1. 교장 임용 규정과 임용 유형

1) 교장 임용 관련 규정

학교장의 임용에 대한 법적 근거는 「교육공무원법」, 「교육공무원임용령」에 명시되어 있다. 「교육공무원임용령」은 국공립대학 교원 및 초 · 중등학교 교원, 교육행정가 등 교육공무원의 임용에 관한 사항을 규정하고 있는 것으로 다른 법령에 특별한 규정이 없는 한 본 임용령이 적용된다.

「교육공무원법」 제29조의 2에 의하면 교장은 교육부 장관의 제청으로 대통령이 임용한다. 교장의 임기는 4년으로 한 번만 중임할 수 있다. 다만, 공모 교장으로 재직하는 횟수는 이에 포함하지 않는다. 교장으로 1차 임기를 마친 사람에 대해서는 정년까지 남은 기간이 4년 미만인 경우에도 특별한 결격 사유가 없으면 교장으로 다시 임용할 수 있다. 교장의 임기가 학기 중에 끝나는 경우, 임기가 끝나는 날이 3월에서 8월 사이에 있으면 8월 31일을, 9월에서 다음 해 2월 사이에 있으면 다음 해 2월 말일을 임기 만료일로 한다.

또한 정년 전에 임기가 끝나는 교장으로서 교사로 근무할 것을 희망하는 사람은 수업 담당 능력과 건강 등을 고려하여 교사로 임용할 수 있으며, 이에 따라 임용된 교사는 원로교사로 우대해야 한다. 다만, 원로교사는 교사 자격증을 가진 사람에 한한다. 공모 교장을 제외한 교장은 임기 중에 전보될 수 있으며, 이는 교육부 장관이 행한다. 기타 교장의 재임용과 교장 임기 종료 후 원로교사의 임용에 관한 세부 사항은 교육부 장관이 정한다. 여기서 교장 임용에 관한 권한은 「교육공무원임용령」(제3조, 제3조의 2)에 따라 교육감에게 위임되어 있다.

2) 교장 임용의 유형

우리나라에서 국공립 초 · 중등학교 학교장은 「초 · 중등교육법」에 따른 자격이 있는 사람이어야 한다(「교육공무원법」 제7조). 이러한 자격기준을 충족한 교장의 임용 방식은 임용권자와 교장의 자격기준에 따라 크게 두 가지로 구분해 볼 수 있다. 즉, 임용권자(교육감)에 의한 임용과 학교 단위 심사를 거치는 공모제로 구분해 볼 수 있다. 이

중 교육감에 의한 임용이 주를 이루고 있으며, 공모제는 2000년대 중반 이후 시범운영을 거쳐 2013년부터 법제화되었다.

「교육공무원법」상으로 임용이란 신규 채용뿐 아니라 승진, 승급, 전직(轉職), 전보(轉補), 겸임, 파견, 강임(降任), 휴직, 직위해제, 정직(停職), 복직, 면직, 해임 및 파면 등을 포함하는 매우 포괄적인 개념이다(「교육공무원법」 제2조). 이러한 임용의 종류에 근거해 볼 때, 현행법상 교장의 임용은 승진(교감 → 교장), 전직(대학 학장 ↔ 학교장, 교육전문직 ↔ 교감, 교장), 신규 채용(교육행정직 → 학교장), 전보(동일 학교급 또는 중학교 ↔ 고등학교, 특수학교 ↔ 초 · 중등학교) 등으로 구분해 볼 수 있다. 교장 임용의 유형이 상이한 것은 교장 자격기준이 다양한 데 따른 것이다. 교장 임용의 유형을 구분해 보면 다음과 같다.

첫째, 교감 자격증 소지자 중 일정한 교육 경력을 갖추고 재교육과정(교장연수)을 이수하여 교장으로 임용되는 승진 임용이다. 이는 가장 일반적인 교장 임용방식이다. 교장 승진 임용 시의 평정 기준은 경력평정, 근무성적평정, 연수성적 평정, 기타 자료이며, 이 점수를 기초로 교육부 장관이 지정한 임용권자인 시 · 도 교육이 승진 후보자 명부를 작성하고, 이 명부의 점수 순위에 따라 교장 임용이 이루어진다.

둘째, 「초 · 중등교육법」의 교장 자격기준에서 교육대학 · 전문대학의 학장으로 근무한 경력이 있는 자의 교장 임용으로 이는 전직에 해당된다.

셋째, 「초 · 중등교육법」의 교장 자격기준에서 특수학교의 교장 자격증을 가진 자의 교장 임용으로 이는 전보에 의한 임용이다.

넷째, 「초 · 중등교육법」 자격기준에서, 학식과 덕망이 높은 자로서 대통령령의 기준을 충족하고 교육부 장관의 인정을 받은 자의 교장 임용이다. 이는 대학교수 또는 교육(행정) 경력이 있는 자를 교장으로 임용하는 경우로 전직 또는 신규 채용에 해당된다.

다섯째, 교육전문직이나 연구직에서 학교장으로 전직되는 경우로서 장학관 · 교육연구관의 교장 임용으로 전직에 해당된다.

이상 교장의 임용 유형을 교장 자격기준에 따라 정리해 보면 〈표 12-1〉과 같다.

◆ 표 12-1 ◆ 초 · 중등학교 교장의 자격기준과 임용 유형

자격기준	교장(원장)	임용 유형
초등학교	1. 초등학교의 교감 자격증을 가지고 3년 이상의 교육 경력과 일정한 재교육을 받은 사람	승진 임용
	2. 학식 · 덕망이 높은 사람으로서 대통령령으로 정하는 기준에 해당한다는 인정을 교육부 장관으로부터 받은 사람	신규 채용 전직 임용
	3. 특수학교의 교장 자격증을 가진 사람	전보 임용
	4. 공모 교장으로 선발된 후 교장의 직무수행에 필요한 교양과목, 교직과목 등 교육부령으로 정하는 연수과정을 이수한 사람	공모에 의한 임용
중등학교	1. 중등학교의 교감 자격증을 가지고 3년 이상의 교육 경력과 일정한 재교육을 받은 사람	승진 임용
	2. 학식 · 덕망이 높은 사람으로서 대통령령으로 정하는 기준에 해당한다는 인정을 교육부 장관으로부터 받은 사람	신규 채용 전직 임용
	3. 교육대학 · 전문대학의 학장으로 근무한 경력이 있는 사람	전보 임용
	4. 특수학교의 교장 자격증을 가진 사람	전직 임용
	5. 공모 교장으로 선발된 후 교장의 직무수행에 필요한 교양과목, 교직과목 등 교육부령으로 정하는 연수과정을 이수한 사람	

주: 임용 유형은 저자가 추가함.

출처: 「초 · 중등교육법」[별표 1] 교장 · 교감 자격기준

아울러 「교육공무원법」상 특별채용에 의거하여 교육 경력, 교육행정 경력 또는 교육연구 경력이 있는 공무원으로서 경쟁시험으로 임용하는 것이 부적당한 경우(「교육공무원법」 제12조 제1항 제4호), 그리고 교육감 소속 교육전문직원과 「초 · 중등교육법」에 따른 국립 · 공립학교의 교원 간에는 특별채용을 거쳐 상호 전직할 수 있다(「교육공무원법」 제60조 ①)는 규정에 의해 교육감 소속 교육전문직원인 장학사(관), 연구사(관)와 교장은 상호 전직할 수 있다.

이러한 교장의 임용 유형 중 우리나라에서 교장이 되기 위한 가장 일반적인 경로는 일반교사에서 교감을 거쳐 교장으로 승진 임용되는 것이다. 교장의 승진 임용은 교육부 장관이 지정한 임용권자나 임용제청권자인 시 · 도 교육감에 의한 임명제의 형식을 취하고 있다. 또 교육공무원의 임용은 그 자격, 재교육성적, 근무성적, 그 밖에 실제 증명되는 능력에 의하여 한다(「교육공무원법」 제10조).

교장 공모제는 2000년대 초 교장 임용제도 다양화 정책의 일환으로 시행되었으며, 2007년 1학기 시범운영을 시작으로 여러 차례 제도 개선을 거쳐 2011년 9월 법제화되

었다. 공모에 따른 교장 임용에 관해서는 「교육공무원법」 제29조의 3에서 규정하고 있다. 교장 임용 방법으로 승진 임용제와 공모제는 다음 절에서 각각 보다 상세하게 제시한다.

2. 교장 임용제도의 변화

우리나라 교장 임용제도는 정부수립 이후 승진 임용제도를 시행한 이후 몇 차례 변화되었다. 교장 임용제도의 발달 과정을 검토하는 것은 교장의 임용과 관련하여 제기되어 온 주요 쟁점을 확인하고, 현행 교장 임용제도의 의의와 한계를 이해하는 데 도움이 된다. 우리나라 교장 임용제도의 발달은 다음 세 단계로 구분할 수 있다(김이경, 한유경, 박상완, 정일화, 2008: 55-59).

1) 교장 승진제도의 발달

정부 수립 후 1949년 교육법이 제정되었으나 당시 교육법은 교원의 자격과 임면 등에 관한 사항을 「교육공무원법」으로 정한다고 규정하였을 뿐 교원의 승진에 관해서는 명확하게 제시하지 않았다. 교원 승진에 대한 규정이 명문화된 것은 1953년 「교육공무원법」이 제정되면서부터다. 당시 제정된 「교육공무원법」에는 초 · 중등학교 교장의 자격기준을 명시하였으며, 이 교장 자격기준은 1963년 「교육공무원법」이 개정되면서 보다 구체화되었다.

1963년 「교육공무원법」에 명시된 교장 자격기준은 현 「초 · 중등교육법」상의 교장 자격기준과 상당히 유사하였다. 교장은 교감 자격증을 가지고 중등의 경우 3년, 초등의 경우 5년(1974년 말 3년으로 개정됨) 이상의 교육 경력과 소정의 재교육을 받은 자, 학식과 덕망이 높은 자로서 교원자격검정위원회의 추천에 의하여 당시 교육부 장관의 인가를 받은 자 등으로 규정하였다. 이러한 교장 자격기준의 내용은 1972년 「교육공무원법」 개정으로 다시 조정되었다.

교육공무원의 임용에 관한 사항을 규정하기 위해 1953년 「교육공무원임용령」이 제정되었으나 승진 임용에 관한 상세한 사항을 규정한 것은 1964년 개정된 「교육공무원임용령」이다. 아울러 1964년 7월 「교육공무원 승진규정」이 제정되면서 교원을 포함한 교육공무원의 승진 임용에 관하여 보다 상세한 사항이 규정되었다. 「교육공무원 승진규정」은 「교육공무원법」 제13조(승진) 및 제14조(승진후보자 명부)의 규정에 의하여, 교육공무원의 경력, 근무성적 및 연수성적 등의 평정과 승진후보자 명부의 작성에 관한 사항을 규정함으로써 승진 임용에 있어서의 인사행정의 공정을 기함을 목적으로 한다(제1조).

「교육공무원 승진규정」은 1997년 7월, 2007년 5월 개정을 거치면서 현재와 같은 승진규정이 마련되었다. 2007년 5월 개정된 「교육공무원 승진규정」의 주요 내용은 연공서열 중심의 승진제도를 능력과 근무실적 중심의 제도로 개선한다는 당시 교육부의 기본 방향하에 경력평정의 기간을 종전 25년에서 20년으로 단축하고 배점 비중을 90점에서 70점으로 축소한 것이었다. 아울러, 근무성적평정에서 교사에 대한 동료교사 다면평가를 실시하고, 다면평가 결과를 근무성적평정의 결과와 합산하여 승진에 반영한다. 기타 연수성적평정과 가산점 평정이 부분 개선되었다.

또한 2015년 12월 「교육공무원 승진규정」 개정으로, 근무성적 평정자별로 평정 비율이 다소 변경되었다. 이에 의하면, 근무성적의 평정점은 100점 만점으로 평정한 점수를 평정자 20%(종전 30%), 확인자가 40%로 환산한 후 그 환산된 점수를 합산하여 60점 만점으로(종전 70점) 산출한다. 근무성적평정에서 평정자인 교감의 평정 비중이 축소되었으며, 다면평가 비중이 종래 30%에서 40%로 증가하였다.

2) 교장 초빙제도의 시행(1996~2007년)

학교장 초빙제는 문민정부의 5 · 31 교육개혁 방안에서는 처음 제안되었다(박상완, 2015: 324). 학교장 초빙제는 좋은 학교 만들기와 학교공동체 구축 방안의 하나로 제안된 것으로 교사, 학부모, 지역사회 구성원이 원하는 교장을 초빙할 수 있도록 허용함으로써 학교와 지역사회의 실정에 맞는 학교 운영을 도모하기 위한 것이었다.

이는 기존 승진제가 개별 학교의 특성이나 의사와 무관하게 교장을 임용 및 배치함으로써 교장의 임용에서 학교 구성원이 참여하지 못할 뿐 아니라 학교 실정에 적합한 인사를 널리 모집할 수 없다는 한계를 보완하기 위한 제도이며 단위 학교의 자율성 증진을 위한 것이라 할 수 있다. 그러나 초빙 교장제는 승진제에 비해 교장 임용에 있어 단위 학교 구성원의 참여와 자율성이 확대되기는 하였으나 교장 임용 대상자의 자격요건, 임용 절차, 초빙제 적용 학교 선정 등에 있어 상당한 제한이 가해짐에 따라 학교

현장에 널리 확산되지는 못하였다(김이경 외, 2008: 57).

교장 초빙제는 초빙 교장제 등으로 명칭이 다소 변경되었으나 기본 특징은 초빙 교장의 지원 자격으로 교장 자격증을 가지고 있어야 하며, 당해 지역에 근무하고 있어야 한다. 종래 초빙 교원 임용을 위해서는 학교장이 초빙하고자 하는 교원의 임용권자에게 초빙교장 또는 초빙교사로 임용하여 줄 것을 요청하며(구 「교육공무원법」 제31조 ②) 학교운영위원회의 심의를 거쳐야 한다(「교육공무원임용령」 제12조의 7 ①). 참여정부에서 학교장 초빙제도는 학교장 초빙 · 공모제로 개편되고, 2007년 4월 당시 논의되고 있던 교장 공모제로 통합 · 개편되었다(박상완, 2015: 324).

3) 교장 공모제의 시범적용 및 법제화(2006년 9월~현재)

교장 공모제는 2000년대 초반부터 제기된 교장 임용제도 개선에 대한 논의 과정에서 제안된 새로운 방식의 교장 임용제도다(김이경 외, 2008; 박상완, 2015). 교장 공모제 논의는 1990년대 후반 전국교직원노동조합(전교조)이 기존의 교장 승진 임용제와 5 · 31 교육개혁 방안으로 제안된 학교장 초빙제의 대안으로 '학교장선출보직제'를 제안하면서부터 시작되었다고 볼 수 있다. 이후 10여 년간 학교장 임용제도 개편은 교원정책의 핵심 쟁점으로 부각되었다(박상완, 2015: 324). 특히, 2003년 출범한 참여정부는 16대 대선 공약에 이어 학교장 임용제도 다양화를 국정과제로 채택하였으며, 이후 참여정부 말기인 2007년 9월 교장 공모제가 시범운영되었다.

이차영(2006)은 교장 공모제도가 시범적용되기까지의 과정을 보다 상세하게 정리한 바 있다. 이에 의하면, 참여정부 출범 후 교장 임용제도를 포함하여 교원정책 전반에 걸친 개혁 방안을 마련하기 위해 당시 교육부는 한국교육개발원에 기초연구와 '교원인사제도 혁신을 위한 국민의견 수렴' 사업 실시를 의뢰하였다(2003. 7.~2004. 11.). 이후 당시 교육부는 한국교육개발원의 기초 연구, 다양한 이해관계자를 대상으로 한 의견수렴 결과와 그간 추진되어 온 교원정책 연구를 기초로 교원정책 혁신방안(시안)을 마련 및 발표하였다(교육인적자원부, 2005. 9.).

이 중 교장 임용제도와 관련해서는 교원 승진 임용제도 개선방안(시안)이 제안되었다. 이 시안의 핵심 내용은 기존의 승진제도를 부분적으로 개선하고, 초빙 교장제도와 교장 자격증을 요구하지 않는 특례학교를 확대하는 것이었다. 그러나 정부가 제시한 교원 승진 임용제도 개선방안(시안)은 교장 공모제나 교장 선출보직제 등 현장의 요구가 충분히 반영되지 못하여 교원 인사제도 개혁이나 공약 실현에 미흡하다는 비판이 제기되었다(교육혁신위원회, 2006).

이에 따라 당시 교육부는 2005년 10월 대통령자문 교육혁신위원회에 시안에 대한 검토 및 국민적 합의 수준이 높은 방안을 마련해 줄 것을 의뢰하였다. 교육혁신위원회는 교원정책개선특별위원회를 구성하고(2006. 1.), 지역순회 토론회, 워크숍, 여론 조사 등의 공론화 과정을 거쳐 교장 공모제 도입을 포함한 '교장 임용제도 개선안(시안)'을 마련하였다. 그러나 이 시안도 교원정책개선특별위원회 위원들 간 이견으로 추인을 받지 못함에 따라 폐기되자 교육혁신위원회는 그간의 공론화 과정에서 논의된 내용을 토대로 2006년 8월 '교육력 제고를 위한 교원정책 개선방안'을 발표하였다(교육혁신위원회, 2006).

이 중 교장 임용제도와 관련하여서는 '교원 승진 · 교장 임용제도 개선방안'이 제시되었다. 핵심 내용은 교원 승진제 개선, 새로운 교장 임용방식으로서 교장 공모제 도입 및 교장 자격증을 전제로 하는 기존 초빙 교장제를 폐지하고 교장 공모제로 흡수하며, 교장의 책무성 강화를 위한 교장 평가제 도입 등이 포함되었다. 당시 교육부는 교육혁신위원회의 교원정책 개선방안을 토대로 이를 구체적으로 실행하기 위해 부처 내에 교원정책혁신추진단을 구성하고, 2006년 11월 '교원정책 개선방안 실행계획(안)'을 마련하였다. 이어 교육부는 새로운 교장 임용제도를 단계적으로 시행하기 위해 시범운영을 위한 세부 지침을 마련하고, 법령 개정을 추진하였다.

이러한 교육혁신위원회의 교장 임용제도 개선안이 마련되기 전인 2006년 초, 교육부는 초빙 교장제와 당시 논의되고 있던 교장 공모제를 별개로 운영하는 방안을 마련 및 시행하였다. 이는 교장 자격증을 요건으로 하는 교장 초빙제를 확대하되, 교장 자격요건을 완화한 교장 공모제를 시범적용함으로써 양자를 이원적으로 운영하는 방식이었다. 이에 따라 2006년 6월 교육부의 교장초빙 · 공모제 시범운영 추진계획에 의거하여 51개 학교가 선정되었다.

2006년 8월 교육혁신위원회가 '교육력 제고를 위한 교원정책 개선방안'을 발표하게 되자, 교육부는 「초 · 중등교육법 시행령」과 「교육공무원임용령」 개정 등을 거쳐, 2007년 4월 교장 공모제 시범적용 계획(안)을 확정 · 발표하였다. 이로써 2006년 6월 1차 시행한 교장초빙 · 공모제 시범운영은 폐기되었다. 새로운 교장 공모제 시범적용 계획은 교장 초빙제를 공모제의 한 유형으로 통합함으로써 교장 임용제를 재정비한 것이다.

이후 이명박 정부에서 「교육공무원법」 제29조의 3(공모에 따른 교장 임용 등)이 신설되면서(2011. 9. 30.) 교장 공모제의 법적 근거가 마련되었다. 「교육공무원법」 개정으로 「초 · 중등교육법」의 교장 자격기준(제21조 ① 관련)을 정한 [별표 1]의 교장 자격기준으로 공모 교장 관련 사항이 추가되었다(공모 교장으로 선발된 후 교육부령으로 정하는 연수과정을 이수한 사람). 교장 공모제의 법제화는 교장 공모제 정책에 합법성을 부여하고(김용하, 2015: 171), 교장 공모제가 안정적으로 실시될 수 있는 기반을 마련하였다는 점에서 중요한 의미를 갖는다(박상완, 2015: 339).

3. 교장 승진 임용제

우리나라 초 · 중등학교 교장은 교사에서 교감을 거쳐 교장으로 임용된다. 이러한 승진 임용제는 1963년 「교육공무원법」에 의해 구체화되었다. 교육공무원의 승진 임용에 관해서는 「교육공무원임용령」, 「교육공무원 승진규정」 등에서 상세하게 규정하고 있다. 이 절에서는 이러한 법령을 토대로 교장 승진 임용제도의 주요 내용을 분석한다.

1) 승진 임용의 요건

교육공무원의 승진 임용은 같은 종류의 직무에 종사하는 바로 아래 직급의 사람 중에서 대통령령으로 정하는 바에 따라 경력평정, 재교육성적, 근무성적, 그 밖에 실제 증명되는 능력에 의하며(「교육공무원법」 제13조), 자격별 승진후보자 명부를 순위에 따라 작성한다(「교육공무원법」 제14조 ①). 또한 교육공무원을 승진 임용할 때에는 특수자격이 있는 사람을 승진 임용할 경우를 제외하고, 승진후보자 명부의 순위가 높은 사람부터 차례로 결원된 직위에 대하여 3배수의 범위에서 승진 임용하거나 승진 임용을 제청한다(「교육공무원법」 제14조 ②).

교장 승진후보자 명부작성 시에 반영되는 평정요소 및 점수는 경력평정 70점, 근무성적평정 100점, 연수성적평정 18점, 기타 가산점 평정(해당자에 한함) 등이다. 연수성적평정은 교장, 장학관, 교육연구관 승진후보자 명부작성 대상자의 경우는 18점이다(기타 교육공무원은 30점).

2) 승진 임용의 평정 요소

(1) 경력평정

경력평정은 당해 교육공무원의 경력이 직위별로 담당직무 수행과 관계되는 정도를 기준으로 하여 이루어진다(「교육공무원 승진규정」 제3조). 또한 경력평정은 당해 교육공무원의 인사기록카드에 의하여 평정하며, 필요하다고 인정하는 경우 인사기록카드의 기재사항의 정확 여부를 조회하여 확인할 수 있다(「교육공무원법」 제4조). 2007년의 「교육공무원 승진규정」 개정으로 경력평정 대상 기간은 기본 경력이 20년에서 15년으로 축소되었으며 경력평정의 만점 점수도 90점에서 70점으로 축소되었다. 경력평정과 관련하여 「교육공무원 승진규정」을 토대로 평정자, 평정 내용(대상), 평정 방법 등을 정리하면 〈표 12-2〉와 같다.

◆ 표 12-2 ◆ 교장 승진 임용을 위한 경력평정의 주요 내용

구분	주요 내용
평정자와 확인자	경력평정의 평정자와 확인자는 승진후보자 명부작성권자(교육감)가 정하며, 교장의 경우 시·도 교육감이 됨. (5조)
평정 시기	매 학년도(3월 1일부터 다음 연도 2월 말일까지) 종료일을 기준으로 하여 정기적으로 실시함. (6조)
경력의 종류와 평정 기간	경력평정의 대상이 되는 경력은 기본 경력과 초과 경력으로 구분됨. 기본 경력은 평정시기로부터 15년, 초과 경력은 기본 경력 전 5년을 평정기간으로 함. (7조, 8조)
평정 대상 경력	평정 대상 경력은 교육 경력·교육행정 경력·교육연구 경력 및 기타 경력으로 하되, 경력의 종류와 등급별로 구분함. 경력평정점 계산 시 소수점 이하는 넷째 자리에서 반올림하여 셋째자리까지 계산. (9조, 10조)
경력평정의 채점	경력평정의 채점은 기본 경력 평정점수와 초과 경력 평정점수를 합산하며, 기본 경력 15년, 초과 경력 5년인 경우 그 경력평정 점수는 각각 평정만점으로 평정함. 기본 경력 만점 64점, 초과경력 만점 6점으로 총 70점이 됨. (10조 관련 [별표 2], 12조)
결과 공개	평정 대상자의 요구가 있는 때에는 이를 알려 주어야 함. (15조)

(2) 근무성적평정

교장 승진 대상자가 되는 교감, 장학사, 교육연구사의 근무성적평정은 2007년 「교육공무원 승진규정」 개정으로 일반교사에 관한 근무성적평정과 분리되어 보다 체계

화되었다. 「교육공무원 승진규정」 중 교감 · 장학사 및 교육연구사의 근무성적평정의 주요 내용을 정리하면 다음과 같다.

첫째, 근무성적의 평정은 당해 교감 등의 근무실적 · 근무수행 능력 및 근무수행 태도를 평가하며(「교육공무원 승진규정」 제16조의 ①), 매 학년도 종료일을 기준으로 하여 정기적으로 실시한다. 평정 대상자는 평정 대상 기간 동안의 업무수행실적에 대하여 매년 학년도 종료일을 기준으로 자기실적평가서를 작성하여 제출하도록 한다.

둘째, 근무성적의 평정자와 확인자는 승진후보자 명부작성권자(교육감)가 정한다(「교육공무원 승진규정」 제18조). 교감의 평정자는 당해 학교 교장, 확인자는 시 · 도 교육감이 된다. 교육감은 교장 승진 대상자인 교감뿐 아니라 교장으로 전직이 가능한 장학관 · 연구관의 근무성적의 확인자가 된다.

셋째, 근무성적평정 시 평정자는 평정 대상자가 제출한 자기실적평가서를 참고하여 다음 기준을 토대로 평가한다.

- 직위별로 타당한 요소의 기준에 의하여 평정할 것
- 평정자의 주관을 배제하고 객관적 근거에 의하여 평정할 것
- 신뢰성과 타당성을 보장하도록 할 것
- 평정 대상자의 근무성적을 종합적으로 분석 · 평가할 것

넷째, 교감과 장학사 · 교육연구사의 평정 사항은 크게 근무수행 태도(20점)와 근무실적 및 근무수행 능력(80점)으로 구분하며, 총 100점 만점으로 구성한다. 근무수행 태도는 교육공무원으로서의 태도를 말하며, 근무실적 및 근무수행 능력에 대한 평정은 교육활동 및 연구지원(40점), 교원지원(20점), 행정 · 사무관리(20점) 등으로 구분한다. 각 평정 요소별 평정 내용은 교감과 장학사 · 교육연구사에 따라 차이를 두며, 구체적인 내용은 〈표 12-3〉과 같다.

◆ 표 12-3 ◆ 근무성적 평정 사항

평정 사항	평정 요소 및 배점	평정 내용(교감)	평정 내용(장학사 · 교육연구사)
근무 수행 태도	교육 공무원으로서의 태도 (20점)	교육자로서 품성을 갖추고 직무에 충실한가?	공통
		공직자로서 사명감과 직무에 관한 책임감을 갖고 솔선수범하는가?	공통
근무실적 및 근무수행 능력	교육활동 및 교육연구지원 (40점)	학교가 처한 문제를 파악하고 개선하려는 노력이 적절한가?	교육정책의 추진 및 교육활동의 지원이 적극적이고 합리적인가?
		교사와 학생의 교육활동에 대한 교육적 배려가 적절한가?	장학(연구) 업무를 조직적으로 기획하고 효과적으로 추진하는가?
		교사의 자질 · 능력 · 경험에 따라 학년 및 업무를 적절하게 배치하고 지원하는가?	교육현장에 필요한 장학(연구)활동을 자발적으로 추진하는가?
		교원연구 · 연수활동의 추진 및 지원을 효과적으로 실시하는가?	장학(연구)활동에 대한 현장의 반응은 적정한가?
	교원지원 (20점)	교사들에게 필요한 장학활동의 추진 및 지원을 효율적으로 실시하는가?	교원의 교육활동에 대한 지원이 적절하고 공정한가?
		교직원의 복무 · 복지후생 등에 관하여 필요한 배려를 하고 있는가?	교원의 장학(연구)활동에 대한 지원을 적극적으로 추진하는가?
		수업개선을 위해 필요한 자원을 효율적으로 지원하는가?	교육현장에 대한 장학(연구)활동의 자세가 바람직한가?
		교원의 인사와 관련한 의견을 적절하고 공정하게 반영하고 있는가?	장학(연구)활동의 결과를 적절하게 평가하고 개선하는가?
	행정 · 사무관리 (20점)	사무처리가 합리적이고 정확하며 적절한가?	모든 규정을 숙지하고 적절히 적용하는가?
		교내의 모든 규정을 적절히 적용하며 잘 정비하는가?	적극적이고 봉사적인 공무수행을 하는가?
		교육시설 · 설비를 교육활동에 효과적으로 운영하는가?	사무처리가 합리적이고 정확하며 공정한가?
		학교 안전관리 및 보안에 적절한 조치를 하고 있는가?	직무에 관한 전문적인 지식과 수행능력을 충분히 갖추고 있는가?

출처: 「교육공무원 승진규정」[별지 제3호 서식]의 내용을 토대로 정리함.

다섯째, 근무성적의 평정점은 100점을 만점으로 하되, 평정자의 평정점과 확인자의 평정점을 각각 50%로 환산한 후 그 환산된 점수를 합산하여 산출한다(제22조).

여섯째, 평정자와 확인자는 수, 우, 미, 양 등의 등급으로 평정하며, 등급별 점수 분포는 상대평가에 의해 ① 수(95점 이상) 30%, ② 우(90점 이상 95점 미만) 40%, 미(85점 이상 90점 미만) 20%, ④ 양(85점 미만) 10%가 되도록 한다(제21조). 평정점은 특별한 사정이 없으면 동점을 주지 않도록 해야 하며, 양의 평정점에 해당하는 사람의 비율이 10% 이하일 때에는 이를 미 평정점에 가산할 수 있다.

일곱째, 평정 결과의 공개 및 활용과 관련하여, 결과 공개는 평정 대상자의 요구가 있는 때에는 특별한 사정이 없는 한 본인의 최종 근무성적 평정점을 알려 주어야 한다(제26조). 교감 등의 근무성적평정의 결과는 전보 · 포상 등 인사관리에 반영하여야 한다(제27조). 현 제도하에서는 공무원 수당 등에 관한 규정에 의해 성과상여금 지급을 위해 근무성적평정 결과 근무성적이 우수한 자에 대해 특별근무성적평정을 실시할 수 있으나(제28조) 실제 특별 근무성적평정이 실시되는 경우는 거의 없다고 할 수 있다(김이경 외, 2008: 66).

여덟째, 교감 등이 휴직, 직위해제 또는 그 밖의 사유로 평정 단위 학년도의 2개월 이상을 근무하지 아니한 경우에는 평정하지 않으며(제20조 ①), 평정 단위 학년도의 10개월을 초과한 연수나 교육기관 · 교육행정기관 또는 교육연구기관 외의 기관에의 파견으로 인하여 근무성적을 평정할 수 없을 때에는 직무에 복귀한 후 최초의 정기 평정이 있는 때까지 파견 전 2회의 근무성적평정의 평균을 당해 교감 등에 대한 평정으로 갈음한다(제20조 ②). 아울러, 교감 등이 전직된 경우에는 전직된 해당 학년도 평정 외의 평정은 전직되기 전의 직위에서 받은 근무성적평정을 해당 평정으로 한다. 그러나 장학사 또는 교육연구사의 경우에는 교감 등의 직위에서 받은 근무성적평정을 해당 평정으로 한다(제20조 ⑦).

(3) 연수성적평정

연수성적평정 및 교원연수에 관한 상세한 규정은 「교육공무원 승진규정」, 「교원 등의 연수에 관한 규정」 등에 명시되어 있다. 연수성적 평정점은 교장, 장학관, 교육연구관 승진후보자 명부작성 대상자의 경우에는 18점으로 한다(「교육공무원 승진규정」 제40조). 구체적으로 연수성적 평정자(확인자), 평정 내용, 평정 방법 등을 정리하면 다음과 같다.

첫째, 연수성적평정은 교육성적평정과 연구실적평정으로 구분되며, 18점을 만점으로 한다.

둘째, 연수성적의 평정자와 확인자는 경력평정, 근무성적평정에서와 같이 평정자는 교장이며, 확인자는 교육감이 된다.

셋째, 연수성적평정 중 교육성적평정은 직무연수성적과 자격연수성적으로 나누어 평정한 후 이를 합산한 성적으로 한다. 교육성적평정의 주요 내용을 정리하면 〈표 12-4〉와 같다.

◆ 표 12-4 ◆ 교육성적평정의 주요 내용

구분	평정 내용	배점 및 환산
직무연수 성적	• 10년 이내 60시간 이상 연수(6점 만점) • 교육공무원이 전직된 경우에는 전직 전의 직위 중 이수한 직무연수(교육전문직원 경력이 있는 교감은 교감 자격증을 받은 후의 직무연수에 한하고, 교육전문직원은 교감 등의 직위에서 이수한 직무연수에 한한다)를 포함하여 평정함. • 승진후보자 명부작성권자(교육감)는 직무연수성적평정의 대상이 되는 직무연수를 지정할 수 있음.	• 6점 만점 • 6점×직무연수환산성적/직무연수성적 만점
자격연수 성적	• 승진 대상 직위와 가장 관련이 깊은 자격연수성적 하나만을 평정 대상으로 함(9점 만점)	• 9점 만점 • 9점-(연수성적 만점-연수성적)×0.05

출처: 「교육공무원 승진규정」 제32조, 제33조를 토대로 작성함.

직무연수성적 및 자격연수성적의 평정점은 직무연수정적은 6점으로, 자격연수성적은 9점으로 한다. 이때 자격연수성적은 교장자격연수성적을 말한다. 직무연수성적평정과 관련하여, 교육공무원이 전직된 경우에는 전직 전의 직위 중 이수한 직무연수(교육전문직원 경력이 있는 교감은 교감 자격증을 받은 후의 직무연수에 한하고, 교육전문직원은 교감 등의 직위에서 이수한 직무연수에 한한다)를 포함하여 평정하며, 승진후보자 명부작성권자(교육감)는 직무연수성적평정의 대상이 되는 직무연수를 지정할 수 있다(제32조의 ②).

넷째, 연구실적평정은 연구대회 입상실적과 학위취득실적으로 나누어 평정한 후 이를 합산한 성적으로 한다. 연구실적 평정점은 3점을 초과할 수 없다. 연구대회 입상실적은 당해 직위에서 입상한 실적에 한하여 평정하며, 학위 취득은 학위의 종류(석사,

박사학위) 및 직무 관련성에 따라 배점을 달리한다. 연구실적평정의 주요 내용을 정리하면 〈표 12-5〉와 같다.

◆ 표 12-5 ◆ 연구실적평정의 주요 내용

<table>
<tr><th>구분</th><th>평정 내용</th></tr>
<tr><td>연구대회
입상실적</td><td>• 당해 직위에서 전국 규모 연구대회에서 입상한 연구실적과 시 · 도 규모의 연구대회에서 입상한 연구실적으로 연 1회 연구대회 입상실적에 한하여 평정함.
• 교육공무원이 전직을 한 경우에는 전직하기 전의 직위에서 입상한 연구실적(교육전문직원 경력이 있는 교감은 교감 자격증을 받은 후에 입상한 연구실적만, 교육전문직원은 교감 등의 직위에서 입상한 연구실적만을 말함)을 포함하여 평정함.
• 연구대회 입상실적이 2인 공동작인 경우에는 각각 입상실적의 7할, 3인 공동작인 경우에는 각각 그 입상실적의 5할, 4인 이상 공동작인 경우에는 그 입상실적의 3할로 각각 평정함.
<table><tr><th>입상등급</th><th>전국 규모 연구대회</th><th>시 · 도 규모 연구대회</th></tr><tr><td>1등급</td><td>1.50점</td><td>1.00점</td></tr><tr><td>2등급</td><td>1.25점</td><td>0.75점</td></tr><tr><td>3등급</td><td>1.00점</td><td>0.50점</td></tr></table></td></tr>
<tr><td>학위취득실적
평정
(최대 2점)</td><td>• 당해 직위에서 석사 또는 박사학위를 취득하였을 경우 취득 학위 중 하나를 평정 대상으로 하고, 교육공무원이 전직된 경우에는 전직 이전의 직위 중의 학위 취득실적을 포함하여 평정함.
• 직무와 관련 있는 학위의 인정기준은 승진후보자 명부작성권자가 정함.
<table><tr><th>박사</th><td>직무와 관련 있는 학위 3점
그 밖의 학위 1.5점</td></tr><tr><th>석사</th><td>직무와 관련 있는 학위 1.5점
그 밖의 학위 1점</td></tr></table></td></tr>
</table>

출처: 「교육공무원 승진규정」 제35조, 제36조를 토대로 작성함.

다섯째, 연수성적의 평정은 매 학년도 종료일을 기준으로 하여 실시하거나 또는 승진후보자 명부의 조정 시기에 실시한다(제31조).

여섯째, 연수성적평정의 결과는 평정 대상자의 요구가 있는 때에는 이를 알려 주어야 한다.

3) 승진후보자 명부의 작성

(1) 승진후보자 명부의 작성

경력평정, 근무성적평정, 연수성적평정을 기초로 승진후보자 명부의 작성과 관련하여 주요 특징을 정리하면 다음과 같다.

첫째, 승진후보자 명부는 승진될 직위별로 작성한다.

둘째, 교장 승진후보자의 평정 영역별 배점은, 경력평정점 70점, 근무성적평정점 100점, 연수성적평정점 18점을 각각 만점으로 평정하며, 평정점 합산한 점수가 높은 승진후보자의 순서대로 등재한다.

셋째, 교장 승진후보자의 근무성적평정점은 명부의 작성기준일부터 3년 이내에 해당 직위에서 평정한 평정점을 대상으로 하며, 계산방식은 다음과 같다.

근무성적평정점 = (최근 1년 이내 평정점 × 34/100) + (최근 1년 전 2년 이내 평정점 × 33/100) + (최근 2년 전 3년 이내 평정점 × 33/100)

넷째, 교장 승진후보자 명부작성권자는 임용권자 또는 임용제청권자 중에서 교육부장관이 지정하며, 현행법상 교육감이 교장 승진후보자 명부작성권자가 된다.

다섯째, 교장 승진후보자 명부 매년 3월 31일을 기준으로 작성한다. 다만, 승진후보자 명부는 교육공무원의 전입이 있는 때 등 명부 작성권자가 필요하다고 인정하는 때에는 수시로 이를 조정할 수 있다.

여섯째, 승진후보자 명부의 작성에 있어서 동점자가 2인 이상인 때에는 다음 순위에 의하여 그 순위자를 결정한다. 즉, ① 근무성적이 우수한 자, ② 현 직위에 장기근무한 자, ③ 교육공무원으로서 계속 장기근무한 자 등이다. 이에 의해서도 순위가 결정되지 아니할 때에는 명부작성권자가 그 순위를 결정한다.

일곱째, 교장 승진후보자 명부작성권자는 명부에 등재된 교육공무원의 요구가 있는 때에는 본인의 명부 순위를 알려 주어야 한다.

(2) 가산점

가산점은 명부작성권자가 경력평정, 근무성적평정, 연수성적평정 등의 각 평정점의 합산점수에 이를 가산하되, 전직된 경우에는 전직 이전의 직위에서 취득한 가산점(교육전문직원 경력이 있는 교감은 교감의 자격증을 받은 후의 가산점만을 말하며, 교육전문직원은 교감 등의 직위에서 취득한 가산점만을 말함)을 포함한다. 가산점 종류 및 점수 산정 기준 등은 다음과 같다.

첫째, 가산점은 공통가산점과 선택가산점으로 구분되며 선택 가산점은 명부작성권자가 항목 및 점수 기준을 정하여 산정할 수 있다.

둘째, 동일한 평정기간 중 둘 이상의 가산점 경력 또는 실적이 중복하는 경우에는 그중 유리한 경력 하나만을 인정하며, 공통가산점과 선택가산점 간 경력 또는 실적이 중복될 경우, 공통 가산점을 우선한다.

셋째, 가산점의 평정은 매 학년도 종료일을 기준으로 실시하거나 명부 조정시기에 실시한다.

◆ 표 12-6 ◆ 가산점 유형별 배점

공통가산점	선택가산점
• 교육부 장관 지정 연구학교: 월 0.021점 (최대 1.25점) • 재외국민교육기관에 파견근무: 월 0.021점 (최대 0.75점) • 직무연수 1학점당: 0.02점(학년도별 상한점 0.12점, 최대 1점) • 학교폭력의 예방 및 대응 관련 실적이 있는 경우, 교육감이나 그 밖의 명부작성권자가 부여하는 가산점 0.1점, 최대 1점) - 학교폭력 예방을 위한 교육 · 홍보 · 상담 - 학교폭력 발생 점검 및 실태조사 - 학교폭력 대응 조치 및 사후관리	- 도서벽지 교육기관 또는 교육행정기관 근무 - 읍 · 면 · 동 지역의 농어촌 중 명부작성권자가 농어촌교육의 진흥을 위하여 특별히 지정한 지역의 학교에 근무한 경력 - 기타 교육발전 또는 교육공무원의 전문성 신장 등을 위해 명부작성권자가 필요하다고 인정하는 경력이나 실적이 있는 경우 * 총점 10점 이하. 평정기간 6개월 전 평정기준 공개

주: 2022년 4월 1일부터 연구학교 점수는 월 0.018점, 최대 1점으로, 재외국민교육기관 평균 근무 점수는 월 0.015점, 최대 0.5점으로 변경 예정임.

출처: 「교육공무원 승진규정」(시행 2016. 12. 30.). 제41조를 토대로 작성함.

4) 교장 승진제도의 문제점

교장 승진 임용제도의 문제점은 학교 지도자로서의 전문성과 역량 개발이 미흡한 승진체제, 평정 요소의 한계 등 다양하게 제기되고 있다(박상완, 2004; 교육혁신위원회, 2006; 김이경 외, 2008; 김이경, 김미정, 2013).

(1) 교장직을 정점으로 하는 일원적 · 수직적 승진체제

현행 교원 승진체제는 《2급 정교사 → 1급 정교사 → 교감 → 교장》으로 이어져 있고 교장을 정점으로 하는 일원적 · 수직적 승진구조로 편성되어 있다. 이는 일반교사들이 학생지도에 전념하기보다는 교장 승진에 더 관심을 두고 관리직으로 전향하도록 조장하게 된다(김이경 외, 2008: 79). 이에 따라 평교사로 정년퇴직하는 것을 선호하지 않는 교직 풍토가 조성되어 왔다(류방란, 이혜영, 2002; 이혜영, 류방란, 윤여각, 2001). 2000년대 초반 연구이기는 하지만, 교사를 대상으로 한 설문조사에서도 '나는 평교사로 정년퇴임하는 것을 명예롭게 생각한다'에 대한 문항에 별로 그렇지 않다(29.8%)나 전혀 그렇지 않다(6.9%)에 응답한 교원이 36.7%에 이르고 있다. 특히, 교장 승진을 앞두고 있는 교직 경력 21년 이상 된 교원들의 경우에는 이러한 경향이 더욱 두드러진다(이혜영 외, 2001). 물론 최근 이러한 분위기는 변화하고 있지만 일반교사에서 교장으로 승진하는 제도는 이러한 경향을 조장할 개연성이 높다고 할 것이다.

또한 교감에서 교장 승진 시 교장평정 50%, 교육청(교육감) 평정 50%가 반영되고 교장 승진후보자 명부의 작성권자는 교육감이 됨에 따라 교육감은 교감, 교장 등 학교 내 관리직에 대한 영향력을 행사할 수 있는 구조로 되어 있다. 이에 따라 교감은 교장이나 교육감에게, 교장은 교육감에게 종속될 가능성이 높다. 아울러, 다수의 평교사가 교감, 교장으로 승진하는 승진과정에서 치열한 경쟁이 이루어지고 교직사회 내부의 과도한 승진경쟁으로 교원의 교육력이 낭비된다는 문제가 있다(김이경 외, 2008: 79).

(2) 교장의 자질과 능력 기준 부재 및 체계적 훈련 미흡

현 제도하에서는 교장 승진 임용 전까지 학교 행정직으로서 교장의 전문성을 심화시킬 수 있는 체계적인 프로그램이 거의 없다. 승진평정의 한 요소로서 교장 자격연수 순위 결정에 중요한 변수로 작용하고 있는 교감 자격연수는 교장 승진 대상자를 선별하기 위한 기준(점수)으로만 활용되고 있다. 교장 자격연수도 집중연수 형태로 운영되고 있어 교육행정 전문가로서의 자질과 직무 능력을 지속적으로 신장시키는 데에는 한계가 있다. 교장의 직무연수도 단기간의 집중과정으로 일회성에 그치고 있는 실정이다.

또한 학교현장에서 교장에게 요구되는 자질과 능력이 무엇인가에 대한 명확한 규정이 없어, 교장의 자질과 지도성에 대해 충분한 검증이 어렵다. 교장이 되기 위해서는 교감 경력이 필수적으로 요구되고 있으나 교감의 자격기준을 보면, 평교사 경력과 교감 자격연수에 해당하는 재교육만 규정되어 있을 뿐 관리자로서 요구되는 능력이 무엇인가, 이를 어떻게 길러야 할 것인가에 대해서 명시된 바가 없다. 또한 승진평정 요소들은 교사로서 충실히 근무하면 교장이 될 수 있다는 전제하에 편성되어 있어 교육행정가로서의 전문성과 지도성 등 교장의 자질을 실질적으로 검증하기에 미흡하다. 이에 따라 교사로서의 오랜 경력이 학교관리자로서의 자질과 능력을 길러 줄 수 있는가에 대한 문제가 제기될 수 있다(김이경 외, 2008: 79).

(3) 평정 요소에 대한 불신 및 부정적 태도

교장 승진 임용제도에 대한 비판의 많은 부분은 승진 임용 시 활용되는 평정 요소에 대한 불신과 부정적 태도에서 비롯되고 있다. 즉, 교장 승진 임용제도의 근간을 이루고 있는 경력평정, 근무성적평정, 연수성적평정, 가산점 평정 등 각종 평정 요소에 대한 불만과 불신이 강하게 자리 잡고 있다. 교원들은 대체로 교원의 업무 및 교육활동 능력 등 교원의 직무수행에 대한 계량적 평가, 객관적 평가 및 수치화 자체가 어렵다고 인식하고 있다. '교사의 능력은 객관적으로 평가하기 어렵다'에 대한 의견조사(중등학교 교사 1,066명 대상 설문조사) 결과, 매우 그렇다(26.6%), 다소 그렇다(60.3%), 별로 그렇지 않다(12.1%), 전혀 그렇지 않다(1.0%)로 응답하여 대다수 교사들이 교사 평가의 객관성을 불신하고 있음을 알 수 있다(이혜영 외, 2001). 특히, 근무성적평정 기준이 구체적이지 못하고 평정자의 주관이 개입될 여지가 많다는 비판은 근무성적평정에 관한 대부분의 설문조사나 연구보고서에서도 누차 지적되어 왔다. 객관성과 신뢰성이 부족한 근무성적평정에 기초한 교장 승진 임용제도에 대한 불만과 불신은 클 수밖에 없다.

(4) 상급 행정기관 주도의 교장 임용 및 평정과정의 폐쇄성

평정과정의 폐쇄성은 평정자가 제한되어 있고 평정과정 및 결과가 비공개로 되어 있음을 말한다. 현 교장 승진 임용제도하에서 교장 승진 평정자는 교육감으로 제한되어 있다. 교감의 평정자는 교장과 교육감으로 제한되어 있다. 교장 승진 임용권은 시·도 교육감에게 위임되어 있어 교장 임용에 있어 학부모, 학생, 교원 등의 의견이 반영될 수 있는 여지는 없다. 교장의 임용권한이 상위 행정기관에 있음으로 단위 학교에 필요한 학교장을 학교 구성원이 직접 뽑을 수 있는 경로가 막혀 있으며 학교장 임용에 있어 학교의 자율성보다 행정기관의 통제를 강화하고 있다고 볼 수 있다.

평정과정 및 결과는 공개되지 않는다. 교장 승진 임용의 전 과정이 비공개적·폐쇄적으로 이루어짐에 따라 평정자의 독단과 주관이 작용할 가능성이 크고, 교장의 학교

경영 능력이나 비전 등을 사전에 검증할 수 있는 절차도 마련되어 있지 않다. 이에 따라 교원 인사 관련 각종 부조리와 비리 문제가 간헐적으로 제기되고 있고, 교육청 감사에서도 전 · 현직 교육감이 교장 승진 대상자의 평가점수를 조작해 승진순위를 앞당기는 등 교장 승진에 개입한다는 문제가 알려진 바 있다(박상완, 2004).

(5) 평가결과 활용의 제한성

교원평정 결과가 교감, 교장 승진 시 반영되는 것 외에 별도로 교원 인사 시스템에 활용할 수 있는 기회는 거의 없다. 평정결과가 좋지 않더라도 이를 이유로 교원을 제재할 수 있는 제도적 장치는 없다. 기존의 교원평정 자료는 부적격 교원에 대한 재교육이나 우수 교원에 대한 보상제도와 연계되지 못하고 있다. 현 제도하에서 제한적이나마 근무성적평정 결과를 활용할 기회가 있다 하더라도(예를 들어, 전보, 전문직 응시, 해외연수 및 표창 추천 시, 성과상여금 지급 대상자 선정 시 등) 평가 자체에 대한 교원들의 불신이 크고 평가의 과정과 결과가 투명하게 공개되지 않고 있어, 평정 결과를 보상, 인사조치 등에 적극적으로 활용하는 데에는 한계가 있다. 또한 우리나라 교원의 신분은 국가공무원으로서 보장되어 있고, 공무원 보수체계의 경직성과 교원직급의 수평구조 등으로 인해 교원평가 결과를 인사시스템에 실제적으로 활용될 수 있는 가능성이 상당히 제한적이다.

5) 교장 승진제의 개선 과제

교장 승진제도의 개선 과제는 그동안 다양한 선행연구들에서 제시해 왔다. 이 절에서는 박상완(2004), 김이경, 김갑성, 김도기(2006), 김이경 외(2008)의 제안을 토대로 최근의 제도 변화를 반영하여 정리한다.

(1) 교사직과 교육행정직의 양성, 임용, 승진의 분리

교장 임용제도 개혁 논의에서는 근본적으로 교장직에 대한 패러다임의 전환이 이루어져야 한다. 여기서 의미하는 패러다임의 전환이란 교장직과 교사직은 근본적으로 다른 것이며, 따라서 교장의 임용제도와 교원의 승진제도는 별개의 것으로 논의되어야 한다는 것이다. 일선 학교에서 교장이 하는 일과 교사가 하는 일은 근본적으로 다른 것으로 교사로의 경력이 축적된다고 해서 교장직을 성공적으로 수행할 것이라는

기본 가정을 버려야 한다. 우수하고 성공적인 학교장이 되기 위해서는 학교 경영과 의사소통 능력, 구성원 간 갈등 해결 능력 등을 포함한 관리직으로서 교장직에 요구되는 능력과 자질을 전문적인 과정을 거쳐 학습해야 할 것이다. 다만 교장 직무의 성격상 교사로서의 현직 경험의 중요성을 배제할 수는 없다. 교사직과 교육행정직을 분리할 경우에도 교육행정가들의 교사 경력은 중요한 요소로 고려되어야 할 것이다.

교장 임용제도의 현황 분석을 통해서도 드러났듯이, 교장 승진 준비과정에서 학교 관리직으로서의 자질과 역량을 제고시킬 수 있는 제도나 프로그램은 없다. 그렇다고 기존 승진체제가 일반교사들의 전문성을 제고할 수 있는 프로그램이라고 보기도 어렵다. 기존의 교원 평정제도는 '승진'에 초점을 둘 것이 아니라 교원의 전문성 신장과 교원이 필요로 하는 능력을 보충할 수 있는 프로그램으로 재구성되어야 한다.

또한 교장 임용을 위해 별도의 교육행정 전문가 및 관리자 양성 또는 재교육 프로그램과 과정이 마련되어야 할 것이다. 이 점에서 노종희(2000)가 주장하듯이 교육대학원에 교육행정 전문가 과정이나 교육학 박사학위 과정을 설치하는 방안도 고려해 볼 수 있다. 어떤 형태로든 학교장 양성을 위한 별도의 엄격한 훈련과 양성과정이 필요하며 교장 임용의 대상이나 절차도 보다 개방화되어야 할 것이다.

교사직과 교육행정직의 이원화는 교사직과 교육행정직 각각의 전문성과 위상을 강화하고 양자 간의 갈등을 완화하는 데 기여할 수 있을 것이다. 교사와 행정가가 하는 일이 별개임을 인정하고 각자의 전문성을 존중하게 된다면, 행정가인 교장이 교사의 고유한 업무 영역에 개입하거나 반대로 교사가 행정가의 영역에 참여하고자 할 때 발생하는 불필요한 갈등을 해소할 수 있을 것이다.

(2) 학교장의 교육적 리더십, 역할에 대한 재규정

학교장의 역할, 자질, 리더십에 관해 우리나라에서 발표된 주요 문헌들은 공통적으로 학교장의 교육적 리더십과 수업장학 능력 등의 중요성을 강조하고 있다. 특히, 초등학교 교장은 교장이 교사의 담당과목과 업무에 대해 충분한 정보와 경험을 가지고 있기 때문에 교사의 수업내용과 방법에 대해 세세하게 지도할 수 있어야 한다고 인식하고 있다(박상완, 1992).

그러나 교장의 주요 역할의 하나로서 강조되어 온 수업장학의 역할과 교육적 리더십은 새로이 규정될 필요가 있다. 교장은 학생과 교사들의 수업과 교육과정 운영이 원활하게 돌아갈 수 있도록 제도를 정비하고 환경을 마련하는 역할에 초점을 맞추어야 한다. 교장이 구체적인 교과내용과 수업방법에 대해 지도하기보다는 수업에 관한 교사의 자율성과 전문성을 높일 수 있도록 '도와주고', '여건을 조성하는' 역할을 해야 할 것이다.

최근 미국에서 이루어진 설문조사를 분석한 글에서도 지적된 바와 같이(곽재석, 2004). 학교현장에서 교사들이 진정하게 학생들을 이끌기 위해서는 교사들이 교육 이외의 잡무로부터 해방되어야 하며, 교사의 '교육적 리더십(instructional leadership)'을 방해하는 요인들로 인해 교사들이 중요한 시간을 낭비하지 않도록 배려하는 것이 학교장의 중요한 역할이다. 교장이 스스로 교육적 리더십을 갖는다는 것은 교사의 그것과는 구분되어야 할 것이다. 즉, 교장의 교육적 리더십은 학교 환경이나 시대 변화에 적절한 교육철학을 가지는 것이며, 새로운 아이디어와 변화에 대한 수용 능력을 높이는 것을 의미하는 것이다. 구체적으로 교과를 지도하고 수업방법을 연구함으로써 획득되는 교사의 교육적 리더십과는 구분되는 것이다.

미국에서는 초등학교교장협회나 중등학교교장협회 등을 중심으로 교장에게 요구되는 역량과 자질 등을 몇 가지로 유형화하여 제시한 바 있다(NAESP, 1991; NASSP, 1985). 미국의 경우 학교장의 역할은 학교경영자 및 관리자로서 규정되어 있고, 교장에게 요구되는 자질과 능력도 그에 초점이 맞추어져 있다. 예를 들어, 교육 지도자로서 학교장이 갖추어야 할 역량은 구성원의 과업을 계획하고 통제할 수 있는 조직력, 구성원들의 요구를 파악하고 효과적으로 상호작용할 수 있는 지도력, 효과적인 의사소통 능력, 다양한 주제에 대해 토론하고 판단할 수 있는 능력, 교사가 보다 효과적으로 가르칠 수 있도록 도와주는 능력 등이 요구된다.

우리나라의 경우에도 변화하는 학교 환경에 대응하고 학교교육의 당면과제를 해결하기 위해 학교장의 역할을 재정립해야 할 것이다. 또한 새로운 교육적 필요와 요구를 충족시킬 수 있고, 교사의 전문성과 교육적 리더십이 충분히 발휘될 수 있도록 지원해주는 교장의 역할이 요구된다. 학교장은 학교조직 운영 및 관리자로서 학교 밖의 변화에 민감하게 대응하고 변화의 본질을 파악할 수 있어야 한다. 변화로부터 학교를 보호만 할 것이 아니라 변화를 긍정적으로 수용할 수 있어야 할 것이며, 학부모와 지역사회의 요구를 확인하고 이에 적절하게 대응해 나가야 할 것이다. 또한 교사집단과 학부모집단이 학교나 학교장에게 기대하는 바가 무엇이고 서로 상반되는 기대를 어떻게 조정하고 중재할 것인가에 대한 집단 간 갈등과 가치관의 갈등을 조절할 수 있는 능력이 요구된다. 이 점에서 효과적인 의사소통 능력과 중재자로서의 능력은 매우 중요하다. 학교장의 교육적 전문성과 리더십은 교장의 역할을 효과적으로 수행하는 데 필요한 기본 전제가 될 것이다.

(3) 학교장과 교사의 전문성 및 자율 영역의 구분과 존중

단위 학교 내에서 학교장과 교사의 역할은 매우 모호한 상태로 구분되어 있다. 이는 교원 자격 및 승진체제가 《2급 정교사 → 1급 정교사 → 교감 → 교장》이라는 일원적 체제를 오랫동안 유지해 온 것과 밀접한 관련이 있다. 즉, 학교장 임용제도가 교사에서 교감, 교장으로 이어지는 자격체제 및 승진구조 속에 포함되어 있기 때문에 교장의 역할은 교사 역할의 연장선에서 이해되고 있다. 다만 교장의 역할은 학교경영자, 관리자로서 그에 맞는 행정가로서의 자질과 능력이 첨가되어야 하는 수준으로 인식되어 왔다.

그러나 교장의 역할은 교사의 역할과는 엄밀한 의미에서 상당한 차이가 있고, 또 있어야만 한다. 교사에서 교감, 교장으로 승진하는 과정에서 교장으로서의 전문적 지식, 기술, 태도, 가치관, 역량 등이 자연스럽게 갖추어질 것으로 기대하기는 어렵다. 교장의 직무와 역할은 교사의 것과는 질적으로 다르므로 단순한 지식의 축적이 아닌 질적인 전환이 필요하다. 이러한 전환의 과정은 교사의 전문성과 교장의 전문성이 구분되어야 한다는 전제하에 서로 다른 프로그램과 훈련 과정을 통해 달성될 수 있는 것이다.

단위 학교 내 지도자로서 교장의 중요성은 학교 행정이나 교장 지도성에 관한 문헌들에서 충분히 강조되어 왔다. 이러한 연구들은 또한 학교장의 성공적인 학교 운영을 위해서 교장-교사의 관계의 중요성도 동시에 지적하고 있다(Clark, Lotto, & Astuto, 1984; Lortie, 1969; Hall, Rutherford, Hord, & Huling, 1984). 일찍이 Lortie(1969)는 학교조직의 핵심적인 문제가 (교장의) 통제와 (교사의) 자율 간의 균형을 어떻게 이루느냐 하는 데 있음을 지적하고 있다.

학교에서는 학교장의 전문성에 기초한 학교장의 영향력의 영역과 교사의 전문성에 기초한 자율적 영역이라는 영향력의 구획화 현상이 존재한다. 행정 · 경영적 영역에서는 행정가들이 주도권을 가지고 있고, 교수-학습의 영역에서는 교사들의 자율성이 보장된다. 즉, 학교 재정, 시설 그리고 각종 기록의 관리 등과 같은 행정의 영역에서는 학교행정가가 주도적인 영향력을 행사하지만, 수업 영역에서의 이들의 영향력은 상대적으로 줄어든다. 이와 같이 교장은 교장의 영향권을 가지고 있고, 교사도 교사의 영향권을 가지고 있다(진동섭, 1989). 동시에 수업 지도자, 교육자로서 교장의 역할에 따른 영향권도 존재한다.

학교장의 전문성과 교사의 전문성을 동시에 존중하기 위해서 교장과 교사의 자율적 영역과 영향력의 구획화 존중되어야 할 것이다. 다만 이러한 구획화가 경직되고 폐쇄적인 것으로 고착되어서는 안 될 것이며, 그러한 경향을 방지하기 위한 제도적 장치는 학부모, 학생, 지역사회 등 교육공동체의 참여와 협력이 될 수 있다. 또한 느슨한 결합체제로서 학교조직이론이 시사하고 있듯이 학교조직 구성 요소 간의 통제, 영향력, 조정과 상호작용이 약하거나 결여된 느슨한 상태를 단단하게 결합시키기 위해 학교장은 다양한 전략과 방안 마련이 요구된다. 교사직과 교육행정직의 이원화는 학교장과 교사의 전문성 및 자율성을 별개의 것으로 이해함으로써 학교장은 교사의 전문성과 자율성을 존중하고, 교사는 교사대로 학교장의 전문성과 자율적 영역을 인정하고 교장의 의사결정을 존중해 줄 필요가 있음을 시사해 준다.

4. 교장 공모제

교장 공모제는 교장 임용 방식의 하나로 「교육공무원 승진규정」에 의한 승진 임용제와는 별도로 공모 방식을 통해서 교장을 임용하는 제도다(박상완, 2010b). 1964년 「교육공무원 승진규정」 제정 이후 교사에서 교감, 교장으로 이어지는 승진 임용제가 유지되어 온 교직에서, 공모를 통한 새로운 교장 임용 방식의 도입은 상당한 논란이 되어 왔으나 2011년 9월 30일 「교육공무원법」 개정으로 공모에 따른 교장 임용에 관한 조항이 신설되었다. 이 절에서는 교장 공모제의 개념, 교장 공모제의 도입 배경과 발달, 교장 공모제 현황을 분석한다.[1)]

1) 교장 공모제의 개념

교장 공모제의 의미는 연구자에 따라 차이를 보이고 있다. 교장 공모제 도입 논의 초기에 발표된 이종재 외(2004: 39-40)의 연구는 교장 공모제를 최소한의 자격요건을 갖춘 다양한 지원자들 가운데 일정한 심사절차를 거쳐 교장 후보자를 선발하는 제도로 규정하였다. 교장 공모제 도입을 제안한 교육혁신위원회(2006. 9.: 121)는 교장 공모제를 일정한 초·중등학교 교육 경력(교육전문직 경력 포함)을 가진 현직 교원 또는 교

1) 이 절은 기본적으로 박상완(2010b; 2015)을 토대로 하되, 일부 문헌·자료를 추가하여 수정·보완한 것이다.

육공무원을 대상으로 교장을 공모하여 공정하고 민주적인 심사 절차를 거쳐 교장 임용 후보자를 선발하는 제도로 정의하였다. 여기서는 공모 지원 자격을 명시하고 있다는 점이 특징적이다.

김이경 외(2008: 71)는 교장 공모제가 개별 학교에서 교장 후보자를 공개적으로 모집하고 학교 구성원이 참여하는 심사과정을 거쳐 지원자 중에 적격자를 선발 및 임용하는 제도로 정의하였다. 비슷한 시기에 발표된 나민주, 이차영, 박상완, 김민희, 박수정(2008: 8)의 연구에서는 교장 공모제와 기존의 승진 임용제를 대비시켜 교장 공모제를 정의하고 있다. 이에 의하면, 교장 공모제는 개별 학교의 교장을 임용하는 데 있어 승진 등에 의해 교장 자격을 갖춘 자를 교육행정 당국이 특정 학교에 배정하는 일반적인 임용의 방식이 아닌, 해당 학교에서 교장 후보자를 공개 모집하고 지원자 가운데 적격자를 그 학교 구성원이 참여하는 선정의 과정을 거쳐 교장으로 임용하는 제도다.

이상의 자료를 토대로 교장 공모제의 개념을 정리하면, 교장 공모제는 교장 임용방식의 한 유형으로 최소한의 기본 자격요건을 충족하는 사람을 대상으로 '공개 모집'을 통해 교장을 선발하는 제도로, 교장 임용과정에 다양한 학교 구성원들이 참여하는 것을 주요 특징으로 한다(박상완, 2010b).

2) 교장 공모제의 도입 목적

교장 공모제의 목적은 교장 공모제 시범운영이 결정되기까지의 주요 논의과정과 교장 공모제의 필요성에 대한 논의를 통해서 확인할 수 있다. 교장 공모제 도입을 제안한 교육혁신위원회는 교장 공모제의 필요성을 다음과 같이 설명하였다.

> "시대 변화에 부응하여 학교교육 혁신을 주도할 수 있는 새로운 교장 리더십을 확립할 필요가 있으며, 기존 승진 구조와 무관하게 학교 경영 능력과 혁신적 리더십을 발휘할 수 있는 교장을 발탁할 수 있는 새로운 교장 임용제도로서 교장 공모제가 필요하다"(교육혁신위원회, 2006: 94).

이러한 교육혁신위원회의 공모제 도입의 필요성은 제1차 교장 공모제 시범운영 당시 정부의 시범운영 계획안에도 반영되어 있다. 이는 교장 공모제 도입과 관련한 그간의 논의를 가장 잘 반영하고 있다고 할 수 있다. 그 내용은 다음과 같다.

> "현행 승진제도상 지나치게 긴 경력(28년) 요건으로 인하여 연공서열에 의한 교장 승진제 외에 교장으로 임용되기 어려운 현실에서 교장 임용방식 다양화 요구가 증대되고 교육경력이 15년 이상인 교육공무원 및 사립학교 교원 중에서 학교 경영 능력과 혁신적 리더십을 발휘할 수 있는 자에게 교장 응모 기회를 제공한다"(교육인적자원부, 2007: 3).

이상 교장 공모제 시범운영의 도입과정과 교장 공모제의 필요성 등에서 확인된 교장 공모제 도입 목적은 다음과 같이 다섯 가지로 정리할 수 있다. 첫째, 기존의 승진 임용과 별도로 공모 방식을 통하여 교장을 임용함으로써 교장 임용 방식의 다양화를 도모한다. 둘째, 학교교육의 질을 높이고 새로운 리더십으로 학교와 지역 발전을 촉진하고, 학교 경영 능력과 혁신적 리더십을 발휘할 젊고 유능한 교장을 발탁 및 임용한다. 셋째, 현행 승진제도상 지나치게 긴 경력 요건으로 인하여 연공서열에 의한 교장 승진 임용제 이외에는 교장으로 임용되기가 어려운 문제를 해소한다. 넷째, 단위 학교의 요구에 부응하는 유능한 교장을 임용한다. 교장 임용과정에서 개별 학교의 자율성과 특수성을 반영하기 위해 학교 구성원의 의사를 토대로 교장을 선발한다. 다섯째, 교장의 장기간 근무를 보장함으로써 학교혁신 및 지역사회 발전 요구를 수용하고 학교 경영에 책임을 지도록 한다.

3) 교장 공모제의 발달

교장 공모제 논의의 출발은 문민정부의 5 · 31 교육개혁 보고서에서 학교장 초빙제의 시범 실시를 제안한 데에서 찾을 수 있다(박상완, 2015). 이후 국민의 정부, 참여정부, 이명박 정부를 거치면서 제도 변화를 거쳐 왔다. 이 절에서는 교장 공모제의 발달과정을 박상완(2015)의 분석을 토대로 정리하였다.

(1) 교장 공모제 도입 배경: 문민정부의 학교장 초빙제 시범 실시

문민정부의 5 · 31 교육개혁 보고서는 新교육체제 수립을 위한 교육개혁 방안으로 9가지를 제안하였다. 이 중 학교장 초빙제는 단위 학교 자율경영(자율화) 정책의 일환으로 제안되었다. 구체적으로 학교장 초빙제 시범 실시와 관련하여, 일부 학교에 한하여 교장 초빙제를 시범 실시하여, 교육 수요자인 학부모 등이 원하는 교장을 초빙할 수 있도록 하며 학교장 초빙제의 실시 방법과 초빙 교장의 자격기준 설정은 시 · 도 교육감이 지역 실정을 고려하여 결정하도록 하였다(교육개혁위원회, 1995: 90; 교육혁신위원회, 2006. 12.).

1995년 5 · 31 교육개혁 보고서에서 학교장 초빙제를 제안한 이듬해인 1996년부터 학교장 초빙제가 시범 실시되었다. 이는 교장 자격증을 가진 사람 중 당해 학교에 특별히 필요한 사람을 임용권자인 교육감에게 초빙 교장으로 임용할 것을 요청하는 것이었다. 학교별로 교장 초빙 시, 학교운영위원회(5 · 31 교육개혁 보고서에서 처음 제안된 제도로 1996년부터 시범운영됨)의 심의를 거치도록 하되 초빙 교장의 임용 요청에 관하여 필요한 세부 사항은 교육부 장관이 정하도록 하였다(「교육공무원임용령」 제12조의 4).

문민정부에서 제안한 학교장 초빙제도는 '교장 자격증 소지자'를 대상으로 하였다는 점에서 기존 승진 임용제의 기본 틀을 그대로 유지한 것이라 할 수 있다. 즉, 교육감에 의한 교장 임용(배치)이 아니라 학교별로 학교 구성원의 참여하에 교장 채용이 이루어진다는 점에서 획기적인 제도이긴 하나 기본적으로 교장 자격증 소지자를 대상으로 한다는 점에서 기존 이해 관계자(교장 자격 소지자 및 자격 취득 예정자 등)들의 이해에 반하는 제도는 아니라 할 수 있다. 또한 학교장 초빙제는 일부 학교에 시범적으로 운영됨에 따라 기존의 승진 임용제에서 형성된 특정 이해관계 집단의 특권적 지위를 위협할 만한 수준은 아니었다고 할 수 있다(박상완, 2015).

(2) 국민의 정부: 학교장 초빙제의 기본 틀 유지

문민정부에서 제안된 학교장 초빙제는 국민의 정부의 교직발전종합방안(2001. 7.)과 교육인적자원정책위원회(2011. 11. 14.)의 교원의 전문성 제고 및 사기진작 정책으로 이어졌다. 그러나 문민정부와 국민의 정부에서 학교장 초빙제도의 '성격'은 다소 변화되었다. 문민정부에서 학교장 초빙제는 학교공동체 구축과 단위 학교 자율경영을 실현하기 위한 조건으로 제안된 반면, 국민의 정부에서는 유능한 학교행정가 확보를 위한 임용방법 개선 맥락에서 논의되었다. 국민의 정부에서 교장 임용제도 논란은 1999년 전교조가 새로운 교장임용 방식으로 교장선출보직제를 제안하면서 더욱 가열되었다(김용하, 2015; 전국교직원노동조합, 2002). 학교장 초빙제에 대해 비판적이었던 전교조는 1999년 교장 임용제도 개선안으로 교장선출보직제를 제안하고 2001년에는 교장선출보직제 추진위원회를 출범시켜 본격적 여론을 형성하기 시작하였다(김용하, 2015: 60).

국민의 정부는 당시 시범운영 중인 학교장 초빙제를 그대로 유지하기는 하였으나 이를 확대하지는 못하였다. 국민의 정부 중반기인 2000년 3월 1일 기준으로 초빙 교장은 전체 교장 재직자의 1.96%에 불과하였으며, 초빙제로 임용된 교장의 출신 경력은 전직 교장이 대다수였고, 50대 후반에 편포되어 있었다(유현숙, 김동석, 고전, 2000: 90). 이는 국민의 정부에서 학교장 초빙제의 발전이 기존 승진 임용제도의 틀과 한계를 벗어나지 못하는 경로의존성을 보여 준다. 즉, 국민의 정부에서 기존 교장 임용제 수혜집단의 특권적 지위로 형성된 권력, 제도에 대한 정당성, 전교조라는 반대 집단의 형성으로 기존 집단 간 연계의 강화(한국교총의 결집) 등이 작용하면서 학교장 초빙제도는 승진 임용제의 틀을 크게 벗어나지 못하였다. 다만, 전교조라는 새로운 이해관계 집단이 등장하여 기존 승진 임용제에 적극적인 비판을 가함으로써 새로운 제도의 형성 가능성을 보여 주었다.

이는 2011년 교육인적자원정책위원회가 기존의 학교장 초빙제에서 초빙절차와 대상자의 조건 및 임기 등을 개선하고 장기적으로 '학교운영위원회에 의한 교장 공모 → 시 · 도 교육청에 후보자를 복수 추천 → 교육청에서 최종 선정'하는 방식의 '공모제'로 전환할 것을 제안한 것에서도 알 수 있다(교육혁신위원회, 2006. 12b). 이러한 공모 방식에 의한 교장 임용제도는 국민의 정부 교육인적자원정책위원회에서 처음 제안되었지만, 전교조와 한국교총 등 교원단체 간 이견으로 제도화되지는 못하였다(박상완, 2015).

(3) 참여정부: 교장 임용제도 다양화 논의의 발달과 교장 공모제(안) 시범운영 실시

참여정부는 '학교장 임용제도의 다양화'를 대선 공약에 이어 국정과제로 채택하였다. 이에 따라 집권 초기부터 교장 초빙제, 보직제 도입 등 학교장 임용제도의 다양화가 교육 개혁의 핵심 쟁점으로 부각되었다(교육혁신위원회, 2006. 12c). 참여정부 출범 당시 문민정부 교육개혁위원회에서 제안한 학교장 초빙제가 시범운영되고 있었으나 그 규모는 전체 초 · 중등학교의 3.94%에 머물고 있었다(교육인적자원부, 2005a: 5). 교육부에서는 당초 학교장 초빙제의 시범운영을 전체 학교의 10% 내에서 확대하고자 하였으나 전교조를 중심으로 학교장 초빙제의 문제점을 제기하면서(예: 초빙학교 지정 여부를 퇴직 교장이 신청, 학연 등에 의해 초빙되거나 현직 교장의 정년 연장 수단으로 활용된다는 점 등), 보다 다양한 이해관계 집단의 의견을 수렴한 교장 임용제도를 마련하고자 하였다. 이에 따라 정부는 한국교육개발원에 교원정책 혁신방안 연구를 의뢰하여 교장 임용제 개선안을 마련하도록 하였다(이종재 외, 2014). 한국교육개발원의 연구 결과를 토대로 교육인적자원부는 2005년 11월 학교장 초빙제를 '교장초빙 · 공모제'로 개편하고 이의 시범운영을 추진하였다(교육인적자원부, 2005a). 참여정부 출범 초기에 시행되고 있던 초빙 교장제와 2006년 9월부터 시범운영된 교장 초빙·공모제의 차이점은 〈표 12-7〉과 같다. 여기서 초빙 교장제는 참여정부 출범 초기 기존의 학교장 초빙제를 지칭하던 용어로, 양자는 내용상 차이가 없다는 점에서 동일한 것으로 볼 수 있다.

◆ 표 12-7 ◆ 초빙 교장제와 교장 초빙·공모제 비교

구분	초빙 교장제(학교장 초빙제)	교장 초빙·공모제
대상학교	• 임기만료 및 정년퇴임으로 학교장 후임 보충이 필요한 국공립학교 • 학교장 요청으로 교육감 지정	• 현장 혁신 등 교육감이 필요하다고 인정하는 학교·농어촌우수고, 특성화중고 • 교육감이 당해 학교와 협의하여 지정
지원 자격	• 교장 자격증 소지 • 당해 시·도에 근무하는 교육공무원	• 교장 자격 특례학교는 교장 자격증 미소지자 임용 가능 • 전국 단위 공모 실시
교장심사 및 책무성	• 단위 학교 심사 • 학교 경영 실적에 대한 평가체제 부재	• 학교 심사(1차), 교육청 심사(2차) • 2년 주기의 정기적인 평가체제 도입

출처: 교육인적자원부(2006. 7.), p. 57.

교장 초빙·공모제는 대상 학교 확대, 교장 지원자격의 완화, 교장 심사 및 책무성 강화를 위한 교육청 심사 추가, 교장에 대한 정기적인 평가체제 도입 등을 주요 특징으로 한다(교육인적자원부, 2006. 7: 57). 그러나 이는 초빙 교장에 응모할 수 있는 지원 자격을 일부 특례 학교를 제외하고 교장 자격증 소지자로 한정하고 있어 전교조가 주장해 온 선출보직제가 포함되어 있지 않다는 비판을 받았다(박상완, 2010b: 181). 이에 따라 교육인적자원부는 다시 대통령자문 교육혁신위원회에 교장 초빙·공모제 검토와 더불어 다양한 이해관계 집단의 의견을 수렴한 새로운 방안을 마련해 줄 것을 의뢰하였다(교육혁신위원회, 2006: 97). 이에 따라 교육혁신위원회는 2006년 8월 교장 공모제를 제안하였다.

교육혁신위원회(2006)가 제안한 교장 공모제의 주요 특징은 교장 공모제 선택 결정권을 학교에 부여하며, 교장 자격증 미소지자도 교장이 될 수 있도록 하며, 교장 승진 시 경력평정 반영기간과 경력평점 점수를 축소하도록 한 것이다. 이는 전교조에서 주장해 온 교장선출보직제는 아니었으나 전교조의 의견을 상당히 반영한 것으로 볼 수 있다(김용하, 2015: 158-159). 교육인적자원부는 교육혁신위원회의 교장 공모제 도입(안)을 토대로 2007년 4월 교장 공모제 시범운영 계획(안)을 마련하고 2007년 9월 제1차 시

범운영을 시작하였다. 2007년 4월 발표된 제1차 교장 공모제 시범운영 계획(안)은 〈표 12-8〉과 같다.

◆ 표 12-8 ◆ 교장 공모제 제1차 시범운영 계획(안) (2007년 4월)

구분	주요 내용
배경	• 개방적 리더십을 통한 학교의 발전과 교직사회 활성화 - 새로운 리더십으로 학교와 지역 발전을 촉진할 수 있는 유능한 교장을 임용하기 위해, 응모 자격을 완화하고 민주적이고 투명한 공모절차를 적용하는 등 교장 임용방식을 다양화
목적	• 자율학교에 적용되던 내부형, 개방형 공모제, 초빙 교장 공모 실시를 위한 '교장 초빙 · 공모 제3차 시범운영'을 '교장 공모제 시범운영'으로 전환 · 통합함.
근거 규정	「초 · 중등교육법」 제61조, 「초 · 중등교육법 시행령」 제105조의 2 등
대상	2007년 9월부터 자율학교를 대상으로 한 교장 공모제 시범운영 실시 일반학교에의 적용은 법률 개정이 필요하므로 「교육공무원법」, 「초 · 중등교육법」 등 법률과 하위 법령 개정 추진(교육인적자원부, 2006. 11. 3.)
기간	총 2회: 2007. 9. 1.~2011. 8. 31.과 2008. 3. 1.~2012. 2. 29.
규모	내부형 73교, 개방형 11교, 초빙 교장 32교 - 교육부와 협의하여 조정 · 확정
지원 자격	내부형-교육 경력(교육전문직 경력 포함) 15년 이상 개방형-당해 학교 교육과정과 관련된 기관 또는 단체에서 3년 이상 종사자 초빙형-교장 자격증 소지자
심사 절차	1차 서류심사, 2차 심층심사, 3차 학교운영위원회 심사 → 학교운영위원회로부터 통보받은 2인을 교육감에게 추천 → 교육감은 최종 1명을 선정하여 교육부 장관에게 임용 추천

출처: 김용하(2015), p. 160을 토대로 일부 내용을 추가 · 수정함.

참여정부에서 학교장 초빙제도 변화는 크게 세 시기로 구분할 수 있다.

첫째, 초빙 교장제 시기(2003. 2.~2005. 11.)로 문민정부, 국민의 정부에서 시범운영되어 오던 학교장 초빙제가 명칭만 달리하여 '초빙 교장제'로 실시되었다.

둘째, 교장 초빙 · 공모제 시기(2005. 11.~2007. 4.)로 일부 학교(교장 자격 특례학교)에 대해 교장 자격증 미소지자가 교장으로 임용될 수 있도록 허용하고 전국 단위 교장 공모를 시행하였다.

셋째, 교장 공모제 출범 시기(2007. 4.~2008. 2.)로 참여정부 출범을 전후로 하여 제기되었던 다양한 학교장 임용제도를 통합, 개편하여 교장 공모제 시범운영(안)을 마련, 실시하였다.

참여정부는 학교장 초빙제가 현재의 교장 공모제로 전환된 시기라는 점에서 교장 공모제도 정책 변화에서 가장 중대한 전환점이라 할 수 있다. 문민정부, 국민의 정부에서 학교장 초빙제가 기존 승진 임용제의 제도적 맥락과 규제하에 추진되면서 새로운 제도의 형성 및 변화가 이루어지지 못했던 반면, 참여정부에서 학교장 초빙제는 기존 승진 임용제도의 제약에서 벗어나 교장 자격증 미소지자들도 교장이 될 수 있는 가능성을 열어둔 교장 공모제도로 개편됨으로써 제도의 경로 이탈을 보여 주었다. 이는 참여정부라는 진보적 성향을 갖는 정권의 출범과 기존 승진 임용제도의 수혜자 집단에 대응할 수 있는 이해관계 집단(전교조, 학부모 단체)의 성장, 제도의 정당성 약화 등의 요인이 학교장 초빙제가 교장 공모제로 변화하는 데 기여했다고 할 수 있다.

그러나 참여정부에서 마련된 교장 공모제가 기존 승진 임용제도의 영향력, 즉 기존 제도가 새로운 제도가 취할 모습을 제약한다는 경로의존성을 완전히 벗어난 것은 아니다. 기존의 승진 임용제도가 유지되고 있음에도 불구하고 교장 공모제의 한 유형으로 초빙형을 둔 것은 교장 승진 임용제의 편익을 향유하는 이해관계 집단의 권력이 강하게 작용한 것으로 해석할 수 있다.

(4) 이명박 정부: 교장 공모제의 법제화

참여정부에서 여러 논란을 거쳐 2007년 마련한 교장 공모제 시범운영(안)은 이명박 정부에서도 제5차 시범운영까지는 그대로 유지되었다. 그러나 제5차와 제6차 시범운영 계획(교육과학기술부, 2009a)에서부터 공모 유형별 지원 자격기준 등 교장 공모제의 일부 내용이 변경되었다(이덕난, 유지연, 2010: 2). 주요 내용은 〈표 12-9〉와 같다.

◆ 표 12-9 ◆ 교장 공모 유형별 지원 자격기준

유형	자격기준(~-5차)	지원 자격기준(6차) 및 대상 학교	
내부형	초·중·고교에 초·중등학교 교육 경력 15년 이상인 교원을 대상으로 공모	교장 자격증 소지자, 초·중등학교 교육 경력(교육전문직 경력 포함) 15년 이상인 교감 자격증 소지자, 교육 경력 20년 이상 교육공무원 또는 사립학교 교원	자율학교
개방형	특성화중, 특성화고, 전문계고, 예·체능계고 등에 3년 이상 종사자 대상	당해 학교 교육과정에 관련된 기관 또는 단체에서 3년 이상 종사한 경력이 있는 자(교장 자격증 유무 관계없음)	자율학교
초빙형	일반 학교에 교장 자격증 소지자 대상 공모	교육공무원(국공립대학교원 제외)으로서 교장 자격증 소지자	일반학교

출처: 교육과학기술부(2008b), p. 5; 교육과학기술부(2009a), p. 3.

제6차 시범운영 시부터 개편된 교장 공모제는 이명박 정부에서 2008년 추진한 학교자율화 계획과 관련이 있다. 정부는 학교자율화 정책을 추진하면서 자율학교에 대해서는 개방형·내부형 공모를, 일반학교는 초빙형 공모를 실시하도록 하였다. 종래 교장 자격증 미소지자가 공모를 거쳐 교장으로 임용될 경우, 해당 학교를 자율학교로 지정한 것과 달리, 학교에 따라 교장 공모 유형을 미리 정한 것이다(박상완, 2010b: 185-186). 이는 결과적으로 내부형 공모를 제한하는 효과가 있다는 점에 주목할 필요가 있다.

또한 제6차 시범운영부터는 내부형 공모 교장의 지원자격이 변경되었으며, 교장 자격증 미소지자의 공모 가능 학교 수도 내부형 공모학교의 15% 이내로 제한되었다(교육과학기술부, 2009b: 3). 종전에는 이러한 제한 규정이 없었고, 내부형은 교장 자격증 미소지자만을 대상으로 하였다는 점에서 이명박 정부의 내부형 공모제는 상당히 변질된 것으로 볼 수 있다. 이광수, 김도기(2010)는 이를 교장 공모제 실시과정 중 가장 큰 변화라 지적한 바 있다. 이는 교장 공모제가 초빙형 중심으로 개편된 것으로 교장 승진 임용제를 지지하는 이해관계 집단의 편익을 확대한 것이라 할 수 있다.

이명박 정부에서는 교장 공모제 실시 규모를 확대하였으나 이는 교육전문직 인사비리 문제 해소를 위해 초빙형 교장 공모제 확대(교육과학기술부, 2010. 3. 17.)에 초점을 둔 것이었다. 이에 따라 초빙형 공모 교장 지정 범위를 전체 공립학교의 10% 이내에서 50% 이상으로 연차적으로 확대하고, 종래 비선호학교 위주로 교장 공모제 학교를 선정하던 것을 개선하여 선호 지역 학교도 교장 공모제 운영 학교로 포함되도록 하였다.

2011년 9월 30일 「교육공무원법」 제29조의 3(공모에 따른 교장 임용 등)을 신설함으로써 교장 공모제의 법적 근거를 마련하였다는 점도 이명박 정부의 교장 공모제 정책의 주요 변화로 볼 수 있다. 「교육공무원법」 개정으로 「초·중등교육법」의 교장 자격기준(제21조 ① 관련)을 정한 [별표 1]의 교장 자격기준으로 공모 교장 관련 사항이 추가되었다(공모 교장으로 선발된 후 교육부령으로 정하는 연수과정을 이수한 사람). 교장 공모제의 법제화는[2] 교장 공모제 정책에 합법성을 부여하고(김용하, 2015: 171), 교장 공모제가 안정적으로 실시될 수 있는 기반을 마련하였다는 점에서 중요한 의미를 갖는다.

이명박 정부에서 교장 공모제는 제도적인 면에서 안정화된 시기라 할 수 있다.

---

2) 교장 공모제의 법제화가 국회의원 시절 교장 공모제 입법 발의를 주도했던 이주호 장관이 교육부 장관으로 재임하는 동안 이루어졌다는 점은 중요한 의미가 있다. 이주호 장관은 이명박 정부 시절 교육문화수석과 교육과학기술부 장관으로 임명되면서 교장 공모제의 법제화 등 교장 임용제도의 정책 변화를 주도했다. 이는 장관의 교육 관점과 교육철학에 따라 정책목표, 정책의 우선순위, 정책적 청사진이 달라져 정책변동이 발생하는 사례를 잘 보여 준다(김용하, 2015: 89-90).

5 · 31 교육개혁 보고서에서 제안된 학교장 초빙제는 초빙 교장제, 교장 초빙 · 공모제, 교장 공모제로 변화하면서 시범운영되어 오다 2011년 「교육공무원법」에 공모에 따른 교장 임용에 관한 조항이 신설되면서 합법적인 정책으로 제도화되었다. 이명박 정부의 교장 공모제는 참여정부의 교장 공모제를 그대로 시행한 '교장 공모제 정착기'(2008. 2.~2009. 11.), 교장 지원자격기준을 개편한 6차 시범운영(안)이 발표된 이후 교장 공모제 법제화 이전까지인 교장 공모제 개편 · 확대기(2009. 11.~2011. 9.), 교장 공모제 법제화 및 안정화 시기(2011. 9.~현재) 등으로 구분할 수 있다.

이러한 교장 공모제의 변화과정에서 주목할 점은 기존 승진 임용제의 교장 자격 요건이 교장 초빙제, 교장 초빙 · 공모제, 교장 공모제에서 그대로 유지되었을 뿐 아니라 이명박 정부 들어 초빙형을 중심으로 교장 공모제가 확대됨으로써 내부형, 개방형 등 기존 승진 임용제의 틀을 벗어나는 대안적 교장 임용제도가 제도적으로 정착되지 못하였다는 점이다. 이는 기존 승진 임용제도라는 제도적 틀, 이로 인해 형성된 이해관계 집단의 권력과 이들 집단 간 연계효과, 교장 자격증 필요성에 대한 신념(정당성) 등이 교장 공모제의 제도 변화를 지속적으로 제약한 요인(경로의존성 요인)으로 볼 수 있다.

한편, 이명박 정부에서 교장 공모제의 내부형, 개방형이 점차 축소되고 초빙형으로 수렴된 것은 교장 공모제의 경로의존성을 부정적 환류 유형(메커니즘)으로 설명할 수 있다. 즉, 일정기간 경로(교장 자격증 소지자를 대상으로 한 교장 임용제)에서 이탈한 흐름(내부형, 개방형 교장 공모제)이 다시 기존 경로(균형)로 돌아온 것은(교장 승진자를 대상으로 한 초빙형 중심의 교장 공모제) 교장 공모제 운영의 부정적 환류로 인해 기존 승진 임용제가 지속되는 것으로 해석될 수 있다.

(5) 박근혜 정부: 교장 공모제의 유지

박근혜 정부에서 교장 공모제는 이명박 정부의 정책 내용을 그대로 유지하고 있어 제도 변화를 발견하기는 어렵다. 정부의 국정과제나 교육부 업무보고 등에서 교장 공모제를 주요 정책과제로 다루고 있지 않아 교장 공모제 정책에 대한 관심도나 중요도도 다소 떨어진 것으로 볼 수 있다. 교장 공모제 관련 법령도 최근 공립 유치원에 공모제를 도입한 것을 제외하고 내용상 개정된 바는 없으며, 교장 공모제 시행 계획도 이명박 정부에서 수립한 2013학년도 교장 공모제 추진 계획(교육과학기술부, 2012. 11.)이 그대로 적용되고 있다. 2012년 11월 이후 현재까지 적용되고 있는 교장 공모제의 주요 현황을 요약 · 정리하면 〈표 12-10〉과 같다.

◆ 표 12-10 ◆ 교장 공모제 현황

구분	주요 내용	비고(특징)
근거 규정	•「교육공무원법」 29조의 3(공모에 따른 교장 임용 등) •「교육공무원임용령」 12조의 5(공모 교장의 임용 · 평가 등) • 공모 교장 등 임용업무 처리요령	•「초 · 중등교육법」의 교장 자격기준(제21조 제1항 관련)에 공모 교장 선발 후 일정한 연수를 받은 사람 추가(2011. 9. 30.)
공모 학교 지정 및 규모	• 공립학교: 교육감은 교장이 결원되는 학교 중 공모학교를 지정, 학교 수의 ⅓~⅔ 범위 내에서 교육감이 비율 결정 * 교육부 장관은 필요한 경우 직권으로 공모학교 지정	• 교장 공모제 운영에서 정부권한 확대. 공모학교 규모 지정(결원학교의 ⅓~⅔), 공립학교에 대해서도 교육부 장관이 공모학교를 직권 지정하도록 함
심사 절차 및 방법	• 심사 주관 - 학교 공모교장심사위원회(1차), 교육청 공모교장심사위원회(2차) • 심사 절차 - 1차 심사: 임용 후보자 3배수 추천 - 2차 심사: 임용 후보자 2배수 추천 상위 2인의 순위를 명기하여, 학교장과 교육감에게 통보 • 임용 추천 - 교육감은 교육청 공모교장심사위원회의 추천 순위를 고려하여 최종 1명 선정, 장관에게 임용제청 - 교육감은 1 · 2차 공모 심사를 한 경우 1차 50%, 2차 50%를 반영, 심사점수 합산으로 최종 순위 결정 - 일정점수(80% 수준) 이상 적격자 없을 시 임명 전환 - 교육감은 2순위자를 최종 1명으로 선정할 수 있음	• 심사위원 구성 시 학부모, 교원, 지역위원 모두 포함. 교원보다 학부모 포함 외부 위원의 비중이 큼 • 학교 심사(1차 심사)는 지원자 중 3배수를 추천하는 것으로 한정됨. 교육청 심사 시(2차 심사)시 공모 교장 지원과정 및 1차 심사 과정의 공정성 등에 대한 심사를 병행하도록 함으로써 교육청의 심사 권한과 기능을 강화함 • 교육감은 심사점수 합산 2 순위자를 최종 1명으로 선정할 수 있도록 함으로써 교육감의 권한 강화함

구분	주요 내용				비고(특징)
	유형	추진 근거	자격기준	대상학교	
교장 공모 유형별 자격 요건	초빙형	「교육공무원법」 제29조의 3 ①	• 교장 자격증 소지자(교육공무원)	일반학교	• 개방형의 경우 공모 범위는 전국임. • 임용 예정일 기준으로 정년 잔여기간이 4년 미만인 자는 지원 제한 • 현임 학교의 근무기간이 2년 미만인 교장의 경우에는 지원 불가
	내부형	「교육공무원법」 제29조의 3 ② 「교육공무원임용령」 제12조의 6 ①	• 교장 자격증 소지자(교육공무원) • 교육 경력 15년 이상인 교육공무원 또는 사립학교 교원(자격 미소지자)	자율학교 자율형 공립고	
	개방형	「교육공무원법」 제29조의 3 ② 「교육공무원임용령」 제12조의 6 ①	• 교장 자격증 소지자(교육공무원) • 해당 학교 교육과정 관련 기관, 단체 3년 이상 경력자(자격 미소지자)	자율학교 중 특성화 중·고, 특목고, 예체능계고	

출처: 교육과학기술부(2012. 11.). 2013학년도 교장 공모제 등 추진 계획을 토대로 요약, 정리함.

(6) 종합

이상 교장 공모제의 발달 과정을 역대 정부별로 요약해 보면(박상완, 2015: 343), 문민정부는 신교육체제 수립을 표방한 5·31 교육개혁 보고서에서 학교공동체 구축, 좋은 학교 만들기라는 정책 기조에 기초하여 학교장 초빙제라는 새로운 교장 임용제도를 제안하였으며, 시범운영의 기반을 마련하였다.

이후 국민의 정부는 여야 간 정권교체를 통해 탄생한 정부로서 정책 기조 면에서 문민정부와 다소 차이를 보였으나 학교장 초빙제 정책은 문민정부의 기본 틀을 그대로 유지하였다. 이에 따라 문민정부와 국민의 정부 시기는 교장 초빙제의 형성과 제도적 기반 마련 시기(1995. 5.~2003. 2.)로 규정할 수 있다.

국민의 정부를 이은 참여정부는 정권의 성격은 유사하였으나 제도적 맥락으로서 정치적 기반에는 차이를 보였다. 참여정부에서 교장 초빙제는 초빙 교장제 시기(2003. 2.~2005. 11.), 교장 초빙·공모제 시기(2005. 11.~2007. 4.), 교장 공모제 출범 시기(2007. 4.~2008. 2.)로 구분할 수 있다. 참여정부는 정부 출범 당시부터 학교장 임용제도의 다양화를 주요 정책 과제로 설정하고 다양한 이해관계 집단의 의견을 수렴하였으며, 이는 교장 공모제 시범운영(안)으로 귀결되었다. 참여정부는 학교장 초빙제가 교장 공모제로 전환되어 제도적 기반을 마련한 시기라는 점에서 중요한 의미를 갖는다.

이명박 정부는 여야 간 정권교체로 탄생한 정부로서 참여정부와 달리 보수정권으로서 신자유주의 성향을 띤 친 기업 실용정부의 성격을 갖는다. 이러한 정부의 성격은 교장 공모제 변화에도 중요한 제도적 맥락으로 작용한 것으로 볼 수 있다. 이는 이명박 정부에서 교장 공모제가 초빙형을 중심으로 확대되면서 기존 승진 임용제에 기초한 이해관계 집단의 편익을 반영한 보수적인 성격을 띠고 있다는 점을 통해서도 알 수 있다. 이명박 정부에서 교장 공모제의 변화는 교장 공모제 정착기(2008. 2.~2009. 11.), 교장 공모제 개편 · 확대기(2009. 11.~2011. 9.), 교장 공모제 법제화 및 안정화 시기(2011. 9.~현재)로 구분해 볼 수 있다(박상완, 2015: 343). 이명박 정부에서 개편된 교장 공모제는 현재까지 그대로 유지되고 있으며, 새로운 제도 변화나 개선은 없다고 할 수 있다.

4) 교장 공모제에 관한 연구 동향

교장 공모제에 관한 연구들은 지난 20년간 다양하게 이루어져 왔다. 대체로 교장 초빙제가 논의되던 초창기(문민정부, 국민의 정부)에는 학교장 초빙제의 의미와 기존 제도와의 연계, 교장 승진제도 개편 등이 주요 연구 주제로 다루어졌다면, 참여정부 출범을 전후로 하여 교장 임용제도의 다양화, 교원 인사제도 혁신의 맥락에서 교장 공모제를 포함한 다양한 교장 임용제도를 주제로 한 연구들이 이루어졌다. 교장 공모제가 시범운영된 2007년 하반기를 전후로(참여정부, 이명박 정부 시기) 교장 공모제 정책결정 과정, 교장 공모제 시범운영의 실태, 문제점 및 쟁점 분석, 교장 공모제의 성과 및 효과를 분석하는 연구들이 주로 발표되었다. 교장 공모제 연구는 2000년대 후반 들어 보다 활발하게 이루어져 다양한 연구 주제들이 발표되고 있다.

교장 공모제 관련 선행연구들을 범주화해 보면 다음과 같다.

첫째, 학교장 초빙제라는 새로운 교장 임용제도가 제안되면서 기존의 교장 임명제도(교장 승진제도)와 교장 임기제 등의 현황과 주요 쟁점들을 분석한 연구들이다(진동섭, 이윤식, 유현숙, 김병찬, 2003; 이종재, 김왕준, 2003; 박상완, 2004). 이들 연구들은 학교장 초빙제를 포함하여 교장 승진제, 교장 임기제, 교장선출보직제 등 교장 임용제도의 현황과 관련 쟁점들을 정리함으로써 교장 임용제도 전반을 이해하는 데 유용한 정보를 제공하고 있다.

둘째, 교장 공모제 정책 성과 및 효과를 분석한 연구다(나민주 외, 2008, 2009; 박상완, 2010b; 김혜진, 곽경련, 홍창남, 2011; 주창범, 강소랑, 2012). 교장 공모제에 관한 선행연구들은 넓은 의미에서 교장 공모제의 성과 및 효과를 분석한 연구들이라 할 수 있다.

이들 연구를 다시 유형화해 보면 다음 세 가지로 정리할 수 있다. ① 교장 공모제에 대한 학교 구성원의 인식(쟁점, 만족도 등)을 조사한 연구(김이경, 한신일, 김현철, 2008; 박인심, 고전, 나민주, 김이경, 2013), ② 교장 공모제 도입으로 인한 학교 변화(예를 들어, 교장의 직무수행, 학교교육 프로그램 다양화 등)를 분석한 연구(문찬수, 김해숙, 2011; 김은영, 장덕호, 2012), ③ 교장 공모제가 학업 성취도에 미치는 영향을 분석한 연구(박수정, 황은희, 2011; 이광현, 김민조, 2012) 등이 있다. 교장 공모제가 학생 성취도에 미치는 영향은 연구자에 따라 상이한 결과를 보여 주고 있다.

특히 교장 공모제 시범운영 기간 동안 교장 공모제의 성과를 확인하기 위한 연구들이 다수 수행되었다(예를 들어, 나민주 외, 2008; 박상완, 2010b). 이 중 나민주 외(2008: 17-18)의 연구는 교장 공모제 학교의 효과를 크게 세 가지 차원으로 구분하였다. ① 개인적 수준의 분석으로, 공모제를 통해 임용된 교장과 승진 임용 교장의 지도력, 개인적 자질, 직무수행 능력 등은 어떤 차이가 있는가를 비교함으로써 교장 공모제의 성과를 평가할 수 있다. ② 교장 공모제가 적용된 학교에 나타난 조직적 변화를 살펴봄으로써 공모제의 효과를 분석할 수 있다. 교직원의 사기, 학교 풍토, 학생의 성취도 등이 공모제 시행 전후 또는 공모제 학교와 일반학교 간 차이가 있는가를 비교함으로써 공모제의 효과를 분석할 수 있다. ③ 제도적 수준의 분석으로, 공모제 시행으로 나타난 변화가 공모제 도입 취지를 구현하고 있는지, 공모제의 취지는 우리 사회에 비추어 적합한 것인지 등을 분석하는 것이다. 나민주 외(2008)의 연구는 앞의 두 가지 수준에서 '교장 공모제 학교의 효과'를 분석하고 있다.

박상완(2010b)은 나민주 외(2008)의 분류에 의하면, 제도적 수준에서 교장 공모제 시범운영의 실태와 성과를 분석하는 데 초점을 두었다. 물론 제도적 수준이 교장 공모제의 성과를 분석하기 위해서 개인 수준과 조직 수준의 분석 결과를 활용하지 않을 수 없으며, 이들 세 가지 분석 수준은 밀접하게 연계되어 있다. 이 점에서 박상완(2010b)은 제도로서 교장 공모제 성과 분석에 초점을 두되 개인 수준과 조직 수준의 효과 분석은 나민주 외(2008)의 개방형 질문 응답과 면담결과를 부분적으로 활용하였다.

제1차~제6차까지 교장 공모제 시범운영으로 임용된 교장 특성, 개방형 설문조사

응답내용, 공모 교장 면담을 토대로 시범운영의 성과를 분석한 결과, 교장 공모제 시범운영의 주요 특징으로 단위 학교의 자율적인 선택에 의해 교장 공모제의 시행 여부 결정, 공모 지원자의 자격요건과 학교 유형에 따라 내부형, 개방형, 초빙 교장형의 공모 유형 구분, 공모 교장에 대한 4년 임기보장, 공모 교장 평가제 시행 등이 도출되었다.

교장 공모제 시범운영의 성과는 교장 공모제 시행 학교가 전체 초·중등 국·공립 학교의 5.5%에 불과하고, 내부형과 개방형보다는 초빙 교장형이 더 많다는 점, 또 공모 교장의 임용 전 직위, 교장 자격증 소지 여부 등에서 볼 때 교장 공모제의 시범운영 성과는 매우 제한적이라 분석하였다. 특히, 교장 공모제에 대한 교육전문직의 인식이 부정적이라는 점, 인사나 재정 면에서 공모 교장의 권한과 자율성이 제한되어 있다는 점, 가시적 성과 위주의 학교 경영 등으로 인한 교직원의 불만 등은 교장 공모제 시행의 부정적인 측면으로 보았다(박상완, 2010b).

셋째, 공모 교장이나 교장 공모 학교에 관한 질적 사례연구나 문화기술적 연구로 초등학교 공모 교장의 적응과정 사례연구(유경훈, 김병찬, 2012), 초빙 교장의 학교 경영 사례분석(허인령, 2008), 교장 공모제 학교의 학교문화 사례연구(김혜영, 2011) 등이 있다.

넷째, 교장 공모제의 정책 결정과정(김대유, 2011; 이광수, 김명수, 2012), 정책갈등(김경윤, 2010), 정책변동(이광수, 김도기, 2010; 정태환, 2013; 김용하, 2015)을 분석한 연구들이다. 이 중 김경윤(2010)은 교장 공모제 도입과 확대를 둘러싸고 전개된 갈등과 조정 과정을 미시정치적으로 분석하였다. 그에 의하면, 교장 공모제 도입과 확대 과정에서 갈등의 제공자는 주로 정부당국이었으며, 정부의 입장이 어려워질 때 갈등 해소를 위한 노력이 가시화되었다.

이광수, 김도기(2010)는 Kingdon 정책흐름 모형을 분석틀로 하여 교장 공모제 정책 변동이 어떤 요인과 과정을 거쳐 이루어졌는가를 분석하였다. 이들에 의하면, 교장 공모제가 정책의제로 부각 및 변동되는 데 가장 큰 영향을 준 요인은 정치의 흐름, 정권 교체(정책변화의 기폭제), 정책결정자의 정책실천 의지 등이었다. 또한 교장 공모제가 결정의제 단계로 진입하는 데 큰 역할을 한 것은 이익집단(교원단체), 대통령, 교장 공모제 의원입법 발의자(이주호, 최순영 의원 등) 등 정책실현을 위한 정책 선도자들의 의지와 노력이었다(이광수, 김도기, 2010: 150).

아울러 이들 연구에서 주목할 점은 제6차 교장 공모제 시범운영안(이명박 정부)에서 일반학교 교장 공모의 자격 대상을 교장 자격증 소지자로 한정한 것은 교장 공모제 정책 실시 동안 발생한 '가장 큰 변화'로 규정하였다는 점이다. 이들은 이러한 정책 변화의 요인을 이전 정부(참여정부)와 새로운 정권(이명박 정부)의 정부 관계자들이 갖는 정책에 대한 신념과 가치체계의 차이, 정책운영상 환류를 통한 수정에 기인한 것이라고 분석하였다(이광수, 김도기, 2010: 150).

이광수, 김도기(2010)의 연구는 교장 공모제 정책변화에 관련된 다양한 요인들을 정책변동 단계에 따라 체계적으로 분석하였다는 점에서 큰 의의가 있다. 특히, 이들이 제6차 교장 공모제 시범운영안에서 내부형이 폐지된 것은 교장 공모제 정책 실시 과정에서 가장 큰 변화로 규정되었고 그것은 매우 적합한 분석이라고 할 수 있다. 이는 참여정부에서 제안한 교장 공모제의 세 가지 유형, 즉 내부형, 초빙형, 개방형이 결과적으로 초빙형으로 통합됨으로써 교장 공모제가 승진 임용제와 동일하게 교장 자격증 소지자를 대상으로 하는 교장 임용제가 되어 교장 공모제의 도입 취지를 살리지 못하고 있기 때문이다.

한편, 김용하(2015)는 교장 공모제 정책이 형성・집행되는 과정에서 발생하는 다양한 변수들과 정책행위자들의 상호작용이 어떻게 일어나는지, 정책의 변동 요인과 과정 그 결과 사이의 인과관계를 분석하였다. 이 연구에서 교장 공모제 정책 과정을 세 시기로 구분하고 있다. 교장 공모제가 정부의 정책의제로 채택된 정책의제기(1995. 5.~2003. 2. 문민정부에서 국민의 정부까지), 다양한 정책 대안이 탐색된 정책대안기(2003. 3.~2004. 4. 참여정부 초기), 교장 공모제 정책이 결정 및 실행된 정책집행결정기(2004. 8.~2011. 8. 참여정부 중반부터 이명박 정부 중반) 등이다.

Sabatier의 옹호연합모형을 분석 틀로 적용하여 교장 공모제 정책변동에 영향을 미친 요인들을 분석한 결과, 김용하(2015)는 교장 공모제의 정책변동 요인은 교장 임용제도, 신자유주의 교육 패러다임, 「교육공무원법」, 「초・중등교육법」, 승진규정 등과 같은 안정적인 외적 변수와 교장의 지위와 역할의 변화, 국민 참여의 확대와 교육시민사회단체의 성장, 교장 임용체제와 관련한 국민적 여론의 변화, 정권의 교체, 국회의원 성향 및 의석 수 변화, 교육부 장관의 변화 등과 같은 역동적인 외적 변수 등으로 다양하였다. 특히, 그는 지배집단의 변화를 중요하게 언급하였는데, 이는 지배집단 변화로 기존 정책과 단절된 혁신적인 정책변동이 유발되고, 정책에 대한 논란과 갈등이 가중되고, 추가적인 정책변동을 초래하는 점화장치가 된 것으로 보았다.

5) 교장 공모제도 발전을 위한 과제

교장 공모제에 관한 연구들은 주로 시범운영 시기에 활발하게 이루어졌다. 교장 공모제가 법제화된 이후 교장 공모제 발전을 위한 과제는 박상완(2015)의 연구에서 일부 제시된 바 있다. 이에 의하면, 교장 공모제 도입의 배경과 목적에 비추어 볼 때, 현행 교장 공모제는 교장 자격증 소지자를 대상으로 한 초빙 교장제에 가깝다는 점에서 한계가 있다. 교장 공모제는 교장 임용제도의 다양화, 연공서열 중심의 승진 임용제 개선 또는 대안으로 도입되었다는 역사적 제도 발달 과정에 비추어 볼 때, 현행 교장 공모제에서 교장 자격 미소지자의 교육 경력을 강화한 점, 내부형의 비율을 제한한 점은 개선될 필요가 있다. 교장 자격증 소지자에 한해 공모 교장으로 지원할 수 있도록 되어 있는 현 교장 공모제는 교장 공모제의 도입 취지를 전혀 살리지 못하기 때문이다. 이에 따라 다양한 배경을 가진 사람들이 교장 공모제에 지원할 수 있도록 정책을 재설계할 필요가 있다(박상완, 2015).

문민정부의 학교장 초빙제에서 발달한 교장 공모제는 20여 년이 지난 현재에도 여전히 교장 공모의 형식만 취할 뿐 공모 지원자의 자격 면에서 승진 임용제와 큰 차이가 없다. 교장 승진 임용제와 교장 공모제는 나름대로 제도적 장점과 한계를 가지고 있으나 교장 공모제가 기존 승진 임용제의 한계를 보완하기 위해 등장한 제도라는 점에서 볼 때, 기존 제도의 맥락과 규제를 벗어나 새로운 제도의 취지를 구현할 수 있도록 발전될 필요가 있다. 아울러 교장 공모제는 교장 임용을 위한 하나의 방식으로, 보다 중요한 문제는 교장이 어떤 권한과 책임을 가지고 어떻게 학교를 운영할 것인가다(박상완, 2010b: 198). 따라서 교장이 책임 있는 학교 경영을 할 수 있는 행·재정적인 지원과 책임 강화, 학교 내 다양한 이해 관계자 간의 협력과 지원을 이끌어 낼 수 있는 능력, 교장으로서 요구되는 지도력 개발을 위한 연수 및 훈련을 강화할 필요가 있다(박상완, 2015).

5. 교장 임용제도의 개선 과제

이 절에서는 교장 공모제 시범적용과 법제화, 교원 승진규정 개정 등의 과정을 거치면서 교장 임용제도와 관련하여 제기되어 온 주요 쟁점과 개선 과제를 종합 및 정리한다.

1) 쟁점

1990년대 중반 이후 교장 승진 임용제와 별도로 교장 초빙제가 제안된 이후 교장 임용제도와 관련하여 제기되어 온 주요 쟁점들은 크게 네 가지로 정리될 수 있다(김이경 외, 2008: 84).

첫째, 교장의 역할과 자질을 무엇으로 볼 것인가의 문제다. 교장의 역할을 무엇으로 볼 것이며, 그러한 역할을 수행하는 데 요구되는 자질을 무엇으로 볼 것인가 하는 점은 교장 임용제도 관련 모든 쟁점의 기저가 된다(이차영, 2006a). 일반적으로 교장은 관리자(manager), 행정가(administrator)로서의 역할뿐 아니라 교육 지도자로서(educational leader)의 역할을 수행하는 것으로 이해되고 있다(Hallinger, 1992; Davies et al., 2005). 교장은 교육자와 관리자로서의 역할을 동시에 수행한다.

최근 교장 공모제 시범적용 과정에서도 확인할 수 있다. 개방형 공모제나 내부형 공모제에서 교장 자격증이 없는 자가 교장이 될 수 있도록 허용하고 있는 점이 논란이 된 바 있다. 즉, 개방형 공모제에 있어서는 교육 경력이 없는 교장의 경우, 학교조직이나 교직문화에 대한 이해가 부족하다는 점이 문제로 제기되었으며, 내부형 공모제에 있어서는 교감직을 거치지 않은 일반교사의 행정가, 관리자로서의 자질과 경험 부족 문제가 제기된 바 있다. 이는 교장의 역할과 자질로서 관리자와 교육자로서의 경험이 동시에 요구된다는 점을 시사한다. 교육 지도자로서의 역할을 강조하는 입장에서는 교장의 자격요건으로 교육 경력을 요구하는 반면 관리자로서의 역할을 강조하는 입장에서는 다양한 관리자로서의 경험과 지도성을 길러 줄 수 있는 전문적인 관리자 양성과정 등의 이수를 요구한다.

둘째, 교장 임용은 교장 자격 소지자를 대상으로 한다는 점에서 교장 자격제도는 교장 임용제의 주요 쟁점과 연계되어 있다. 현 교장 자격기준은 교장의 역할에 비추어 적절한가, 공모제 확대를 위해 교장 자격기준을 완화해야 할 것인가, 강화해야 할 것인가가 쟁점이 된다. 현행 교장 자격기준에 의하면 초·중등학교 교장 자격 취득 경로는 초·중등학교 교감을 거치는 경우와 학식과 덕망을 갖춘 자로서 일정한 자격기준을 충족시키는 경우로 이원화되어 있다. 그러나 개방형 공모제의 경우 교장 자격인정 기준을 충족시키지 못하고 있어 무자격 교장 임용이 논란이 되었으며, 이에 따라 공모제 확대와 무자격 교장 논란을 해소하기 위해 현 교장 자격인정 기준을 완화할 것인가, 또는 승진평정과 별도로 교장 자격을 부여하기 위한 양성과정을 개설함으로써 교장 자격기준을 강화할 것인가가 쟁점이 된다.

셋째, 교장 공모 학교 결정에 관한 실질적인 권한을 누가 갖는가의 문제다. 교장 공모 학교 선정과 관련하여 개별 학교, 시 · 도 교육감, 교육과학기술부 중 누가 실질적인 권한을 갖는가가 쟁점이 된다. 현재 교장 공모 학교의 선정은 학교의 신청에 의해서 교육감이 지정하거나 교육감이 직권으로 지정할 수 있다. 공모제 시행 여부에 관한 결정이나 공모 심사는 개별 학교 단위로 이루어짐에 따라 교육감의 교장 인사권을 제한하는 측면이 있다. 이에 따라 교육감이 교장 공모제 시행에 소극적일 수 있으며 이는 공모제 확대의 장애 요인이 될 수 있다.

한편으로 교장 공모제 확대를 위해서는 시 · 도 교육청별로 일정한 규모 이상 교장 공모제 시행 학교를 늘릴 필요가 있으나 공모 학교 지정 권한이 교육감에게 부여되어 있어 중앙정부에서 공모제를 적극적으로 확대하는 데에는 한계가 있다. 따라서 이러한 제한된 영향력 행사의 범위 내에서 교장 공모제를 어떻게 확대할 것인가, 시 · 도 교육청별로 공모제 적용 비율을 할당할 것인가, 인센티브를 어떻게 정할 것인가가 쟁점이 된다.

넷째, 교장 공모제 시행에 따른 교감의 지위와 역할 문제다. 교장 임용제도 개선 논의과정에서 교감의 역할, 자격 및 임용 방법도 쟁점으로 제기된 바 있다(이종재 외, 2004). 교감이 승진제의 축으로 포함되어 있어 승진제를 폐지하자는 입장과 유지하자는 입장에서 교감제도에 대해 서로 상반된 견해를 보이고 있다. 승진제를 폐지하자는 입장에서는 승진의 첫 단계이자 교장이 되기 직전의 핵심 경력 단계인 교감제도 또한 재검토가 불가피하다는 입장을 보인다.

그러나 교감직을 폐지하거나 재검토하자는 입장은 대체로 교감의 역할이나 직무 자체에 대한 부정적인 인식이기보다는 교감직이 승진제와 연계되어 있는 데 따른 것으로 학교에 따라 부교장을 두거나 부장교사가 교감의 역할을 수행할 수 있다는 입장을 보인다. 한편 교감직을 유지하자는 입장에서는 교감은 교장을 보좌하기 위해 필요할 뿐 아니라 미래 교장으로서의 직무수행 능력과 지도성을 개발할 수 있는 주요 경력 과정이라고 본다. 또한 이 입장에서는 교감의 독자적인 역할과 권한이 보다 현재보다 더 강화되어야 한다고 주장한다. 이상 교감제도와 관련하여 제기되는 주요 쟁점으로는 교감직을 현재와 같이 학교 행정직을 구성하는 별도의 직위로 할 것인가, 보직으로 할 것인가, 이를 교감으로 할 것인가, 부교장으로 할 것인가, 교감의 임용 방식은 교장 승진제와 공모제하에서 달라져야 할 것인가, 교감도 교장과 함께 공모 방식으로 임용하여야 할 것인가 등으로 요약할 수 있다.

다섯째, 공모제를 통해 선발된 교장의 임기 문제다. 교장 공모제의 선발 유형 중 초빙형의 경우 교장 자격을 소지한 자를 대상으로 하고 있으며, 현행 교장 연임 규정을 받지 않게 하고 있다. 그러나 공모 교장으로서 임기가 끝난 후 평가 과정을 거쳐 연임을 허용할 것인지, 그 기간은 몇 회까지 허용할 것인지에 관한 고려가 필요하다. 즉, 교장 평가 과정을 거쳐 계속적인 연임을 허용한다면 기존 승진제도(최대 8년)와 형평성의 문제가 발생될 수 있으며, 중임을 허용하지 않는다면 짧은 재임 기간으로 인한 신분상의 불안 등으로 인해 공모제 지원을 기피하는 원인이 될 수 있다.

2) 개선 과제

교장 임용제도는 전문적 역량과 우수한 지도력을 갖춘 교장을 선발하여 자율과 책무의 바탕에서 민주적으로 학교를 운영하게 함으로써 학교교육의 질을 높이는 데 궁극적인 목표가 있다(김이경 외, 2008: 88). 기존의 교장 승진제는 교장 임용 과정에서 개별학교의 특수성과 요구를 반영하지 못하고 교장으로서 지도성과 전문성을 갖춘 인재를 적기에 발굴하지 못하는 한계가 있다. 교장 공모제는 이러한 기존 제도의 문제점을 보완하고 교장 임용방법을 다양화할 수 있는 새로운 교장 임용제도로 기대되고 있다. 이 절에서는 교장 임용제도 개선을 위한 과제 및 방안을 제시한다.

첫째, 교장 자격기준, 교장 직무 관련 자질과 능력, 교장의 역할 등을 구체화함으로써 교장으로서 갖추어야 할 전문적 역량과 지도성을 명료화한다. 교장 자격기준은 교장으로서 갖추어야 할 최소한의 지식, 기술, 역량 등을 포괄하는 내용이어야 할 것이며, 이러한 기준은 교장 임용뿐 아니라 교장 직전교육, 연수, 평가 등에 체계적이고 일관되게 활용되도록 한다. 아울러, 교장 적격자를 선발할 수 있는 심사 과정을 강화한다. 교장 임용과정에서 교장 후보자의 자질과 능력을 검증하기 위해 다양한 양적, 질적 방법과 자료를 활용하며, 또한 교장으로서의 지도성을 전문적, 체계적으로 개발할 수 있도록 중간 관리자를 위한 다양한 경력개발 및 지도성 발달 기회를 마련한다.

둘째, 교장 임용과 관련하여 개별 학교의 자율과 참여를 확대한다. 전국의 초·중등학교의 교육여건이 매우 다양함에 따라 개별 학교는 각자 여건에 적합한 교장 임용방식을 선택할 수 있어야 할 것이다. 또한 교장 임용과정에서 학부모, 교원, 지역사회 인사 등 다양한 학교 구성원의 참여 기회를 확대한다.

셋째, 교장 임용과정에서 공정성과 투명성을 제고한다. 특히, 교장 공모과정에서 교장 임용 인사위원회, 심사위원회 등 각종 위원회 구성과 운영에서 투명성을 강화한다. 교장 임용을 위한 각종 위원회 구성과 운영에서 다양한 학교 내외 전문가들을 참여하게 하고 위촉 절차를 공개함으로써 공정하고 합리적인 교장 임용이 보장된다. 교장 임용 심사 과정에서 관련 자료와 정보를 공개함으로써 공정성과 투명성을 제고한다. 교장 후보자 간 정보의 비대칭성을 줄이고 인사권자의 자유재량권 남용을 방지함으로써 교장 임용과정의 공정성을 제고한다. 공모제의 경우, 공석 공고, 지원 자격, 심사과정과 절차 등을 공개하고 공개 심사 과정을 운영한다.

넷째, 우수한 교장 후보자를 조기에 발굴하고 지도성을 개발하기 위해 현직 교감, 부장교사 등 중간 관리자를 대상으로 한 다양하고 체계적인 연수 프로그램을 개발 및 운영한다(Pont, Nusche, & Moorman, 2008). OECD 주요국에서는 현직 교장뿐 아니라 미래 교장 후보자들의 지도성 개발을 위한 리더십 프로그램들을 운영하고 있다. 예를 들어, 아일랜드의 부교장 대상으로 운영되는 프로그램, 영국의 중간 계층 리더십(LftM)과 교장 훈련생 프로그램, 핀란드의 교장 후보자를 위한 다양한 대학원 과정 프로그램 등이 있다(김이경 외, 2008: 105). 이와 관련하여 일부 연구자들은 교사에서 교장으로의 승진이 아닌 교육행정 전문가를 유인 · 지원할 수 있는 양성과정 중심으로 교장 임용방식을 전환할 것(나민주 외, 2008)과 이러한 양성과정을 석 · 박사 학위과정으로 하자는 주장을 제기하고 있다(나민주 외, 2008; 김이경 외, 2008).

그러나 Gronn(2003)과 같은 연구자들은 지도성 기준(틀) 설정 및 이에 기초한 능력 중심 학교 지도자 양성 프로그램에 부정적인 입장을 보이고 있다. 교장 양성교육의 도입에 대해서는 이해관계 집단 간 상당한 논란이 있을 수 있다. 다만 이러한 논의는 기본적으로 기존 교장 승진 임용제를 통해 임용되는 교장(후보자)의 역량 개선이 필요하다는 점과 교장 임용 후 초기 연수를 강화함으로써 교장의 학교현장에 대한 이해와 적응력을 제고할 필요가 있다는 문제인식을 제시한 것으로 이해할 수 있다.

제13장

교장의 지도성 발달

이 장은 우리나라 교장의 지도성 발달 과정을 분석한다. 교장으로서 요구되는 자질과 경험(전문성), 지도성을 교장들은 언제, 어떻게 형성하게 되는가? 교장이 되기 전 다양한 경력과 경험, 특히 부장교사, 교감, 교육전문직(장학사 · 교육연구사) 등의 경력이 교장의 지도성 발달 과정에 어떤 영향을 미치는가? 이 절은 이러한 질문을 탐색한다.[1]

1. 지도성 발달에 대한 이해의 필요성

최근 정보화, 지식기반 사회 등 학교 내외적 환경 변화에 대응한 학교 개혁에 대한 요구가 커지면서 단위 학교 내에서 교장의 중요성이 더욱 강조되고 있다(Fullan,

1) 이 장은 박상완(2008)을 토대로 수정 · 보완한 것이며, 교장의 지도성 발달 사례(3장 2절)는 별도로 추가하였다. 당초 이 원고는 2006년도 정부재원(교육인적자원부 학술연구조성사업비)으로 한국학술진흥재단(현 한국연구재단)의 지원을 받아 연구된 것으로(KRF-2006-332-B00340), 한국교육학회 2008년 춘계학술대회에서 발표된 바 있다.

2001; Mulford, 2003). 학교장의 지도성이 학교교육의 질과 성과에 영향을 미치는 주요 요인이라는 점은 우수학교 연구나 교장 지도성 연구 등을 통해서도 지적되어 왔다(Hallinger, 1992; Hallinger & Heck, 1996; Leithwood & Jantzi, 2000).

특히, 최근에는 학교장의 지도성과 학생의 학업 성적이 긍정적 상관관계가 있다는 점에서 변혁적 지도성이나 수업 지도성 모델에 기초하여 학생의 학업 성취나 교사의 교직 수행에 영향을 미치는 교장의 지도성 수준을 측정하거나 교장의 지도성을 제고하기 위한 노력이 강조되고 있다(Marks & Printy, 2003; Davis, Darling-Hammond, LaPointe, & Meyerson, 2005). 이러한 연구들에서는 학교장의 역할은 재정관리, 인사관리 등 행정적 · 관리적 기능(management)보다는 교육과정 개발, 교사 전문성 개발 지원, 학생 성취도 향상, 지역사회와의 관계 유지, 학교 비전 제시와 혁신적 학교 개혁 방안 수립 등 지도자로서의 역할이 강조되고 있다(Leithwood & Jantzi, 2000; Marks & Printy, 2003; Davis et al., 2005).

우리나라의 경우에도 1990년대 중반 이후 학교운영위원회제도, 학교회계제도 도입 등 학교 개혁에서 단위 학교의 역할 및 위상이 높아지면서 교장의 역할과 지도성의 중요성이 새롭게 부각되고 있다(유현숙, 김동석, 고전, 2000; 정수현, 박상완, 2005; 김이경, 김갑성, 김도기, 2006). 최근에는 교장 승진제도 개선과 교장 공모제 도입을 핵심으로 하는 교장 임용제도 다양화가 핵심 교육정책 과제로 제안되었고(교육혁신위원회, 2006), 2007년 7월부터 교장 공모제가 시범적용되고 있다. 교장 임용제도 개선과 더불어 교장의 자격, 양성, 연수제도 개편과 교장 직무 분석 등 교장 제도 전반에 대한 개혁의 필요성도 제기된다.

교장의 지도성에 관한 국내외 연구들은 대체로 이미 '교장직에 있는 사람'들을 대상으로 한다. 그러나 현직 교장의 지도성 성향이나 교장의 지도성이 학생이나 교사에게 어떤 영향을 미치는가를 확인하고 이를 제고하기 위한 다양한 제도적 방안을 마련하는 논의에 앞서 누가, 어떤 과정과 경력을 거쳐 교장으로 준비되고 훈련되는가, 교장으로서 요구되는 지식, 기술, 능력, 지도성을 언제, 어떻게 학습하고 발달시켜 가는가 등에 관한 연구가 이루어질 필요가 있다.

특히, 우리나라와 같이 교장에게 요구되는 자질과 능력, 직무 기준이 무엇인가에 대한 명확한 규정도 없을뿐더러 교장을 양성 및 준비시키기 위한 체계적인 교육 · 훈련 프로그램(principal preparation program)이 별도로 마련되어 있지 않은 경우, 학교장이 지도성을 개발하는 과정은 개개인에 따라 상당히 다양할 수밖에 없다. 교장들은 대체로 부장교사, 교육행정 전문직, 교감 등의 경력 발달 과정을 거쳐 교장으로 임용되지만 교감을 하지 않고서도 교장이 될 수 있는 길은 열려 있으며, 교장 공모제의 도입으로 교육 관련 경력에 대한 요건이 완화되면서 교장이 되는 과정은 더욱 다양화, 개방화되고 있다.

학교교육 개혁의 핵심으로서 학교장의 중요성이 강조되어 온 것에 비해 어떤 잠재력과 자질을 갖춘 교사가 어떤 과정과 경험을 거쳐 교장으로서 지도성을 갖추어 가는가에 대한 체계적인 연구는 부족하다. 교장의 지도성은 그 성격상 단기간에 형성, 발달되는 것은 아니라는 점에서 볼 때, 교장이 되기 이전의 과정에 대한 보다 심층적인 분석이 요구된다. 즉, 어떤 잠재적 능력이 있는 사람이 교장으로 준비 및 임용되며, 교장으로서의 정체성과 지도성에 대한 관점은 언제, 어떻게 형성되는가, 이 과정에 영향을 미치는 요인들은 무엇인가 등의 문제를 검토할 필요가 있다.

이러한 문제의식하에 교장으로서의 지도성은 언제, 어떻게 형성되는지, 교장이 되기 전의 다양한 경력과 경험들, 특히 부장교사, 교감, 교육행정 전문직 등의 경력은 교장의 지도성 발달에 어떤 영향을 미치는가? 등 교장의 지도성 발달 과정의 특성을 탐색하고자 한다. 한편 이 장에서는 교장이 되기 전 경험과 경력은 교장으로서의 지도성을 발달시키는 과정으로 전제하였다.

2. 지도성 발달 이론

1) 지도성 발달의 개념과 성격

지도성 발달(leadership development)의 개념과 성격은 지도성의 개념 및 지도성 이론에 따라 달라진다. 일반적으로 지도성 발달의 개념은 지도성과 경영 능력 발달을 구분하여 이해되어 왔다. 예를 들어, Day(2001: 582)는 지도성 발달은 "지도성 역할과 과정에 효과적으로 참여하도록 하기 위해 조직 구성원들의 집단적 역량을 향상시키는 과정"으로, 경영 능력 발달은 "공식적인 경영 역할 수행에 초점을 두고 과제수행 능력을 높이기 위한 구체적인 지식, 기술, 능력의 획득을 강조하는 것"으로 구분한 바 있다. 또한 Hasler(2005: 997)는 지도성 발달 개념에 잠재적인 지도자 후보자를 확인하는 과정을 포함시키고 있다. 즉, 지도성 발달은 (조직 구성원의) 잠재적인 지도성 재능을 확인하고, 외부적으로 관찰 가능한 기술과 내적인 개인적 성향을 개발하며, 조직 내 지도성 지위에 있는 개인의 발달을 위해 적절하게 도전적인 환경(수단)을 제공하는 계속적인 과정으로 규정한다.

이러한 지도성 발달의 개념과 성격은 지도성을 개인 수준의 기술로 보는가, 조직적·집단적 차원으로 보는가에 따라서도 달라진다. 즉, 지도성을 지도자 개인이 갖는 특성으로서 이해할 때, 지도성 발달은 지도자가 갖추어야 할 자질, 능력, 기술을 명료화하고 이를 개발하는 데 초점을 둔다. 그러나 이 접근법은 추종자나 지도성이 발휘되는 조직적인 특성을 고려하지 못하는 단점이 있다. 개인과 맥락(상황)의 상호작용이라는 관점에서 볼 때 효과적인 지도성은 지도자 개인의 특성이기보다는 지도성이 발휘되는 과정, 지도자와 구성원 간의 상호 역동적인 과정 및 관계 속에서 이해된다(Hartley & Hinksman, 2003). 이러한 관점에서 지도성 발달은 인간관계 기술, 의사소통 기술, 구성원의 역량을 구축하기 위한 능력 개발이 강조된다.

특히, Day(2001)는 지도자 발달(leader development)과 지도성 발달(leadership development) 개념을 구분하여, 지도자 발달은 지도자 개인의 지식, 기술 개발, 향상에 초점을 두는 인간자본(human capital) 접근법의 특징을 갖는 반면, 지도성 발달은 조직 내 개인 간의 협력을 증진하고 네트워크화된 관계를 형성하는 데 초점을 두는 사회적 자본(social capital)을 강조한다는 점에서 구분하고 있다. 여기서 지도성 발달은 개인과 사회적, 조직적 환경과의 상호작용에 초점을 두며, 계속적인 과정으로 이해된다.[2)]

그러나 지도성을 이해하는 관점에 따라 지도성 발달을 구분하는 것은 상호 배타적이기보다는 보완적으로 이해될 필요가 있다. 즉, 지도성 발달은 지도자 역할을 수행하는 개개인의 지도자로서의 역량을 높이는 과정일 뿐 아니라 잠재적인 지도자인 학교 내 구성원들의 동기와 역량을 개발하고 구축하는 과정을 포함하며, 이를 지원하는 지도자로서의 능력을 개발하는 데 초점을 두는 개념으로 이해할 필요가 있다(Hartley &

2) Day(2001)는 양자의 차이를 다음과 같이 설명한다. 지도자 발달과 지도성 발달의 구분은 단순한 의미론적 차이 이상이다. 양자 간의 차이의 핵심은 사회적 자본(지도성 발달)과 대비되는 인간자본 발달(지도자 발달)의 목적, 지향(orientation)에 있다. 인간자본 지향은 자기 동기, 자기자각 등 개인의 능력 개발을 강조한다. 사회적 자본 지향은 상호 신뢰와 존중에 기반한 상호 의무와 헌신의 발달을 강조한다. 각 접근법은 서로 다른 지도성 모델에 근거해 있기 때문에 이러한 구분은 중요하다. 지도자 발달은 전통적, 개인주의적 지도성 개념에 기초해 있으며, 기본 가정에 의하면 보다 효과적인 지도성은 개인 지도자의 개발을 통해서 발휘될 수 있다고 본다. 반면 지도성 발달은 지도성의 관계적 모델에 기초해 있다. 여기서 지도성은 관계에 내재해 있는 사회적 자원으로 이해되며, 사회체제에서 새롭게 형성되는 자산이다(p. 605).

Hinksman, 2003). 이에 따라 이 연구에서도 교장의 지도성 발달은 지도자로서 교장 개인의 지식, 기술, 능력을 개발 · 발달시키는 과정일 뿐 아니라 학교 구성원인 교사의 헌신, 동기, 능력을 개발하도록 지원하고 구성원 간 역동적인 상호과정을 지원하는 과정을 교장의 지도성 발달로 정의한다.

2) 지도성 발달 구조

교장의 지도성 발달은 개인 차원과 조직(집단)적 차원으로 구분해 볼 수 있다. 지도성이 개인의 다양한 경험과 이해를 통해 지속적으로 성장한다는 점에서 볼 때, 지도성 발달은 [그림 13-1]과 같이 개념화할 수 있다.

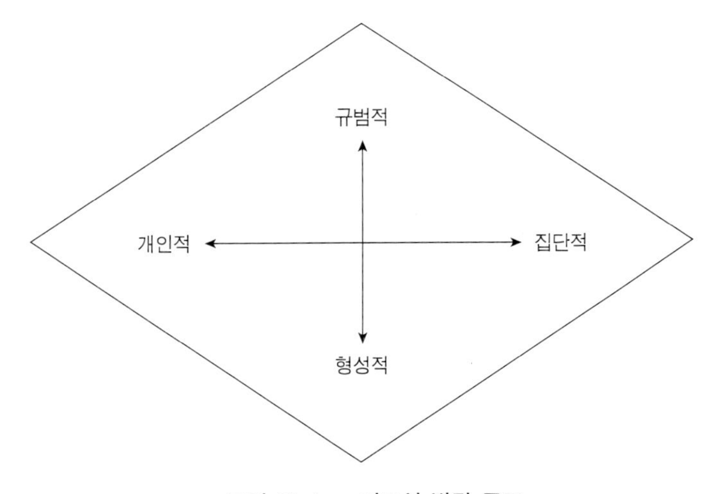

◆ 그림 13-1 ◆ 지도성 발달 구조

출처: Hartley & Hinksman(2003), p. 3 p. 4.

Hartley와 Hinksman(2003: 33-35)은 Rodgers, Gold, Frearson과 Holden(2003)이 개발한 지도성 발달에 관한 구조적인 틀을 토대로 지도성 발달 구조를 크게 두 차원으로 구분하였다. 첫째, 지도성이 개인적 특성인가 집단 차원의 성격(분산적 지도성, 공유 지도성 등)인가를 기준으로 한 구분이다. 둘째, 지도성은 미리 규정된 규범적인 것인가(prescriptive), 형성되고 발달되는 것인가(emergent)의 차원이다. 여기서 지도성이 규범적이라는 것은 특정한 조직 상황에서 지도성에 요구되는 투입 요소(기술, 능력, 특성 등)와 산출 요소(기준, 성취 등)를 정의할 수 있음을 의미한다. 반면 지도성(발달)에 대한 형성적 접근(emergent approach)은 지도성을 지도자와 추종자, 상황 사이의 역동적인 상호작용 과정으로 이해한다. 이러한 분석틀은 교장의 지도성과 지도성 발달의 특성을 이해할 뿐 아니라 지도성 발달 프로그램의 성격을 규정하거나 이를 평가하는 데에도 활용될 수 있다.

3) 지도성 발달에 영향을 미치는 요인

학교장의 지도성 발달은 다양한 요인들에 영향을 받는다. Drake와 Roe(1999: 28)는 교장의 역할 수행 능력을 형성하는 데 영향을 미치는 요인을 광범위하게 제안한 바 있다. 이에 의하면, 일반적인 문화 요인, 국가 · 사회 · 정치 · 경제적 요인, 대학, 지역사회, 교육위원회, 학교의 조직 문화, 행정가, 교사, 학생과 학부모, 친구와 동료, 매일 발생하는 전문적인 사건, 개인적인 사건 등이 교장 개인의 욕구, 재능, 훈련, 가치, 능력 등에 영향을 미친다. 이러한 요인은 학교에서 교장의 역할과 지도성 형성에 영향을 주는 동시에 학교 내에서 다양한 지위를 형성하고 그러한 역할을 수행하는 행위자들의 기대를 형성한다. 또한 Hartley와 Hinksman(2003)은 지도성이 형성되는 맥락 요인(contextual influences)으로 공공 영역과 사부문의 차이, 집단적 · 협력적인 지도성과 개인 수준의 지도성 등 지도성 모델의 차이, 지도성 발달에서 조직 발달 및 개선 전략을 강조하느냐 인적 자원 경영 전략을 강조하느냐 등의 차이에서 찾고 있다.

한편, Browne-Ferrigno(2003)는 교장이 되는 과정의 특성을 분석하면서 교장의 역할 인지와 초기 사회화 과정 등에 영향을 미치는 주요 요인으로 공식적, 비공식적 지도성 경험을 들고 있다. 특히, 그는 교장이 되는 과정은 한두 해의 대학원 과정으로 축약될 수 없으며, 동료교사나 교장과의 전문적 활동에 참여하는 교사 경력 초기부터 발달되기 시작한다고 지적한다. 따라서 교장의 지도성 발달 과정에 영향을 미치는 요인은 교직에서의 공식적, 비공식적 경험을 포함하여 교사 개인의 성향 등 총체적인 것으로 볼 수 있다. 이는 교장의 지도성 발달에 관한 질적 접근을 취하는 연구들에서 공통적으로 발견된다. 예를 들어, Sugrue(2004)는 교장의 지도성 발달에 영향을 미치는 요인은 규범적으로 규정될 수 없으며, 가족 관계, 문화적 · 사회적 배경, 지역사회, 성별 등으로 다양하다고 지적한다.

이상에서 볼 때, 교장의 지도성 발달에 영향을 미치는 요인은 교장의 개인적 요인(가치, 능력, 지식, 기술 등)과 더불어 다양한 제도적, 조직적 요인과 사회적 요인이 상호작용하는 것으로 이해된다. 또한 이러한 요인들은 교장의 지도성 발달에 긍정적인 영향을 줄 수도 있고 반대로 부정적인 요인이 될 수도 있다.

4) 지도성 발달 관련 연구

교원의 변화 및 발달에 관한 연구들은 주로 일반교사들을 대상으로 교사가 교직 입문 이후 사회적, 개인적 측면에서 어떻게 변화해 가는가에 대한 연구가 대부분이며, 교장을 대상으로 한 전문성 발달, 생애사 연구 등은 활발하게 탐구되어 온 분야는 아니다. 그러나 최근 Sugrue(2004)는 규범적인 지도성(prescriptive leadership) 접근법이 지배적인 학교 지도성 연구가 교장으로서의 역할과 정체성 형성 과정과 교장의 일상적인 생활 과정을 드러내지 못한다는 점에서 생애사 접근법에 기초한 국제 비교연구를 수행한 바 있다. 여기서는 영국, 덴마크, 노르웨이, 아일랜드 등 4개국의 연구자들이 각국의 맥락에서 교장이 지도성, 역할 정체성을 어떻게 형성하고 교장직 수행 과정에서 어떤 긴장과 갈등을 겪고 있는가를 분석하고 있다.

또한 Browne-Ferrigno(2003)는 학교장 준비(자격) 프로그램에 참여하고 있는 교장 18명을 대상으로 교사에서 교장이 되는 과정에서 이루어지는 전문적 성장(professional growth)과 지도성 발달(leadership development)의 특성을 기술 및 분석하였다. 이 연구는 교사에서 교장으로 성장 및 발달해 가는 4가지 주요 측면(맥락)은 첫째, 교장 역할과 책임에 대한 이해의 성장으로서 교장직의 역할 개념화, 둘째, 교장으로서의 전문적 행동 변화 등 교장직에 대한 초기 사회화 면에서의 전문적 성장, 셋째, 교장 역할 정체성의 전환, 학교 지도성에 대한 생각과 관점 면에서의 전문적 성장이다. 여기서 새로운 교장 역할 정체성을 개발하는 것은 매우 개인적인 과정으로 나타났다. 즉, 면담 대상자들 중 일부는 교장 준비 프로그램 등록 전 또는 프로그램 과정 동안 교장으로서의 새로운 관점을 형성한 반면, 일부는 1년간의 교장 준비 프로그램 참여 후에도 학교 지도자로서 새로운 관점과 준거 틀은 형성되지 못하였다(Browne-Ferrigno, 2003: 491). 넷째, 지도성 발달을 위해 다양한 프로그램에 의도적, 적극적으로 참여한다.

우리나라에서 교장을 대상으로 한 지도성 발달 과정을 분석한 연구로는 정선숙(2002), 김이경, 김갑성, 김도기, 서근원(2006)과 김이경, 김도기, 김갑성(2008)의 연구가 있다. 정선숙(2002)은 초등학교 세 여자 교장의 생애사 연구를 통해 이들이 교직에 입문하여 교장이 되기까지 어떤 발달 단계를 거치며 그 속에서 어떤 딜레마를 경험하였는가 등을 세밀하게 분석함으로써 열정, 고민, 도전이라는 세 가지 주제를 도출하였다. 김이경 외(2006)와 김이경, 김도기, 김갑성(2008)은 우수한 학교장을 대상으로 한 면담조사를 통해 우리나라 우수 학교장들의 인성과 사고 등을 포함한 리더십 특성은 어떠하며, 그러한 리더십은 어떤 과정을 거쳐 형성되는가를 분석하였다.

이에 의하면, 대부분의 우수한 교장들은 구체적인 경험과 경력에 있어서는 차이를 보이지만 유사한 리더십 형성 과정을 거치는 것으로 나타났다. 즉, 일반교사, 부장교사, 교감, 전문직으로서의 경험이 현재의 교장 직무수행과 지도성에 강한 영향을 미치고 있으며, 교장의 지도성 발달은 다양한 과거의 경험(예를 들어, 함께 근무했던 교장, 교감, 동료 부장교사, 종교, 책 등)이 가장 큰 영향을 미치며, 교육 및 연수 등에도 영향을 받는 것으로 분석하고 있다. 김병찬(2006)은 초임 교감의 적응 과정에 초점을 두고 교육행정가가 된다는 의미를 분석한 바 있다. 이에 의하면 우리나라 교감의 적응 과정은 직무변화에 따른 충격이 적고, 상황이나 환경의 영향을 크게 받으며, 개별적으로 적응해 가며, 행정 관리자로 길들여지는 특성을 갖는다.

이러한 선행연구를 통해서 볼 때, 학교장의 지도성 발달에 관한 연구는 많지 않으며, 대체로 면담조사, 생애사 접근법에 기초한 질적 연구 방법 등이 활용되고 있다. 교장의 지도성 발달의 특성은 과거의 다양한 경험에 영향을 받으며, 교사에서 교장이 되기까지의 전 과정은 지도성을 개발하는 과정으로 활용되고 있다. 또한 우리나라에서는 함께 근무했던 교감, 교장 등 학교행정가가 교장의 지도성에 대한 긍정적인 이미지뿐 아니라 부정적인 인식과 영향을 동시에 주는 특징이 있음을 확인할 수 있다.

3. 우리나라 교장의 지도성 발달 사례

우리나라 교장의 지도성 발달 사례 분석을 위해 학교급별로 현직 교장을 면담한 자료를 활용하였다. 이 절은 사례 분석을 위한 면담조사 대상 선정 및 면담조사 결과 분석, 개별 교장의 지도성 발달 사례 등으로 구성된다.

1) 사례 분석을 위한 면담조사

(1) 면담 대상자 선정

학교급별 면담 대상자는 초등 교장 4명, 중학교 교장 5명, 고등학교 교장 4명 등 총

13명의 교장으로 하였다. 면담 대상자 선정은 A 교육청의 인사 담당 장학사의 자문과 추천을 통해 이루어졌다. 면담조사에 참여한 교장들의 주요 인적 사항을 정리하면 다음과 같다.

◆ 표 13-1 ◆ 면담 대상자

구분	학교급	성별	연령(세)	전체 교직 경력	교장 경력	교장이 된 경로 유형	교장 임용 전 경력(년)		
							부장	교감	전문직
천진수	초	남	62	39	5.5	교사 → 일반직 공무원 → 교사 → 부장교사 → 교육전문직 → 교감 → 교장	3.6	4	4.6
김병식	초	남	62	40	3	교사 → 부장교사 → 교감 → 교장	16.6	5.6	-
심상열	초	남	60	37	1.5	교사 → 부장교사 → 교감 → 교장	15	6	-
윤철경	초	남	58	33	3	교사 → 부장교사 → 교육전문직 → 교감 → 교장(초빙 교장)	6	5	4.6
권성희	중	여	59	36.3	2	교사 → 부장교사 → 교감 → 교장	18	3.5	-
유재성	중	남	56	29	4	교사 → 부장교사 → 교육전문직 → 교감 → 교장	2.6	3.6	7
김치율	중	남	58	32	1	교사 → 부장교사 → 교감 → 교장	6	6	-
권기현	중	남	60	34	2	교사 → 부장교사 → 교감 → 교장	6	8	-
이현숙	중	여	60	35	0.5	교사 → 부장교사 → 교육전문직 → 교감 → 교장	11	2.6	5
이성철	고	남	53	27	0.6	교사 → 부장교사 → 교감 → 교장	10	4	-
조기제	고	남	63	41	3	교사(초등) → 교사(중등) → 부장교사 → 교감 → 교장	8	5	-
박현철	고	남	57	34	0.5	교사 → 부장교사 → 교육전문직 → 교감 → 교육전문직 → 교장	8	2.5	7
김주영	고	남	51	25.4	2.6	교사 → 부장교사 → 교육전문직 → 교감 → 교장	7	3	5.2

주: 인명은 모두 가명임.

(2) 면담조사 및 결과 분석

면담지는 학교장 양성 및 지도성 개발에 관한 선행연구를 토대로 직접 개발하였으며, 전문가 3인으로부터 각 두 차례의 검토 과정을 거쳤다. 또한 면담지의 구성, 면담

소요 시간, 질문 순서의 적절성 등을 확인하기 위해 교장 1인을 대상으로 예비조사를 실시하였다. 이를 기초로 면담 질문의 표현, 순서 등을 일부 조정하여 최종 면담지를 완성하였다.

본 면담조사는 2006년 12월~2007년 2월까지로 교장 공모제가 시행되기 전이다. 면담조사 실시 시기가 다소 오래되어 면담조사 결과의 현실성에 문제가 있을 수 있다는 점에서, 현직 교원 5인으로부터 면담조사 결과를 재검토 받았다. 구체적으로 2016년 2월 15일부터 25일간 현직 교감(당시 공모 교장 지원) 1인과 현직 교사 4인에게 이 장의 내용에 대한 검토를 의뢰하였다. 검토 결과, 전반적으로 이 장에서 제시한 교장의 지도성 발달 과정은 현 시점에서도 타당성과 현실성이 있는 것으로 확인하였다.

면담조사는 교장별로 1~2회씩 실시하였다. 면담조사는 연구자가 학교를 직접 방문하여 교장실에서 이루어졌으며 면담 내용을 모두 녹음하였다. 면담을 통해서 수집된 13명의 학교장 면담 자료는 모두 있는 그대로 전사하였고 이 자료를 분석하였다. 면담 녹음 전사자료와 함께 연구자가 면담조사 후 기록한 면담 일지도 분석에 활용하였다. 또한 면담지를 미리 이메일로 발송함에 따라 일부 교장은 면담지에 답변 내용을 기록하였는데 이 자료 또한 분석에 활용하였다. 면담지에 교장이 직접 기록한 내용들은 대부분 면담 과정에서 언급되었으나 일부 내용, 예를 들어, 교장으로 임용되기 이전까지의 경력은 교장이 제공한 면담지 기록 자료를 활용하여 보완하였다.

자료 분석은 주제별 약호화(coding)와 적용, 주제의 생성(김영천, 1998) 등 3단계를 거쳐 이루어졌다. 주제별 약호화 방식은 연구자에 따라 다양하게 제안되고 있으나 이 연구에서는 면담 자료 수집이 완료된 후 약호화의 주제와 이름을 개발하는 개방적, 귀납적 방식을 활용하였다. 또한 자료 분석의 타당도를 확보하기 위해 전문가 협의회를 통한 동료 연구자의 조언과 지적, 연구 참여자에 의한 연구 결과의 검토, 연구 진행 및 면담조사 과정에서 연구자의 반성적 저널 쓰기 등의 방법을 활용하였다.

2) 교장의 지도성 발달 사례

이 절에서는 면담조사에 참여한 13명 교장의 지도성 발달 사례를 제시한다. 교장별로 교장이 되기 이전의 주요 이력과 교장이 되기 위한 준비 과정, 학교장의 역할, 지도성에 대한 인식, 교장직 수행에 도움이 되는 교장 이전의 공식적·비공식적 경력과 경험, 교장 준비(양성)를 위한 지원 및 프로그램의 필요성, 교장직 수행상의 어려움과 제언 등을 중심으로 정리 · 분석하였다.

(1) 권기현 교장

① 주요 이력

1974년 ○○중학교에 발령받아 ○○고등학교 등 4개 고등학교를 거쳐 교감, 교장이 되었다. 7년간 부장 경력(학년부장, 학생부장, 교무부장, 연구부장)이 있고 공학석사, 교육학석사 학위가 있다.

② 관리직으로 승진을 생각(준비)하게 된 배경

교장이 꼭 되겠다는 생각은 없었다. 사대부고에서 오랫동안(11년) 근무를 했고, 근무연수, 경력 등을 감안해서 연수를 받다 보니 비교적 순탄하게 교장이 되었다.

③ 학교장의 주요 역할과 책임 및 교장의 전문적 자질

학생들 교육, 선생님들 관리, 회계, 입찰 등 할 일들이 너무 많고, 이러한 것들의 책임은 교장에게 있다. 그래서 무한책임이라고 생각한다. 교장이 없어도 학교가 돌아갈 수 있는 분위기가 되어야 한다. 그러기 위해서는 이론적인 경영 방법들도 많지만 학교에서 누구나 할 수 있도록 도와주는 것이 중요하다. 그것을 가능하게 하는 것은 인화다. 모든 것이 오픈되어 있어야 하고, 의견수렴도 많이 해야 하고, 이야기도 많이 해서 서로 가까이 지낼 수 있도록 해야 한다.

이것을 중요하게 생각한 계기는 첫째로 타고난 성격이다. 두 번째가 후에 교육받은 것과 경험이 가미되어서다. 예전에 교장선생님을 많이 모시면서 교장선생님들의 성격에 따라 학교의 분위기가 달라지는 것을 느꼈다. 물론 장단점은 있다. 권위적인 교장선생님 밑에서 근무한 경험도 있다. 그리고 지금 선생님들은 예전의 선생님들과 달리 개성이 강하고, 지시 같은 것은 통하지 않는다. 생활수준도 달라졌다. 그래서 협의하고 도와달라고 해야 일을 할 수 있다.

④ 교장이 되기 이전의 공식적 · 비공식적인 교육이나 경험의 영향

전공이 토목이다. 공부할 당시 부모님들이 교사가 된다면 가장 크게 성공한다고 생각하셔서 교직과목을 이수하는 것은 당연한 것으로 생각했다. 일반대학에서 교직과목을 이수했다. 그때가 산업개발이 한창일 때라 공대 졸업생이 중등 교사를 원할 경우

다 되었다. 학교 졸업 후 일반회사에서 두 달 근무했었는데 체질에 맞지 않아서 순위 고사를 쳐서 선생님이 되었다. 사대부고에서의 근무는 전부 서울 사대 출신들만 있는데 사대에 없는 교련이나 공업 같은 과목은 교육부에서 부속학교 티오가 나와 일대일 교류를 한다. 사대부고는 대한민국에서 시범적인 학교라 근무하고 싶어서 신청을 했다. 교직에 들어오고 나서 갈등도 많았고, 회의를 느꼈던 적도 많았지만 교직 나름대로의 즐거움과 보람이 있었다.

공학석사 학위를 가지고 있었지만, 교감을 하면서 교장으로서 해야 할 일들을 많이 듣다 보니 교육 경영을 알아야겠다고 생각해서 교육 경영 대학원을 다녀서 석사 학위를 취득했다. 졸업논문은 산업학교에 관련된 것을 했다. 대학원 경험이 도움이 많이 되었다.

일반교사로 고등학교에 있다가 중학교에 오니 고등학교와 중학교 문화가 많이 다르다는 것을 느낀다. 그 이유는 가르치는 대상이 다르기 때문이고 교과서 내용이 달라서 그런지 선생님들이 생각하는 것도 다르다고 생각한다. 고등학교보다 중학교가 조금 더 단순하다고 생각한다. 본인의 경우는 중학교, 고등학교, 실업계 고등학교를 다 거쳤기 때문에 상황판단하는 데에 도움이 된다.

⑤ 학교장 양성(준비)을 위한 지원 및 프로그램의 필요성

학교가 1년 동안 진행되는 과정 같은 것, 그리고 회계 관계 같은 것, 경영자가 해야 할 일과 같은 것들 중심으로 연수를 많이 해 주어야 한다.

⑥ 교장직 수행상의 어려움과 제언

일반 사회보다는 선생님들이 많이 보수적이기는 해도 예전의 교사들보다는 많이 달라졌다. 충분히 자기 의견을 표현한다. 결정되었다 해도 교장선생님 의견과 다르면 안 하려는 분들이 많이 있다. 또 교직단체가 여러 개 있는데 그쪽 의견들을 수용하는 것이 어렵다. 실질적으로 결정하고 의견을 수용하는 것이 어렵다. 그래서 고민을 많이 하는데도 어렵다. 이런 고민이 있을 때는 주위의 교장선생님한테 전화해서 개인적으로 자문을 구하는 편이다. 그리고 교장, 교감선생님들이 같이 지구에서 한 달에 한 번 만난다.

요즘에는 학교급식 관계가 문제다. 어떤 것이 좋은 부식인지 알 길이 없지만 어쨌든 교장이 다 책임져야 한다. 교사는 문제가 생기면 일대일로 해결하면 되지만 교장은 집단을 상대로 문제를 해결해야 하기 때문에 힘들다. 자신의 아이만 생각하고 요구하는 학부모의 다양한 요구를 조정하기가 힘들다. 또한 교육청에서 지시하고 요구하는 것이 많기 때문에 실제적인 학교장 재량권의 행사가 극히 제한적이다. 따라서 자기 나름의 학교 경영을 실현하기에 제한점이 많다. 그리고 교장에게 실제적인 권한은 없으나 의사결정과 학교 경영의 책임을 져야 하는 것이 힘들다.

(2) 권성희 교장

① 주요 이력

만 59세이며, 교육 경력은 36년 3개월(1971년에 시작)이다. 교사(12년), 부장(18년, 1983년부터), 교감(3년 6개월)의 경력을 거쳤다. 전공은 가정과이며 중학교에서만 근무하였다.

② 관리직으로 승진을 생각(준비)하게 된 배경

교사를 시작한 것도 상당한 포부나 아름다운 꿈을 가지고 시작한 것은 아니다. 그리고 교사로서의 어떤 꿈을 별로 지니지 못한 이유가 어머니가 교사였기 때문이다. 학교 업무를 집으로까지 가져와서 하실 정도로 어머니가 너무 열심히 하시니까 그런 생각이 들지 않았던 것 같다. 오히려 교사나 선생님은 내 숨통 터지게 하는 사람, 이런 식으로 생각했다. 교사에 대한 책임감을 막중하게 느끼게 된 계기는 발령을 받아 학교 교문 안에 들어서는 순간, 교단에 서는 순간, 책임감이 느껴지고 문제의식이 생겼다. 준비되지 않은 선생님이란 생각에 개학하기 전 2월에 굉장히 열심히 준비하고 공부하였다. 학생을 알아야 아이들을 가르칠 것이기 때문에 아이들을 어떻게 이해할 것인가에 대해서도 생각했다. 그리고 대학에서 배운 교과와 교과서가 엄청난 차이가 났었다. 내가 보기에는 너무 시시하지만 아이들이 이 내용조차 모르니 이 내용을 어떻게 이해시켜야 할까 혼란스러웠다. 그때 청소년의 이해에 관련된 독서를 많이 했다.

교직에 들어와서 12, 13년 되는 해에 부장교사를 하였다. 1996, 1997년 무렵 중학교에서 부장교사를 하고 있을 때 교감선생님과 업무적으로 갈등을 느꼈다. 그리고 그 교감선생님이 뒤에 가서 다른 사람들에게 나에 대한 나쁜 이야기를 하고 다녔다. 이 일과, 주변에서 후배들이 교장선생님이 될 자질을 갖춰 놓고도 왜 하지 않느냐고 하고, 나이가 드니깐 교장, 교감선생님이 나보다 나이가 어린 사람이 오니깐 그런 것들도 염려가 되어서 한번 도전해 봐야겠다는 생각이 들었다.

교감을 3년 반을 하고 6개월을 더 할 것이라 예상하고 있었는데 학교가 작년부터 교원능력개발평가 시범학교를 하고 있어서 업무를 계속 진행해야 하는데 교장선생님께서 퇴임하게 되셔서 업무의 특성상(선생님의 의견을 100% 찬성으로 이끌어야 하는데 만약 변화가 일어나면 의견이 분산되고 말도 많아지기 때문에) 바로 교장이 되었다.

③ 학교장의 주요 역할과 책임 및 교장의 전문적 자질

최종 책임자이고 대표이기 때문에 그 학교에 걸맞은 인격 등을 가져야 한다. 대표로서의 소양을 충분히 가지고 있어야 하고, 다음으로 가장 중요한 것은 교사들을 비롯한 학교의 구성원들이 학생을 가르치고 생활지도 하는 일을 정말 자율적으로 할 수 있도록 여건 조성을 해 주는 것이다. 그리고 선생님들의 전문성 향상, 자기 발전을 위해서 촉진제 역할을 하고, 지원해 주어야 한다. 왜냐하면 본인은 너무 늦게 시작했고 어느 누구도 나에게 해야 한다는 인식을 심어 주지 못했기 때문에 그런 생각을 별로 하지 못했다. 그래서 후배들의 경우에는 조금 더 빨리 시작하여 교장으로서의 역할을 수행하려는 정신이 좀 더 강한 상태에서 그 분야 공부를 많이 한 후 교장선생님이 되는 것이 더 나을 거라 생각한다.

여러 사람에게 피해를 주지 않고 발전 지향적인 사람들이 가지는 성향과 크게 다르지 않는다고 생각한다. 왜냐하면 교장, 교감의 자질은 교장, 교감이 되면서부터 자신이 공부해야 하기 때문이다. 내가 생각하는 발전 지향적인 사람이란 우선 학생들을 잘 가르치고, 업무 능력이 뛰어나고, 학교에서 하는 일을 잘하고 긍정적이되 비판의식이 있는 사람이다. 이러한 후배들을 보면 교장직을 권하기도 한다.

④ 교장이 되기 이전의 공식적 · 비공식적인 교육이나 경험의 영향

1997년 무렵 근무하던 학교를 옮기면서 서울시 교육청 본청 상담센터에서 1년 반 정도 근무했었다. 학교에는 적만 두고 일주일에 하루만 가서 근무하고 상담센터에서 근무를 했다. 상담센터에서 근무를 하면서 학부형을 만나고, 아이들을 만나면서 문제아의 아픈 점들에 대해서 알게 되었다. 문제아는 없고, 문제 행동이 있고, 문제 환경이 있을 뿐이라는 것을 알게 되어 선생님들에게 아이들을 보는 시각을 달리 하라고 이야기한다. 또한 상담센터에서 근무한 경험으로 인해 학부모를 대하는 대처 능력이 다른 선생님들에 비해 과감할 수 있다. 교장으로서 가장 큰 도움이 되었던 것은 상담연수였다. 인간관계법이라든지, 대화 기술이 상당히 도움이 되었다.

⑤ 학교장 양성(준비)을 위한 지원 및 프로그램의 필요성

교육과정 관련은 연수를 할 때 다하고, 이수과목도 굉장히 많다. 교감, 교장연수에서 다 거친다. 그런데 약하다고 생각하는 부분은 회계 분야, 안전 재해 분야다. 교장이 인사권이 없는 것이 상당한 문제다. 그리고 국가에서 획일적으로 정해 준 한도 내에서의 자율성이기 때문에 마음껏 자율성을 발휘하기 어렵다는 것이 문제다. 그다음으로 학부모가 학교를 신뢰할 수 있도록 학부모 교육을 국가가 제대로 시키는 것이다. 그리고 신문(언론)에서 교육계 일에 대해서 과장되게 말하는 것도 문제다.

⑥ 교장직 수행상의 어려움과 제언

학교가 잘 움직이기 위해서는 선생님을 잘 다루어야 한다. 그래서 우리 학교에서 55세 이상 되시는 분들은 1년에 2번 정도 만나서 이야기도 하고 식사도 한다. 그리고 어떤 선생님한테 이야기하고자 하는 게 있을 때 따로 교장실로 부르지 않는다. 급하지 않으면 시간표를 보고 빈 시간에 아무도 없을 때 직접 찾아가서 이 이야기, 저 이야기 하다가 필요한 이야기를 한다. 이런 점들 때문에 상당히 피곤하다.

(3) 김병식 교장

① 관리직으로 승진을 생각(준비)하게 된 배경

처음부터 교장선생님이 되려고 준비하지 않았고 학생들을 지도하면서 때가 되면 될 것이라고 생각했다. 학교 업무를 맡는 것도 승진이나 점수를 위해서 하는 것보다 교사로서 학교를 위해서 일하였다. 젊었을 때는 점수를 따기 위해 학교에서 하고 있는 일을 게을리 하는 것은 인간적으로도 업무적으로도 있을 수 없는 일이라 생각을 했기에 주변에서 승진과 관련된 이야기를 해 주어도 귀 기울이지 않았다. 하지만 비슷한 연령대의 동기들이 승진 준비를 하는 것을 보면서 승진에 적극적인 관심을 가지게 되었다. 그 뒤 현장연구 논문을 쓰는 등의 노력을 시작하였다.

개인연구로는 현장연구, 자료 전, 학습자료 파일 만들기 등을 실제로 교실 현장에서 느낀 문제점이나 필요에 의한 것을 위주로 하였다. 현장연구의 경우 실제로 아이들을 지도하면서 생기는 문제들을 주제로 연구를 했는데 지금 생각해 보면 깊이와 전문성이 없었다. 그래서 전문성 신장을 위해서는 한 가지를 선택해서 하는 것이 도움이 될 것이라고 생각한다. 자료 전의 경우도 과학실 실험실에서 알코올램프를 안전하게 사용하기 위한 장치를 대행에 맡기지 않고 직접 만들어서 하였다. 그래서 결과물이 좀 조잡한 편

이었고 다른 출품작에 비해 규모도 작은 편이라 성적이 아주 좋은 편이 아니었다.

② 학교장의 주요 역할과 책임 및 교장의 전문적 자질

합창단 지휘자와 오케스트라의 지휘자처럼 대원들과 함께 어울릴 수 있어야 하고, 카리스마를 가지고 있어야 한다. 학교조직 내 구성원들과의 소통과 업무를 추진할 수 있는 카리스마와 권한이 필요하다. 학교장의 역할과 책임을 말하기 이전에 권한을 살려 줘야 한다. 그런데 지금 현재 우리나라 교육현장에서는 실제적인 권한과 책임의 측면에서는 교장의 권한이 없다. 예를 들어, 현재 서울의 인사권의 경우 선생님의 능력이나 충실도에 상관없이 컴퓨터로 발령을 하는데, 이 경우 열심히 일하는 교사를 대우하지 못하는 것 같으므로 교장의 권한을 살려 줘서 열심히 일한 교사를 잘 살려 줄 수 있도록 해야 한다.

선생님과의 인간관계를 잘하는 것이 중요하다. 학교 운영을 잘하기 위해서는 선생들의 지원이 필요하기 때문에 자신과 가치관이나 생각이 다른 사람들도 함께 할 수 있도록 하기 위해서 관계를 잘할 수 있는 것이 필요하다. 성질나도 참고 끌고 갈 수 있는 게 교장에게 필요하다. 도덕적 존경심은 꼭 필요하다.

③ 교장이 되기 이전의 공식적 · 비공식적인 교육이나 경험의 영향

부장교사로 업무를 처리하면서 늘 '나는 교장이라면, 교감이라면 이 문제를 어떻게 풀어야 될까?'라는 생각으로 일했기 때문에 업무처리가 더 능률적이고, 스트레스도 덜 받았다. 주인의식을 가지고 일하면서 모시던 교장, 교감선생님들과의 업무 방식이나 태도를 자신의 생각과 비교해 보기도 하고, 그분들의 모습을 타산지석으로 삼았다. 그래서 내가 부장교사나, 교감을 할 때도 내가 맡은 일에 대해서 다른 누구보다 더 많이 고민하고 그만큼 더 열심히 일하게 되었다. 그러면서 다른 선생님들께도 주인의식을 가지고 일하라고 충고를 한다. 그렇게 일하는 것은 결국 나를 위한 것이고, 나아가서 좋은 결과를 얻으면 아이들에게도 좋은 일이 되기 때문이다.

부장교사를 16년을 하면서 체육부장 1년, 학년부장 1년, 환경부장 1년, 교무부장 1년을 제외한 나머지는 연구부장을 했다. 부장을 하면서 업무파악, 주변 선생님들과의 관계에도 많은 도움이 되었고, 연구부장을 하면서 교무부장과 함께 일하게 되어 간접 경험이 전체적인 업무파악에 많은 도움이 되었다.

④ 학교장 양성(준비)을 위한 지원 및 프로그램의 필요성

소질이나 자질 같은 것은 타고나는 것이고 그 이후에 그것을 계발시켜 나가는 것이다. 그리고 특별한 어떤 사람은 그런 자질을 가지고 있고, 어떤 사람은 못 가진 것은 아니라고 생각한다. 모든 사람이 어떤 단계를 거쳐 간다면 자연스럽게 계발될 것이고 또 필요에 의해서 그런 쪽으로 노력을 한다면 될 것이라고 생각한다.

교장이 되기 위한 사전 과정을 충실하게 해서 교장으로서 갖춰야 될 것들을 자극시켜 줄 수 있는 것들이 필요하다. 소양, 자질, 전문성 등을 새로 집어넣는 것은 능률적이지 않고 그 사람이 가지고 있는 전문성을 자극시켜 새로운 방향의 안목을 갖도록 해 자신이 갖추어 왔던 것을 토대로 조금 더 넓은 시야를 가지도록 해 주는 것이 필요하다. 그리고 교직을 단계별로 해서 각 직급에 맞게 강화 프로그램을 마련하여 단계를 올라간다면 결국에 교감, 교장이 될 때에 능력이 계발될 수 있다. 또한 5년에서 10년 단위로 직급을 모두 단계화시켜서 교사 자격을 제고하는 제도가 필요하다고 생각한다. 형식은 각 단계마다 커트라인이 있어서 학생 지도와 관련된 실천 수기나 계획을 통해서 그것을 충족한 교사는 단계가 올라가고 또 호봉도 올라가 봉급과도 관련되도록 하는 것이다.

학교에서 업무추진에 필요한 예산 편성에 관한 학교회계사항을 학교예산에 대해 얘기했을 때 충분히 이해할 수 있을 정도로 교대 교육과정 때부터 넣었으면 한다. 그 뒤 교감, 교장으로 승진되었을 때 연수과정은 좀 더 구체적이고 깊이 있게 해서 예산안을 교장이 직접 짤 수 있을 정도로 할 수 있었으면 한다.

요즘 부장선생님을 임명하는 방식이 예전의 방식과 다르다. 예전에는 부장선생님을 계속 하시던 분이 다른 학교에서 가시더라도 보직이 바뀔 뿐 계속 부장을 하셨다. 그러나 요즘의 방식은 맡을 수도 있고 아닐 수도 있다. 그런데 지금의 학교 분위기는 부장을 하겠다는 분들이 별로 없다. 승진에 뜻이 없어서 그런 것이다. 하지만 부장을 하는 것은 승진을 위한 것이라고 생각하지 말고, 학교를 경영해 나가는 중간 간부로서 자신의 생각이나 기능을 그곳에 발휘하고 반영할 수 있는 중요한 역할을 한다는 것이라 생각한다. 그래서 자부심을 가졌으면 한다. 그리고 부장을 계속 하시던 분이 하시는 것이 나을 것 같다.

⑤ 교장직 수행상의 어려움과 제언

외형적으로 나타나는 시설 문제를 해결할 경우 재정적인 지원이 필요한데 그것을

충족하기가 어렵다고 생각한다. 또한 재정적인 지원을 받을 때 교장의 의견이 충분히 반영되지 않는다. 한 예로 교육청에 신청해서 학교 건물을 헐고 새로 짓게 되었다. 그런데 교장에게 물어보지 않고 하려고 했다. 여러 학교에 공평하게 지원하기 위해서 그렇게 된 것이라고 이해하기는 했지만 이러한 과정에서 교장의 의견을 물어보았으면 한다.

(4) 김주영 교장

① 관리직으로 승진을 생각(준비)하게 된 배경

전공이 과학교육인데 교직에 들어오면서 컴퓨터에 관심을 갖게 되어서 방송통신대학교에 편입을 하게 되었다. 전문대학원에서도 공부했다. 과학 선생님이었지만 컴퓨터를 공부하면서 이것을 교육계에 어떻게 적용시킬 것인가에 대해 소프트웨어 계발 등을 많이 했었다. 그러면서 도의 일도 하게 되었고, 교육청 일도 하게 되었다. 어느 날 옛날에 모시던 교감선생님들이 교육청에 인사 작업 일이 있는데 가 보라고 해서 가게 되었다. 그러다가 장학사 시험을 봐서 전문직을 하게 되었다. 경기도 교육청 공개 채용으로 인사담당 장학사로 들어갔다.

학생부장, 연구부장, 학생주임 등 부장 생활을 7년간 거치면서 학교에 주요 부서들을 쭉 한 번씩 돌아보았기 때문에 학교의 흐름이라든가 이런 것들은 젊었을 적에 환하게 익히게 되었다. 승진을 위해 욕심을 부리지 않고 성실하고 청렴하게 역할을 수행하였다. 이런 나의 모습을 교장, 교감선생님께서 잘 보신 것 같다.

② 학교장의 주요 역할과 책임 및 교장의 전문적 자질

학교들이 처해 있는 현실에서 학교 특성을 파악하고 어떻게 발전시킬 것인지에 대해서 정확히 이해하는 것이 중요하다. 선생님들의 의식, 학생들, 지역사회, 학부형들의 생각들을 집약해서 어떤 방향으로 나가야 할 것인가를 결정해야 하고, 결정이 되면 그 방향으로 가기 위한 분위기를 만들어 주어야 한다. 특히 중요한 것은 선생님들이다. 조직이 결정된 방향으로 나갈 수 있도록 하는 것은 선생님들이기 때문이다. 선생님들의 의식을 변화시킬 수 있는 방향으로 유도하는 것이 중요하다. 그런 것들이 형성되고 나면 학생들을 어떻게 교육시킬 것인가에 대한 것들이 결정될 수 있다. 그다음에는 지역사회, 학부모의 요구와 학교에서 어떻게 하겠다는 것을 인식시키고 학부형들이 학교에 협조적일 수 있는 분위기를 만들어 나가야 한다.

학교장으로서 전문적 실력—교육의 흐름의 방향, 학교 업무의 전체적인 흐름—을 갖추어야 한다. 그것을 바탕으로 학교에 대한 방향 설정을 잘해야 한다. 그다음에 선생님들에 대해서 인화조직이 될 수 있도록 조직관리가 되어야 한다. 실력이 있어야 한다. 실력이라 함은 교육과정, 교육의 흐름과 방향 등에 관한 전문적 지식이 있어야 한다. 선생님들이 자기 능력을 발휘할 수 있도록 키워 주는 역할을 해야 한다. 선생님들을 잘 관리해야 하고 그러기 위해서는 교사와의 인관관계를 맺는 능력과 의사소통 능력 등이 중요하다고 생각한다.

③ 교장이 되기 이전의 공식적 · 비공식적인 교육이나 경험의 영향

교사 시절 전산 분야를 공부하면서 좀 더 전문성을 기르기 위해서 대학원을 다녔다. 전문직으로 가면서 활용이 많이 되었고 연수원 강사도 했었다. 방송통신대학교에서의 대학원 과정 이수가 많은 도움이 되었다. 교사 시절 교과서 편찬 때 교육과정 심의위원도 했었다.

④ 학교장 양성(준비)을 위한 지원 및 프로그램의 필요성

연수는 필요하다고 생각한다. 각 분야에서 자기 위치에 맞는 적절한 연수가 되어야 하는데 그런 연수의 과정이 그 역할에 맞게 업그레이드시킬 수 있는 교육과정(전문지식, 교양 등)이 되어야 한다고 생각한다. 또한 이론적으로만 치우치지 않고 사례를 통해서 체험할 수 있도록 해야 한다.

⑤ 교장직 수행상의 어려움과 제언

현재 근무하는 학교는 중 · 고등학교로 통합된 학교다. 교장 발령을 받고서 고등학교 경력이 없는데 문제되지 않을까 걱정을 했었다. 1개월 정도 흐름을 파악하고 그 뒤 선생님들의 구조와 문화를 파악하면서 적응을 했다. 그리고 고등학교 입시관계 부분을 안 해 봐서 조금 부담이 되었는데 고3 선생님들 협의회에 들어가서 파악을 했다. 6개월 정도 지나니까 보통 주 업무가 익숙해졌다.

현재 교장은 한 명이고 교감선생님은 고등학교, 중학교 양쪽에 다 있다. 선생님들의 의식이 '우린 고등학교야. 우린 중학교야' 하면서 서로 대립되어 있다. 옛날부터 그런 의식이 있었다. 그래서 협의회도 중학교, 고등학교 다 같이, 교감선생님들 협의회도 다 같이 해서 협력, 협조가 잘 이루어지도록 하고 있다. 다른 어려움으로 중학교 선생

님들 중에 중학교를 차별한다는 의식이 있다. 중학교와 고등학교의 특성상 중학교는 시간이 되면 퇴근하지만, 고등학교는 대학 진학 때문에 그렇게 하지 못한다. 모든 사람들은 그 조직 문화 속에서 맞게 적응한다는 것을 얘기했는데 중학교가 논다고 받아들인 사람이 있었다.

(5) 김치율 교장

① 주요 이력

교사 경력 26년(부장교사 6년), 교감 경력 6년이 있다.

② 관리직으로 승진을 생각(준비)하게 된 배경

교사 생활을 하면서 학생들 가르치는 것이 괜찮고 재미있었다. 모교인 사대부고에 가서 후배들을 잘 가르쳐서 좋은 대학에 보내겠다는 생각으로 갔다. 거기에 가서 언어영역 초창기 멤버로 참고서를 많이 썼다. 교장을 꼭 하겠다는 생각은 없었다. 사대부고에서 오래 가르치다 보니(18년) 교감 연수 대상자가 되어서 자연스럽게 나왔다. 사대부고에 있으면 5년 동안 1년에 0.25점씩 연구학교 가산점이 나온다. 연구를 해 본 적은 없다. 사대부고에서 교감 연수를 받고 자격연수, 직무연수 3개를 받고, 쉽게 되었다.

③ 학교장의 주요 역할과 책임 및 교장의 전문적 자질

교장에게 주어진 책임은 예산 편성과 집행이나 교육과정 편성 및 운영 등의 여러 가지 역할이 있다. 또한 이러한 역할을 충실히 수행해야 학교조직 내 구성원들에게 교장으로서 설득력을 가진다고 생각한다. 교감은 교육과정 운영 쪽의 일이라면, 교장은 학교 전체를 운영하는 것이다. 따라서 교장의 역할은 범위가 더 크고 그에 따른 책임도 더 크다.

단위 학교를 교육 본질에 가깝게 이끌어야 된다고 생각이다. 중학교 수준에서는 교과지도와 생활지도를 내실 있게 해야 한다는 생각이다. 이를 위해서는 교사들의 전문성(교과 전문가, 생활지도 전문가) 신장이 필요하다. 모든 선생님들의 수업을 다 참관하고 수업 끝난 후에는 집단적으로 만나 평가 협의도 하고, 교과 전문성의 필요성에 대해 많이 이야기한다. 또 생활지도 전문성 신장을 위해서 학교의 생활 지도부를 없애고 담임선생님이 생활지도의 최종 책임자가 되도록 하였다. 생활 지도부를 없앤 이유는, 교사 6~7명이 1,200여 명을 감당하기 위해서는 강압적인 시스템이 될 수밖에 없었는데 학생들의 기본적인 생활습관 형성을 위해서 내면화 과정이 필요하다고 생각했기 때문이다. 입시 위주의 고등학교와는 달리 중학교는 방향이 다양하게 열려 있는 상태이고 예전과 달리 학생들이 세상을 접하는 시점이 빨라졌기 때문에 생활지도가 상당히 어렵다.

이러한 역할과 책임을 잘 수행하기 위해서는 공동체 구성원과의 공유화 과정이 필요하다. 선생님들이 가지고 있는 각종 안건들을 제출받아서 대표자를 정하고 협의하는 과정을 밟는다. 각자에게 주어진 역할과 책임을 수행하기 위해 갖추어야 할 것들이 교장, 교감, 교사는 본질적으로 같다고 생각한다. 차이가 있다면 대상이 다르다는 것이다. 교사는 교실 상황에서 학생들을 리드해 가는 것이고, 교감은 선생님들을 리드해 가는 것이고, 교장은 선생들을 리드하며 교육과정대로 수행하는 것이다. 다만 교장은 성인을 대상으로 하는 것이므로 확실한 비전을 제시해 주어야 한다. 비전은 전문가로서의 역량 강화, 선생님들과의 사이에서 갈등이 생기지 않도록 기본 원칙(교사는 신분에 걸맞게 행동해야 되고, 공무원으로서 지켜야 할 기본적인 룰을 따르는 것 등)을 충실히 따른다는 것이다. 교사들의 호응을 얻기 위해서는 교장이 본을 보여야 한다. 즉, 교육자로서 현장에 있기에 무난하다는 인식을 주어야 한다.

④ 교장이 되기 이전의 공식적 · 비공식적인 교육이나 경험의 영향

교장 연수는 리더십 중심으로 이론적인 측면에서의 리더십 강좌, 현장의 갈등해소의 과정에서 역할 수행을 위한 리더십, 리더로서의 역할을 하기 위해서 기본적으로 함유해야 할 자질이나 역량에 대해서 꽤 깊이 공부했다. 현장 속에서 교장의 역할, 그리고 역할의 핵심인 리더십 쪽으로 공부했었는데 인상 깊었다. 그 이유는 교사 연수 때는 리더십에 대한 내용들이 없었고, 교사 전문성 신장 쪽으로 주로 연수를 받았기 때문에 새롭게 느꼈었다.

또한 교장 연수를 받으면서 교육의 새로운 동향이나, 단위 학교에서 수행해야 할 역할의 개념, 그리고 교사 때 가지지 못했던 전문적인 식견 같은 것을 많이 얻었다. 그러한 연수과정 속에서 의식이나 생각도 많이 바뀌었고 견고해졌다. 교사 시절에는 특별한 의식 없이 아이들을 잘 가르치면 된다고 생각했던 것에서 사고를 전환하는 데 상당한 역할을 했다.

지금의 학교에 전교조 멤버들이 많다. 전임, 전전임 교장선생님 때에 교장과 교사

사이의 갈등이 강동교육청 관내에서 상당히 심한 편에 속했다. 나는 전교조 멤버들은 한 울타리 식구라고 생각했다. 방향이 설정될 때까지 갈등이 있을 수는 있지만 공동 합의를 도출하고 방향이 설정되면 같이 가야 된다는 입장이었다. 그래서 교감을 할 때도 서로 갈등 관계를 설정하지 않고 전교조 멤버들과 잘 지냈고, 교장이 되어서도 마찬가지다. 또 그런 생각을 멤버들이 알고 있어서 잘 호응해 줘서 갈등 없이 한 방향으로 갈 수 있었다.

고등학교는 입시 일변도로 가기 때문에 생활지도가 편하다. 그러나 중학교와 상대적으로 비교하자면 고등학교 교감은 무력한 존재라고 할 수 있다. 고등학교는 3학년 부장 중심으로 학교가 움직여지고, 중학교에 비해서 교무부장과 같이 부장들의 힘이 세다. 부장들이 계획을 세우고 독자적으로 일을 수행하면서 교감에게 통보하는 방식으로 이루어진다. 그렇다고 교감이 필요 없다고 할 수 없다. 입시 중심의 시스템에서는 그렇지만 그 외의 생활지도나 대외적인 역할 수행에서는 교감의 역할이 중요하다.

⑤ 학교장 양성(준비)을 위한 지원 및 프로그램의 필요성

단위 학교에 가서 역할을 수행하고 리더십을 발휘하는 데 도움을 줄 수 있도록 교장으로서의 전문성 신장을 위해서 연수 프로그램을 좀 더 강화해야 한다고 생각한다. '사고의 전환'이 이루어질 수 있도록 연수 프로그램을 많이 접함으로써 좀 더 많이 생각할 수 있는 시간이 주어져야 한다.

⑥ 교장직 수행상의 어려움과 제언

특별히 어려운 점은 없다. 가끔 선생님들이 노동조합 활동을 하면서 처벌을 받는 행동을 할 때 기관장으로서의 역할과 책임을 법적으로 수행하기가 어렵다.

(6) 박현철 교장

① 주요 이력

아이들을 굉장히 좋아하는 성향이었지만 선생님이 되기 위해서 사대에 간 것은 아니었다. 집안 형편으로 등록금이 싼 사대로 가게 되었다. 대학 시절 학원 강사 아르바이트를 하게 되었고, 교생 실습 때 부설학교에서 대표수업을 하면서 교직에 대한 생각이 긍정적으로 바뀌었다. 그때 행동과학연구소에 1년간 다녔다.

② 관리직으로 승진을 생각(준비)하게 된 배경

교장이 되겠다는 생각을 한 적은 없고 시간이 지나면서 되는 것이라 생각했다. 전문직을 하면서 자연히 교감, 교장이 되었다. 대학 졸업 후 중학교로 발령을 받게 되었고, 당시 근무하던 학교가 환경이 열악한 곳이어서 학원 강의식을 접하지 못한 학생들에게 내 강의 스타일이 호응이 좋았다. 군대 복역 후 중학교로 발령받았다가 부속학교로 스카웃이 되었다. 부속여중에서 2년 있다가 부속고등학교로 가게 되었다.

그 뒤 개설 학교인 ○○고등학교의 진학부장이 필요해서 그곳에 스카웃되어 3학년 부장을 하게 되었다. 그 뒤 과학고가 개설되어 부장으로 가게 되었다. 거기 교장선생님께서 전문직 시험을 권유해 주셔서 보았으나 첫 시험은 실패하였다. 다시 서울시에 응시하여 장학사가 되었다. 처음에 파견을 주로 하고 정식 발령은 가평 수련원으로 발령되었다. 1년 반 만에 본청에서 학교 감사하는 역할을 맡게 되었다. 그 뒤 1년 반 만에 교원인사에 발령되었다. 장학사 말년에는 중부 교육청에서 중학교의 배정과 상담직의 배정을 받고서 ○○고등학교 교감으로 2년 반 근무하다가, 행동과학연구소의 경력으로 평가담당 장학관으로 수능, 대학 입시, 성적관리, 전국연합평가를 맡고 나서 지금의 학교에서 학교성적 관련 사고 등 민원이 심해서 교장으로 나오게 되었다.

③ 학교장의 주요 역할과 책임 및 교장의 전문적 자질

학교장의 역할, 책임은 우리나라 교육 전체적인 문제와 맞물려 있다고 생각한다. 우리나라가 대외적으로 교육이 획일화되어 있는 것 같지만 학교별로 특색이 다르다. 학교마다 그 나름의 문화가 있기 때문에 학교장이 되면 그 지역에 속한 문화를 빨리 파악해서 그 문화의 역기능을 순기능으로 바꿀 수 있어야 한다. 그러기 위해서는 고객만족 같은 역할도 잘해야 하겠고, 선생들에게는 자율과 권한도 잘 행사해야 한다. 교장이 학교 운영을 잘하기 위해서는 선생님들의 도움이 필요하기 때문에 선생님들에게 그러한 것이 제공되어야 한다고 생각한다.

학교 선생님들은 굉장히 보수적이어서, 미래보다는 과거를 더 생각한다. 그래서 교장이 과거에 교사로서 떳떳해야 교사들에게 영향력을 발휘할 수 있다. 또, 중등은 중학교와 고등학교의 문화가 다르기 때문에 그러한 것들을 고려해서 인사 발령을 해야 한다고 생각한다. 즉, 각 학교조직의 특징을 잘 알고 있어야 교사들에게 영향력을 행사할 수 있다.

교직사회는 유연성이 부족하다고 생각한다. 그래서 교사들은 자기 경험에만 의존하므로 중학교에만 계셨던 선생님들은 중학생 같고, 고등학교에만 계셨던 선생님들은 고등학생 같다. 그래서 중학교에서만 경력을 쌓으신 선생님들은 고등학교 교감, 교장이 될 때 해당 경력이 필요하다고 생각한다.

④ 교장이 되기 이전의 공식적 · 비공식적인 교육이나 경험의 영향

개인적으로 서기로서의 업무 능력이 좋았다. 실무자로서 기획이나 참모역할을 잘했었다. 변화하고 바꾸고 한 걸음 앞서 나가는 쪽으로 적성이 맞았다.

⑤ 학교장 양성(준비)을 위한 지원 및 프로그램의 필요성

나는 의도적으로 관심이 다른 조직이나 다른 사회에 관심이 많았다. 주로 제자들과 대화를 많이 하면서 다른 직업세계에 대해 알게 된다. 그런 이야기를 듣거나, 개인적으로 인상 깊었던 연수인 현대, 삼성 인력 개발에서 회사원 연수를 받으면서 느끼게 되었다. 다른 세계의 리더십에 대한 연수가 필요하다고 생각한다. 우선, 관심이 교직 사회에만 국한된다면 성장에 제한점이 있을 것이다. 그러나 선생님들 사이에서는 신뢰가 중요하기 때문에 교감이나 교장은 일단은 잘 가르치는 사람 중에서 뽑아야 하고, 학생들과 동료로부터 배척받지 않는 사람이 관리직을 해야 한다고 생각한다.

⑥ 교장직 수행상의 어려움과 제언

내적인 구성원들과의 관계가 문제다. 학생들에게 편하려고 하는 안일한 자세를 고치라고 요구하는 것은 쉽지 않다. 이 학교에서 4시에 수업만 끝나면 선생님들이 퇴근을 한다. 그것을 교장이 지적하면 '그렇네요.' 하고 끝날 뿐이다. 학생들도 그것을 문제로 느끼지 않는다. 그런 반면 성과급에 대한 회의는 3시간 동안 3번을 했다.

요즘의 학교문화는 시험 때가 되면 자기 시험감독 때만 나왔다가 간다. 그리고 교원단체와의 관계 때문에 일직이 없어졌다. 남부, 동작, 관악의 학교들처럼 이 학교도 전교조가 강해서 교장, 교감만 매일 나와서 일직을 선다. 18일 보충수업 때까지는 그래도 선생님들이 왔다 갔다 하는데 그 이후가 문제가 되어서 교감선생님이 부장선생님 한 분 한 분씩 요청해서 남은 기간을 부장교사로만 채웠다. 이곳 부장선생님들을 내가 임명한 것이 아니어서 말하기가 힘들다. 구성원과 긍정적인 관계를 형성하고 공감대를 만들어 가는 것이 가장 어렵다.

(7) 심상열 교장

① 관리직으로 승진을 생각(준비)하게 된 배경

교대를 졸업하고 모교로 처음 발령받았다. 모교에서 체육을 했기 때문에 제일 처음 체육부장을 했다. 5년 뒤 ○○초등학교로 발령을 받아서 체육부장, 과학부장, 연구부장을 했다. 연구부장을 할 때 시범학교, 도 지정, 교육부 지정 연구학교 연구부장을 하게 되었다. 그 뒤 광산벽지에 있으면서 승진점수를 따고, 다시 광산 1급지에서 인사이동 점수, 승진 점수를 따면서 교장, 교감으로 승진할 생각을 했었다. 1988년도 올림픽 때 서울에서 부족한 교사를 메우기 위해서 전국 각 시 · 도 교육청에 모집을 했었다. 그때 지원을 해서 서울에 올라오게 되었다. 처음 2년 동안은 평교사를 하다가 교육부장을 했다. 벽지점수, 연구점수 때문에 다른 교사들보다 점수가 제일 높았다. 그래서 너무 일찍 교감이 될까 봐 점수관리는 하지 않았다. 연구도 만점이 안 되게 하고, 친목회장, 운동, 학생들 배구지도 등을 하다 △△초등학교에 가서 부장도 못하고, 근무평정도 못 받고 해서 교육대학원에 들어갔다. 그런데 교감 현직에 나와서 석사 졸업을 해야만 점수를 쓸 수 있는데 자격증만 받고 수료를 해서 못 쓰게 되었다. 교감을 6년 하고 교장 발령을 받았다. 발령을 좀 늦게 받은 편이다.

② 학교장의 주요 역할과 책임 및 교장의 전문적 자질

교장의 역할은 교육과정 계획과 목표에 의해서 아이들을 바람직하게 교육시키는 것이 가장 크다고 생각한다. 거기에 따르는 교육 여건 조성도 있으며, 교사들이 교육할 수 있는 재정적인 뒷받침이나 고충을 대변해 주는 것이 있다고 생각한다.

능력이나 자질은 다방면의 풍부한 현장 경험을 통해서 여러 가지 분야에 대해서 다 알고 있어야 하는 것이다. 그러기 위해서는 여러 부장직과 역할을 해 봐야 한다. 여러 가지 체험을 통해서 길러진 능력으로 상황에 맞게 일을 하고, 커뮤니케이션이 될 수 있도록 개방을 해야 한다.

③ 교장이 되기 이전의 공식적 · 비공식적인 교육이나 경험의 영향

일반교사 시절에 신청을 해서 초등학교에 개교 멤버로 가게 되었다. 그곳에서 새마을 부장을 하면서 많은 일들을 해 보았다. 업자들을 데려와서 학교에 나무도 심고, 개울도 파고 등등 전부 다 해서 학교를 하나 만들었다.

교감을 할 때 교장선생님을 모셨던 경험이 현재 교장을 하는 데 도움이 되었다. 이

전에 모셨던 여러 교장선생님들의 본받아야 할 점, 본받지 말아야 할 점들이 조합이 되면서 표준을 만들었다. 또 교감을 할 때의 경험이 교장으로서 교감, 교사를 대하는 법을 아는 데 도움이 되었다. 지방 학교에 있을 때 경리를 해서 실질적인 예산 세우는 것에도 도움이 되었다. 과거의 여러 가지 경험을 토대로 자기반성도 하면서 다른 사람들의 의견도 수용하고, 협의하면서 현재 교장으로서의 능력을 갖추고 있다.

④ 학교장 양성(준비)을 위한 지원 및 프로그램의 필요성

모든 사람에게 존경 받을 수 있고, 믿을 수 있는 교장이 될 수 있도록 좋은 교장선생님 밑에서 다양한 경험을 쌓는 것이 필요하다고 생각한다. 교장으로서 본을 보이고, 모든 면에서 앞장서 나갈 수 있는 기본적인 자질과 교양을 갖추기 위해서 자기 스스로 갖출 수 있도록 자기 연수도 필요하다고 생각한다. 여러 가지 이질적인 조건에서 자기의 이상을 펼칠 수 있게 참고할 수 있는 우수 사례나 해결 방법에 대한 연수도 있었으면 좋겠다.

교내 생활 중에서 생활지도 측면에서 일어나는 여러 가지 실제적인 문제를 해결할 수 있는 방법이나, 학교에서 활동하고 있는 전교조와의 갈등을 해결할 수 있는 방법, 교사들끼리 이질감을 갖지 않도록 통솔하는 데 필요한 리더십, 교사들을 인간적으로 통솔하는 데 필요한 리더십 같은 것들이 필요하다고 생각한다. 교감 때 학교현장에 대해 실무적인 연수를 많이 하고 교장 연수는 교장으로서 여러 가지 다방면의 학교 경영이나, 관리 측면—교사와의 대화나, 문제해결 관리자로서의 역할에 관한—의 자질 연수, 교양적인 것, 다방면의 상식적인 연수가 필요하다. 교장 스스로도 계속 전문성 신장활동을 하기 위해 노력해야 한다.

⑤ 교장직 수행상의 어려움과 제언

작년에 와서 학교 분위기를 살펴보니 좋지 않았다. 교장선생님과 선생님들 간의 대화관계가 원활하지 않았다. 그 이유는 전교조의 부분도 있고(교장, 교감들이 전교조 교사들과의 일 때문에 감시 상황에 살았다고 한다). 교장선생님 중 한 분이 교회의 장로여서 제한된 것도 있었고, 또 하나는 현재의 문제점인데 남교사 한 사람이 나이가 많은데 자신에게 부장교사를 안 준다고 소송을 걸었다. 전 교장, 교감한테 소송을 해서 본인도 이어 받았다. 그런데 그분이 아주 잘하면서 그러면 모르겠는데 문제가 있는 사람이다. 회의도 참석하지 않고, 동년배끼리 어울리지도 않고 외부와 단절되어 자기 혼자 학생

들 지도만 하는 사람이다.

이런 여러 가지 문제로 학교가 많이 침체되어 있었다. 그래서 발령받고 선생님들과의 관계에 신경을 써서 전체적으로 분위기가 살아난 상태다. 지금은 교직원들과의 의사소통을 많이 해서 특별히 큰 문제는 없다. 처음 교장 발령 받고 와서 일주일 내에 전 직원 이름을 다 알아서 학년별로 명단을 만든 후, 전 선생님과 기사들까지 이야기를 나눴다.

(8) 유재성 교장

① 관리직으로 승진을 생각(준비)하게 된 배경

전문직 시험이 된 이후로 교장, 교감 승진에 대해서 자연스럽게 그 경로에 들어갔다고 생각했다. 전문직은 여고에 근무할 때 교장, 교감선생님들이 다 전문직을 거쳐서 일찍 교장, 교감이 되신 분이었다. 그분들의 권유로 시험에 응시해 들어가게 되었다. 1992년에 대대적인 학력고사 부정사건이 있었다. 연루되었던 사람들이 모두 파면당해서 빈자리를 메우기 위해서 절차를 생략하고 면접으로만 뽑았다.

② 학교장의 주요 역할과 책임 및 교장의 전문적 자질

처음 교장이 되었을 때와는 달라졌다. 처음에는 학생들을 잘 가르치고, 교육과정을 충실하게 이해하는 쪽으로 생각했는데 시간이 지나면서 학교의 교육 여건을 갖추는 문제, 주로 시설적인 문제, 예산 문제를 잘 해결할 수 있어야 한다고 생각한다.

교사들이 움직이도록 설득할 수 있는 것이 중요하다. 그래서 합리적인 것을 내 놓고 선생님의 동조를 끌어내어서 학교를 좋은 쪽으로 이끌어 보자고 한다. 또 학교 경영관리, 예산, 재정, 시설과 관련된 측면의 능력이 있다.

③ 교장이 되기 이전의 공식적 · 비공식적인 교육이나 경험의 영향

교감 시절 좀 젊다는 이유로 묘한 시기심이 있었고 심한 경우는 나이가 일곱 살쯤 많은 선배 분이 사사건건 시비를 걸 정도로 반감이 있었다. 그래서 합리적으로 일을 하면 따라올 것이라고 생각하고 어느 정도 시간이 흘러 본인에 대해 일을 합리적으로 처리하려고 하는 사람이라는 인식이 된 후에는 크게 어려움은 없었다.

④ 학교장 양성(준비)을 위한 지원 및 프로그램의 필요성

교장 자격연수를 통해서 서로 경험을 나누는 것은 도움이 된다고 생각한다. 사례를

통해서 위기관리를 배우는 것은 교장을 하는 데 많은 도움이 될 것 같다. 실제로 평범한 학교에서 부딪칠 수 있는 그런 문제들, 교장이 절대로 해서는 안 되는 행동 등을 이야기해 주는 것도 도움이 될 것 같다.

요즘 학교 현실에서 정상적으로 리더십이 발휘될 수 있는 상황이 아니다. 정상적인 방법은 그 사람이 옳은 얘기를 하면 따라야 한다. 그러나 학교 풍토가 때에 따라서는 그것이 먹히지 않는 상황이기 때문에 리더십을 키워서 문제를 해결한다는 것이 가능한가 하는 생각이 든다. 리더십이라는 얘기를 교장이 되면서 굉장히 많이 들었는데, 현실적으로 봤을 때는 모든 사람이 이성적일 때 이론이 통하는 것이지 이성적이지 않은 사람들을 모아 놓고 리더십을 발휘하는 것이 가능한가 하는 회의가 든다. 리더십을 발휘하는 데 따르는 인사권을 주거나, 교사들이 교장이 옳은 일을 하지 않았을 때 제재를 하는 방법이 있거나 책임을 물을 수 있는 게 아무것도 없다. 리더십으로 해결될 수 있는 것은 여건 때문이라고 생각한다.

⑤ 교장직 수행상의 어려움과 제언

우선 재정적인 것에 어려움을 느낀다. 교육제도는 교육 복지를 증진한다고 바뀌 예전에 비해 예산이 많이 필요한데도 더 주질 않는다. 다른 하나는 교사들이 의욕적으로 어떻게 하면 현재보다 더 잘할지를 생각해야 하는데, 대개가 안주하는 쪽으로 가서 교사를 움직이게 하는 것이 어렵다. 현실적으로 이것이 가장 큰 문제다. 교장, 교감들은 전교조와 힘 겨루기를 하면서 어떻게 자기 위치를 확보하느냐가 문제인데 대개는 술로 제압한다. 하지만 본인은 개인적으로도 좋아하지 않고, 종교적인 이유로 술, 담배를 하지 않는다. 그런 면에 있어서 어려움이 있다.

고등학교와 중학교의 문화가 다르다. 고등학교 교사가 중학교 교사에 비해 근무 태도, 근무 시간 준수를 더욱더 하지 않는다. 대학교 시간강사처럼 수업시간에 왔다 가는 교사도 있다. 특히, 고등학교는 교무실이 많아 통제하기 힘든 점이 있다. 여러 모로 고등학교 선생님들을 관리하기가 힘들다.

(9) 윤철경 교장

① 주요 이력

고등학교를 졸업하고 대학 시험에 떨어지고 후기 대학을 1년 다녔는데 힘들었다. 그래서 위장취업을 해서 회사도 좀 다녔다. 서울 시내 교장을 하시던 친구 아버님께서

2~3년에 걸쳐서 권유를 하셔서 교대를 또래보다 4년 정도 늦게 들어갔다. 교대에 가서 공부하면서 아이들을 가르치는 것에 흥미가 생겼고, 집안 형편으로 고등학교 때부터 동네 초등학생들 과외를 하면서 가르치는 일이 적성에 맞다고 생각했다.

② 관리직으로 승진을 생각(준비)하게 된 배경

전문직이 공채로 바뀌고, 나이가 들면서 교육철학이라고까지 할 수는 없지만 교육에 대한 생각을 펼치려면 어느 정도 지위에 올라야지만 그것이 가능하겠다는 생각이 들었다. 평교사로서의 한계를 느끼며 교장이 되기 위해서 승진을 해야겠다는 생각을 하게 되었다. 하지만 연구점수를 따 놓은 것은 없고, 부장을 한 경력밖에 없었다. 그래서 전문직으로 가게 되었다.

③ 학교장의 주요 역할과 책임 및 교장의 전문적 자질

변화의 촉매제 역할을 해야 한다고 생각한다. 그리고 법적인 책임은 무한대로 늘려야 한다고 생각한다. 교장의 역할 중 제일 큰 것은 인간관계라고 생각한다. 신뢰감이 형성되어야 나머지 일들은 부수적으로 해결된다.

필수는 필수인데, 겉으로 드러나지 않는 필수라는 생각을 한다. 선생님들의 수업 지도를 예를 들면, 공개수업에서 그분의 교수-학습 과정안으로 수업을 한다면 수업 결과가 신통치 않아 보일 때가 있다. 아이들한테 중대한 피해가 가는 사안이 아닌 한, 인격 문제가 생기지 않는 한, 젊은 선생님들의 실수가 예상되는데 그냥 넘어가는 경우가 있다. 본인이 겪어 보는 게 제일 좋은 것이라 생각하기 때문이다. 그래서 전문적인 기술이나 지식이 순정품일수록 선생님들을 지원하는 데 큰 도움이 된다. 이러한 이유로 그것이 드러나면 안 된다. 업무 능력도 많이 알고 있는 것이 중요한 것이 아니라 그것을 어떻게 교환하는 것이 더 중요하다. 지식이나 능력은 많이 가지고 있을수록 좋지만 그것이 표출되는 것이 아니고 내공으로 가지고 있는 것이 좋다고 생각한다. 수업 부분, 업무 부분 양쪽을 두루 잘 알고 있어야 정확하게 뒷받침할 수 있다고 생각한다.

④ 교장이 되기 이전의 공식적 · 비공식적인 교육이나 경험의 영향

교감으로 4년을 보내면서 대단한 교장선생님 두 분을 모셨는데 그분들한테서 교장에 나가면 저것은 꼭 본받아서 해야겠다, 하지 말아야겠다는 것을 메모도 하고 기억도 해서, 나와서 배우지 말아야 되겠다고 생각한 것은 안 하려고 노력하고 있다. 또 교감

시절의 경험으로 지금의 교감선생님이 들어와서 말씀을 하실 때 선생님들이 무슨 요구를 해서 저렇게 하시나 그런 것을 이해할 수 있다.

교무부장을 안 해서 어려운 점은 없었지만, 연구부장을 겪어 보지 않은 것은 장학사로 나간 후에 약간 핸디캡이 되었다. 또한 지금도 학교에서 연구부에서 돌아가는 일이 확실히 개념 정리가 안 되거나 상황을 잘 모를 때가 있다. 그때는 연구부장을 불러서 의견을 듣는다.

⑤ 학교장 양성(준비)을 위한 지원 및 프로그램의 필요성

지금의 자격연수제도에 대해서는 결국 제도 자체는 부분 손질을 해야만 하지만 전면 개편은 어렵다고 생각한다. 짧은 연수 기간 동안 교장을 길러내기 위해 필수적인 것이 포함되어야 하는지를 고려해 봐야 한다. 또 하나는 교장, 교감 중에 전문직을 거치지 않으신 분들은 발령 전에 3개월, 짧으면 1개월이라도 교육청에 파견 근무를 시켰으면 한다. 교장이 되면 교육청하고 일을 해야 하는 부분도 있고, 주로 교육청에서 공문이 많이 내려오니까 교장이 되기 전에 알고 있어야 하므로 교감 시절에 파견 근무를 했으면 한다. 또 반대로 교감을 하지 않고 장학사를 하신 분들이 있는데 그분들도 장학사 연수과정 중에 교감의 역할 수행해 보기 프로그램을 넣었으면 좋겠다. 서로 역할을 바꿔서 경험해 봄으로써 서로 이해의 폭도 넓어질 수 있고 공무처리도 매끄러워질 거라고 생각한다.

⑥ 교장직 수행상의 어려움과 제언

부족한 점은 많지만 교내 갈등은 거의 개선을 했다고 보는데, 지역 주민들과의 갈등이 있다. 처음에는 학교시설을 지역 주민에게 개방을 했는데 여러 가지 관리의 문제(학교 기물 파손, 학교 주변 환경이 지저분해짐, 수업시간 방해 등)로 지금은 개방하지 않는다. 그리고 학부모들의 요구를 모두 수용하기가 어렵다. 나는 선생님 제일주의다. 그것이 학생을 제일 위하는 길이라고 생각한다.

(10) 이현숙 교장

① 관리직으로 승진을 생각(준비)하게 된 배경

교장이 될 생각은 없었다. 1980년쯤 여고에서 정년퇴직하신 부장선생님이 계셨는데 그분이 대학원에 진학하라고 원서를 주시며 권유하셔서 대학원에 진학하게 되었다. 대학원 권유를 하신 부장선생님께서 장학사로 들어가게 되었다. 그분의 논문과 요즘의 현장 연구 같은 자료에 대해 맞춤법이나 수정사항을 고쳐 달라고 하셨다. 그분의 논문들을 보면서, 대학원 다니며 내 논문도 쓰고 다른 대학의 도서관, 국회도서관을 다니며, 논문을 쓰거나 연구를 많이 하게 되었다. 장학사이셨던 부장선생님께서 현장 연구논문 병행을 이야기하셔서 현장논문도 병행하게 되었다. 그런 과정 속에서 안목이 생겼다. 성격이 틔어 있고 주변의 장학사분이나 교장, 교감선생님들 중 잘 지내는 분들께서 전문직 시험을 권하셔서 시험을 봤는데 첫 시험은 실패했다. 그 전문직은 포기하고 연구 논문과 대학원 졸업해서 받은 점수 등을 합해서 승진하려고 했는데 교육정책가로 계시다가 부임해 온 교감선생님께서 시험을 권유하셔서 다시 응시했는데 합격했다. 이러한 과정을 거치면서 교장선생님을 해야겠다는 생각을 했다.

② 학교장의 주요 역할과 책임 및 교장의 전문적 자질

제일 중요한 역할은 학생의 인성교육을 제대로 시키는 것이라고 생각한다. 흔히 말하는 전인교육, 지덕체 교육을 시키는 것인데 강제적으로 주입할 수 있는 것이 아니기 때문이다. 또 잠재적인 교육과정이 중요하다고 생각하기 때문에 선생님들도 강제로 가르치는 것이 아니라 가르치고 싶어 하고, 왜 가르쳐야 하는지에 대한 의식에서 시작되기 때문에 교사의 전문직의 프로의식을 일깨워 주려고 한다.

변화를 이끌어 내는 것이 교육이고, 아이들에게 그 변화의 과정을 만들어 주고, 적응시켜 주도록 만들어 주는 사람이 선생님이다. 그 선생님들 옆에서 촉진시키는 촉매제 역할을 하는 것이 교장선생님의 할 일이라고 생각한다. 학생과 교사 모두에게 비전과 희망을 주는 것이 교장의 역할이라고 생각한다. 과거의 본인의 경험이 좋은 인간관계 속에서 좋은 분들의 격려와 조언을 따라왔듯이 누군가가 존경해 줄 만한 인격을 갖추어야 하고, 전문적인 소양을 갖추어야 한다고 생각한다. 그럼 면에서 교장은 지식을 갖추고 있어야 선생님을 이끌어 주고, 전문적인 비전을 제시해 줄 수 있다고 생각한다. 시대흐름을 알고 변화하는 과정을 알아야 한다. 또 국가관－대한민국 국민으로서의 뿌리, 작가 누구인지, 자신의 역할－에 기반을 두어서 아이들이 받아들이도록 완성시켜 주고, 지식을 쌓아 주어야 한다.

③ 교장이 되기 이전의 공식적 · 비공식적인 교육이나 경험의 영향

교사 시절에 교장선생님과의 마찰로 인해서 사표를 낼 뻔했고, 자질이 없는 교장, 교

장답지 못한 교장, 교사들이 존경하지 않는 교장들이 있고 그런 분들을 경험하면서 교장으로 갖추어야 할 자질이나 능력에 대한 생각을 가지게 되었다. 내가 교육에서 국가관을 강조하는 이유는 국가로부터 혜택을 많이 받았다고 생각하기 때문이다. 어려운 환경에서 시험을 보고, 공부하고, 또 인정받을 수 있는 길을 국가가 베풀어 주었다고 생각한다. 이대 대학원을 다니면서 학생 시절 때와는 다른 새로운 지식을 듣게 되었고 가정이나 교육학에 대한 많은 지식들도 알게 되었다.

전문직을 한 경험에는 장단점이 있다고 생각한다. 전문직 숫자가 적어 한 사람에게 부과된 업무량이 너무 많았다. 과중한 업무로 인해서 괜히 나왔다는 생각도 들었지만 그래도 다방면에서 넓게 볼 수 있는 시야를 갖출 수 있었다. 연수하는 과정이 있긴 하지만 전문직 과정을 통해서 정책을 수립하는 방향에서부터 잘못된 점을 비판하는 능력까지 큰 눈으로 볼 수 있는 능력을 가질 수 있었고, 그러한 점에서 전문직 과정이 필요한 과정인 것 같다는 생각을 했다.

④ 학교장 양성(준비)을 위한 지원 및 프로그램의 필요성

교사라는 직업의 대전제가 사람을 대상으로 한다는 것이다. 그렇기 때문에 교사 자신도 사람에 대한 사랑이 바탕으로 깔려 있어야 하고, 사람을 섬길 줄 아는 자세가 있어야 한다. 그리고 관리자라면 비전이나, 꿈을 다른 사람들에게 심어 줄 수 있어야 한다. 사람들 중에는 대량으로 교장이나 교감이 만들어지다 보니까 요즘 교감이 되기 위해서만 갖가지 연구에 참여하고, 시험이란 시험은 다 하고, 교감이 되어서는 교사들에게 좋은 인상을 심어 주지 못하는 사람들이 있다. 그런 교감들이 교장으로 올라올 때 교사들에게 평가를 받아 보는 제도가 있었으면 한다. 이런 사람을 걸러 낼 수 있는 방법이 있어야 한다는 말이다. 1년에 한 번씩 선생님들을 평가하듯이 교사들을 대상으로 교감선생님에 대한 평가를 해 보게 한 적이 있다. 교장, 교감도 평가받아야 한다고 생각한다. 그리고 그것을 교사들이 제일 잘 안다. 물론 그 결과를 100% 활용하는 것은 아니라도 어느 정도 참고한다고 하면 평소에 그렇게 행동했던 사람들이 긴장할 거라고 생각한다.

누가 적합한지를 학교에서 선별해 주기가 어렵기 때문에 필요하다고 생각한다. 일단 보편·타당성을 갖추려면 학교 일을 열심히 하는 사람이 될 것이고 또 그중에서도 자기 반에서도 학급 아이들에게 정성을 쏟는 사람이 대상이 될 수 있어야 한다. 그리고 교장선생님 입장으로부터 인정 및 추천을 받을 수 있을 것이다. 물론 이를 악용하

는 사람도 있을 수도 있다. 또한 교장으로서 훌륭한 능력은 우선 학생에 대한 애정이 있어야 한다. 정말 아이들을 사랑하는 마음이 있고 애정이 있다면 일을 하는 모습에서도 나타난다.

교장 · 교감 연수과정을 거치고 나서 볼 때 일단 교감으로서 학교에서 꼭 해야 할 중요한 일들을 알려 주어야 한다고 생각한다. 인간적인 관계를 맺어 가면서 베푸는 것을 연수과정에서 가르쳐 줬으면 한다. 학교에 나와서는 업무와 관련된 전문성도 물론 필요하지만 인간관계를 바라볼 수 있는 안목이라든지 이런 면이 중요하다. 물론 스스로 터득해야 하는 부분도 있지만 전문성과 인간관계, 그리고 그것들을 볼 수 있는 안목을 다루어 주었으면 한다. 그리고 교장은 조금 더 넓게 우리 학교의 위치뿐만이 아니라 대한민국 전체, 더 나아가서 전 세계적인 흐름을 살펴보는 게 중요하다고 생각한다. 옛날에 쌓은 안목으로는 지금의 추세를 따라갈 수 없다. 또한 교사로서의 목표나 사명감에 대해서 강조하는 것에 대해서 공감하는데 강훈구 씨의 강의를 듣고 나서 참 좋았다. 비전스쿨 설립자로서 대학교에서 강의를 하고 계신 분인데 이분이 『아들아, 머뭇거리기에는 인생이 너무 짧다』를 쓴 작가다. 이분의 책에는 어떻게 살아가야 하는지, 엄마도 CEO가 되어야 한다는 내용이 있다. 그런데 항상 이 사람이 강조하는 것이 '사명선언문'이다. 작가 스스로 10년 뒤, 30년 뒤의 나에 대해서 썼는데 그것을 다 실천했다. 예를 들어, '30년 뒤에 교수가 되어 있을 것이고, 비전스쿨을 만들 것이다'라는 자기가 쓴 하나하나의 일들을 실현을 한 것이다. 교장뿐만 아니라 학생들에게까지 미래를 보는 안목을 위해서 필요한 것이라고 생각한다.

우리나라의 모습들을 보여 주는 프로그램들이 마련되어야 한다고 생각한다. 그리고 연수받을 때 다른 나라와 비교해 보는 과정이 필요하다고 생각한다. 각 나라들의 장단점을 볼 수 있는 기회를 교장선생님 연수 프로그램에 담아서 넓게 볼 수 있는 시야를 가질 수 있는 계기를 주어야 한다. 제도적 지원들을 통해 견문을 넓히고, 또 우리나라가 처해 있는 현실도 자꾸 보여 주면서 교장이라는 자신의 위치가 얼마나 중요한 위치인가를 깨닫고 자기 자신부터 달라지도록 해야 한다. 정기적으로 리더십 교육과 같은 과정들이 계속되어야 한다.

⑤ 교장직 수행상의 어려움과 제언

인간관계인 것 같다. 인간에 대한 서운함, 내가 볼 때는 너무 좋은 사람이고 애들한테도 잘하고, 다른 선생님과의 관계도 좋은 것 같은데 반대하는 사람이 있다. 그래서 그 사람한테 성의껏 대했는데 난 이 정도면 됐다 싶은데 그렇게 반대를 하면 서운함이 남는다. 마음을 주면 그렇게 흘러가다 보면 잘 조화될 줄 알았는데 사심 없이 아이들을 위해서 한다는 사실을 그 사람들이 뻔히 알 텐데 내 진심을 몰라 줄 때 그렇다. 교사는 인간 교육의 전문가이기 때문에, 프로는 프로다워야 되지 않느냐 그렇게 생각한다. 한 번씩 느끼는 서운함이라는 것이 그런 프로가 아니라, 교육에 있어서 전문가라기보다는 법적으로 정해진 시간만 일하고 월급 받는 만큼만 일하는 것이다. 물론, 8시 반에 아이들 만나서 4시 반, 그렇게 8시간 딱 근무하고 가는데 그렇게 일한다고 해서, 법적으로 제재받는 게 없고 걸리는 하자가 없다.

그럴 때 어려움과 섭섭함을 느끼고 부수적인 점이라면 시설이 갖추어지지 못한 점이 어렵다. 옆의 학교와 비교해서 시설들이 갖춰지지 못하고 지원이 부족할 때 그렇게 느낀다. 교육청이나 구청에서 지원되는 자금은 한정되어 있기 때문에 교육적으로 필요로 하는 것을 학교에 구입해 주지 못하는 것이다. 또 하나 안타까운 점은 아이들 스스로가 학교에서 열심히 해서 무언가를 반드시 얻어가야겠다는 의식 자체도 부족한 것 같다.

(11) 이성철 교장

① 주요 이력

처음부터 교직을 평생 할 생각은 없었다. 공부를 하고 싶었기 때문에 돈을 좀 모아서 대학원을 가야겠다는 생각을 했다. 그런데 학생들하고 생활하다 보니까 처음의 뜻이 바뀌게 되었다. 교직을 시작하기 전 국어과 선배로부터 교과공부가 중요하다는 이야기를 듣고 발령 받기 전 2월, 한 달 동안 집에서 참고서, 문법, 국문학사 등에 대해서 공부를 했다. 그것이 교과지도에 도움이 많이 되었다. 첫해에는 1학년을 가르치고 둘째 해에는 2학년을 가르치고 세 번째 해에는 2학년과 3학년을 걸쳐서 가르치고 그다음에 3학년을 가르쳤다. 그렇게 시작해서 17년을 줄곧 담임을 했었는데, 그 가운데에 3학년 담임만, 그 가운데에 3학년 부장을 11년 차 되던 해에 했다.

② 관리직으로 승진을 생각(준비)하게 된 배경

교무부장을 하던 중 갑자기 또 교감선생님이 그만두는 바람에 교무부장을 하면서 교감직무대리를 하다가 2002년 6월 20일부터 교감이 되었다. 그래서 2002년부터 하다가 2005년 8월 30일자로 전임 교장선생님이 그만두시는 바람에 교장연수를 안 받으면 자격이 없으니까 교장직무대리를 한 1년 정도 하다가 올해, 2006년 8월 8일 연수가 끝나고 자격증이 나와서 8월 9일자로 직무대리를 그만두고 교장에 부임했다.

③ 학교장의 주요 역할과 책임 및 교장의 전문적 자질

첫 번째로 인화가 안 되면 아무것도 안 된다고 생각한다. 또한 인화만 가지고는 안 된다. 무조건 좋은 게 좋은 것은 아니기 때문이다. 어떤 선에서 원칙은 세워진 상태에서 이것은 지키고 이 부분은 좀 풀어 줄 수 있으면서 같이 화합을 할 수 있게끔 해야 한다. 그래서 교감 마지막 해에 선생님들로 하여금 인화를 하기 위한 방안으로 동호인 그룹을 많이 만들고 얼마 안 되는 돈이지만 지원을 했다. 그런 부분들을 통해서 인화가 되게 하고 그리고 중요한 것은 교장은 많이 알아야 한다. 젊으니까 잘 모르겠는데 지내오면서 보니까 아는 만큼 보이는 것이기에 많이 알아야 된다고 생각한다. 그리고 그것을 전부 적용시키는 것이 아니고 많이 알고 그리고 눈에 보이는 것들을 정리해서 그것을 학교가 처해 있는 상황과 앞으로 몇십 년 뒤에 어떤 방향으로 교육이 나아갈 것이란 것에 비전을 맞춰 놓고 정리를 해서 그것을 중장기발전계획으로 세우는 것이 필요하다고 생각했다. 직무대리를 처음 하였을 때 2005년도 2학기에 설문을 하였는데 그것하고 내가 알고 있는 부분과 매치시켜 대충 짜고 철학적으로 해석하여 중장기발전계획을 시작했다. 그 속의 비전을 제시하였다. 여러 가지 경우의 수를 맞추고 전문성과 교장의 안목, 환경을 합쳐서 제시를 하였다.

사명감이라든가 책임감 같은 것은 기본이 되어 있어야 한다. 우선 학교생활의 경우 교과지도와 생활지도, 그리고 사무행정이 중요하다고 볼 수 있다. 교장으로서도 장학하는 방법도 여러 가지가 있겠지만 각 교과를 전문적으로, 이론적으로 알지는 못해도 그 수업이 과연 제대로 되고 있는가 하는 정도에 대해서는 파악을 해야 한다. 교장 연수 시간수업에도 교과에 대한 부분이 있다. 교과에 대한 부분을 꽤 많이 했다. 구체적인 예로 교수방법이 있다. 본인이 적용한 것은 시범실험이었다. 그래서 교감할 때 교과연구팀에게 한번 해 보자고 제안하였더니 좋다고 하여 요청장학이라는 것을 했다. 요청장학이란 것이 뭔가를 잘못했을 때 한다고 인식하기가 쉬운데 그렇지 않다고 생각한다. 아는 장학사 중 과학과와 중등교육과의 다른 한 명을 불러서 요청장학을 하였다. 이렇듯이 적어도 이런 부분이라도 접한 부분이 있다면 접근방법에 대해서 조언을 해 주고 그 부분에서 성과를 낼 수 있도록 도와줄 수 있다면 그것이 전문성이 아닌가 생각한다.

④ 교장이 되기 이전의 공식적 · 비공식적인 교육이나 경험의 영향

전공이 국어라서 대학 입시를 위해서 예전부터 시켜 온 독서교육과 논술지도를 연결시키는 데 전문성을 가지고 추진했다. 독서논술지도팀과 진학정보팀 두 개를 만들어서 각각의 인원을 팀장 한 명과 팀원 3명으로 4명으로 해서 체계적으로 학생들을 지도해서 결과도 괜찮게 나왔다.

⑤ 학교장 양성(준비)을 위한 지원 및 프로그램의 필요성

교장연수나 교감연수 그리고 최근에 공식적인 프로그램들이 받으면서 그러한 연수들이 괜찮다고 생각한다. 그리고 옛날에 연수는 연수로만 끝났는데, 요즘은 연수가 끝날 때 연수에 대한 평가를 한다. 강사평가도 하고 프로그램 평가도 하는데 그러한 평가를 통해서 교장연수를 할 수 있는 강사들의 인력풀이 형성되게 될 것이다. 그럼 중요한 것은 교장연수를 통해 가지고 무엇을 집중적으로 할 것이냐는 것인데 이는 교수나 교육행정가와 같은 전문가들의 생각을 모으면 괜찮을 것이다.

그리고 이번에 연수를 받을 때 내용이 별것 없는데 새로 강화된 부분은 교과지도였다. 올해는 회계직 연수가 좀 부족했다. 교감까지는 회계를 모르지만 교장이 되면 행정실까지 아울러야 하기 때문에 이쪽에서 큰 사람들은 회계나 경리연수가 부족하게 된다. 심화과정이 있었으면 좋겠다는 생각을 했다. 지금은 대충 우리 학교에 들어온 돈이 어떤 항목으로 들어오고 이것을 어떻게 집행해서 어떻게 나가고 확인하는 과정은 일계표를 가지고 한 달 뒤에 이쪽 통장과 맞춰 보면 된다는 것을 직무연수를 통해서 알았다. 실제로 봤을 때 그보다 더욱 중요한 것은 계약부터 다 해야 된다. 이것은 심화연수를 통해 더 했으면 좋겠다는 생각을 했다. 자기 연수시간이 180시간이 되는데 물론 교과지도도 상당히 중요하지만 서울시 교육청에서 교과를 강화시켜달라고 해서, 그렇게 하다 보면 빠지는 부분이 생기게 되는데 그 부분도 빠뜨려서는 안 된다. 그래서 자격연수 말고 직무연수를 통해서 들었는데 그것 가지고는 부족하다는 생각이 든다.

⑥ 교장직 수행상의 어려움과 제언

대부분 관계에서 어려움을 느낀다. 어느 집단이든지 주류세력이 있으면 비주류세력이 있는 것이고, 좌익이 있으면 우익이 있듯이 아무리 하나하나 다 보듬어 준다고 하지만 좀 더 요구하는 선생님들도 계신다. 어떤 부분에서 대부분은 긍정적인데 매사에 부정적으로 임하는 분들이 있다. 그런 분들이 5~6명 되는데 이분들을 어떻게 좀 긍정적인 부분으로 올 수 있게 하겠는가를 생각한다. 교과도 안 되고 업무처리도 안 되고 물론 한 개도 안 되니 그렇게 되는 것이겠지만 그분들이 교원평가가 법제화되기 전까지 같이 업그레이드가 될 수 있는 방법을 생각하고 있다. 스스로가 업그레이드할 수 있게끔 만들어 주는 것이 중요하다고 생각한다.

(12) 조기제 교장

① 주요 이력

교사가 되기 위해서 교대에 간 것이 아니고 대학에 가고 싶어 당시 어려웠던 가정형편을 생각해서 교대에 갔다. 초등교사로 교직을 시작했지만 한 번도 교직에서 성장을 해야겠다는 욕심이 없었다. 군대 복역 후 여러 가지 형편이 어려워 야간대학에 편입하여 경제학을 전공했다. 대학원도 경제학에서 회계학을 전공했다. 대학원 시간강사—세무회계학—도 오랫동안 했었고, 감정사 쪽 시험공부도 했었고, 보험-손해사정인도 공부했었다. 대학교수 임용에도 여러 번 응시했지만 실패했다. 그런 뒤 계속에 교직에 남을 것이라면 전공을 살릴 수 있도록 중등으로 옮기게 되었다. 중등에 있다가 또래의 교사들이 승진이 될 것 같고 본인만 뒤쳐진다는 생각에 서울로 오게 되었다.

② 관리직으로 승진을 생각(준비)하게 된 배경

교장, 교감이 되려고 마음먹었던 이유는 아무리 좋은 생각을 가지고 있어도 교사로 있으면 영향력이 학급 내에서만 미칠 수 있지만 교장이 되면 학교 전체에 자기 교육철학을 펼칠 수 있고, 교육감이 되면 마찬가지로 서울시 전체에 영향을 미칠 수 있다는 생각을 했기 때문이다.

③ 학교장의 주요 역할과 책임 및 교장의 전문적 자질

교장이 해야 할 일은 다른 것보다 교사가 가지고 있는 교육력을 잘 발휘할 수 있도록 분위기 조성을 해 주는 것이라 생각한다. 아주 잘못되거나 원칙에 어긋나는 게 없는 한 어찌되었건 자연스럽게 자기가 가지고 있는 교육력을 충분히 발휘할 수 있도록 해 주는 거라고 생각한다.

우선, 자기 직분에 대해서, 첫째, 충분한 전문지식이 있어야 한다. 선생님은 전공과목에 대한 아주 깊은 지식이 있어야 하고—대학교수만큼은 아니어도 누가 물어도 막히지 않는 지식—교장도 학교 개혁 측면이나 사무적 측면에서 선생님들보다 훨씬 더 알고 있어야 한다. 그 후에 사명감을 갖추어야 한다고 생각한다. 또 중·고등학교에서는 행정실과 선생님들 간에 굉장히 많은 갈등이 있다. 현재 선생님들이 하는 일들이 모두 예산과 관련이 있기 때문이다. 또 행정실 직원들은 대부분 고졸들이라 자격지심이 있다. 선생님들은 대학 나와서 사회적으로 대접받고 하니까 그런 것에 대한 무언의 것들이 표출된다. 따라서 일의 본질을 따져 실질적으로, 합리적으로 잘 설득하여 말해야 한다. 지식을 다 가지고 양쪽을 합리적으로 설득해야 한다.

④ 교장이 되기 이전의 공식적·비공식적인 교육이나 경험의 영향

요즘 학생 사고가 발생하면 옛날에 고등학교 생활부장을 했었던 게 많이 도움이 된다. 부장은 교무부, 학생부, 생활지도를 했는데 부장교사는 할 만하다고 생각한다. 나름대로 자기 소관업무만 하고 선생님들만 시키면 되기 때문이다. 하지만 교감은 굉장히 어려웠다. 첫째는 선생님들은 교감이 굉장한 해결력이 있을 것이라고 생각하는데 실제적으로는 아무 권한이 없다. 교감이 판단해서 합리적이라고 생각하여 교장에게 전달하는데, 굉장히 합리적이라고 생각을 한 것을 교장이 거부했을 때, 그것을 선생님들에게 그대로 교장이 거부했다고 전달할 수는 없다. 합리적으로 이유를 설명해야 하는데 굉장히 어렵다. 그런 경험을 살려서 교감선생님이 말씀하시면 들어주려고 한다. 그래야 조직이 살아나서 교장이 편하기 때문이다. 교감선생님이 와서 말을 하기 위해서는 많은 생각을 하셨겠지, 부득이 한 상황이겠지라고 생각한다. 대신 이러이러한 게 걱정이 되니 조심을 해 주셨으면 좋겠다고 한다. 교사 시절에는 열심히 했었다. 그래서 계속 매년 연수를 받았다. 전공과목이 경제라서 경제인들한테서 경제연합교사, 경제교사, 증권 연수 등을 많이 받아서 연구 점수도 좋아졌다.

⑤ 학교장 양성(준비)을 위한 지원 및 프로그램의 필요성

연수과정 중에서 서울시 교장연수 프로그램은 상당히 다양해지고 잘 만들어져 있다고 생각한다. 조금 비중을 높여 줄 것들은 현장에서 잘하고 있는 교장선생님의 사례집

같은 것들과 또 교장연수 때 열심히 듣는 위기대처 능력들이다.

지금까지 교육학 일변도이었는데, 이제는 경영학 일반론이 더 필요하다고 생각한다. 왜냐하면 교장도 사람을 다루는 것이기 때문이다. 경영학 이론이 필요하다고 생각한다. 특히, 학교도 어떻게 보면 경영인이므로 인사관리 측면이 필요하다. 그리고 사람 다스리는 기술을 좀 가르쳐야 되고, 특히 위기 대처 능력을 실질적으로 좀 가르쳐 줘야 한다고 생각한다. 이것은 일반사무처리 선생님들한테 필요하다. 교육부나 교육청에서 일반적인 지시문을 안 내려 주었으면 한다. 교장 자율권을 좀 주었으면 좋겠다.

(13) 천진수 교장

① 주요 이력

처음부터 교직을 생각했던 것은 아니었다. 사관학교를 지원했는데 불합격하고 들어간 곳이 교대였다. 2년제 교육대학교를 졸업했고 그다음에 방송통신대학교 초등교육과를 졸업을 했고, 그다음에 서울 모 대학교 교육대학원에서 교육방법을 전공해서 석사학위를 받았다. 교육방법을 전공할 당시에는 교육행정학과나 이런 게 굉장히 인기 높은 학과였다. 하지만 어차피 교직에 있으려면 교육방법을 좀 더 열심히 배워야 되겠다는 생각을 했다. 그중에도 교육과정, 학교 교육과정, 그리고 교수-학습, 방법, 교육공학 그런 쪽에 관심을 많아서 공부를 하였다. 교육대학원을 졸업하고 광주시의 초등학교에서 처음 교직생활을 시작하였다. 군대 복무 후 교대부속초등학교에서 근무를 하다가 쌀쌀한 분위기에 실망하여 한 달 만에 사표를 냈다. 그러고는 공무원 시험에 합격하여 근무를 잠시 했었는데 그때 교직이 얼마나 좋은지, 소중한지에 대해서 알게 되었다. 그래서 1979년에 서울시 교사 채용 시험에 응시해서 합격을 하고 다시 교사를 시작하게 되었다.

② 관리직으로 승진을 생각(준비)하게 된 배경

1989년에 전문직 시험제도가 생겨서 1991년에 장학사 시험에 합격하여 교육전문직으로 가게 되었다. 교육청에서 4년 반 정도 하고 초등학교 교감으로 승진되었고 2년 정도 교감을 하고 다시 장학사를 하고 2000년에 교장 발령이 나서 초등학교에서 근무했다. 초등학교에서 4년 근무한 뒤에 다시 장학관으로 교육청에 나와서 근무하다가 다시 교장으로 들어왔다. 그 이유는 교육행정에 욕심도 있었고 솔직히 교육장이라는 직위에도 욕심이 있었으나 요즘 교육의 현장은 개인의 전문성이나 영향력을 보기보다는 교육감 선거로 인한 메리트, 교육감 공을 많이 세운 사람들에게 지위를 나누어 주는 경향이 상당히 강하였다. 그래서 다시 학교로 와서 아이들을 위해 열심히 하는 것이 보람 있다고 생각했다.

③ 학교장의 주요 역할과 책임 및 교장의 전문적 자질

교사들이 좀 더 발전할 수 있는 자기 개발의 기회를 만들어 주는 것이 필요하다. 일반적으로 하는 전문성인데 그 전문성 속에는 확실한 자기 교육관이 필요하다. 교육을 왜 어떻게 해야 하는지 자기 나름대로 소신 있게 교육적인 확신을 갖고 있어야 한다. 그리고 그러기 위해서는 굉장히 전문적인 분야에 대해서 공부를 많이 해야 되는데 교장이 해야 할 일이 너무 많다. 회계 분야, 재무 분야에서부터 시설관리 분야(창문 고치고 수도 고치는 것까지, 컴퓨터를 설치하는 것)까지 다 알아야 한다. 그렇기 때문에 교장은 각 분야에 대해서 최소한의 상식이나 기본적인 규정 같은 것은 알아야 한다.

④ 교장이 되기 이전의 공식적·비공식적인 교육이나 경험의 영향

어려웠던 가정환경에서 자라면서 어떤 일을 맡았을 때 책임감이나, 참고 끝까지 해내려고 하는 의지를 기를 수 있었다. 군대 시절 월남전에 1년 참전을 했었다. 지금 학교생활하면서 어려움에 부딪쳤을 때 참전 상황과 비교하면 인내할 수 있는 힘이 생긴다.

행정직에 있었던 기간이 교직에 도움이 된 것은 교직 밖에서 교육을 바라볼 수 있는 기회가 생겼다는 것이다. 그래서 어떤 문제가 생겼을 때 교사의 입장에서도 생각을 하지만 학부모의 입장이나 다른 사회에서 어떻게 생각할 것인가 하는 조금 더 다양한 시각으로 교육을 바라볼 수 있게 되었다. 또 도움이 된 것은 교직이 다른 어떤 직업보다도 굉장히 소중한 직업이라는 것을 교직 밖에 있을 때 알게 되었다.

⑤ 학교장 양성(준비)을 위한 지원 및 프로그램의 필요성

연수가 도움이 안 된다고 생각한다. 그 이유는 교육 연수원에서 자기네들에게 필요한 입맛에 맞는 그런 프로그램 내용을 구성하고 강사를 구한다고 생각하기 때문이다. 직전연수와 현직연수 두 가지를 생각할 수밖에 없다. 직전연수는 시간이 한정되어 있고 내용이 거의 비슷비슷하기 때문에 건드릴 수 없고, 직전연수보다 현직연수를 의무화해야 한다고 생각한다. 1년, 2년, 4년 주기로 해서 현재 교장선생님들에게 제일 궁금하고 배우고 싶은 것에 대한 요구조사를 해서 그런 것들을 연수 프로그램에 직접 반영

하는 것이 필요하다. 또 현직연수를 의무화하여 모든 교장이 연수과정을 거쳐야 하고, 시험도 보게 해야 한다.

⑥ 교장직 수행상의 어려움과 제언

교장을 하면서 가장 어려운 일은 교사들을 관리하는 것이다. 우리나라 교육에서 가장 걸림돌은 교육 개혁을 아무리 부르짖어도 중요한 것은 교사들이 어떤 의식이나 생각을 바꿔 주지 않으면 안 된다는 생각이다. 그러기 위해서는 교사 양성 및 임용제도를 개선해야 한다. 예를 들면, 교사들도 계약제로 해야 된다고 생각한다. 계약제로 가게 되면 자기가 책임 있게 교직활동을 할 것이다. 원래 교사들의 교육공무원에 대한 신분 보장을 강조한 것은 안정감 있게 자기 소신대로 열심히 하라는 측면에서 그 제도를 마련했는데 지금에 와서는 너무 무사안일하게 되었다. 그래서 교육의 개혁 주체는 학부모가 되어야 한다고 생각한다. 학부모들은 교육의 수혜자이기 때문이다. 수혜자인 학부모나 국민들이 옳은 방향으로 끌고 그걸 설득하고 교사나 위정자에게 압력을 가할 수 있어야 한다.

3) 종합

(1) 교장이 된 경로 및 교장직 경력 발달 유형

우리나라에서 학교장이 되는 것은 매우 어렵다. 경쟁이 치열하고 과정도 복잡하기 때문이다(김이경 외, 2006: 241). 이러한 '치열하고 복잡한' 학교장이 되는 과정을 구성하는 경력 경험은 일반교사, 부장교사, 교육전문직(장학사 · 연구사, 장학관 · 연구관), 교감 등으로 구분된다. 김이경 외(2006)의 연구에서는 학교장이 되는 경로 유형을 세분하여 네 가지(I~IV)로 제시하고 있으나 이러한 경로 구분의 핵심은 교육전문직 경력을 거치는가의 여부, 언제 전문직을 경험하는가에 있다. 김이경 외(2006)가 제시한 경력 경로에서 교감 이후 교육전문직을 거쳐 교장이 되는 경로를 추가하면 우리나라에서 교장이 되는 경로는 다음의 다섯 유형으로 세분할 수 있다.

- 유형 I 교사 → 부장교사 → 교감 → 교장
- 유형 II 교사 → 부장교사 → 교육전문직 → 교장
- 유형 III 교사 → 부장교사 → 교육전문직 → 교감 → 교장

- 유형 Ⅳ 교사 → 부장교사 → 교감 → 교육전문직 → 교장
- 유형 Ⅴ 교사 → 부장교사 → 교육전문직 → 교감 → 교육전문직 → 교장

또한 이 연구의 면담조사에서는 전문직 출신, 현장 출신이라는 경력 경로 외에도 부속 초·중등학교 출신인가도 중요한 경력 경로로 이해되고 있는 것으로 나타났다. 이는 부속학교는 국립학교로서 교사 전보 방식, 임명권자 등에 있어 공립학교와 차별화될 뿐 아니라 무엇보다 시·도 교육청과 별도로 교감 자격연수 대상자 정원 관리가 이루어지고 있다는 점에서 교장이 되는 별도의 교장 경력 과정으로 이해된다. 이렇게 볼 때, 교장이 되는 경력 유형은 전문직 출신, 부설(학교) 출신, 현장 출신 등 세 유형으로 구분되는 것으로 볼 수 있다. 이 연구의 면담조사에 참여한 학교장별로 교장이 된 경로와 경력 유형을 정리해 보면 〈표 13-2〉와 같다.

◆ 표 13-2 ◆ 교장의 지도성 발달 경로

구분	교장이 된 경로	경력 유형		
		현장	전문직	부설
권기현	(Ⅰ) 교사 → 부장교사 → 교감 → 교장	○		○
권성희	(Ⅰ) 교사 → 부장교사 → 교감 → 교장	○		
김병식	(Ⅰ) 교사 → 부장교사 → 교감 → 교장	○		
김주영	(Ⅲ) 교사 → 부장교사 → 교육전문직 → 교감 → 교장		○	
김치율	(Ⅰ) 교사 → 부장교사 → 교감 → 교장	○		○
박현철	(Ⅴ) 교사 → 부장교사 → 교육전문직 → 교감 → 교육전문직 → 교장		○	○
심상열	(Ⅰ) 교사 → 부장교사 → 교감 → 교장	○		
유재성	(Ⅲ) 교사 → 부장교사 → 교육전문직 → 교감 → 교장		○	
윤철경	(Ⅲ) 교사 → 부장교사 → 교육전문직 → 교감 → 교장(초빙 교장)		○	
이현숙	(Ⅲ) 교사 → 부장교사 → 교육전문직 → 교감 → 교장		○	
이성철	(Ⅰ) 교사 → 부장교사 → 교감 → 교장	○		
조기제	(Ⅰ) 교사(초등) → 교사(중등) → 부장교사 → 교감 → 교장	○		
천진수	(Ⅲ) 교사 → 일반직 공무원 → 교사 → 부장교사 → 교육전문직 → 교감 → 교장		○	

(2) 전문직 출신과 현장 출신(부설학교 포함) 교장의 특성 비교

우리나라에서 초·중등학교 교장이 되는 경력 유형은 크게 전문직, 부설학교, 현장 출신 등 세 유형으로 구분할 수 있다. 현장 교원들은 경험적으로 교장의 경력 유형별 교장의 지도성 발달 및 교장의 지도성 특성에 차이가 있다고 하나 이를 명확하게 구분하기는 어렵다. 다만 면담 대상자 선정을 위한 전문가협의회나 면담조사 시 일부 교장(예를 들어, 조기제 교장)은 교장 경력 경로(유형)별로 교장의 지도성 성향에 다소 차이가 있음을 언급하였다. 이러한 성향 차이는 경험적으로 검증하기는 어렵지만 학교 현장에서 보편적으로 인식되고 있는 것으로 지적되었다.

> 실제로 초등학교 현장에서는 그 교장, 부속초 출신이다. 전문직 출신이다. 현장 출신이다 이렇게 분류를 해서 특성들을 말하곤 합니다. 전문직은 대체로 대외적인 시야는 넓으나 까다롭고 권위적이며, 부속 출신은 실력자이며 깔끔하지만 인간적인 부분이 약하다, 현장 출신은 일선학교가 돌아가는 상황은 상세히 잘 알고 있지만 보수적이고 관행적이다 등과 같은…… (전문가협의회)

> 우리 같은 사람(현장 출신-연구자 주)이 간다고 하면 선생님들은 일단 좋게 생각합니다. 전문직에 있던 게 아니라 일선에 오래 있어서 그럼 우리의 마음을 더 잘 알아 주겠네? 하고 생각하죠. 또 전문직에 오래 있었다고 하면 되게 깐깐하겠구나 생각하죠. 아무래도 교육청에 오래 있다 보면, 대개 관료 집단사회 있어서 몸이 오래 박혀 있으면 학교에 와서도 그러지 않을까? 하죠. (조기제 교장)

또한 이 연구에 참여한 교장들은 교장이 되는 경력 경로에서 전문직 출신과 현장 출신의 장단점을 지적하고 있다. 경력 유형별 장단점에 대한 인식은 교장의 경력 유형에 관계없이 공통적으로 지적된 내용들이다. 먼저 전문직 출신의 장점은 대체로 다방면에서 넓게 볼 수 있는 시야를 갖추게 되는 것(이현숙 교장, 유재성 교장), 인간관계가 넓어지는 점(유재성 교장), 업무 파악 능력(김병식 교장, 천진수 교장) 등을 들 수 있다.

> 전문직에 있다 보면 사람을 넓게 알게 되는 이점이 있습니다. 교육청에 있는 사람들을 관여하다 보니까, 그런 일에 종사하다 보면 교육청하고도 관계를 갖게 되고, 제가 그 일을 할 때 검토교사로 들어왔던 사람 중에 뒤이어서 전문직이 되고 교감이 되고 이런 사람들이 많습니다. 그래서 직간접적으로 한 다리만 건너면 아는 사람이 많은 겁니다. …… 교육청 전체 교사를 상대하거나, 전국적으로, 경우에 있어서는 지방에 있는 장학사들도

만나게 되니까, 그런 점에서 많은 도움이 되는 것 같습니다. …… 전문직을 경험하고, 교육부에서도 있어 보면, 교사 아닌 사람들이 학교를 어떻게 보는지를 뼈저리게 느끼고 옵니다. …… 그런데 학교에서 있었던 분들은 그것을 모릅니다. 교사가 제일 옳은 것으로, 항상 옳은 일을 하고 있다고 생각합니다. 그런데 밖에서 보면 그것이 아닙니다. …… 제 생각에는 시야가 많이 넓어졌다고 생각합니다. 학교를 밖에서 봐 왔기 때문에. (유재성 교장)

저 같은 경우에는 전문직 과정을 통해 폭넓게 볼 수 있는 안목이 생긴 것 같습니다. …… 시간이 지나면서 정책을 수립하는 방향에서부터 잘못된 점을 비판하는 능력까지 큰 눈으로 볼 수 있는 능력을 가질 수 있게 되니까 필요한 과정인 것 같다는 생각을 했습니다. (이현숙 교장)

전문직에 있는 분들은 많은 정보를 가져오고, 또 항상 새로운 시책이나 이런 걸 접하다 보니까 새로운 방향이랄까 이런 것을 현직에만 있던 사람들보다는 조금 더 멀리 볼 수 있죠. 예를 들어, 교육청에서 일하다 보면 신년 업무 계획을 짠다든가 할 때 그것과 관련된 걸 하니까 그게 쫙 들어 있잖아요. …… 그분들은 교육청에서 그런 것을 하니까 좀 더 높은 데서 멀리까지 바라볼 수 있겠죠. (김병식 교장)

반면 전문직의 단점은 과도한 업무 부담, 학교현장에 대한 감이 떨어지는 점(유재성 교장)이 있으며, 무엇보다 현직 교사들이 전문직 출신 교장에 대해 다소 부정적 인식을 가지고 있는 것 등을 들 수 있다.

현장에 있는 선생님들은 전문직 시험을 본다고 하면 좀 뭐라고 할까 싫다고 할 수도 있어요. 왜냐하면 모든 것을 원칙적으로 하면서 뭔가 이끌어 나가려고 목표를 정하고 그러니까 현직에 있는 분들이 싫어한다고 들리긴 하더라고요. (김주영 교장)

보통 선생님들이 전문직 교장이나 교감이 온다고 하면 다 긴장부터 하고 …… 저 같은 경우는 그것이(전문직 출신이라는 것이-연구자 주) 반대 사유(초빙 교장 임용 심사과정에서-연구자 주) 중에 하나가 됐었습니다. 너무 많이 아는 것인지, 아는 척하고 잘난 척하는 것인지, 권위적이고 강압적이고 일을 만드는 스타일이다 해서 싫어하는 것입니다. (윤철경 교장)

전문직 출신에 대해서는 사실 현장교사들이 반감이 있습니다. …… 저 사람은 쉬운 길을 갔다고 생각하는 겁니다. 나이도 젊지 않습니까. …… 다른 사람보다 젊고 그러니까 저 사람은 특혜를 받은 사람이다 이런 인식들이 있습니다. 일반적으로. 막연한 반감이 있습니다. (유재성 교장)

한편 전문직을 거치지 않은 일반교사에서 교감을 거쳐 교장이 되는 '현장 출신'의 장단점에 대해 김병식 교장(현장 출신)은 이를 간명하게 잘 지적하고 있다. 전문직 경험을 거친 유재성 교장이나 이현숙 교장도 현장 출신의 장단점을 유사하게 지적하고 있다.

현장의 상황이나, 선생님들의 기본적인 사고랄까 이것들과 늘 같이 있었기 때문에 자세히 알 수 있다는 장점이 있죠. 그러나 뒤집으면 거기에 타성이 생길 수 있다는 게 단점이죠. (김병식 교장)

현직 교사는 아무래도 좀 한계가 있습니다. 제가 볼 때 그분들을 무시하는 게 아니라 학교 안에서만 있다 보니까 시야가 좁아지게 되는 거지요. 물론 연수하는 과정이 있긴 하지만…… (이현숙 교장)

학교에서만 생활을 한 분들의 장점은 뭐냐 하면, 교사들의 심리를 잘 알고 다룰 수 있다는 것입니다. 많이 부딪쳐 봤기 때문에. (유재성 교장)

양쪽 경험이 다 있으면 참 좋죠. 또 있어야 하고요. 우리 선생님들이 볼 때는 내가 안 되는 건 전문직을 안 거치면 교육청에 인맥이 없잖아요. 우리 선생님들 어려운 부탁을 직접 들어주기가 참…… 공식적인 것이야 들어주겠지만 플러스알파가 없잖아요. 그걸 표현은 안 하지만 선생님들이 답답하게 생각하죠. 저는 또 학교만 보지 교육 전체를 못 보는 우를 범할 수도 있고. (조기제 교장)

그러나 한편으로 일부 교장(김주영, 권성희 교장)은 교장의 출신(전문직인가 현장 출신인가)은 기본적으로 큰 차이가 없으며, 오히려 그 교장이 얼마나 다양한 경험과 사고를 하고 있는가가 교장의 지도성 발달에 더 중요한 것임을 지적하고 있다.

그건 사람에 따라 다릅니다. 그런데 전문직의 경우 업무에 치우치는 경우가 많습니다. 또 교사들과 많이 부딪쳐 온 사람들은 인간관계에 치우칩니다. 그런 점에서 차이가 있죠.

각각의 장단점이 다 있기 때문에 어느 하나가 좋다고 말할 수는 없을 것 같습니다.…… 전문직이든 현직교사로서 출발했든 가장 중요한 것은 개인의 성향입니다. 어떤 인간관을 가지고 있고 어떤 사고를 가진 사람인지가 중요한 거지 전문직 출신, 일반직 출신 이런 것은 중요하지 않습니다. (권성희 교장)

4. 우리나라 교장의 지도성 발달 특성

이 절에서는 초·중등학교 교장 13명에 대한 심층 면담조사 결과를 토대로 우리나라 교장의 지도성 발달 특성을 분석하였다. 교장의 지도성 발달 과정을 이해하기 위해서는 교직 입문 이후 교장직을 선택(준비)하기까지의 과정과 배경을 이해할 필요가 있다. 이에 따라 이 연구에서는 현직 교장들의 교직 선택 동기에서부터 교장직 경력을 선택하기까지의 과정을 중심으로 교장의 지도성 발달 과정의 특성을 분석하였다.

1) 교직 입문 동기: 차선의 선택, 교직의 가치와 의미의 재발견

이 연구에 참여한 교장의 교직 입문 동기 등 교직 선택 배경은 대체로 가정환경에 의한 것이었다. 즉, 이 연구에 참여한 교장의 교직 입문 동기를 살펴보면, 13명의 교사 중 3인(권성희 교장, 심상열 교장, 유재성 교장)을 제외한 대부분은 가정의 경제적 여건이 좋지 않아 대학 학비가 저렴하고 졸업 후 취업 전망이 좋은 사범대학이나 교육대학 진학을 선택하였다. 이들 교장은 대부분 교직에서 성장하겠다거나 교직을 평생 동안 할 생각을 처음부터 가지고 교직에 입문한 것은 아니었으며, 다른 직업을 갖기 전 중간 과정에 거치는 직업으로 출발하였다. 그러나 교직에 있는 동안 교수방법이나 교과 전문성을 인정받거나 가르치는 일에 새로운 가치를 발견함으로써(김치율, 박현철, 윤철경 교장 등) 교직에서 적성을 찾게 되었다.

한편 조기제 교장이나 천진수 교장은 교직 이외 다른 경력을 거치면서 오랫동안 방황 과정을 겪기도 하였다. 특히, 조기제 교장은 교대 출신으로 초등교사로 시작하였으나 갈등과 방황을 겪으면서 중등교사로, 그리고 대도시로 근무지를 옮기는 등 큰 변화를 경험하였다. 천진수 교장도 학교급을 바꾸지는 않았으나 여러 직업 경력을 거치면서 출신 지역에서 대도시로 근무지를 옮기면서 심기일전으로 교직을 새롭게 시작한 사례라 할 수 있다. 이들 두 교장은 교직 초기에서는 교직 적응에 어려움을 겪었으나 이후 교직에서 새로운 의미를 발견한 사례라 할 수 있다.

한편 사립사대 출신인 권성희 교장은 엄격한 교사 출신인 어머니의 철저한 성격에 대한 반감으로 교직을 싫어하였으나 교직 발령을 받으면서 교직에 대한 새로운 인식을 갖게 된 사례였다. 권기현 교장이나 심상열 교장은 농촌 출신으로 교직을 선호하는 가정의 문화 배경에 따라 교직을 선택한 경우였으며 심상열 교장은 모교에서 교직을 시작함으로써 초기 교직 입문 과정이 안정적으로 이루어진 사례다. 반면 유재성 교장은 다른 교장에 비해 자신의 적성을 고려하여 교직을 선택한 사례로 볼 수 있다. 그는 기업체 들어가서 생존경쟁을 하거나 다른 사람과 경쟁이나 다투는 것 등이 맞지 않고 불안하다고 느낌에 따라 사명감은 아니지만 가르치는 일이 적성에 맞겠다는 자신과 부모님의 판단 등으로 교직을 선택하였다.

이상에서 본 면담조사에 참여한 교장들은 처음부터 학교장직을 생각하고 교직에 입문한 경우는 없었으며, 교직 입문 동기도 교직에 대한 헌신이나 사명감 등 내재적 동기보다 가정환경, 다른 직업, 전공 공부에 대한 차선책으로 선택한 것이었다. 그러나 이후 교직에서 새로운 가치와 의미를 발견함으로써 교장으로서 경력 발달을 한 것으로 볼 수 있다.

2) 교장 경력 선택의 배경

이 연구에 참여한 대부분의 교장들은 교직 입문 과정에서부터 교직에 대한 관심이 크지 않았기 때문에 교장이 되려는 생각을 처음부터 가지고 교직을 시작하는 경우는 거의 없었다. 교직에서 일정한 시간이 지남에 따라 교장으로서의 승진을 생각하게 되었는데 그 배경은 크게 네 가지로 구분할 수 있다.

(1) 학급을 넘어선 교육 이상의 실현

이 연구에 참여한 교장의 교장직에 관심을 가지게 된 계기 중 하나는 학급의 경계를 넘어서 자신의 교육철학과 이념을 실현하고자 하는 동기다. 교직 경력이 쌓임에 따라 학교 전반의 변화나 이상적인 교육철학을 실현하기 위해서는 평교사로는 한계가 있다는 인식에서 교장직에 관심을 두게 된 것이다. 이러한 예는 윤철경 교장의 사례에서 잘 확인할 수 있다.

나이가 드니까 교육철학이라고까지 할 수는 없지만 교육에 대한 생각을 펼치려면 내가 어느 정도 지위에 올라야지만 그게 가능하겠다는 생각이 들었습니다. 어떻게 보면 교육계의 뼈아픈 소리인데, 평교사를 하면서 제가 한계를 느낀 것이 있습니다. 그래서 승진을 해야겠다는 생각을 하게 되고…… 제가 젊은 교사 시절에, 아이들과 뭔가 변화를 만들려고 하면…… 학년 주임이 부르십니다. 불러서 맞추라고 하십니다. 결국은 하향 평준화하자는 것입니다. 그래서 평교사로 있으면 내가 영원히 이 소리를 들으면서 살겠구나, 또 나중에 부장을 하다 보니까 다른 부장들도 마찬가지더란 말입니다. 그래도 내가 일정한 지위를 가져야 내가 생각하는 것을 선생님들과 협의해 가면서 펼칠 수 있지 않을까 하는 생각이 들었습니다. (윤철경 교장)

이와 유사하게 조기제 교장도 교장이 되려는 생각을 갖게 된 계기가 학급을 넘어서 학교 전체에 자신의 교육철학을 펼칠 수 있기 때문이라고 지적한다.

교장, 교감이 왜 되어야 하나 하는 이유는 이겁니다. 내가 아무리 좋은 생각을 가지고 있어도 교사로 있으면 내가 들어가는 학급밖에는 영향을 미칠 수 없습니다. 그러나 교장이 되면 학교 전체에 자기 교육철학을 펼 수 있습니다. …… 자리가 좋다. 이런 것은 아니다. …… 하여간 교장, 교감 자리보다 내가 할 수 있는 꿈을 펼칠 수 있는 소신, 특별하진 않지만 이런 소신을 펼칠 수 있다고 생각했습니다. (조기제 교장)

(2) 교장(교감)의 권유와 끌어당김

일반교사들이 교장 경로에 관심을 갖게 되는 또 다른 배경은 같은 학교에 근무했거나 대학 동문인 교감, 교장 등 학교관리자들의 적극적인 지원이다. 교감, 교장의 권유로 적극적으로 연구활동을 하거나 전문직 시험에 응시하게 됨으로써 교장으로서의 경력 개발에 관심을 갖게 된다. 유재성 교장, 김주영 교장, 이현숙 교장 등 전문직 경험을 거친 교장들에게서 이러한 경향을 발견할 수 있다.

○○여고에 근무할 때, 교장, 교감선생님들이 다 전문직을 거쳐서 일찍 교장, 교감이 된 분들이었습니다. 그분들이 자꾸 젊은 사람이 포부를 가지고 전문직에 들어가야 승진을 할 것 아니냐, 자꾸 권해가지고, 못 이겨서 가서 시험을 쳤습니다. 그런데 운 좋게, 요즘 같이 치열하지 않은 상황에서 우연히 가게 되었습니다. (유재성 교장)

교장이 추천하는 전문직 시험에 합격하면 교감, 교장이 되는 가장 확실하고 빠른 길로 인식되는데 이는 본 면담조사에서도 확인할 수 있다. 박현철 교장은 전문직이 되면 교장, 교감이 될 거라고 알 수밖에 없고, 이는 모든 사람이 다 그렇다고 말한다. 또한 윤철경 교장은 늦게 교직을 시작했기 때문에 교장이 되기 위해서 전문직에 들어간 사례다. 한편 현장 출신인 권성희 교장은 자신을 이끌어 주는 교장이나 주요 역할 모델이 없었다는 아쉬움으로 인해 교장이 되어서는 업무나 성품 면에서 학교행정가, 지도자로서 재능 있는 교사들에게 전문직 시험을 권유하거나 다양한 경력을 개발하도록 적극적으로 지원 및 권고하는 모습을 보이기도 한다.

(3) 동료교사의 인정과 자극

권유하고 끌어 주는 학교행정가가 없더라도 주변에서 능력을 인정하고 자극을 줌으로써 교장직 승진에 관심을 갖게 되는 계기가 되기도 한다. 이는 교직에 있으면서 특정한 역할 모델 교사를 만나는 것은 아니지만 개인의 능력이나 인품을 통해 주위 동료교사들로부터 권유와 인정을 받거나 동년배 교사가 승진을 준비하는 것을 보며 자극을 받는 것이 주요한 계기가 되는 유형이라 할 수 있다.

주변에서 후배들이 교장선생님이 될 자질을 그렇게 갖춰 놓고도 왜 하지 않느냐고 하는 겁니다. 그래서 저는 나 같은 사람이 잘못 교장이 되어서 남의 학교 망치면 큰일 난다고 그래도 무슨 소리하시느냐고, 부장님 같은 분이 하셔야 한다고 그렇게 말하는 후배들이 좀 많았습니다. (권성희 교장)

전 처음에 아이들 만나 지도하면서, 교장이나 교감이 되는 것은 제가 아이들을 열심히 지도하다 보면 때가 되면 되려니 했고 …… 그러다가 계기가 된 것은 …… 여선생님 한 분이 왜 주임선생님은 개인 연구 안 하시냐고, 자기가 아는 사람들은 승진하려고 막 열심히 하는데 왜 학교 일에만 매달리시냐고 학교 일은 다 돌아가는 건데 왜 그러시냐고 충고를 해 줬습니다. …… 그 후 …… 다른 학교로 갔는데, …… 비슷한 연령대의 친구들에게 연락해 보면 승진에 대해 관심을 갖고 준비를 하고 그래서 저도 승진제도에 대해 유심히 관심을 갖고 봤습니다. 그 전에는 그저 열심히 하면 될 것이라 생각했고. (김병식 교장)

대체로 전문직을 거치지 않은 교사들은 김병식 교장의 예에서와 같이 '교장이나 교감이 되는 것은 아이들을 열심히 지도하다 보면 때가 되면 되려니' 하는 막연한 기대나 자신감을 갖고 있다. 그러다 주변 동료교사가 승진에 관심을 기울이면서 자신도 승진을 위한 준비를 하게 된다. 본 면담조사에서 이 유형에 해당되는 사례로는 김병식, 심상열 교장을 들 수 있다. 이들은 전문직을 거치지 않은 현장 출신 교장의 전형적인 사례라 할 수 있다.

(4) 평교사로서의 부담과 후배 교사 눈치 보기

교사들은 나이가 들어서 자신이 어떤 모습일 것인가, 이것이 주변에 어떤 영향을 줄 것인가에 대해 고민을 하게 되고, 그러한 부담감으로 인해 승진을 생각하게 된다. 즉, 자신보다 젊은 교감, 교장이 올 경우에 갖게 될 부담감, 주변의 눈치, 나이가 많은 교사를 배려해 주는 교직의 관행, 그럼에도 그러한 배려가 점차 동료교사에게 부담으로 작용할 것에 대한 부담감 등을 생각하게 되면서 승진에 관심을 두게 된다. 이는 특히 권성희 교장에게서 잘 드러난다.

> 그러던 차에 그런 일(관리자와의 갈등-연구자 주)이 생기니까 저도 좋다, 내가 한번 해 보겠다, 이런 생각이 들었습니다. 그래서 거대한 꿈을 가지고 된 것은 아니었던 겁니다. …… 순전히 우연은 아니고 평소에는 교장, 교감선생님이라면 어떤 점을 지녀야 한다고 충분히 알고 있고 생각하고는 있었지만 나이가 드니까 거추장스러워지더라고요. 이동을 하려고 보니까, 제가 부장교사인데 교감, 교장선생님이 저보다 나이가 어린 사람이 오면 그런 것들도 염려가 되더라고요. 그때도 나이가 드니까 다른 선생님들에게 부담을 주는 부분이 많더라고요. 예를 들어, 시간표를 짤 때도 요즘 젊은 선생님들은 양보를 하지 않습니다. …… 아무것도 안 하는 선생님의 경우에는 담임도 하지 않으니까 시간을 많이 해야 한다는 겁니다. 그런데 그 선생님께서는 또 내가 나이도 많고, 이만큼 했는데 왜 이렇게 많이 해야 하느냐, 하는 것들이 참 보기 싫더라고요. 그래서 나이 드는 것도 다른 선생님들께 부담을 주는 일이구나 하고 여기게 되었고요. …… 한번 해 봐야겠구나 하고 생각하게 되었습니다.

이상에서 이 연구에 참여한 교장의 교장직 경력 선택은 자신의 교육이상 실현이나 주요 역할 모델 또는 선후배 교사의 격려, 교직 경력 발달에 따른 부담감 등에 의한 것으로, 교직 입문 동기와 교장직 경력 선택 배경과는 별 관련이 없는 것으로 나타났다. 이는 교장으로서 지도성 발달은 교직 입문 단계의 교직 사명감, 헌신 등 교직 태도, 교직에 대한 적성·인성보다는 이후 교직 경력 발달 과정에서 어떤 경험을 하는가? 특히 어떤 선후배 교사, 역할 모델을 만나 어떤 자극을 받는가? 교장 스스로 어떤 교육관, 교직관 등 교육철학을 형성하고 이를 실현하려는 의지와 동기를 갖는가? 등이 중요하게 작용하는 것으로 볼 수 있다.

3) 주요 경력별 교장의 지도성 발달 특성

교장이 되기 전에 경험한 다양한 공식 · 비공식 경력과 과정은 교장으로서의 정체성과 지도성 개발에 영향을 미치게 된다. 교장의 지도성 발달 과정의 주요 특성을 교장 이전의 경력 단계별로 정리하면 다음과 같다.

(1) 부장교사: 학급을 넘어선 행정, 관리 경험의 발달

부장교사는 학교에서 다양한 행정 업무를 수행한다. 이를 통해서 학급 경영과 사무를 넘어서는 학교 행정 업무의 주요 내용과 절차를 경험하게 된다. 특히, 전문직 경력을 거치지 않은 소위 현장 출신 교장들은 교감으로 승진하기 전에 다양한 부장교사 업무를 경험하게 되며 이 중 교무, 연구, 학생부가 핵심 부서로 이해된다. 현장 출신인 권성희 교장, 김병식 교장 등은 다양한 부장교사 업무를 수행하였으며 이는 교감, 교장으로서의 직무수행에 많은 영향을 미친 것으로 언급하였다. 전문직 출신인 유재성 교장도 교무부나 연구부 등은 교장으로서의 지도성 개발에 중요한 과정이라고 지적하였다.

또한 부장교사 경험은 특히 학교 내 여러 부서의 업무를 총괄하는 교감 시절의 직무수행 시에 큰 도움이 되었음을 알 수 있다. 과거와 유사한 문제가 발생했을 경우나 부장교사들이 담당하는 업무를 정확하게 파악하고 있어야 적절한 대응과 지휘가 가능하기 때문이다. 특히, 김병식 교장은 부장교사로서의 경험이 큰 연수가 되었으며, 부장교사로 업무를 처리하면서 늘 '교장이라면, 교감이라면 이 문제를 어떻게 풀어야 될까?'라는 생각으로 업무처리를 하고 주인의식을 가졌다는 개인적인 성향도 중요하게 작용한 것으로 지적하였다.

> 부장교사를 16년 하면서 체육부장 1년, 학년부장 1년, 환경부장 1년, 교무부장 1년을 제외한 나머지는 연구부장을 했다. 부장을 하면서 업무파악과 주변 선생님들과의 관계에도 많은 도움이 되었고, 연구부장을 하면서 교무부장과 함께 일하게 되어 간접경험이 전체적인 업무파악에 많은 도움이 되었다. (김병식 교장)

부장교사 경력은 우리나라의 모든 교장이 경험하는 것으로서 교장에 따라 짧게는 3년에서 10년 이상이 된다. 이러한 부장교사 경험은 담당 업무에 따라 교무, 연구, 학생 등으로 구분되며, 이들 세 가지는 특히 학교 행정 업무에서 핵심 내용을 구성한다. 이 점에서 부장교사는 관리자, 행정가로서의 교사로 규정할 수 있으며, 이는 교장의 지도성 발달의 출발점이 된다고 볼 수 있다. 본 면담조사에서도 일부 교장은(예를 들어, 권성희 교장, 윤철경 교장 등) 가능성이 있는 교사, 괜찮다 싶은 재목, 발전지향적인 교사가 있을 경우 이들이 전문직으로 진출할 수 있게 권유하거나 기타 전문성 개발을 촉진 및 지원하고 있다. 따라서 부장교사 경력은 교장으로서의 자질과 잠재력이 있는 교사들이 자신의 지도성을 개발할 수 있는 중요한 초기 경력 발달 과정으로 볼 수 있다.

그러나 한편으로 부장교사는 교감, 교장 등 학교행정가와 업무상 접할 기회가 더 많아지면서 갈등과 긴장을 경험하기도 한다. 즉, 부장교사는 학급의 경계를 넘어선 학교 업무를 처리하고 관리하는 법을 학습하는 좋은 기회가 되는 동시에 평교사보다 관리자와 더 많은 시간을 접하고 같이 업무를 수행하면서 갈등을 경험하게 되고 어려움을 겪기도 한다.

(2) 교감: 중간 지도자로서의 지도성 발달과 갈등

학교 내에서 중간 관리자로서 교감은 교장과 함께 학교의 지도자, 관리자, 행정가로 인식된다. 교감의 역할은 대체로 교장의 역할과 대비적으로 이해되며, 법률상으로는 교감의 권한이 명시되어 있지 않으나 실제 학교현장에서는 교감과 교장의 역할은 관례적으로 구분되고 있다. 본 면담조사에서도 교장들은 교감과 교장의 역할을 비교적 명료하게 구분하고 있었으며, 교감으로서의 경험은 교장의 지도성 발달과 교장 직무 수행에 긍정적인 영향을 주는 것으로 언급하였다(이현숙 교장, 김치율 교장, 권성희 교장).

그건 다르죠. 교장, 교감, 교사가 본질에서는 리더의 역할을 한다는 것에서는 같은데 대상이 다른 것이죠. 교장과 교감의 역할 범위가 다르죠. 교감이 교육과정의 운영 쪽의 일이라면 교장은 학교 전체를 운영하는 것이죠. 행정실과 교감선생님이 양 축에 있고 한 쪽은 가르치는 쪽이고 다른 쪽은 지원하는 쪽인데 양쪽을 다 해야 되니까 범위가 더 크고 책임도 더 크죠. 책임이 크니까 교감선생님보다는 부하가 많이 걸린다고 봐야죠. (김치율 교장)

교감은 아무래도 중간자적인 역할이라, 교장이 바르게 판단을 할 수 있도록 도와주고 보필하고 정보를 수집해 주는 것이고, 차이는 큽니다. 교장은 의견 수렴을 하고 나서 최

종적으로 결정을 내리니까, 역할의 차이는 큽니다. 여기가(교장이) 훨씬 외롭고 막중합니다. (윤철경 교장)

이러한 교감 경력은 교장의 역할과 지도성에 대한 자기 개념화, 정체성이 발달하는 단계로 볼 수 있다. 이는 교감은 교장을 가장 가까이에서 보고, 경험하는 관계에 있고, 역할 모델로서 교장으로부터 직간접적인 영향을 가장 많이 받는 위치에 있기 때문이다(윤철경 교장). 또한 교감은 교장 임용 직전 단계에 있기 때문에 교장이 된다면 등과 같은 가설적 상황을 자주 상정하기도 한다. (김병식 교장)

교감으로 4년을 보내면서 대단한 교장선생님 두 분을 모셨는데 그분들한테서 교장에 나가면 저것은 꼭 본받아서 해야겠다, 하지 말아야겠다는 것을 메모도 하고 기억도 해서, 나와서 배우지 말아야 되겠다고 생각한 것은 안 하려고 노력을 하고 있습니다. (윤철경 교장)

그러나 한편으로 학교에서 교감의 위치는 매우 모호하고 어려운 위치에 있어 갈등을 겪기도 한다. 교감 역할에 대해 유재성 교장은 "교감이라는 위치가 중간에 있기 때문에 밑에서 치받고 (위에서) 교장이 무시하면 힘들게 됩니다."라고 지적한다. 이러한 상황은 중간 관리자라서 샌드위치(심상열 교장)에 비유되기도 한다. 조기제 교장은 교사와 교장 사이에서 교감의 권한은 적으나 교사의 기대는 높고, 교감의 판단을 교장이 거부할 때 중간에서 이를 조율하는 문제 등의 측면에서 어려움이 있다고 지적하였다. 교장에 따라서는 교감 시절 이러한 어려움과 갈등을 경험하기도 하는데 교감으로서의 갈등 경험은 교장의 지도성에 대한 자기 정체성을 새롭게 하는 계기가 되기도 한다. 교감 시절 이러한 갈등을 경험한 교장들은 학교에서 교장과 교감의 역할과 지도성이 어떻게 차별화되어야 하는지 등 교장의 지도성에 관한 자기 나름대로의 정체성을 형성하는 학습 기회로 활용하는 것으로 나타났다.

(3) 전문직: 교장의 지도성에 대한 시야의 확장

교장이 되는 경력 과정의 하나로서 전문직 경험은 교사에서 교감을 거쳐 교장이 된 소위 현장 출신과 대비되는 특징을 형성하는 것으로 이해되고 있다. 이러한 성향 차이는 경험적으로 검증하기는 어렵지만 학교현장에서 보편적으로 인식되고 있는 것으로 보인다. 전문직 출신의 장점은 대체로 다방면에서 넓게 볼 수 있는 시야를 갖추게 되는 것(이현숙 교장, 유재성 교장), 인간관계가 넓어지는 점(유재성 교장), 업무 파악 능력(김병식 교장, 천진수 교장), 여러 학교를 다니면서 교장의 지도성을 자연스럽게 비교할 수 있다는 점(박현철 교장) 등을 들 수 있다.

반면 전문직 경력의 한계나 단점도 있다. 대체로 교장들은 이에 대해서 공통된 견해를 보이고 있는데, 업무 중심이라는 점, 학교현장에 대한 감이 떨어지는 점(유재성 교장)을 들 수 있으며, 무엇보다 현직 교사들이 전문직 출신 교장에 대해 다소 부정적 인식을 가지고 있는 것을 들 수 있다(김주영 교장, 윤철경 교장). 현장 출신 교장은 교사들과 더 오랜 세월 함께 하기 때문에 교사의 심리나 사고를 잘 알 수 있는 반면 전문직은 그러한 면에서 한계가 있다는 것이다. 또한 전문직 출신 교장은 좋은 학교, 우수한 사례들을 많이 접하기 때문에 눈이 높아지고, 그로 인해 교사들과 시각 차이가 커지기도 한다(김주영 교장).

그러나 전문직 출신 교장이나 현장 출신 교장 모두 전문직 경력은 교장 직무수행과 교장의 지도성 발달에 긍정적인 영향을 주는 것으로 지적하였다. 특히, 전문직 경력을 통해 교육활동 관련 다양한 업무 수행 경험을 쌓게 되고, 여러 학교를 보면서 학교별로 장단점을 파악할 수 있는 기회가 된다는 점은(천진수 교장) 긍정적으로 평가된다. 또한 전문직에서 특정한 전문성을 쌓은 교장에 대해서는 관련 업무 면에서 일반교사들이 반론을 제기하지 못하게 하기도 한다(유재성 교장). 이러한 전문직 경험은 대체로 교장의 시야를 넓혀 주는 긍정적 기능을 한다.

한편 윤철경 교장은 전문직 경험은 교감, 교장 등 학교 지도자가 되는 사람들은 반드시 거쳐야 되는 중요한 경력으로 모든 교장이 경험할 수 있는 제도 마련이 필요한 것으로 지적하였다.

교장, 교감 중에 전문직을 거치지 않으신 분들은 발령 전에 3개월, 짧으면 1개월이라도 교육청에 파견 근무를 시켰으면 합니다. 교육청의 업무를 알아야 합니다, 교장, 교감이. …… 공문이 급하게 오는 것도 있습니다. 그리고 왜 이런 것을 요구하는지 모르는 경우가 있습니다. …… 저는 압니다. 왜 저 공문이 오는지, 왜 급하게 오는지 알지 않겠습니까, 거기 있다가 왔으니까. 그래서 교감이 될 때 교육청에 일정 기간 근무를 시켰으면 좋겠다고 생각합니다. 그리고 반대로 교감을 하지 않고 장학사를 하는 분들이 있습니다. 그분들도 장학사 연수과정 중에 교감의 역할 수행해 보기 프로그램을 넣었으면 좋겠습니다. 서로 욕을 하고 있는데, 교감들은 장학사는 앉아서 공문만 내보낸다고 하고 장학하는 교감들이 이것도 하나 못하냐고 한단 말입니다. 서로 역할을 바꿔 봤으면 좋겠습니다. 저

는 양쪽을 다 경험한 입장이니까 그러면 서로 이해의 폭도 넓어질 수 있고 …… (윤철경 교장)

한편으로는 교장이 전문직 출신이든 현장 출신이든 중요한 것은 그 과정에서 교장이 얼마나 다양한 경험과 사고를 하고 있는가가 교장의 지도성 발달에 더 중요한 것임을 지적하기도 한다. 즉, 전문직이라고 다 잘하는 게 아니고(김주영 교장), 전문직에서도 다양한 경험을 쌓지 못할 수도 있고(박현철 교장), 전문직은 업무에 치중한다거나 현장 출신은 관계에 치중한다거나 각각 장단점이 있기 때문에 어느 하나가 좋다고 말하기 어렵다(권성희 교장)는 것이다. 이 점에서 각 경력 과정에서 거치는 경험의 질, 그러한 경험을 개인이 어떻게 반성적으로 사고하고 발전시켜 나가는가 하는 것들이 중요함을 알 수 있다.

(4) 자격연수: 미약한 초기 사회화와 지적 자극

교감, 교장 자격연수 등 연수과정에 대해서는 교장 직무수행에 필요하고 유용한 과정이 대체로 기간이 짧다는 문제가 지적되었다. 현장 출신인 김치율 교장은 연수를 통해서 일반교사에서 교감, 교장으로 사고의 전환을 가져오는 계기가 되었다고 지적한다. 또한 천진수 교장은 교육청에서 다양한 자문위원으로 활동하면서 해외 연수 경험을 많이 가지게 되었으며, 이는 안목을 넓히거나 좋은 아이디어를 개발하고, 우리나라 제도를 정확하게 파악하는 주요한 계기가 되었다고 지적한다.

한편으로 현재 제공되는 교장, 교감 자격연수의 한계가 지적되었다. 예를 들어, 조기제 교장은 일시적인 연수보다는 학교에 있거나 전문직에 있거나 골고루 업무를 경험하는 것이 교장 지도성 개발에 더욱 중요한 과정이라고 보았다. 윤철경 교장은 현재 교장 자격연수제도의 내용이나 기간 면에서 교장을 양성하는 데 필수적인 내용이 포함되어 있는가라는 측면에서 다소 부정적으로 인식하고 있다. 이 점에서 박현철 교장은 교육청이나 교원연수원에서 이루어지는 교육 관련 연수보다는 일반 기업 등 다른 분야 연수가 더 자극적이며 의미가 있다는 점에서 새로운 연수의 필요성을 언급하였다.

교장이 되기 전에 경험한 다양한 연수들은 교장의 지도성 개발에 긍정적 또는 부정적인 영향을 주는 것으로 이해할 수 있다. 그러나 전반적으로 볼 때, 현재의 연수제도는 짧은 기간 동안 이론 중심으로 이루어지기 때문에 교장직에 대한 초기 사회화 기능은 취약하며, 새로운 전문적 지식과 경험을 제공하지 못하는 '미약한 초기 사회화 및 지적 자극'의 특성을 갖는 것으로 규정할 수 있다.

5. 교장의 지도성 발달 요인과 의미

1) 교장의 지도성 발달 요인

학교장으로서의 지도성 발달에 영향을 미치는 요인들은 교장 경력 발달 과정에서 다양하게 드러난다. 교장이 되기 이전의 교육이나 경험은 교장으로서의 지도성을 개발하는 데에 긍정적 또는 부정적 영향을 주게 된다. 이 연구에서는 교장들은 부정적인 측면보다는 대체로 긍정적인 경험과 경력을 주로 언급하였는데, 이는 다음 몇 가지로 구분할 수 있다.

첫째, 교사 시절을 포함하여 교직 전 과정에서 다양한 분야에서의 전문성 개발, 기타 다양한 경험과 경력은 교장 지도성 발달에 긍정적인 영향을 준다. 예를 들어, 상담 연수, 교육청 상담센터 파견 근무(권성희 교장), 시골학교에서의 경리 업무 경험(심상열 교장), 교사 시절 연수원 강사나 교육과정 심의위원 경험(김주영 교장), 다양한 부장교사 업무 경험(김병식 교장), 전문직에서 다양한 경험을 쌓고 실무자로서의 기획, 참모 역할 수행(박현철 교장), 독서교육과 논술지도 경험(이성철 교장), 생활부장(조기제 교장) 등 다양한 경험과 경력이 포함된다.

둘째, 대학원 진학을 통한 전문성 개발 또한 교장 지도성 개발에 긍정적인 것으로 언급되었다. 대체로 교육 경영이나 관련 전공 분야 대학원 공부(권기현 교장, 김주영 교장, 이현숙 교장)는 새로운 지식을 학습하고 교장으로서 전문적 권위를 갖는 데 도움이 된다.

셋째, 중등학교 교장의 경우, 중학교, 고등학교, 전문계 고등학교, 직업학교 등 다양한 학교현장 경험의 중요성이 언급되었다. 이는 학교별로 다른 풍토를 이해하고, 상황 판단을 하는 데에 긍정적인 측면이 있는 것으로 지적되었다(권기현 교장, 김치율 교장). 그러나 일부 중등 교장은 교사 시절부터 동일한 학교급에만 있는 경우도 있었고(권성희 교장), 교사 시절에는 고등학교에서만 근무하다 중학교 교장으로 발령을 받은 경우(김치율 교장)도 있다. 특히 고등학교의 경우, 중학교에서만 근무했던 교사가 교장으로 올 경우, 교사들이 교장의 권위를 인정해 주지 않는 독특한 문화도 있는 것으로 언급되었다(박현중 교장).

넷째, 개인적인 성향을 들 수 있다. 과거의 여러 가지 경험을 토대로 한 자기 반성(심상열 교장), 주인의식(김병식 교장), 책임감이나, 참고 끝까지 해 내려고 하는 의지(조기제 교장) 등이 지도성 발달의 주요 요인이 됨을 지적하였다. 특히, 권성희 교장은 전문직이든 현직교사로서 출발했든 가장 중요한 것은 개인의 성향(포용력, 인간관, 봉사정신, 긍정적 사고방식 등)과 어떤 인간관을 가지고 있고 어떤 사고를 가진 사람인지가 중요하다고 하며, 이러한 성향은 교사라면 기본적으로 가지고 있으며, 교육을 통해 길러진다고 보고 있다.

반면 교장 지도성 발달 과정에서 갈등 요인, 부정적인 영향을 주는 요인으로 언급된 것들은 다음과 같다.

첫째, 대부분이 교장들이 지적한 것으로 교감, 교장과의 갈등, 부정적인 관리자와의 만남이다. 예를 들어, 이현숙 교장은 교사 시절 교장과의 마찰이나 자질이 없는 교장, 교장답지 못한 교장, 교사들이 존경하지 않는 교장들을 만나게 되면서 교직을 그만둘 생각까지 하게 되었다. 이러한 갈등 상황은 주변의 동료교사나 교감의 지원 및 격려를 통해 극복할 수 있었으며, 교장으로 갖추어야 할 자질이나 능력에 대한 나름대로의 생각을 정립하게 되는 계기가 되기도 한다.

둘째, 교장의 지도성이 발휘되기 어려운 학교조직 문화다. 특히, 유재성 교장과 같이 비교적 일찍 관리자가 되면서 선배교사로부터 시기심이나 반감 등을 경험하게 될 경우 갈등과 어려움을 겪는 것을 알 수 있다. 유재성 교장은 이 과정에서 학교조직 문화가 합리적이지 못하고 이러한 학교 문화로 인해 학교에서 지도성을 발휘하거나 발달시키는 데에 한계가 있다는 회의적인 생각을 표출하기도 하였다.

2) 자기 선별 및 정치적 과정에 기초한 교장 경력 선택

공식적인 교장 자격, 양성제도가 없는 우리나라에서 교장이 되는 과정은 자기 선별적 과정(self-selection process)이나 교장의 지원과 배려에 기초한 정치적 과정(political process)으로서의 특징을 보인다. 이 연구에서 교장 경력을 선택하게 된 배경으로 정리한 자신의 교육 이상의 실현, 동료교사의 인정과 자극, 평교사로서의 부담과 후배교사의 눈치 보기 등은 자기 선별 과정으로, 교장의 권유와 끌어당김은 정치적 과정으로 볼 수 있다.

최근 공모제가 시범적용되고 있으나 우리나라에서 잠재적인 교장 후보자를 발굴하고 이들의 능력을 개발하기 위한 체계적인 과정은 매우 취약하다. 일정 시간의 교장 자격연수 과정을 제외하고 교장이 되기 위해 의무적으로 이수해야 하는 프로그램이나 과정은 없다. 이와 같이 공식적인 지도성 발달 프로그램이나 지도자 후보자를 선별하는 과정이 없고, 다양한 사람들로부터 정보를 수집할 수 있는 평가체제가 발달되어 있지 않은 경우 잠재적 교장 후보자 및 교장 자원을 선별하고 확보하는 것은 자기 선별 과정이나 정치적 과정으로 이루어질 수밖에 없다(Hartley & Hinksman, 2003). 특히, 자기 선별 과정은 재능 있는 후보자나 실제 지도성 발달이 필요한 상급 관리자들이 참여하지 않는 한계가 있다. 이는 교장이 되는 과정과 교장 지도성 발달 과정은 개별적으로 이루어지며 상당한 개인차가 있을 수 있음을 시사한다.

이와 더불어 교장으로서 지도성을 발달시키는 과정도 다소 개별적 사회화 과정을 거치고 있다. 우수 교장의 지도성 특성을 분석한 김이경 외(2006)와 김이경, 김도기, 김갑성(2008)의 연구나 초임 교감의 적응 과정을 분석한 김병찬(2006)의 연구에서도 교감이 되는 과정은 개인의 선택에 의해 개별적 적응 과정의 특성을 보이는 것으로 나타났다. 이 연구에 참여한 교장들은 교장이 되기 위해 공식적 · 의무적으로 이수한 과정은 교장 자격연수뿐이었으며, 이 과정 또한 매우 짧은 시간에 이루어져 교장으로서 직무를 이해하고 지도성을 개발하는 데에는 한계가 있는 것으로 지적하였다.

교장 후보자의 선별과 교장 지도성 발달 과정에서 체계적인 사회화가 미약하고 개인화되어 있다는 점은 우리나라 학교에서 교장이 갖추어야 할 자질과 능력은 무엇이며 교장이 학교에서 어떤 역할과 직무를 수행해야 하는가에 대한 기준이 명확하지 않거나 이것이 체계적으로 정립 및 학습되지 않음을 시사한다. 또한 교장의 지도성 발휘가 과거의 관행이나 자신의 과거 경험, 또는 동료 교장의 조언 등에 기초하여 보수적이고 관례적으로 이루어지게 되는 경향이 발전할 것임을 시사한다.

최근 우리나라에서도 구성주의적 관점에 기초하여 교장 지도성 개발 프로그램을 개발하거나(진동섭, 이윤식, 유현숙, 김병찬, 2003) 교장 리더십을 구성하는 핵심 역량을 분석한 연구(조경원, 한유경, 서경혜, 조정아, 이지은, 2006) 등이 이루어진 바 있으나 이러한 연구 결과들이 잠재적인 교장 후보자를 선별하고 교장 지도성 발달을 위한 체계적인 과정으로 발전되지는 못하고 있다. 교장의 지도성 발달은 재능 있는 잠재적 교장 후보자의 선별로부터 시작된다는 점에서 볼 때, 이러한 후보자를 적극 찾아내고 적절한 기회를 제공하는 과정은 교장 지도성 발달과 관련하여 해결되어야 할 주요 과제라 할 수 있다.

3) 교직 경력 전 과정에서 지도성 발달

교장이 되는 것과 교장으로서의 지도성은 다양하고 단계적인 경력과 경험을 거쳐 오랜 기간 동안 형성되는 특성을 갖는다(Hasler, 2005; Sugrue, 2004). 이 연구의 면담조사에서도 교장의 지도성은 교직 입문 이후 교직 전 과정에 걸쳐 발달되며, 일반교사에서 부장교사, 교감, 전문직 등 교장이 되기 전의 다양한 경력과 경험이 교장 지도성 발달에 직간접적인 영향을 주는 것으로 나타났다. 전문직 경험을 제외하고 부장교사, 교감 경력은 대부분의 교장들이 거치게 되는 과정이며, 교장 되기 전의 자격연수도 공통적으로 경험하는 과정이다. 이들 각 과정은 교장으로서의 정체성과 지도성을 개발하는 데에 직간접적인 영향을 미친다. 이는 우수한 교장을 대상으로 각 교장의 리더십 형성 과정을 분석한 김이경 외(2006)와 김이경, 김도기, 김갑성(2008)의 연구에서도 유사하게 나타났다.

우리나라 학교장의 지도성 발달 과정은 [그림 13-1]의 지도성 발달 구조 틀에 의하면, 개인적, 형성적 특성을 갖는 것으로 볼 수 있다. 즉, 교장의 지도성은 교직 입문 이후 교장이 개별적으로 경험하는 다양한 경험과 경력 발달 과정에 가장 큰 영향을 받으며(형성적 차원), 교장 자격연수 등 교장 지도성 발달을 위한 체계적인 교육 및 프로그램(규범적 차원)은 상대적으로 취약하다는 특징을 보인다. 특히, 공식적이고 의무적인 교장 지도성 개발 프로그램이나 자격 과정이 없는 우리나라의 경우, 교장이 되기 전 학교 내외에서 경험하는 다양한 지도성 지위는 교장으로서의 정체성과 지도성을 개발하는 중요한 과정이 된다.

그러나 한편으로 학교 내 지도성은 교장 등 특정한 개인에게 집중되어 있는 것이 아니라 학교의 위계적 구조를 반영하여 상급 지도성 팀(교장, 교감), 중간 지도성 계층(부장교사, 교과부장 등)에 퍼져 있다는 분산적 지도성(distributed leadership) 개념의 발달(NCSL, 2003; Hatcher, 2004, 2005; Martinez, Firestone, Mangin, & Polovsky, 2005), 지도성 발달은 조직의 특정한 수준(대체로 조직의 상위 수준)에 국한된 것이 아니라 조직 전체에 걸쳐 이루어진다는 점(Day, 2001: 606)에서 볼 때, 우리나라 교장의 지도성 발달은 개인적 관점에서 집단적 관점으로 확장될 필요가 있다. 이와 더불어 학교장으로서 갖추어야 할 자질, 지식, 기술이나 교장의 직무의 범위와 성격을 명료화함으로써 학교장 개인 수준의 역량을 강화시킬 필요가 있다. 이 점에서 교장의 지도성 발달은 개형성적 차원에서 규범적 차원으로 확장될 필요가 있다. 이는 지도성 발달에서 지도자 발달과 지도성 발달, 개인 수준의 기술로서의 지도성과 사회적 과정으로서의 지도성 두 가지가 통합적으로 이해되어야 함을 의미한다. 이에 대해 Day(2001)는 다음과 같이 지적하고 있다.

> 지도자 발달과 지도성 발달의 구분은 조직에서 어느 한 가지 접근법을 선택해야 한다는 것으로 받아들여서는 안 된다. 어느 접근법이든 그 자체로서는 불완전하다. 사람들 사이의 상호 관계나 사회적 맥락 내에서의 상호작용에 대한 고려 없이 개별 지도자의 능력을 개발하는 것은 지도성은 개인과 사회, 조직 환경 사이의 상호작용이라는 점을 무시하는 것이다. 또한 적절한 지도자 개인에 대한 투자 없이 상호 헌신과 공유된 의미 체계를 구축하고자 하는 것 또한 개인을 고려하지 못하는 위험이 있다(Day, 2001: 605).

한편, 이 연구에서 교장의 지도성 발달은 교장의 교직 입문 동기나 학교급에 따라 명확하게 구분되지 않는 것으로 나타났다. 이 연구에 참여한 대부분의 교장은 교직에 대한 헌신이나 사명감보다는 가정 배경 등 다른 이유로 교직을 선택하게 되었으나 이후 교장의 지도성 발달 과정에서 이러한 변인별 차이점은 명확하게 드러나지 않았다. 또한 이 연구에서는 초·중·고등학교 세 학교급의 교장을 대상으로 면담조사를 하였으나 교장 지도성 발달 과정에서 큰 차이점은 드러나지 않았다.

면담조사에 기초하여 우수한 학교장의 특성을 분석한 김이경 외(2006)의 연구에서도 학교급별로 우수한 교장의 특성이 명확하게 제시되지 않았다. 공립 중학교 교감의 초기 적응 과정을 분석한 김병찬(2006)의 연구에서도 중학교의 특성이라고 할 만한 것은 발견하기 어려웠다. 이는 학교급별 교장의 지도성 발달 과정의 특성과 남교장과 여교장의 지도성 발달 과정 특성 등이 추가적인 면담조사나 생애사 연구 등을 통해 보다 집중적으로 분석될 필요가 있음을 시사한다.

4) 관찰에 의한 도제로서 지도성 발달

교장의 지도성 발달의 주요 특징 중 하나는 교직에서 만난 교장의 영향이 매우 크다는 점이다. 즉, 이 연구에 참여한 대부분의 교장들은 자신이 교장이 되기 전에 모셨던 교장(함께 근무한 교장이라고 하지 않음)이 교장으로서 정체성을 형성하는 데 긍정적 또는 부정적인 영향을 강하게 미친 것으로 언급하였다. 학생들이 오랜 시간 동안 교사를 관찰하고 경험하면서 교사에 대한 이상적인 기대와 이미지를 발달시키듯이(Lortie, 1975) 교장은 과거의 교장, 교감 등 다양한 학교행정가를 경험하면서 나름대로 교장의 이미지, 역할, 지도성에 대한 관점을 형성 및 발달시키게 된다. 이는 교장의 지도성 발달 과정도 관찰에 의한 도제(apprenticeship of observation)로서 특징지을 수 있음을 시사한다(Sugrue, 2004).

이러한 과거 교장 모델이 긍정적이어야 하는 것은 아니다. 즉, 과거의 경험은 현재를 만드는 데 필요한 중요한 자산으로 그 경험이 반드시 좋은 경험일 필요는 없다(김이경 외, 2006: 80). 이는 과거 관리자를 통해서 좋은 점은 본받고 나쁜 점은 지양하면서 바람직한 지도성을 형성하기 때문이다. 이에 따라 관찰에 의한 도제의 과정을 거쳐 경험하는 교장에 대한 이미지는 긍정적(감동)일 수도 있고, 부정적(실망)으로 나타날 수 있다. 즉, 이상적이고 바람직한 교장에 대해서는 감동을, 반대로 기대에 미치지 못하는 교장에 대해서는 실망을 느끼게 되며, 이러한 여러 교장 모습을 조합하여 자기만의 고유한 지도성을 형성하게 된다.

이는 현직 교장의 질이 잠재적 교장 후보자의 지도성 발달과 질적 수준에 중요한 영향을 미친다는 점을 보여 준다. 또한 이러한 교장 지도성 발달의 순환적 과정은 현직 교장의 지도성 발달과 더불어 교장의 지도성 발달 과정, 잠재적 교장 후보자의 선발과 교육에 대한 이론적, 실제적 관심이 제고되어야 함을 시사한다.

5) 시사점과 과제

이 연구는 학교장의 지도성 발달의 주요 특성을 분석하기 위해 13명의 학교장을 선정하고 이들의 교직 입문 이후 교장이 되기까지 교장으로서의 지도성 발달 과정에 대한 면접조사를 실시하였다. 면담조사에서 밝혀진 학교장 지도성 발달의 주요 특성은 다음과 같이 요약할 수 있다.

첫째, 교장직 경력 선택의 계기와 배경을 살펴보면, 학급을 넘어선 교육 이상의 실현, 교장(교감)의 권유와 끌어당김, 동료교사의 인정과 자극, 평교사로서의 부담과 후배교사 눈치 보기로 정리할 수 있다. 이는 교장의 경력 개발 과정 또는 잠재적 교장 자원을 확인하는 과정은 자기 선별적이며 정치적 과정을 통해서 이루어짐을 보여 준다.

둘째, 교장 이전의 공식·비공식 경력과 경험은 교장의 지도성 발달에 긍정적, 부정적인 영향을 주는 것으로 나타났다. 주요 경력 단계별 특징을 보면 부장교사 시기에는 학급을 넘어선 행정, 관리 경험이 발달하는 과정으로, 교감 경력을 통해서는 중간 지도자로서의 지도성 발달과 갈등을 경험하게 된다. 자격연수 과정은 교장에 따라 의미 있는 지도성 개발의 과정이 되기도 하지만 대체로 교장으로서 초기 사회화나 지적인 자극 면에서는 미약한 것으로 나타났다. 전문직 경험은 다양한 학교 간 비교 경험을 통해서 교장의 지도성에 대한 시야가 확장되는 기회가 되는 것으로 나타났다. 이러한 교장의 지도성 발달 과정은 교직 전 과정에서의 지도성 발달과 관찰에 의한 도제로 그 특징을 정리할 수 있다.

학교에서 교장의 지도성이 중요한 요소로 강조되고 있는 것에 비해 교장의 지도성이 발달되는 과정은 개인적인 차원에 맡겨져 있다는 문제로 인식될 필요가 있다. 학교장의 지도성 발달과 관련하여 최근 각급학교 교장이 되기 위한 주된 양성(훈련) 과정 또는 경로는 무엇이며 이러한 과정에서 학교장은 어떤 자질과 능력을 갖추어야 할 것인가, 부장교사, 교감 등 학교 내 중간 관리직은 학교장 지도성 발달 과정으로 적절하게 활용되고 있는가, 학교장 지도성 개발을 위한 프로그램이나 과정은 무엇인가 등이 활발하게 논의되고 있고 실험적인 프로그램들도 개발되고 있다(OECD, 2005; Higham, Hopkins, & Atharidou, 2007). 이러한 맥락에서 교장 지도성 발달과 관련하여 고려되어야 할 주요 과제를 정리하면 다음과 같다.

첫째, 영국, 프랑스 등 일부 국가에서 채택하고 있는 바와 같이 보다 전문적이고 체계적인 교장 지도성 개발과 교장 양성(훈련)을 위한 프로그램을 개발하고 이를 장기적으로 의무화할 필요가 있다. 우리나라 교장의 지도성 발달은 개인적이고 형성적인 특성을 갖는다. 이러한 개인주의적 과정은 교장 지도성 개발 과정에서 교직의 보수주의, 관례주의 성향을 더욱 강화시킬 뿐 아니라 개인의 지도성 편차를 더욱 크게 만들 수 있다. 영국과 같은 국가 수준의 교장 지도성 대학을 설치하거나 미국이나 핀란드와 같이 고등교육기관의 학교 행정, 경영 및 지도성 관련 프로그램을 적극 활용하여 대학원 과정 이수와 교장 자격제도 및 교장 양성(훈련) 프로그램을 연계시키는 방안을 고려할 필요가 있다.

둘째, 학교장 지도성 개발과 관련하여 보다 장기적인 관점에서 교감, 부장교사 등 학교 내 중간 지도자, 다양한 지도성 지위에 있는 교사들에 대한 체계적인 지원과 훈련 프로그램이 필요하다. 현재 부장교사에서 교감을 거쳐서 또는 전문직을 거쳐 학교장이 되는 경로는 교장의 지도성 발달과 관련하여 의미 있는 경험과 기회를 제공하는 과정으로 활용되고 있다. 다만 보다 체계적인 교장의 지도성 개발을 위해서 각 경력 단계에서 개발되어야 할 지도자로서의 자질과 역량은 무엇이며, 이를 어떻게 발달시킬 것인가(개인 수준의 기술로서의 지도성)의 문제와 더불어 잠재적 교장 후보자의 발굴 및 지도성 발달을 촉진하고 지원하는 조직의 문화와 조직 역량 발달(사회적 자본으로서의 지도성)의 통합적 관점에서 지도성 발달을 설계할 필요가 있다. 최근 OECD 주요 국가에서도 학교 내 주요 중간 지도자(부장교사, 교육과정 부장 등)를 대상으로 한 다양한 지도성 발달 프로그램들이 개발 및 운영되고 있다.

셋째, 이와 더불어 학교 내에서 지도성 지위에 있는 교사들에게 적절한 역할과 책임을 배분하고 이들을 대상으로 적절한 지도성 훈련 프로그램을 제공함으로써 학교장의 책임 부담을 줄이고 학교 내에서 의사결정 권한과 책임이 공유되는 분산적 지도성(distributed leadership) 체계를 개발할 필요가 있다. 이는 지도성 발달에 관한 개념적 틀에서 볼 때, 개인적, 집단적 차원과 규범적, 집단적 차원의 프로그램이 보다 확대될 필요가 있음을 의미한다.

넷째, 공식적인 교장 자격 및 양성 프로그램과 더불어 지도성 개발을 위한 다양한 방법이 활용될 필요가 있다. 예를 들어, 360도 피드백, 멘토링, 동료 코칭, 네트워킹, 지도성 승계 계획(leadership succession), 현장 학습(action learning) 등이 지도성 발달 방법으로 적극 활용되고 있는데(Hartley & Hinksman, 2003), 이러한 방법을 활용한 다양한 지도성 발달 프로그램을 개발하는 것은 향후 지도성 발달 관련 분야의 주요 과제가 될 것이다.

다섯째, 이 연구에서 학교장의 지도성 발달에 영향을 미치는 긍정적 요인과 부정적인 요인은 탐색적인 수준에서 분석되었다. 후속연구에서는 교장의 지도성 발달 과정과 이에 영향을 미치는 요인을 보다 세밀하게 분석하기 위해 생애사 접근법이 적극 활용될 필요가 있다. 또한 지도성 발달 영향 요인도 양적 연구와 질적 연구를 통해서 보다 엄밀하게 분석될 필요가 있다.

제14장

교장의 지도성 개발 · 훈련

교장의 지도성 개발은 장기간에 걸쳐 계속적으로 이루어지는 과정이다. 교장의 지도성은 교직의 전 과정, 즉 교사로서의 근무 경험, 교감직 수행 과정, 교장 자격연수 과정, 교장 근무기간 동안 계속적으로 개발된다. 교장의 지도성 개발은 다양한 경험과 경력들이 상호 유기적으로 연계되어 있다. 학교를 둘러싼 내외적인 환경이 지속적으로 변화하고 교장의 역할과 직무가 복잡해지면서 교장의 지도성을 전문적으로 개발 및 훈련해야 할 필요성이 커지고 있다. 교장의 지도성 개발 및 훈련은 지도자로서 교장의 경험 기반을 확장하고 지식, 기술, 이해를 심화시키는 과정이 된다. 이 장은 교장 지도성 개발의 필요성과 교장 지도성 개발을 위한 주요 프로그램 사례를 분석한다.[1)]

1) 이 장의 내용은 주현준, 김민희, 박상완(2014)의 제3부 교육지도성 개발 및 훈련에서 저자가 집필한 부분 중 일부(pp. 206-220, pp. 252-280)를 재정리한 것이다. 이 장의 제3절 지도성 개발 및 훈련의 과정과 단계 부분은 별도의 표기가 없는 한 OECD의 학교 지도성 개발 프로젝트의 결과를 종합한 Pont, Nusche와 Moorman(2008)의 보고서, 이 보고서에 제시된 데이터, 각 국가의 배경 보고서를 토대로 정리한 것이다. Pont, Nusche와 Moorman(2008)의 보고서는 OECD 국가/지역을 대상으로 학교 지도성에 관한 각 국가별 배경 보고서와 질문지 조사 결과를 종합 및 정리하고 있으며, 이는 학교 지도성에 관한 가장 최근의 보고서일 뿐 아니라 비영어권 국가의 학교 지도성 현황을 파악할 수 있는 자료라는 점에서 유용한 정보를 제공한다.

1. 교장 지도성 개발의 필요성과 의의

학교에서 효과적인 지도성은 학급과 학교, 나아가 전반적인 교육체제를 연결하는 매개체로서 학교교육의 효율성과 형평성을 증진시키는 데 필수적인 요소다(Pont et al., 2008). 학교 지도자들은 학교 내부적으로는 학생과 교사를 위한 효과적인 교수-학습 환경과 여건을 조성하고 지원하며, 학교 외부의 다양한 이해 관계자들과는 연계 및 소통함으로써 학교와 외부 환경을 연계시키는 경계연결자(bridging or boundary spanning)로서의 역할을 한다(Hoy & Miskel, 2005: 246-247; Scott, 1992: 193-208). 또한 학교 지도자들은 중앙정부나 지방교육행정당국의 교육정책 이념과 목표를 실현하고 이에 맞추어 개별 학교의 교육목표를 설정하고 실천함으로써 전반적으로 교육체제의 효율성과 질을 높이는 데 기여하게 된다.

학교 지도성의 역할은 특히 학교 운영에 대한 중앙정부의 권한과 책임이 축소되고 학교 운영에서 지방과 개별 학교의 자율과 책무성이 강화되고 있는 최근 들어 더욱 중요해지고 있다. 오늘날 학교는 종래 중앙정부나 지방 교육행정조직의 지침하에 수동적, 일률적으로 운영되던 것에서 벗어나 학생과 학부모, 지역사회의 다양한 요구에 적극적으로 대응하고 학교의 특성을 살려야 할 뿐 아니라 정보통신기술의 발달과 학교 외부의 다양한 교육 자원 발달 등 새로운 교육환경에 적응해야 하는 압력에 직면하고 있다.

이와 더불어 최근 학교 내에서 지도성 역할이 교장 한 사람만으로 충분하지 않다는 점에서 학교 지도성의 역할과 성격은 변화되고 있다. 과거 산업화 시대에 설계된 학교 지도성 역할은 21세기 학교가 직면하는 도전에 대응하기에는 부족할뿐더러(Pont et al., 2008), 학교를 둘러싼 새로운 환경과 다양한 이해 관계자들의 요구에 부응하기 위해서는 학교 리더십 정책을 개발할 필요가 있다. 특히, 학교 내에서 지도성 위치에 있는 다양한 집단 간의 협력과 공동의 리더십 개발, 지도성의 분산 등이 요구되고 있다. 또한 최근 논의되고 있는 시스템 지도성 개념에서 알 수 있듯이(Hopkins, 2006; 2008), 학교 지도자들은 다른 학교, 지역사회의 교육 관련 조직과의 협력, 네트워크 개발, 지원 등에 대한 요구가 커지면서 학교의 경계를 넘어서는 지도성 개념과 역할도 발달하고 있다.

학교 지도성의 역할과 범위 등이 변화함에 따라 무엇보다 미래 학교 지도자의 확보와 훈련이 중요한 과제로 부각되고 있다. 이에 따라 OECD 국가들에서는 최근 들어 학교행정가 양성 및 훈련을 위한 전문 프로그램을 새로 개발하거나 보다 강화하고 있다. OECD에서 최근 조사한 바에 의하면(Pont et al., 2008), 대부분의 국가에서 학교 지도성 개발을 위한 과정으로 다양한 형태의 직전교육, 입문교육, 현직교육을 제공하고 있으며, 지도성 역할과 기준을 새롭게 설정하고 있다.

이와 더불어 우수한 학교 지도자들을 유인하고 유지할 수 있는 다양한 지원과 인센티브의 중요성도 강조되고 있다. 이는 다수의 OECD 국가들에서 교장 등 학교 지도자들이 고령화되고 있고 퇴직자 수가 증가하고 있다는 현실을 반영한 것이기도 하다. 우리나라와는 달리 영국 등 일부 OECD 국가에서는 교장직 지원자 수가 감소하고 있고, 교장 충원에도 어려움을 겪고 있다. 이러한 국가들에서 교장 후보자 확보가 어려운 이유 중 하나로 학교 지도자 양성 및 훈련 부족 문제가 제기되고 있다(Pont et al., 2008: 23).

이에 따라 현재 학교 지도자의 질 개선뿐 아니라 미래의 학교 지도자를 확보하기 위한 체계적인 계획과 프로그램 개발이 향후 학교 지도성의 중요한 과제로 부각되고 있다. 즉, 학교 지도성 개발 및 훈련은 현재의 학교 지도자의 전문성 개발뿐 아니라 미래의 지도자들을 준비시킴으로써 학교에 대한 다양한 요구와 기대에 부응하고, 학생 성취수준과 교육의 질을 높일 수 있는 중요한 과제다.

그러나 오늘날 학교가 직면하고 있는 다양한 요구와 문제를 학교 지도자들이 모두 해결할 수 있다거나 해결해야 한다는 것은 아니다. 오히려 학교에서 해야 할 것과 할 수 있는 것을 명확하게 설정하고, 즉 학교교육의 목적과 초점을 보다 분명히 하고, 학교 지도성 개발 및 훈련 과정에서 고려되어야 할 주요 쟁점과 과제를 확인할 필요가 있다. 이는 현재의 학교 지도자들이 좌절하거나 일찍 소진되는 것을 방지할 수 있을 뿐 아니라 미래의 우수한 학교 지도자들을 지속적으로 확보하기 위해서도 중요하다. 이 점에서 Champs(2008)가 제시한 바와 같이 학교 지도성 논의에서 고려되어야 할 주요 쟁점과 질문을 확인하는 것은 중요한 의미가 있다. 왜냐하면 이러한 쟁점은 학교 지도성 개발, 훈련 프로그램 개발과 운영 과정에서 고려해야 할 핵심 질문일 뿐 아니라 지도성 프로그램의 주요 내용으로 구성되어야 하기 때문이다.

- 학교교육의 중요한 산출물/결과는 무엇인가?
- 학생의 사회경제적 지위, 교육에 대한 가정의 헌신 등과 같이 학생의 교육성과에 중요한 영향을 미치는 요인들을 가정할 때(즉, 학생 간 차이를 가정할 때), 학교가

성취할 수 있는 학습 산출/결과는 무엇인가?

- 학교의 유형(공립/사립), 학교의 미션, 학교가 이용할 수 있는 자원의 질과 정도 등이 다르다는 점을 가정할 때(즉, 학교 간 차이를 가정할 때), 학교가 성취할 수 있는 산출/결과는 무엇인가?
- 누구의 학습에 보다 가치를 둘 것인가? 학생, 교사, 학교공동체?
- 국가나 지방정부의 정책 틀(교육과정과 평가, 학교의 질 개선 관련 정책 등)은 학교 지도자들의 역량을 최적화하고, 학교 및 학급의 핵심 활동과 성공적으로 상호작용할 수 있을 것인가?

2. 교장 지도성 개발 · 훈련의 원칙

학교 자율과 책무성이 확대되면서 학교 지도자들의 역할과 책임도 증가하고 있다. 이에 따라 학교 지도성을 향상시키기 위한 전문화되고 특화된 훈련이 요구되고 있다. 이러한 지도성 개발 및 훈련은 기본적으로 학교교육의 성과를 향상시키는 데 초점을 두어야 한다. 즉, 현재와 미래의 학교 지도자들을 위한 지도성 개발 및 훈련은 학교교육의 성과를 향상시킬 수 있는 기술 개발과 이를 강화하는 데 초점을 두어야 할 것이다. 이러한 기본 전제하에 학교 지도성 개발 및 훈련 프로그램에서 고려되어야 기본 요소와 원칙들은 다음과 같다.

1) 프로그램의 목표 명료화

학교 지도성 개발 및 훈련은 기본적으로 학교교육의 성과를 향상시키는 데 초점을 둔다. 이를 위해 무엇보다 학교교육의 중요한 산출물/결과를 무엇으로 볼 것인가에 대한 명확한 규정과 정의가 필요하다. 이는 각 국가의 교육이념과 철학, 정책 우선순위에 따라 차이가 있으며, 그리고 학교교육의 성과에 영향을 미치는 요인들은 다양하다는 점에서 학교가 성취할 수 있는 학습 성과는 무엇인가에 대한 검토를 토대로 해야 할 것이다. 학교 지도성 개발 및 훈련 프로그램은 기본적으로 개별 국가의 공교육 목표, 학교교육의 산출물, 결과에 대한 사회적, 정책적 합의를 토대로 구성 및 개발될 필요가 있다.

2) 프로그램의 유기적인 연계

학교 지도성 개발 및 훈련 프로그램의 연계는 크게 두 가지 측면으로 구분할 수 있다. 첫째, 지도성 경력 발달 단계별 지도성 개발 및 훈련 프로그램의 연계, 둘째, 지도성 개발 및 훈련 프로그램 제공 기관 간의 연계다. 지도성 개발 및 훈련은 지도성 경력 발달 단계에 따라 지도자가 되기 전에 이수하는 직전교육, 지도성 지위 초기에 제공되는 입문교육, 경력자를 대상으로 한 현직교육 등으로 구분할 수 있다. 국가에 따라 세 가지 지도성 개발 프로그램이 모두 운영될 수도 있고, 일부만 운영될 수도 있다. Pont, Nusche와 Moorman(2008)의 조사에 의하면, 대부분의 OECD 국가들에서 직전교육 프로그램을 갖추고 있으나, 그 형태와 내용은 매우 다양하다. 또한 입문교육 프로그램의 운영 여부와 내용, 현직교육의 제공 여부와 내용 등도 국가에 따라, 한 국가 내에서도 지역에 따라 차이를 보이고 있다. 이는 학교 지도성 개발 및 훈련 프로그램 개발에서 직전교육, 입문교육, 현직교육 등 각 프로그램의 초점을 명확히 하고 이들 프로그램 간의 차별성과 연계성을 강화할 필요가 있음을 시사한다.

둘째, 지도성 개발 및 훈련은 국가/지역 연수기관, 대학, 사설기관 등 다양한 기관에서 제공되고 있다. OECD 국가들에서 제공되는 지도성 개발 및 훈련 프로그램을 조사한 동일한 자료에 의하면(Pont et al., 2008), 국가에 따라 지도성 개발 및 훈련의 기준을 제시하는 경우도 있지만, 국가 수준에서 정해진 특별한 기준이 없는 경우도 다수다. 대체로 대부분의 국가들에서 지도성 개발 및 훈련 프로그램은 다양한 기관에서 여러 형태로 제공되고 있어 이들 기관 간 또는 프로그램 간 질적인 균형과 일관성이 요구되고 있다. 즉, 지도성 프로그램의 질을 모니터하고 관리 및 규제하기 위한 기준이나 평가 기제가 개발될 필요가 있다.

3) 전문적 지도성 기술과 조직 기술 간의 조화

지도성 개발 및 훈련 프로그램은 기본적으로 학교 지도자들이 갖추어야 할 전문적 지식과 기술을 함양하는 데 초점을 둔다. 그러나 모든 학교와 상황에 효과적으로 적용될 수 있는 지도성이 없다는 점에서 전체 학교조직과 문화에 광범위하게 적용될 수 있는 전문적 지도성 이론과 지식, 기술뿐 아니라 다양한 학교, 지역 맥락에 초점을 둔 지도성 기술 개발은 동시에 고려될 필요가 있다.

4) 연구와 이론에 기반을 둔 프로그램

교장 지도성 개발 및 훈련 프로그램은 정부 정책, 학교에 대한 사회적 요구, 학교 구성원의 요구 등 소비자와 사용자의 다양한 요소들을 반영해야 할 뿐 아니라 무엇보다 효과적인 리더십, 성공적인 학교의 특징, 학생성취 등 학교교육 성과 개선 등에 관한 일련의 연구에 기반을 둔 것이어야 한다. 이는 지도성 개발 및 훈련 프로그램이 단기적, 처방적 성격을 갖는 다양한 지식과 기술을 조합한 것이 아니라 학교교육의 목적, 성공적인 교수와 학습에 관한 지식과 이론, 분배적 리더십 등 학교 지도성 이론, 최근의 교육 개혁의 이론적인 기반, 학교 발전에 관한 이론과 실제 등 다양한 연구와 이론에 기반을 두어야 함을 의미한다.

3. 지도성 개발 · 훈련의 과정과 단계

학교 지도자의 전문성 발달은 장기간의 경력 기간 동안 계속적으로 이루어지는 과정이다. 평생학습 개념이 발달하면서, 학교 지도자의 지도성 경력 발달과 단계가 점차 중시되고 있다(Mulford, 2003: 37). 이상적으로 볼 때, 지도성 개발은 교사에서 시작되어 교장(학교 지도자) 준비, 입직 기간, 교장 첫해, 교장 경력 동안 계속적으로 이루어진다. 지도성 개발 및 훈련은 지도자의 경험 기반을 확장하고 지식, 기술, 그리고 이해를 심화시키는 과정이다.

이러한 지도성 경력 발달 단계, 과정은 국가에 따라 다양하게 구분되고 있으나,[2] 지도자의 경력 단계를 기준으로 할 때 교장직 임용 이전의 훈련 과정, 교장직 초기의 입문교육, 경력 교장을 위한 계속적인 전문성 개발 등으로 크게 구분해 볼 수 있다(Pont et al., 2008). 연구자에 따라서는(예: Mulford, 2003) 경력 교장의 지도성(전문성) 발달 단계를 경력 초기(early career)와 경력 후기(late career)로 구분하기도 한다. 학교 지도자의 전문성 발달 단계는 상호 유기적으로 연계되어 있으며, 상호 보완적으로 활용될 수 있다.

2) 예를 들어, 영국의 경우, 학교 지도성 전문성 개발은 교사 자격 취득 이후부터 교장직을 거쳐 그 이후까지 계속되는 것으로 가정하고 있으며, 스웨덴은 학교장 훈련에 4단계 접근법을 취하여 교장 후보자 충원, 새로 교장으로 임용된 사람을 위한 입문, 교장직 2년 후 국가 프로그램 이수, 대학 강좌를 통한 계속교육 등으로 구성하고 있다(Mulford, 2003: 37).

1) 직전교육

직전교육 또는 준비 훈련은 학교장직을 시작하기 전에 받는 학교 지도성 훈련을 말한다(Pont et al., 2008: 142). 이 프로그램의 이수 대상은 매우 다양할 수 있다. 즉, 교장직에 임명 또는 선발되었지만 아직 교장직을 시작하지 않은 사람, 아직 교장직에 지원하거나 공식적 선발과정을 거치지 않은 교사, 학교 지도자로(예를 들어, 교감, 학교의 상급 지도자 등) 교장직을 희망하는 사람, 교장직 외 학교 지도자직(예를 들어, 교감)에 선발된 사람 등이 포함된다(Pont et al., 2008: 142).

최근 OECD의 학교 지도성 개선 프로젝트에 참여한 국가들 중 절반은 지도성 개발에 초점을 둔 직전교육 프로그램을 두고 있으며, 이는 장단기의 자격과정이나 대학원 과정으로 편성된다. 이러한 직전교육은 교장직에 임용 및 선발되기 위한 필수적인 과정으로 둘 수도 있으며 선택 과정으로 할 수도 있다. Pont, Nusche와 Moorman(2008)의 분석에 의하면 일부 OECD 국가에서는 직전교육을 의무로 하지 않으면서도 지도자의 질을 보장하는 방법을 활용하고 있다. 이는 자격 과정 이수나 학교 지도성 분야의 학위를 교장직 지원 시 중요한 자질로 고려하는 것이다. 또한 학교 지도자를 위한 직전교육 프로그램을 조직하고 질 통제를 위해 국가 수준의 지도성 개발 기준과 틀을 두기도 한다.

2) 입문교육

입문 프로그램은 초임 교장들의 경력 초기에 이를 지원하고 모니터하기 위한 조직적인 준비 과정을 말한다(Pont et al., 2008: 145). 입문교육 대상자는 현직 교장 등 단위학교의 최고 지도자 직에 있는 사람, 기타 학교 지도성 인사로 교장이 아닌 학교 수준의 전문가로 학교 지도성, 관리 및 행정에서 주요 책임을 담당하는 사람이다.

입문교육은 보다 넓은 범위의 학교 지도자를 대상으로 하는 직전교육보다 지도성 훈련비용을 절감하고 지도성 훈련의 목표와 초점을 신임 학교 지도자의 구체적인 직무와 요구에 맞출 수 있다. 특히 직전교육이 의무화되어 있지 않은 국가에서 입문교육은 직전교육에 대한 보완 과정으로 활용될 수 있다. 또 입문교육은 교장뿐 아니라 교감이나 학교에서 지도성 역할을 처음 담당하는 사람들을 위해서 제공될 수 있다.

3) 현직교육

학교 지도자를 위한 전문성 개발은 교장직에 있는 학교 지도자의 지식과 기술을 갱신, 개발 및 확대하는 현직연수를 말한다(Pont et al., 2008: 149). 현직교육 대상자는 입문교육 대상자와 마찬가지로 교장이나 학교의 최고 지도자이고 교장이 아니지만 학교 지도성, 관리 및 행정에서 주요 책임을 담당하는 기타 학교 지도자다.

현직교육은 학교를 둘러싼 환경 변화와 교장 등 학교 지도자들에게 부과되는 새로운 자격 요건, 역할 그리고 책임 등으로 인해 최근 그 요구가 보다 커지고 있다. OECD 국가들에서 학교 지도자를 위한 현직교육 프로그램의 공급, 지원 및 형태는 매우 다양하다. 특히, 직전교육 또는 입문교육에 관한 기준이 없는 국가에서는 교장이 된 이후 현직교육을 통해 전문성을 향상시킬 필요가 있는 것으로 인식한다. 현직교육의 범위는 매우 광범위하며 학교 경영, 교육 지도성, 정부의 새로운 요구, 자원 관리, 조직 개발, 국가/지역 교육법, 학교 환경 개선 등이 포함된다. 교장의 현직교육 참여 여부는 교장 스스로 결정하는 반면, 교장 외 학교 지도자들을 위한 훈련 기회를 결정하는 사람은 대체로 교장이다.

4) 종합

OECD 국가 중 세 가지 지도성 훈련 프로그램을 병행 및 운영하고 있는 국가들은 많지 않으며, 대다수의 국가들은 두 가지 프로그램을 혼합하여 운영하고 있다(Pont et al., 2008: 109). 직전교육 프로그램은 다수의 국가에서 제공되고 있으며, 이들 프로그램은 교장이 되는 필수 과정으로 운영되고 있다. 반면 학교장이나 학교 지도자를 대상으로 한 현직교육 제공 여부와 내용 등은 국가 간에 상당한 차이가 있으며 학교 지도성 개발에 현직교육이 차지하는 비중도 다양하다. 입문교육은 대체로 지방자치단체의 자유재량으로 지원 및 제공되고 있으며 오스트리아를 제외하고 이를 의무화하고 있는 국가는 거의 없다.

또한 OECD 국가들에서 학교 지도성 개발은 총체적, 연속적 과정으로 이해되고 있다. 즉, 학교 지도성 직무 실제에 필요한 자격 요건과 기준을 설정하거나, 교장 후보자를 위한 직전교육, 초임 지도자를 위한 입직 프로그램, 현직에 있는 학교 지도자의 요구에 초점을 둔 현직교육 등 일관된 전문성 개발 기회가 제공되고 있다. 이와 더불어,

다수의 OECD 국가들은 장기적인 지도성 개발 계획을 가지고 학교장뿐 아니라 학교 지도성 팀을 위한 다양한 지도성 개발 및 훈련 기회가 제공되고 있다는 특징을 가지고 있다.

한편, 학교 지도성 개발 및 훈련 프로그램의 내용과 방법은 매우 다양하며, 직전교육, 입문교육, 현직교육에 따라 다양하지는 않다. OECD 국가들에서 운영되고 있는 지도성 훈련 프로그램은 1~2일에 걸친 단기 과정부터 대학원 수준의 프로그램(미국, 노르웨이에서 발달) 등이 있으며, 프로그램 구성은 지도자의 경력 단계나 필요에 맞추어 순차적으로 조직될 수도 있고, 이에 관계없이 일반적이고 공통적인 내용으로 구성될 수도 있다. 프로그램 내용도 학교 지도성 관련 법, 학교 경영, 의사소통, 네트워크 개발 및 기술 등과 같이 보다 실제적인 내용에 초점을 둔 것부터 학교를 둘러싼 광범위한 변화 관리, 포괄적인 지도성과 기업가 정신 등에 초점을 둔 훈련까지 다양하다.

기본적으로 지도성 훈련 프로그램은 개별 국가에서 채택하고 있는 지도성 역할과 책임, 지도성 기술, 지식, 직무 기준 등에 따라 그 초점이 달라질 수 있다. 또한 효과적인 지도성 프로그램에 관한 연구에 의하면(Davis et al., 2005; Bush & Glover, 2003), 이들 프로그램은 관련 연구에 기반을 두고, 교육과정에 일관성이 있으며, 실제적인 경험을 제공하고, 실제에 기반을 둔 지도성 학습, 동료 코칭, 학습 네트워크, 멘토링 프로그램, 학교 간 협력 등 다양한 방법을 활용한다는 공통점이 있다.

그러나 지도성 훈련이 지도성 효과(개선)에 영향을 주거나 나아가 학교 성과, 개선에 직접적으로 영향을 미친다는 경험적 증거는 뚜렷하지 않다(Davis, Darling-Hammond, LaPointe, & Meyerson, 2005). 지도성 훈련의 효과에 대한 경험적, 실증적 증거는 부족하지만, 지도성 개발 및 훈련이 지도자들의 지식, 기술 그리고 능력을 향상시키고 효과적인 지도성을 개발할 수 있으며, 학교 운영, 궁극적으로 교수와 학습을 개선할 것이라는 인식은 확산되어 있다(Pont et al., 2008). 이와 관련하여 지도성 개발 및 훈련이 지도성과 효과성 제고, 교수-학습 개선에 어떤 영향을 미치는가에 대해 경험적, 실증적인 연구가 지속적으로 이루어질 필요가 있다.

4. 현직 교장을 위한 지도성 훈련 프로그램

OECD 국가들에서 제공되고 있는 학교 지도성 개발 및 훈련 프로그램은 다양하다. 연방국가의 경우 국가 내에서도 지역별로 지도성 개발 및 훈련의 종류와 내용은 상당한 차이가 있을 수 있다. 여기서는 OECD 학교 지도성 개선 프로젝트에서(Pont et al., 2008) 모범적인 지도성 훈련 사례로 선정된 프로그램 중 미국, 영국의 사례를 정리하되 최근의 자료를 보완하였다. 우리나라도 그렇듯이 국가별로 교육정책, 제도는 지속적으로 변화하고 있다. 외국 사례를 검토할 경우 최신성은 중요하다. 그러나 여기서 제시하는 사례는 교장 지도성 개발 및 훈련 프로그램으로서의 의의와 특징, 그리고 우리나라에서 관련 프로그램을 개발하고자 할 때 고려해야 할 기준과 과제를 확인한다는 관점에서 바라볼 필요가 있다.

1) 미국 남부 지역 교육위원회의 지도성 훈련 프로그램

(1) 지도성 교육과정 모듈의 개요

미국 남부 소재 주들의 연합체인 남부 지역 교육위원회(SREB)[3]의 학습 중심 지도성 프로그램(Learning-Centered Leadership Program)은 학교 지도자들을 보다 체계적으로 준비하고 훈련시킬 수 있도록 교육 지도성 준비와 전문성 개발 프로그램을 재설계하는 데 초점을 둔다(SREB, 2007). 이는 학교를 개선하고 학생의 성취도를 높이기 위해서 교육과정과 수업을 변화시킬 수 있는 학교 지도자들이 핵심적이라고 가정하고 있다. 특히, SREB의 지도성 프로그램은 자격을 갖춘 질 높은 교장 후보자가 부족하다는 현재의 지도성 위기와 책무성 체제의 확대 등에 대응하여 교육 지도성을 재정의하고 보다 높은 성과를 내는 학교를 만들 수 있는 새로운 학교 지도자 세대를 발굴하고 준비하는 것을 지원한다. SREB는 미래의 학교 지도자, 현직 학교 지도자 모두를 대상으로 한다는 점에서 학교 지도자를 위한 직전교육, 입문교육, 현직교육의 성격을 모두 갖는다

3) 남부 지역 교육위원회(The Southern Regional Education Board)는 최초의 주간 교육협정으로 현재 남부 16개 주에 기여한다. SREB는 주요 쟁점을 제기함으로써 주 정부의 지도자들을 지원하고, 비교 데이터를 수집, 축적 및 분석한다. 또한 주 정부나 기관이 적극적인 행동을 취할 수 있도록 연구와 논의를 추진한다. 이 SREB의 지도성 프로그램은 미국 교육부와 민간재단(Wallace Foundation), 주 정부와의 계약에 따라 재정지원을 받고 있다(SREB, 2007).

고 할 수 있다.

SREB의 학습 중심 지도성 프로그램은 크게 세 가지로 구성된다. 첫째, 학교장 준비와 전문성 개발에 관한 연구를 수행하고, 둘째, 지도성 프로그램 재설계에 관심이 있는 주 정부, 학교구, 대학에 대해 지침과 자문을 제공하며, 셋째, 지도성 후보자의 준비와 현직 교장들이 학교를 개선하고 학생 성취를 높일 수 있는 지식과 실천을 수행할 수 있도록 지원하는 지도성 훈련 모듈을 개발하는 것이다. 구체적으로 SREB는 문헌 분석과 위기 학생들이 집중되어 있는 학교에서 학생의 성취 수준을 높이는 데 성공한 교장을 대상으로 한 조사를 통해서 13가지 핵심 성공 요인(Critical Success Factors: CSFs)을 확인하였으며, 이 핵심 성공 요인은 SREB의 학습 중심 지도성 프로그램의 핵심 요소라 할 수 있다.

SREB의 학습 중심 지도성 프로그램이 개발한 지도성 교육과정 모듈(leadership curriculum modules)은 전국 교육행정 정책위원회(NPBEA)의 주간 학교 지도자 자격기준협회(ISLLC)가 개발한 학교 지도자 기준(ISLLC 2008)과 SREB의 핵심 성공 요인(CSFs)을 학교현장에 적용 및 실천할 수 있도록 구성되어 총 19개가 있다. 이 중 학교 지도자들을 대상으로 한 모듈은 16개이며, 나머지 3개는 대학이나 학교구 관련자들을 위한 것이다. SREB의 지도성 교육과정 모듈은 최근 6년간 48개 주의 교장, 학교 지도성 팀, 주 정부 및 학교구 직원, 대학 담당자 등을 대상으로 실시되었으며 3,000명 이상의 지도성 훈련자들이 교육을 받았다(SREB, 2008: 3).

(2) 지도성 교육과정 모듈의 구성과 내용

SREB의 지도성 교육과정 모듈은 앞에서도 언급한 바와 같이 ISLLC 2008의 기준과 SREB가 확인한 13가지의 핵심 성공 요인과 밀접하게 연계되어 있다. 여기서는 먼저 SREB의 핵심 성공 요인을 정리하고, 19개 모듈의 주요 내용을 제시한다.

① SREB의 핵심 성공 요인

학생의 성취도를 향상시키는 효과적인 교장과 관련된 13가지 핵심 성공 요인은 크게 세 가지 역량 범주로 구분된다(SREB, 2007: 2-3).

- 역량 I: 효과적인 교장은 학생 성취에 기여하는 학교와 학급 실제를 종합적으로 이해한다.
  - 역량 1. 학생 성취에 초점. 학생 성취도 향상에 초점을 둔 목적을 수립하고 보다

높은 성취를 가능하게 하는 학교, 교육과정, 수업 실제의 요소에 관한 비전을 세운다.
- 역량 2. 높은 기대 문화 개발. 모든 학생들이 높은 수준의 내용을 학습한다는 기대 수준을 높이 설정한다.
- 역량 3. 표준 중심 수업 체제 설계. 학생의 동기를 유발하고 성취도를 높일 수 있는 좋은 수업 실천을 인정하고 장려한다.

• 역량 II: 효과적인 교장은 계속적인 학생 향상을 계획하고 실행할 교사나 다른 사람들과 함께 일할 능력을 갖고 있다.
- 역량 4. 돌봄 환경 창조. 교사와 직원이 모든 학생들이 중요하다는 것을 이해하고 모든 학생은 배려심 많은 성인의 지원을 받는 학교조직을 개발한다.
- 역량 5. 데이터 중심 개선 실행. 학교와 학급 실제에서 그리고 학생 성취에서 개선을 주도하고 지속할 데이터를 활용한다.
- 역량 6. 의사소통. 모든 사람이 학생 성취에 관한 정보를 알고 이에 초점을 두도록 한다.
- 역량 7. 학부모 참여시키기. 학부모들이 학생의 교육에 파트너가 되도록 하고 학부모와 교육자 협력 구조를 만든다.

• 역량 III: 효과적인 교장은 직원이 건전한 학교, 교육과정, 수업 실제를 이행하도록 필요한 지원을 제공할 능력이 있다.
- 역량 8. 변화를 계획하고 관리. 변화 과정을 이해하고 이를 효과적으로 관리하기 위한 지도성과 촉진 기술을 활용한다.
- 역량 9. 전문성 개발 제공. 성인 학습 방법을 이해하고 질 높은 지속적인 전문성 개발을 통해 학생 성취를 높이는 데 기여할 의미 있는 변화를 증진한다.
- 역량 10. 혁신. 학교 발전의 목표와 목적을 충족할 혁신적인 방법으로 시간과 자원을 활용하고 조직한다.
- 역량 11. 자원 극대화. 자원을 현명하게 획득하고 활용한다.
- 역량 12. 외적 지원 구축. 학교 발전 어젠더를 위해 중앙 부서와 지역사회, 학부모 지도자들로부터 지원을 얻는다.
- 역량 13. 효과적인 실천을 유지. 새로운 연구와 검증된 실천을 잘 알고 있는 동

료로부터 지속적으로 학습하고 이러한 동료를 적극적으로 찾는다.

이러한 13가지 핵심 성공 요인은 SREB의 지도성 교육과정 모듈 각각과 연계되어 있다. 모듈 참가자들은 자신의 필요에 따라, 즉 ISLLC 2008 기준과 핵심 성공 요인에 관련된 역량 개발에 적합한 모듈을 선택하여 지도성 훈련을 받는다.

② 지도성 교육과정 모듈

SREB의 지도성 교육과정 모듈은 미래 학교 지도자, 학교 지도성 팀이 연구에 기반한 다양한 전략과 핵심 성공 요인(CSFs)을 학교 실제에 적용해 보고, 학교 문제를 해결하는 데 사용해야 할 지식과 기술을 깊이 이해할 수 있도록 체계적인 교육과정으로 조직되어 있다. 지도성 교육과정 모듈은 체제로서의 학교 발전, 교육과정과 수업 개선, 지도성 준비 개선 등 세 개 영역에 걸쳐 총 19개로 구성되어 있다. SREB의 지도성 교육과정 모듈은 별도의 언급이 없는 한 현직 학교 지도자와 미래의 학교 지도자들을 대상으로 하는 훈련 과정으로, 다수의 모듈은 의미 있는 훈련 효과를 내기 위해서는 교장이 학교 팀의 일부로 모듈 훈련을 받아야 한다고 명시하고 있다.

각 모듈의 주요 목적과 특징은 다음과 같다(SREB, 2008).[4] 각 모듈별 운영 시간, 프로그램 구성 등에 차이가 있다.

첫째, 체제로서 학교 발전 영역은 개선에 초점을 둔 데이터 활용, 높은 성과를 내는 학습 문화 창조, 학생 실패 감소를 위한 근본 원인 분석 활용, 지속적인 전문성 개발 제공, 학습 중심 학교를 만들기 위한 자원 조직, 수업 지도성 팀 구축, 학교 발전에 이해관계자들의 참여를 이끌어 내기 위한 의사소통, 학생 성취도 개선을 위한 학교 변화 이끌기, 학교 발전을 위한 코칭 등 총 9개의 모듈로 구성되어 있다.

모듈 1. 개선에 초점을 둔 데이터 활용(SREB CSF 5)

학생 성취를 성공적으로 개선시키는 학교들은 수업, 학생 지원, 전문성 개발 등에 관한 의사결정을 위해 정기적으로 데이터를 활용한다. 이 모듈은 편리한 데이터 처리 과정을 가르쳐 주며, 참여자들은 학교 발전 과정에 데이터가 중요한 부분이라는 것을 학습한다. 또한 참가자들은 어떻게 중요한 질문을 확인하는가를 배우고 다양한 데

4) 여기서는 각 모듈의 의미만 제시하고 실제 운영 시간 등은 생략한다. 모듈의 구성 시간, 내용 등은 주현준 외(2014: 256-267)를 참고할 수 있다.

이터 소스를 발굴한다. 이 모듈은 특정 주의 시험이나 전국 시험에 관한 상세한 정보를 제공하지 않는 대신 다양한 데이터에 적용되는 광범위한 개념에 초점을 둔다(SREB, 2008: 7-8).

모듈 2. 높은 성과를 내는 학습 문화 창조(SREB CSF 1, 2, 3; ISLLC 1, 2)

학교의 문화가 학교 발전을 지원하지 않는다면 학교가 개선되기는 어렵다. 높은 성과를 보이는 학습 문화에서는 학교공동체의 모든 구성원들이 능력과 성취, 효율성과 노력, 권력과 통제에 대한 신념을 공유하고 있으며, 이러한 신념은 물리적 환경, 집단 관계, 정책, 절차 등에 가시적으로 드러난다. 여기서 높은 성과를 보이는 학습 문화란 각 개인 구성원들이 높은 기준을 성취할 수 있도록 기대되는 문화다(SREB, 2008: 12). 모듈 참여자들은 문화가 무엇이며, 왜 개발되어야 하는가, 문화 개발을 위해 지도자들이 어떤 역할을 하는가, 지도자들이 학교 발전, 높은 기대, 학생의 복지 등을 지원하는 문화를 강화하기 위해 어떤 도구와 전략이 활용가능한가를 학습한다. 또한 지도자 팀으로서 높은 성과를 보이는 학습 문화를 구축하기 위해 어떻게 협력해야 하는가를 배운다(SEEB, 2008: 7-8).

모듈 3. 학생 실패 감소를 위한 근본 원인 분석(Root Cause Analysis) 활용(SREB CSF 5)

학생 집단 간 수행성과의 차이를 줄이는 데 성공하는 학교는 학생들이 학업 기준을 충족시키거나 이를 능가하도록 학교와 학급 상황을 지속적으로 개선시켜 나간다. 높은 성과 문화는 문제를 확인하고 문제의 근본 원인을 이해함으로써 격차를 줄이려는 학교 전체에 걸친 총체적인 접근에 의해 강화될 수 있다. 학생의 학습을 개선하는 것은 학교 문화의 변화를 요구하는 동시에 이러한 변화를 초래한다. 학교 문화는 학생의 학습에 도움이 되기 위해 어떻게 그리고 어떤 개선이 이루어져야 하는가에 영향을 미치며, 데이터는 불평등을 확인하고 체계적인 편견을 드러내며 학생 성취를 향상시키는 데 필요한 신념과 실천을 변화시키는 강력한 수단이 된다. 이 모듈에 참가하는 학교 지도성 팀은 학교에서의 격차를 줄이기 위한 문제를 파악하는 데 필요한 분석 도구를 배우며, 문제의 근본 원인과 연구에 기초한 해결책을 세밀하게 검토할 기회를 갖는다. 모듈 3을 이수하기 위해서는 모듈 1과 2를 먼저 이수하는 것이 권장된다(SREB, 2008: 7-8, 14).

모듈 4. 지속적인 전문성 개발 제공(SREB CSF 9, 13)

전문성 개발은 학교를 변화시키는 강력한 도구이지만, 대체로 부실하게 이루어지거나 긍정적인 변화를 초래하지 못한다. 또 전문성 개발은 사람에 따라 다양하게 이해된다. 이 모듈에서 참가자들은 학생 성취에서 차이를 만드는 전문적 학습을 향상시키기 위한 보다 풍부한 방법을 배운다. 참가자들은 성과가 높은 학교와 낮은 학교의 전문성 개발 특성을 검토하고, 직원들을 위한 성공적인 학습을 조직하는 방법을 배우고, 학교가 어떻게 전문적 학습공동체를 만들 수 있는가를 학습한다(SREB, 2008: 7-8, 16).

모듈 5. 학습 중심 학교를 만들기 위한 자원 조직(SREB CSF 10, 11, 12; ISLLC 3, 4)

교수, 계획 그리고 전문적 학습을 위해 학교는 어떻게 보다 효과적으로 시간 및 자원을 활용할 수 있을 것인가? 이 모듈은 학교 환경 요소들이 어떻게 학생 성취에 영향을 미치는가를 이해하고, 학습과 학생 성취를 개선하기 위해 학교 직원들이 어떻게 협력할 것이며, 어떻게 기술을 효과적으로 활용할 것인가에 관한 실제적인 도구와 과정을 배우는 데 도움이 된다(SREB, 2008: 7-8).

모듈 6. 차이를 만들어 낼 수 있는 수업 지도성팀 구축(SREB CSF 8, 8, 12; ISLLC 1, 4)

지도성의 핵심은 기꺼이 책임을 지려는 마음이다. 향상되고 또 개선을 유지하는 학교들은 학교 개혁을 지도하는 팀을 활용한다. 수업장학과 개선에서 교사들이 보다 공식적이고 명확한 역할을 담당함으로써 지도력을 절실히 발휘할 필요가 있다. 이 훈련의 목적은, 첫째, 교장이 수업 지도성 팀을 구축하기 위한 기초 작업을 하는 데 도움이 되고, 둘째, 수업 지도성 팀이 어떻게 원만하게 기능하고 목표에 초점을 맞출 것인가를 학습하도록 지원하는 일련의 워크숍을 제공하는 데 있다. 모듈은 이러한 팀을 어떻게 구성할 것이며, 팀이 목적과 목표를 설정하도록 어떻게 도와줄 것이며, 전문적 학습공동체의 지도자로서 어떻게 협력할 것인가에 초점을 둔다. 모듈 참가자들은 지도력 기술과 협력, 협동 작업의 변수, 어떻게 팀을 설계하고 조직할 것인가, 팀들이 효과적으로 되는 데 필요한 훈련을 어떻게 제공할 것인가를 배운다(SREB, 2008: 7-8).

모듈 7. 학교 발전에 이해 관계자들의 참여를 이끌어 내기 위한 의사소통(SREB CSF 6; ISLLC 4)

효과적인 의사소통은 학교공동체를 개선하는 핵심이다. 흔히 좋은 의도가 부실한 의사소통으로 인해 다른 길로 빠지게 되는데, 성과가 높은 학교에서는 모든 사람이 같은 소리를 낸다. 이를 위해서는 강력하고 정교하게 조정된 의사소통 계획이 필요하다. 모듈 참가자들은 효과적으로 의사소통하는 방법을 배우고 누가 알아야 하는가, 왜 알아야 하는가를 결정하며, 어떻게 적시에 사람들을 참여시킬 것이며, 의사소통이 학교와 질 높은 수업에 미치는 영향 등을 배운다(SREB, 2008: 7-8).

모듈 8. 학생 성취도 개선을 위한 학교 변화 이끌기(SREB CSF 8, 13)

이 모듈은 의미 있는 변화를 실행하고 유지하기 위해 학교 팀들이 학교에 영향을 미치는 서로 다른 인적 · 조직적 요인을 이해하도록 해 준다. 또한 모듈 훈련은 학교 지도자들이 변화 과정에 영향을 미치는 힘을 이해하고 지속적인 학교 발전을 위해 이러한 힘을 지휘할 수 있도록 하는 데 초점을 두며, 변화에 반응하기보다 변화를 이끄는 방법을 학습하는 데 초점을 둔다.

모듈 9. 학교 발전을 위한 코칭(SREB CSF 1, 6, 8, 12, 13; ISLLC 1, 4)

변혁적 학교 발전 과정을 겪고 있는 학교들은 그들을 도와줄 외부 코치를 필요로 한다. 이 모듈에서 코치의 지도하에 학교 팀이 자신의 약점에 생산적으로 대응하는 동시에 자신의 강점을 학습하고, 발견하고, 증축하는 데 도움을 주고 촉진하는 태도, 신념 및 행동을 개발한다. 모듈 종료 후 참가자들은 학교 팀과 명확하고 신뢰할 만하며 생산적인 관계를 수립할 수 있으며, 코치는 변화 촉진자로서 팀이 학습하고 성장하도록 도우며, 그 결과 팀은 문제를 진단하고 기회를 확인하며, 적절한 전략을 선택하고 실행하며, 계속적인 개선을 모니터할 수 있을 것으로 기대된다. 모듈 참가자들은 여러 가지 전략과 기술을 활용하여 다양한 학교 발전 상황에 어떻게 가치를 부가할 것인가를 배운다(SREB, 2008: 7-8, 26).

SREB의 지도성 교육과정 모듈의 두 번째 영역은 교육과정과 수업 개선이다. 여기에는 교육과정의 우선순위 정하기, 교육과정 지도 만들기와 모니터하기, 학생 학습을 개선하기 위한 평가 설계, 교사의 과제와 학생의 작업 결과를 엄격한 기준에 맞추기, 학생을 학습에 참여시키기 위해 학교교육을 개별화, 학교 전반에 걸친 문해력 지도, 학교 전반에 걸친 수리 능력 함양 지도, 학년 수준의 성취도 숙달과 대학 준비를 보장하는 학문적 엄격성 평가 등 7개 모듈이 포함된다.

모듈 10. 교육과정의 우선순위 정하기, 교육과정 지도 만들기와 모니터하기(SREB CSF 1, 2, 3; ISLLC 1, 2)

고부담 시험 세계에서, 이 모듈은 학교가 자신의 교육과정을 올바른 목표를 향해 유지하도록 돕는다. 모듈 참가자들은 교육과정을 우선하고, 교육과정 지도를 만들고, 모니터하는 이점을 배우며, 학생들이 무엇을 배우기를 원하는가, 어떤 학습이 가장 중요하며, 실제 교육과정이 가르쳐지고 있다는 것을 어떻게 아는가 등의 문제를 보다 깊이 이해하게 된다. 이 모듈은 참가자들이 주 정부와 국가 교육과정을 보다 깊이 이해하고 이 지식을 학급 실제에 적용하는 것을 돕는다(SREB, 2008: 7-8, 28).

모듈 11. 학생 학습을 개선하기 위한 평가 설계(SREB CSF 1, 2, 3; ISLLC 1, 2)

모든 평가 정보 사용자의 필요에 부응하는 평가를 설계하고 실행하는 데에 적극적인 역할을 하는 학교들은 학생의 학습과 보다 높은 성취를 촉진할 수 있다. 이 모듈의 목적은 학교 팀이 학급과 학교 전체에서 평가를 활용하는 방식을 제고하도록 돕는 일련의 워크숍을 제공하는 것이다. 참가자들은 학습(결과)의 평가(assement of learning: AOL)와 학습을 위한 평가(assement for learning: AFL) 모두를 포함하는 균형 잡힌 평가 체제를 어떻게 설계할 것인가를 배운다. 또한 참가자들은 피드백과 성적 등급 실제에 관련된 쟁점을 분석한다.

모듈 12. 교사의 과제와 학생의 작업 결과를 엄격한 기준에 맞추기(SREB CSF 1, 2, 3; ISLLC 1, 2)

학생들이 높은 수준의 학습을 하도록 학교에서 기준을 정할 수 있지만 학급 과제는 이러한 기준에 부합하지 않는다. 참가자들은 교사가 제시하는 과제가 학생들이 학교에서 정한 기준을 충족하는 질 높은 과제인가, 또 교사가 제시하는 과제와 평가가 기준을 충족시키는가를 판단할 수 있도록 교사의 과제와 학생의 작업을 분석하고, 학교가 활용할 수 있는 과정을 배운다. 이를 위해 이 모듈에서는 참가자들이 6단계로 구성된 실제적 기준(Standard in Practice: SIP) 과정을 활용하는 방법을 가르친다(SREB, 2008: 7, 9, 32).

모듈 13. 학생을 학습에 참여시키기 위해 학교교육을 개별화(SREB CSF 4, 7; ISLLC 2, 4)

이 모듈은 참가자들과 학교 팀들이 추가 지원, 조언, 학습, 학생과 가정의 관계 등에 대해 깊이 생각하도록 돕는다. 효과적인 추가 지원 프로그램의 구성 요소와 어떻게 학생들이 한 수준에서 다음 수준으로 성공적으로 나아가도록 도와줄 것인가는 학생 개선을 위한 개별화된 학습 환경을 만드는 데 기여한다. 참가자들은 관련 연구를 분석하고 자기 평가를 통해 이를 적용해 보고, 다양한 실천 사례를 검토하며 개선 계획을 세운다. 참가자들은 어떻게 학교가 학습자 친화적이 되도록 할 것인가를 배운다(SREB, 2008: 7, 9, 34).

모듈 14. 학교 전반에 걸친 문해력 지도(SREB CSF 1, 2, 3; ISLLC 1, 2)

모든 시민을 위한 문해력 달성은 연방정부와 전국의 교육자들에게 교육에 대한 최우선적인 국가 문제다. 이에 따라 학교 지도자들은 효과적인 문해력 수업을 확인하고 훌륭한 문해력 실천에 대해 교사들과 협의할 수 있어야 한다. 이 모듈은 문해력에 대해서 지도자들이 무엇을 알아야 하며, 학교는 문해력 지도력을 제공하기 위해 무엇을 알아야 하는가라는 관점에서 설계되었다. 참가자들은 구어와 문어를 최대한 학습하도록 돕는 전략을 통해 어떻게 내용을 학습하는가를 학생들에게 적극적으로 가르쳐 주는 것이 중요하다는 것을 배우며, 또 이러한 전략이 어떻게 자신들의 실천에 통합될 수 있는가를 생각해 본다(SREB, 2008: 7, 9, 36).

모듈 15. 학교 전반에 걸친 수리 능력 함양 지도(SREB CSF 1, 2, 3; ISLLC 1, 2)

오늘날 직업을 구하고 직업에서 성공하기 위해서는 수학적 기술과 개념의 범위와 깊이가 증가하고 있다. 학교 지도자들은 수리 능력 함양을 위한 효과적인 수업을 어떻게 확인할 것이며, 교육과정 전반에 걸쳐 수리 능력을 함양할 수 있는 수업을 어떻게 장려할 것인가를 알아야 한다. 이 모듈은 지도력과 수리 능력에 초점을 둔다. 이는 학교 전체와 교실 전략에서 수리 능력 개선 노력이 초점이 됨을 의미한다. 이 훈련은 전 학년 수준을 위한 수리 능력 요구와 접근에 대응하도록 설계되었으며, 지도자들이 수리 능력 함양을 위한 지도력을 발휘하기 위해 그들이 아는 것과 알아야 하는 것에서 격차를 줄이는 데 도움이 될 것이다(SREB, 2008: 7, 9, 38).

모듈 16. 학년 수준의 성취도 숙달과 대학 준비를 보장하는 학문적 엄격성 평가(SREB CSF 1, 2, 3; ISLLC 1, 2)

엄격성은 교육과정 기준, 학급 과제, 진행 중인 평가와 시험 등에서 높은 기대를 갖는다는 것을 의미한다. 즉, 엄격성이 조직 수준에서 표현되는 방식으로서 학문적 압력은 학교공동체가 학문적 성공과 구체적인 기준 성취를 강조하는 것을 경험하는 정도를 말한다. 학교 지도자들은 엄격성의 중요성을 이해하지만 많은 지도자들은 엄격성을 철저하고 적절하게 측정, 모니터 및 촉진하지 못하고 있다. 이 모듈을 통해 참가자들은 자신들의 학급이 엄격한가를 결정하고(기대되는 학생 학습, 교수, 평가 간의 일관성을 평가함으로써), 또 자신들의 학교가 엄격한가를 결정하기 위한 도구와 전략을 어떻게 사용하는가를 배운다(SREB, 2008: 7, 9, 40).

SREB의 지도성 교육과정 모듈의 두 번째 영역은 지도성 준비 개선하기다. 여기에는 학습 중심 교장을 준비(양성)하기 위한 대학-학교구 간 협력적 파트너십 개발, 학교 지도자들을 위한 인턴십 프로그램 개발, 역량 중심 인턴십과 입문교육 경험에 있어 학교 지도자 멘토링 등 3개의 모듈이 포함된다.

모듈 17. 학습 중심 교장을 준비(양성)하기 위한 대학-학교구 간 협력적 파트너십 개발(SREB CSF 전체; ISLLC 1-4)

교장 준비와 전문성 개발을 위한 대학-학교구 파트너십의 목적은 모든 학교에 학생 학습 개선을 가져오는 지도성을 제공하는 것이다. 이를 성공적으로 수행하기 위해서는 파트너십 관계에 있는 양자가 전통적으로 어느 한쪽이 단독으로 책임을 가지고 있던 영역에 대한 통제 권한을 넘겨주어야 한다. 성공적인 대학-학교구 파트너십은 만약 대학과 학교구 양 조직이 공식적인 구조 내에 공유되는 비전, 공유하는 위기 인식, 상호 책무성, 그리고 공유되는 질문을 개발하기 위해 함께 협력할 의지가 있고, 대학과 학교구 양자에게 유익하고 자신들의 업무와 미션을 병행할 수 있다면 양 조직의 집단적 역량에 영향을 미칠 수 있다. 참가자들은 대학도 학교구도 단독으로 학교 지도자들을 적절하게 준비시키는 데 필요한 경험의 폭을 제공할 수 없음을 배운다(SREB, 2008: 7, 9, 42).

모듈 18. 학교 지도자들을 위한 인턴십 프로그램 개발(SREB CSF 전체; ISLLC 1-4)

미래의 교장이 학생 성취도 개선과 연계되는 지도성 행동에 대한 실천 기회를 제공하는 인턴십 프로그램은 질 높은 교장 준비 프로그램의 본질적인 요소다. 참가자들은 파트너십 협약을 만들기 위해 대학-학교구 파트너십 팀으로 일한다. 모듈 전체에 걸쳐, 참가자들은 최근의 문헌과 연구와 실천 사례에 기초하여 교장 후보자들을 위한 효과적이고 질 높은 인턴십 프로그램을 계획하고 실행하는 데 필요한 훈련을 받는다. 이 훈련은 전문성 개발은 실제 상황에 적용하는 것을 포함해야 한다는 아이디어에 기반을 두고 있어, 전 훈련 과정에서 참가자 팀은 일반 원칙을 배운 후에 자신들이 근무하는 상황에 이를 적용해 보게 된다(SREB, 2008: 7, 9, 44).

모듈 19. 역량 중심 인턴십과 입문교육 경험에 있어 학교 지도자 멘토링(SREB CSF 전체; ISLLC 1-4)

가장 효과적인 멘토는 피멘토와 함께 발견 과정에 참여하는 멘토다. 자신의 경험과 문헌 검토를 통해 교장 멘토들은 효과적인 멘토의 특징과 역할을 확인한다. 또한 이들은 학교 지도자의 성장에 기여하는 초임 경험을 알아본다. 이 훈련에서 멘토는 역량 중심, 발달 학습 계획을 계획하고 실행하는 것을 돕는 자료를 받게 되며, 참가자들은 학생 성취에 있어 차이를 만들어 내는 학교 지도자들을 돕기 위해 효과적인 멘토가 활용하는 역할, 기술, 과정, 도구, 다양한 전략 등을 배운다(SREB, 2008: 7, 9, 46).

종합적으로 볼 때, SREB의 지도성 교육과정 모듈은 수업을 개선하고 학생 성취도를 높이기 위해 학교 지도자들이 알아야 할 것과 할 수 있는 것을 개발하는 데 초점을 두고 있다. 이 지도성 교육과정 모듈은 현직 교장뿐 아니라 교사 지도자, 교육과정 전문가, 미래의 학교 지도성 후보자들을 대상으로 하며, 대학의 지도성 준비 프로그램, 주의 지도성 아카데미, 다른 전문성 개발 계획 등과 연계될 수 있다(SREB, 2008).

③ 모듈 훈련과 이수 절차

SREB의 각 지도성 교육과정 모듈은 다음 4가지 전달 단계로 구성되는 지식과 활동을 제공한다(SREB, 2008).

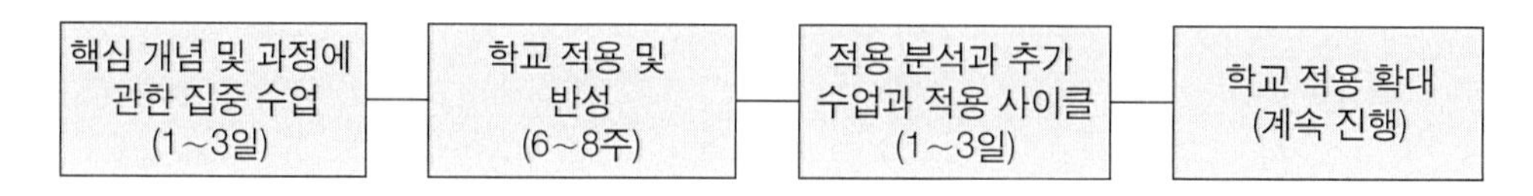

◆ 그림 14-1 ◆ SREB의 지도성 교육과정 모듈

출처: SREB(2008), p. 4.

모듈 훈련은 집중 워크숍으로 시작하며, 이어서 학교 적용 단계, 추가적인 워크숍과 학교 적용 사이클이 제공되며, 마지막으로 훈련에 함께 참가한 지방 학교구 직원의 지원과 코치에 의한 추가 학습과 후속 조치로 종료된다. 집중 워크숍은 1~3일로 구성되며, 이어서 6~8주간 참여자들은 자신의 학교 상황에 새로 학습한 것을 적용하고 새로운 전략을 시도해 본다. 종일 워크숍이 가능하지 않을 경우, 지도성 모듈 훈련가들은 모듈을 다양한 형태로 재구성할 수 있다. 모듈 참여자들은 각 집중 워크숍 종료 후 과제를 수행해야 하며, 이 과제의 결과는 다음 단계로 나아가는 데 필요하다.

SREB의 지도성 교육과정 모듈은 대학이나 학교구, 학교의 지도성 팀을 대상으로 하며, 학교 팀의 경우에는 교장을 포함하여 학교 지도자 희망자, 교사 지도자, 학교구 대표 관료 등의 팀으로 구성되어야 한다. 또한 SREB(2008: 5)에 따르면, 이 모듈은 SREB의 '모듈 강사(훈련가) 자격'을 갖춘 전문가(SREB 웹 사이트에 명단 공개)에 의해 운영되어야 한다.

2) 영국의 학교 지도자를 위한 전문성 개발 프로그램

(1) 특징

영국에서는 1990년대 중반부터 지도성 프로그램이 급속하게 발달하였으며, 이러한 프로그램 운영과 질 관리는 여러 차례의 변경을 거쳐 2000년부터는 국가 학교 지도자 대학(National College for School Leadership: NCSL)에서 담당하고 있다(Higham, Hopkins, & Ahtaridou, 2007). 2010년 5월 정부가 들어선 이후 교장 자격, 양성, 전문성 개발에 관련된 정책, 제도에 상당한 변화가 있었다. 먼저 독립된 조직으로 있던 NCSL은 2012년 4월 1일자로 교육부의 책임운영기관(executive agency)으로 개편되었으며, 2013년 4월 1일부터는 교직 기구(Teaching Agency)로 통합된다. 이는 질 높은 교수와 지도성에 초점을 둔 단일 기관을 두려는 정부 정책 방침에 의한 것이다. 또한 2004년 개발된 국가 교장 기준(National Standards for Head teachers)이 폐지되었으며, 학교의 중간 관리자, 신규 교장과 경력 교장을 대상으로 한 전문성 개발 프로그램이 개편되었다.

영국의 경우, 학교 지도자를 위한 다양한 전문성 개발 프로그램을 운영하고 있는데, 이들 프로그램은 교장뿐 아니라 학교의 중견 지도자, 상급 지도자, 그리고 학교운영위원(장), 학교 사업 관리자(school business managers)를 대상으로 한다. 특히, 학교운영위원(장)을 대상으로 한 지도성 프로그램은 정부가 2010년 11월 24일 발표한 교육부의 백서(교수의 중요성)에서 국가 지도성 대학의 새로운 역할 및 책임으로 학교운영위원 훈련(governor training)이 포함되면서 강화되고 있다(DfE, 2010). 영국의 학교에서 학교운영위원회는 학교의 핵심 의사결정 주체로서 학교장과 교사 선발을 비롯해서 학교 운영에 관한 거의 모든 의사결정에 참여하고 있다.

또한 영국의 지도성 훈련 프로그램에서 주목할 점은 우수한 학교 지도자들을 위한 보다 심화된 프로그램이 제공되고 있을 뿐 아니라 이들 우수한 지도자들이 멘토링, 코칭, 네트워크 형성 등을 통해 다른 학교 지도자와 학교 발전 지원에 참여함으로써 우수한 지도성 성과를 보다 확산하는 체제를 구축하고 있다는 점이다. 현재 영국에서 학교 지도자의 전문적 자질과 기술, 지식을 개발하기 위한 훈련 프로그램은 총 6가지가 있는데, 이 중 일부는 지도자 개인을 대상으로 한 전문성 개발 프로그램이며, 일부는 학교 지도자 및 학교 발전을 지원하는 데 초점을 두고 있다.[5)]

(2) 학교 지도자 전문성 개발 프로그램

① 교장 자격 과정

영국은 2010년 들어서 기존의 국가 교장 전문 자격(National Professional Qualification for Headship: NPQH)을 재정비하였다. 영국에서 NPQH 제도는 1997년 교장이 되고자 하는 사람들을 위한 준비 과정으로 도입되었으며, 2008년에는 12~18개월 내에 교장이 되고자 하는 사람을 위한 과정으로 개정되었다. 2008년에는 공립학교에 근무하고자 하는 초임 교장이 이수해야 하는 자격 과정으로 의무화되었다. 2010년 11월에 발표된 교육부의 학교 백서(Schools White Paper)인 「교수의 중요성(The Importance of Teaching)」에서도 정부의 재정지원을 받는 모든 공립학교의 신규 교장에 대해서만 NPQH 취득을 의무화하였다(DFE, 2010). 이와 더불어 정부는 현재의 NPQH의 내용이 다른 국가나 경제 부문에서 정하고 있는 지도성 발달의 최상위 기준을 충족하는지를 재검토하도록 하였다(www.education.gov.uk/nationalcollege/npqh.htm).

이러한 분석 결과 2011년 11월 교육부 장관은 2012년 초부터 NPQH는 선택 과정으로 변경하고, 공립학교와 비공립학교(아카데미, 사립학교)의 미래 교장을 위한 과정으로 개편할 것을 발표하였다(www.education.gov.uk/inthenews). NPQH 개편은 미래 교장들이 교장직을 위한 최선의 기술 개발 기회를 갖도록 하고, 교장 자격이 국제 최고 수준(예: MABs)에 상응할 뿐 아니라 교장 지도성 발달을 위한 기준을 충족하고, 효과적인 교장 요건에 관한 연구와 이론에 기반을 두는 등 교장 자격 과정을 보다 강화하기

5) 이 절은 영국 교육부의 국가 학교 지도자 대학 사이트와 사이트에서 제공되는 각종 자료를 토대로 정리하였다(www.education.gov.uk/nationalcollege).

위한 것이다. 이에 따라 새로 개편된 NPQH는 교장이 되고자 하는 사람들이 선택하는 첫 번째 과정으로서 우수한 학교 지도자 세대를 길러내는 데 초점을 둔다.

새로 개편된 NPQH는 졸업 후 곧바로 교장직을 수행할 수 있는 사람을 대상으로 한 6~18개월 과정으로 석사 수준에 기초한 모듈 커리큘럼을 따르고 있다. 이는 성공적인 교장의 지식, 기술, 역량 개발에 초점을 둔 것으로, NPQH 이수를 위해서는 현 근무학교 교장과 기타 학교 지도성 팀으로부터 전적인 지원과 지지를 받을 수 있어야 한다. 2012년 9월부터 적용되는 개편된 NPQH의 주요 특징을 보면, 먼저 입학 요건을 높여서 12~18개월 내에 교장직에 지원할 수 있으며, 졸업 후 바로 교장직을 수행할 수 있는 경우로 제한하고 있다. 또한 교장직의 핵심 측면에 초점을 둔 필수 모듈을 두고 있으며, 참가자들은 3개의 필수 모듈과 2개의 선택 모듈을 이수함으로써 점차 높은 수준의 자격 요건을 갖추게 된다. 현장 실습학교 배치 기간은 최소 9일로 확대되었으며, 이는 다양한 맥락에서 우수한 교장과 함께 일할 수 있고, 학교 전체의 전략적인 지도성 과업을 수행하는 기회를 제공한다. 또한 전 프로그램에 걸쳐 학습을 확대하고 극대화하기 위해 동료 학습과 선택적 코칭을 받을 수 있다. NPQH의 주요 프로그램 구성 요소와 내용을 정리하면 〈표 14-1〉과 같다.

◆ 표 14-1 ◆ NPQH 프로그램 내용

프로그램 요소	상세 내용
입문 과정	7시간의 면대면 학습으로 ① NCSL에서 개발한 360도 진단 도구 활용, ② 자신의 NPQH 활동 계획, ③ 현장실습 학교 선정, ④ NPQH 전 기간 동안 코치의 지원을 받을 것인가 선택, ⑤ 근무하는 학교와 현장실습 학교의 학교 전체 학습(whole-school learning)에서 희망하는 지도성 개발 성과 심사숙고, ⑥ 평가 과정 이해, ⑦ 동료와 학습
발달 단계	필수 모듈과 선택 모듈에 따라 현장실습 학교와 자신이 근무하는 학교에서의 업무를 포함하는 다수의 통합 활동
현장실습 학교	선택한 학교에서 최저 9일간의 현장실습 수행. 이 기간 동안 ① 전략적으로 도전적인 프로젝트 지도, ② 현장실습 학교 교장과 함께 합의된 활동에 참가, ③ 효과적인 역할 모델을 통한 학습, ④ 상이한 맥락에서 지도성 실습과 개발, ⑤ 효과적인 지도자의 핵심 지도성 행동에 대한 반성과 자신의 지도성 개발 방법을 파악한다.
근무 학교	현 근무학교에서 매일매일의 지도성 개발에 참여하며, 이 기간 동안 ① 전략적으로 도전적인 프로젝트 지도, ② 도전적인 업무에 참여하고 교장으로부터 지원 받음, ③ NPQH에서 학습한 것을 지도성 실제에 통합, ④ 구체적인 학교 발전의 우선사항을 협상하고 씨름하게 된다. 현재 학교에서 근무하지 않는 참가자는 자신이 아는 학교, 자신을 지원해 줄 학교에서 근무 학교 활동을 수행한다.

프로그램 요소	상세 내용
모듈	NPQH 모듈은 근무 기반, 온라인, 반성적이고 촉진적 학습의 혼합이다. 각 모듈의 균형은 다양하나 전형적으로 모듈의 활동의 절반은 근무 기반(work-based)으로 이루어진다. 우수한 실천 사례에 기초하여 만들어진 3개의 핵심 모듈(교수 지도와 개선, 효과적인 학교 지도, 교장직 승계)을 이수하게 되며 두 가지 선택 모듈(교육과정 개발, 통합 지도: 모든 이를 위한 성취, 격차 줄이기, 성과 개선을 위한 데이터의 활용과 증거, 직원 및 효과적인 팀 지도하기, 개선을 위한 변화 이끌기, 다양한 맥락에서의 지도성, 효과적인 파트너십을 통한 학교 발전)을 택할 수 있다.
코칭	지도성 개선을 위한 선택적 코칭은 인가받은 기관을 통해 지원받을 수 있다. 코칭은 참가자에게 ① 참가자의 학습을 종합하고 통합, ② 진전 정도 확인, 강점 구축, 추가 발달이 필요한 부분 확인, ③ 자기인식 구축 및 자신의 지도성 개선, ④ 코칭 행동을 자신의 지도성으로 만들기 등의 기회를 제공한다.
최종 평가	전 발달 단계에 걸쳐 참가자의 과업이 평가되며 세부적인 평가 내용은 추후에 확정된다.

출처: www.education.gov.uk/nationalcollege/.../npqh/npqh-programme-details.htm

NPQH는 학교 지도자를 위한 전문성 개발 프로그램을 관할하는 국가 학교 지도성 대학(National College for School Leadership: NCSL)에서 책임지고 있는데, 이 국가 대학의 조직과 프로그램에도 큰 변화가 있었다. 종래 NCSL은 독립된 조직이었으나 2010년부터 교육부의 한 부서로 통합되었다. 그러나 국가 대학(National College)의 기능과 서비스는 그대로 유지되고 있다. 즉, NCSL은 학교급과 학교 유형에 관계없이 모든 학교 지도자, 학교, 아동센터 등에서 아동들에게 긍정적인 영향을 미칠 수 있도록 지도자들의 전문성을 개발하고 지원한다(www.education.gov.uk/nationalcollege).

② 헤드 스타트

이 프로그램은 NPQH 졸업자와 교장 경력 2년 이내의 신규 교장 및 현 교장으로 채용되었지만 교장직을 아직 시작하지 않은 교장 등을 대상으로 자신감과 기술을 갖춘 효과적인 교장이 되도록 도와주기 위한 실질적인 조언과 지원을 제공한다. 헤트 스타트는 20~30시간의 멘토링을 통해 경험 있는 교장(전문 파트너)의 지원을 받을 수 있는 기회를 제공하며, 국가 지도성 대학의 온라인 커뮤니티를 통해 다른 신규 교장과 네트워크를 형성하고 경험을 공유한다. 또한 참가자는 자신에게 맞는 온라인 학습 모듈과 온라인 단기 코스를 통해 자신의 지도성 기술을 지속적으로 개발한다.

헤드 스타트 프로그램은 두 단계로 구분된다. 첫 번째 단계는 NPQH 졸업자를 대상으로 한 프로그램으로, 졸업생들이 교장직을 찾는 것을 지원한다. 구체적으로 NPQH 졸업자(프로그램 참가자)들은 ① 교장직 자리를 찾고 나서 확보에 관련된 단기 코스와 자문을 받으며, ② 온라인 커뮤니티와 네트워크 도구, ③ 다른 환경에서 교장직을 탐색하는 학습 모듈과 단기 강좌, 교장직 준비에 도움이 되는 온라인(e-learning) 학습 기회 등이 제공된다.

두 번째 단계는 신규 채용된 교장을 대상으로 첫 2년 동안 운영되는 프로그램이다. 교장으로 채용되면 곧바로 헤드 스타트 프로그램의 두 번째 단계에 등록할 수 있으며, 교장직을 시작할 때까지 기다릴 필요는 없다. 두 번째 단계의 프로그램에서는 첫 번째 단계의 과정 외에 추가로 ① 경험 있는 현직 교장의 멘토링(전문 파트너), ② 추가적인 온라인 커뮤니티, ③ 교장직의 핵심 측면을 다루는 맞춤형 온라인 강좌, ④ 지도성 개발 자료, ⑤ 지역의 입문 교육 기회 등이 제공된다. 전문 파트너는 면대면 회의, 전화, 이메일 등을 통해 20~30시간의 지원을 제공하며, 코칭과 멘토링을 통해 참가자를 지원하고 도전의식을 북돋우며, 행동 중심 학습 기술을 활용하고, 참가자들이 자신의 전문적 실천을 반성적으로 생각하도록 촉진한다. 또한 참가자들이 자신의 지방과 국가 맥락을 이해하도록 돕는다. 전문 파트너는 데이터베이스 등을 이용해서 참가자가 직접 찾거나 지방 교육청에서 전문 파트너를 제안할 수도 있다(NCSL, 2010. 11.; www.education.gov.uk/nationalcollege/.../headstart). 프로그램 이수 비용은 공립학교 교장에 대해서는 무료이며, 정부 보조가 없는 사립학교에 채용된 교장은 1,000파운드를 부담한다. 고용 조건에 따라 학교가 비용을 지원하기도 한다(www.education.gov.uk/nationalcollege/.../headstart).

③ 펠로우십 프로그램

펠로우십 프로그램(Fellowship Programme)은 교육 분야 최고의 지도자들을 위한 과정으로 지도성과 경영에 관한 최신의 이론과 실천을 다룬다. 구체적으로 이 프로그램은 체제 지도자로서 보다 넓은 교육 환경에 영향을 미치기 위해 자신의 관점을 확장하고, 도전적인 일에 관심이 있는 국가 교육 지도자(national leaders of education: NLE)를 대상으로 하는 프로그램이다. 이 프로그램에서는 참가자들이 높은 수준의 학문적 사고에 접할 수 있도록 하며, 다른 분야의 경험을 공유하고 학습할 수 있도록 여러 다른 분야의 지도자들을 만나는 기회를 제공한다(www.education.gov.uk/nationalcollege/.../fellowshipprogramme.htm).

이 프로그램의 주요 특징은, 첫째, 일단 뛰어난 지도자들과 함께 보다 긴밀하게 협력하는 독특한 기회를 제공한다. 둘째, 참가자들에게 교육 정책가들에게 실제적인 도전이 되고 있는 국가적으로 중요한 교육정책 문제를 다루는 세계적 수준의 경험을 제공한다. 셋째, 펠로우십은 국가 교육 지도자들을 대상으로 하며, 이들은 적어도 하나 이상의 성공적인 학교 지원을 수행하여 중요한 학교 발전을 가져온 사람들이다. 넷째, 프로그램 참가자는 ① 프로그램의 내용, 기대, 목표를 소개하는 입문 과정에 참석한다. ② 참가자는 자신의 개인적 학습을 개발하도록 해 주는 경영 학교(business school)에서 또는 싱가포르 교환 방문을 통한 경험 기회를 갖는다. ③ 일대일 업무 코칭 기회를 갖는다. ④ 전체 집단이 국가의 주요 교육 문제에 대해 4일간 집중적으로 작업하는 펠로우십 협의회에 참석한다. 이 프로그램은 6월부터 3월까지 총 9개월간 운영되며, 참가자들은 최소 15일은 정해진 날에 참여해야 하며, 선택한 과정에 따라 달라지지만 코칭과 평가가 포함된다. 프로그램 이수 비용은 지도성 대학이 부담하며, 엄격한 선발 과정을 거친다. 참가자들은 국내 여행 경비만 부담한다(NCSL, 2012. 2.).

④ 초등 최고 경영자급 교장 준비

초등 최고 경영자급 교장 준비(Primary Executive Headteacher: PEH, provision)는 현직에 있는 최고 경영자급 교장이나 최고 경영자급 교장이 되고자 하는 사람들을 위해 도전적인 전문성 개발 기회를 제공하는 프로그램이다. 즉, PEH 준비는 다양한 맥락에서 여러 학교를 운영하는 교장에게 필요한 새로운 지식과 지도성 기술 자질을 개발하는 데 초점이 있으며, 현직에 있는 최고 경영자급 교장의 지원을 받아 NCLS에서 개발하였다.

이 프로그램은 6개월간의 핵심 과정(core programme)과 지역 및 개인의 요구에 맞는 맞춤형으로 구성된 자유 선택 프로그램(flex elements)이 있다. 핵심 프로그램은 최고 경영자급 교장의 역할에 대한 이해를 깊게 하고, 하나 이상의 학교를 성공적으로 지도하는 기술에 대한 개발을 목적으로 한다. 프로그램은 웹 토론 1 → (진단 완료) → 기숙 워크숍 1 → 학교 방문 → 웹 토론 2 → 기숙 워크숍 2 → (진단 재검토) → 웹 토론 (최종) 등의 순으로 구성된다. 기숙 워크숍 1은 2일 과정으로 구성되며, 첫째 날은 ① 왜 초등 최고 경영자 교장인가? ② 변화하는 지형: 부각되는 모델과 미래 사고, ③ 최고 경영자 교장의 발표 시간, ④ 현재의 도전에 관한 협의 등 네 영역으로 구성되며, 둘째 날은 ① 개인 발달 요구 확인과 진단적 피드백, ② 여러 학교에 적용될 수 있는 교수-

학습에 관한 비전 창출, ③ 현장 연구와 학교 방문 준비로 이루어진다. 기숙 워크숍 2 또한 2일 과정으로 구성된다. 첫째 날은 ① 최고 경영자 교장에 대해 무엇을 배웠는가? ② 발표자 시간: 학교 사업 관리자, ③ 지도성 역량 구축과 여러 학교에 적용될 수 있는 혁신, ④ 연구 검토 시간으로 이루어지며, 둘째 날은 ① 현장 연구 진행 상황, ② 여러 학교에 걸친 변화 관리, ③ 자기관리 전략, ④ 발표자 집단(패널)으로 구성된다.

PHE 핵심 프로그램은 참가자 개인의 필요를 만족시킬 수 있도록 유연하고 개인화된 요소로 구성되며, 기숙 워크숍, 학교 방문, 동료 코칭, 온라인 학습 모듈, 현장 연구(action research), 온라인 네트워킹, 웹 토론, 온라인 네트워킹 등 다양한 방법이 활용된다. 또한 PHE 준비를 통해 동료와의 협력, 국가 지원 네트워크 구축, 최신의 정보와 다양한 자료 등을 접할 수 있다(NCSL, 2011. 7.).

이 프로그램에 지원하기 위해서는 초등 단계의 현직 최고 경영자급 교장이거나(예를 들어, 하나 이상의 학교에서 전략적 지도성과 책무성 역할을 하는) 최고 경영자급 교장이 되고자 하는 현직 교장(headteacher/principal)으로서 최소 3년간의 경력을 가지고 학교를 성공적으로 운영하고 있어야 한다. 또한 학교운영위원장의 지원을 받아야 한다.

(3) 학교 지원 프로그램

① 지방 교육 지도자 프로그램

지방 교육 지도자 프로그램(Local Leaders of Education Programme)의 목적은 학교와 아카데미 간 파트너십을 통해 학생의 성과를 개선하기 위한 것이다. 지방 교육 지도자들(Local leaders of education: 이하 LLEs)은 학교 발전을 추진하고 이것이 지속될 수 있도록 역량을 구축하기 위해 다른 교장과 협력하는 성공적인 교장들이다.

이 프로그램은 최소 3년의 교장 경력을 갖고, 도전적인 환경에 있는 학교를 지원할 수 있는 역량을 가지고 있는 현직 교장을 대상으로 한다. 이 프로그램에 등록이 되면, 참가 교장들은 지도성 역량을 구축하고 학교의 성과를 높여야 하는 학교 지도자들에게 코칭과 멘토링을 제공하게 된다. 헤드 스타트 프로그램의 일부로 운영되는 신규 교장의 전문 파트너로서 멘토링 지원을 할 수도 있다. 프로그램 충원과 훈련비용은 NCSL에서 부담하며, LLEs들은 일부 재정 지원을 받는다.

LLEs는 1년에 적어도 한 번 자신이 지원하는 교장과 학교를 방문하게 되며, LLEs의 지원은 ① 학교 발전, ② 지원받는 조직의 필요, ③ 명확한 종료 시점이 있는 구체적이고 계획적이며, 지속가능한 지원 기간을 제공해야 한다. 개별 LLEs의 파견 기간과 정도는 지방의 요구, LLEs 개인의 역량과 여건에 따라 다양한데, 최대 2년까지 주당 1~2일의 지원될 수 있다. 대다수의 LLEs는 교장에 대해 일대일 지원을 제공한다. 학교 발전을 위한 LLEs가 수행하는 활동 유형은 지원을 받는 조직, 지원하는 LLEs, 재정 지원에 참여하는 다른 조직 간에 합의된 전문적 판단에 따른다. LLEs는 학교에 파견될 경우 이를 국가 대학에 알리며, 이를 통해 국가 대학은 지방 교육 지도자 프로그램의 효과를 입증한다. 기타 국가 대학은 새로 지명된 LLEs를 위한 초기 입문 교육을 제공하며 LLE 지방 행사를 조직한다.

② 국가 교육 지도자와 국가 지원 학교 프로그램

국가 교육 지도자(National Leaders of Education: NLEs)는 자신의 학교(국가 지원 학교, national support schools: NSS)에서 직원들과 함께 도전적인 환경에 있는 학교를 지원하기 위해 기술과 경험을 활용하는 뛰어난 교장이다. 국가 교육 지도자는 자신의 학교를 이끌어 갈 뿐 아니라 기준을 향상시킬 수 있도록 다른 학교의 지도성 역량을 높이기 위해 노력한다. 2010년 11월에 발표된 학교 백서(Schools White Paper)는 NLE/NSS 프로그램을 확대할 것을 선언하였는데, 2014~2015년까지 NLE로 1,000명을 지정하는 것을 목표로 한다(www.education.gov.uk/nationalcollege). NLE은 최저 3년의 교장 경력이 있는 뛰어난 교장으로, 이들은 높은 학생 성취 수준을 유지하고 있는 우수한 학교(NSS로 지정된 학교)를 이끌어 갈 뿐 아니라 중간 및 상급 지도자 팀과 함께 성과가 낮은 학교를 지원한 기록을 갖고 있는 교장이다. NLE가 지원하는 어려운 여건에 있는 학교들은 Ofsted의 평가(분류)에서 점차 나빠지고 있는 학교, 폐교나 합병에 직면해 있는 학교, 지방 교육청이 위기에 있다고 보는 학교들이다.

NLEs과 NSS 직원은 교장과 학교를 지원하기 위해 최소 연 1회 파견된다. 이들의 활동은 ① 학교 발전, ② 체제 전반 개선, ③ 지원 받는 조직의 요구, ④ 명확한 종료 시점이 있는 구체적이고 계획적이며, 지속가능한 지원 기간을 제공하는 데 초점을 둔다. 기타 활동은 지원이 필요한 학교가 요구하는 데에 따라 달라지며, 매 파견 시마다 관련 지방 교육청이나 적정 위원회와 별도로 협상이 이루어진다. 개별 NLEs의 파견 기간과 유형은 NSS의 역량과 여건, 지원받는 학교가 직면하고 있는 도전에 따라 다양할 수 있다. 2년 이상의 기간 동안 주 3~4일 지원이 보통이다.

새로 선정된 NLE는 국가 대학이 운영하는 입문 교육 워크숍에 참여하며, 비용은 무료다. 체제 지도자로서 보다 도전적이고 자신의 시야를 확대하는 데 관심이 있는 NLEs는 펠로우십 프로그램에 참여할 수 있다. NLE가 학교에 파견될 경우 이를 국가 대학에 알리며, 이를 통해 국가 대학은 NEL/NSS 프로그램의 효과를 검토할 수 있다.

영국에서 새롭게 추진되고 있는 국가 교육 지도자와 지방 교육 지도자 프로그램은 체제 지도성 개념과 이론에 근거하여 우수한 학교 지도자들이 다른 학교와 학교 지도자들을 지원하도록 함으로써 양자의 역량을 모두 높이고 학교 간 협력을 강화하는 데 초점을 맞춘 제도라 할 수 있다. 참고로 국가 교육 지도자와 지방 교육 지도자의 역할 차이를 정리하면 〈표 14-2〉와 같다.

◆ 표 14-2 ◆ 국가 교육 지도자와 지방 교육 지도자의 역할 비교

국가 교육 지도자	지방 교육 지도자
임시 교장을 필요로 하는 학교에 대해 집중적인 지원을 제공한다.	평균 수준에 있는 학교나 보다 나은 단계로 발전할 필요가 있는 학교를 지원한다.
관할 지방 교육청 외부의 학교에 배치될 수 있다.	관할 지역 내에서 네트워크 팀의 일원으로 다른 학교 지도자를 지원한다.
자신의 학교(국가 지원 학교: NSS)에 있는 직원을 활용하여 지원 받는 학교(client school)에 대해 추가적인 도움을 제공할 수 있다.	지방 교육 지도자는 추가적인 지원을 제공하기는 어렵고, 자신의 학교와 지원 받는 학교의 직원이 비공식적인 방법으로 교차 근무를 하게 할 수 있다.
Ofsted 평가[6]에서 우수한 학교나 지도성 영역이 우수한(outstanding) 것으로 평가받은 학교를 지원한다.	Ofsted 평가의 지도성 영역에서 최소 보통(good)을 받고 전반적으로 보통의 평가를 받은 학교를 지원한다.
국가 교육 지도자의 충원은 국가 학교 지도성 대학 팀이 운영하는 연 2회의 입문 과정을 통해 이루어진다.	지방 교육 지도자의 충원은 지방의 계획에 따라 국가 학교 지도성 대학에 참여하고 있는 지방 기관이 관리된다. 지방과 협력하여 이루어지는 4일간의 훈련 프로그램이 운영된다.

출처: www.education.gov.uk/nationalcollege/.../nle-lle-differences.htm

6) Ofsted(Office for Standards in Education, Childrens Services and Skills)는 아동과 청소년 보호, 모든 연령의 학습자들을 위한 교육과 기술 개발에 있어 수월성을 달성하기 위해 규제하고 평가한다. 2006년 「교육 및 평가법(The Education and Inspections Act 2006)」에 따라 새로운 Ofsted가 수립되었다. 2012년 9월부터 적용되는 새로운 학교 평가(school inspection)는 학생 성취를 높이는 데 영향을 미치는 핵심 요인들에 초점을 둔다. 즉, 학교 평가는 학교에서 제공되는 교육의 질을 평가하는데, 전반적인 학교의 효과성과 더불어 ① 아동의 성취, ② 교수(teaching)의 질, ③ 아동의 행동과 안전, ④ 학교 지도성의 질과 학교 경영 등 4가지로 구성된다. 평가 등급은 4등급으로 1등급 우수(outstanding), 2등급 보통(good), 3등급 개선 필요(requires improvement), 4등급 부적절(inadequate)로 구분된다(Ofsted, 2013).

③ 국가 교직 학교(National teaching schools)

교직 학교(Teaching schools)는 교사, 학교 직원, 교장의 훈련 및 전문성 개발뿐 아니라 학교 대 학교 간 지원을 통해 기준을 높이는 데 기여한 우수한 학교(outstanding schools)에 대해 지도적 역할을 부여하는 것이다. 이는 우리나라의 시범학교 제도와 유사한데, 교직 학교는 특히 직전교사교육과 교사 전문성 개발, 학교 간 네트워크 형성 등에 초점을 둔 것이다.

모든 유형과 단계의 학교들이 교직 학교로 지정될 수 있으나 교직 학교에 지원하는 학교들은 성공적인 파트너십 운영 사례와 학교 발전 증거를 가지고 있는 우수한 지도성을 갖추어야 한다. 즉, 최소 경력 3년을 가진 우수한 교장과 교직 학교의 역할을 수행할 수 있는 상급 및 중간 지도자 팀이 있어야 한다. 교직 학교는 교직 학교의 지도력 아래 지원받는 학교와 다른 파트너들과 연합을 구성하고 이들 학교와 협력한다. 교직 학교 지정은 4년간 유효하며, 핵심 역할 이행에 필요한 재정지원을 받게 된다.

5. 지도성 개발 · 훈련의 주요 쟁점

학교 지도성 개발 및 훈련을 강조하는 입장은 기본적으로 지도성은 개인의 인성적인 특성에 귀속되어 있는 것이 아니라 개인의 지식, 기술 및 행동에 내재되어 있는 것으로 본다. 즉, 지도성은 본래부터 타고나는 것이 아니라 개발되고 훈련된다고 본다. 이러한 기본적인 전제하에서 지도성 개발 및 훈련 프로그램의 구성 및 운영에서 고려되어야 할 주요 요소와 쟁점들은 다음과 같이 정리해 볼 수 있다.

첫째, 지도성 개발 및 훈련 프로그램의 내용과 설계다. 학교 지도자 전문성 개발 내용은 학교 지도자의 역할을 어떻게 보느냐, 즉 교사, 행정가, 학습조직 관리자 등에 크게 의존한다(Mulford, 2003: 39). 일부 국가에서 설정하고 있는 학교 지도성 기준은 학교 지도자의 역할과 직무, 전문성 내용을 구체화한 것이다. 이러한 전문성 기준과 더불어 지도성 개발 및 훈련의 내용으로 실천(실제)에 관한 지식, 실천 속에서 얻어지는 지식, 기술과 공공 가치(형평성, 선택, 효율성, 접근 등) 등도 중요한 요소로 주목받고 있다(Mulford, 2003).

이에 따라 지도성 개발 및 훈련 프로그램의 초점을 명제적 지식(무엇을 아는가)에 둘 것인가 절차적 지식(어떻게 하는가를 아는가)에 둘 것인가, 즉 이론과 실제/실무 중에 어디에 보다 비중을 둘 것인가도 쟁점이 된다. 이론적, 학문적인 지식은 현장 경험과 학습, 문제 중심에 의해 보완될 수 있다는 점에서 이상적으로는 양자를 갖춘 지도자를 양성할 필요가 있다.

지도성 개발 및 훈련 내용은 각 국가의 교육철학과 교육목표, 교육적 요구 등에 따라 다양하게 구성 및 운영될 수 있다. OECD 국가들에서 운영되고 있는 지도성 훈련은 학교 지도자들이 학교 운영과 학교 지도성에 관련된 법률을 숙지하고 이를 이행할 수 있도록 하는 데 초점을 둔 훈련에서부터 학교를 둘러싼 다양한 변화를 관리할 수 있는 지도성 훈련 등까지 매우 다양하다. 또한 각 국가에서 중요하게 고려하는 학교 리더십의 역할과 책임 및 단위 학교의 자율성 정도 등에 따라서도 지도성 개발 및 훈련 프로그램의 내용과 범위는 다양하다. 대체로 학교와 학교 지도자의 자율성이 낮은 국가에서 지도성 개발 및 훈련은 실질적이고 법적인 측면에 초점을 두는 반면, 단위 학교의 자율성과 책무성이 높은 국가에서는 광범위한 개념에 초점을 둔다. 한편, 지도성 훈련 프로그램 개발을 위한 요구 분석의 유용성에 대해서는 뚜렷한 증거가 부족하다. 즉, 요구분석은 학교 지도자들의 지도성 개발 요건을 결정하는 중요한 방법으로 인정되고 있지만, 그 효과나 실행에 관한 증거는 제한되어 있다(Davis et al., 2005; Pont et al., 2008에서 재인용).

지도성 프로그램의 내용 구성과 더불어 지도성 프로그램의 설계, 개별화 정도도 쟁점이 된다. 지도성 훈련 프로그램은 지도자의 경력 단계나 지도성 발달 과정에 따라 순차적으로 설계될 수도 있고, 또는 모든 사람들에게 적용될 수 있는 단일 과정으로 구성될 수 있다. 이는 지도성 개발 및 훈련 프로그램 설계 과정에서 지도자의 개별적 특성과 요구 및 다양한 맥락적 요인을 어느 정도 고려할 것인가의 문제와 관련이 있다. Pont, Nusche와 Moorman(2008)은 OECD 국가들에서 운영되고 있는 지도성 개발 및 훈련 프로그램을 지도성 발달 과정에 따라 직전교육, 입직교육, 현직교육 등 세 가지로 구분하고 있는데, 이는 지도성 발달 단계에 따라 특성화된 지도성 개발 및 훈련 프로그램을 구성할 수 있음을 시사한다. 그러나 지도자들이 갖추어야 할 역량, 지식 및 기술은 보편적이라고 보는 입장에서 지도성 개발 및 훈련 프로그램의 세분화에 대한 요구는 다양하지 않다. 따라서 지도성 훈련의 단계화, 세분화의 정도는 프로그램 개발, 운영에 따른 비용-효과, 수요 등에 따라 달라질 수 있다.

둘째, 지도성 개발 및 훈련 프로그램의 다양한 전달 방식도 쟁점이 된다. 이는 지도성 프로그램을 누가(대학, 고용주, 노조, 학교 파트너십) 제공할 것인가? 어디서(학교현장,

다른 곳, 원격, 이들 간의 조합) 운영할 것인가? 어떻게(강의, 튜터, 문제해결 학습, 이들의 조합, 멘토링, 도제 실습, 전일제, 반일제 등) 제공할 것인가? 언제(참가자, 학교, 고용주에게 좋은 시기 또는, 학습 전달을 극대화하는 시기에) 제공할 것인가 등의 문제를 포괄한다. 이와 관련하여 Mulford(2003: 40)는 지도성 개발 및 훈련 전략은 학습자의 특성과 훈련이 이루어지는 맥락, 환경 및 기대하는 학습 성과 등을 고려하여 개발할 필요가 있음을 지적하고 있다,

셋째, 지도성 개발 및 훈련비용을 누가 부담할 것인가? 학교 지도성 훈련을 제공하고 책임질 주된 주체는 누구인가도 주요 쟁점이 된다. 이는 지도성 훈련이 의무적으로 요구되는가? 지도성 훈련 과정/단계(직전, 입직, 현직교육) 중 어떤 과정을 의무화할 것인가라는 문제와도 연관되어 있다. 대체로 지도성 훈련이 필수적으로 요청되는 경우 중앙정부나 지방정부에 의한 공공 재원이 지원되며, 개별 학교예산에서 입문교육이나 현직교육 비용을 부담하기도 한다. 지도성 개발 및 훈련비용 부담 방식은 교육에 대한 정치적 책임 분배에 따라 국가별로 차이가 있다. 예를 들어, 북유럽 국가나 호주, 미국과 같은 연방국가들에서는 지방행정기관이 학교 운영을 책임지고 있어 국가 수준에서 지도성 훈련을 필수화하는 것에 반대하는 경향이 있다. 한편 현직에 있는 학교 지도자들이나 중간 단계의 지도자들에 대해서는 지도성 훈련을 의무화하기보다는 금전적인 인센티브를 제공하거나 기타 유인책을 제공할 수도 있다.

넷째, 학교 지도자 전문성 개발의 효과와 성공을 측정하는 문제다. 전문성 개발의 효과성을 확인하는 방안과 경로는 다양한데, Mulford(2003)는 세 가지를 제시하고 있다. ① 전문성 개발 프로그램 내용의 적절성, 전달 방법의 질, 성공 여부 측정의 유용성에 대한 참가자, 프로그램 설계자, 프로그램 제공자의 피드백, ② 전문성 개발 프로그램 참가 이후 또는 다른 유형의 학교와 지역사회에서 학교 지도자의 성공에 대한 다양한 사람(참가자, 고용주, 동료, 직원, 학생 등)의 피드백, ③ 학교 지도자의 전문성 개발과 교사와 학교 지도자의 충원, 유지 간의 관계 측정이다. 전문성 개발은 학교 지도자를 비난하고 추궁하기보다는 지원하고 전문적으로 발달하도록 하는 자연스러운 과정일 필요가 있다. 최근에는 학교 지도자를 위한 전문성 개발의 성공을 측정하는 데 있어 전문성 기준과 성과 관리 간의 관계가 고려되고 있다.

학교 지도성 개발 및 훈련에 관련된 쟁점들은 상호 밀접하게 연계되어 있다. 지도성 훈련 프로그램을 설계할 경우 이러한 다양한 쟁점과 요인을 고려할 필요가 있으며, 특히 지도성 훈련이 지도성 효과 제고뿐 아니라 학교 성과와 연계될 수 있도록 해야 할 것

이다. 즉, 지도성 훈련은 효과적인 지도성 역량과 기술 및 행동을 개발하는 데 초점을 둘 뿐 아니라 궁극적으로 학교의 교수와 학습을 개선하는 데 기여할 수 있어야 할 것이다.

제15장

교장 평가

국 · 내외적으로 교사 평가에 비해 교장 평가는 크게 주목받지 못하고 있다. 그러나 1980년대 중반 이후 OECD 국가들을 중심으로 교육 분권, 학교중심 교육 개혁이 추진되고 있고, 우리나라에서도 1990년대 중반 이후 학교단위경영제(학교운영위원회), 학교자율화 정책, 교장 공모제 등이 시행되면서 학교 경영에 대한 교장의 책무성을 확인하기 위한 교장(경영능력)평가가 중시되고 있다. 학교교육의 책무성을 보장하고 변화하는 교육 환경 요구에 부합되는 교장의 지도성을 개발하기 위해서는 교장 평가도 보다 강화될 필요가 있다. 이러한 배경에서 이 장은 교장 평가의 의의, 교장 평가제의 현황으로서 교장 개인에 대한 평가에 해당되는 교장 중임평가, 교원 능력개발평가(교장평가)를 검토하고 교장 평가와 직간접적으로 연계되는 학교 평가제도를 검토한다.

1. 교장 평가의 의의

최근 학교교육을 둘러싼 다양한 환경 변화와 교육 수요자들의 요구 증대로 인하여 학교 운영에 대한 교장의 역할 및 책무가 강조되고 있다. 이에 따라 교장의 전문적 지도성 개발과 학교교육의 질과 책무성을 보장하기 위한 방안으로 교장에 대한 평가의 필요성이 제기되고 있다(김이경, 한유경, 박상완, 정일화, 2008: 262; 안길훈, 2008).

교장 평가는 교사 평가에 비해 상대적으로 이론적 · 정책적으로 크게 주목받지 못하였다. 학교교육의 질 제고를 위해 학생을 직접 대면하고 수업을 담당하는 교사에 대한 질 관리, 책무성 확보가 보다 중요한 정책적인 관심사였기 때문이다. 아울러, 교사 평가에서 교장이 핵심 역할을 수행함에 따라 교장은 평가의 대상이기보다는 교사 평가를 담당하는 주체로 이해되어 왔다. 또한 우리나라에서 학교교육의 질과 효과성을 확인하는 주요 기제로는 교장 개인에 대한 평가보다 학교 평가가 활용되었다. 1997년부터 시 · 도 교육청 평가의 일환으로 학교 평가가 실시되었으며, 교장 개인에 대한 평가는 교원능력개발평가가 시행되면서 일부 도입되었을 뿐이다.

그러나 우리나라에서는 최근 학교단위경영제, 학교자율화 정책이 추진되면서 학교운영에서 교장의 역할이 중요해지고 있고, 이에 따라 교장의 학교 운영 능력 향상, 학교교육에 대한 책무성 제고를 위해 교장의 직무성과와 효과성을 종합적으로 평가하고 체계적인 피드백을 제공하는 교장 평가가 주목받고 있다(김이경 외, 2008: 261; 안길훈, 2008). 미국의 경우, 2000년대 들어 「낙오아동방지법(NCLB)」 제정에서 알 수 있듯이, 연방정부 수준에서 교육의 성과(학생 성취도) 향상에 대한 요구가 증대됨에 따라 교장 평가의 필요성과 기능에 주목하고 있다(Davis & Hensley, 1999; Thomas, Holdaway, & Ward, 2000; Lashway, 2003).

교장 평가의 의의는 Rosenberg(2001)가 여섯 가지로 제시한 바 있다. 첫째, 교장 평가는 교장의 효과성을 종합적이고 타당하게 평가할 수 있다. 둘째, 평가는 교장들의 미흡한 점과 개선 점에 대한 이해를 도모하고 보다 높은 효과성을 발휘하기 위한 단서를 제공한다. 셋째, 평가는 학생, 교직원, 지역사회, 정부 각각에서 교장에게 요구하는 역할기대를 분명히 하는 데 도움을 준다. 넷째, 교장 평가는 교장의 성장과 발전을 측정할 수 있게 해 준다. 다섯째, 교장은 주기적으로 자신의 근무활동에 대하여 체계적인 재검토를 할 필요가 있으며, 평가는 이에 대해 신뢰할 만한 피드백을 제공한다. 여섯째, 평가과정은 교수-학습 과정에서 교장의 역할을 이해하는 데 도움을 줄 수 있다.

2. 교장 중임평가

1) 교장 임기제의 도입과 교장 중임제의 실시

교장 중임평가는 교장으로서 1차 4년의 임기를 마친 교장에 대해 시·도 교육청의 인사위원회가 실시하는 재임용 심의다. 현재 우리나라 초·중등학교의 교장은 교육인적자원부 장관의 제청으로 대통령이 임명하며, 그 임기는 4년으로 하되 1차에 한하여 중임할 수 있다. 학교장의 임기는 종래 종신제였으나 1991년 9월 「교육공무원법」 및 「교육공무원임용령」의 개정으로 4년의 임기제로 변경되었다.

교장 임기제는 교장의 관료화를 시정하고 승진에 따른 과열경쟁을 완화하고, 교단 교사의 우대 및 사기 진작 등을 위해 도입된 제도다(교육인적자원부, 2005a: 7). 교장 임기제는 당시 교원인사적체를 해소하고 보다 젊은 교사들이 교장으로 임용될 수 있는 기회를 확대한다는 것이었으나 교장 임기제 도입을 전후하여 특히 교장단체 등을 중심으로 교장 임기제의 부당성을 지적해 왔고, 한편에서는 교장 임기제 도입을 찬성하는 등 많은 논란이 있었다(윤정일, 송기창, 조동섭, 김병주, 1996: 664-666).

학교장으로 1차 임기를 마친 자에 대하여는 정년 잔여기간이 4년 미만인 경우에도 특별한 결격 사유가 없는 한 교장으로 다시 임용할 수 있으며(중임제 채택), 이 중임심사를 교장 평가로 볼 수 있다. 1991년 3월 「교육공무원법」 개정에 따라 교장 임기제가 시행되면서 교장 중임 및 원로교사 임용을 위한 심의자료 작성 및 업무 처리 지침이 마련되고 이에 따라 1차 임기가 만료된 학교장에 대한 인사의 객관적 준거자료 확보를 위한 평가(중임심사)가 추진되었다(김이경 외, 2008).

아울러 정부는 2009년부터 교장 임기제 실시업무 처리 지침(2012년에 다시 교장·원장임기제 실시업무 처리 지침으로 명칭 변경) 개정을 통해 교장 중임심사를 강화하고 있는데 임용제청 과정에서 4대 비위[1] 관련 여부를, 승진 임용자에 대해서는 징계를 받은 후 승진 제한기간이 지났는지 여부 등에 대해 철저한 확인을 하고 있다. 현재 각 시·도별로 교장 임기제에 따른 교장의 중임은 「교육공무원임용령」, 교육공무원 인사관리규정 및 교장·원장임기제 실시 업무처리 지침에 따라 이루어지고 있다.

1) 4대 비위는 금품·향응 수수, 상습폭행, 성폭행, 성적 조작이다.

2) 교장 중임평가

교장 중임평가(심사)는 시 · 도 교육청별 인사위원회에서 이루어지므로 각 교육청에 따라 일부 내용에 차이가 있을 수 있다. 교장 · 원장 임기제 실시와 관련한 업무처리 지침에 의하면, 1차 임기만료 교장에 대한 중임 절차는 시 · 도 교육청별 인사위원회 심의, 교육감의 임용서류 제출, 교육부 장관의 임용제청으로 대통령 임명에 의거한 것이다. 중임 절차를 좀 더 상세히 정리하면 다음과 같다.

첫째, 시 · 도 교육청 인사위원회 심의(교육공무원 인사관리규정 제31조). 교육감은 1차 임기가 만료되는 교장 · 원장에 대하여 인사위원회에 중임 여부의 심의를 요청하고 인사위원회는 개인별로 특별한 결격사유의 유무를 심의하여 정한다. 인사위원회 심의 시 고려하는 항목(심의내용)은 다음과 같다.

- 교장 · 원장 직무를 수행할 수 있는 신체 · 정신상 건강 상태(※ 공무원 및 사립학교 교직원은 「국민건강보험법 시행령」 제25조 ⑥에 의한 건강진단 결과를 활용할 수 있다)
- 교장 · 원장으로서의 학교 또는 유치원 관리능력상 결함의 유무(※ 학교 또는 유치원 경영실적 등의 자료를 활용할 수 있다)
- 기타 교장 · 원장의 직무수행이 곤란한 사유의 유무
- 교원의 4대 주요 비위(금품 · 향응수수, 상습폭행, 성폭행, 성적 조작) 관련 여부(※ 4대 주요 비위로 인해 징계를 받은 자는 중임심사에서 제외한다)

심의결과 부적격하다고 판정할 경우에는 이를 입증할 수 있는 명백하고 타당성 있는 근거가 제시되어야 한다.

둘째, 교육감의 교장 · 원장 임용서류 제출(교육공무원인사기록카드 사본, 교육공무원임용제청조사서, 교육공무원임용제청서)

셋째, 교육부 장관의 임용제청으로 대통령이 임명(※ 국립학교 및 국립유치원의 교장 · 원장중임의 경우에도 위의 절차에 준하여 조치)

이상 중임심사의 주요 내용은 신체 · 정신상의 건강 상태, 학교관리 능력(의 결함), 직무수행 곤란 사유 등이며, 시 · 도에 따라서 학교 경영 제안서와 자기평가서 등이 심의 자료로 활용된다. 중임심사의 세부 심의 내용은 시 · 도 교육청별로 차이가 있다. 김이경 외(2008: 265-266)는 경기도, 충남, 경북 교육청의 중임심사 내용(심의자료)을

예시하고 있다.

◆ 표 15-1 ◆ 교장 중임심사 내용(경기, 충남, 경북 교육청)

경기도 교육청	충남 교육청	경북 교육청
• 신체 · 정신상의 건강 상태 • 학교관리 및 학습지도 능력상의 결함 여부(교육과정 운영, 특별활동 운영, 생활지도, 학교관리, 학습지도 분야) • 학교장 개인의 수상이나 학교수상 내역, 우수 사례 등	• 신체 · 정신상의 건강상태 • 학교관리 능력상의 결함 유무(직무수행 능력, 직무수행 태도, 직무수행활동성과) • 기타 교장직무 수행이 곤란한 사유(임기 중의 징벌 사항, 물의 야기, 기타 중임 부격적 사유)	• 신체 · 정신상의 건강상태(일반결함, 신체 각 기관계통의 결함) • 학교관리 능력상의 결함 유무(학교교육계획, 학교관리 능력: 인사관리/재정관리/시설관리/자율장학/교단지원/대외관계/기타) • 교장 직무수행이 곤란한 사유(임기 중 징벌 사항, 청렴도 · 품성 · 물의 야기, 기타 중임 부적격 사유) • 기타 사항(포상, 우수 사례)

출처: 김이경 외(2008), p. 266.

3. 교장 능력개발평가

1) 교원 능력개발제의 도입과 개편

교원능력개발평가는 2004년 교원평가제도 개선 정책연구(한국교육학회 등 3개 단체)에 기초하여 처음 제안되었으며, 2005~2006년도에 교원 평가 시범학교를 선정 및 발표하였다. 당시 67개교가 처음 시범운영에 들어갔다. 2006년 10월에는 새로운 교원 평가가 교원의 전문성 신장에 목적을 둔다는 의미에서 평가제의 명칭을 교원능력개발평가로 변경하였다. 이어서 2007~2008년에는 교원능력개발평가 선도 시범학교를 지정 · 확대해 나갔으며(506교 → 669교), 2009년에는 선도 시범학교를 전국 30% 학교로 대폭 확대하였다(3,121교). 이어 2010년 3월, 전국의 모든 초 · 중등학교 대상으로 교원능력개발평가제가 전면 시행되었다.

2011년 2월에는 교원능력개발평가 결과 활용의 실효성을 높이기 위해 「교원 등의 연수에 관한 규정」 개정을 통해 법적 근거를 마련하였으며, 2011년 7에는 나이스

(NEIS) 연계 온라인평가시스템을 개발 · 보급하였다. 2012년 9월에는 교원능력개발평가 실시의 의무화 등을 위한 대통령령을 개정하였다.

아울러 정부는 2015년 학교현장에서 운영되고 있던 세 가지 교원평가, 즉 교원근무성적평정(1964~), 교원성과상여금평가(2001~), 교원능력개발평가(2010~)를 통합, 개편하면서 교원능력개발평가제를 일부 보완하였다. 교원 평가제도 개편은 그간 학교현장에서 다양한 평가의 중복적 시행에 따른 평가의 비효율성 문제, 교원들의 평가 피로감, 평가 종류별 결과 차이로 인한 평가의 신뢰성 논란, 연공서열식 평가방식 등의 문제가 지속적으로 제기되어 옴에 따라 이를 해소하기 위해 추진되었다(교육부, 2015). 2015년 9월 발표된 교육부(2015)의 교원평가제도 개선방안은 기존의 근무성적평정과 성과상여금평가를 교원업적평가로 통합 및 간소화하고, 교원능력개발평가는 현 제도를 개선 및 유지하고, 평가용어와 지표를 정비하고, 평가 대상 기간을 학년도 단위로 통일하는 것을 핵심 내용으로 한다.

이중 교원능력개발평가와 관련해서는 현 제도를 개선 · 유지하는 것을 원칙으로 하되, 교원업적평가(성과평가)에 대비하여 교원능력개발평가(전문성평가)로 명확히 하고, 일부 평가 영역의 문제점을 개선하였다. 구체적으로 평가 결과의 신뢰성 문제가 제기되었던 초등학생 만족도 조사는 능력향상연수 대상자 지명에는 활용하지 않고 교원의 자기성찰 자료로만 활용하기로 하였다. 또한 중 · 고등학생 만족도조사 결과의 신뢰성을 높이기 위해서 평가 지표별로 양극단 값을 5%씩(총 10%) 제외하여 반영[2)]할 수 있도록 개선하였다. 아울러, 교원능력개발평가의 안정적 시행을 위해 교원능력개발평가 실시에 관한 훈령을 제정하고, 공통지표와 선택지표를 명확히 제시함으로써 시 · 도 교육청 중심의 자율적 시행 토대를 마련하기로 하였다(교육부, 2015).

2) 교원능력개발평가제 현황: 교장능력개발평가

교원능력개발평가제는 그간 여러 차례 크고 작은 변화가 있었다. 최근의 현황은 2016년 1월부터 시행되고 있는 '교원능력개발평가 실시에 관한 훈령'을 통해 확인해 볼 수 있다. 주요 내용을 정리하면 다음과 같다.

첫째, 교원능력개발평가의 시행 주체는 교육부 장관 및 시 · 도 교육감으로 하며, 위

2) 일부 학생들의 감정적 평가와 편파적 평가라고 추정되는 최고값과 최솟값을 각각 5%씩(합계 10%) 제외하여 극단값의 영향력을 배제(최소화)하고 신뢰도를 제고하고자 한 것이다.

임에 따라 교육장 및 학교장이 실시한다(제4조).

둘째, 평가 대상 교원은 학교에 재직하는 교원으로 계약제 교원을 포함한다. 다만, 교육행정기관 및 연수기관 소속 및 파견 교사의 평가 대상 여부는 시 · 도 교육감이 정하고, 전일제로 근무하지 않는 계약제 교원의 평가 대상 여부는 해당 학교장이 정한다. 2개월 미만 재직 교원 등은 평가결과 활용에서 제외한다(제5조).

셋째, 학교 구성원의 평가 참여와 관련하여 구성원별로 보면 다음과 같다.

교원은 동료교원평가에 참여하되 구체적인 평가 대상자별 평가참여자 구성은 평가관리위원회의 심의를 거쳐 학교장이 정한다. 다만, 평가 대상자별로 교장 · 교감 중 1인 이상, 수석교사(수석교사 미 배치교는 부장교사) 1인 이상, 동료교사 등 포함 총 5인 이상의 교원이 참여하되, 소규모 학교는 전체 교원을 하나의 평가 참여자 그룹으로 구성할 수 있다. 학생의 경우, 초등학교 4학년부터 6학년까지의 학생은 교사의 전문성 신장을 위한 자기 성찰적 의견조사에 참여하며, 중 1~고 3까지의 학생은 교사 대상 만족도조사에 참여한다. 학부모는 교장, 담임교사 외 1인 이상 총 3인 이상의 교원에 대한 만족도조사에 참여한다.

넷째, 교원능력개발평가 시행계획과 관련하여 시 · 도 교육감은 매 학년도 2월 말까지 차기 학년도 평가시행계획을 수립하여 학교에 안내하고, 장관에게 보고한다. 학교장은 평가시행계획에 따라 평가운영계획을 3월 말까지 수립 및 시행한다. 또한 시 · 도 교육감은 평가실시 전에 단위 학교 평가관리자(학교의 교감과 교육청의 주무부서 과장) 및 실무자(학교의 업무 담당교사와 교육청의 주무부서 업무 담당자)를 대상으로 평가시행계획에 대한 연수를 실시하고, 학교장은 소속 교원 · 학생 · 학부모를 대상으로 평가운영계획에 대해 연수 · 교육 · 홍보한다.

다섯째, 평가 영역 · 요소 · 지표와 관련하여, 시 · 도 교육감은 법령에 제시된 기준에 기초하여 평가의 영역 · 요소 · 지표를 정한다. 교육감은 필요할 경우 별도의 평가 영역 · 요소 · 지표를 추가할 수 있다. 시 · 도 교육감은 교장 · 교감 평가문항을 정하고, 학교장은 소속 수석교사 · 교사의 평가문항을 정한다. 학교장은 개별교원의 특색교육활동 문항을 추가할 수 있다. 평가문항을 정할 시 교육감과 학교장은 사전 의견수렴을 거쳐야 하며, 평가관리위원회의 심의를 거쳐 확정하되, 평가실시 전에 공개하여야 한다. 교장 · 교감 대상 교원능력개발평가의 평가 영역 · 요소 · 지표는 〈표 15-2〉와 같다.

◆ 표 15-2 ◆ 교원능력개발평가 영역 · 요소 · 지표(교장 · 교감)

평가 영역	평가 요소	평가(조사) 지표	
		교장	교감
학교 경영	학교 교육계획	• 학교 경영목표관리	• 학교 경영목표관리 지원
		• 교육과정 편성 · 운영	• 교육과정 편성 · 운영 지원
		• 창의 · 인성 학생 관리	• 학사업무 관리
	교내장학	• 교실수업 개선	• 교실수업 개선 지원
		• 자율장학 운영	• 자율장학 지원
	교원 인사	• 교원 인사 관리	• 인사업무 수행
	시설관리 및 예산운용	• 시설관리	해당사항 없음
		• 예산 편성 · 집행	

출처: 교원능력개발평가 실시에 관한 훈령 [별표 1]

2012년 능력개발평가에서 학부모 만족도 조사 결과 환산평균은 4.02점, 동료교원평가는 4.65점으로 각각 나타났다. 평가 주체별로 교장에 대한 만족도는 2011년에 비해 전반적으로 모두 높아졌다(동료교원 0.02, 학부모 0.16 상승함).

◆ 표 15-3 ◆ 2012년 교장능력개발평가 결과 학부모 및 교원의 만족도 점수

구분	학교 교육계획	교내 장학	교원인사	시설 · 예산	환산평균
학부모만족도조사	4.08(3.88)	4.06(3.70)	3.75(3.82)	3.98(3.90)	4.02(3.86)
동료교원평가	4.65(4.62)	4.68(4.65)	4.57(4.56)	4.68(4.66)	4.65(4.63)

주: ( )는 2011년 결과.
출처: 교육과학기술부(2013), p. 4.

여섯째, 교원능력개발평가는 교육정보 시스템을 사용해야 하며, 학부모의 경우 종이 설문지를 활용할 수 있다. 평가지는 5단 척도 체크리스트 응답 방식과 서술형 응답 방식을 병행하여 제공해야 하며, 초등학생(4~6학년)은 서술형 3문항 이상으로 구성한다.

일곱째, 평가 시기는 매 학년도마다 실시하되 11월 말까지 종료하여야 한다.

여덟째, 시 · 도 교육감과 학교장은 평가 실시 후 평가 결과를 평가 대상 교원에게 제공해야 한다. 평가 대상 교원은 전문성 개발을 위한 능력개발 계획서를 작성하여 시 · 도 교육감 또는 학교장에게 제출하며, 교육감과 학교장은 평가 결과를 분석하여 활용

계획을 수립하고, 맞춤형 연수를 지원하며, 이를 다음 학년도 교원연수계획 등에 반영한다. 2013년 교육부 자료에 의하면, 교원능력개발평가 결과에 따른 연수 대상자 선정기준은 단계적으로 적용된다. 교장 · 교감의 능력향상연수 선정기준은 〈표 15-4〉와 다음과 같다.

◆ 표 15-4 ◆ 교원능력개발평가 결과 능력향상연수 선정기준

구분	교사, 수석교사	교장(감)
단기	① 동료교원평가 2.5 미만 또는 ② 학생만족도조사 2.5 미만	① 동료교원평가 2.5 미만 또는 ② 학부모만족도조사 2.5 미만
장기 기본	• 능력향상연수 연속 2회 지명자	• 능력향상연수 연속 2회 지명자
장기 심화	• 능력향상연수 연속 3회 지명자	• 능력향상연수 연속 3회 지명자

주: 2회 연속 능력향상연수 대상자로 지명된 경우 장기 기본과정, 3회 연속 능력향상연수 대상자로 지명된 경우 장기 심화과정 대상자로 선정함. 장기 심화과정은 교육과학기술연수원 연수 파견함.
출처: 교육과학기술부(2013), p. 43.

연수내용은 교장(감)의 경우 학교 경영 관련 영역으로 한정하며, 연수기간은 단기능력향상연수(60시간 이상), 장기능력향상연수 기본과정(210시간), 심화과정(6개월)으로 단계적으로 적용한다(교육과학기술부, 2013: 43).

아홉째, 교원능력개발평가 관련 개인별 원자료는 소속 학교에 전자파일로 5년간 보관하며, 학교장은 동료교원평가지, 학생 및 학부모만족도조사지, 교사에 대한 교원능력개발평가 등의 결과(학교 평균값)를 다음 해 2월 말까지 학교정보공시 사이트에 공개한다.

4. 교장 평가로서 학교 평가

1) 학교 평가제도의 발달

우리나라에서 학교 평가는 1996년 교육부가 시 · 도 교육청 평가 항목의 하나로 학교 평가 실시 여부를 평가하면서 시 · 도 교육청에서 학교 평가를 실시하게 된 데에서 출발하였다. 1997년에는 「초 · 중등교육법」 제9조 ②(1997. 12. 13.)에 국가수준 학교

평가의 법적 근거 조항이 마련되었으며, 1998년 「초 · 중등교육법 시행령」 제11조, 제12조에 학교 평가의 대상, 학교 평가의 기준을 명시하였다. 아울러 1999년 당시 교육부(교육인적자원부)의 교육발전 5개년 계획 시안에서 학교종합평가 실시 방안(1999. 3.)이 제시되면서 정부의 주요 정책으로 자리 잡았다고 할 수 있다. 이 시기의 학교 평가는 학교 평가 준비기(1996~1999)로서 학교 평가에 대한 이론적, 실제적 기반이 없는 상황에서 시 · 도 정책 역점사항에 대한 이행 여부를 확인하는 데 중점을 두는 등 주로 행정적 목적으로 학교 평가가 활용되었다는 특징이 있다(http://eval.kedi.re.kr/rspage.jsp?mn=2&sm=201. 검색일: 2016. 3. 10.).

2000년 이후 학교 평가는 국가 수준 학교 평가 도입기(2000~2003)로 볼 수 있다. 이는 한국교육개발원에서 국가 수준의 학교 평가를 위한 모형개발 및 기초연구를 실시하고, 이를 토대로 국가 수준에서의 학교 평가가 구체화되었고, 평가의 규모도 확대되기 시작하였기 때문이다. 구체적으로 2000년 전국 16개 시 · 도의 16개 학교에 대해 1개교당 5~6일의 집중적인 현장방문평가가 실시되었으며, 2001년에는 대상 학교를 48개교(시 · 도별 3개교)로 확대하여 학교종합평가가 실시되었다.

2002년도는 일반학교 48개교, 사후 평가 16개교, 학교모형연구학교 10개교, 자율학교 26개교, 컨설팅 실시교 6개교를 포함하여 총 전국 100개교에 대한 평가 실시되었다. 2003년에는 학교 평가를 양적 · 질적 자료의 상보적 활용 형태로 전환하고, 전국 초 · 중 · 일반계고 756개교를 대상으로 한 설문조사평가, 전국 초 · 중 · 일반계고 100개교에 대한 방문 평가를 실시하였다. 이 시기는 시 · 도 교육청 자체적으로 학교 평가 계획을 수립하여 관내 학교에 대해 일정 주기(1~3년)로 학교 평가를 실시함에 따라 학교 평가가 국가 수준과 시 · 도 교육청 수준으로 이원화되었다.

국가 수준과 시 · 도 교육청 수준으로 이원화된 학교 평가제도에 대한 문제가 제기되면서 2000년대 중반 이후 2011년까지는 공통지표에 의한 학교 평가가 실시되었다. 2004년에는 국가 수준에서는 기획, 연수, 모니터링을 실시하고 이는 당시 교육부(교육과학기술부)와 한국교육개발원이 공통평가지표를 개발 · 보급, 연수 실시, 평가결과 수합한 보고서 발간 등을 담당하였다. 시 · 도 교육청 수준에는 국가 차원에서 개발된 공통평가지표와 자체개발한 시 · 도 자체지표의 이원적 체계로 학교 평가를 실시하였다.

2006년에는 모든 학교에 적용되는 공통지표와 시 · 도 자체지표를 8:2로 구성한 평가지표가 적용되었으며, 평정방법은 전문가의 전문적인 판단에 상당 부분 의존하였다. 2008년 정부의 4 · 15 교육자율화조치로 단위 학교의 자율성이 확대되면서 학교

평가의 주체는 교육부 장관에서 시 · 도 교육청별 자율적 실시로 변화되었다. 2009년에는 학교 평가의 책임을 교육부 장관에서 시 · 도 교육감으로 이양하는 「초 · 중등교육법」 개정안이 발의되었고, 국가 수준 학교 평가 지원사업은 시 · 도 교육청 분담금으로 추진하도록 하였다. 2010년 학교 평가는 16개 시 · 도 교육청의 학교 평가 담당자로 구성된 학교평가협의체인 학교평가운영위원회를 통해 주요 사항이 논의되었다.

학교평가지표에서도 2009년에는 주요 요소를 종합적으로 고려하여 지표별로 하나의 점수로 평정하는 총체적 접근 방식을 취하였으나 2010년 학교 평가에서는 2009년까지 적용되어 온 학교 평가 공통지표를 일부 보완하는 형태로 운영되었다. 이에 따라 기존의 총체적 평정과 요소별 합산 방식에 의한 분석적 평정 중에서 교육청이 선택하도록 하였다.

2011년 이후 학교 평가는 시도별로 자율적으로 실시되고 있다. 2011년 3월 「초 · 중등교육법 시행령」 개정안이 확정되면서 학교 평가에서 시 · 도 교육청의 자율성이 법적으로 보장되었다. 지역 교육청의 학교 평가 업무는 시 · 도 교육청에서 시 · 도 교육청의 연구 · 정보원으로 이관되었으며, 학교 평가는 학교정보공시, 나이스(NEIS) 공개정보를 활용한 정량평가 중심의 평가 방식이 법제화되었다. 「초 · 중등교육법 시행령」에서 제시한 평가 영역을 준수하여 교육과정 및 교수-학습, 교육경영, 교육성과, 만족도로 구분, 종전의 활동 중심의 평가체제를 학교의 성과중심 평가지표를 강화하였다. 2012년 학교 평가는 2011년도의 학교평가지표의 기본 틀을 유지하면서, 평가지표의 선택은 물론 지표 영역의 비중, 지표별 가중치 부여 등 지표와 관련한 부분을 대부분 시도 자율로 실시되고 있다(http://eval.kedi.re.kr/rspage.jsp?mn=2&sm=201. 검색일: 2016. 3. 10.).

2) 학교 평가의 목적과 평가 지표

학교 평가의 목적은 학교 단위 목적과 시 · 도 교육청 단위 목적 등 두 가지로 구분해 볼 수 있다(http://eval.kedi.re.kr/rspage.jsp?mn=2&sm=201. 검색일: 2016. 3. 10.). 학교 단위 목적은 학교교육의 질적 고양에 필요한 요소, 단위 학교 자기진단의 기회, 구성원들의 적절한 정보의 공유, 자율적인 학교 경영과 교육환경 개선에 참여, 창의적인 학교 교육활동, 수요자 만족도 제고 등으로 요약할 수 있다. 시 · 도 교육청 단위에서 학교 평가의 목적은 단위 학교 평가 결과를 바탕으로 선의의 경쟁력 유발, 혁신적이고 우수한 사례 발굴과 홍보를 통한 학교 발전 유도, 각급학교 특성을 고려한 학교 정책 수립의 기초자료로 활용, 각종 지원방안의 모색, 시 · 도 교육청들이 설정한 교육정책 실현에 참여 유도 등이다.

2012년 이후 학교 평가는 시 · 도 교육청별로 자율적으로 실시되고 있으며, 따라서 학교평가지표도 차이가 있다. 대체로 한국교육개발원이 매년 제공하는 학교평가지표 가이드북을 참고로 시 · 도 교육청이 자체적으로 학교평가지표를 개발한다. 한국교육개발원(2016)의 『2016학년도 학교평가지표 가이드북』을 토대로 학교평가지표 중 학교장 평가 관련 사항을 정리하면 다음과 같다.

2016년도 학교평가지표에 의하면, 학교 평가 영역은 교육과정 및 교수-학습, 교육경영, 교육성과, 만족도로 구성된다. 교육과정 및 교수-학습 영역은 학교 교육과정 편성 · 운영, 인성 함양 교육, 특별활동 교육, 학력신장, 학교급별 정책과제 등의 소 영역으로 구분되며, 학생들과 교사들이 학교에서 경험하는 교육과정 전반에 걸친 교육 및 교수활동과 교육정책들을 평가하는 영역이다. 교육경영 영역은 교원전문성 개발, 재무관리, 시설 및 사무관리, 평가, 대외협력 등의 소 영역으로 구분되며, 교육활동의 운영 및 지원에 관한 전반적인 상황을 파악하기 위한 영역이다. 교육성과 영역은 학업성취, 생활지도, 진학 및 취업, 학생건강 등의 소 영역으로 구분되며, 교육활동 결과 나타난 교육적 효과와 그 산출물을 파악하기 위한 영역이다. 만족도 영역은 학교 구성원인 학생과 학부모, 교원들의 학교교육 만족도를 파악하기 위한 영역이며 이를 위한 설문 문항을 개발하여 제시한다.

학교 평가 영역은 교장의 학교 운영 성과와 효과를 직간접적으로 반영하고 있다는 점에서 학교 평가를 교장 평가로 볼 수 있다. 그러나 우리나라에서 교장의 전보가 잦고, 학교 평가 결과를 교장의 학교 경영 성과로 보는 문화가 정립되어 있지는 않다. 이에 따라 학교 평가 영역 중 학교장에 대한 평가와 보다 직접적으로 관련되는 것은 학교에 대한 만족도 조사 항목 중 '교장선생님은 학교 발전에 대해 분명한 계획을 갖고 있다' 등으로 한정되어 있다.

5. 교장 평가제 개선 과제

우리나라에서 교장의 학교 경영에 대한 평가가 체계적으로 이루어진 적은 없다고 할 수 있다. 학교효과 연구나 교장 지도성 연구에서 교장이 학교교육의 성과 및 질을 높이는 데 핵심 요인 중 하나라는 점이 강조되어 온 것에 비해 교장에 대한 책무성 확보와 교장에 대한 평가는 이론적, 실제적 관심이 크지 않았다고 할 수 있다.

현 제도하에서 교장에 대한 평가는 교장 중임심사와 교원능력개발평가 중 교장 평가, 학교 평가 등을 들 수 있다. 공모 교장의 경우 교장 공모 시 제안한 학교 경영 계획에 기초하여 학교 경영 능력에 대한 평가가 시행되고 있지만 이는 일부 교장에 한정된 것으로 교장 평가가 널리 확산되어 있는 것은 아니다.

교장은 교육자, 학교행정가, 학교경영자로서 다양한 역할과 직무가 기대되고 있으며, 교장의 지도성에 따라 학교교육의 성과와 질, 학교 문화와 교육여건 등은 크게 달라질 수 있다. 그러나 이러한 개연성과 기대가 실질적으로 실현되고 있는가는 학교 평가, 교장 평가 등을 통해 확인해 볼 수 있다. 앞에서 제시한 학교장 평가의 의의, 가치를 살리기 위해서는 현행 교장 평가제의 개선뿐 아니라 교육자로서, 학교행정가, 학교경영자로서 교장의 학교 경영 능력과 실적을 평가하기 위한 보다 근본적인 제도 개혁이 요구된다. 이를 정리해 보면 다음과 같다.

첫째, 현행 교장 중임평가의 내용과 기준을 보다 강화할 필요가 있다. 현직 교장 중 중임평가 대상의 비율은 $\frac{1}{4}$ 정도에 머무르고 있지만, 현행 교장 중임평가 시 교장의 학교 경영 능력을 실질적으로 평가할 수 있도록 중임평가의 내용과 방법을 개선할 필요가 있다. 교장의 학교 경영 능력을 실질적으로 확인할 수 있는 각종 양적, 질적 지표를 활용하여 중임평가가 형식적인 과정이 아니라 실질적인 평가 과정으로 전환될 필요가 있다. 동일학교 근무 교사와 교감을 대상으로 한 평판 조사, 교원 능력개발평가 결과의 활용, 교장으로서 근무한 학교에서 교장의 경영실적 등을 교장 중임평가에 반영할 수 있을 것이다.

둘째, 교장 능력개발평가 방법을 개선할 필요가 있다. 교장 능력개발평가의 항목은 학교 교육계획, 교내장학, 교원인사, 시설 · 예산 등 교장의 주요 직무 영역으로 구성되어 있으며, 이는 교장 직무 영역과 내용을 잘 반영하고 있다. 이에 따라 교장 능력개발평가는 평가 항목보다는 평가 방법이 개선될 필요가 있다. 교장 능력개발평가 결과, 동료교원과 학부모의 교장 평가 점수는 5점 만점에 4점 이상으로 매우 높게 나타나고 있으나 그 결과를 신뢰하기는 어렵다. 대체로 학교의 규모가 작아 동료교원 평가의 익명성과 비밀이 보장되기 어렵고 온정주의로 인해 객관적인 평가를 하기 어렵기 때문이다. 이에 교장 능력개발평가 시 동료교원, 학부모의 익명성 보장을 위한 제도 개선이 요구된다.

셋째, 학교 평가와 교장 평가가 연계될 수 있도록 학교 평가 주기와 교장 전보 주기를 맞출 필요가 있다. 교장의 전보 주기는 일반교사보다 짧은 편이며, 교장 임기 4년을 한 학교에서 보내는 교장보다 그렇지 않은 교장이 더 많은 실정이다. 교장의 근무기간이 짧을 경우 학교 경영에서 교장의 지도성이 충분히 발휘되고 그 성과를 확인하기 어렵다. 이는 학교 경영에 대한 교장의 책임감을 약화시킬 우려가 있다. 이에 따라 교장의 학교 근무기간을 교장 임기에 맞추고 교장이 근무하는 기간 동안 학교 평가가 이루어지도록 학교별 학교 평가 실시 시기를 조정할 필요가 있다.

학교장 평가의 의의와 가치에서 제시한 바와 같이 교장 평가는 교장의 효과성을 종합적이고 타당하게 평가하고, 학교 운영에 대해 교장에 기대하는 바가 무엇인가를 명확히 하며, 교장의 강점과 약점 및 개선점을 확인함으로써 교장의 지도성 발달, 학교 운영 효과성을 제고하기 위한 기회를 제공할 수 있어야 할 것이다. 이러한 교장 평가의 궁극적인 목적은 교장이 학교 교육활동의 질을 높이고 학교를 개선하는 데 있다.

PART 5

결론

제16장

교장 지도성의 확장

미래 교육 환경 변화에 대응하여 학교에서 교장 지도성은 교육 지도성으로 확장될 필요가 있다. 학교 발전을 위해서는 교장뿐 아니라 다양한 학교 구성원의 참여와 협력, 그리고 지도력이 필요하기 때문이다. 이러한 교육 지도성 발달을 위한 대안은 미래의 교육 지도자 확보를 위한 교사 지도성을 강화하는 것이다. 또한 미래의 지도성은 한 개인, 단위 학교를 넘어서 보다 큰 학교조직 맥락에서 이해될 필요가 있다. 대표적으로 분산적 지도성, 지속가능 지도성, 체제 지도성을 들 수 있다.

1. 교사 지도성의 개발과 지원

1) 개념과 쟁점

교사 지도성의 개념은 다양하게 정의될 수 있다. 그러나 공통적으로 규정되는 교사 지도성 개념은 경영 및 교육 책임을 모두 갖는 교사들, 예를 들어 교과목 조정자, 부서장, 코칭, 새 팀 지도, 현장 연구 집단 구성 등 비공식적 지도성 역할을 담당하는 교사가 수행하는 공식적 지도성 역할로 규정된다(Muijs & Harris, 2007: 112). 이러한 교사 지도성은 집단적으로 수행되는 일단의 행동과 실천이라 할 수 있다. 교사 지도성 개념은 분산적 지도성과 밀접하게 연계되어 있으나 이는 분산적 지도성보다 좁은 개념으로 교직원의 지도성 역할에 초점을 둔다.

또한 연구자에 따라서는 교사 지도성 논의는 학교에서 권력 관계에 대한 근본적인 개혁이 이루어져야 가능하다고 본다. 즉, 교사들이 지도자 역할을 하기 위해서는 기존의 학교장이나 학교 최고 책임자 중심의 권력 관계 형성과 지도성 수행 방식 등 근본적인 변화가 필요하다는 것이다. 그러나 Muijs와 Harris(2007: 113)는 전통적인 조직 구조 내에서도 교사 지도성 실천이 가능하며, 이때 교사 지도성은 학교 의사결정에서 교사의 참여 확대와 교사들이 학교 발전을 지도하고 선도하는 기회 확대에 보다 초점을 둔다.

이에 따라 교사 지도성 연구와 실천에서 가장 핵심적인 쟁점 중 하나는 전통적인 위계적인 지도성 구조를 갖고 있는 학교에서 교사 지도성 발달을 지원하거나 저해하는 요인과 조건은 무엇인가 하는 점이다. 이에 대해 Muijs와 Harris(2007: 112-114)는 관련 연구 분석을 통해 몇 가지 조건을 정리하고 있다.

첫째, 교사 지도성 관련 연구들은 공통적으로 규범과 가치의 공유, 교사들 간의 협력적 실천이 중요함을 지적한다. 즉, 교사 지도성은 공동 작업(협력) 상황에서 발달하며, 이러한 공동 작업이 허용되는 신뢰 문화를 만드는 것이 교사 지도성 개발에 중요하다는 것이다.

둘째, 학교의 구조적인 변화도 교사 지도성 발달에 도움을 줄 수 있다. 교사들이 교육과정 문제, 학교 계획 수립, 연구 집단 지도, 다른 학교 방문, 고등교육기관과의 공동 작업, 동료와의 협력 등과 같은 쟁점을 계획하고 논의하기 위해 만날 수 있는 시간을 할애하는 것도 교사 지도성 발달에 도움이 된다.

셋째, 지속적인 전문성 개발을 위한 풍부하고 다양한 기회를 제공한다. 교사 지도성을 위한 전문성 개발은 구체적인 지도성 역할에 초점을 맞출 필요가 있다. 지도 집단이나 워크숍과 같은 기술, 공동 작업, 멘토링, 현장연구 등과 같은 기술을 교사들이 새로운 역할에 적응하도록 전문성 개발에 통합될 필요가 있다.

넷째, 학교에서 지도자로서 행동할 수 있도록 교사 스스로 자신감을 향상시키도록 할 필요가 있다. 교사 지도성은 다른 학교 교사들과의 공동 작업, 새로운 교수법 시도, 현장 연구 참여 등을 통해 향상될 수 있다. 특히, 교사 지도성의 성공은 다른 교사와 학교

경영과의 관계와 같은 사람들 간 관계(interpersonal relationship)에 영향 받는다.

2) 교사 지도성 실천 요건

한편, Muijs와 Harris(2007: 129-132)는 영국에서 교사 지도성이 발달 및 실천되는 정도가 다른 세 개의 학교에 대한 사례연구를 통해서 교사 지도성이 실천되기 위한 핵심적인 조건과 요건을 다음과 같이 요약하고 있다.

첫째, 교사 지도성이 성공적이기 위해서는 정교하게 계획되고 설계된 과정(deliberate process)이 필요하다. 여기에는 조직 비전, 구조, 문화 변화를 포함하여 교사를 위한 시간과 자원 투자 등이 포함된다. 교사 지도성이 성공적으로 실천되려면 조직 구조와 문화 변화, 조직의 비전과 가치에 있어 근본적인 변화가 이루어질 필요가 있는데, 이는 모든 직원이 학교 문화에 깊이 개입되어 있어야 함을 의미한다. 대체로 학교에서 지도성을 배분하는 교장에 의해 교사 지도성이 발달하지만, 지도성 활동에 교사들이 참여할 수 있다고 느끼는 정도는 학교마다 차이가 있다. 이는 교사들이 지도성 역할을 하려는 의지와 이에 필요한 기술을 적절하게 갖추고 있는 것이 중요하며, 동시에 교사들이 지도성 역할을 담당할 준비를 할 수 있도록 시간과 자원 투자가 필요함을 의미한다.

둘째, 협동적, 공동 작업은 교사 지도성 발달에 중요하다. 교사 지도성은 공식적, 비공식적 협력 상황에서 발휘된다. 셋째, 직원 개발과 외부 지원이 필요하다. 교사 지도성 개발에서 문제가 되는 것 중의 하나는 직원의 자신감 결여, 지도성 역할 및 책임 수행에 필요한 기술 결여 등이다. 지도성은 개발되고 학습된다는 점에서 볼 때, 교사 지도성 개발을 위한 지원과 구체적인 전문성 개발 프로그램 등이 필요하다. 넷째, 학교 문화와 학교 구조가 중요하다. 대체로 신뢰가 높은 학교에서 교사 지도성이 발달되는데, 이러한 학교는 구성원 간 상호작용이 활발하고, 목표와 가치 공유가 이루어지는 학교이며, 교사의 노력이 공식, 비공식적으로 인정받고, 보상을 받는다.

학교에서 교사 지도성 개발은 쉬운 과정이 아니다. 학교의 목적과 실천에 있어 근본적인 변화가 필요하기 때문이다. 학교에서 교사 지도성 발달을 위해서는 학교 문화에 스며들어 있는 공통되고, 공유되는 생각과 믿음, 교사 간 공동 작업, 협력 문화를 지원하는 조직 구조, 교사들 간 긍정적인 협력, 공동 작업, 상호 발달을 가능하게 하는 신뢰, 교사가 자신의 업무에서 인정을 받았다는 느낌을 가질 수 있는 내적, 외적 보상 등이 중요하다.

2. 분산적 지도성의 확대

1) 개념과 특징

전통적인 지도성 이론은 위인론, 카리스마, 강력한 지도성 논의에서와 같이 뛰어난 지도자 개인에 초점을 두는 관점이 지배적이었다. 그러나 최근 들어 효과적인 학교, 지도성 연구, 학교 발전 연구 등에서는 학교 내에서 지도성 역할을 하는 사람은 한 사람이 아니라 지도성 팀을 비롯하여 여러 사람들 사이에 분산, 분배되어 있다는 분산적 지도성(distributive leadership) 이론에 주목하고 있다(Muijs & Harris, 2007).

이는 효과적인 지도성에 관한 연구에서 가장 일관된 결과 중 하나이며, 지도성 권위는 지도자 개인에 있는 것이 아니라 학교 내 여러 사람들 사이에 공유되고, 분배되어 있다는 주장에 기반을 두고 있다. 이에 따라 최근의 지도성 연구는 교장이나 학교 대표가 행사하는 단일의, 개별적인 지도성보다는 집단적 또는 교사 지도성에 주목하고 있다(Harris, 2004; Harris & Spillance, 2008).

이러한 분산적 지도성 이론과 실제의 발달 배경은 학교 지도성의 역할 강화, 수평적인 학교 경영 구조 발달 등 학교조직 변화, 복잡한 사회에 대응하는데 기존의 개인 중심의 지도성보다는 분산적 지도성이 더욱 효과적이라는 점 등에서 찾을 수 있다(Pont, Musche, & Moorman, 2008). 지도성을 분배적 관점에서 볼 때, 지도성은 학교공동체 내의 다양한 조직 맥락에 존재하며, 중앙 조직이나 인물에 집중되어 있는 것은 아니다(Mulford, 2003).

또한 성공적인 교장은 혼자 일하는 것이 아니라 교사 지도자들과 협력하며 교직 문화를 존중하고, 지원한다. 또 학교 발전은 소수보다는 많은 사람들의 지도성 역량을 필요로 한다고 본다. 이러한 분산적 지도성 개념은 특히 미국, 영국, 캐나다, 호주, 뉴질랜드 등에서는 활발하게 연구되고 있으며, 지도성 역할을 하는 사람들을 위한 다양한 지도성 개발을 위한 프로그램이 발달되고 있다(Muijs & Harris, 2007).

그러나 분산적 지도성의 의미는 연구자에 따라 다양하게 사용되고 있다. 분산적 지도성은 다양한 의미를 갖고 있는데, 위임된(devolved), 분산된(dispersed), 공유된(shared), 팀으로 구성된(teamed), 민주적인(democratic) 지도성이라는 의미를 갖고 있다(Pont et al., 2008: 81; Harris & Spillane, 2008: 31). 또한 분산적 지도성과 협력적, 참여적 지도성 개념이 중복되어 있고, 민주적 지도성, 교사 지도성과도 연계되어 있다(Harris & Spillane, 2008). Bennett, Wise, Woods와 Harvey(2003: 2)가 지적하듯이 분산적 지도성의 개념에 대한 합의는 부족하며, 다양하게 해석되고 있다.

분산적 지도성 개념을 심층적으로 분석한 Harris(2004: 13-14)에 의하면, 분산적 지도성은 새로운 지도성 기술이나 실천이라기보다는 지도성에 대해 생각하는 방식이라 할 수 있다. 즉, 분산적 지도성은 공식적인 지도성 지위나 역할 담당자뿐 아니라 공식적 지도성 지위를 갖고 있는가의 여부에 관계없이 조직 내에 있는 여러 전문가들을 적극적으로 참여시키는 데 초점이 있으며, 소수가 아니라 다수에 의한 지도성에 주목한다.

전통적인 지도성의 경계를 확장하여, 교사의 참여를 높이고, 교직원들의 다양한 전문적 지식, 기술을 지도성 실제에 활용 및 통합하고, 지도성 활동에 많은 사람을 적극적으로 참여시키는 것은 분산적 지도성 행동의 핵심이다. 조직의 위계를 평평하게 만들거나 지도성을 위임하는 것과 지도성 분산이 동일한 것은 아니다. 또한 분산적 지도성 관점에서 공식적 지도자의 존재를 불필요하다고 보는 것은 아니다. 즉, 교장의 역할을 부정하거나 침해하는 것이 아니라 더 많은 사람들이 지도 및 경영 실제에 어떻게 참여할 것인가를 이해하고, 이를 확장하는 것이다(Harris, 2004; Spillane, Camburn, Stitziel, & Pareja, 2007).

분산적 지도성은 조직 내에서 인간 역량을 극대화하고, 조직 구조 및 문화 개혁과 밀접하게 연계되어 있다. 즉, 학교 지도성을 분산적 관점에서 보는 것은 학교의 일상적인 생활에서 경영과 지도성이 어떻게 펼쳐지고 있는가에 대해 새롭고 유용한 통찰을 제공할 수 있다(Spillane et al., 2007).

2) 분산적 지도성 확대를 위한 과제

이러한 분산적 지도성 연구와 실제에서 제기되는 주요 쟁점은 학교의 공식, 비공식 지도자와 전문가들 사이에 '어떻게' 지도성을 분배할 것인가, 또 '누가' 이를 분배할 것인가, 조직 개선과 변혁에 지도성 분배는 어떤 효과가 있는가, 즉 분산적 지도성이 학교 발전에 기여할 것인가, 어떻게, 어떤 형태로 가능한가 하는 점 등이다(Harris, 2004: 14; Harris & Spillane, 2008: 32). 이러한 질문에 답하기 위해서는 보다 다양한 실증적, 경험적 연구들이 축적될 필요가 있다. 그러나 분산적 지도성에 관한 이론적 논의에 비해 경험적 연구는 여전히 부족하다(Bennett et al., 2003; Harris, 2004; Spillane et al., 2007;

Harris & Spillane, 2008). 2000년대 이후 분산적 지도성 관점과 개념을 활용한 다양한 연구들이 추진되고 있지만(예를 들어, Spillane et al., 2007), 분산적 지도성에 관련된 쟁점을 검토하기 위해서는 보다 많은 실증적 연구가 축적될 필요가 있다.

한편 일부 연구에서는 학교에서 분산적 지도성 실천을 어렵게 만드는 장애 요인과 이를 해결하기 위한 과제들을 제시하고 있다. 예를 들어, Harris(2004)는 전통적으로 지위와 보수 구분 등 위계가 있는 학교에서 보다 유연하고 권한이 분산되는 분산적 지도성을 즉각적으로 수용하기 어렵다는 것을 지적하고 있다. 구체적으로 학교에서 분산적 지도성 발달을 저해하는 요인들은, 첫째, 분산적 지도성은 공식적 지도성 지위에 있는 사람들이 학교의 다른 구성원에게 권한을 부여해야 하는데, 이는 학교의 일부 활동을 교장이 직접적으로 통제할 수 없음을 의미하며, 이는 교장의 지위를 약화시킬 수 있다. 또한 지도성 분배는 추가 업무의 발생과 이러한 업무를 수행하는 사람에 대한 추가적인 보상을 필요로 하게 되는데, 이에 따른 재정적인 장애가 있을 수 있다.

둘째, 상의 하달식 지도성 접근과 학교의 내적인 구조도 분산적 지도성 발달의 장애 요인으로 작용한다. 학교 지도성 위계는 지도성 팀이나 학교에서 최고 지위에 있는 사람들에게 권력이 집중되어 있음을 의미한다. 또한 교과 간, 교과와 생활지도 간 구분, 연령에 따른 구분 등 전통적인 학교의 조직 구조는 교사 간 협력 작업을 어렵게 하고, 교사들이 자율성을 갖고 지도성 역할을 하는 것을 어렵게 한다.

셋째, 분산적 지도성은 '어떻게' 책임과 권위를 분배할 것이며, 더 중요하게는 '누가' 이를 분배할 것인가라는 중요한 문제를 제기한다. 분산적 지도성은 단순히 권한, 업무의 위임을 의미하는 것이 아니라, 즉 다수 지도자들의 상호작용에 의해서 지도성 과업이 실현되는 지도성의 사회적 분배를 의미한다. 이러한 분산적 지도성에서 핵심은 수업 개선과 조직 발달을 집단적으로 이끌어 가고 형성하는 데 있어 교사들의 적극적인 참여에 있다(Harris, 2004: 20).

학교에서 분산적 지도성을 실현하기 위해서는 교사들이 상호 협력할 수 있는 시간을 확보하고, 교사들 간 상호작용을 촉진하는 학교 구조를 만들 필요가 있다. 특히, 교사들은 신분 불안, 조심성, 무력감(타성) 등으로 인해 분산적 지도성에 적대적인 경우도 있는데, 이는 대인관계 기술, 교사 지도성 발달을 통해 극복할 수 있을 것으로 기대된다(Harris, 2004: 21). 이와 더불어 교사의 지도성을 고무시키는 학교 문화 개발, 지도성 역할 확대에 따른 재정 확보 등이 요구된다. 또한 분산적 지도성에 관한 선행연구들에서 강조하듯이 분산적 지도성의 실제, 분산적 지도성의 효과, 학교 발전과 학생 성과와의 관련성 등을 확인할 수 있는 보다 다양하고 실증적인 연구가 이루어질 필요가 있다.

3. 학교 발전을 위한 지속가능 지도성

1) 발달배경과 개념

지속가능 지도성, 지속적 지도성, 지속가능한 리더십 등 다양하게 번역되고 있는 지속가능 지도성(sustainable leadership)은 Hargreaves와 Fink(2006), Fullan(2005) 등이 제안한 새로운 지도성 개념 및 원리로, 최근에는 Lambert(2012)가 초·중등학교가 아닌 전문대학 맥락에서 이를 적용한 바 있다. 국내에서는 이성은 외(2007)가 초등학교 온라인 교사 학습공동체에서 지속적 지도성의 적용 가능성과 특성을 분석한 바 있다.[1] 김재희(2013)는 Hargreaves와 Fink의 지속가능한 리더십이 주는 함의를 해석하는 내용을 석사학위논문으로 발표하였다. 최근 지도성에 초점을 둔 것은 아니지만 교육 분야에서 지속가능한 (교육)발전, 지속가능성 교육 등을 핵심 주제로 한 다양한 연구들이 발표되고 있다(예를 들어, 허병기, 이정화, 2016; 임효진, 이두곤, 2016; 황혜연, 김윤정, 2012; 조혜연, 이상원, 2014; 유길한, 2011).

지속가능성(sustainability)이라는 개념이 전 세계적으로 주목받게 된 계기는 1972년 스톡홀름에서 개최된 UN 인간환경회의(United Nations Conference on Human and Environment: UNCHE, 일명 스톡홀름 회의라 함)와 1987년 UN 세계환경개발위원회(World Commission on Environment and Development: WCED)의 보고서, 우리의 공통된 미래(Our Common Future) 등을 들 수 있다. 우리의 공통된 미래 보고서는 당시 회의를 주재한 노르웨이 환경부 장관의 이름을 따 브룬틀란(Brundtland) 보고서라 칭하기도 한다.

여기서는 지속가능한 발전(sustainable development)을 미래 세대의 요구를 충족시키기 위한 그들의 능력을 저해하지 않으면서 현재의 요구를 충족시키는 것으로 정의하였

1) 이 연구에서는 지속가능 지도성을 지속적 지도력으로 번역하고, 초등학교 온라인 교사학습공동체(인디스쿨)에서 이루어지고 있는 지속적 지도력 특성을 탐색하였다. 지속적 지도력의 주요 특성으로는 도덕적 목적의 이행, 모든 수준에서 협의하는 능력, 네트워크를 활용한 정보 수집 능력, 지적인 책임감, 심도 있는 학습, 끊임없는 조절자 등으로 정리하고 있다(이성은, 김예진, 유선경, 2007).

으며(WCED, 1987: 41; 허병기, 이정화, 2016: 102 재인용), 지속가능한 발전의 개념은 이후 더욱 확장되었다. 최근에는 지속가능한 발전을 세대 간 요구를 강조하는 것을 넘어서 보다 포괄적이면서도 평등한 경제 성장, 평등한 사회 발전과 통합, 자연 자원과 생태계의 지속가능성, 정부와 기업을 포함한 각 사회 주체들의 적절한 거버넌스를 포함하는 총체적 접근방식을 말한다(Sachs, 2015/2015: 28-29; 허병기, 이정화, 2016: 103 재인용).

2) 학교 발전과 지속가능 지도성

이러한 지속가능성, 지속가능한 발전의 개념을 학교 지도성에 적용한 대표적인 연구로는 Hargreaves와 Fink(2006)의 지속가능 지도성(sustainable leadership)을 들 수 있다. Hargreaves와 Fink(2006)는 환경 운동 분야에서의 지속가능성 개념과 실제의 발달, 1987년 브룬틀란(Brundtland) 위원회 보고서의 지속가능한 발전에 대한 정의, UN의 지속가능 발전교육 2005~2015의 출범 등에 기초하여, 교육 개혁에서 단기간의 성취목표를 강조하고 시험을 위한 교수(teaching), 성급한 교육과정 실행 등에 대응하는 지속가능 지도성의 개념과 원리를 제안하였다. 이들은 지속가능 지도성을 (지속가능한) 학교교육의 질 제고, 개선을 위한 지도성의 계속성(지속성)과 승계, 학교조직 내에서 지도성 역량 개발을 위한 도구로 이해하였다(Lambert, 2012).

지속가능 지도성 관점에서 학생들의 깊은 학습(deep learning)을 저해하는 단기간의 교육/성취 목표, 끝없는 시험 등은 교육 지속성의 적이라 할 수 있다(Hargreaves, 2007: 223). 지속가능 지도성은 계속적인 학교 변화와 개혁을 위해서는 영웅적인 한 명의 지도자의 역량에 의존하는 것에서 나아가 이들 지도자가 학교를 떠난 후에도 학교 발전이 지속적으로 이루어질 수 있도록 다음 지도자의 확보(지도성 승계), 학교 내 다양한 구성원의 지도성 개발과 협력을 강조한다.

또한 Hargreaves와 Fink(2006)는 인근 학교의 우수한 학생, 교사, 지도자(교장)를 끌어오는 방식의 기존의 학교 개혁은 주변 학교를 황폐화하고 해를 끼친다는 점에서 지속가능 지도성, 학교 발전을 새롭게 정의하고 있다. 즉, 지속가능 지도성은 주변 학교에 해를 끼치기보다 긍정적인 영향을 미치고, 학교 내외에서 지도성이 널리 확산, 공유, 분산, 지속되며, 이를 통해 모든 학생을 위한 깊은 학습을 유지·개발하는 데 초점을 둔다. 지속가능한 교육 지도자는 지속가능한 학습을 증진하고 실천하는 지도자인 것이다(Hargreaves & Fink, 2006: 213).

3) 지속가능 지도성의 특징

모든 학생을 위한 질 높은 학습 환경을 보장하기 위한 지속가능 지도성의 주요 특징은 7가지 원리에 잘 드러나 있다(Hargreaves & Fink, 2006; Hargreaves, 2007). Hargreaves와 Fink(2006)가 제시한 지속가능 지도성의 7가지 원리는 지도자(교장)가 교사의 창의성과 도덕성, 그리고 학생의 학습에 긍정적인 영향을 미치는 핵심적인 요인이며 이러한 역할을 해야 함을 시사한다.

첫째, 지속가능 지도성은 학습을 위한 지도성, 다른 사람을 배려하는 것이다. 지속가능 지도성 모델에서 학습은 삶을 준비하기 위한 것일 뿐 아니라 삶의 일부이며, 이러한 학습은 단순히 읽고 쓰는 능력과 산술적인 능력을 성취(학습)했는가가 아니라 심오하고 폭넓은 학습, 평생학습을 지속하고 증진하는 것이어야 한다고 본다. 교육 지도자의 주요 책임은 모든 학생들을 위한 질 높은 학습이 '지속'되도록 지원 및 보장하는 것이라 할 수 있다.

둘째, 지속가능 지도성은 지속적인 성공을 보장하고 시간이 지남에 따라서도 지속되는 것이다. 지속가능 지도성은 한 지도자에서 다음 지도자로 계속 이어지는 지도성 승계, 개별 지도자를 넘어서는 지도성을 보장함으로써 지속가능한 교육, 개선이 이루어져야 함을 강조한다. 이에 따라 지속가능 지도성에서 지도성 승계(leadership succession)는 중요하다. 지속가능한 발전, 지속가능 지도성을 보장하기 위해서는 지도자의 빈번한 교체를 지양하고[2] 다음 세대의 지도자를 개발하기 위한 신중한 계획과 지원이 요구된다. 지속가능 지도성은 카리스마 있는 지도자에 의해 성취되고 끝나는 것이 아니라 이전 지도자와 다음 지도자 간의 연속성, 연계성 속에서 발휘되고 실천된다.

셋째, 지속가능 지도성은 다른 사람의 지도성을 개발 · 지원하며 널리 퍼지고 확산된다. 오늘날과 같은 복잡한 세계에서 한 명의 지도자, 하나의 기관, 한 국가가 다른 사람의 도움 없이 모든 것을 통제할 수 없다. 지도자가 오래 지속되는 전통, 유산을 남기는 방법 중 하나는 다른 사람과 함께 이를 개발하고 공유하는 것이며 지도성 승계는 교장의 후계자를 양성하는 그 이상을 의미한다. 지속가능 지도성은 다른 사람의 지도성(개발, 발휘)을 뒷받침할 뿐 아니라 그에 의존한다. 학교의 전문적 공동체 전체에서 지도성을 분산하

2) 미국의 경우, 여건이 열악한 학교나 교직 전반에서 교사나 교장의 이직이 높은 현상을 두고 회전문 교장직(revolving door principalship)(MacMillan, 2000), 지도성 승계의 회전목마(carousel of leadership succession)(Hargreaves, Moors, Fink, Brayman, & White, 2003)라 칭하기도 한다.

고 공유하는 것이며, 이 경우 교장이 다른 학교로 옮기거나 퇴직을 하더라도 교육활동, 전통은 지속될 수 있다. 이 점에서 지속가능 지도성은 분산적 지도성이라 할 수 있다.

넷째, 지속가능 지도성은 주변 환경에 해를 끼치지 않으며 긍정적인 영향을 준다. 지속가능 지도성은 인근 학교에서 우수한 학생이나 교사 자원을 빼앗아가고 다른 학교의 희생에 기초하여 발전하는 것이 아니라 인근의 모든 학생과 학교에 긍정적인 영향을 미친다. 지속가능 지도성은 자기 학교의 발전, 개선에만 관심을 두는 자기중심적이기보다는 인근 학교, 지역사회의 개선, 발전에 관심을 기울이고 이를 위해 지식과 자원을 공유하고 영향을 주고받는 상호 연결된 과정이다. 또한 지속가능 지도성은 다른 학교, 학생, 교장의 요구, 발전에 관심을 기울이고 이를 위해 협력함으로써 다른 학교의 시기나 적의를 피할 수 있을 뿐 아니라 사회 정의에 기초한 책임을 실천한다. 이 점에서 지속가능 지도성은 사회 정의에 부합하며 이의 실천과 연계된다.

다섯째, 지속가능 지도성은 지속적인 개선을 장려하는 환경의 다양성과 역량을 개발한다. 건강한 환경, 조직은 예기치 못한 변화와 위협에 직면하여 학습, 적응성, 회복력을 약화시키는 표준화는 최소화하는 대신 다양성을 증진한다. 표준화는 지속가능성의 적이라 할 수 있다. 지속가능 지도성은 학교가 다양한 교수-학습 환경을 만들고, 이러한 다양성을 통해 학습하며, 다양한 구성 요소 간 응집력을 높이고 네크워크를 강화한다.

여섯째, 지속가능 지도성은 인적, 물적 자원을 소비하기보다는 이를 개발한다. 지속가능 지도성은 가장 우수한 지도성 인력을 유인하고 유지하기 위해 내적인 보상, 외적인 인센티브를 제공하며, 지도자들이 네트워크를 만들고 서로 학습하고 지원하며, 자신의 경험을 지도 및 조언할 수 있는 기회와 시간을 제공한다. 지속가능 지도성은 조직의 지도성을 인정하고 보상하며, 지도자들이 자신을 관리하도록 장려함으로써 이들을 보호한다. 과도한 혁신 부담이나 비현실적인 변화 추진을 통해 지도자를 소진시키지 않는다.

일곱째, 지속가능 지도성은 보다 나은 미래를 만들기 위해 과거를 존중하고 과거로부터 학습한다. 변화의 혼란 속에 지속가능 지도성은 장기적인 목적을 보존하고 일신하는 데 흔들림이 없다. 지속가능 지도성은 조직의 과거와 기억을 존중하고 이를 재논의하고 소생시키며 과거의 가장 좋은 점을 능가하도록 장려한다. 지속가능 지도성은 긍정적인 학습 환경을 만들고 학교 발전과 변화를 위해 주변 환경에 적극적으로 대응하고 환경에 영향을 미치는 환경을 관리한다.

4. 학교의 경계를 넘어선 체제 지도성

1) 개념과 특징

체제 지도성(system leadership)은 2000년대 중반 영국의 Hopkins(2006; 2008)가 제시한 지도성 개념이다. Hopkins(2008: 29)도 지적하듯이 체제 지도성은 상대적으로 새로운 개념이지만 학문적이거나 이론적인 아이디어는 아니며, 체제 개혁의 필요성과 이에 대한 대응에서 발달된 개념이다.

이러한 체제 지도성은 기본적으로 1990년대 서구 국가들에서 추진된 학생 성취도 개선을 위한 다양한 학교 개혁 접근이 크게 성공하지 못한 이유와 그에 대한 반성적 논의에 기반을 두고 있다. Hopkins(2006)에 의하면, 1990년대 학교 개혁은 크게 세 가지 점에서 한계가 있다.

첫째, 많은 개혁이 잘못된 변인에 초점을 두고 있다는 것이다. 학생의 학습을 개선하려는 전략은 학생과 학부모의 참여, 그리고 교사와 학생 각각의 교수와 학습을 확장하는 데 보다 초점을 두어야 한다.

둘째, 학교 발전은 교수와 학습에 초점을 둘 필요가 있지만 이는 충분한 조건은 아니며, 교수와 학습이 조직되는 방식과 학교의 조직적 조건 양자에 초점을 둘 필요가 있다. 학교조직이 변화지 않는다면, 학급 실천에서의 변화가 학생의 학습에 직접적이고 긍정적으로 영향을 미칠 가능성은 적기 때문이다.

셋째, 대부분의 개혁이 체제적 관점을 채택하고 있지 않다. 개별 학습이나 학교에 초점을 두는 학교 발전은 학생의 성취 개선에 제한적으로만 영향을 미친다. 사회적 형평성과 전체 학생에 관심을 둔다면 체제 관점이 요구된다. 개혁은 체제 전반(system-wide)에 그리고 체제 깊이(system-deep)에 작용할 수 있어야 한다. 이에 따라 Hopkins(2006: 13)는 "우리의 목표가 모든 학교를 훌륭한(great) 학교로 만드는 데 있다면 정책과 실천은 체제 개선에 초점을 두어야 한다. 이는 학교장은 자신의 학교뿐 아니라 다른 학교의 성공에도 관심을 가져야 한다는 것을 의미한다. 지속가능한 학교 발전은 전체 체제가 개선되지 않고서는 가능하지 않다."고 주장한다.

이러한 체제 변화의 핵심으로서 Hopkins(2006; 2008)는 체제 지도성 개념을 제안하고 있다. 그는 모든 학교가 가장 좋은 학교가 되기 위해서는 기본적으로 개인화된 학습 제공, 전문화된 교수, 네트워크와 협력, 지적인 책무성 등 네 가지 요소를 갖추어야 하며, 이들 요인들은 체제 지도성의 실천을 통해 통합되고 형성된다고 본다. 즉, 훌륭한 학교를 만드는 기본 요소를 상황과 맥락에 맞게 형성하는 것은 지도성의 역할이며, 이러한 지도성은 전통적인 지도성과는 다른 것이다.

전통적 지도성과 경영적 접근은 학교가 직면하는 기술적 문제에 잘 대응할 수 있지만, 미래의 지도성은 즉각적인 해결책이 없는 문제 해결과 이를 위한 역량 구축을 초점을 두는 것이어야 하며 이는 체제 지도성으로 개념화할 수 있다(Hopkins, 2006; 2008). 또한 체제 지도성의 영역은 방향 설정, 교수와 학습 관리, 직원의 전문성 개발, 학교 내, 학교 간 상호 협력, 공동 작업, 지원이 활발하게 이루어질 수 있는 학교조직을 만드는 것, 학교와 지역사회 조직 등과 다양한 네트워크를 형성하고 이에 참여하는 것 등이 포함된다(Hopkins, 2006; 2008).

2) 체제 지도자의 역할과 책임

체제 지도자는 다른 학교와 자신의 학교의 성공을 위해 체제 지도성 역할과 책임을 맡는 사람으로 정의할 수 있다(Hopkins, 2008: 21). 즉, 체제 지도자들은 체제 지도성 역할을 부담하고자 하는 교장들로, 이는 자신의 학교뿐 아니라 다른 학교의 성공에 관심을 갖고 이를 위해 노력하는 교장, 즉 학교 책임자다. 이러한 체제 지도자들은 다음과 같은 세 가지 특징을 공유하고 있다.

첫째, 체제 지도자들은 자신의 성공을 학생 학습 개선과 성취 향상으로 측정(평가)하고 기준을 높이는 동시에 격차를 줄이려고 노력한다. 둘째, 체제 지도자들은 기본적으로 교수와 학습의 개선에 헌신한다. 이들은 모든 학생을 위한 학습을 개인화하기 위해 교수, 학습, 교육과정과 평가의 조직에 깊이 참여한다. 셋째, 체제 지도자들은 학급과 보다 광범위한 체제를 보며 학급, 학교, 체제 수준이 상호 영향을 준다는 것을 깊이 이해한다. 이들은 보다 큰 체제를 변화시키기 위해서 그리고 자신의 학교뿐 아니라 다른 학교, 지도자의 개선을 위해서 보다 적극적으로 의미 있는 방식으로 참여해야 한다는 것을 이해한다.

체제 지도자들의 역할은 각 국가, 사회의 교육 여건에 따라 다양하게 나타날 수 있다. 체제 지도성 개념과 실제가 발달되어 있는 영국의 경우 체제 지도자들은 특별한 어려움에 직면에 있는 다른 학교와 파트너를 형성하여 두 개의 학교를 동시에 운영하기도 하며(자신의 학교와 어려움에 처해 있는 학교 등 두 개 학교를 운영하며, 이러한 역할을 하는 교장은 executive head로 칭한다), 매우 도전적인 환경에 있는 학교를 지도하거나(아카데미 교장이 되는 것), 체제 내에서 변화 촉진자로서의 역할을 하는 것을 들 수 있다(이는 다른 학교, 교장에 대해 컨설턴트 지도자로서 학생 성취 수준 높이기 위해 지도성 팀과 협력하는 것 등을 포함한다)(Hopkins, 2006: 15). 이러한 체제 지도자의 역할은 체제 변화에 따라 다양하게 발달, 확장 및 성장할 것으로 기대된다.

전통적으로 교장은 자신의 학교에서 일어나는 모든 일상적인 운영에 궁극적으로 책임진다. 체제 지도성 개념은 학교장의 역할을 학교의 경계를 벗어나 보다 확장하고, 특히 뛰어난 교장의 전문성과 역량을 다른 학교, 어려움에 처해 있는 학교 및 교장을 지원하는 데 활용함으로써 궁극적으로 학교 체제 전반을 개선하는 데 초점을 둔다. 이러한 체제 지도성 개념은 OECD 학교 지도성 개선 프로젝트의 국가별 사례연구를 통해서도 적용된 바 있다. Pont, Nusche와 Moorman(2008)은 벨기에(플레미쉬 지역사회), 호주(빅토리아), 핀란드, 오스트리아, 영국에서 추진되고 있는 체제 지도성 실천 사례를 분석하고 있는데, 국가에 따라 정도의 차이는 있지만 학교 간 네트워크, 파트너십, 공동 작업, 협력 등을 통한 학교 발전이 추진되고 있다.

이러한 체제 지도성 개념은 학교 지도성, 지도자의 역할과 범위를 개별 학교의 경계를 넘어서 다른 학교와 지역공동체로 보다 확장되고 이를 통해 모든 학교의 개선을 촉진하고자 하는 교육 개혁 운동으로 이해할 수 있다. 이 점에서 체제 지도성은 교사 지도성, 분산적 지도성을 포괄하는 보다 거시적 개념으로 볼 수 있다. 동시에 체제 지도성이 효과를 발휘하기 위해서는 교사 지도성, 분산적 지도성의 질과 효과가 제고될 필요가 있다. 즉, 미래의 지도성 후보자인 교사와 학교장의 전문적 역량과 지도성을 높이고, 학교에서 적절한 지도성 배분이 이루어질 때 학교 간 네트워크, 파트너십, 그리고 공동 작업이 활발하게 추진될 수 있으며, 나아가 다른 학교를 지원할 수 있을 것이기 때문이다. 이에 따라 미래의 교육 지도성은 교육 지도성, 분산적 지도성, 지속가능 지도성, 체제적 지도성을 조화롭게 실현하는 데 초점을 두어야 할 것이다.

제17장

교장의 리더십과 학교 발전

이 장은 학교 발전과 성공적인 학교의 조건에 관한 논의를 되새기면서 이를 실현하기 위한 교장 지도성의 미래 방향을 탐색한다.[1)]

1. 학교 발전을 위한 요건

학교 효과성 연구나 학교 발전 연구를 통해 학교 지도자 역할의 중요성이 지적되어 왔다. 지도성의 질은 교사의 동기와 만족, 학급에서 이루어지는 교수의 질을 결정하는 데 중요하며, 효과적인 학교 지도자는 대규모 교육 개혁의 핵심이다(Fullan, 2001; 2005). 보다 최근에는 학교 자율과 책무성이 확대되면서 교장을 비롯하여 학교 지도성 팀의 역할과 책임이 더욱 커지고 있다. 이에 따라 미래의 지도성 세대를 확보 및 양성하고 우수한 현직 지도자들을 유지하고 이들의 전문성을 개발하는 것이 중요한 정책

1) 이 장은 별도의 표기가 없는 한 주현준, 김민희, 박상완(2014)에서 연구자가 작성한 부분(pp. 289-296)을 토대로 한 것이다.

과제가 되고 있다.

또한 학교에서 지도성은 점차 교장 한 사람에게 집중되기보다는 학교 내에서 지도성 역할을 하는 다양한 사람들에게 분배되어 있을 뿐 아니라 학교의 경계를 넘어서 발휘되는 것으로 이해되고 있다. 학교 간 네트워크와 멘토 또는 코칭을 통한 지도성의 공유와 확대는 더욱 가속화될 것으로 전망되고 있다. 학교 지도성은 교장만을 지칭하는 것이 아니라 학교 단위의 여러 전문가들과 공유되고 있다(Pont, Nusche, & Moorman, 2008: 44). 이에 따라 미래의 교육 지도성은 뛰어난 한 개인의 인성적 특성과 역량, 역할에 의존하기보다는 우수한 지도자(후보)를 지속적으로 확보, 양성하고 이들의 전문성을 개발하는 선순환적 시스템이 중요해지고 있다.

그러나 이는 지도자 개개인이 갖는 역량, 전문성이 중요하지 않다는 의미는 아니다. 지도자 개개인이 갖는 우수한 역량과 자질, 지식은 미래의 지도성 논의에서도 여전히 중요한 비중을 차지한다. 다만, 미래의 지도성 논의에서는 한 개인의 카리스마적 특성보다는 학교조직 및 문화에서 지도성 팀의 질과 역할이 중시되며, 따라서 학교의 최고 지도자는 이러한 지도성 팀을 이끌어 가는 지도자의 지도자로서 새로운 역할이 요구되고 있다. 이 점에서 Pont, Nusche와 Moorman(2008)은 학교 자율성 확대만으로 학교 지도성이 개선되는 것은 아니며, 학교에서 학교 지도자들의 핵심적인 책임을 분명하게 정의하고 한계를 설정하는 것이 중요하다고 지적한다. 즉, 학교에서 지도성은 학교와 학생의 성과를 개선할 수 있는 영역에 집중해야 한다. 학교 지도자들은 교수와 학습을 개선하는 데 기여하는 핵심 문제에 집중할 시간과 역량이 필요하다. 그렇지 않다면, 학교 자율성 확대는 소모적이고 행정적, 관리적 부담이 증가하며, 지도자들의 시간과 주의력을 교육 지도성에서 멀어지게 할 우려가 있다.

학교 발전을 위한 성공적인 학교의 조건은 1980년대 학교 효과성 연구를 전후로 하여 현재까지 지속적으로 다루어지고 있는 연구 주제 중의 하나다. 성공적인 학교는 대체로 우수한 지도성(팀)을 갖추고 있으나 이는 필요조건이지 충분조건은 아니다. 미국 5개 주요 대학 연구자들의 협회인 교육 연구 컨소시엄(Consortium for Research in Education)에서는 최근 15년간의 학교 개혁에 관한 연구 결과를 종합하여 좋은 학교를 만들기 위한 조건을 다음과 같이 다섯 가지로 정리하고 있다(Fuhrman, 2001).

- 명확하고 야심적인 목표
- 수업 실제(실천)에 초점(중심)

- 계속적인 전문성 개발에 대한 광범위한 투자
- 강력한 교육과정과 체제 및 학교 수준의 지도성
- 발전이 이루어지는 곳에 긍정적인 강화를 제공하는 인센티브를 포함한 책무성

이는 학교 발전을 위한 가장 핵심적인 요건은 학교교육 목표, 수업, 교육과정, 교사, 지도성, 책무성에 있음을 간명하게 제시하고 있다.

또한 Caldwell(2008)은 성공적인 학교가 가져야 하는 네 가지 유형의 자본에 주목할 필요가 있음을 제안하고 있다. 이는 성공적인 학교의 조건에서 중요한 시사점은 학교 개혁에 대한 종합적이고 일관된 접근방법은 각 유형의 자본에 역점을 두고, 각 지표에서 높은 수준의 성취를 보여야 한다는 것이다. 그는 모든 학교가 세계적 수준의 학교가 될 수 있지만, 그 성공을 유지하려면 적어도 네 가지 유형의 자본을 강화하고 조화시켜야 하며, 이는 뛰어난 지도성 그리고 단위 학교의 자율성 수준이 높은 거버넌스 구조를 통해서 이루어질 수 있다고 지적한다.

여기서 네 가지 자본은 지적 자본(교사들의 지식과 기술), 사회적 자본(학교를 지원하거나 학교에 의해서 지원되는 공식적이고 비공식적인 파트너십의 힘-외부 조직, 지역사회와의 관계), 정신적 자본(삶과 학습에 대하여 공동적으로 가지고 있는 가치와 신념에 대한 헌신 공유-공유된 헌신), 금전적인 자본(노력을 유지하기 위한 돈)이다. 여기서 정신적 자본은 도덕적인 목적의 강도, 삶과 학습에 대한 가치, 신념, 태도 간의 일치성의 정도 등을 말하며, 학교에 따라서는 종교 또는 구성원들이 공유하는 윤리와 가치에 기반을 둔다.

Caldwell(2008)에 의하면, 모든 학교는 네 가지 자본을 강화하고 조화시키기 위해 특정한 거버넌스 체제를 구성하고 있으며, 이는 전통적인 하향식 구조에서부터 보다 분산되고 민주적인 방식에 이르기까지 다양하다. 보다 성공적인 학교들이 공유하고 있는 거버넌스의 특징은 다음과 같이 요약할 수 있다(Caldwell, 2008: 11).

- 학교는 지역사회의 요구에 적합한 거버넌스 구조를 개발하고 있으며, 이는 학교의 성공에 중요한 요인으로 간주된다. 학교는 또한 다소 분산된 지도성 형태를 취하고 있다.
- 각 학교들은 다른 거버넌스 구조를 가지고 있지만, 모든 구성원들은 자신의 역할과 책임을 알고 있다.
- 학교는 강한 비전을 제시하는 영감을 주는 지도자에 의해 지도된다. 교장은 학교

내에서 교수와 학습의 지도자이며 학교 발전에 깊이 참여한다.

- 학교 지도자들은 학교의 일상적인 경영에 있어 높은 자율성을 갖는다. 예산을 관리하고 직원을 선발하는 것 외에 학교는 혁신적이고 기업가적인 모험적인 계획을 만들어 낸다.
- 학교는 학교의 실천을 모니터, 평가, 개선하기 위한 자료 수집에 적극적이다.

2. 미래 교장 지도성의 과제

학교 발전과 우수한 학교에 관한 연구들은 공통적으로 지도성의 질을 중요한 요인으로 지적하고 있다. 이에 따라 OECD 주요 국가들은 학교 지도자들의 질을 보장하고 이들의 전문성 제고를 위해 국가 수준의 전문적 기준을 설정하고, 다양한 전문성 개발 프로그램을 개발 및 제공하고 있다. 전문성 기준이나 지도성 개발 프로그램에서는 미래 지도자가 갖추어야 할 지식, 자질 및 전문성을 직간접적으로 제시하고 있다.

이와 더불어 지도성 관련 연구들에서도 학교 발전과 학생 성취도 개선을 위한 지도성 과제들이 다양하게 제시되고 있다. 예를 들어, Mulford(2003: 46-48)는 학교 지도자의 충원 및 전문성 개발 등에 정책적 관심이 보다 확대되어야 한다는 점에서 미래 학교 지도자의 충원과 전문성 개발을 위한 과제를 제안하고 있다. 이를 토대로 우리나라 교장의 충원과 지도성 개발을 위한 과제를 정리해 보면 다음과 같다.

(1) 학생 성과를 높이기 위한 교장의 역할과 지도성의 과제

- 효과적인 교육과 학교 발전을 위해 중요한 것은 학생의 학업 성취도 향상을 넘어서는 것이다. 이는 학생의 자아개념, 적성, 잠재력의 성장과 발달, 공교육제도, 사회에 대한 신뢰와 협력과 같은 사회 자본의 형성 등으로 교장의 지도성이 보다 확장되어야 함을 의미한다.
- 교장의 지도성은 학교 구성원들이 자기 지도력을 발휘하도록 봉사하고 지원하는 것이다.
- 조직학습, 집단적 교사 효능감은 교사 업무, 수업, 학생의 성과 개선에 영향을 미치는 중요한 변인이므로 교장은 학교에서 조직학습(전문학습공동체)이 개발되도록 지원하는 데 우선순위를 두어야 한다.

- 교장은 학교가 운영되는 맥락으로서 학교 규모, 지역사회의 여건, 각 학생의 가정 환경 등에 더 주의를 기울여야 한다.

(2) 교장 충원, 임용에서 고려할 과제

- 다양한 책무성 기제들이 교사와 교장, 학교의 자율성을 약화시키는가를 검토한다.
- 교장의 역할은 현상유지에 초점을 두는 관리(management)가 아니라 변화를 이끄는 지도성이라는 점을 명확히 한다.
- 교장은 교사들이 학급의 경계를 넘어서 학교 전체, 나아가 사회적 맥락을 보도록 자극하고 격려한다.
- 교장은 학교/교육 지도성(school/educational leadership) 관리를 위한 지도성 승계(succession)의 기본 틀과 계획을 개발한다. 지도성 승계(교장 후보자의 지속적인 충원과 전문성 개발) 계획은 교장 자리를 충원하는 것 이상을 의미한다. 우수한 교장 지원자를 지속적으로 충분히 확보하기 위해서 교장은 교감, 부장교사 등 중간 관리자들이 지도성을 개발하도록 지원하고 격려한다.
- 학교 지도자로서 교장은 학교 구성원의 직무 만족을 제고하는 위치에 있음을 인식할 필요가 있다. 교장은 교장직 후보자들에게 교장직을 준비하는 과정이 승진 점수를 모으는 과정이 아니라 교사에서 학교행정가로 성장 및 발전하는 의미 있는 과정이라는 인식을 심어 준다. 이를 위해 젊은 교사들이 교직 초기에 지도성을 경험할 기회를 제공하고, 적절한 직무 위임을 통해 학교를 효과적으로 운영하는 긍정적인 실천 사례를 보여 줄 수 있어야 한다.
- 교장의 역할에서 교육자로서의 역할과 관리적, 행정적, 재정적 역할과 책임을 분명히 한다.
- 교장직 지원자들이 교장직 준비과정에서 포기하거나 좌절하지 않도록 격려하고 지원할 필요가 있다.
- 교장의 지도성 개발을 위한 프로그램에 적극 참여한다.
- 근무여건이 열악한 도전적인 환경에 있는 학교에서 교장의 지도성이 보다 효율적으로 발휘되도록 지원한다.

(3) 교장의 지도성 개발을 위한 과제

- 교장으로서의 생활과 업무를 시작하는 초기 단계인 교장직 입문 시기에 일관되고 체계적으로 주의를 기울일 필요가 있다. 신규교사가 초기 교직 적응에서 어려움을 겪듯이 교장도 새로운 교장 직무를 시작하는 시기에 여러 가지 어려움을 경험할 수 있다.
- 중간 관리자를 위한 지도성 개발은 교직 경력 발달과 함께 자연스럽게 이루어져야 하며 교장 지도성 발달을 위한 전체 경력 과정/틀의 일부이어야 한다.
- 미래의 교장을 위한 지도성 개발을 위해 학교의 가치/비전과 개인적 가치/비전을 통합하는 기술, 업무와 생활의 균형을 잡는 전략을 개발하도록 격려하며, 팀으로서 전문성 발달을 경험하도록 팀 구성원들에게 더 많은 기회를 제공한다.
- 학교장을 위한 전문성 개발 프로그램을 확보한다.
- 교감, 부장교사 등 교장직 후보자를 위한 프로그램을 개발하고 실행한다.
- 교장 중심 학습공동체 네트워크, 지도성 역할 공유, 멘토링 등을 통해 서로 협력, 학습하도록 한다.
- 초임 교장, 경력 교장의 지도성, 열의, 직무 동기를 유지하기 위한 전략을 개발한다.
- 교장 전문성 개발 프로그램 개발 시 이론, 연구 등을 적극 활용한다.

(4) 학교 지도자로서 교장의 실천 과제

학교 지도자로서 교장은 학교 개선 및 발전을 위해 지도성을 개발하고 실천할 필요가 있다. Leithwood, Day, Sammons, Harris와 Hopkins(2006: 18-19)는 선행연구를 토대로 성공적인 학교 지도자의 핵심적인 실천 요소를 14가지로 도출한 바 있다. 이를 지도성 행동으로 표현 및 정리해 보면 다음과 같다.

첫째, 학교 교육목표 설정 등 학교 교육활동의 방향을 설정한다. 이는 교사의 동기를 유발하는 기본적인 자극으로서 도덕적 목적을 수립하는 것이다. 여기에는 세 가지 구체적인 지도성 행동이 포함된다.

- 비전 설정: 조직의 미래에 대한 비전 설정은 변혁적 지도성, 카리스마 지도성 모델 등에서도 기본적인 과업으로 포함되어 있는 지도성 실천(실제)이다. 조직의 미래에 대한 비전, 핵심 가치를 설정하는 것은 교장의 기본적인 책무다. 비전은 조직

내 활동의 통합과 조화를 이루는 핵심 기제이며, 핵심 가치는 비전이 실현되는 수단을 명료화한다. 이는 학교 교육목표 설정, 학교 교육(과정)계획서 작성을 통해 구체화된다.

- 집단 목표 수용: 비전이 동기를 유발하고 영감을 주는 것이라면, 행동은 비전 실현을 위해 성취해야 할 보다 즉각적인 목표에 대한 합의를 필요로 한다. 이를 위해서는 학교 교육목표를 파악할 뿐 아니라 개별 구성원들이 학교 교육목표를 자신의 목표에 통합시킬 수 있어야 한다. 그렇지 않을 경우 학교 교육목표는 교사들에게 동기적 가치를 갖지 못한다.
- 높은 성과 기대: 교장의 지도성 실천(실제)은 학교 교육목표와 밀접하게 연계되어 있다. 교장이 높은 성과 기대를 가지고 이를 실천하는 것은 학교 교육목표와 관련된 교장의 가치관을 보여 준다.

둘째, 교직원 개발 · 훈련이다. 이는 학교 교육목표 성취를 위해 교직원이 갖추어야 할 지식과 기술뿐 아니라 이를 지속적으로 적용하려는 성향 및 헌신 등을 포함한다. 구체적인 지도성 행동은 세 가지로 정리할 수 있다.

- 개별화된 지원/배려-감성적 이해와 지원: 지도자로서 교장은 교직원을 잘 파악하고 이들이 성장하도록 지원하고, 인정하며 보상하는 일이 중요하다. 지도성 행위론 모델(과업 차원과 배려 차원)에 공통적으로 포함되어 있는 지도성 행동이다.
- 지적 자극: 변혁적 지도성 모델에서 강조되는 지도성 실천으로 교장은 교직원들이 자신의 업무를 다른 관점에서 바라보고, 재검토하도록 지적인 자극을 제공하고, 현상 유지에 도전하도록 한다. 이는 특히 교사들의 전문성 개발, 어려운 여건에 있는 학교에서 중요한 지도성 실천으로 볼 수 있다.
- 모델링(적절한 모델 제공): 이는 투명한 의사결정, 자신감, 말과 행동의 일치 등 지도자가 모범을 보임으로써 지도성을 발휘하는 것이다. 교장은 교직원들에게 자주 모습을 보이고(가시적) 구성원들과 긍정적 · 적극적인 상호작용을 한다.

셋째, 조직 재설계는 구성원들이 자신이 근무하는 환경을 잘 알 때 동기 유발이 된다는 가정에 기반을 두고 있다. 여기에는 네 가지 지도성 행동이 포함된다.

- 협력적 문화 구축: 학교의 협력적 문화는 학교 발전, 전문적 학습공동체 개발, 학생 학습 개선 등에 긍정적인 영향을 미친다. 교장은 학교 교육목표 실행을 위해 구성

원 간 협력적인 문화를 구축하는 것이 중요한다.

- 직무 촉진을 위한 조직 구조화: 조직 문화와 조직 구조는 동전의 양면이다. 학교에서 협력적 문화를 개발하고 유지하기 위해서는 적절한 학교조직 구조가 갖추어져 있어야 한다. 이러한 구조의 예로는 문제 해결을 위한 팀 형성, 교직원 간 공동 기획 시간, 분산적 지도성 구조, 의사결정에서 교사 참여 확대 등을 들 수 있다.
- 가정 및 지역공동체와 생산적인 관계 형성: 교장은 학교 내부 구성원(교직원)뿐 아니라 학부모와 지역사회 공동체의 역할을 인식할 필요가 있다. 이는 1990년대 이후 학교 지도성에서 중요한 요소로 인식되고 있다. 특히, 어려운 여건에 있는 학교의 교장은 학교 발전을 위해 학부모, 지역사회와 긍정적, 생산적 관계를 형성하고 유지하는 것이 중요하다.
- 학교와 보다 넓은 외부 환경의 연계: 학교장은 학교 외부의 정보, 조언을 구하고 정책 변화에 대응하며, 학교에 영향을 미치는 새로운 압력과 경향을 예측하는 데 많은 시간을 할애한다. 여기에는 회의, 공식적, 비공식적 대화, 전화, 네트워크 참여 등이 포함된다.

넷째, 수업(교수와 학습) 프로그램 관리, 경영은 학교 지도자의 중요한 지도성 실천 범주다. 그러나 학급 관리와 학급 내 교수-학습 활동에 대한 학교장의 세밀한 장학은 학생 성취에 긍정적인 영향을 미치지 못한다. 효과적인 교장의 지도성 행동은 교수-학습 관련 시설, 환경 조성에 초점을 둔다. 이 범주에는 네 가지 지도성 실천이 포함된다.

- 직원 배치: 학교 교육목표 실현에 관심과 역량을 가진 교사를 찾는 것은 교장의 중요한 과제다. 교장은 학교에 필요하고 적합한 교직원을 임용, 유지 및 관리한다.
- 수업(교수와 학습) 지원: 수업장학과 평가, 교육과정 조정 및 이를 위한 자원 제공 등에 관련된 지도성 행동을 말한다. 지도자는 교사와 학생들이 교수-학습에 초점을 두고 학생 성취도 향상을 중시하는 학교 풍토를 조성한다.
- 학교 활동 모니터링: 학교장은 학생의 성취도 개선 등 학교 교육목표 달성에 초점을 두고 학교의 기능 및 활동을 모니터하고 평가한다. 또한 학교 운영과 환경, 학생 발전을 지속적으로 모니터한다.
- 직원의 직무 이탈 완충: 교장은 학교 교육목표에서 직원들이 이탈하지 않도록 완충 역할을 한다. 오늘날 교사와 학교는 학부모, 언론, 시민단체, 기타 이해집단 등의

다양한 요구에 개방되어 있다. 교장은 교직원과 학교 외부 인사 사이에서 완충 역할을 하며, 학생의 행동/훈육 문제에서 교사를 보호한다.

이상 네 가지의 광범위한 지도성 범주와 보다 구체적으로 14가지의 지도성 실천 행동은 효과적인 지도자들이 무엇을 하는가를 보여 준다. 지도자들이 늘 이 모든 활동을 하는 것은 아니며 문화적, 제도적 맥락에 따라 각 실천 활동이 수행되는 방식은 다를 수 있다. 그러나 Leithwood, Day, Sammons, Harris와 Hopkins(2006)가 정리한 핵심 지도성 실천은 학교 지도자가 질서를 유지하는 행정가, 관리자로서가 아니라 학교 수준에서 프로그램 지도자, 변화 지도자로서 역할을 할 것을 제안하고 있다. 또한 이들의 핵심 지도성 실천은 현직 지도자들을 위한 가이드라인으로, 직전교육과 계속교육을 위한 기본 틀을 제공한다(Leithwood et al., 2006: 44).

참고문헌

강대기(2001). 현대사회에서 공동체는 가능한가?: 개인의 자유와 공동체적 결속 사이에서. 대우학술총서 508. 서울: 아카넷.

강민정(2013). 혁신학교 발전을 위한 제언-서울형 혁신학교를 중심으로-. 교육비평, 제32호, 111-130.

강성국, 황정원(2005). 교육정책보고서 OECD 2005. 서울: 한국교육개발원.

강영택, 김정숙(2012). 학교와 지역사회의 파트너십에 대한 사례연구: 홍성군 홍동지역을 중심으로. 교육문제연구, 43, 27-49.

강진수(1995). 학교조직의 관료성 및 전문성과 조직효과성 간의 관계. 석사학위논문. 중앙대학교.

강태중, 강태훈, 류성창, 정제영, 김승배(2016). 지능정보사회를 위한 교육 발전 전략 구상. 교육정책네트워크 교육현장지원연구. 서울: 한국교육개발원.

경기도 교육청(2015). 혁신학교 우리가 함께 만들어가는 학교입니다. 경기도 교육청.

경기도 교육청(2017). 2017 혁신학교운영 기본계획. 경기도 교육청.

고전, 김민조, 김왕준, 박남기, 박상완, 박종필, 박주형, 성병창, 유길한, 윤홍주, 전제상, 정수현, 주현준(2016). 초등교육행정의 이론과 실제. 경기: 양성원.

고전(2002). 한국교원과 교원정책-公職觀의 오해와 敎心離反의 이해론-. 서울: 하우.

곽재석(2004). [미국] 무능한 교사는 정년을 보장받을 수 없다. 교육정책포럼, 제68호. (http://edpolicy.kedi.re.kr/frt/boardView.do?strCurMenuId=68&pageIndex=1&pageCondi-

tion=10&nTbBoardArticleSeq=240124. 검색: 2017. 6. 20.)
교육개혁위원회(1995. 5. 31.). 세계화 · 정보화 시대를 주도하는 新교육체제 수립을 위한 교육개혁 방안. 제2차 대통령 보고서. 교육개혁위원회.
교육과학기술부(2008a). 교원자격연수 표준과정. 교육과학기술부 내부 자료.
교육과학기술부(2008b). 교장공모제 3차 시범운영 계획.
교육과학기술부(2009a). 교장공모제 6차 시범운영 계획.
교육과학기술부(2009b). 교육과학기술 선진화로 세계 일류국가 도약. 2010년 업무보고.
교육과학기술부(2010). 교육비리 근절을 위한 제도개선 추진 로드맵(시안). 교육과학기술부.
교육과학기술부(2012. 11.). 2013학년도 교장공모제 등 추진 계획. 교육과학기술부.
교육과학기술부(2013). 내실 있는 운영을 위한 2013년 교원능력개발평가제 개선방안. 교육과학기술부.
교육부(1999). 교육발전 5개년 계획(시안). 교육부.
교육부 교원복지연수과(2005. 11.). 2016년도 교원 연수 중점 추진 방향. 교육부.
교육부(2014. 2. 13.). 모두가 행복한 교육 미래를 여는 창의인재. 2014 교육부 업무보고. 교육부.
교육부(2015. 9. 3.). 교원평가제도 개선방안 발표. 교육부 보도자료.
교육부(2017). 초중등학교 교유과정 총론. 교육부 고시 제2015-74호 [별책 1]. 교육부.
교육부, 한국교육개발원(2015). 2015 교육통계 분석 자료집: 유 · 초 · 중등교육 통계편(통계자료 SM 2015-04-01). 서울: 한국교육개발원.
교육인적자원부(1999). 교육발전 5개년 계획(시안). 교육인적자원부.
교육인적자원부(2003). 2003년 지방교육재정 운용편람. 교육인적자원부.
교육인적자원부(2005a). 능력중심의 합리적인 교원승진 임용제도 개선방안(시안). 교육인적자원부 교육정책혁신기획팀.
교육인적자원부(2005b). 전문성 신장을 위한 교원 연수체제 개선방안(시안). 교육인적자원부 교육정책혁신기획팀.
교육인적자원부(2006. 7.). 교육정책, 아하! 그렇군요. 교육인적자원부 정책홍보 담당관실.
교육인적자원부(2007. 4.). 교장공모제 시범운영 계획(안). 교육인적자원부.
교육혁신위원회(2006). 교원승진 · 교장임용제도 개선방안. 교육혁신위원회 대통령 보고서.
교육혁신위원회(2006. 9.). 교육력 제고를 위한 교원정책 개선방안. 교육혁신위원회.
교육혁신위원회(2006. 12a). 역대정부 대통령위원회 교육개혁 보고서 (Ⅲ) 문민정부. 교육혁신위원회.
교육혁신위원회(2006. 12b). 역대정부 대통령위원회 교육개혁 보고서 (Ⅳ) 국민의 정부. 교육혁신위원회.
교육혁신위원회(2006. 12c). 역대정부 대통령위원회 교육개혁 보고서 (Ⅴ-1) 참여정부. 교육혁신위원회.
권리라(2011). 초등학교 여교장의 상징적 지도성 특성 연구. 박사학위논문. 이화여자대학교.
권인탁(1989). 학교조직의 구조적 특성과 교사의 사기와의 관계 연구. 석사학위논문. 전북대학교.

권해룡(1996). 초등학교 교사가 지각한 학교조직의 관료적 특성과 조직 갈등. 석사학위논문. 한국교원대학교.

김갑성, 김이경, 박상완, 이현숙(2009). 학교 교육력 제고를 위한 교원 인사제도 개선에 관한 연구-서울특별시 중등교사 순환전보제도를 중심으로-. 서울: 한국교육개발원.

김갑성, 김이경, 박상완(2011). 교원 및 교직환경 국제 비교 연구-1주기 TALIS 결과를 중심으로-(연구보고 RR 2011-07). 서울: 한국교육개발원.

김갑성, 김이경, 주현준, 이근호(2012). 중등교원 전보제도 개선을 위한 연구. 서울: 한국교육개발원.

김갑성, 주현준(2013). 중등교원 전보제도 개선에 관한 연구: 대구광역시 사례를 중심으로. 중등교육연구, 61(4), 841-869.

김경윤(2010). 교장공모제 확대와 정책갈등에 관한 미시적 연구. 교육정치학연구, 17(3), 7-33.

김기태, 조평호(2003). 미래지향적 교사론. 서울: 교육과학사.

김대유(2011). 교장공모제 정책결정과정의 분석 및 교육지원청 체제 개편에 관한 연구. 교육문화연구, 17(1), 5-31.

김동원, 이일용(2012). 중등학교장의 핵심 역량 지표 개발과 역량 수준 분석 연구. 한국교원교육연구, 29(4), 347-368.

김동희(2006). 교장평가의 준거 개발에 관한 연구.박사학위논문. 홍익대학교 .

김명욱(1994). 학교조직에서의 관료성과 전문성 간의 갈등에 관한 연구. 석사학위논문. 단국대학교.

김미정(2011). 교장직 선택 요인이 승진열망 및 승진관리에 미치는 영향. 박사학위논문. 충남대학교.

김민조(1997). 학교운영위원회 구성 집단의 인식에 관한 연구.석사학위논문. 서울대학교.

김민조(2014). 혁신학교 교육 거버넌스의 특징과 과제. 교육비평, 20(4), 1-27.

김민희(2015). 학교회계직 운용 쟁점 및 개선방안. 한국자치행정학보, 29(1), 65-90.

김병찬(2006). 학교행정가 되어 가기: 초임 교감의 적응과정 연구. 교육행정학연구, 24(2), 55-80.

김성열(2001). 학교분쟁의 해결 전략: 교육공동체적 관점. 교육행정학연구, 19(3), 125-147.

김성열(2004). 학교운영위원회 10년: 운영실태와 성과 그리고 전망. 한국지방교육경영학회 (편). 한국지방교육경영학회 제17차 학술대회 자료집(pp. 27-55). 한국지방교육경영학회.

김성열, 박성호, 권은경(2016). 한국 교장의 인구학적 특성의 변화 추이. 한국교육행정학회 (편). 한국교육행정학회 추계학술대회 자료집-한국교육행정학의 현장성 탐구 I-(pp. 167-188). 서울: 한국교육행정학회.

김세기(1981). 학교 경영의 현대화. 서울: 교육출판사.

김양희(2006). 여성, 리더 그리고 여성리더십. 서울: 삼성경제연구소.

김영옥, 정바울, 김현진(2012). 교장과 교사의 성별에 따른 학교장의 지도성 영향 비교 분석. 교육행정학연구, 30(3), 265-290.

김영천(1998). 학교 교육현상 탐구를 위한 질적 연구의 방법과 과정. 이용숙, 김영천 (편). 교육에서의 질적 연구: 방법과 적용(pp. 73-106). 서울: 교육과학사.

김용련(2015). 지역사회 기반 교육공동체 구축 원리에 대한 탐색적 연구. 교육행정학연구, 33(2), 259-287.

김용하(2015). Sabatier의 옹호연합모형(ACF)을 적용한 교장공모제 정책변동 분석. 박사학위논문. 동아대학교.

김은영(2012). 학교장의 경영활동이 학교효과성에 미치는 영향에 관한 다층모형 분석. 박사학위논문. 이화여자대학교.

김은영, 장덕호(2012). 공모제 교장의 권력기반과 관리효과성의 관계에 관한 연구. 한국교원교육연구, 29(1), 299-327.

김은형, 이성은(2011). 학교장의 성별에 따른 감성리더십과 교사의 직무만족도와의 관계. 열린교육연구, 19(2), 29-47.

김은희(2009). 여성리더십의 특성과 효율성에 관한 연구. 한국정책과학학회보, 13(3), 113-141.

김이경, 김갑성, 김도기(2006). OECD 학교장 리더십 개선 국제비교연구 (I): 국 · 영문 배경보고서(RR 2006-14-1). 서울: 한국교육개발원.

김이경, 김갑성, 김도기, 서근원(2006). 학교장의 리더십 개선방안 연구(RR 2006-14). 서울: 한국교육개발원.

김이경, 김도기, 김갑성(2008). 우수 학교장의 리더십 특성에 관한 질적 사례 연구. 교육행정학연구, 26(3), 325-350.

김이경, 김미정(2013). 초 · 중등 교사들의 교장직 선택 요인 분석. 한국교원교육연구, 30(4), 215-236.

김이경, 한만길, 박영숙, 홍영란, 백선희(2005). 교원의 직무 수행 실태 분석 및 기준 개발 연구(RR 2005-08). 서울: 한국교육개발원.

김이경, 한신일, 김현철(2008). 교장공모제 쟁점 및 만족도에 대한 집단 간 인식 차이 분석. 교육행정학연구, 26(4), 363-384.

김이경, 한유경, 박상완(2007). OECD 학교장 리더십 개선 국제비교 연구 (II)-주요국 쟁점 및 사례 분석-(RR 2007-27). 서울: 한국교육개발원.

김이경, 한유경, 박상완, 정일화(2008). 교장 자격제도 개선방안 연구(정책연구과제 2008-위탁-12). 교육과학기술부.

김일환(1993). 초등 여교장의 진로 발달 연구. 박사학위논문. 건국대학교.

김재희(2013). A Hargreaves와 D. Fink의 지속가능한 리더십이 주는 함의. 석사학위논문. 한국교원대학교.

김지나, 최혜자, 김영현, 김영삼, 이창환, 이희숙(2015). 2015 마을과 학교 상생프로젝트 모니터링 및 사례연구 보고서: 여섯 갈래의 마을학교로 가는 길. 서울시마을공동체 종합지원센터.

김진수(1997). 학교장의 결합기제와 교사의 대응전략에 관한 연구. 석사학위논문. 서울대학교.
김한나, 이성은(2010). 여교장의 의사소통 유형에 따른 교사의 직무만족도. 열린교육연구, 18(4), 56-77.
김혜영(2011). 교장공모제 학교의 학교문화 사례연구. 석사학위논문. 한국교원대학교.
김혜진, 곽경련, 홍창남(2011). 교장공모제 효과 분석. 교육행정학연구, 29(4), 439-460.
나민주(1991). 학교조직 구조의 결합 분석. 석사학위논문. 서울대학교.
나민주, 박상완, 하정윤, 서재영(2016). 지방교육 고위지도자의 역량 강화 방안(기본연구 RB 2016-1). 한국지방교육연구소.
나민주, 이차영, 박상완, 김민희, 박수정(2008). 교장공모제 학교의 효과 분석. 충북대학교 지방교육연구센터.
나민주, 이차영, 박상완, 김민희, 박수정(2009). 교장공모제의 공모교장 직무수행에 대한 효과 분석. 교육행정학연구, 27(3), 297-320.
나윤경(2004). 여성 연대를 향한 성인교육학적 시론. 여성 지도자들의 명예 남성성에 대한 여성주의적 방안. *Andragogy Today: International Journal of Adult & Continuing Education*, 7(4), 49-73.
남인우(1995). 학교조직 특성에 관한 연구. 석사학위논문. 전북대학교.
노민구(1990). 학교 규모, 학교조직의 관료화 및 교사의 의사결정 참여도 간의 관계. 석사학위논문. 한국교원대학교.
노민구(2017). 학교장의 역할과 지도성. 부산: 육일문화사.
노종희(1992). 학교조직의 관료적 구조에 관한 연구. 교육행정학연구, 10(2), 121-149.
노종희(1996). 교육개혁을 위한 학교공동체 구축. 교육행정학연구, 14(3), 64-79.
노종희(1998). 학교공동체의 개념적 분석과 그 구축전략. 교육행정학연구, 16(2), 385-401.
노종희(2000). 교장의 임용체제. 한국교원교육연구, 17(3), 55-70.
노종희(2003). 교원승진 및 교장 임용제도 개선방안. 부산광역시 교육청 (편). 교원인사제도 혁신방안-교육현장 안정화 대토론회-(pp. 29-43). 부산광역시 교육청.
류방란, 박성호, 김민조, 김성식, 민병철(2015). 충북 행복씨앗학교 성과 분석을 위한 기초 연구. 서울: 한국교육개발원.
류방란, 이혜영(2002). 초등학교 교사의 생활과 문화(RR2002-05). 서울: 한국교육개발원.
문낙진(1990). 학교 조직의 특수성과 교장의 전술적 사항 고려. 한국 교육행정학의 탐구. 서울: 교육과학사.
문찬수, 김해숙(2011). 교장공모제 시범적용 초등학교의 교장 직무수행 변화에 대한 질적 연구. 열린교육연구, 19(2), 1-27.
민무숙(1997). 여교사의 학교행정가 · 교육전문직 진출 촉진 방안 연구. 여성연구, 52, 141-165.
민무숙(2005). 남녀 교장의 지도성에 대한 교사 인식 분석. 교육사회학연구, 15(3), 153-178.

민무숙, 허현란(2000a). 여교장의 지도성 효과 및 특성에 관한 연구. 서울: 한국여성개발원.

민무숙, 허현란(2000b). 여교장의 지도성 효과 및 특성에 관한 연구. 여성연구, 59, 55-73.

박병량(2006). 학교발전과 변화: 이론, 연구, 실제. 서울: 학지사.

박병량, 주철안(2000). 학교・학급경영. 서울: 학지사.

박상완(1992). 국민학교장의 교사에 대한 결합기제 분석. 석사학위논문. 서울대학교.

박상완(2002). 학교선택을 통한 공립학교 개혁과 계층간 교육격차 완화. 교육학연구, 40(4), 95-119.

박상완(2004). 교육행정전문직으로 교장직 정립을 위한 교장임용제도 개혁. 한국교원교육연구, 21(1), 223-251.

박상완(2005). 학교조직문화와 구성원 간 의사소통. 지방교육경영, 9, 20-58.

박상완(2007). 학교운영위원회 구성원 간 의사소통 특성 분석. 교육과학연구, 38(1), 23-49.

박상완(2008). 학교장의 지도성 발달 과정에 관한 연구. 초등교육연구, 21(2), 129-157.

박상완(2010a). 초등학교의 학교 내 자율성 특성 분석. 교육행정학연구, 28(1), 157-186.

박상완(2010b). 교장공모제 시범운영 성과에 대한 비판적 분석. 한국교육, 37(2), 177-201.

박상완(2013). 지방분권과 교육-초・중등 교육에 관한 지방자치단체의 역할과 책임-. 경기: 한국학술정보(주).

박상완(2015). 역사적 제도주의 관점에서 교장공모제도 변화 분석. 교육행정학연구, 33(3), 323-350.

박선형(2003). 교육공동체 구축 전략 탐색: 학습공동체. 한국교육행정학회 (편). 한국교육행정학회 연차학술대회 자료집-미래지향적 교육공동체 형성의 방향과 과제-(pp. 105-126). 서울: 한국교육행정학회.

박수정, 황은희(2011). 교장공모제 학교의 학업성취도와 특성 분석. 한국교원교육연구, 28(2), 313-340.

박인심, 고전, 나민주, 김이경(2013). 교장공모제 쟁점에 대한 학교구성원 집단 간 인식 비교. 교육행정학연구, 31(3), 205-231.

반상진, 김민희, 김병주, 나민주, 송기창, 우명숙, 주철안, 천세영, 최준렬, 하봉운, 한유경(2014). 교육재정학. 서울: 학지사.

백정하(1988). 학교조직 구조, 교사의 과업 동기 및 의사결정 참여와 직무만족 간의 관계. 석사학위논문. 한양대학교.

사토 마나부(2006). 교육의 공공성과 자율성의 재구축으로-세계화시대 일본의 학교개혁. 한국교육학회 (편). 한국교육학회 춘계학술대회 자료집-한국교육정책의 자율성과 공공성-(pp. 15-24). 서울: 한국교육학회.

서용선, 김용련, 임경우, 홍섭근, 최갑규, 최탁(2015). 마을공동체 개념 정립과 정책 방향 수립 연구. 경기도 교육연구원.

서용희(2013). 학교장의 여성적 리더십 특성에 대한 연구. 박사학위논문. 부산대학교.

서용희(2015). 중학교 학교장의 여성적 리더십 특성에 관한 질적 연구: 교사 인식을 중심으로. 교육행정학연구, 33(1), 257-285.

서울대학교 교육행정연수원 편(2009). 학교장 학교 경영 편람. 서울: 서울대학교 교육행정연수원.

서정화, 이윤식, 이순형, 정태범, 한상진(2003). 교장론-교육행정학전문서 14. 서울: 한국교육행정학회.

성낙돈(2008). 초등학교장의 핵심 역량에 대한 교사 인식조사 연구. 한국교원교육연구, 25(3), 325-348.

성병창(2012). 학교회계직 인력관리 개선방안. 한국지방교육연구소 이슈페이퍼(pp. 1-64). 충북: 한국지방교육연구소.

성수자(2015). 학교 조직 및 인사 관리 사례. 한국교원대학교 종합교육연수원 (편). 신교장학 III (pp. 473-486). 충북: 한국교원대학교 종합교육연수원.

송기창, 김도기, 김민조, 김민희, 김병주, 김병찬, 김성기, 김용, 나민주, 남수경, 박상완, 박수정, 오범호, 윤홍주, 이정미, 이희숙, 정성수, 정수현, 정제영, 조동섭, 조석훈, 주현준, 홍창남(2014). 중등 교직실무(2판). 서울: 학지사.

송연숙, 조영하(2014). 여교장의 지도성에 대한 교사인식에 관한 혼합방법연구. 교육문제연구, 27(3), 103-124.

시 · 도 교육청 평가위원회(2011). 2011년 시 · 도 교육청 평가보고서. 교육부.

신상명, 강원근, 고전, 이명주, 유길한, 박상완, 김용, 윤홍주(2004). 초등교사교육을 위한 교육학 기본과목(학급경영) 프로그램 개발. 교육인적자원부.

신상명(2007). 교장의 핵심 역량 탐색. 한국지방교육경영학회 (편). 한국지방교육경영학회 연차 학술대회 자료집(pp. 7-25). 한국지방교육경영학회.

신현석(2003). 교육공동체의 형성배경과 발전과정. 한국교육행정학회 (편). 한국교육행정학회 연차학술대회 자료집-미래지향적 교육공동체 형성의 방향과 과제-(pp. 27-51). 서울: 한국교육행정학회.

신현석, 전상훈(2007). 교원승진제도 변화에 대한 역사적 신제도주의적 분석: 정책적 시사점의 탐색. 교육행정학연구, 25(3), 129-149.

신현석, 주현준, 김민희, 이경호, 백선희(2013). 교원업무 정상화를 위한 학교내 인력구조 개선 및 학교직원(Non teaching group)의 업무 개선방안. 2013 교육정책 네트워크 교육현장지원연구(수탁연구 CR 2013-40). 서울: 한국교육개발원 · 고려대학교.

안길훈(2008). 학교장 평가제도 운영 방안 탐색. 교육행정학연구, 26(3), 151-179.

안병영, 하연섭(2014). 한국의 교육개혁: 평가와 과제. 2014년 교육정책 네트워크 교육현장지원연구(수탁연구 CR 2014-36). 서울: 한국교육개발원.

안세근, 권동택(2006). 젠더 리더십 수준에 따른 초등학교 여교장의 변혁적 리더십 연구. 한국교원교육연구, 23(1), 81-98.

양병찬(2008). 농촌 학교와 지역의 협력을 통한 지역교육공동체 형성: 충남 홍동지역 '풀무교육공동체' 사례를 중심으로. 한국평생교육, 2(1), 1-25.

오마이뉴스(2013. 3. 14.). 4738명의 교사는 왜 명예퇴직을 선택했나. (http://www.ohmynews.com/NWS_Web/View/at_pg.aspx?CNTN_CD=A0001843822)

오세희, 허창수, 박상욱(2013). 학교 교육활동 지원을 위한 인력운영 효율화 방안 연구. 대구: 대구광역시 교육청.

유경훈, 김병찬(2012). 초등학교 공모교장의 적응과정 사례연구. 교육인류학연구, 15(3), 99-129.

유길한(2005). 지도성 · 정의 · 신뢰에 관한 구조분석. 교육행정학연구, 23(4), 1-27.

유길한(2006). 교장의 지도성, 교사의 효과적 행위, 직무만족 간의 관계 구조분석. 초등교육연구, 19(1), 293-317.

유길한(2011). 교육대학의 지속가능 발전 가능성 탐색. 초등교육연구, 24(4), 301-323.

유재환(2014). 학교장 직무 역량 설정과 승진 구조와의 연계성 분석. 교육문제연구, 20(1), 101-123.

유현숙, 김동석, 고전(2000). 학교 경영환경 변화와 학교장의 리더십 연구(RR 2000-08). 서울: 한국교육개발원.

유현숙, 김홍주, 양승실(1996). 학교운영위원회 시범운영 평가 연구(RR 96-08). 서울: 한국교육개발원.

윤정일, 송기창, 조동섭, 김병주(1996). 한국 교육정책의 탐구. 서울: 교육과학사.

윤정일(2000). 교육재정의 이론과 실제. 서울: 세영사.

윤정일, 송기창, 조동섭, 김병주(2008). 교육행정학원론(제5판). 서울: 학지사.

윤정일, 송기창, 조동섭, 김병주(2015). 교육행정학원론(제6판). 서울: 학지사.

이광수, 김도기(2010). Kingdon 모형을 적용한 교장공모제 정책변동 분석. 교육행정학연구, 28(3), 133-155.

이광수, 김명수(2012). 교장공모제 정책결정과정에서의 정책 네트워크 분석. 교육행정학연구, 30(3), 291-315.

이광현, 김민조(2012). 일반 고등학교에서 교장공모제가 학업성취도에 미치는 영향 분석. 한국교원교육연구, 29(2), 195-221.

이덕난, 유지연(2010). 교장공모제의 추진현황 및 개선방향. 이슈와 논점, 제80호. 서울: 국회입법조사처.

이돈희(2002). 교육개혁의 배경 및 정책의 기조. 교육개혁포럼 (편). 교육개혁의 평가와 향후 과제 (pp. 3-11). 서울: 교육개혁포럼.

이동옥(2012). 태국의 생태여행과 여성주의 리더십. 한국여성학, 28(2), 109-143.

이성은, 권리라, 윤연희(2005). 생태 여성주의 시각에서 본 초등 여교장의 역할과 진출. 한국교원

교육연구, 22(3), 123-142.

이성은, 김예진, 유선경(2007). 초등학교 온라인 교사 학습 공동체에서의 지속적 지도력. 초등교육연구, 20(3), 17-35.

이성은, 박희경, 최지혜(2008). 생태 여성주의 관점에 따른 초등학교장의 상징적 지도력 연구. 초등교육연구, 21(1), 75-95.

이성은, 윤연희(2006). 초등학교 여교장의 교직 생애사 연구. 열린교육연구, 14(2), 209-224.

이양수(2007). 정의로운 삶의 조건: 롤스 & 매킨타이어. 지식인마을 23. 서울: 김영사.

이윤식(1999). 장학론. 서울: 교육과학사.

이윤식, 유현숙, 최상근(1993). 교원 연수제도 개선방안 연구(RR93-09). 서울: 한국교육개발원.

이윤식, 한만길, 유현숙(1992). 교사 신규채용 및 전보제도 개선 연구(수탁연구 RR92-32). 서울: 한국교육개발원.

이종재, 한만길, 박상철, 이차영, 엄기형, 박영숙(2004). 교원정책 혁신 방안 연구: 교원인사제도를 중심으로(CR 2004-25). 서울: 한국교육개발원.

이종재, 김왕준(2003). 교원인사제도 혁신 논의의 방향과 과제. 교육행정학연구, 21(4), 259-278.

이차영(2006a). 교장임용제도 개선방안. 교육비평, 제20호, 178-197.

이차영(2006b). 직무 명료화에 기초한 교장평가제도의 설계. 교육행정학연구, 24(2), 225-250.

이차영, 박찬주, 김영철(2003). 한국 교원정책의 종합적 진단과 전망(OR 2003-06). 서울: 한국교육개발원.

이혁규(2017. 3. 22.). 교장이 되는 것이 그다지 중요시되지 않는 교직 사회를 위하여. 칼럼: 공교육 희망. 교육을 바꾸는 사람들. http://21erick.org/bbs/board.php?bo_table=11_5&wr_id=100535에서 2017. 3. 22. 인출.

이혜영, 류방란, 윤여각(2001). 중등학교 교사의 생활과 문화(RR2001-04). 서울: 한국교육개발원.

이홍민, 김종인(2003). 핵심역량 핵심인재 : 인적 자원 핵심역량 모델의 개발과 역량 평가. 서울: 한국능률협회.

이황원, 정범구(2012). 부정적 리더십 연구의 필요성에 대한 고찰. 인적자원개발연구, 15(1), 31-61.

임효진, 이두곤(2016). 교육의 내재적 가치 관점에서 지속가능발전교육의 교육적 고찰과 발전 방향 연구. 환경교육, 29(4), 384-399.

장수명, 신은희, 이경영, 홍제남(2017). 미래 경제체제와 교육(행정)이념의 탐색 : 불평등과 불확실성을 대면하는 시민시대의 교육. 한국교육행정학회 (편). 한국교육행정학회 춘계학술대회 자료집-미래 사회의 교육 패러다임 변화와 교육행정-(pp. 25-68). 서울: 한국교육행정학회.

장지영(2007a). 교육 조직에서의 여성 리더십에 관한 고찰. 초등교육학연구, 14(1), 165-180.

장지영(2007b). 초등학교 여교장의 교육 리더십 연구. 초등교육연구, 14(2), 161-178.

장필화(2004). 여성 리더, 여성적 리더십, 여성주의적 리더십. 여성적 가치와 여성 리더십. 이화리더십개발원 개원 1주년 기념 학술대회. 서울: 이화리더십개발원.

전국교직원노동조합(2002). 교장선출보직제 쟁취와 학교자치 실현을 위한 교원승진제도개혁 백서. 서울: 전국교직원노동조합.

정미경, 박희진, 이성희, 허은정, 김성기, 박상완, 백선희(2016). 교육개혁 전망과 과제 (Ⅰ): 초·중등교육 영역(RR2016-28). 서울: 한국교육개발원.

정선숙(2003). 초등학교 세 여교장의 생애사 연구. 석사학위논문. 진주교육대학교.

정수현(2003). 교육공동체 개념에 근거한 학교평가의 방향 탐색. 교육행정학연구, 21(2), 205-228.

정수현, 박상완(2005). 학교운영위원회의 성과 비교 평가 연구: 지난 10년간 운영의 성공과 실패 요인의 분석을 중심으로. 충북: 한국교원대학교.

정영수(2003). 미래지향적 교육공동체 형성의 방향과 과제. 한국교육행정학회 (편). 한국교육행정학회 연차학술대회 자료집-미래지향적 교육공동체 형성의 방향과 과제-(pp. 3-23). 서울: 한국교육행정학회.

정우진(2008). 교사의 여교장 리더십 지각변인 탐색연구. 교육행정학연구, 26(1), 189-212.

정일환(2003). 교육공동체의 유형과 구축 전략: 가치공동체. 한국교육행정학회 (편). 한국교육행정학회 연차학술대회 자료집-미래지향적 교육공동체 형성의 방향과 과제-(pp. 131-153). 서울: 한국교육행정학회.

정제영(2016). 지능정보사회에 대비한 학교교육 시스템 재설계 연구. 교육행정학연구, 34(4), 49-71.

정태범(2000). 교장의 양성체제. 한국교원교육연구, 17(3), 23-45.

정태환(2013). 문민정부 이후의 교육개혁정책 비교 연구. 석사학위논문. 원광대학교.

조경원, 한유경, 서경혜, 조정아, 이지은(2006). 학교행정가 핵심역량 강화 프로그램 개발을 위한 요구 분석. 교육행정학연구, 24(2), 251-274.

조남근(1988). 학교조직의 성격구명을 위한 탐색-패러다임, 이론, 은유의 상관관계-. 교육문제연구, 1(1), 199-220.

조대연, 박용효, 김벼리, 김희영(2010). 학교장의 직무 역량에 대한 요구 분석. 한국교원교육연구, 27(4), 293-315.

조선비즈(2014. 7. 19.). [Weekly BIZ] “현재 직업의 절반은 20년 안에 사라질 것” 직업별 컴퓨터 대체 가능성 조사.

조선일보(2010. 2. 5.). 남자 선생님 찾기 ‘하늘의 별따기’ A12면.

조윤정, 이병곤, 김경미, 목정연(2016). 마을공동체 실천사례 연구: 시흥과 의정부를 중심으로(수시연구 2016-02). 경기도: 경기도 교육연구원.

조혜연, 이상원(2013). 초등학교 지속가능발전교육의 현황과 장애요인 분석. 한국초등교육, 24(3), 177-193.

주삼환(2004). 장학의 이론과 기법. 서울: 학지사.

주삼환(2005). 미국의 교장: 미국의 교육행정과 교장론. 서울: 학지사.

주삼환(2007). 한국교원행정. 서울: 태영출판사.

주삼환, 신현석, 윤인숙(1999). 학교문화, 수업지도성 및 학업성취도 간의 관계분석에 따른 학교 정책에의 적용 가능성 탐색. 교육행정학연구, 17(4), 167-193.

주삼환, 이석열, 이미라(2007). 교장의 직무수행 척도 개발. 한국교원교육연구, 24(1), 197-220.

주영효(2006). 학교장의 수업지도성이 학교 효과성에 미치는 영향에 관한 구조적 분석. 교육행정학연구, 24(1), 1-24.

주창범, 강소랑(2012). 교장공모제도 운영현황 및 정책성과 분석. 한국정책과학학회보, 16(3), 215-236. 서울: 한국정책과학학회.

주현준, 김민희, 박상완(2014). 교육지도성. 경기: 양서원.

진동섭, 정수현, 박상완, 나민주, 김병찬, 박진형, 박인심, 김민조, 김진수, 박지웅, 이승복, 이은주, 한점숙(2005). 한국 학교조직 탐구. 서울: 학지사.

진동섭(1989). 학교장과 교사의 결합(linkage): 결합의 개념적 모델 탐색. 서울대학교 사범대학 교육학과. 교육이론, 4(1), 45-72.

진동섭(1991). 중학교 교장의 교사에 대한 결합기제. 서울대학교 사범대학 교육학연구, 91-1.

진동섭, 김병찬(2004). 학교교육 질 관리기제 연계 방안 탐색: 학교평가, 장학, 감사를 중심으로. 교육행정학연구, 22(2), 65-90.

진동섭, 이윤식, 유현숙, 김병찬(2003). 교장 지도성 개발 프로그램 적용 연구: 구성주의 기반 갈등관리 지도성 개발 프로그램. 한국교원교육연구, 20(3), 117-138.

차병권(1987). 재정학개론. 서울: 박영사.

천세영, 황현주(1999). 학생, 교사, 교장의 수업지도성에 따른 학업성취도 차이 연구. 교육행정학연구, 17(2), 251-272.

최미섭(2014). 여성 학교장의 리더십 특성 분석. 박사학위논문. 공주대학교.

최재선(2000). 학교장의 역할과 자질. 한국교원교육연구, 17(3), 9-17.

최지인(2017). 마을교육공동체의 운영 현황 및 개선 과제. 이슈와 논점, 제1269호. 국회입법조사처.

최창의, 서용선, 김혁동, 홍섭근, 김용련(2016). 혁신교육지구사업 비교 분석을 통한 협력적 교육거버너스 발전 방안 연구. 경기: 경기도 교육연구원.

충북 교육청(2014). 충북 혁신학교 추진 계획. 충북: 충청북도 교육청.

태원경(2006). 중등학교 학교장 자격연수 모형 구안. 박사학위논문. 동국대학교.

한국교육개발원(2013). 한국의 교원: 통계로 본 한국과 세계교육 14(통계자료 SM 2013-03-02). 서울: 한국교육개발원.

한만길(2005). 교장 임용제도의 다양화 방안. KEDI 포지션페이퍼, 제1권 제13호. 서울: 한국교육개발원.

한유경(2009). 중학교 교장의 성역할 정체성과 수업지도력 간의 관련성 분석. 열린교육연구, 17(1), 53-73.

한유경, 김은영, 윤수경(2011). 학교장 성별에 따른 중학교 학생의 학업성취도 차이 분석. 교육행정학연구, 29(3), 329-350.

허라금(2005). '여성주의 리더십' 이해를 위한 시론. 한국여성철학, 5, 55-80.

허병기, 이정화(2016). 지속가능한 교육발전의 의미와 원리 탐색. 교육행정학연구, 34(5), 97-123.

허인령(2008). 초빙교장의 학교 경영 사례분석. 석사학위논문. 경북대학교.

황기우(1992). 한국 초등학교의 교사문화에 관한 해석적 분석. 박사학위논문. 고려대학교.

황혜연, 김윤정(2012). 지속가능한 발전을 위한 교육 전략. 교육문제연구, 18(1), 108-132.

Ayman, R., & Korabik, K. (2009). Is transformational leadership always perceived as effective? male subordinates? Devaluation of female transformational leaders. *Journal of Applied Social Psychology*, *39*(4), 852-879.

Barber, M. E. (April 2006). Leadership preparation programmes and principal instructional and transformational leadership practice: The influence of preparation on practice and leader outcome. Paper presented at the Annual Meeting of the American Educational Research Association. San Francisco, CA, 7-11.

Barber, M., & Mourshed, M. (2007). *How world's best-performing school systems come out on top*. McKinsey & Company.

Barksdale, C. (2003). *Job desirability of the principalship: A study of perceptions and intentions of qualified applicants*. Ed.D. dissertation, The Gorge Washington University.

Bennett, N., Wise, C., Woods, P., & Harvey, J. A. (2003). *Distributed leadership*. London: National College for School Leadership (NCSL).

Bidwell, C. E. (1965). The school as a formal organization. in J. G. March (Ed.). *Handbook of organization* (pp. 977-1022). Chicago: Rand McNally.

Blase, J., & Blase, J. (2002). The dark side of leadership: Teacher perspectives of principal mistreatment. *Educational Administration Quarterly*, *38*(5), 671-727.

Bogotch, I. E. (2005). A history of public school leadership. in English, F. W. (2005) (Ed.). *Handbook of educational leadership: Advances in theory, research, and practice* (pp. 7-33). Sage Publications.

Briggs, K. L., & Wohlstetter, P. (1999). *Key elementary of a successful school-based management strategy*. School reform in Chicago: Lessons and opportunities. Chicago Community Trust.

Brown, K. M. (2005). Pivotal points: History, Development, and promise of the principalship.

in English, F. W. (2005) (Ed.). *Handbook of educational leadership: Advances in theory, research, and practice* (pp.109-141). Sage Publications.

Browne-Ferrigno, T. (2003). Becoming a principal: Role conception, initial socialization, role-identity transformation, purposeful engagement. *Educational Administration Quarterly, 39*(4), 468-503.

Bryk, A., Camburn, E., & Louis, K. S. (1999). Professional community in Chicago elementary schools: Facilitating factors and organizational consequences. *Educational Administration Quarterly, 35*(Supplement).

Bush, T., & Glover, D. (2003). *School Leadership: Concepts and evidence.* www.ncsl.org.uk/literaturereviews. London: National College for School Leadership (NCSL)

Caldwell, B. J. (2008). Re-imagine primary schools for autonomy: What's missing in creating world class schools. A paper presented at the Western Australian Primary Principals Association Conference Primary schools: Investing for tomorrow. May 30. 2008.

Champs, J. (2008). *Learning-centered leadership.* Policies and strategies across OECD countries targeting the relationship between leadership, learning and school outcomes. Paper presented for the OECD improving school leadership activity.

Clark, D. L., Lotto, L. S., & Astuto, T. A. (1984). Effective schools and school improvement: A comparative analysis of two lines of inquiry. *Educational Administration Quarterly, 20*(3), 41-68.

Council of Chief State School Officers. (2008). Educational Leadership Policy Standards: ISLLC 2008. Washington, DC. www.ccsso.org

Craig, E. (Ed.) (1998). *Routledge encyclopedia of philosophy* (Vol. 2). London: Routledge.

Dady, N. P., & Bali, T. A. L. (2014). Analyzing gender difference in leadership styles and behaviour of heads of schools in Tanzania. *Research on Humanities and Social Sciences, 4*(9), 156-164.

Daly, M. (Ed.) (1994). *Communitarianism: A new public ethics.* Belmont, CA: Wadsworth Publishing Co.

Dator, J. (2006). Using future studies in your life and work [PPT]. (제4차 미래 예측방법론 강의 자료집. 유엔미래포럼.)

David, J. L. (May, 1989). Synthesis of research on school-based management. *Educational Leadership, 46*(8) 45-53.

Davies, B. (1997). Rethinking the educational context: A reengineering approach. In Davies, B., & Ellison, L. (1997). *School leadership for the 21st century: A competency and knowledge approach* (pp. 11-22). London: Routledge.

Davis, S. H., & Hensley, P. A. (1999). The politics of principal evaluation. *Journal of Personnel Evaluation in Education, 73*(4), 383-403.

Davis, S., Darling-Hammond, L., LaPointe M., & Meyerson, D. (2005). *Review of research, school leadership study: Developing successful principals.* Palo Alto, CA: Stanford Educational Leadership Institute.

Day, D. (2001). Leadership development: A review in context. *Leadership Quarterly, 11*, 581-613.

Department for Education(DfE) (2010. 11.). *The importance of teaching-The schools white paper 2010.* England.

Drake, T. L., & Roe, W. H. (1999). *The principalship* (5th ed.). Prentice-Hall, Inc.

Dreeben, R. (1970). *The nature of teaching-Schools and the work of teachers.* Glenview, IL: Scott, Foresman and Company.

Eagly, A. H., & Johnson, B. T. (1990). Gender and leadership style: A meta-analysis. *Psychological Bulletin, 108*(2), 233-256.

Eagly, A. H., Karau, S. J., & Johnson, B. T. (1992). Gender and leadership style among school principals: A meta-analysis. *Educational Administration Quarterly, 28*(1), 76-102.

Eboka, O. C. (2016). Principals leadership styles and gender influence on teachers morale in public secondary schools. *Journal of Education and Practice, 7*(15), 25-32.

Elmore, R. F. (1990). Introduction: On changing the structuring of public schools. In Elmore, R. F. & Associates (Ed.), *Restructuring schools: The next generation of educational reform.* San Francisco: Jossey-Bass Inc., Publishers.

Elmore, R. F. (1993). School decentralization: Who gains? who loses? In Hannaway, J., & Carnoy, M. (Eds.), *Decentralization and school improvement.* San Francisco: Jossey-Bass Publishers.

European Commission/EACEA/Eurydice (2016). *Teachers' and school heads' salaries and allowances in Europe-2015/16.* Eurydice Facts and Figures. Luxembourg: Publications Office of the European Union.

Firestone, W. A. (1990). The commitments of teachers: Implications for policy, administration, and research. In Bacharach, S. B. (1990). *Advances in research and theories of school management and educational policy, Vol. 1* (pp. 151-183). JAI Press Inc.

Firestone, W. A., & Bader, B. D. (1991). Professionalism or bureaucracy? Redesigning teaching. *Educational Evaluation and Policy Analysis, 13*(1), 67-86.

Firestone, W. A., & Herriott, R. E. (1981). Two images of organization and promotion of educational change. In Kerckhoff, A. C., & Corwin, R. G. (Eds.), *Research in sociology of education and socialization* (pp. 221-261). Greenich, Conneticut: JAI Press.

Fleming, T. (2014). Kate Rousmaniere: The principal's office: A social history of the american school principal. Historical Studies in Education. *Book Reviews, 26*, 2, Fall 2014, 152-155.

Foster, W. (1986). *Paradigms and promises: New approaches to educational administration.* Buffalo, N.Y.: Prometheus Books.

Fuhrman, S. (2001). Introduction to a Kappan special section on school reform. *Phi Delta Kappan, 83*(1), 59-61.

Fuhrman, S., Clune, W. H., & Elmore, R. F. (1988). Research on education reform: Lessons on the implementation of policy. *Teachers College Records, 90*, 237-257.

Fullan, M. (2001). *The new meaning of educational change.* NY.: Teachers College Press.

Fullan, M. (2005). *Leadership sustainability.* CA: Corwin Press.

Furman, G. C. (1998). Postmodernism and community in schools: Unraveling the paradox. *Educational Administration Quarterly, 34*(3), 298-328.

Glatthorn, A. A. (2004). 새로운 선택적 장학(진동섭 역). 서울: 교육과학사. (원저 1997 출간)

Gonder, P. O. (1994). Improving school climate and culture. *Critical Issues Report, No. 27.* American Association of School Administrators

Gronn, P. (2003). *The new work of educational leaders.* London: Sage.

Growe, R., & Montgomery, P. (1999). Women and the leadership paradigm: Bridging the gender gap. ED 52614. http://nationalforum.com/Electronic%20Journal%20Volumes/Growe,%20Roslin%20Women%20and%20the%20Leadership%20Paradigm%20Bridging%20the%20Gender%20Gap.pdf에서 2017. 2. 19. 인출.

Hall, G., Rutherford, W. L., Hord, S. M., & Huling, L. L. (1984). Effects of three principal styles on school improvement. *Educational Leadership, 41*(5), 22-29.

Hallinger, P. (1992). The Evolving role of american principals: From managerial to instructional to transformational leaders. *Journal of Education Administration, 30*(3), 126-151.

Hallinger, P., & Heck, R. H. (1996). The principal's role in school effectiveness: An assessment of methodological progress, 1980-1995. In K. Leithwood et al. (Ed.), *The international handbook of educational leadership and administration* (pp. 723-783). The Netherlands: Kluwer Academic Press.

Hallinger, P., & Heck, R. (1996). Reassessing the principal's role in school effectiveness: A review of the empirical research, 1980-1995. *Educational Administration Quarterly, 32*(1), 5-44.

Hannaway, J. (1993). Decentralization in two school districts: Challenging the standard paradigm. In Hannaway, J., & Carnoy, M. (Eds.), *Decentralization and school improvement* (pp.

135-162). Jossey-Bass Publishers.

Hannaway, J., & Carnoy, M. (Eds.) (1993). *Decentralization and improvement.* San Francisco, CA: Jossey-Bass.

Hargreaves, A. (2003). *Teaching in the knowledge society: Education in the age of insecurity.* NY: Teachers College Press.

Hargreaves, A. (2007). Sustainable leadership and development in education: Creating the future, conserving the past. *European Journal of Education, 42*(2), 223-233.

Hargreaves, A., & Fink, D. (2006). *Sustainable leadership.* San Francisco, CA: Jossey-Bass.

Hargreaves, A., & Shirley, D. (2015). 학교교육 제4의 길 1(이찬승, 김은영 역). 21세기 교육연구소. (원저 2009 출간)

Hargreaves, A., Moors, S., Fink, D., Brayman, C., & White, R. (2003). *Succeeding leaders?-A study of principal rotation and succession.* Report to the Ontario Principals' Council. Toronto, Ontario Principals' Council.

Harris, A. (2004). Distributed leadership and school improvement: Leading or misleading? *Educational Management Administration and Leadership, 32*(1), 11-24.

Harris, A., & Spillance, J. (2008). Distributed leadership through the looking glass. *Management in Education, 22*(1), 31-34.

Hart, A. W. (1993). The social and organizational influences of principals: Evaluating principles in context. *Peabody Journal of Education, 68*(2), 37-57.

Hartley, J., & Hinksman, B. (2003). *Leadership development: A Systematic review of the literature.* A report for the NHS leadership center. Warwick Business School, University of Warwick.

Hasler, M. G. (2005). *Leadership development and organizational culture: Which comes first?* (pp. 996-1003). (2007. 5. 2. 구글 스칼라 검색)

Hatcher, R. (2004). Distributed leadership and managerial power in schools. Paper presented at the Society for Educational Studies and BERA Social Justice SIG Annual Seminar: School Leadership and Social Justice. London, 5 November.

Hatcher, R. (2005). Distributed leadership and managerial power in schools. *British Journal of Sociology of Education, 26*(2), 253-267.

Higham, R., Hopkins, D., & Ahtaridou, E. (2007). *Improving school leadership: Country background report for England.* London Centre for Leadership in Learning, Institute of Education, University of London.

Hopkins, D. (2006). *A short primer on system leadership.* OECD activity on improving school leadership. International Conference: International perspectives on School Leadership for Systemic Improvement. OECD.

Hopkins, D. (2008). Realizing the potential of system leadership. In Pont, B., Nusche, D., & Hopkins, D. (Eds.), *Improving school leadership, Volume 2: Case studies on system leadership*. Paris: OECD.

Hoy, W. K., & Miskel, C. G. (1996). *Educational administration: Theory, research, and practice* (5th ed.). N. Y.: McGraw-Hill, Inc.

Hoy, W. K., & Miskel, C. G. (2005). *Educational administration: Theory, research, and practice* (7th ed.). N. Y.: McGraw-Hill, Inc.

Ibrahim, A. S., & Al-Taneiji, S. (2013). Principal leadership style, school performance, and principal effectiveness in Dubai schools. *International Journal of Research Studies in Education*, *2*(1), 41-54.

Ingersoll, R. M. (2003). *Who controls teachers' work?: Power and accountability in america's schools*. Harvard University Press.

Kafka, J. (2009). The principalship in historical perspective. *Peabody Journal Of Education*, *84*(3), 318-330.

Khan, S. (2013). 나는 공짜로 공부한다 (김희경, 김현경 역). 서울: RHK 알에이치코리아. (원저 2012 출간)

Lambert, S. (2012). The perception and implementation of sustainable leadership strategies in further education colleges. *Journal of Leadership Education*, *11*(2), 102-120.

Lashway, L. (2003). *Improving principal evaluation*. ERIC Digest. ED482347.

Lee, V. E., Smith, J. B., & Cioci, M. (1993). Teacher and principals: Gender-related perceptions of leadership and power in secondary schools. *Educational and Policy Analysis*, *15*(2), 153-180.

Leithwood, K., & Jantzi, D. (1999). The relative effects of principal and teacher sources of leadership on student engagement with school. *Educational Administration Quarterly*, *35* (Supplement.), 679-706.

Leithwood, K., & Jantzi, D. (2000). The Effects of Transformational Leadership on Organizational Conditions and Student Engagement with School. *Journal of Educational Administration*, *38*(2), 112-129.

Leithwood, K., Day, C., Sammons, P., Harris, A., & Hopkins, D. (2006). *Successful school leadership: What it is and how it influences pupil learning*. Research Report RR 800. London: NCSL, Department for Education and Skills. (http://www.nysed.gov/common/nysed/files/principal-project-file-55-successful-school-leadership-what-it-is-and-how-it-influences-pupil-learning.pdf 검색: 2017. 6. 20.)

Lim, Soo-Yin. (2003). Parent involvement in education. In Olsen, G., & Fuller, M. L. (Eds.).

Home-school relations: Working successfully with parents and families (2nd ed.). Pearson Education, Inc.

Lipham, J. M., & Hoeh, J. A. (1974). *The principalship: Foundation and functions.* New York: Harper & Row Publishers.

Lortie, D. C. (1969). The balance of control and autonomy in elementary school teaching. In Etzioni, A. (ed.). *The semi-profession and their organization.* N.Y.: Free Press.

Lortie, D. C. (1975). *Schoolteacher : A sociological study*, Chicago: The University of Chicago Press.

Louis, K. S., & Marks, H. M. (1998). Does professional community affect the classroom? Teachers' work and student experiences in restructured schools. *American Journal of Education*, *106*(4), 532-575.

Lunenburg, F. C., & Irby, B. J. (2006). *The principalship: Vision to action.* Thomson Wadsworth.

MacMillan, R. B. (2000). Leadership succession: Cultures of teaching and eudcational change. In Bascia, N., & Hargreaves, A. (Eds.), *The sharp edge of educational change: Teaching, learning and the realities of reform* (pp. 52-71). New York: Routledge/Falmer.

Marks, H. M., & Louis, K. S. (1999). Teacher Empowerment and the Capacity for Organizational Learning. *Educational Administration Quarterly*, *35*(Supplemental) (December 1999), 707-750.

Marks, H. M., & Printy, S. M. (2003). Principal leadership and school performance: An integration of transformational and instructional leadership. *Educational Administration Quarterly*, *39*(3), 370-397.

Martin, B., Johnson, J. A., & Lay, M. (2002). What motives individuals to become leaders in public and higher education. *Professional Issues in Counseling On-Line Journal, Journal Articles Springs.*

Martinez, M. C., Firestone, W., Mangin, M., & Polovsky, T. (2005). Leadership alignment: The challenge of distributed leadership. Paper presented at the annual meeting of the American Education Research Association, Montreal, Canada.

Merrill, R. (1999). *Attraction and retention of high school principals in the state of Utah.* Ed.D. dissertation, University of Utah.

Mendels, P. (2012). The effective principal: 5 pivotal practices that shape instructional leadership. *JSD*, *33*(1), 54-58. https://learningforward.org/에서 2017. 4. 30. 인출.

Meyer, J. W., & Rowan, B. (1978). Institutionalized Organizations: Formal Structure as Myth and Ceremony, *American Journal of Sociology*, *83*, 340-363.

Miskel, C., McDonald, D., & Bloom, S. (1983). Structural and expectancy linkages within schools and organizational effectiveness. *Educational Administration Quarterly, 19*, 49-82.

Muijs, D., & Harris, A. (2007). Teacher leadership in (in)action: Three case studies of contrasting schools. *Educational Management Administration and Leadership, 35*(1), 111-134.

Mulford, B. (2003. 4.). *School leaders: Changing roles and impact on teacher and school effectiveness*. A paper commissioned by the Education and Training Policy Division, OECD, for the Activity Attracting, Developing and Retaining Effective Teachers.

Mulford, B. (2011). 학교 지도자의 역할 변화가 교사 및 학교 효과성에 미치는 영향 및 시사점. (교육정책네트워크연구실 역). 교육정책 네트워크 세계교육정책 인포메이션, 제3호, 현안보고 OR-2011-01-3. 한국교육개발원. (원저 2003 출간)

Murphy, J. (2002). How the ISLLC standards are reshaping the principalship. *Principal, 82*, 22-27.

Murphy, J., & Beck, L. G. (1995). *School-based management as school reform: Taking stock*. Thousand Oak, CA: Corwin Press, Inc.

National Association of Elementary School Principals (1991). *Elementary and middle school: Proficiencies for principals*. Alexandria, VA: Author.

National Association of Secondary School Principals (1985). *Performance-based preparation of principals: A framework for improvement*. Reston, VA: Author.

National College for School Leadership (2011. 7.). *Key facts: Primary executive headteacher (PEH) provision*. www.education.gov.uk/nationalcollege/peh에서 2013. 9. 15. 인출.

National College for School Leadership (NCSL) (2012. 2.). *Key facts: Fellowship programme*. www.nationalcollege.org.uk/fellowship에서 2013. 9. 15. 인출.

National College of School Leadership (2003). *Distributed Leadership*. Nottingham: NCSL.

New Zealand Ministry of Education. (2008). *Kiwi leadership for principals: Principals as Educational Leaders*. New Zealand Ministry of Education.

OECD (1995). *Decision-making in 14 OECD education system*. Paris: OECD.

OECD (2005). *Teachers matter: Attracting, developing, and retaining effective teachers*. Paris: OECD.

Office for Standards in Education, Children's Services and Skills (Ofsted) (2013. 1.). *The framework for school inspection*. www.ofsted.gov.uk/resources/120100에서 2013. 9. 15. 인출.

Owens, O. G. (1995). *Organizational behavior in education* (5th ed.). Allyn and Bacon.

Oxley, D. (1997). Theory and practice of school communities. *Educational Administration Quarterly, 33*(1) (supplemental), 624-643.

Perrow, C. (1986). *Complex organizations: A critical essay*. New York: Random.

Pierce, P. R. (1935). *The origin and development of the public school principalship*. The University of Chicago Press. [pdf]

Pont, B., Nusche, D., & Moorman, H. (2011). OECD 국가 학교장 리더십 개선: 정책과 실제 (김이경, 한유경, 박상완 역). 서울: 아카데미프레스. (원저 2008 출간)

Pounder, D. G. (ed.) (1998). *Restructuring Schools for Collaboration: Promises and Pitfalls*. State University of New York Press.

Pounder, D., & Merrill, R. (2001). Job desirability of the high school principalship: A job choice theory perspective. *Educational Administration Quarterly, 37*(1), 27-57.

Pounder, D., Crow, G., & Bergerson, A. (2004). Job desirability of the university professorate in the field of educational leadership. *Journal of School Leadership, 14*(5), 497-529.

Reitzug, U. C., & O'Hair, M. J. (2002). Tensions and Struggles in Moving Toward a Democratic School Community in G. Furman (Ed.), *School as Community: From Promise to Practice*. Albany: State University of New York Press.

Riehl, C. (1998). We Gather Together: Work, Discourse, and Constitutive Social Action in Elementary School Faculty Meetings. *Educational Administration Quarterly, 34*(1).

Rifkin, J. (2014). *The zero marginal cost society*. Palgrave Macmillan.

Rodgers, H., Gold, J., Frearson, M., & Holden, R. (2003). The rush to leadership: Explaining leadership development in the public sector. *Working Paper*. Leeds Business School.

Rosenberg, M. (2001). The values of school principal evaluation. *Education, 91*(3), 212-214.

Rousmaniere, K. (1958/2013). *The principal's office: A social history of the american school principal*. Albany: State University of New York Press.

Rousmaniere, K. (2009). Historical perspectives on the principalship. *Journal of Educational Administration and History, 41*(3), 215-221.

Sachs, J. (2015). 지속가능한 발전의 시대(홍성완 역). 서울: 21세기북스. (원저 2015 출간).

Scott, W. R. (1992). *Organizations: Rational, natural, and open systems* (3rd ed.). Pretice-Hall.

Seixas, P. (1993). The community of inquiry as a basis for knowledge and learning: The case of history. *American Educational Research Journal, 30*(2), 305-324.

Sergiovanni, T. J. (1984). Leadership and excellence in schooling. *Educational Leadership, 41*(5), 4-13.

Sergiovanni, T. J. (1994). *Building community in schools*. Jossey-Bass Publishers.

Sergiovanni, T. J., & Starratt, R. J. (1983). *Supervision: Human perspectives*. New York: McGraw-Hill, Inc.

Sergiovanni, T. J., & Starra, R. J. (1993). *Supervision: A redefinition* (5th ed.). N.Y.: McGraw-Hil.

Sergiovanni, T. J., Kelleher, P., McCarthy, M. M., & Fowler, F. (2011). 교육행정(제6판)(한유경, 나민주, 김이경, 박상완, 반상진 역). 서울: 아카데미프레스. (원저 2009 출간)

Shakeshaft, C. (1989). The gender gap in research in educational administration. *Educational Administration Quarterly, 25*(4), 324-337.

Shakeshaft, C., & Hanson, M. (1986). Androcentric bias in the educational administration quarterly, *Educational Administration Quarterly, 22*(1), 68-92.

Sharp, W. L., & Walter, J. K. (1997). 학교 경영자로서의 교장(고영진 역). 서울: 학문사. (원저 1994 출간)

Spencer, L. M., & Spencer, S. M. (1993). *Competency at Work*. New York: John Wiley & Sons.

Spillane, J. P., Camburn, E. M., & Stitziel Pareja, A. (2007). Taking a distributed perspective to the school principal's workday. *Leadership and policy in schools, 6*(1), 103-125.

SREB (Southern Regional Education Board)(2007). *SREB learning-centered leadership program*. http://publication.sreb.org/2007/07V54_leadership_achievement.pdf.

SREB (Southern Regional Education Board)(2008). *SREB leadership curriculum modules: Professional leaarning framework and module summaries*. Southern Regional Education Board.

Sugrue, C. (Ed.). (2004). *Passionate principalship: Learning from the life histories of school leaders*. Routledge.

Thomas, D. W., Holdaway, E. A., & Ward, K. L. (2000). Policies and practices involved in the evaluation of school principals. *Journal of Personnel Evaluation in Education, 3*(14), 215-240.

Tyler, W. (1997). 학교조직론(김형관, 김용일 역). 서울: 양서원. (원저 1988 출간)

Weick, K. E. (1976). Educational Organizations as Loosely Coupled Systems. *Administrative Science Quarterly, 21*, 1-19.

Weick, K. E. (1982). Administering Education in Loosely Coupled Schools. *Phi Delta Kappan, 27*, 673-676.

Wohlstetter, P. (1995). Getting school-based management right. *Phi Delta Kappan, 77*(1), 22-25.

World Commission on Environment and Development. (1987). *Our common future*. http://www.un-documents.net/our-common-future.pdf에서 2017. 6. 10. 인출.

Yang, J. H. (2002). Designing the school as community: A new possibility of school reform. 교육행정학연구, 20(4), 207-228.

Young, I., Rinehart, J., & Heneman, H. (1993). Effects of job attribute categories, applicant job experience, and recruiter sex on applicant job attractiveness ratings. *Journal of Personnel Evaluation in Education,* 7(1), 55-66.

〈인터넷 사이트〉
교육부(http://www.moe.go.kr)
교육행정정보시스템(나이스) 홈페이지(http://www.neis.go.kr/pas_mms_nv88_001.do)
서울대학교 교육행정연수원(http://naea.snu.ac.kr/about/history 검색: 2016. 4. 10.)
영국 국가 학교 지도성 대학 홈페이지(www.education.gov.uk/nationalcollege/npqh.htm)
학술연구정보서비스 사이트(http://www.riss.kr/index.do)
한국교원대학교 종합교육연수원(http://tcie.knue.ac.kr/index.do 검색: 2016. 4. 10.)
한국교육개발원 학교평가 센터 학교평가(http://eval.kedi.re.kr/rspage.jsp?mn=2&sm=201. 검색: 2016. 3. 10.)

〈법령〉
교(원)장 · 교(원)감 · 수석교사 · 1급 정교사 자격연수 표준교육과정 전부개정고시안.
「교원자격검정령」
교원휴가업무처리요령(교육부 예규 제20호, 2015. 1. 30.)
「교육공무원법」
「교육공무원 승진규정」
「교육공무원임용령」
「국가공무원 복무규정」
「국가공무원법」
「초 · 중등교육법 및 시행령」
「행정 효율과 협업 촉진에 관한 규정 및 동 규정 시행규칙」

찾아보기

[인 명]

[내 용]

저자 소개

박상완(Park Sang-wan)

이화여자대학교 졸업
서울대학교 교육학박사(교육행정 전공)
전 한국교육개발원 부연구위원
대통령자문 교육혁신위원회 상근전문위원
시 · 도교육청 평가위원
교원양성기관 현장방문평가위원
OECD CERI 파견근무
현 부산교육대학교 교육학과 교수

<주요 논저>
지방분권과 교육(2013)
교육지도성(2014, 공저)
신뢰의 개념 구조 및 교육행정 연구에의 적용(2017)
우리나라 여교장의 특성 분석(2017)

학교장론

교장의 리더십과 학교 발전

The Principalship:
Leadership and School Improvement

2018년 3월 20일 1판 1쇄 발행
2021년 10월 20일 1판 2쇄 발행

지은이 • 박 상 완
펴낸이 • 김 진 환
펴낸곳 • (주) 학지사
04031 서울특별시 마포구 양화로 15길 20 마인드월드빌딩 5층
대표전화 • 02) 330-5114 팩스 • 02) 324-2345
등록번호 • 제313-2006-000265호
홈페이지 • http://www.hakjisa.co.kr
페이스북 • https://www.facebook.com/hakjisabook

ISBN 978-89-997-1479-5 93370

정가 23,000원

이 도서의 국립중앙도서관 출판시도서목록(CIP)은 서지정보유통지원시스템 홈페이지(http://seoji.nl.go.kr)와 국가자료공동목록시스템(http://www.nl.go.kr/kolisnet)에서 이용하실 수 있습니다.
(CIP제어번호: CIP2018003588)